教育部人文社会科学重点研究基地刊物
中文社会科学引文索引（CSSCI）来源集刊

藏学学刊

བོད་རིག་པའི་དུས་དེབ།

JOURNAL OF TIBETOLOGY

总第25辑

2021(2)

四川大学中国藏学研究所 编

中国藏学出版社

བོད་རིག་པའི་དུས་དེབ།

藏 学 学 刊

Journal of Tibetology

བོད་རིག་པའི་དུས་དེབ།

藏 学 学 刊

Journal of Tibetology

目　录

Table of Contents

西藏阿里札达县玛朗墓葬调查简报

四川大学考古文博学院

西藏自治区文物保护研究所

札达县文物局

内容摘要：2019 年，札达县象泉河流域玛朗村附近发现了一座古代墓葬，为带竖穴土坑式墓道的单室多人丛葬土洞墓，是西喜马拉雅地区较为常见的墓葬类型。其年代经碳十四测定，约在公元前后。出土随葬品种类丰富，以往其他墓葬不见的彩陶器、高足青铜杯、贝器尤为引人注目，是近年札达地区发现的墓葬中出土物丰富、等级较高的一座，为该地区公元前后社会复杂化、文化交流等专题研究提供了重要的考古学资料。

2019 年 4 月，札达县文物局接到群众线索，称该县玛朗村附近有一墓葬因流水冲蚀已露出墓室，常有牲畜因觅食进入墓室，札达县文物局工作人员旋即赶赴现场对局部已破坏的墓葬进行了抢救清理。该墓葬位于象泉河南侧支流玛朗曲（河）的西岸，据现场观察应是古代墓地中的一座墓，遂编号为 2019ZMM1（下文简称 M1）。当年 10 月，根据札达县文物局提供的基本资料，西藏自治区文物保护研究所、四川大学考古文博学院两单位对玛朗 M1 原始资料进行了整理分析，现将基本情况报告如下。

图一　玛朗墓葬位置地形航拍图

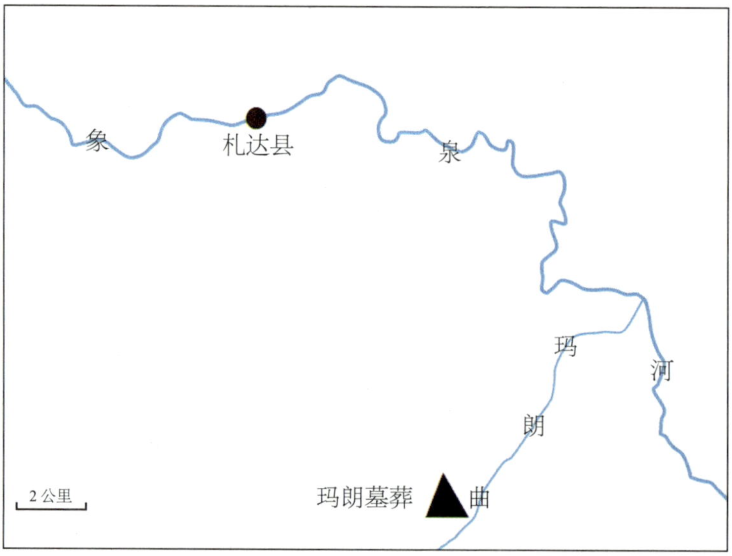

图二　玛朗墓葬位置示意图

玛朗墓地属西藏自治区阿里地区札达县托林镇玛朗村，地处象泉河支流的玛朗曲西岸一级阶地（图一），西北距县城直线距离约 11 公里，海拔 3896 米（图二）。该区域属喜马拉雅山脉西段北麓的札达盆地中部，地势北高南低，象泉河由东南向西北横贯札达盆地，现为半农半牧经济区，农业以种植青稞为主，亦有春小麦和豌豆，畜牧业以牧养绵羊、山羊为多。

一、墓葬形制

根据现场勘查和札达县文物局提供的信息，可知玛朗墓地M1为带长方形竖穴墓道的土洞墓，墓葬长轴为东西向，但因墓道被破坏，其三维数据不明；墓室位于墓道西侧，平面为圆角方形，其北侧已被破坏，墓室长320、宽250，高约180厘米。墓室与墓道连接处以砾石砌筑封堵。

经四川大学考古学实验教学示范中心生物考古实验室对出自M1人骨的鉴定，可确认该墓中至少有6个个体，1号人骨为6岁左右儿童，2号人骨为25岁左右女性，3号人骨为性别不详的未成年个体，4号人骨为老年女性，5号人骨为性别不详的成年个体，6号人骨为老年男性；其中仅1号、2号人骨保存较为完整，均位于墓室东侧靠近墓道处，青年女性位于东侧，儿童位于西侧，二者位置毗邻，均头朝南、面朝西，呈屈肢侧卧葬式（图三）。

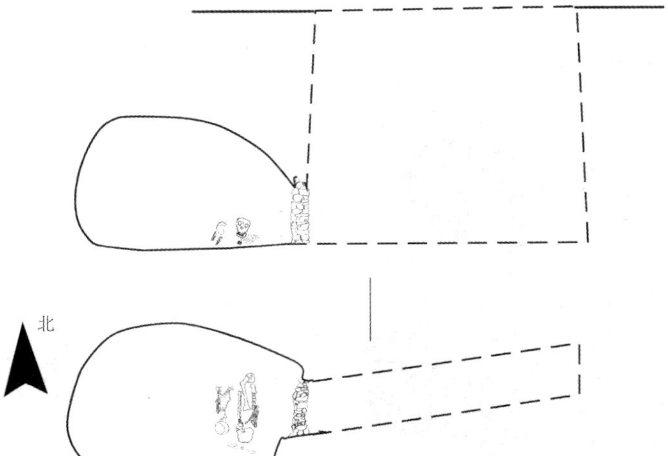

图三 玛朗M1平、剖面图

二、出土遗物

玛朗M1出土物种类十分丰富，计有陶器15件、铜器141件、铁器18件，以及其他如木器、料珠、纺织物等多类，并发现有较多的随葬动物骨骼。由于该墓发现时已被破坏，缺失现场实测数据，部分随葬物品也因扰动脱离了入葬时的原位。据现场人员描述，15 件陶器均出自儿童的头骨周围，7 件铁质手镯戴于儿童右侧胫骨之上，串珠等饰件则出自于青年女性的颈部。

（一）陶器

共 15 件陶器，可分六类。

1. 长流罐，1 件。

泥质红陶，单耳带流，敞口，方唇，高领，球腹，小平底。桥形单耳上有角状小钮，管状长流与领部塑桥形梁，口沿外围戳印一周圆圈纹，颈部绘红彩竖向波浪纹，环颈部、肩部各饰一周弦纹，肩部以下印划多重回形纹，印划凹处填红彩，回形纹往下至器底饰绳纹。流与器身相接处戳印圆圈纹；桥形梁顶部戳印一圆圈纹；耳与器身相接处均戳印麦粒纹，麦粒纹之下再戳印一排圆圈纹，耳背部饰倒三角纹及划纹。标本 2019ZMM1: 10，口径 13.7、腹径 14.7、底径 4、通高 19.6 厘米（图四）。

图四　长流罐（2019ZMM1: 10）

2. 斜流壶，2 件。

泥质红陶，双耳带斜流，敞口，高领，小平底内凹。双耳一大一小，斜流与桥形大耳相对，耳上部有角状纽，球腹，领部所饰红彩竖向波浪纹已较模糊；沿耳部侧缘各划一条细线纹，耳与器身相连处戳印麦粒纹，耳背中部戳印麦粒纹及圆圈纹；腹部饰绳纹。

标本 2019ZMM1: 11，口径 13、腹径 14.3、底径 4.5、通高 19 厘米（图五：1、3）。

标本 2019ZMM1: 12，口径 7、腹径 7.6、底径 3.4、通高 9.4 厘米（图五：2、4）。

1 2

3 4

图五　短流罐（1、3：2019ZMM1: 11；2、4：2019ZMM1: 12）

3. 单耳杯，2 件。

泥质红陶，微泛黄。单耳，方唇，直口，高领微束，桥形单耳，斜弧腹，圜底，领部以下饰细绳纹，杯内有残留物。

标本 2019ZMM1: 13，口径 9.3、腹径 10.2、底径 4.2、通高 9 厘米（图六：1、3）。

标本 2019ZMM1: 14，口径 11.7、腹径 12.5、底径 8、通高 11.5 厘米（图六：2、4）。

图六　单耳杯（1、3：2019ZMM1: 13；2、4：2019ZMM1: 14）

4. 假流罐，7 件。

泥质红陶，单耳，相对一侧的桥形假流形似器耳。敞口，高领，方唇，球腹，小平底内凹。单耳上部有角状小纽，管状假流与器耳相对，上端与罐口粘接，领部饰竖向红彩波浪纹，腹上部印一周弦纹、下部印三角纹，印纹内填红彩。

标本 2019ZMM1: 15，口径 8、腹径 7.9、底径 3.5，通高 9.2 厘米（图七：1；图八：1）。
标本 2019ZMM1: 16，口径 7.55、腹径 8、底径 3.7、通高 9.8 厘米（图七：2；图八：2）。
标本 2019ZMM1: 17，口径 7.75、腹径 8、底径 4、通高 9.1 厘米（图七：3；图八：3）。
标本 2019ZMM1: 18，口径 8、腹径 7.6、底径 2.9、通高 9.15 厘米（图七：4；图八：4）。
标本 2019ZMM1: 19，口径 7.4、腹径 7.8、底径 3.1、通高 9.8 厘米（图七：5；图八：5）。
标本 2019ZMM1: 20，口径 7.6、腹径 7.8、底径 3、通高 9.5 厘米（图七：6；图八：6）。
标本 2019ZMM1: 21，口径 8、腹径 7.6、底径 3.3、通高 9.7 厘米（图七：7；图八：7）。

1

2

3

4

5

6

7

图七　假流罐（1-7：2019ZMM1: 15、16、17、18、19、20、21）

图八　假流罐线图（1-7：2019ZMM1: 15、16、17、18、19、20、21）

5. 双耳大口罐，1 件。

泥质红陶，略微泛黄，外壁疑似施有陶衣。敞口，高领，方唇，桥形双耳，斜弧腹，圜底。领部以下饰粗绳纹，耳部与器身相连处戳印麦粒纹，耳背上、下两端分别刻划两条直线纹，中间刻划斜线纹。标本 2019ZMM1: 22，口径 16.4、腹径 23、底径 8.5、高 29 厘米（图九：1、4）。

6. 双耳深腹罐，2 件。

泥质红陶，敞口，长颈，方唇，溜肩，深腹，圜底。桥形双耳与器身相连处均戳印麦粒纹，耳根下部连接器体处戳印有六颗麦粒纹，颈部以下饰粗绳纹。

标本 2019ZMM1: 23，口径 20.2、腹径 27.5、底径 13、高 54 厘米（图九：2、5）。

标本 2019ZMM1: 24，口径 26、腹径 44、底径 13、高 48 厘米（图九：3、6）。

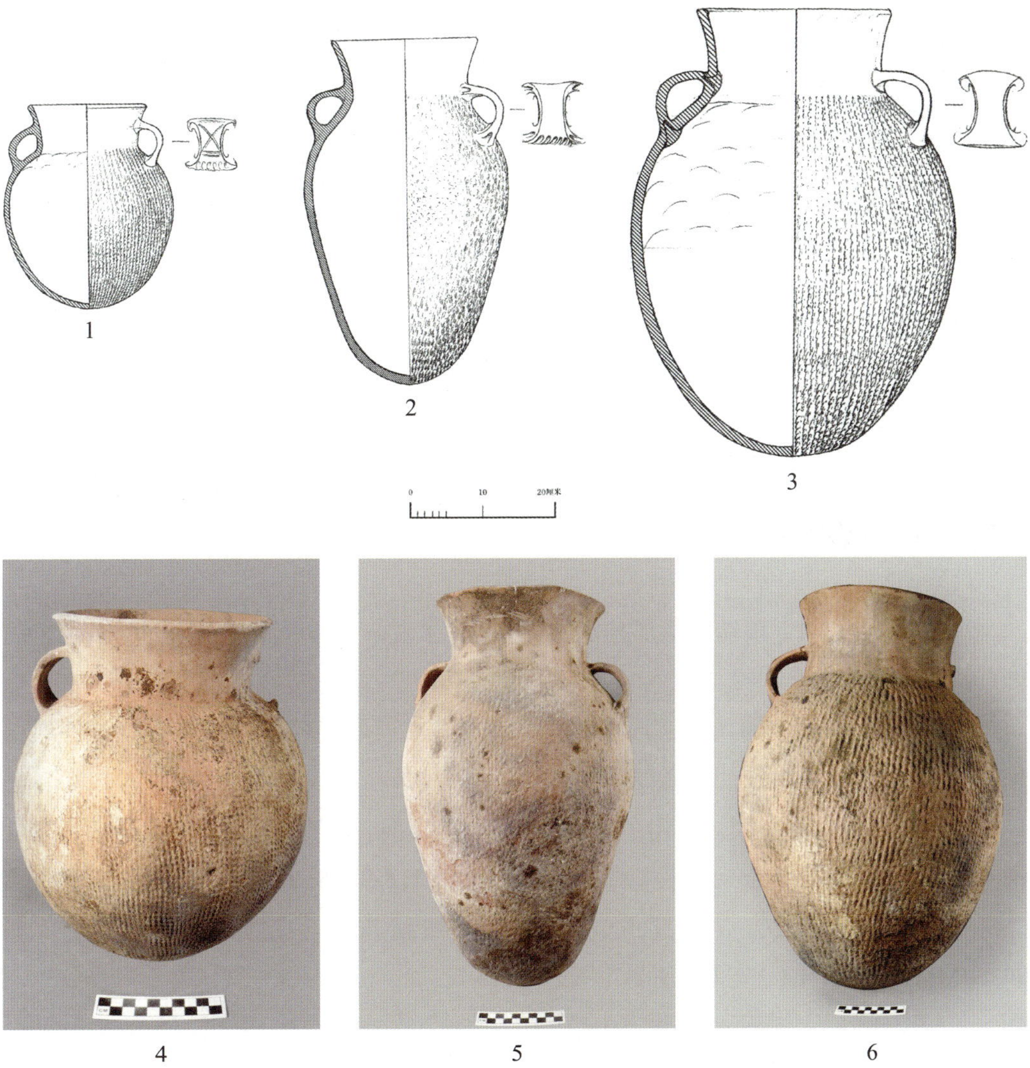

图九　双耳大口罐（1、4：2019ZMM1: 22）；双耳深腹罐（2、5：2019ZMM1: 23；3、6：2019ZMM1: 24）

（二）铜器

1. 高脚杯，1 件。

敞口，尖唇，斜腹，高足，足底向上逐级内收。杯身线（？）刻四组图案，由上至下为：云气波浪纹、圆形水滴纹，和两组仰莲纹，各组图案之间用双弦线相隔。标本 2019ZMM1: 1，口径 10、腹径 7、足底径 5.8、通高 12.5 厘米（图一〇）。

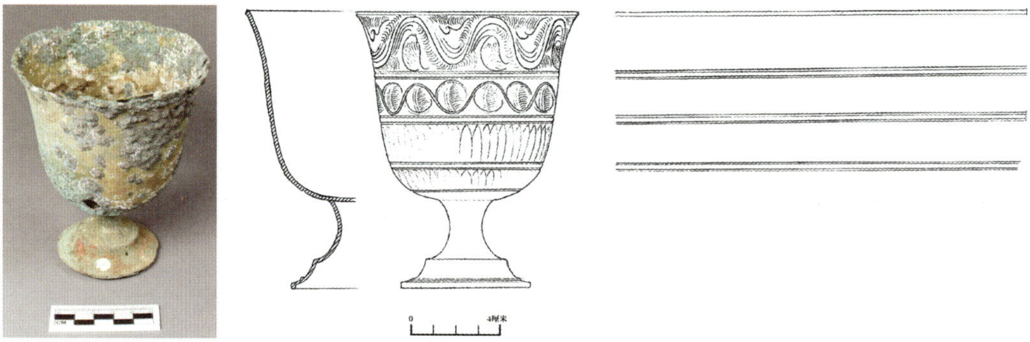

图一〇　高脚铜杯（2019ZMM1: 1）

2. 串饰，1 组，由铜吊坠、铜圆管、铜方管、铜珠、铜片组合而成，因锈蚀严重，多个零部件因铜锈贴合在一起。

吊坠，2 件。

2019ZMM1: 5-1，顶端为圆形挂环，环径 0.2 厘米；下部水滴状铜珠饰网格纹，铜珠直径 0.6 厘米（图一一：1）。

2019ZMM1: 5-2 ，顶端为圆形挂环，中部饰“X”纹，底部接圆形石球。饰件通长 1.9、宽 0.6、石球径 0.65 厘米（图一一：2）。

圆管，17 件，圆柱状，穿孔，部分孔内残留有皮绳。圆管管面被分为 2-4 段，每段饰 4 个乳钉纹，部分圆管上有蓝彩。标本 2019ZMM1: 5-7，长 2.8、宽 0.6 厘米。

方管，16 件，长方体，穿孔，部分孔内残留皮绳。管面饰凸棱纹。标本 2019ZMM1: 5-4 长 4.1、宽 0.5 厘米（图一一：5）。

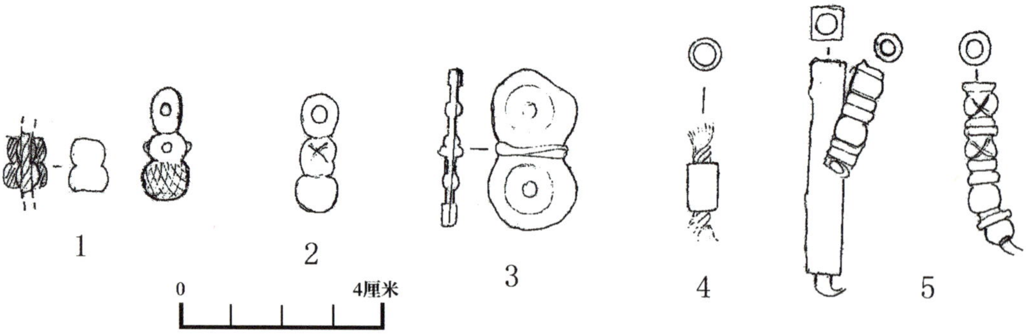

图一一　铜吊坠（1：2019ZMM1: 5-1；2：2019ZMM1: 5-2）；铜饰片（3：2019ZMM1: 5-3）；铜珠（4：2019ZMM1: 5-5）；铜方管（5：2019ZMM1: 5-4）

铜珠，80 颗，扁圆柱状，穿孔，孔内残留毛绳，标本 2019ZMM1: 5-5，长 0.8、直径 0.6 厘米（图一一：4）。

饰片，20 件，为束腰“8”字形薄片，其上、下锤揲成圆圈纹，束腰处缠皮质绳带，疑似纽扣。标本 2019ZMM1: 5-3，长 3、宽 1-1.5、厚 0.1 厘米（图一一：3）。

3. 铜铃，4 件。

环形纽，铃身上窄下宽，未见铃舌。标本 2019ZMM1: 6-1，铃身最大径 1、高 2.2 厘米（图一二）。

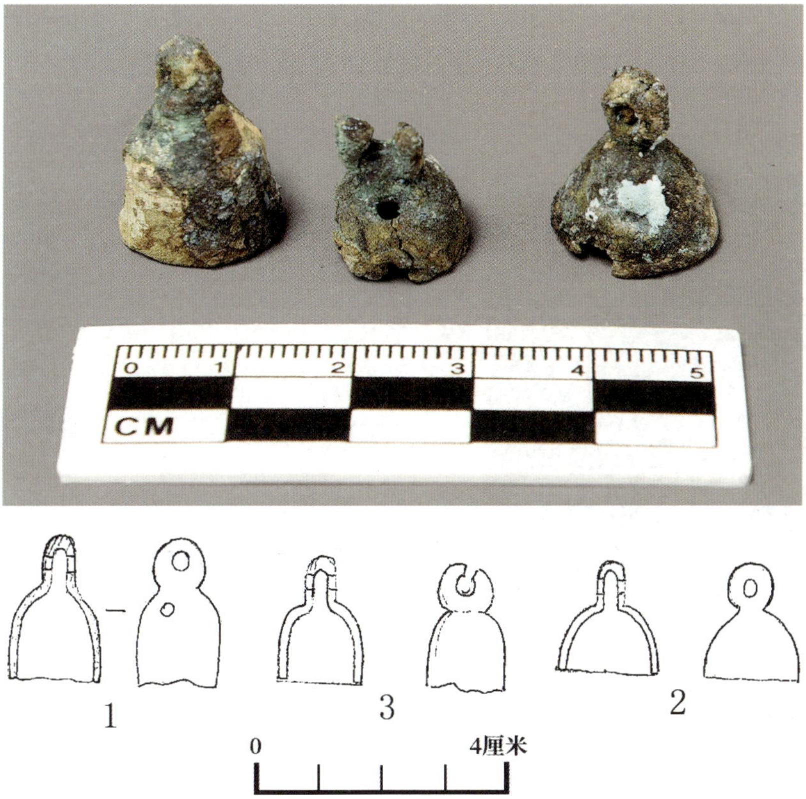

图一二　铜铃（1、2、3：2019ZMM1: 6-1、6-2、6-3）

（三）铁器

1. 镯，共 7 件。

环状，横截面或为圆形或方形，少数表面残留蓝釉（图一三）。

标本 2019ZMM1: 4-1，横截面为圆形，直径 6.5、厚 0.5 厘米，表面施蓝釉（图一三）。

标本 2019ZMM1: 4-2，与 2019ZMM1: 4-5 互为一对，纹饰与尺寸相同。横截面为方形，镯面刻折线纹，等距离分布 10 个带圆心的圆圈纹。直径 6.2、厚 0.2 厘米，表面施蓝釉（图一三）。

标本 2019ZMM1: 4-3，横截面为方形，正面是由方形、圆形、方形、兽面组合依次循环相接。直径 6、厚 0.2 厘米，表面施蓝釉（图一三）。

标本 2019ZMM1: 4-4，与 2019ZMM1: 4-7 互为一对，与横截面为方形，镯面上等距离分布有圆心的圆圈纹。直径 6.5、厚 0.2 厘米，表面施蓝釉。

标本 2019ZMM1: 4-6，横截面为方形，镯面正中等距离分布带圆心的圆圈纹，边缘等距离分布三个一组的麦粒纹。直径 6.3、厚 0.15 厘米，表面施蓝釉。

图一三　铁镯（1、2、3：2019ZMM1: 4-1、4-2、4-3）

2. 矛头，2 件。

平背、直刃，椭圆骹，骹口残留木柲。

标本 2019ZMM1: 7-1，通长 14.9、宽 0.6-3.8、厚 0.5-2.2 厘米（图一四：5）。

标本 2019ZMM1: 7-2，矛身一面粘黏有一片鱼骨；通长 8、宽 1.1-2.2、厚 0.5-1 厘米（图一四：2）。

3. 刀，1 件。

已残，刀身长条方形。标本 2019ZMM1: 25-1，残长 12.9、厚 0.9-1.1 厘米（图一四：1、4）。

4. 铁柄，1 件。

已残，长条圆柱状，疑似刀、矛等武器的柄部残段，其外粘裹一层木屑，应是原插入木柲之中。标本 2019ZMM1: 25-2，残长 11.5，厚 0.9-1.6 厘米。

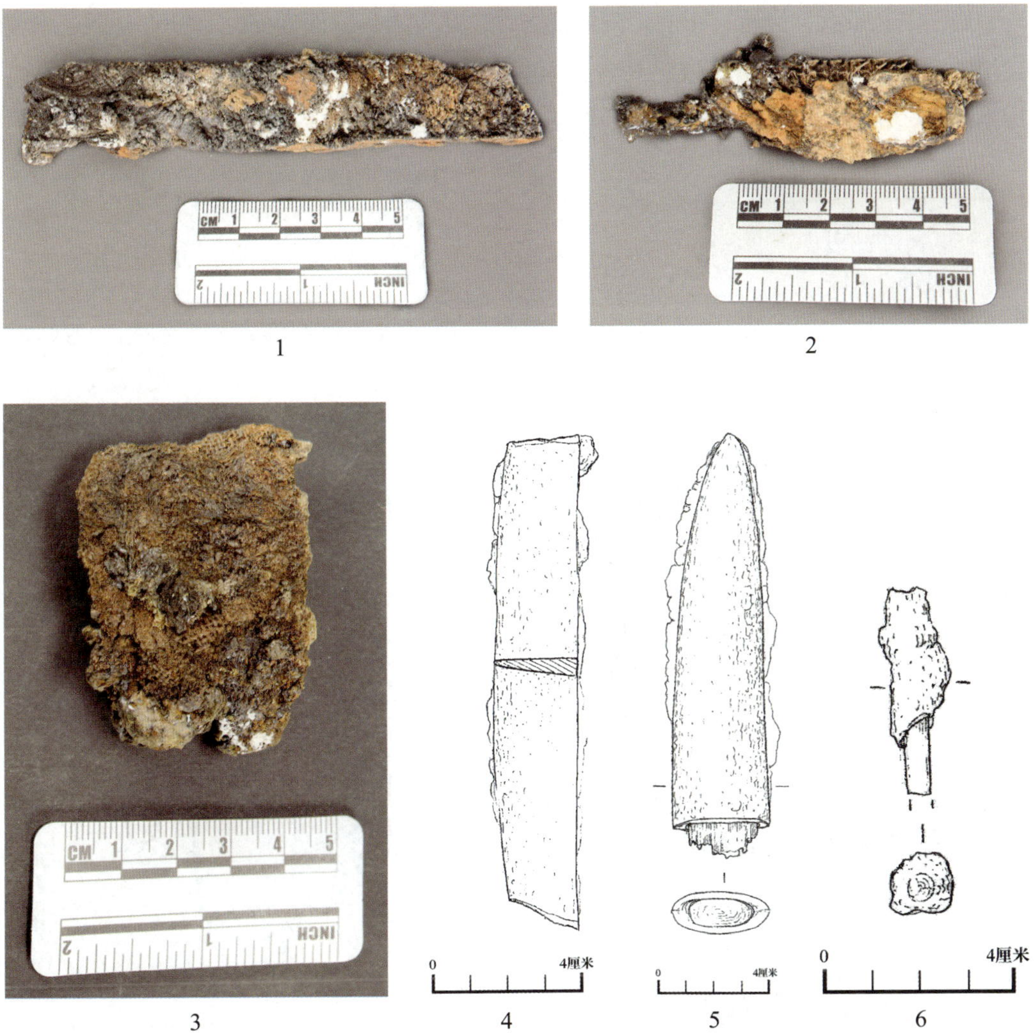

图一四　铁刀（1、4：2019ZMM1: 25-1）；铁矛头（2：2019ZMM1: 7-2；5：2019ZMM1: 7-1）；铁凿（6：2019ZMM1: 25-4）；铁器残块（3：2019ZMM1: 78-1）

5. 凿，2 件。

呈长条圆柱状，顶端略尖。标本 2019ZMM1: 25-4，表面锈蚀严重，残长 5.75、直径宽 0.9-1.2 厘米（图一四：6）。

6. 残块，5 件。

不规则方形，锈蚀严重。标本 2019ZMM1: 78-1（图一四：3），横截面为椭圆形，表面附着有纺织物、毛发等。残长 5.7、宽 3.8、厚 0.8 厘米，出土时紧贴头骨。

（四）木器，1 件

扁平的长条状，极薄，正面阴刻纹饰。顶部雕有对鸟，面向而立，其下是两层木柱支撑的高台，柱面阴刻折线纹，高台正面阴刻斜面相对的直角三角纹，下端呈扁圆形。标本 2019ZMM1: 3，通长 15、宽 2、厚 1-2 厘米（图一六：3、6）。

（五）其他

1. 贝饰，1 件

近圆形，背面外凸，边缘等距离浅浮雕三只写意动物图案，刻同心圆作眼，动

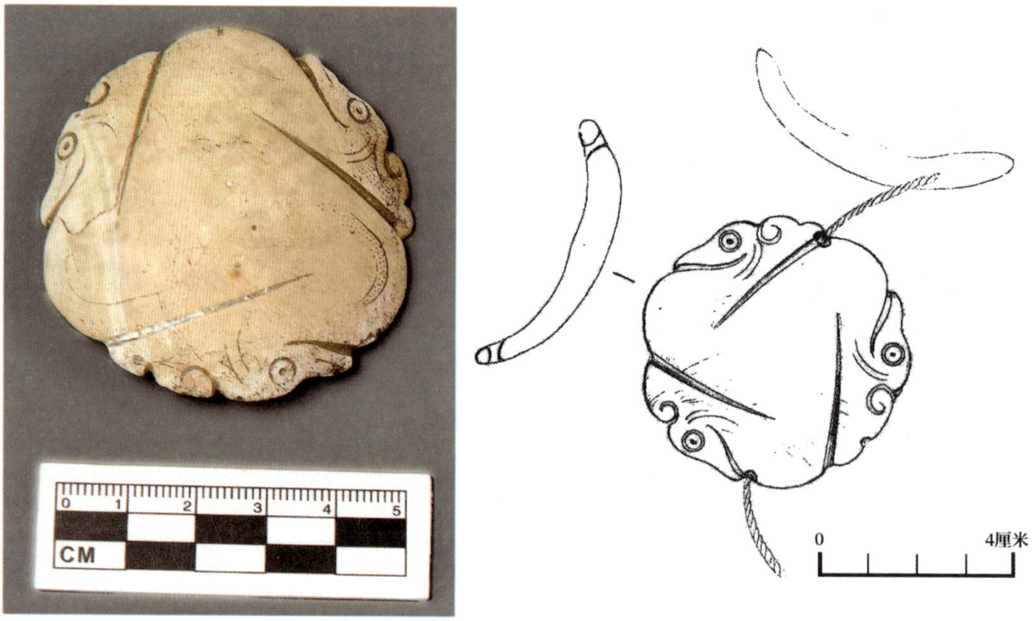

图一五　贝饰（2019ZMM1: 2）

物有角卷曲上翘，刻弧线勾勒身躯，凿密点示质感；相对的两端各穿一孔，标本2019ZMM1: 2，直径5.4-5.5、厚0.35-0.7、孔径0.4厘米（图一五）。

2. 珠串饰件，共25颗。

红燧珠，4颗，管状3颗，长2.1、直径0.4厘米；台柱状1颗，长0.3、直径0.65厘米。皆有穿孔，呈暗红色，保存较好，一颗内有串绳残留，标本编号2019ZMM1: 8-1（图一六：1、5）。

蓝色料珠，材质暂不明确，4颗，管状，标本2019ZMM1: 8-2，长2.1、直径1.3厘米（图一六：1、5）。

蓝灰色料珠，材质暂不明确，3颗，短管状，标本2019ZMM1: 8-3，长0.2、直径

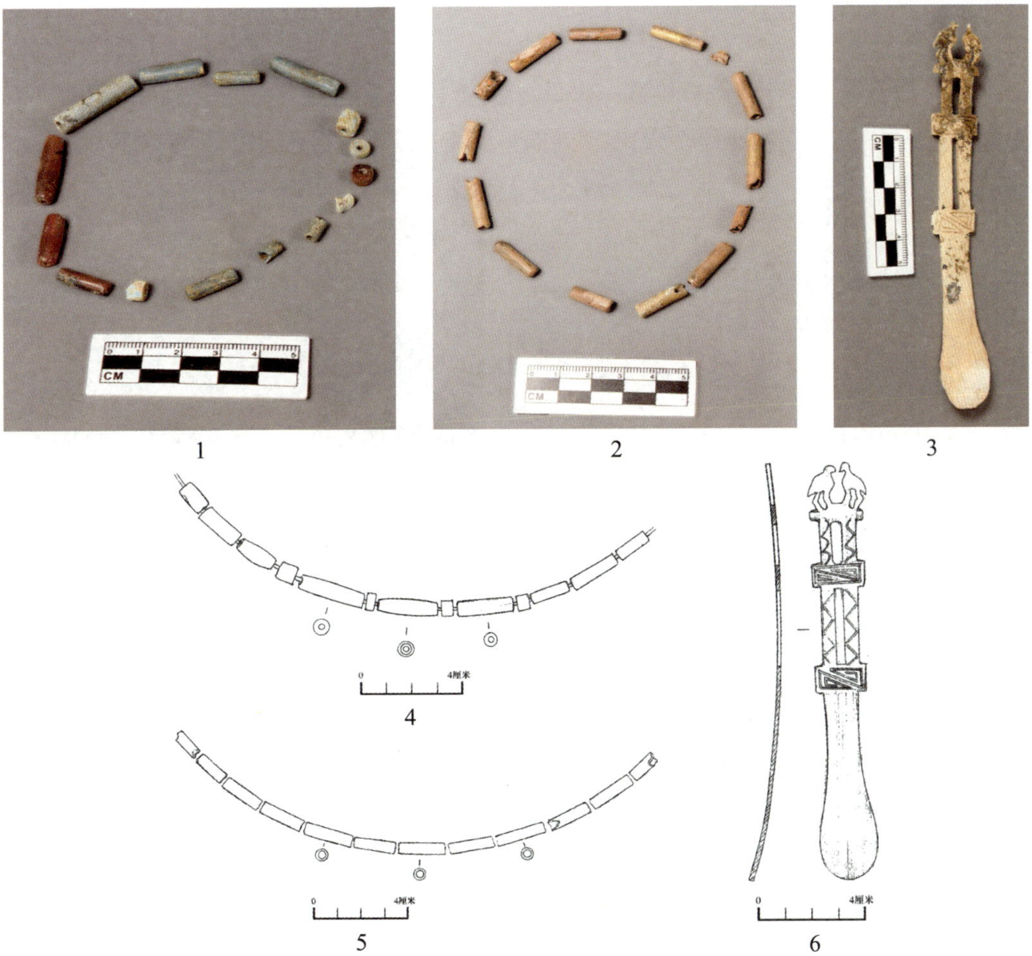

图一六　珠串饰件（1、5：2019ZMM1: 8；2、4：2019ZMM1: 9）；木柄（3、6：2019ZMM1: 3）

0.5 厘米（图一六：1、5）。

金黄色料珠，材质暂不明确，共 14 颗，长管状，长度不一，穿孔。标本 2019ZMM1: 9，长 1.4-2、直径 0.5 厘米（图一六：2、4）。

3. 动物骨骼

M1 出土有大量动物骨骼，共计 1278 块，其中头骨居多，经初步鉴定可确定属种的有：山羊 18 只、绵羊 13 只和家马 2 匹，部分羊骨有被切割痕迹，少数羊距骨有磨光痕迹。

4. 纺织物及毛发

在 20-25 岁青年女性头骨上，包裹着织物，且保存有部分毛发。纺织物本为黑色，其上附着青铜锈渍，仅可分辨出织物经纬相织的痕迹，标本：2019ZMM1: 69，残长 9、残宽 6.5 厘米。毛发细丝捻成一撮，呈黑色，标本：2019ZMM1: 73，残长 7.8 厘米（图一七）。

1. 毛发（2019ZMM1: 73）

2. 织物（2019ZMM1: 69）

图一七　纺织物及毛发

三、讨论与分析

玛朗墓葬 M1 经过抢救性清理而保全了部分信息，但仍有部分重要信息缺失。但从墓中出土遗物来看，不仅数量种类丰富，而且部分物件在西藏属首次出土，故该墓具有重要的学术研究价值。以墓中出土人骨的 AMS 测年法数据（校正后）显示，M1 的年代为 BC49-CE72，其时段为公元纪年前后，相当于西藏历史上的“小邦时代”或“早期金属时代”中期。根据现有考古资料可知，札达盆地发现年代与之接近的墓葬已有曲踏墓地、故如甲木墓地、皮央·东嘎墓葬群、格布塞鲁墓地等多处遗存。玛朗 M1 所出遗物与这些墓地所出遗物在型制上均有相似之处，如玛朗 M1 的假流罐与曲踏墓葬中的 F 型 IV 式相同；长流罐与曲踏墓葬所出 C 型陶罐相同，短流罐与曲踏墓葬所出的 D 型陶罐相同，深腹罐与曲踏墓葬的 A 型陶罐和格布塞鲁墓地所出的 D 型陶罐相同；玛朗 M1 出土铜片饰与曲踏墓葬中的铜片饰相同，等等。

总体而言，玛朗 M1 所出陶器的高领、球腹、小平底等器形特征，与时代相近的象泉河流域其他墓葬出土陶器保持了较高的一致性，应代表了象泉河流域“早期金属时代”同一文化传统或类型。但值得注意的是，玛朗 M1 出土的刻纹高脚铜杯、动物纹样的贝质饰件以及施蓝釉的铁质手镯等物件，显示出了与西藏西部早期金属时代其他墓葬出土遗物的明显区别，这些随葬品很可能来自西藏西部周边区域的其他考古学文化因素；同时也暗示了该墓墓主的身份等级可能较为特殊。玛朗墓地是研究西藏西部早期金属时代墓地重要的基础材料。囿于篇幅，本文涉及的动物骨骼研究、体质人类学分析、出土遗物材质分析等成果将另文发表。

附注：札达县文物局对玛朗 M1 及时采取的抢救性清理和资料信息保存，为本文的资料整理和分析工作提供了重要支持，谨此表示深切的谢意。

拍照：卢素文　何伟

绘图：卢引科

发掘：罗丹　白玛桑姆

资料整理：何伟　拥措

◆ 执笔：何伟　四川大学考古文博学院博士研究生

四川马尔康市丹达伦寺壁画的初步调查

四川阿坝藏族羌族自治州文物考古研究所

内容摘要：丹达伦寺位于四川省阿坝藏族羌族自治州马尔康市，是卓克基土司家庙之一。寺内经堂一层内、外壁保留有大量壁画。内壁正壁绘释迦牟尼佛及上师像，两侧壁绘护法神等，从图像内容看与格鲁派和宁玛派有关。外壁以十四尊佛像和一尊菩萨像为主体，周围绘制礼拜众等。从图像中的世俗人物所着服饰及图像艺术风格推测壁画绘于清代，结合文献所记该寺庙修建的历史，壁画应绘于17-18世纪。该寺庙的发现为马尔康地区宗教发展史的研究提供了重要的实物资料。

丹达伦寺，又称西索寺，全称“西索贡丹达林”（སའི་སོ་དགོན་བསྟན་དར་གླིང），意为“西索寺弘法洲”。位于四川省阿坝藏族羌族自治州马尔康市马尔康镇西索村一组东南角，东临纳足河，其余三面紧邻民居（图一），地处东经102°17′32.36″、北纬31°51′57.7″，海拔2670米。丹达伦寺属藏传佛教宁玛派，2004年作为西索民居的重要组成部分被列为四川省第六批文物保护单位。2014年，马尔康市文体局委托具有资质的第三方公司编制了《西索民居文物保护规划》，中对寺院进行了简单的测绘及壁画病害评估，但并未对寺院及其壁画进行详细的测绘、辨识及调查。2020年，阿坝州文物考古研究所以壁画数字化保护项目为契机，对其进行了详细的测绘和壁画三维扫描，现将调查情况报告如下。

图一　丹达伦寺位置示意图

一、建筑及壁画概况

（一）建筑概况

丹达伦寺为藏式传统单体石木结构建筑，通高 13 米，共三层。坐南朝北，占地面积 278.32 平方米，面阔 14.2 米、进深 19.6 米。第一层平面布局呈“回”字形，中心为经堂，围绕经堂有一周转经回廊（图二）。经堂面阔三间、宽 7.34 米，进深四间、长 10.2 米，中心四柱呈天井式布局直通二层，内部梁、柱、枋通体髹漆，柱头及托木彩绘莲瓣、缠枝花等纹饰，拼木地板。南侧靠墙为通铺石砌佛龛，外包木装板，宽 1.18 米、高 1.2 米。佛龛上供奉泥塑 3 尊，主尊释迦牟尼佛，左右两侧分别为四臂观音和莲花生大师。北壁中部为对开木门，宽 3.17 米、高 3.02 米；门面彩绘、沥粉团龙等图案，木

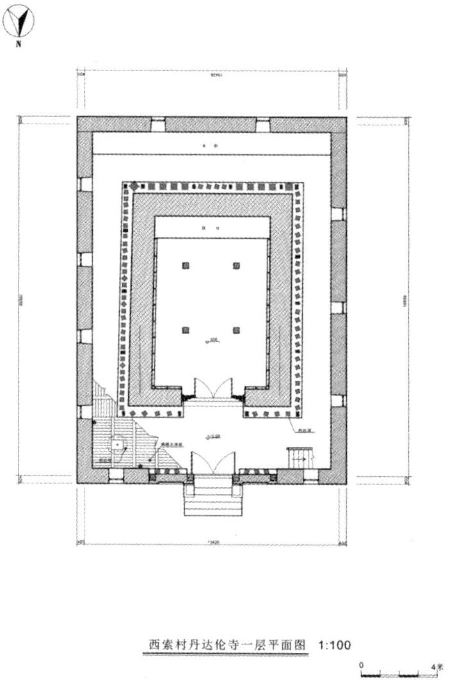

图二　丹达伦寺一层平面图

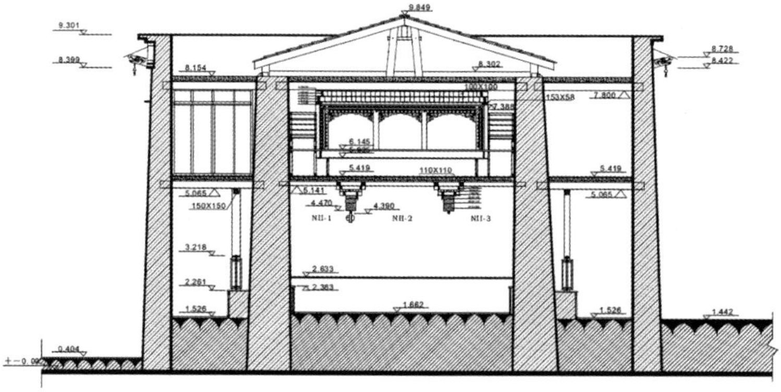

图三　丹达伦寺立面图

雕堆经、莲瓣作门套。经堂外壁设转经筒一周。转经廊采用封闭式结构，四面墙上开有外小内大梯形木窗，窗宽 0.6-0.68 米。北侧为门厅，外墙正中设对开木门，木门两侧石砌半墙，其上置转经筒，门厅西北角建现代折角木梯通往二层。二层原平面布局整体呈“回”字形，现除东、北两侧保留原外挑式木结构及内部经书架外，其余部分已分割成多间现代功能性用房。北侧房间为会客厅，面阔 6.75 米、进深 4.87 米，现代隔扇窗；东侧房间为密修室，面阔 3.75 米、进深 5.84 米；中心天井部分两侧为壁柜式经书架，南侧为佛龛，主尊供奉释迦牟尼佛。三层原为藏式平顶结构，几经改建，现为钢结构金顶，作经堂用（图三）。

（二）壁画概况

寺内壁画主要集中分布在经堂一层的内、外壁（转经廊）、经堂门枋及门厅内壁东北角（图四）。壁画的绘制采用传统技艺，先在石砌墙体表面敷约 3 厘米厚的草拌泥做地仗层，然后再抹泥浆，最后作画。经堂内、外壁通铺绘壁画，内部于 20 世纪 60 年代曾作为公社仓库使用，因此整体保存较好，仅有局部受损。外壁亦通铺绘壁画，由于受到不同程度的烟熏损毁，局部漫漶不清，其中西壁的两铺壁画因墙皮（地仗层）剥落，已缺失。门枋内、外满铺壁画。门厅东北角两壁（大门）壁画受损严重，除东壁上段、北壁下段靠窗处依稀可辨外，其余零星分布，不可辨。门厅二层北壁、密修室东壁原有少量壁画，现已不可辨。

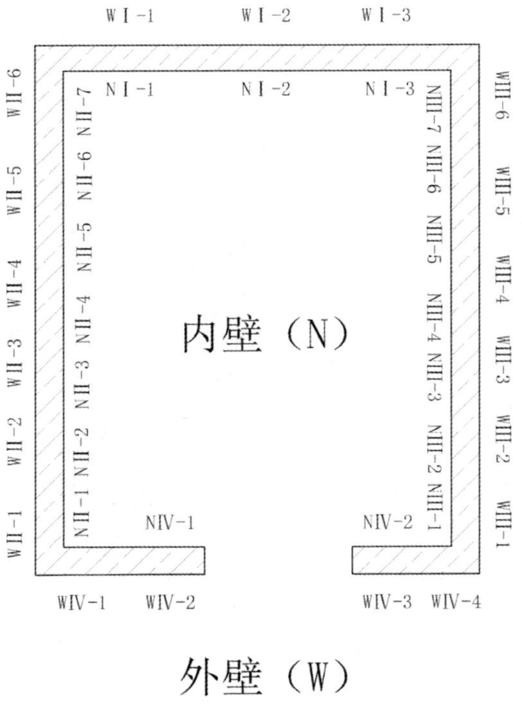

图四　丹达伦寺一层壁画分布示意图

二、壁画辨识

内壁壁画的题材有释迦牟尼佛与十六罗汉、莲花生及格鲁派传承祖师像，无上瑜伽部母续与父续的护法神，观音、绿度母等。外壁题材有四大天王、释迦牟尼佛与礼拜众等。为方便描述，本文将经堂壁画分为内（N）、外壁（W）两部分，并按主壁（Ⅰ）、两侧壁（Ⅱ、Ⅲ）及门侧壁（Ⅳ）编号。

（一）内壁壁画

经堂内壁共由19铺壁画组成，其中主壁3铺，两侧壁（东、西壁）各7铺，门两侧（北壁）2铺。壁面的顶部绘有一圈白底点彩帷幔花边装饰；底部的装饰可分为四层，在各尊像的下方绕墙一周有一道红色边框，墨书藏文题记；红底题记框下方为白底佛塔，连续描绘“八大佛塔”组合；再下为一周黑底金线，金线上金刚杵和串珠图案交替出现；最底层为五彩莲瓣装饰。顶部和底部的装饰之间、壁面的中央位置描绘各铺尊像，下面按照主壁（南壁）、东壁、西壁和北壁的顺序依次介绍。

1. 主壁（NI）

主壁前有塑像，壁画局部被遮挡。由东至西共绘3铺。

第一铺主尊（NI-1）为宗喀巴大师。该铺壁画保存情况较差，左侧墙皮部分剥落，左上角完全损毁，水渍严重。宗喀巴戴黄色尖顶僧帽，内着僧衣，双手于胸前结说法

图五　宗喀巴图像

图六　贾曹杰 · 达玛仁钦图像

图七　克主杰 · 格勒贝桑布图像

图八　NI-1 下方的题记

印，各持一莲茎，莲花自双肩处升起，上托经书与宝剑。全跏趺坐于莲台上，莲台下为须弥座。右上方有上师像一尊，头戴黄色僧帽，左手托宝瓶，右手于胸前结印（图五）。须弥座两侧有两尊相向而坐的上师像，结合题记，这两位为宗喀巴大师的弟子，与之一起构成师君三尊组合。左侧为贾曹杰 · 达玛仁钦（རྒྱལ་ཚབ་དར་མ་རིན་ཆེན། 1364-1431 年），右侧为克主杰 · 格勒贝桑布（མཁས་གྲུབ་རྗེ་དགེ་ལེགས་དཔལ་བཟང་པོ། 1385-1438 年）（图六、图七）。

这三尊像下方的题记自左至右依次为：

༄༅། །རྒྱལ་ཚབ་ × × × × ་ག་གསེལ་པའ་ ×།

༄༅། །ཨོཾ་ཨཱཿ གུ་རུ་བཛྲ་ཛྙཱ་ར་སུ་མ་ཏི་ཀཱི་རྟི་སིདྡྷི་ཧཱུྃ་ཧཱུྃ།

༄༅། །མཁས་གྲུབ་དགེ་ལེགས་དཔལ་བཟང་ལ་གསོལ་བ་འདེབསོ་བྱིན་གྱིས་བརློབས།（图八、一〇）

第二铺主尊（NI-2）为释迦牟尼佛，身色为金色，左手施禅定印持钵，右手施触地印，全跏趺坐于莲台上（图九）。莲座两侧侍立二弟子。画面保存较好，仅有零星剥蚀。

释迦牟尼佛的两侧环绕分布着十六罗汉，每侧绘有八位罗汉，均为典型的藏式罗汉；两侧罗汉的下方还绘有布袋和尚和达摩多罗，构成十八罗汉的完整组合。释迦牟尼佛右侧的罗汉自上而下依次为持拂尘的因揭陀尊者、右手结印左手持拂尘的伐那婆斯尊者、双手结禅定印的阿氏多尊者、右手说法印左手结禅定印的跋陀罗尊者、双手持金耳环的迦理迦尊者、右手期克印左手持拂尘的伐阇罗弗多罗尊者、双手持宝石绳链的迦诺迦伐蹉尊者、双手结禅定印的迦诺迦跋罗堕阇尊者。最下为布袋和尚，大腹便便，右手持金色念珠，左手持桃状物（图一〇）。释迦牟尼佛左侧的罗汉自上而下依次为持吐宝鼠的巴沽拉尊者、持王冠的罗怙罗尊者、双手结禅定印的注荼半托迦尊者、右手持经书左手托钵盂的宾度罗跋罗堕阇尊者、右手结说法印左手持经书的半托迦尊者、右手持宝

图九　释迦牟尼佛图像

图一〇　释迦牟尼佛右侧的罗汉图像

图一一　释迦牟尼佛左侧的罗汉图像

图一二　NI-2 下方的题记

瓶左手握锡杖的那迦犀那尊者、双手执经书的戍博迦尊者、双手捧塔的阿秘特尊者。戍博迦和阿秘特尊者的下方为达摩多罗，背负经箧，手执宝瓶和拂尘，身前有虎，头侧有无量光佛（图一一）。

该铺壁画下方的题记自右向左依次为（图一〇、一一、一二）：

༄༅། །རྒྱལ་བ་ཤཱཀྱ་ཐུབ་པ་ལ་ན་མོ།

༄༅། །ཨོཾ་ན་མོ་ཧྲ་ག་ཤ་ཏེ་ཤཱཀྱ་མུ་ནེ་ཨེ × × × ཨརྷ་ཏེ་ས་མྱ་ཐ་སཾ་བུ་དྡྷ་ཡ། ཏདྱ་ཐཱ། ཨོཾ་མུ་ནེ་མུ་ནེ་མ་ཧཱ་མུ་ནེ་ཡེ་སྭཱ་ཧཱ།

༄༅། །ཡེ་དྷ་རྨ་ཧེ་ཏུ་པྲ × ཕྭཧེ་ × ཏྲཏྲེ་ཥཱ་ག་ཏོ་ཧྱ་བད་ཏ། ཏེ་ཥཱ་ཙ་ཡོ་ནི་རོ་དྷ་ཨེ་པཾ་བཱ་དཱི་མ་ཧཱ་ཤྲ་མ་ཎཿཝཻརོ་× × ལ་ན་མོ།།

第三铺主尊（NI-3）为莲花生。保存情况较好，画面零星剥蚀。头戴莲师帽，左手持颅碗，臂弯置天杖，两侧侍立的是他的两位明妃。头顶上方及两侧有红色的无量寿佛、阿弥陀佛和三位上师，上师像均头戴红色尖顶帽，身穿藏式袈裟（图一三、一四）。

莲花生下方的题记为：

༄༅། །ཨོཾ་ཨཱཿཧཱུྃ་བཛྲ་གུ་རུ་པདྨ་སི་དྡྷི་ཧཱུྃ། པདྨ་འབྱུང་གནས་ལ་ན་མོ།། ཨོཾ་སྭ་སྟྱ་ཏེ་ཕྲ་བཛྲ་ཡེ་སྭཱཧཱ།

图一三　莲花生图像

图一四　莲花生左侧的上师及明妃图像

2. 东壁（NII）

东壁由北至南共 7 铺主尊像，各主尊周围不规则分布其眷属，在尊像上方还绘有一排佛像（图一五）。

图一五　东壁壁画配置图

第一铺主尊（NII-1）为绿度母，绿色身，一面二臂，身后有圆形头光和椭圆形身光。头戴花冠，左手持花，右手下垂置于右膝上施与愿印，身具八饰，自左肩至右肋斜披帛带于腹部系结，下身着丝裤，双腿游戏坐于莲台上。四周绘度母小像 20 尊，组成二十一救度母。画面保存状况一般，左侧局部有剥落（图一六）。

绿度母下方的藏文题记为：༄༅།། ཨོཾ་ཏཱ་རེ་ཏུཏྟཱ་རེ་ཏུ་རེ་སྭཱཧཱ། སེང་ལྡེང་ནགས་ཀྱི་སྒྲོལ་མ་ལ་ན་མོ།།，系绿度母心咒及名号（图一七）。

图一六　绿度母图像

图一七　NII-1 下方的题记

图一八　十一面观音图像

图一九　NII-2 下方的题记

第二铺主尊（NII-2）为十一面观音。保存情况较好，部分题记被黄泥覆盖。白色身，十一面八臂。十一面自下而上按“3-3-3-1-1”方式排列，最下三面中间白面、左侧红面、右侧绿面；中三面为中间绿面、左侧白面、右侧红面；上三面为中间红面、左侧绿面、右侧白面；再上为一蓝色忿怒面，面上绘三眼；最上为红色阿弥陀佛头像。戴宝冠，佩耳环，饰臂钏、手镯等。主双手于胸前合十持摩尼宝，左侧三手自上而下依次持花、弓箭、宝瓶；右侧三手持念珠、法轮、施与愿印等。上身外披绿色天衣，下身着丝裤，跣足立姿于莲台（图一八）。舟形身光。胁侍相向立于两侧，左侧绿色身，右侧蓝色身。周围绘身色不一的菩萨 8 尊，根据持物及手印判断为救度八难观音。

十一面观音下方的藏文题记部分剥蚀，局部不可辨：༄༅།། × × × × པདྨེ་ཧཱུྃ། ཐུགས་རྗེ་ཆེན་པོ་བཅུ་གཅིག་ཞལ་ལ་ན་མོ།，意为“……叭咪吽，顶礼十一面大悲”，系十一面观音的心咒及名号（图一九）。

第三铺主尊（NII-3）：阿弥陀佛。保存情况一般，零星剥蚀。红色身，一面二臂，面相浑圆，双耳垂肩，额间白毫，颈饰三道。双手结禅定印、捧钵，钵内置宝珠。内着僧祇支，外着袒右袈裟。全跏趺坐于莲台上，身后有圆形头光及身光。主尊前面供奉有五妙欲、钵。画面下部中央是无量寿佛、尊胜佛母及白度母组成的长寿三尊（图二〇）。

阿弥陀佛下方的藏文题记为：༄༅།། ཨོཾ་ཨ་མི་དྷྭ་ཧྲཱིཿ，系阿弥陀佛的经咒（图二一）。

图二〇　阿弥陀佛图像

图二一　NII-3 下方的题记

第四铺主尊（NII-4）：普明大日如来。保存情况一般，部分剥落。白色身，四面二臂，中间一面，右侧一面，左侧二面，束矮髻，头戴宝冠，双耳下垂、圆形宝珠耳铛，颈间饰三道，戴项饰，内斜披红色帛带，外披绿色天衣，下身着丝裤，戴臂钏、手镯及脚镯。双手结禅定印，持八辐轮，全跏趺坐于莲台上，身后有圆形头光和椭圆形身光，莲台下方有四身佛像，身色分别为绿、黄、蓝、白，与主尊一起组成五佛（图二二）。

普明大日如来下方有藏文题记：༄༅།། ཨོཾ་སརྦ་ཝིད་ཏྲ་ཨ་ཕ་རཎ་ཝི་ཤོ་དྷ་ན་ཏ་ན་ཧཱུྃ་ཕཊ།，系普明大日如来的经咒（图二三）。

图二二　普明大日如来图像

图二三　NII-4 下方的题记

图二四　大轮金刚手图像

图二五　NII-5 下方的题记

第五铺主尊（NII-5）：大轮金刚手。保存情况一般，部分剥蚀。蓝色身，三面六臂，主面为蓝色、左面为红色、右面白色，每面皆有三目，头戴骷髅冠，焰发上竖飘扬成头光状环绕于头部。主二臂怀抱明妃，最上二臂持展开象皮，右手握金刚杵。另外二臂持蛇索，蛇索中段衔于口中，头与尾下垂，尾部被踏于左脚下，头部垂至右脚前方。上身披绿色天衣，下身着虎皮裙，人首花环垂至裆部，双腿左展姿站于莲台，足踏婆罗门及因陀罗（帝释天）。怀中的明妃一面二臂，蓝灰色身，头戴骷髅冠，左手持嘎巴拉碗，右手环抱主尊，左腿勾于主尊腰部，右腿伸展而立，与主尊左腿平齐。双身像后面环绕红色桃形火焰纹身光（图二四）。

大轮金刚手下方有藏文题记：༄༅། ཨོཾ་ནི་ལཾ་བ་ར་དྷ་ར་བཛྲ་པྲ་ཙི་ཧྲི་ད་ཡ་མ་ནྲ་ཀྲོདྷ་སད་ཧཱུྃ་ཕཊ།，系大轮金刚手的经咒（图二五）。

第六铺主尊（NII-6）：大威德金刚。保存状况一般，有水蚀痕迹。蓝色双身，九面三十四臂十六足，牛首，九面呈三层排列，第一层左侧三面的颜色分别为红、白、蓝，右侧三面颜色为白、蓝、红；第二层有一面，红色；顶部有一面，发结五髻，为黄色文殊面。除顶面外，其余各面呈忿怒相，头戴骷髅冠。主尊正二臂怀抱明妃，并持钺刀和嘎巴拉碗；其余三十二臂，最上二臂分持展开象皮，左侧十五臂依次持梵首、盾牌、人身、人足、旗、羂索、肠、弓、手臂、旗、金刚铃、黑布等；右侧十五臂可辨识持物有十字金刚杵、杵、骷髅杖、箭杆等。左展立姿于莲台，左足踏动物及八天王，八天王表示八成就；右足微屈踏动物及八女明王，八女明王表示八自在清净。主尊怀抱的明妃，忿怒相，佩戴骷髅花环与人首花环，垂至双腿下方裆部，举捧嘎巴拉碗；左腿勾于主尊

图二六　大威德金刚图像

图二七　NII-6 下方的题记

腰部。左上方绘祖师像，下方绘阎魔与天母（图二六）。

大威德金刚下方的藏文题记为：༄༅། ཨོཾ་ཧྲཱིཿཥྚྲཱིཿཝི་ཀྲྀ་ཏ་ན་ན་ཧཱུྃ་ཕཊ།，系大威德金刚经咒（图二七）。

第七铺主尊（NII-7）：密集不动金刚。保存状况一般，零星剥蚀。蓝色身，三面六臂，主面蓝色、左面红色、右面白色，每面皆有三目；头戴宝冠，耳佩圆形耳环，上身披天衣，下身着裙，身具八饰。主尊主二臂怀抱明妃金刚女，并分别持有金刚杵及铃；剩下的左二臂执法轮与莲花，右二臂执摩尼宝与宝剑，全跏趺坐于莲台上。金刚女三面六臂，最上二臂拥抱主尊；左二臂持摩尼宝与剑；右二臂持法轮与花。左上角绘上师像

图二八　密集不动金刚图像

图二九　NII-7 下方的题记

图三〇　西壁壁画配置图

一尊，右手放耳边作聆听状，推测是米拉日巴；下方为四善逝（图二八）。

尊像下方有藏文题记：༄༅། ཨོཾ་ཨཱཿབཛྲ་ཧྲིཀ་ཧཱུྃ་ཧཱུྃ། ཨོཾ་ཨཱ་ཙཎྜ་བཛྲ་པཱ་ཧཱུྃ།，系密集不动金刚经咒（图二九）。

3. 西壁（NIII）

西壁由北至南共绘有主尊像 7 铺，内容整体排列布局与东壁一致（图三〇）。

第一铺主尊（NIII-1）：千手千眼大白伞盖佛母。保存情况较差，右侧及题记处墙皮剥落。白色身，千面，最下五面从左至右为红、黄、白、绿，最后一面已毁，不可辨。

图三一　千手千眼大白伞盖佛母图像

各面上方又绘同色面一百九十九个。上身袒露、披璎珞，双肩披绿色飘带，正二臂置于胸前，右手持物不明，左手托举宝盖柄，上端为白色伞盖。其余手臂绘于身后，以背光形式表现，内圈手漫漶不清，持物不明，剩余诸手皆在掌心绘一眼。下身着多层丝裙，戴红色手镯及臂钏，饰宝石。千足踏诸鬼及虎、豹、摩羯鱼等各类动物。圆形红色火焰纹身光，诸佛及眷属围绕四周。尊像下方的藏文题记剥蚀严重，不可辨（图三一）。

第二铺主尊（NIII-2）：阿閦佛。保存情况一般，近题记处墙皮剥落，画面零星剥蚀。蓝色身，高肉髻，颈间绘三道，红色袈裟披于双肩，其中一侧自右臂下方穿过搭至左臂处。左手禅定印，手心立金刚杵，右手施触地印，全跏趺坐于莲台上。圆形绿色头光，双层圆形身光，内蓝、外红，红色处绘一圈绿色装饰。在其莲座两侧有胁侍菩萨，诸佛及眷属围绕四周（图三二）。

尊像下方有藏文题记：༄༅། ཨོཾ་སརྦོཿ་ཧྲྀ་ཧྲུ་ཧྲུཾ་ཕཊཿ ཛོ་ཛེ་མི་འཁྲུགས་པ་ལ་ན་མོ།，系阿閦佛名号与经咒（图三三）。

图三二　阿閦佛图像

图三三　NIII-2 下方的题记

第三铺主尊（NIII-3）：药师佛。保存情况一般，墙皮局部剥落。蓝色身，高肉髻，颈间绘三道，左手于腹前施禅定印、托举药钵，右手施与愿印，以二指拈花茎，为半开敷芍药。身着袈裟全跏趺坐于莲台上。圆形绿色头光，双层红色圆形身光。莲台下供五妙欲。再下方为五色迦楼罗（图三四）。

药师佛下方有藏文题记：༄༅། ཏདྱ་ཐཱ། ཨོཾ་བྷཻ་ཥ་ཛྱེ་མ་ཧཱ་བྷཻ་ཥ་ཛྱེ་རཱ་ཛས་སམུདྒ་ཏེ་སྭཱ་ཧཱ།，系药师佛经咒（图三五）。

图三四　药师佛图像

图三五　NIII-3 下方的题记

第四铺主尊（NIII-4）：宏光显耀大日如来。保存情况一般，墙皮局部剥落。黄色身，菩萨装，依据图像特征判断，该铺主尊为胎藏界大日如来。双目微闭，头束高发髻，戴五叶宝冠，颈饰三道，双手于腹前结禅定印，斜披白色帛带，戴宝珠项饰，披绿色天衣，下身着裙裤，全跏趺坐于莲台上。双层圆形头光与身光。莲台下为红龙妙吉祥（文殊）、大力金刚、白胜乐金刚等眷属（图三六）。

尊像下方有藏文题记：༄༅། ན་མཿས་མནྟ་བུདྡྷ་ནཾ། ཨ་ས་མེ་བ་ད། ཏྲ་སྟ་ཏྲ་ཏུ་ཀྲ་ཙ་ག་དིས་ཏྭཾ། སརྦ་ཐྭ། ཨཾ་ཁཾ་ཨཿ་སཱིཿཧྲཱུྃ་ × × ་བཾ་བ་སྭཱཧཱ། རྣམ་སྣང་མངོན་བྱང་ལ་ན་མོ།，系宏光显耀大日如来经咒（图三七）。

图三六　宏光显耀大日如来图像

图三七　NIII-4 下方的题记

第五铺主尊（NIII-5）：喜金刚。保存状况一般，画面中部剥蚀。蓝色双身，八面十六臂四足。面部分上下两层排列，上层仅有一面，蓝色；下层共七面，中间一面为蓝色，左右两侧各三面，左侧一红二蓝，右侧一黄二蓝，每面皆三目。顶髻饰金刚杵，头戴骷髅冠。正臂怀抱明妃金刚无我母，同时双手交叉，持嘎巴拉碗，碗内分别为白像和黄地祇。两侧各七臂，向外张开，各持一嘎巴拉碗。左侧颅骨碗内自上而下为黄财神、绿风神、红火神、白月神、红太阳神和蓝阎魔敌。右侧为青马、驴、红牛、灰驼、红人、蓝八脚狮和白顶猫。身披象皮，佩人头花环，垂至裆部。下身围虎皮裙，足踏小鬼，右展立姿于莲台上。另二腿离地呈舞姿。金刚无我母一面二臂，左臂上举持钺刀，右臂置于喜金刚身后。双腿展立，左腿与喜金刚右腿平齐而立，右腿勾于喜金刚腰部。椭圆形火焰纹身光环绕着双身像，其眷属围绕于四周（图三八）。

喜金刚下方有藏文题记：༄༅། ཨོཾ་དེ་ཝ་པི་ཙུ་བཛྲ་ཧཱུྃ་ཧཱུྃ་ཧཱུྃ་ཕཊ་སྭཱཧཱ་དཔལ་ཀྱི་རྡོ་རྗེ་ལ་ན་མོ།，系喜金刚经咒与名号（图三九）。

图三八　喜金刚图像

图三九　NIII-5 下方的题记

第六铺主尊（NIII-6）：胜乐金刚。保存情况较好，零星剥蚀。主尊身色为蓝色，四面十二臂。正面蓝色，右侧黄面，左侧第一面绿色，第二面红色，每面皆三目，应属鲁欧巴传承的胜乐金刚曼荼罗主尊。头戴骷髅冠，发结交杵顶髻，上身披绿色飘带，佩有人首花环。主尊正臂拥抱明妃金刚亥母并执持金刚杵及铃，其余十臂分列身后，最上二臂于左右两侧以期克印展开象皮。左侧四手依次持颅骨碗、羂索、梵首、天杖；右侧四手持十字金刚杵、钺刀、三股叉、囊鼓。下身着虎皮裙。右腿微屈，踏红色人身，左腿伸展，踏蓝色人身，右展立姿于莲台上。明妃金刚亥母，红色身，一面二臂，头戴人首冠。左手勾于胜乐金刚颈部，右手上举持钺刀。双腿环于胜乐金刚腰部。胜乐金刚左上绘红色段生女，左下绘绿色拉玛，右上绘黄色具色女，右下绘蓝色空行女，皆为一面四臂，正二臂交叉而握，分持钺刀和颅碗，另外二臂持法鼓与天杖（图四〇）。

胜乐金刚下方有藏文题记：༄༅། ཨོཾ་ཧྲཱིཾ་བཛྲ་ཧེ་ཧེ་རུ་རུ་ཀཾ་ཧཱུཾ་ཧཱུཾ་ཕཊ། ཌཱ་ཀི་ནི་ཛ་ལ་ཤཾ་བ་རཾ་སྭཱ་ཧཱ། དཔལ་འཁོར་ལོ་སྡོམ་པ་ལ་ན་མོ།，系胜乐金刚经咒与名号（图四一）。

图四〇　胜乐金刚图像

图四一　NIII-6 下方的题记

第七铺主尊（NIII-7）：时轮金刚。保存情况一般，局部剥落。主尊上半身身色为蓝色，四面二十四臂。正面蓝色面，右侧红面，左侧有白、黄两面，每面皆有三目。头戴骷髅冠，发结交杵及月饰于顶髻。二十四臂分别为八蓝色臂、八红色臂和八白色臂。蓝色正臂怀抱明妃并执持金刚杵及铃。左侧三蓝臂自上而下依次持颅骨碗、三股叉、辐轮；右侧三臂持钺刀、三股叉、剑。红色八臂向两侧伸展，左侧四臂依次持花、海螺、绳索、弓；右侧持金刚杵、箭杆、十字金刚杵、箭杆。白色八臂同向两侧伸展，左侧四臂依次持梵首、绳索、宝珠、海螺；右侧四臂持钺刀、宝珠、箭杆、法轮。下身着虎皮裙，足下各踏二人身，右展立姿于莲台上。主尊拥抱的明妃四面八臂，身黄色，上两臂勾主尊，其余右侧三臂持钺刀、法鼓、羂索；左侧三臂持羂索、箭杆、摩尼宝。双腿与时轮金刚紧贴而立。空行母等眷属围绕四周（图四二）。

图四二　时轮金刚图像

图四三　NIII-7 下方的题记

尊像下方有藏文题记：༄༅། ཨོཾ་ཨཱཿཧཱུཾ་ཧོ་ཧཾཀྵམལཝརཡཾ་ཧཱུཾ་ཕཊ། དཔལ་དུས་ཀྱི་འཁོར་ལོ་ལ་ན་མོ།，系时轮金刚经咒与名号（图四三）。

4. 北壁（NIV）

北壁壁画分布于殿门两侧，各绘护法神一尊。

东侧主尊（NIV-1）：六臂大黑天。保存较差，剥蚀严重。蓝色身，一面六臂，头戴骷髅冠。上身带人首花环及蛇索，最上二臂展开白象皮，左右两侧第二臂因壁画部分脱落，持物均不明；左侧第三臂托颅骨碗，右臂持钺刀。下身着虎皮裙，右展立姿于莲台，脚踏白象。身后环绕火焰纹身光。眷属分布于四周，可辨有宝帐护法、吉祥天母、大黑天等。尊像下方有藏文题记：༄༅། ཨོཾ་བཛྲ་མཧཱ་ཀཱ་ལ་ × ·ཀླཧ་བཛྲ་བ་ན་ཡ་ཀཱི་ཧཱུཾ་ཧཱུཾ་ཕཊ་ཕཊ་སྭཱ་ཧཱ།，系六臂大黑天经咒（图四四）。

西侧主尊（NIV-2）：二臂阎魔。保存较差，剥蚀严重。蓝色身，牛首，头戴骷髅冠，三目。上身赤裸，身披人头花环，垂于下腹处，左臂下垂持绳索，右臂上举持骷髅杖。下身着虎皮裙，半蹲于蓝灰色水牛背上。水牛下方为一赤裸人身。主尊左脚上蹲坐遮文荼天母，蓝色身，身披瓔珞，左手捧嘎巴拉碗，托举至阎魔面前，右手后举，持火

图四四　六臂大黑天图像

图四五　二臂阎魔图像

焰叉。阎魔及其佛母身后为火焰纹身光，眷属分布四周，可辨有狮面佛母、多闻子、吉祥天母、白哈尔王等。尊像下方有藏文题记，局部可辨：༄༅།། ཨོཾ་ × × × ་ཧཱུྃ་ཕཊ༔，推测系阎魔经咒（图四五）。

（二）外壁壁画

经堂外壁共由 19 铺壁画组成。其中主壁（南壁）3 铺，两侧壁（东、西壁）各 6 铺，北壁（门两侧）4 铺。壁画内容由上至下可分为三层。第一层绘白底点彩帷幔花边一周；第二层是各铺主尊像及眷属、供养人等，个别有藏文题记；第三层以蓝绿两道纯色底收边。

外壁主壁由东至西，共绘有三铺壁画（WI-1~3）。因安装转经筒木架及中型转经筒，对壁画遮挡较为严重，保存状况不佳，刻划痕较多。壁面中央绘制释迦牟尼佛，左手结禅定印，右手结触地印，全跏趺坐于莲座上；莲座下方为对狮，中间置一方桌，上置海螺、法轮和植物；画面下方绘有恶鬼，头顶上方绘有五方佛，中间为大日如来，左侧为不空成就佛、宝生佛，右侧为阿弥陀佛与阿閦佛，十六供养菩萨分列五方佛两侧，各 8

尊，身披天衣，持法器；右侧八菩萨旁边绘尊胜佛母，三面六臂；主尊右下角绘金刚手，左下方绘着世俗装供养人与僧人，皆面向主尊，做礼拜状。壁面左侧一铺主尊像为菩萨装，身份不明，黄色身，面相浑圆，双耳下垂，戴耳环；头梳矮发髻，戴五花冠；颈间饰三道，内着红色坎肩，外披绿色天衣，下身着丝裤；佩饰臂钏、手镯与脚镯，双手结说法印，双脚结跏趺坐于莲座上；其身后绘圆形身光，外层装饰一圈未开敷花朵，上方绘云纹。在其周围绘四臂观音、天人、僧人形象等，僧人面朝主尊，做礼拜状。壁面右侧一铺绘制的也是释迦牟尼佛，手印和面相与壁面中央的主尊像一致，画面背景相对单一，主尊两侧下方为供养人（图四六）。

图四六　外壁南壁壁画配置图

图四七　外壁东壁壁画配置图

图四八　外壁西壁壁画配置图

外壁东壁由北至南，共绘制壁画6铺（WII-1~6）。第一、二铺上段被烟熏，局部漫漶不清，其余保存较好。主尊皆是施不同手印的释迦牟尼佛。第一铺与第二铺主尊皆为左手结禅定印，右手结说法印；第三铺主尊左手施说法印，右手结与愿印；第四铺主尊双手结说法印；第五铺主尊左手结说法印，右手结触地印；第六铺主尊结说法印。周围绘菩萨、僧人，莲座下方绘供养人等（图四七）。

外壁西壁由北至南，共绘制壁画6铺（WIII-1~6）。保存情况较差，损毁严重。第一铺主尊为释迦牟尼佛。左手禅定印，右手手心向下朝右伸，下方为手捧供物的僧人及世俗供养人；在供养人下方绘地狱变，红色基底，罪人置于俎板，两边各有一鬼持斧，作切割状；旁边为剑山、火海等；最下方为热釜内有罪人在其中浮沉，旁侧二鬼持棍搅拌；释迦牟尼佛左侧壁画脱落，情况不明。第二铺主尊为释迦牟尼佛。左手禅定印，右手触地印；莲台下方各有一胁侍菩萨；主尊右侧绘佛像4尊，左侧绘3尊，应为过去七佛，每尊佛像的莲座下方绘二法轮。第三铺主尊释迦牟尼佛手印与第二铺主尊相同，区别在于从身后升起9尊小像；主尊下方绘供养人。第四铺主尊释迦牟尼佛，结说法印，在其身后升起七组佛像，外绘圆圈，每组中间一大圆圈外侧七个圆圈，圈内绘佛像。第五铺主尊释迦牟尼佛双手结禅定印，自其心间放大光明。第六铺主尊释迦牟尼佛，左侧部分被毁，手印不明；在其周围绘礼拜的僧人，莲台两侧绘四大天王（图四八）。

北壁共绘有4铺壁画，两侧各两铺天王像，组成四大天王。东侧壁画保存情况较差，中心部分剥蚀，上段被烟熏，局部漫漶不清。可辨识有增长天王（WIV-1）与持国天王（WIV-2）。增长天王右手持剑，持国天王双手持琵琶（图四九）。西侧为多闻天王（WIV-3）与广目天王（WIV-4）。多闻天王右手托吐宝鼠，左手持伞盖（幢），广目天王托举覆钵式佛塔。四天王面部皆有藏人特征，着甲胄，蹬藏靴，武士形象，画面以顶天立地及火焰身光的表现形式突出其威武之感（图五〇）。

外侧回廊壁画，除了门两侧的四大天王外，共由15铺主尊像组成，包括释迦牟尼佛像14尊和菩萨像1尊。该种组合较为少见，释迦牟尼佛常见组合为三十五佛、佛传故事等。该铺壁画周围以礼拜众为主，但不见佛传故事的相关情节，仅可判断与释迦牟尼佛有关。此种构图方式推测或许与其所属教派、画派相关。同样的图像组合，在宾夕法尼亚大学考古与人类学博物馆发现有一套与其基本一致的唐卡[1]。该幅唐卡为一套十五幅，每幅唐卡绘一主尊，共有十四尊释迦牟尼佛和一菩萨像。唐卡绘制与回廊壁画基本一致。唐卡的年代为19世纪，来源地为西藏，具体的信息暂且不明，有待进一步研究。

1　见喜马拉雅艺术资源中心网站https://www.himalayanart.org，文物号为No.36334-36348。

图四九　外壁北壁东侧壁画

图五〇　外壁北壁西侧壁画

（三）其他区域壁画

其他区域的壁画主要分布于经堂门枋上、门厅及二层。门枋内 4 铺、外 5 铺，横向分布，均有不同程度烟熏破坏，局部模糊。其中内侧大致可辨，由西至东分别是黑布禄金刚、财续母（财源天母）、黄布禄金刚及白布禄金刚，尊像之间以珠宝等供物隔断（图五一）；外侧由西至东除第一铺迦楼罗、第二铺是护法神外，其余不可辨。门厅东壁上段依稀可辨为六道轮回图、北壁上段在左、右上角各有一着世俗装骑马（牛）形象人物，下方藏文题记略残，左侧为“ཡུལ་ལྷ××”，右侧为“ཡུལ་ལྷ་བྲན་ཟི（或ཡུལ་ལྷ་བྲམ་ཟེ）”，意为“本土神□□”，推测为本地神灵。下段左下角是一位印度人牵绳的形象（推测是“阿扎热牵象”图），其余零星分布，不可辨。门厅二层北壁，密修室东壁原有少量壁画，受人为因素影响，仅零星分布，不可辨。据管家介绍，一层西北角原亦有壁画，数年前改建为折角楼梯时被破坏，内容不详；二层北壁是六长寿和米拉日巴上师图，东壁是密宗护法神。

图五一　门枋内侧壁画

三、相关讨论

（一）壁画的年代

寺院经堂内、外壁壁画整体以绿色为基底，主色调为红、蓝、白等。笔者根据其内容，绘画风格等初步分析，主要有以下特点：1. 壁画整体线条流畅、色彩鲜亮，尊像法度精准，建筑等配饰融入汉地元素，属典型的成熟时期勉塘画派绘画风格，同时融合吸收了其他画派的部分特征；2. 尊像间的胁侍及眷属等多按固定仪轨进行搭配，如无量光佛下配置的长寿三尊及释迦牟尼佛身边的罗汉像等；3. 本土元素较明显，本地神、供养人面部具有藏族人特征，留长辫，着长袍等传统藏族服饰，具有明显的清代地域风格，较之马尔康新门底佛塔壁画中初露端倪的本土化风格更直接、干脆；4. 图像中纳入各教派共同的本尊神，表现出阿坝、甘孜等地壁画固有的多教派融合特点，如密集不动金刚、大威德金刚、大轮金刚手及胜乐金刚通常作为格鲁派的重要本尊，喜金刚通常作为萨迦派和早期格鲁派的重要本尊，时轮金刚为觉囊派和格鲁派的重要本尊。

同时，在《马尔康县文史资料》中明确记载了第五代土司甲尕尔乓（1512-1571 年）在位期间，与砍竹（今梭磨乡砍竹村）喇嘛罗尔伍创建了西索寺。“西索”为藏语译音，即官寨哨兵之意。解放前西索寺属于土司的物资集散地，居住者都是与土司有直接联系的人，如科巴（差人）、手艺人等[2]。据载，之后第六代土司泽旺恒周（1572-1617年）创建了额日果日丹旦宁寺，“他是土司甲尕尔乓的儿子。泽旺恒周娶妻杨忠哈姆。土司夫妇组织创建了额日果日丹旦宁寺”，但相关文献中并未说明其具体位置。西索寺的正式名称“西索贡丹达林”和“额日果日丹旦宁”寺名发音相近，故两座寺院为同一座的可能性更大。

综上所述，笔者推断寺院始建于16世纪末至17世纪初，期间经历过重建或搬迁。结合其绘画风格及世俗人物服饰特点，初步认定壁画属于17-18世纪作品。

（二）宗教环境及教派融合

马尔康是四川阿坝州各县（市）中涵盖宗教派别最多的地区，以苯教、宁玛派、觉囊派及格鲁派为大宗，兼有萨迦派、噶举派等，寺院也以苯教、宁玛派和格鲁派的寺庙为众。“根据1958年的调查，当时有格鲁派寺庙34所，包括大藏寺、马尔康寺等；宁玛派寺庙47所，包括觉那寺，那不尔加斯当寺等。”[3] 该寺官方公布为宁玛派寺院，但观察其内部供奉的主尊，除宁玛派莲花生大师外，还有格鲁派创始人宗喀巴大师。故笔者重点对宁玛派及格鲁派在马尔康，特别是卓克基片区的源流、传播进行简要梳理，以说明该寺创建的宗教背景。

宁玛派何时传入马尔康境内尚无定论，说法颇多，个别寺志中略有介绍，但其内容不尽相同，笔者在此不作深入讨论。传统观点多认为宁玛派的传入、传播与吐蕃时期的著名译师毗卢遮那（བཻ་རོ་ཙ་ན）有着重要的关系。据称被称为“七觉士”之一巴果·毗卢遮那在8世纪时被流放至今嘉绒地区，他在马尔康县等地的修行传法为宁玛派

2 《马尔康县文史资料》载：“土司甲尕尔乓当政时期，他和砍竹喇嘛罗尔伍创建了官寨以东的西索寺庙。庙内建有喇嘛罗尔伍的灵塔。据传，喇嘛罗尔伍是黄教派，他的法力十分高强，他能指挥得动有誓愿的金刚手（菩萨）。”中国人民政治协商会议马尔康县委员会：《马尔康县文史资料》（第一辑），1986：118。

3 中国科学院民族研究所、四川少数民族社会历史调查组：《马尔康及绰斯甲地区社会调查材料选集》，北京：民族出版社，1963：46。

教法传入之始，并首次在松岗和黑水两地创建了曲波罗布林寺即曲波寺和德晴朗寺[4]。传说与毗卢遮那相关的各类遗迹遍布于阿坝州马尔康、金川、小金等地。特别是今马尔康市查米村三队的毗卢遮那洞窟更是蜚声藏地。“他不仅将佛教首次传入这一地区并逐步向周边藏区特别是四川甘孜藏区和青海等地以及临近藏区的汉地部分地区扩展，还将旧译密乘中的核心法要大圆满法从马尔康这一历史上的多麦嘉绒地区回传至西藏等地，促进了佛教在西藏等藏区的弘传和兴盛，对藏传佛教的前宏期作出了不可磨灭的贡献，同时也为整个藏传佛教后来的发展尤其是宁玛教派的发展奠定了坚实基础。”[5]佛教进入后弘期，宁玛派寺院噶陀寺于12世纪在白玉地方建立；17世纪时，在当地部落首领等权贵的支持下，一批具有影响力的宁玛派寺院如白玉寺、竹庆寺、协庆寺等陆续兴建，宁玛派在四川有了较大的发展。“其中甘孜白玉寺、塔工寺、噶陀寺、竹庆寺和青海白玉达唐寺、多·知钦寺对马尔康从法脉传承上影响很大并形成各自的传承区域和信众区。涉及甘孜白玉寺传承和青海白玉达唐寺传承系的寺院有二十六座，分布在梭磨、卓克基镇、马尔康镇、松岗、脚木足、日部、白湾、木尔宗和党坝九个乡镇中……”[6]。宁玛派自8世纪以来传入马尔康地区，经过长期的发展，在该地区特别是卓克基片区具有较大的影响力。

格鲁派传入马尔康的时间线索较宁玛派更为清晰。格鲁派成立后，于15世纪传入阿坝地区，宗喀巴的弟子们到此传法、建寺，特别是察柯·阿旺扎巴（ཚ་ཁོ་ངག་དབང་གྲགས་པ）和绒钦·格敦坚参（རོང་ཆེན་དགེ་འདུན་རྒྱལ་མཚན）修建第一座寺院亚葛寺和最后一座寺院大藏寺等事迹，在宗喀巴大师传记、《安多政教史》中皆有记载。“格鲁派(黄教)于十五世纪由宗喀巴大师的亲炙弟子察柯·阿旺扎巴和茸钦甲纳巴（即绒钦·格敦坚参）传入州境。……并在安多和多麦地区创建了一百零八座格鲁派寺院，首座是亚葛寺（ཡག་

4　阿坝州政协文史和学习委员会编《阿坝州藏传佛教开放寺院资料汇编》(阿坝州文史第三十一辑)，2011：12。《马尔康县文史资料》也认为“罗尔依日拉波时期(约8世纪)，藏族宁玛派大译师八戈尔·白诺杂纳来到查柯译经传教。在他以前整个查柯属原始宗教，本钵教。自他来后，多数地方改成宁玛教，从而创立了显教和密教。”参见中国人民政治协商会议马尔康县委员会：《马尔康县文史资料》(第一辑·四土部分)，1986：6。《马尔康县志(1991-2005)》也记载：“白诺扎拉在卓克基查米半山自然岩洞里修行，著述极多。白诺扎纳(拉)在县境内先后修造寺庙5座。12世纪中叶，梭磨的茸青班，党坝的谢拉班拜甘孜白玉县噶陀寺噶当巴德协为师，学成归后在县境内修建寺庙。17世纪初噶陀寺高觉弟子龙珍根让谢拉班另立门户，创建白玉寺，先后在境内建寺27座。”马尔康地方志编纂委员会：《马尔康县志(1991-2005)》北京：方志出版社，2014：79。

5　阿坝州政协文史和学习委员会编：《阿坝州藏传佛教开放寺院资料汇编》(阿坝州文史第三十一辑)，2011：12。

6　阿坝州政协文史和学习委员会编：《阿坝州藏传佛教开放寺院资料汇编》(阿坝州文史第三十一辑)，2011：20。

མགོ་དགོན），最后一座是今马尔康县大藏乡的大藏寺。该寺寺名‘大藏’二字，意为‘齐备’，就是以察柯 · 阿旺扎巴创建一百零八座寺庙齐备而得名……加之清乾隆皇帝两征大小金川后在嘉绒地区强行将大小金川及马尔康和理县等地的部分苯教寺庙及其信众区强行改信格鲁教派，促进了格鲁派在州境的发展。”[7]

此外，格鲁派在此地的发展还与卓克基土司家族有着密不可分的关系，以第三代土司南卡乓（1401-1447 年）支持从西藏归来的察柯 · 阿旺扎巴在官寨以南修建察柯寺（ཚ་ཁོ་དགོན་པ）为开端。“卓克基官寨以南的查果（纳足）寺庙，在南卡乓土司的帮助下，由阿旺扎巴组织创建的。该寺庙叫额尔单达尔基宁，又名亚木果寺。寺内存放着阿旺扎巴（遗体）的灵塔，灵塔内又装一千尊沙查（泥法砣）。”[8] 直至清雍正时期的第十代土司三郎纳木吉（1794-1817 年）时期，都以推崇格鲁派为主。格鲁派自 14 世纪以来在马尔康地区，特别是在卓克基土司的支持下，在此片区得到长足的发展，逐渐成为具有较大影响力的宗教派别之一。

综上所述，笔者认为格鲁派和宁玛派在卓克基地区在一定时间内并存发展。寺院管家及信众也认为“该寺创立之初系卓克基土司家庙之一，一直在西索村内，未曾搬迁。因卓克基片区内格鲁派和宁玛派都具有较大影响力，为达到宗教及政治管理的平衡，故在修建寺庙时有意将两派进行融合，东壁体现格鲁派教义、西壁体现宁玛派传承。”但关于寺院是否搬迁过则有不同说法：“该寺座落在西索二村背后山梁上，因地处西索村辖区而得名，寺院原名叫‘俄尔尖旦培伦’，系宁玛派，始建于藏传佛教后弘期土虎年（978 年）。该寺最初建在海拔四千多米的西索高山上，因离信教群众居住地太远，后迁至今之驻地。”[9] 因此，关于寺址，推测有两种可能性：一是未曾搬迁，建寺之初是按照格鲁派仪轨进行规划建造，但融合进部分宁玛派思想；二是原寺院搬迁时，格鲁派已占据主导地位，但两座寺院仍合并，归宗为宁玛派。

7　阿坝州政协文史和学习委员会编：《阿坝州藏传佛教开放寺院资料汇编》（阿坝州文史第三十一辑），2011：14-15。《马尔康县志（1991-2005）》也记载，“14 世纪，宗喀巴弟子察柯 · 堪钦阿旺扎巴在马尔康地区传教，大兴格鲁派，兴建寺院，并将不少其他教派寺院改宗为格鲁派寺院。阿旺扎巴一生兴建 108 寺，县境内大藏寺是其修成的最后一座寺庙。阿旺扎巴圆寂于马尔康纳足沟山坳之中，后建庙造塔，名查果（察柯）寺。”见该书第 79 页。

8　中国人民政治协商会议马尔康县委员会：《马尔康文史资料》（第一辑），1986：116。

9　阿坝州宗教局编印：《阿坝州宗教通览》，1999：115。

四、小结

丹达伦寺经堂壁画具有重要的文物、艺术价值，作为寺庙壁画遗存，相较唐卡年代更为明确。其壁画绘制精美，保存相对完好，对于研究勉塘画派及噶玛噶孜画派的绘画风格提供了重要的实物依据。作为宁玛派寺庙，经堂内同时绘制格鲁派上师及护法神，表现了清代格鲁派在马尔康的重要地位，影响着其他教派的发展，对于研究清代马尔康甚至阿坝地区教派关系，提供了重要的实物资料。

附记：本文得到西藏大学古籍研究中心夏吾卡先副研究馆员的尽心指导，特此致谢！笔者受学识所限，对壁画配置内涵、艺术风格等的分析研究很不充分，望有识之士予以指导帮助。

调查：李勤学　邓勇　泽郎头　潘莉　王扎龙巧利　卞全琴　王静　三朗罗尔吾

绘图：邓勇　李勤学

摄影：潘莉　王静　泽朗头

执笔：李勤学　卢素文　邓勇　潘莉　泽朗头

◆ 李勤学　阿坝藏族羌族自治州文物考古研究所馆员

卢素文　四川大学博物馆馆员

邓　勇　阿坝藏族羌族自治州文物考古研究所副研究馆员

潘　莉　阿坝藏族羌族自治州文物考古研究所助理馆员

泽朗头　马尔康市文物管理所馆员

丝绸之路和唐蕃古道上的《金光明最胜王经》及其经变*

张延清（华青道尔杰）　张大利

内容摘要： 吐蕃经营丝绸之路的上百年时间，藏、汉两种文字的《金光明最胜王经》的传抄、读诵异常兴盛。吐蕃不仅从梵文翻译了此经的全译本和简缩本，还从汉文全译了此经，使此经成为丝绸之路上流传最广的五部佛经之一。由于统治阶层和普通百姓的共同推崇，此经由“经”入“画”，作为经变，被绘制在了莫高窟。那么现今刊布的大藏经《甘珠尔》中多种版本的《金光明最胜王经》，能否在敦煌抄本中找到对应经本呢？经过深入梳理，本文将德格版《甘珠尔》中的《金光明最胜王经》诸版本在敦煌佛经文献中一一找出了对应抄本。在此基础上，本文对敦煌莫高窟所绘中唐金光明最胜王经变在前人基础上作了梳理，结合《金光明最胜王经》的翻译和传播，认为吐蕃经营丝绸之路期间，为中华文明的繁荣和中华民族交往交流交融作出了历史性贡献；绘有金光明最胜王经变的吐蕃洞窟壁画，成为各种文明在丝绸之路交流、共融，丝绸沿线各个族群互动、融合的历史画卷。

* 本文为国家社科基金一般项目“吐蕃时期于阗佛教东传敦煌研究”（20BZS143）中期研究成果，也是四川大学铸牢中华民族共同体意识研究基地专项基金资助项目。

一、德格版《甘珠尔》所收《金光明最胜王经》诸版本

德格版《甘珠尔》共收录《金光明最胜王经》（或称《金光明妙法最胜诸经王》）三部，第一部是法成由汉文翻译的《金光明最胜王经》，在德格版大藏经“རྒྱུད་འབུམ”部“པ”函（图一），这部经卷在藏文大藏经永乐版、理塘版、北京版、那塘版、卓尼版、库仑版、拉萨雪版中均有收录，德格版卷首标题为：

༄༅། །རྒྱ་ཡི་སྐད་དུ། ཏཱ་ཤིན་གྱིན་ཀྱང་མྱིའུ་ཙའི་ཤིན་ཝང་ཀྱིན། བོད་སྐད་དུ། འཕགས་པ་གསེར་འོད་དམ་པ་མཆོག་ཏུ་རྣམ་པར་རྒྱལ་བའི་མདོ་སྡེའི་རྒྱལ་པོ་ཐེག་པ་ཆེན་པོའི་མདོ།[1]

汉语曰：大乘金光明最胜王经；藏语曰：大乘金光明最胜王经。

卷首用藏语音写了汉语“大乘金光明最胜王经（ཏཱ་ཤིན་གྱིན་ཀྱང་མྱིའུ་ཙའི་ཤིན་ཝང་ཀྱིན)”，卷尾有译经题记：

འཕགས་པ་གསེར་འོད་དམ་པ་མཆོག་ཏུ་རྣམ་པར་རྒྱལ་བ་མདོ་སྡེའི་རྒྱལ་པོ་ཞེས་བྱ་བ་ཐེག་པ་ཆེན་པོའི་མདོ་རྫོགས་སོ།། །།ཞུ་ཆེན་གྱི་མཁན་པོ་དང་ལོ་ཙྪ་བ་བཙོམ་ལྡན་འདས་ཀྱི་རིང་ལུགས་པ་བཟེ་ཆོས་གྲུབ་ཀྱིས་རྒྱའི་དཔེ་ལས་བསྒྱུར་ཅིང་ཞུས་ཏེ་གཏན་ལ་ཕབ་པ།། །།[2]

圣大乘金光明最胜王经终了，大校阅师、大德译师，三学法律、沙弥法成依汉典翻译、校定。

法藏敦煌文献 P.t.499 即为法成所译金光明最胜王经抄本封面（图二），标题为：

༄།། །།རྒྱ་སྐད་དུ། དེའི་ཤིང་ཀྱིམ་ཀོང་མྱི་རྡེའི་ཞིང་ཝོང་ཀྱི།། །།

汉语曰：大乘金光明最胜王经。

法成所译《金光明最胜王经》（简称法成译本德格版），是义净译本的藏译本，无论从卷、品到内容，都与《大正新修大藏经》所收义净译本一一对应，因篇幅所限，不再展开，将另文论述。

1 《中华大藏经 · 甘珠尔（对勘本）》第 89 册，北京：中国藏学出版社，2008：80。

2 《中华大藏经 · 甘珠尔（对勘本）》第 89 册，2008：387。

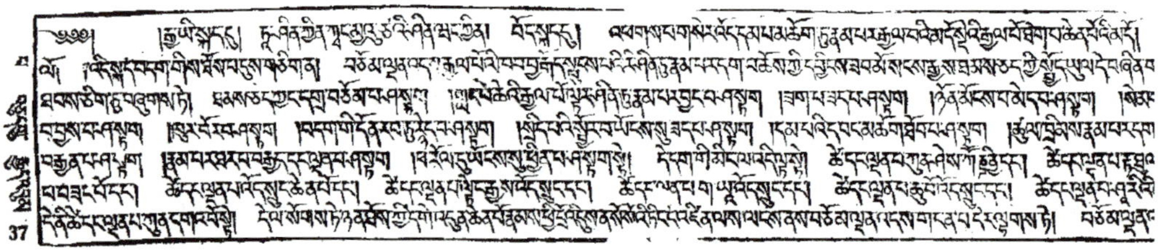

图一　法成译本德格版《大乘金光明最胜王经》截图

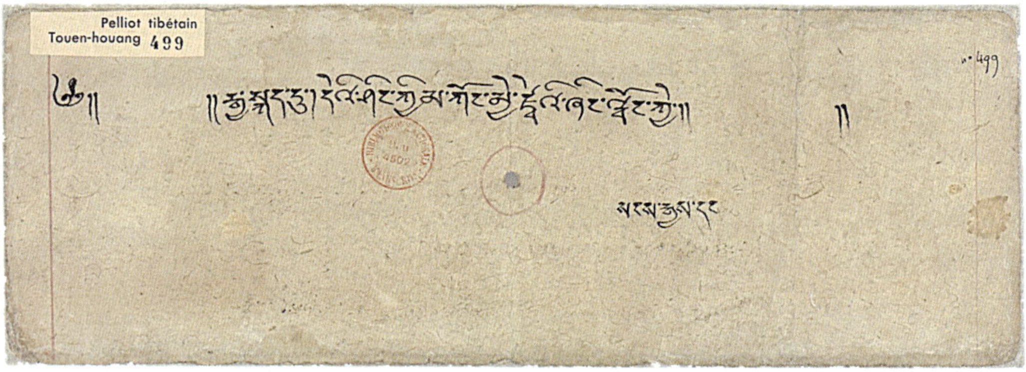

图二　法成译藏文《大乘金光明最胜王经》封面页（采自国际敦煌项目 IDP）

德格版《甘珠尔》所收第二部《金光明最胜王经》（或称《金光明妙法最胜诸经王》），在德格版大藏经“རྒྱུད་འབུམ”部“པ”函（图三），这部经在藏文大藏经永乐版、理塘版、北京版、那塘版、卓尼版、库仑版、拉萨雪版中均有收录，是由大译师智军（ཡེ་ཤེས་སྡེ）等人根据梵文原本所译，卷首标题为：

༄༅། །རྒྱ་གར་སྐད་དུ། ཨཱརྱ་སུ་ཝརྞ་པྲ་བྷཱ་སོཏྟ་མ་སཱུ་ཏྲེནྡྲ་རཱ་ཛ་ནཱ་མ་མ་ཧཱ་ཡཱ་ན་སཱུ་ཏྲ། བོད་སྐད་དུ། འཕགས་པ་གསེར་འོད་དམ་པ་མདོ་སྡེའི་དབང་པོའི་རྒྱལ་པོ་ཞེས་བྱ་བ་ཐེག་པ་ཆེན་པོའི་མདོ།[3]

梵语曰：圣大乘金光明妙法最胜诸经王；藏语曰：圣大乘金光明妙法最胜诸经王。

智军译本与法成译本在标题表述上略有不同，其卷尾译经题记为：

3 《中华大藏经 · 甘珠尔（对勘本）》第 89 册，2008：460。

པཎྜི་ཏ་ཛི་ན་མི་ཏྲ་དང་། སུ་རེནྡྲ་བོ་དྷི་དང་། ཞུ་ཆེན་གྱི་ལོ་ཙྪ་བ་བནྡེ་ཡེ་ཤེས་སྡེས་བསྒྱུར་ཅིང་ཞུས་ཏེ་སྐད་གསར་ཆད་ཀྱིས་གཏན་ལ་ཕབ་པ།། ||[4]

班智达孜那弥扎、苏陵扎菩提、大校阅师沙弥智军翻译、校对，并依新厘定文字审定。

智军全译本德格版共分十卷、二十九品，其卷、品标题和顺序与法成译本德格版相较，完全对应，唯有法成译本第十卷末尾两品，即“大辩才天女讚叹品”和“付嘱品”智军全译本未载。

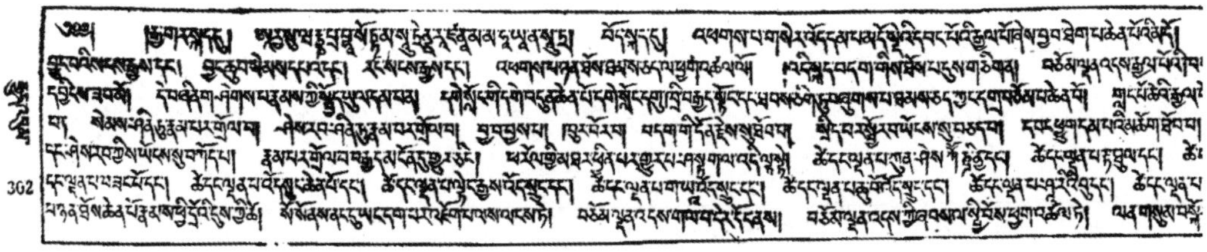

图三　智军全译本德格版《大乘金光明最胜经王》首叶截图

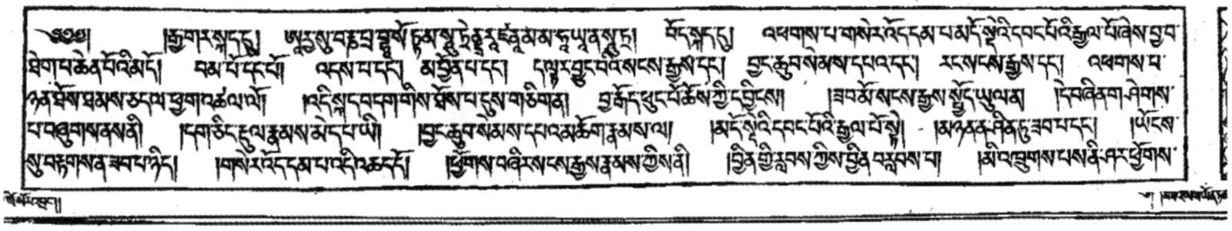

图四　德格版《大乘金光明最胜王经》简缩本首叶截图

德格版《甘珠尔》所收第三部《金光明最胜王经》(或称《金光明妙法最胜诸经王》) 在“རྒྱུད་འབུམ”部“པ”函(图四)，这部经在藏文大藏经永乐版、理塘版、北京版、那塘版、卓尼版、库仑版、拉萨雪版中均有收录。这部《金光明最胜王经》末尾无译经题记，但是经过笔者的仔细核对，发现它是智军全译本的简缩版(下称智军译本德格简缩版)，智军全译本德格版与简缩版相较，全译本共分十卷二十九品，简缩版分五卷二十一品。其中“分别三身品”“灭业障品”“最净地陀罗尼品”“金胜陀罗尼品”“依空满愿品”“如意宝珠品”共计6品简缩版不载，而全译本之“四天王观察人天

4 《中华大藏经·甘珠尔(对勘本)》第89册，2008：743。

品”和“四天王护国品”两品在简缩本中合为“四天王品”一品。全译本之“大吉祥天女品”和“大吉祥天女增长财物品”在简缩本中合为一品，作“大吉祥天女品”。“善生王品”“诸天药叉护持品”“授记品”“除病品”“长者子流水品”“舍身品”“十方菩萨讚叹品”“妙幢菩萨讚叹品”以及作为结尾品“菩提树神讚叹品”，共计九品，全译本与简缩本内容完全重合，其他十二品内容，在全译本的基础之上，简缩本作了删减、改编和个别内容调整。

二、敦煌《金光明最胜王经》诸版本

墀松德赞、墀德松赞及墀祖德赞祖孙三代赞普在丝绸之路大力兴佛，曾经盖有赞普印信的兴佛诏令在丝绸之路传达，法藏 S.3966 号《大乘经纂要义》尾题（图五）记载：

> 壬寅年六月大蕃国有赞普印信并此十善
> 经本传流诸州流行读诵，后八月十六写毕记。[5]

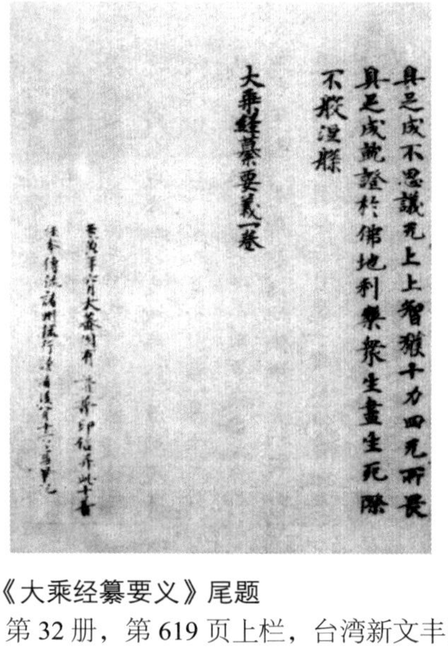

图五　法藏 S.3966《大乘经纂要义》尾题
（采自《敦煌宝藏》第 32 册，第 619 页上栏，台湾新文丰出版公司，1981）

5　张延清：《吐蕃敦煌抄经研究》，北京：民族出版社，2016：74。

吐蕃统治敦煌期间，只有一个壬寅年，即公元 822 年，是墀祖德赞即位第八年，藏历水虎年。吐蕃统治者在敦煌兴起的佛经抄写运动，既是一次兴佛壮举，也是一场大规模的文化普及运动。

在吐蕃经营丝绸之路期间，统治阶层下令在丝绸之路广泛传抄佛教经本，《金光明经》当是丝绸之路上广泛传抄的佛教经本之一。藏经洞出土汉文佛经文献中，《金光明经》是数量最多的五部佛经之一，这五部佛经分别是：《金刚般若波罗蜜多经》《大般涅槃经》《金光明经》《妙法莲花经》和《维摩诘所说经》。从藏经洞出土汉文《金光明经》，现行刊本有三种，即北凉昙无谶译《金光明经》，分四卷、十八品；隋释宝贵合诸家译本缀成《合部金光明经》，分八卷、二十四品；唐义净译《金光明最胜王经》分十卷、三十一品。这三个译本中义净本最为完备，属丝绸之路流传最广者。朱若溪的博士论文《〈金光明经〉敦煌写本研究》一文，对藏经洞出土汉文《金光明经》作了系统梳理，他调查的结果是藏经洞所出《金光明》写本共计 2522 个卷号，“其中昙无谶本的写本 225 号，宝贵本的写本 144 号，义净本的写本 1926 号，义净本咒语抄本 19 号”。[6]

吐蕃时期主要传抄《金光明最胜王经》，有关其抄写年代，张秀清在《敦煌写〈金光明最胜王经〉断代》一文中，根据抄经题记，认为“《金光明最胜王经》比较流行集中的时期是在九世纪半到十世纪初期的张氏时期，尤其是在张承奉时期更多。”[7] 作者将《金光明经》流行时期定为九世纪半似为不妥，结合金光明经抄经题记和金光明经变的流行时间，《金光明经》的流行时期为九至十世纪初似更为合理。举例说明：

吐蕃时期作为“官经”的藏、汉两文《大般若波罗蜜多经》，由官方组织抄写，从现有资料来看，汉文大般若经的抄写在九世纪初期，如藏经洞出土、由滨田德海（旧）藏《大般若波罗蜜多经》的抄经尾题为：

> 大般若波罗蜜多经卷第三百廿八
>
> 尼妙相写
>
> 大蕃岁次戊戌年三月廿五日、李生张涓子操本写、故记之也。[8]

---

6 朱若溪：《〈金光明经〉敦煌写本研究》，浙江大学博士学位论文，2017：1。

7 张秀清：《敦煌写〈金光明最胜王经〉断代》，《鸡西大学学报》2011（8）：147-148；池田温在《中国古代写本识语集录》中也将道斌、智照、张寺嘉、张瀛、王涵等抄经生所抄《金光明最胜王经》定为九世纪早期。

8 池田温：《中国古代写本识语集录》，东洋文化研究所丛刊第十一辑，东京：大藏出版社，1990：337。

吐蕃时期的戊戌年为公元818年，同时期的抄经题记还如北图BD.13935《大般若波罗蜜多经》尾题：

大般若波罗蜜多经卷第一百廿五

庚子年五月　日、三界寺×××××[9]

吐蕃时期的庚子年为公元820年。

九世纪初期，作为弘佛举措之一，由吐蕃发起的抄经运动中，涌现出近700人的抄经队伍[10]，其中有一部分熟练掌握藏、汉双语的抄经生，他们同时抄写藏、汉两文的《大般若波罗蜜多经》。在这批抄经生中，抄写汉文大般若经的抄经生如智照，在北图BD.03130《大般若波罗蜜多经》抄本中有他的抄经题记：

大般若波罗蜜多经卷第四

智照写[11]

智照抄写《大般若波罗蜜多经》的题记还出现在北图BD.01372、北图BD.00987、S.280、6352等经卷中。作为抄经僧，智照还抄写了北图BD.14800《四分律戒本疏卷第二》和《佛说父母恩重经》，法藏P.2285《佛说父母恩重经》抄经题记如下：

佛说父母恩重经

丁卯年十一月廿九日、奉为亡妣写毕。孤子比丘智照。[12]

吐蕃时期的丁卯年为公元847年。智照抄写的北图BD.01850、S.2040《金光明最胜王经》抄经尾题为：

金光明经卷第四（或卷第七）

9　任继愈主编:《国家图书馆藏敦煌遗书》第116册，北京图书馆出版社，2012：388。
10　张延清:《吐蕃敦煌抄经研究》，2016：104。
11　任继愈主编:《国家图书馆藏敦煌遗书》第42册，2012：357。
12《法藏敦煌西域文献》第11册，上海古籍出版社，1998：29。

比丘智照写[13]

抄写大般若经的抄经生还如道斌，北图 BD.14502《大般若波罗蜜多经》抄经尾题为：

大般若波罗蜜多经卷第八十一

比丘道斌写[14]

道斌还抄写了 S.987、5210、6816、P.2112、北图 BD.02673《大般若经》，道斌的抄经题记还出现在北图 BD.13814《妙法莲华经》、S.2282《维摩诘经》中。

北图 BD.03776、北图 BD.00789《金光明最胜王经》卷二、卷三也是由道斌抄写的：

金光明最胜王经卷二（或第三）

比丘道斌写。[15]

道斌抄写的《金光明最胜王经》还如北图 BD.0384 等。

和智照、道斌等一起抄写大般若经的还有张寺嘉，他抄写的大般若经如 S.283、上海图 008 号等。上海图 008 号的抄经尾题为：

大般若波罗蜜多经卷第廿二

张寺嘉写，第一校，第二校，第三校。[16]

S.5129《金光明最胜王经》也是由张寺嘉抄写的：

金光明最胜王经卷第十

张寺嘉[17]

13 任继愈主编：《国家图书馆藏敦煌遗书》第 25 册，2012：298。

14 任继愈主编：《国家图书馆藏敦煌遗书》第 128 册，2012：291。

15 任继愈主编：《国家图书馆藏敦煌遗书》第 52 册，2012：324；第 11 册，2012：172。

16 池田温：《中国古代写本识语集录》，东洋文化研究所丛刊第十一辑，1990：354。

17 池田温：《中国古代写本识语集录》，东洋文化研究所丛刊第十一辑，1990：382。

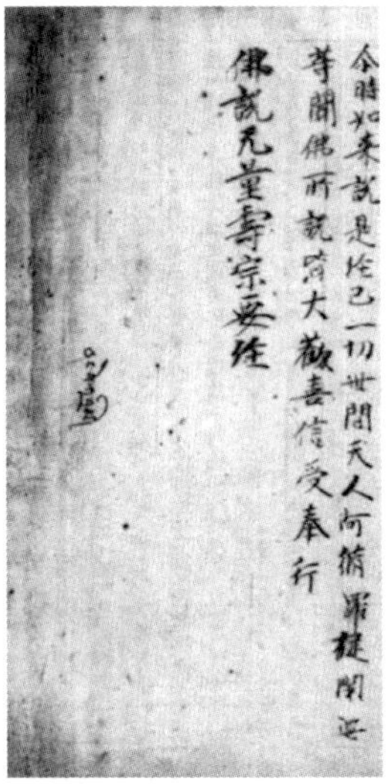
尒時如來說是經已一切世間天人阿脩羅揵闥婆
等聞佛所說皆大歡喜信受奉行
佛說无量壽宗要經

图六　北图 BD.7985《佛说无量寿宗要经》尾题
（采自《敦煌宝藏》第 108 册，第 444 页下栏）

张寺嘉还熟练掌握了藏文，如在北图 BD.7985《佛说无量寿宗要经》的尾题中，张寺嘉干脆只用藏文署名（图六）：

ཅང་སི་ཀ་བྲིས།
张寺嘉抄。[18]

题记藏文运笔熟练，字迹流畅，不像是初学者的笔迹。同时抄写大般若经的抄经生还如张瀛、王涵等，限于篇幅，不再展开。

综上所述，吐蕃发起的抄经运动中，汉文金光明最胜王经是抄写重点之一，其抄写年代为九至十世纪初。

吐蕃掌管丝绸之路伊始，受以墀松德赞为代表的吐蕃统治阶层推崇的《金光明最胜王经》就盛行于西域[19]，法成译本、智军全译本和简缩本在藏经洞出土古藏文文献中均有抄本，如法藏 P.t.499、504、505、0507，英藏 IOL.Tib.J.VOL.17、31、34、39、44 等，

18　张延清：《吐蕃敦煌抄经研究》，2016：184，书中的“张寺加”是藏文“ཅང་སི་ཀ”的音译，译为“张寺嘉”似更为合理。

19　有关《金光明最胜王经变》的敦煌版本，参见萨仁高娃《〈金光明经〉版本流变》，载沈卫荣编：《西域历史语言研究集刊》第 2 辑，北京：科学出版社，2009：193-204。

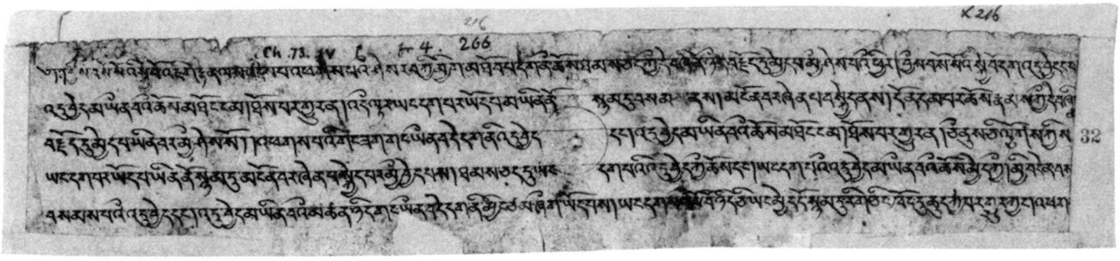

图七 英藏 IOL.Tib.J.VOL.34《金光明最胜王经》片段
（采自《英藏敦煌西域藏文文献》⑦，第 239 页上栏）

下面将举例说明。

法成译本敦煌本：英藏 IOL.Tib.J.VOL.34 中编目序号为 28、29、30、31、32、36 的几张经叶均为法成译本的敦煌抄本，其中 28、29、30、31 等 4 叶残损较为严重，现以序号为 32 的经叶（图七）进行对比分析。经叶正面经文：

1. ༄། །བྱིས་པ་སོ་སོའི་སྐྱེ་བོ་འཇིག་རྟེན་ལས་འདས་པའི་འཕགས་པའི་ཤེས་རབ་ཀྱི་མྱིག་མ་ཐོབ་པ་དག་ནི་ཆོས་ཐམས་ཅད་ཀྱི་དེ་བཞིན་ཉིད་བརྗོད་དུ་མྱེད་པ་མྱི་ཤེས་པའི་ཕྱིར། བྱིས་པ་སོ་སོའི་སྐྱེ་བོ་དག་འདུ་བྱེད་དང་

2. འདུ་བྱེད་མ་ཡིན་པའི་ཆོས་མཐོང་ངམ། ཐོས་པར་གྱུར་ན། འདི་ལྟར་ཡང་དག་པར་ཡོད་པ་ཡིན་ནོ་སྙམ་དུ་བསམས་ནས། མངོན་པར་ཞེན་པ་བསྐྱེད་ནས། དོན་དམ་པར་ཆོས་རྣམས་ཀྱི་དེ་བཞི་ (ཉིད)

3. བརྗོད་དུ་མྱེད་པ་ཡིན་པར་མྱི་ཤེས་སོ། །[20]

愚痴异生，未得出世圣慧之眼，未知一切诸法真如不可说故。是诸凡愚，若见若闻行非行法，如是思惟，便生执着，谓以为实，于第一义不能了知诸法真如是不可说。[21]

这是第十品“依空满愿品”内容，同样的内容，法成译本德格版作：

བྱིས་པ་སོ་སོའི་སྐྱེ་བོ་འཇིག་རྟེན་ལས་འདས་པའི་འཕགས་པའི་ཤེས་རབ་ཀྱི་མིག་མ་ཐོབ་པ་དག་ནི་ཆོས་ཐམས་ཅད་ཀྱི་དེ་བཞིན་ཉིད་བརྗོད་དུ་མེད་པ་མི་ཤེས་པའི་ཕྱིར་བྱིས་པ་སོ་སོའི་སྐྱེ་བོ་དག་འདུ་བྱེད་དང་འདུ་བྱེད་མ་ཡིན་པའི་ཆོས་མཐོང་ངམ་ཐོས་པར་གྱུར་ན་འདི་ལྟར་ཡང་དག་པར་ཡོད་པ་ཡིན་ནོ་སྙམ་དུ་བསམས་ནས་མངོན་

20 金雅声、赵德安、沙木主编：《英藏敦煌西域藏文文献》⑦，上海古籍出版社，2015：239。

21 译文采自《大正新修大藏经》第 16 册，No. 665，中国台北：新文丰出版社，1998：426。

པར་ཞེན་པ་བསྐྱེད་ནས་དོན་དམ་པར་ཆོས་རྣམས་ཀྱི་དེ་བཞིན་ཉིད་བརྗོད་དུ་མེད་པ་ཡིན་པར་མི་ཤེས་སོ།།[22]

二者除了书写和断句上的差异外内容几近重合。同样的例子还有英藏 IOL.Tib. J.VOL.34 中编目序号为 36 的经叶以及法藏 P.t.0502 号经叶，这两张经叶，经与法成译本德格版相较，除了一些书写差别、标点及个别字词外，内容完全重合，也用实例证明法成译本不仅在敦煌，也在吐蕃本土被广泛传抄、流布。

智军全译本敦煌抄本：法藏 P.t.0507A 是智军全译本敦煌抄本《大乘金光明妙法最胜诸经王》第六卷、第十二品“四天王护国品”内容，现录此卷第 5 栏（图八）部分内容以资说明：

1. ཇི་ལྟར་བདག་གི་ལུས་ལ་བརྟེན་པ་དང་། སྟོབས་དང་། མཐུ་ཆེན་པོ་བསྐྱེད་པར་འགྱུར་བ་དང་། ཇི་ལྟར་
2. བདག་ཅག་གི་ལུས་ལ་གཟི་བརྗིད་དང་དཔལ་དང་། མཐུ་ལྷག་པར་འཕྱུག་པ་དང་། ཅི་ལྟར་འཛམ་བུའི་གླིང་
3. ཐམས་ཅད་དུ་ཤིན་ཏུ་ལོ་ལེགས་པར་འགྱུར་བ་དང་། རབ་ཏུ་་དགའ་བར་འགྱུར་བ་དང་། ཇི་ལྟར་འཛམ་
4. བུའི་གླིང་དུ་གཏོགས་པའི་སེམས་ཅན་ཐམས་ཅད་བདེ་བར་འགྱུར་བ་དང་། དགའ་བ་མང་པོ་སྤྱོད་པར་
5. འགྱུར་བ་དང་།།[23]

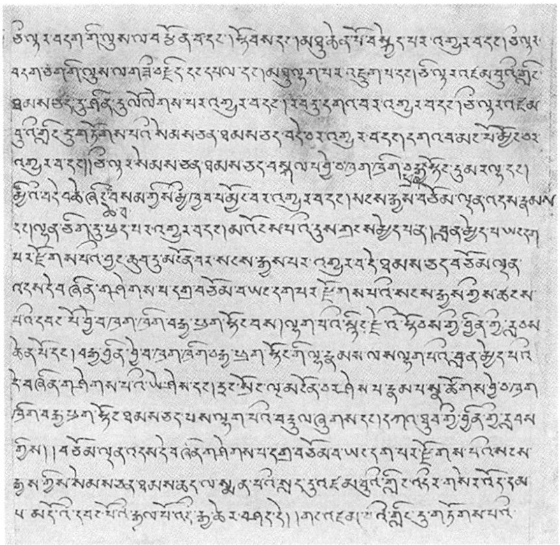

图八　法藏 P.t. 0507A（采自《法藏敦煌藏文文献》⑥，第 93 页上栏）

22《中华大藏经 · 甘珠尔（对勘本）》第 89 册，2008：223。

23 金雅声、郭恩主编：《法藏敦煌藏文文献》⑥，上海古籍出版社，2008：93。

同样的内容在智军全译本德格版中作：

ཅི་ནས་བདག་ཅག་གི་ལུས་ལ་བརྩོན་འགྲུས་དང་སྟོབས་དང་། མཐུ་ཆེན་པོ་སྐྱེད་པར་འགྱུར་བ་དང་༏ ཅི་ནས་བདག་ཅག་གི་ལུས་ལ་གཟི་བརྗིད་དང་། དཔལ་དང་། ཕུན་སུམ་ཚོགས་པ་རབ་ཏུ་འཇུག་པར་འགྱུར་བ་དང་། ཅི་ནས་འཛམ་བུའི་གླིང་ཐམས་ཅད་དུ་ལོ་ལེགས་ཤིང་ཉམས་དགའ་ལ། སྐྱེ་བོ་དང་མི་མང་པོས་གང་བར་འགྱུར་བ་དང་། ཅི་ནས་འཛམ་བུའི་གླིང་ཐམས་ཅད་ན་གནས་པའི་སེམས་ཅན་རྣམས་བདེ་བར་འགྱུར་བ་དང་། དགའ་བ་སྣ་ཚོགས་སྤྱོད་པར་འགྱུར་བ་དང་༏[24]

我等（四王），气力充实，增益威光，精进勇猛，神通倍增，赡部洲大地沃壤，苗稼成就，人民炽盛，安隐丰乐。

上引两段经文相较，除个别表述有所不同，语句整体一一对应，而且字、词基本对应，只是由于同一版本的经文在传抄中，译师们在个别地方稍有调整，也有传抄失误的成分。而同样的内容与法成译本德格版相校，前二者与法成译本内容繁减和文字表述上都有较大区别。

法藏 P.t. 0059B，是《金光明妙法最胜诸经王》“最净地陀罗尼品”内容，现引一段加以说明，B1 正面如下（图九）：

1. ༄། །མེན་ཏོག་གི་ཐུམ་པོས་མཆོད་ནས། །བཅོམ་ལྡན་འདས་ལ་འདི་སྐད་ཅེས་གསོལ་ཏོ། །བཅོམ་ལྡན་འདས་བྱང་ཆུབ་སེམས་ལས། བྱང་ཆུབ་ཀྱི་སེམས་ཤེས་བགྱི།བ་ཇི་ཙམ་གྱིས་ན་བཅོམ་ལྡན་འདས་བྱང་

2. ཅུབ་སེམས་དཔའ་བྱང་ཅུབ་གྱི་སེམས་དང་ལྡན་པ་ལགས། བཅོམ་ལྡན་འདས་བྱང་ཅུབ་གྱི་སེམས་གང་ལགས། །བཅོམ་ལྡན་འདས་བྱང་ཅུབ་ལ་ནི་སེམས་དང་སེམས་ཆན་དུ་མ་དམིགས་ཀྱི་དམིགླ་

3. དམིགས་སུ་མ་མཆིས། །བྱང་ཅུབ་མ་གཏོགས་པར་བྱང་ཆུབ་ཀྱི་སེམས་ཀྱང་མི་སྐྱེ་བྱང་ཅུབ་ནི་བརྗོད་དུ་མེད། སེམས་ནི་གཟུགས་མེད་དེ་བསྟནད་དུ་མེད། ཀྱི་ཐོགས་བ་ཀྱི་སྣང་བ། ཀྱི་རིག་པའ་སེམས་ཆན་ཀྱང་

4. ཀྱི་དམིགས་པ་ན། །བཅོམ་ལྡན་འདས་དེ་ཇི་ལྟར་ན་ཆོས་དེ་དག་གི་དོན་ཆུད་པར་བགྱི།[25]

花香宝幢幡盖供养已，白佛言：“世尊！即于菩提心，以几因缘得菩提心？何者是菩提心？世尊！即于菩提，菩提心不可得，一切众生亦不可得。离于菩提，菩提心亦不可得。菩提者，不可言说，心亦无色无相，无有事业，非可造作，众生亦不可得。世尊！云何诸法甚深之义而可得知？

24《中华大藏经 · 甘珠尔（对勘本）》第 89 册，2008：626-627。

25 金雅声、郭恩主编：《法藏敦煌藏文文献》②，2006：112。

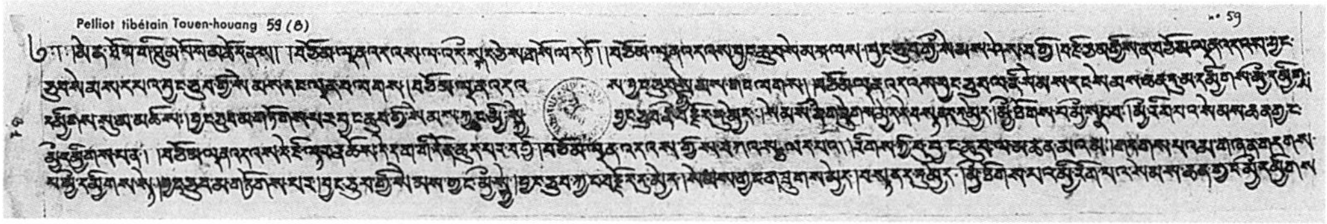

图九　法藏 P.t.059B（采自《法藏敦煌藏文文献》②，第 112 页）

上引经文，在德格版智军全译本中对应的内容属“最净地陀罗尼品”的内容，而在智军简缩本中，此品不载，现引文如下：

（བམ་པོ་བཞི་པ། དེ་ནས་བྱང་ཆུབ་སེམས་དཔའ་སེམས་དཔའ་ཆེན་པོ་བློ་གྲོས་མི་ཟད་པ་སྟན་ལས་ལངས་ཏེ། བླ་གོས་ཕྲག་པ་གཅིག་ཏུ་གཟར་ནས། པུས་མོ་གཡས་པའི་ལྷ་ང་ས་ལ་བཙུགས་ཏེ། བཅོམ་ལྡན་འདས་ག་ལ་བ་དེ་ལོགས་སུ་ཐལ་མོ་སྦྱར་བ་བཏུད་ནས། བཅོམ་ལྡན་འདས་ལ་རིན་པོ་ཆེ་སྣ་ཚོགས་ཀྱི་མེ་ཏོག་གི་གདུགས་དང་།）མེ་ཏོག་གི་ཕུར་མས་མཆོད་ནས། བཅོམ་ལྡན་འདས་ལ་འདི་སྐད་ཅེས་གསོལ་ཏོ། །བཅོམ་ལྡན་འདས་བྱང་ཆུབ་ཀྱི་སེམས་བྱང་ཆུབ་ཀྱི་སེམས་ཞེས་བགྱི་བ། བཅོམ་ལྡན་འདས་ཇི་ཙམ་གྱིས་ན། བྱང་ཆུབ་སེམས་དཔའ་བྱང་ཆུབ་ཀྱི་སེམས་དང་ལྡན་པ་ལགས། བཅོམ་ལྡན་འདས་བྱང་ཆུབ་ཀྱི་སེམས་གང་ལགས། བཅོམ་ལྡན་འདས་བྱང་ཆུབ་ལ་ནི་སེམས་སམ། བྱང་ཆུབ་སེམས་དཔའ་མ་དམིགས།མི་དམིགས་དམིགས་པར་ཡང་མི་འགྱུར་རོ། །བྱང་ཆུབ་ལས་གུད་ན་ཡང་བྱང་ཆུབ་ཀྱི་སེམས་མི་དམིགས་ཏེ། བྱང་ཆུབ་ནི་བརྗོད་དུ་མ་མཆིས། སེམས་ནི་གཟུགས་མ་མཆིས། བསྟན་དུ་མ་མཆིས། ཐོགས་པ་མ་མཆིས། རྣམ་པར་རིག་པ་མ་མཆིས་ཤིང་། སེམས་དཔའ་ཡང་མི་དམིགས་ན། བཅོམ་ལྡན་འདས་ཇི་ལྟར་ཆོས་འདི་དག་གི་དོན་རྟོགས་པར་བགྱི།[26]

上引两段经文，表述虽然略有差异，但内容一致，而且语句一一对应，应该是智军全译本的敦煌抄本。而与此段文字对应的法成译本，与上引两段文字差别很大。经笔者仔细核对，P.t. 0059B 中的 B1、B2、B3、B4 计 4 张经叶内容均为最净地陀罗尼品，而最净地陀罗尼品在智军简缩本中不载，因此这 4 张经叶只能是智军全译本敦煌抄本。

智军简缩本敦煌抄本：英藏 IOL.Tib.J.VOL.44 是一个完整的卷子，这份卷子计二十一品，除个别段落外，几乎与上引智军译本德格简缩版完全一致，更为珍贵的是，这份卷子的末尾有译经题记（图一〇），引文及翻译如下：

26《中华大藏经 · 甘珠尔（对勘本）》第 89 册，2008：548。

༄། །རྒྱ་གར་གྱི་མཁན་པོ་འཛི་ན་མི་ཏྲ་དང་། དཱ་ན་ཤཱི་ལ་དང་། ཞུ་ཆེན་གྱི་ལོ་ཙཱ་བ་བན་དེ་ཡེ་ཤེས་སྡེས་བསྒྱུར་ཏེ་སྐད་གསར་ཆད་ཀྱིས་ཀྱང་འབབས་ནས་གཏན་ལ་ཕབ་པ།།[27]

天竺堪布孜那密扎、达那什喇、大校阅师沙弥智军翻译，并依新厘定文字审定。

天竺高僧孜那密扎（ཛི་ན་མི་ཏྲ）、释陵扎菩提（ཤཱི་ལེནྡྲ་བོ་དྷི）、达那什喇（དཱ་ན་ཤཱི་ལ）及大校阅师沙弥智军（བན་དེ་ཡེ་ཤེས་སྡེ）等人合作翻译了大量经典，敦煌古藏文佛经抄本中，很多经卷均出自四位译师之手，如法藏 P.t. 0079A “圣摧伏豪强陀罗尼（འཕགས་པ་ཟྱི་རྗོད་རྣམ་པར་འཇོམས་པ་ཞེས་བྱ་བའི་གཟུངས）”的译经题记为：

༄།། རྒྱ་གར་གྱི་མཁན་པོ་འཛི་ན་མི་ཏྲ་དང་དཱ་ན་ཤཱི་ལ་དང་། ཞུས་ཆེན་གྱི་ལོ་ཙཱ་བ་བན་དེ་ཡེ་ཤེས་སྡེས་བསྒྱུར་ཅིང་ཞུས་ཏེ་གཏན་ལ་ཕབ་པོ།[28]

天竺堪布孜那密札、达那什喇和大校阅翻译师比丘智军翻译、校阅并审定。[29]

而在法藏 P.t. 0797 “唯识二十颂释（ཉི་ཤུ་པའི་འགྲེལ་པ）”的译经题记中，释陵扎菩提替代了达那什喇：

༄༎ རྒྱ་གར་གྱི་མཁན་པོ། འཛིན་མི་ཏྲ་དང་། ཤི་ལེན་དྲ་བོ་དེ་དང་། ཞུས་ཆེན་གྱི་ལོ་ཙ་པ། བན་དེ་ཡེ་ཤེས་སྡེས་ཞུས་ཏེ་གཏན་ལ་ཕབ་པའ།། །།[30]

天竺堪布孜那密扎、释陵扎菩提和大校阅师、译师沙弥智军等校对后审定。[31]

上引智军译本德格简缩版，尽管根据内容基本可以断定为智军译本德格版的简缩本，但缺乏译经题记作支撑，英藏敦煌版 IOL.Tib.J.VOL.44 抄经题记的出现，弥补了这一缺憾，证明藏文大藏经德格版、永乐版、理塘版、北京版、那塘版、卓尼版、库仑

27 金雅声、赵德安、沙木主编：《英藏敦煌西域藏文文献》⑨，2017：233。
28 金雅声、郭恩主编：《法藏敦煌藏文文献》②，2006：221。
29 张延清：《法藏敦煌古藏文抄经题记总录》，北京：中国藏学出版社，2017：2。
30 金雅声、郭恩主编：《法藏敦煌藏文文献》⑧，2009：209。
31 张延清：《法藏敦煌古藏文抄经题记总录》，2017：16。

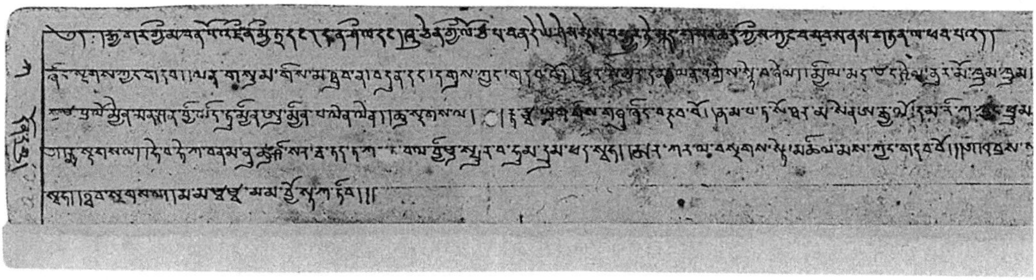

图一〇　英藏 IOL.Tib.J.VOL.44《金光明最胜王经》卷尾截图
（采自《英藏敦煌西域藏文文献》⑨，第 233 页）

版、拉萨雪版等版本中只有二十一品的《金光明最胜王经》简缩版，就是由智军等译师根据新厘定的藏文翻译、审定的，只是由于智军全译本中的孜那密扎（ཛི་ན་མི་ཏྲ）、释陵扎菩提（ཤཱི་ལེནྡྲ་བོ་དྷི）、智军（བན་དེ་ཡེ་ཤེས་སྡེ）三人组合变成了简缩本中的孜那密扎（ཛི་ན་མི་ཏྲ）、达那什喇（དཱ་ན་ཤཱི་ལ）和智军（བན་དེ་ཡེ་ཤེས་སྡེ）三人组合，主要成员未变，只调换了一位译师，新组合对全译本作了细微调整，整体文句并未改动，这就是全译本与简缩本的差别所在。

三、吐蕃时期的金光明经变

施萍亭先生对敦煌莫高窟金光明经变作了深入研究[32]，经她统计，金光明经变隋代一窟（第 417 窟），中唐三窟（第 158、133、154 窟），晚唐四窟（第 196、85、138、156 窟），宋代一窟（第 55 窟），计九窟十铺（第 154 窟一窟两铺）。施萍亭在深入研究莫高窟金光明经变后得出了这样的认识：

> 隋代出现的《维摩经变》《法华经变》《药师经变》《弥勒经变》《西方净土变》《涅槃变》，初盛唐均有承袭、发展，唯独《金光明经变》犹如昙花一现。到中唐再次出现时，不独形式大异，所据经文也不再是《金光明经》，而是《金光明最胜王经》了。[33]

32　施萍亭：《金光明经变研究》，载《1987 年敦煌石窟研究国际讨论会文集 · 石窟考古编》，沈阳：辽宁美术出版社，1990：414-455。沙武田：《〈金光明经最胜王经变〉在敦煌吐蕃时期洞窟首次出现的原因》，《兰州大学学报》2006（3）：32-37。

33　施萍亭：《金光明经变研究》，1990：418-419。

莫高窟第 158 窟为涅槃窟，此窟规模宏大，无论是塑像还是壁画都堪称精品，盖因此窟是吐蕃占领之初，吐蕃当局、僧俗两界为了迎合赞普墀松德赞的弘佛意愿，体现墀松德赞的丰功伟业，在大番管内三学法师的精心设计下，继承初盛唐传统画风、体现时代特点的恢宏巨制[34]。

第 158 窟北壁为各国王子举哀图，排在最前面的是吐蕃赞普[35]，时代特征明显，是洞窟断代的重要依据之一。赞普由两位侍者相扶，满面哀容。赞普右侧侍者头顶有一方题记，为藏文“赞普（བཙན་པོ）”二字。排在赞普后方、与赞普并列者为中原帝王，也由两位侍从扶持，一副哀愁之色。排列在赞普和中原帝王之后者，为丝路沿线诸族王子。画面中各国王子均呈悲戚之状，尤其是排在后面的西域诸国王子，一人双膝跪地，左手置于左腿上，右手持长剑刺向胸口；一人左手捏住鼻头，右手持匕首割鼻尖；另一人双手各持一把短剑，作剜心状；其后还有一人正在割下自己的耳垂。

莫高窟第 158 窟东壁北侧画金光明最胜王经变一铺（图一一），经变上部以西方净土式绘制“金光明会”，下画屏风八扇，内容为长者子流水品和舍身品。“金光明会”上部，佛坐中央讲说《金光明妙法最胜诸经王》，左右两侧为众多菩萨等天众听法。佛座下方是一块横长方形榜题，因榜题褪色，题记难以辨识，根据第 154 窟等窟题记推测，应为“金光明妙法最胜诸经王”等字样。中间榜题两侧分上下两排为听法天人及世俗人物，由严格对称的 22 条条幅式榜题分开，这些榜题既是所绘《金光明最胜王经》各品经文内容，也是对壁画的点题，只是因为壁画褪色，难以辨识。佛右手下方下排靠前的婆罗门正在奋力击鼓（图一二），神态自然、生动。佛左手下方上排从南起第二身即为大辩才天女。天女三头六臂，上下四臂，手执法器，中间两臂在胸前，左手持弓，右手拉弦，箭在弦上。多手多臂，是佛教密教化的重要特征，具有密教色彩。佛左手下排靠前的梵天，头戴冕旒，宽袍大袖，合掌向佛，完全是中原帝王的装束（图一三）。“金光明会”下部是吐蕃时期才出现的屏风画，舍身品中，一只母虎和五只小虎正在分食萨埵（图一四）。第 158 窟金光明最胜王经变，经施萍亭考订的有《序品》《梦见金鼓忏悔品》《四天王品》《大辩才天女品》《大吉祥天女品》《长者子流水品》《舍身品》，存疑的有《妙幢菩萨赞叹品》《菩提树神赞叹品》《付嘱品》。

34 参见张延清、张子鹏：《莫高窟第 158 窟建窟年代新探》，《藏学学刊》第 12 辑，2015（1）：36-48。

35 吐蕃赞普头部画面已损毁，现依据伯希和所拍黑白图片述说。

图一一　莫高窟第 158 窟东壁北侧金光明最胜王经变（敦煌研究院提供）

图一二　击鼓婆罗门
（采自《敦煌石窟鉴赏丛书》第九分册，兰州：甘肃人民美术出版社，1995：34）

图一三　梵天
（采自《中国敦煌壁画全集》7，天津人民美术出版社，2006：50，图 46）

图一四　舍身饲虎
（采自《敦煌石窟鉴赏丛书》第九分册，第 36 页）

施萍亭先生经过深入梳理和对比后，认为第 158 窟金光明最胜王经变是中唐同类经变中最早的，成了其他洞窟同类经变所沿袭的模式：

> 158 窟《金光明最胜王经变》是后来这一经变的蓝本，不仅“金光明会”中的榜书、与会者的排列等形式不变，就是具体形象如大辩才天女、击鼓婆罗门、龙王、香象势力王等，也成了模式。[36]

之所以会出现这种现象，是因为从第 158 窟起，中唐金光明最胜王经变是有统一画稿作为参照绘制的。如 158 窟金光明最胜王经变中的梵天形象（图一三），是仿照英藏 S.83a 金光明最胜王经变白描稿临摹而来（图一五），白描稿题记为：“中心弟三　尔时梵王”。

图一五　金光明最胜王经变白描稿中的梵天
S.83a (ch.00208a) 局部（采自国际 IDP 敦煌项目）

36　施萍亭：《金光明经变研究》，1990：419。沙武田根据樊锦诗、赵青兰：《吐蕃占领时期莫高窟洞窟分期研究》（敦煌研究院：《敦煌研究文集·敦煌石窟考古篇》，兰州：甘肃民族出版社，2000），在前引《〈金光明经最胜王经变〉在敦煌吐蕃时期洞窟首次出现的原因》一文中，认为金光明最胜王经变最早出现在莫高窟第 154 窟。笔者在前引《莫高窟第 158 窟建窟年代新探》一文中，认为 158 窟属吐蕃时期早期洞窟，其下限是 797 年。由此笔者赞同施萍亭的观点，第 158 窟金光明最胜王经变是中唐最早出现的金光明最胜王经变。

画稿中用“中心弟三”标出了梵王在壁画中的位置。

沙武田在对 S.paiting83(1)、S.paiting83(2) 及 P. 3998 三份敦煌白描稿作了深入研究后认为，“这三份画稿原本属同一经变画底稿”，[37] 因藏经洞文物流失，而分藏于英、法两国。对画稿内容和中唐金光明最胜王经变经过仔细比对后，沙武田认为这三份画稿均为《金光明最胜王经》画稿，画师正是在参考画稿的基础之上，绘制了结构、形式相似的经变画。经过进一步研究，作者认为莫高窟金光明最胜王经变的构图形式与其他经变画有较大区别，“这种形式在当时是一个独创，也是敦煌经变画绘画史上的一次革新，而这种变化又是建立在新样式画稿的基础之上的。”[38]

吐蕃时期，继第 158 窟后，第 154 窟也绘制了金光明最胜王经变，而且出现了一窟两铺金光明最胜王经变，这在莫高窟实属罕见。第 154 窟南壁绘制四铺经变，其中上排西侧经变为金光明最胜王经变（图一六），中间是“金光明会”，西侧为条幅式的长者子流水品，东侧为条幅式的舍身品。“金光明会”上部佛坐中央讲说《金光明妙法最胜诸经王》，左右两侧为众多菩萨等天众听法，佛前香案下方有上下两块横长方形榜题，下方榜题较之上方榜题要大，但下方榜题字迹不清。上方榜题题记（图一七）为：“金光明妙法最胜诸经王”是《金光明最胜王经》序品中佛所说偈颂的开头部分：

金光明妙法，最勝諸經王；

甚深難得聞，諸佛之境界。[39]

这也是《金光明最胜王经》智军译本的准确名称：“金光明妙法最胜诸经王（འཕགས་པ་གསེར་འོད་དམ་པ་མདོ་སྡེའི་དབང་པོའི་རྒྱལ་པོ་ཞེས་བྱ་བ་ཐེག་པ་ཆེན་པོའི་མདོ）”。中间两方榜题两侧分上下三排为听法天人及世俗人物，由严格对称的 18 条条幅式榜题分开，这些榜题既是所绘《金光明最胜王经》各品经文内容，也是对壁画的点题。

第 154 窟南壁金光明最胜王经变“金光明会”右侧是条幅式的长者子流水品。画面简单易懂，画面最下方是长者子折取树枝为鱼遮挡荫凉的情节（图一八），只见长者子双手拿着树枝正在选取要遮盖的鱼群，长者子前面干涸的河床上，尽管已有长者子早先折取树枝的遮挡，只因缺水，加之阳光暴晒，鱼群正在树叶下张口作痛苦挣扎。

37 沙武田：《敦煌画稿研究》，北京：民族出版社，2006：133，还见沙武田《 SP. 83、P. 3998〈金光明最胜王经变稿〉初探——敦煌壁画粉本系列研究之一》，《敦煌研究》1998（4）：19-28。

38 沙武田：《敦煌画稿研究》，2006：143。

39《大正新修大藏经》第 16 册，No.665，1998：404。

图一六　莫高窟第 154 窟南壁金光明最胜王经变（采自《中国敦煌壁画全集》7，第 126 页）

图一七　莫高窟第 154 窟榜题（采自《中国敦煌壁画全集》7，第 126 页）

图十八　流水品
（采自《敦煌石窟艺术·莫高窟第一五四窟附第二三一窟》，南京：江苏美术出版社，1995：64）

此情节与经文相符：

時此大池為日所曝，餘水無幾，是十千魚將入死門，旋身婉轉，見是長者心有所悕，隨逐瞻視，目未曾捨。時長者子，見是事已，馳趣四方，欲覓於水，竟不能得。復望一邊見有大樹，即便昇上折取枝葉為作蔭涼。[40]

以树枝遮荫，只是权益之计，长者子四处奔走，拯救鱼群，最后从大王处借得二十头大象，又从酒家借得皮囊，驮水救鱼：

40《大正新修大藏经》第 16 册，No.665，1998：449 上栏。

图一九　流水品
（采自《敦煌石窟艺术·莫高窟第一五四窟附第二三一窟》，第 60 页）

图二〇　流水品
（采自《敦煌石窟艺术·莫高窟第一五四窟附第二三一窟》，第 64 页）

是時流水及其二子，將二十大象，又從酒家多借皮囊，往決水處，以囊盛水，象負至池，瀉置池中，水即彌滿，還復如故。[41]

画面各个情节用山峦、树木分割开来，远处一赶象人正在挥鞭驱赶驮负水囊的两只大象向水边匆匆赶来（图一九），其下是长者子左手按压水囊，右手持水囊口往池中注水，只见水从皮囊汩汩流入池中。长者子一边注水，一边急切地关注着河中濒死的鱼群，神情专注。长者子身旁是两头驮负水囊的大象（图二〇）。画面中用两头大象代表二十，而赶象人身穿翻领长袍，红巾缠头，很明显属吐蕃装束，这也是此窟断代的重要依据之一。

第 154 窟东壁南侧上部画金光明最胜王经变一铺，下部画天请问经变一铺，和前述同窟南壁金光明最胜王经变相似，中间为金光明会，两边是条幅式的长者子流水品和舍身品，其中北侧为舍身品，南侧为长者子流水品。“金光明会”上部佛坐中央讲说《金光明妙法最胜诸经王》，左右两侧为众多菩萨等天众听法，佛前香案下方也是上下两块横长方形榜题，下方榜题较之上方榜题要大，但下方榜题字迹不清。上方榜题题记（图

41 《大正新修大藏经》第 16 册，No.665，1998：449 中栏。

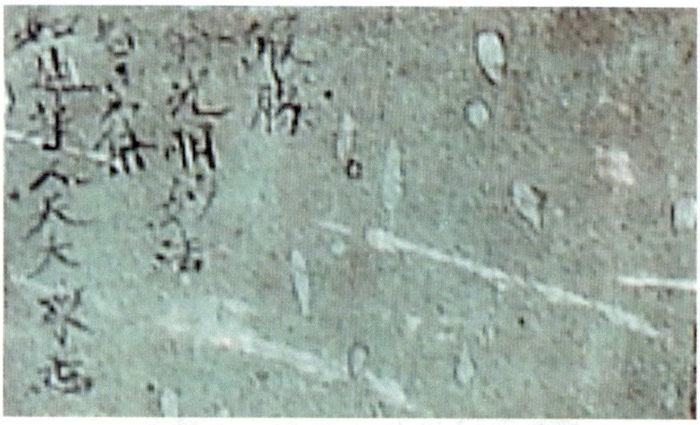

图二一　第 154 窟榜题
（采自《敦煌石窟艺术 · 莫高窟第一五四窟附第二三一窟》，第 126 页）

图二二　大辩才天女
（采自《敦煌石窟艺术 · 莫高窟第一五四窟附第二三一窟》，第 129 页）

二一）为：“如是等人天大众悉皆云集，金光明妙法最胜（诸经王）”。这也是经文内容：

> 復有四萬九千揭路茶王，香象勢力王而為上首，及餘健闥婆，阿蘇羅，緊那羅，莫呼洛伽等，山林河海一切神仙，并諸大國所有王眾，中宮后妃，淨信男女，人天大眾悉皆雲集，咸願擁護無上大乘，讀誦受持，書寫流布。[42]

第 154 窟同一窟中两铺金光明最胜王经变，整体布局相同，但各品内容多寡不一，很可能是出自不同的画稿所致。中间榜题两侧分上中下三排为听法天人及世俗人物，上中排严格对称，每侧 4 幅，计 16 幅，但下排并不对称，佛左侧有 4 幅，而右侧只有 3 幅，共计 23 幅。这 23 条条幅式榜题作为界栏，将画面依次分开；这些榜题既是所绘《金光明最胜王经》各品经文内容，也是对壁画的点题。“金光明会”的整体布局与第 158 窟相似。佛左侧下方的大辩才天女由 158 窟的三头六臂变成了三头八臂（图二二），八只手各执法器，左四手自上而下依次为：斧、剑、弓、绢索；右四手自上而下依次为：双叉戟、金刚杵、箭、铁轮。大辩才天女的造型与 S.83 白描稿中图像（图

42《大正新修大藏经》第 16 册，No.665，1998：404 上栏。

图二三　S.83 白描稿中的大辩才天女
（采自国际 IDP 敦煌项目）

二三）完全一致，只不过白描稿中大辩才天女所执武器之一由白描稿中的三叉戟变为经变画中的双叉戟。S.83 白描稿中大辩才天女左侧题写：

上一　尔时大辩天女　第三

第 154 窟门南金光明最胜王经变中的佛左侧下方中排靠前的梵天，和第 158 窟相似，在仕女的簇拥下，一如中原帝王的装束（图二四）与英藏 S.83 白描稿（图一六）的差别之一是这里的梵王由侍女服侍。佛右手下排的婆罗门正在奋力击金鼓（图二五），目光坚定，神态逼真、传神。护佑北方世界的毗沙门天王一如 158 窟，位于佛左侧，在此铺经变中居中排第一的位置（图二六），左手托塔，右手执戟，身穿甲胄，神情刚毅、威严。

图二四　梵天
（采自《敦煌石窟艺术·莫高窟第一五四窟附第二三一窟》，第 131 页）

图二五　击鼓婆罗门
（采自《敦煌石窟艺术·莫高窟第一五四窟附第二三一窟》，第 128 页）

图二六　北方毗沙门天王
（采自《敦煌石窟艺术·莫高窟第一五四窟附第二三一窟》，第 128 页）

吐蕃时期兴起的金光明经变，在晚唐继续流行，基本程式没有改变，只是省去了《长者子流水品》内容，而《舍身品》却画面增多，情节曲折。第 156 窟是张议潮的功德窟。吐蕃王朝崩溃后，张议潮率众逐走吐蕃节儿，成立了归义军政权，作为地方政权，归义军虽奉中原正朔，实为割据政权。唐王朝势衰，无暇西顾。第 156 窟南壁所绘张议潮统军出行图和北壁宋国夫人出行图，声势浩大，气魄宏伟，极尽显耀之能事。然而表面上貌似强大的归义军政权，实则内忧外患，危机四伏，由此，功德窟中又沿袭中唐传统，将金光明经变绘于窟内，也是统治者希望在佛陀的加持和四天王的佑护下，四境安宁，风调雨顺，使丝绸之路上的这个地方政权得以长久。

第 156 窟的西方净土式的金光明经变，绘制于东壁南侧，虽然有烟熏痕迹，但大部完好，施萍亭先生经过仔细辨认，将经变所绘 24 条榜书中的 18 条完整识读。如将过去普遍认为的“说法图”，借助榜题正名为“金光明会”，通过榜题，辨识出三头六臂（或八臂）者实为大辩才天女，这也与上引英藏白描稿完全相符。施先生只所以会通过 156 窟的榜题重新解读中唐金光明经变，并深刻认识到“壁画榜书是敦煌图像学的入门资料”[43]也是因为晚唐金光明经变的基本程式和人物特征与中唐没有大的区别，《舍身品》依然用绘画艺术讲说着佛传故事，婆罗门仍然在奋力敲击金鼓（图二七），可见吐蕃时期新出现的金光明最胜王经变以及经变下方起补充、辅助作用的屏风画模式，对后世的深远影响。

小结

综上所述，吐蕃经营丝绸之路的上百年当中，由于以墀松德赞赞普为代表的统治阶层的大力推崇，佛经的传抄和诵读在丝绸之路上蔚然成风，藏、汉两种文字的《金光明最胜王经》成为传抄最多的五部佛经之一。尽管从梵本藏译了此经，进而推出了简缩本，应时代之需求，又由法成依汉文藏译了《金光明最胜王经》。本文对这批藏经洞出土佛教文献的识别和勘定，是对这一历史现象的有力证明。在吐蕃当局的提倡下，民间信仰随之兴起，进而由“经”入“画”。以具有划时代革新意义的画稿为参照，中唐金光明最胜王经变应运而生。从这些事实可以看出，吐蕃时期藏、汉两文在丝绸之路上并行，加快了文化交流和文明传播的进程，也使带有域外元素的中华文明扩大了传播范围。同一窟中来自南亚的宗教神王穿上了中原帝王

图二七　第156窟金光明最胜王经变中的击鼓婆罗门
（采自《中国敦煌壁画全集》8，第15页）

43　施萍亭：《金光明经变研究》，1990：423。

的服装，佛经中的赶象人一跃变成了穿着吐蕃服装的脚夫；举哀图中的南亚诸王，变成了以吐蕃赞普和中原帝王为首的丝路诸族王者。在人类文明的视野下，我们看到吐蕃经营丝绸之路的百年时光，为丝路文明的建构和传播做出了历史性贡献，也从多个侧面反映出中华文明形成过程中的早期形态，更是中华民族交往交流交融的一个缩影。

◆ 张延清（华青道尔杰） 四川大学中国藏学研究所副教授
张大利　四川大学中国藏学研究所 2021 级硕士研究生

法藏敦煌藏文 P.t.0542《大般涅槃经》及其所据汉文母本探究

唐露恬

内容摘要： 吐蕃经营丝绸之路期间，古藏文《大般涅槃经》传抄于丝绸之路。法藏敦煌藏文文献中共收录 7 件《大般涅槃经》手抄本，其中 P.t.0542《大般涅槃经》可与《甘珠尔》所载 15 品、56 卷《大般涅槃经》的相应内容一一对应，可知 P.t.0542 实为《甘珠尔》所载 15 品、56 卷依汉籍译出《大般涅槃经》的敦煌抄本；经过笔者进一步梳理，发现 15 品、56 卷《大般涅槃经》为昙无谶所译四十卷《大般涅槃经》及若那跋陀罗所译两卷《大般涅槃经后分》的合体藏文译本，故 P.t.0542 实为吐蕃时期此合体藏文译本的敦煌写本残卷。

《大般涅槃经》是一部宣传“涅槃”思想的大乘佛教经典。所云涅槃，具有常、恒、安、清凉、不老、不死、无垢、快乐八味，归结为常、乐、我、净四德，是指息灭烦恼无明，获得一种摆脱生死轮回、不生不灭、超离生死苦恼而永恒安乐的境界，而以脱生死苦海、度到彼岸为其终极的目标，这就解决了佛教所宣扬的修行善业、获得善报而最终归向何处的问题，也解决了人们对于生死轮回恐惧的精神与心理障碍[1]。公元八世纪末至九世纪中叶吐蕃控制丝绸之路期间，古藏文《大般涅槃经》在敦煌得到传抄，法藏敦煌藏文文献P.t.0542便是其中之一。那么P.t.0542所对应的是《甘珠尔》[2]所载三个版本《大般涅槃经》中的哪个版本，以及它是依据汉文还是梵文藏译的呢？本文将围绕P.t.0542，对其与《甘珠尔》所载《大般涅槃经》进行对比的基础上，进一步探讨它与《大正新修大藏经》所载汉文《大般涅槃经》的关系。

一、P.t.0542《大般涅槃经》为《甘珠尔》所载15品、56卷《大般涅槃经》的敦煌写本

《甘珠尔》收录的《大般涅槃经》共有三个版本：第一个版本为15品、56卷《大般涅槃经》(འཕགས་པ་ཡོངས་སུ་མྱ་ངན་ལས་འདས་པ་ཆེན་པོའི་མདོ)[3]；第二个版本为5品13卷《大般涅槃经》(འཕགས་པ་ཡོངས་སུ་མྱ་ངན་ལས་འདས་པ་ཆེན་པོ་ཐེག་པ་ཆེན་པོའི་མདོ)[4]；第三个版本为1卷品《大般涅槃经》(འཕགས་པ་ཡོངས་སུ་མྱ་ངན་ལས་འདས་པ་ཆེན་པོའི་མདོ)[5]。根据译经跋记可知，5品13卷《大般涅槃经》和1卷品《大般涅槃经》由梵文本翻译而来，而15品、56卷《大般涅槃经》（下文简称A本《大般涅槃经》）由汉文本翻译而来。

A本《大般涅槃经》收录于《甘珠尔》第52-53册“མདོ་སྡེ”部中的“ཉ”函和“ཏ”函，且在藏文大藏经永乐版、理塘版、北京版、那塘版、卓尼版、库仑版、拉萨雪版中均有收录，其尾题如下：

> འཕགས་པ་ཡོངས་སུ་མྱ་ངན་ལས་འདས་པ་ཆེན་པོའི་མདོ་རྫོགས་སོ།། །།མདོ་མྱ་ངན་ལས་འདས་པ་ཆེན་པོ་རྒྱ་ནག་ནས་བསྒྱུར་བ་འདི། རྒྱ་ནག་གི་མཁན་པོ་ཝང་ཕབ་ཞུན་དང་། ཧྣཆའི་གཞི་འཛིན་དགེ་བའི་བློ་གྲོས་དང་། ལོ་ཙྪ་བ་རྒྱ་མཚོའི་སྡེས་བསྒྱུར་ཅིང་ཞུས་ཏེ་གཏན་ལ་ཕབ་པའོ།། །།[6]
>
> 大般涅槃经终了。依汉文所译此大般涅槃经，系汉地堪布王法讯（ཝང་ཕབ་ཞུན）、经卷总持善智（དགེ་བའི་བློ་གྲོས）、译师海军（རྒྱ་མཚོའི་སྡེ）翻译、校对并审定。

1 郭迎春：《〈涅槃经〉的汉译及涅槃信仰研究》，四川大学博士学位论文，2005：125。
2 本文所用版本为中国藏学研究中心《大藏经》对勘局对勘、编辑的《中华大藏经·甘珠尔（对勘本）》。
3 《中华大藏经·甘珠尔（对勘本）》第52-53册，北京：中国藏学出版社，2008。
4 《中华大藏经·甘珠尔（对勘本）》第54册，2008：3-376。
5 《中华大藏经·甘珠尔（对勘本）》第54册，2008：377-386。
6 《中华大藏经·甘珠尔（对勘本）》第53册，2008：792-793。

根据译经跋记可断定此《大般涅槃经》是依汉文译本翻译而来。

经过梳理、对比，笔者发现，法藏敦煌藏文文献 P.t.0542（图一、图二）所载内容与《甘珠尔》所载 A 本《大般涅槃经》中第二十九卷、第十品“光明遍照高贵德王菩萨品”中的部分内容除了断句、手抄本存在的漏抄以及古藏文写法、语法上的不同之外，内容一一对应。

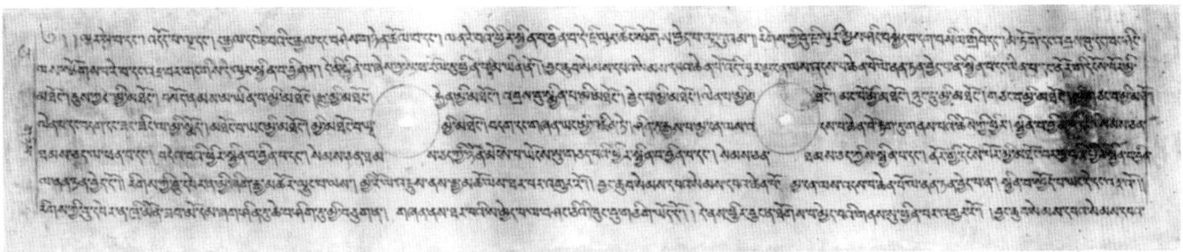

图一　P.t.0542《大般涅槃经》正面（采自《法藏敦煌藏文文献》⑥，第 199 页）

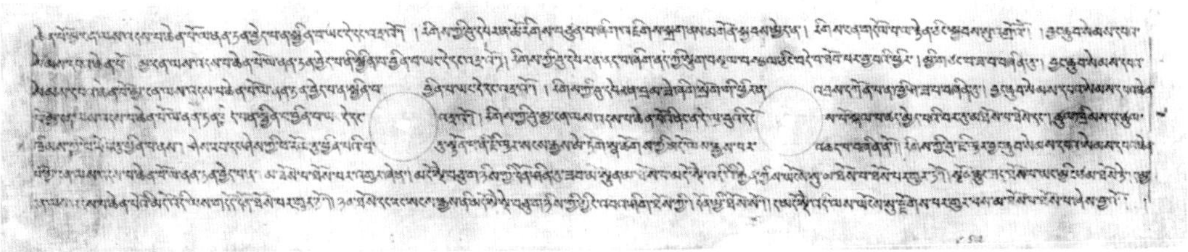

图二　P.t.0542《大般涅槃经》背面（采自《法藏敦煌藏文文献》⑥，第 199 页）

P.t.0542 残卷为梵夹本，存一叶，经叶中间有两个圆圈和小洞，正背面皆存 7 行藏文《大般涅槃经》且内容相续，正面有页码“ཅ་གཉིས”。现以 P.t.0542 首尾部分经文内容以资说明。

P.t.0542 正面开头：

1. ལྟར་སྐྱེ་པ་དང་། འདོད་པ་ལྔ་དང་། ང་རྒྱལ་དང་ཆེ་བའི་ང་རྒྱལ་དང་བཞེས་གཉེན་ཚོལ་བ་དང་། ལན་རེ་བའི་ཕྱིར་སྦྱིན་པ་བྱིན་པ་དེ་ཇི་ལྟར་ཚོང་སྤོགས་བྱེད་པ་ལྟ་བུའམ།། རིགས་ཀྱི་བུ་ཇི་ལྟར་སྙིས་ཞིང་བསྐྱིད་པ་དག་བསིལ་གྲིབ་དང་། མེ་ཏོག་དང་འབྲས་བུ་དང་ཁང་ཞིང་

2. ལས་སྤོགས་པ་རེ་བ་དང་འདྲ་བར་གང་གིས་དེ་ལྟར་སྦྱིན་པ་བྱིན་ན། དེ་ནི་སྦྱིན་པ་ཞེས་བྱ་སྟེ་ཕ་རོལ་ཏུ་

ཕྱིན་པ་ནི་མ་ཡིན་ནོ། །བྱང་ཆུབ་སེམས་དཔའ་སེམས་དཔའ་ཆེན་པོ་འདི་ལྟར་མྱ་ངན་ལས་འདས་པ་ཆེན་པོ་ལ་ནན་ཏན་བྱེད་པ་ནི་སྦྱིན་པ་དང་ལེན་པ་དང་ནོར་གི་དངོས་པོར་མྱི་

3. མཐོང་། དུས་ཀྱང་མྱི་མཐོང་།（བསོད་ནམས་དང་）བསོད་ནམས་མ་ཡིན་པ་མྱི་མཐོང་། རྒྱུ་མྱི་མཐོང་……[7]

……天上五欲，為憍慢故、為勝他故、為知識故、為來報故，如市易法。善男子！如人種樹，為得蔭涼，為得花果及以材木。若人修行如是等施，是名為施，非波羅蜜。菩薩摩訶薩修行如是大涅槃者，不見施者、受者、財物，不見時節、不見（福田）及非福田，不見因……[8]

《甘珠尔》所载 A 本《大般涅槃经》此部分对应内容如下：

ལྟར་སྐྱེ་བ་དང་། འདོད་པ་ལྷ་དང་༑ ང་རྒྱལ་དང་། ཆེ་བའི་ང་རྒྱལ་དང་། བཞེས་གཉེན་ཚོལ་བ་དང་། ལན་ལ་རེ་བའི་ཕྱིར་སྦྱིན་པ་བྱིན་པ་དེ་ཇི་ལྟར་ཚོང་སྤྱོགས་བྱེད་པ་ལྟ་བུའམ། རིགས་ཀྱི་བུ་ཇི་ལྟར་མིས་ཤིང་བསྐྱེད་པ་དག་བསིལ་གྲིབ་དང་། མེ་ཏོག་དང་། འབྲས་བུ་དང་། ཁང་ཤིང་ལ་སོགས་པ་རེ་བ་དང་འདྲ་བར་གང་གིས་དེ་ལྟར་སྦྱིན་པ་བྱིན་ན་དེ་ནི་སྦྱིན་པ་ཞེས་བྱ་སྟེ། ཕ་རོལ་ཏུ་ཕྱིན་པ་ནི་མ་ཡིན་ནོ། །བྱང་ཆུབ་སེམས་དཔའ་སེམས་དཔའ་ཆེན་པོ་འདི་ལྟར་མྱ་ངན་ལས་འདས་པ་ཆེན་པོ་ལ་ནན་ཏན་བྱེད་པ་ནི་སྦྱིན་པ་དང་། ལེན་པ་དང་། ནོར་གྱི་དངོས་པོར་མི་མཐོང་། དུས་ཀྱང་མི་མཐོང་། བསོད་ནམས་དང་བསོད་ནམས་མ་ཡིན་པ་ཡང་མི་མཐོང་༑ རྒྱུ་མི་མཐོང་།……[9]

P.t.0542 背面末尾部分：

5. ………རིགས་ཀྱི་བུ་ཇི་ལྟར་བྱང་ཆུབ་སེམས་དཔའ་སེམས་དཔས་ཆེན་

6. པོ་མྱ་ངན་ལས་འདས་པ་ཆེན་པོ་ལ་ནན་ཏན་བྱེད་པ་ན། མ་ཐོས་པ་ཐོས་པར་འགྱུར་ཞེ་ན། མདོ་སྡེ་བཅུ་གཉིས་ཀྱི་དོན་ཤིན་དུ་ཟབ་མོ་སྟན་མ་ཐོས་པ་མདོ་སྡེ་འདི་འི་རྐྱེན་ཀྱིས་ཡོངས་སུ་མ་ཐོས་པ་ཐོས་པར་གྱུར་ཏོ།། སྔོན་ཆུང་ཟད་ཐོས་པ་ཡང་མྱིང་ཙམ་ཐོས་ཏེ། ད་མྱ་

7. ངན་ལས་འདས་པ་ཆེན་པོའི་མདོ་འདི་ལས་གདོད་དོན་ཐོས་པར་གྱུར་ཏོ།། ཉན་ཐོས་དང་རང་སངས་རྒྱས་ནི་མདོ་སྡེ་སྡེ་བཅུ་གཉིས་ཀྱི་མྱིང་འབའ་ཞིག་ཐོས་ཀྱི། དོན་མྱི་ཐོས་སོ།། ད་མདོ་སྡེ་འདི་ལས་ཡོངས་སུ་རྫོགས་པར་གྱུར་པས་མ་ཐོས་པ་ཐོས་པ་ཞེས་བྱའོ།།[10]

---

7 金雅声、郭恩主编：《法藏敦煌藏文文献》⑥，上海古籍出版社，2008：199。

8 《大正新修大藏经》第 12 册，No.374，台北：新文丰出版社，1998：493 上栏。

9 《中华大藏经 · 甘珠尔（对勘本）》第 53 册，2008：5。

10 金雅声、郭恩主编：《法藏敦煌藏文文献》⑥，2008：199。

……善男子！云何菩薩摩訶薩修大涅槃不聞而聞？十二部經其義深邃，昔來不聞，今因是經，得具足聞。先雖得聞，唯聞名字，而今於此大涅槃經，乃得聞義。聲聞緣覺唯聞十二部經名字，不聞其義，今於此經具足得聞，是名不聞而聞。[11]

《甘珠尔》所载 A 本《大般涅槃经》此部分对应内容如下：

རིགས་ཀྱི་བུ་ཇི་ལྟར་བྱང་ཆུབ་སེམས་དཔའ་སེམས་དཔའ་ཆེན་པོ་མྱ་ངན་ལས་འདས་པ་ཆེན་པོ་ལ་ནན་ཏན་བྱེད་པ་ན་མ་ཐོས་པ་ཐོས་པར་འགྱུར་ཞེ་ན། མདོ་སྡེ་སྡེ་བཅུ་གཉིས་ཀྱི་དོན་ཤིན་ཏུ་ཟབ་མོ་སྔོན་མ་ཐོས་པ་མདོ་སྡེ་འདིའི་རྐྱེན་གྱིས་ཡོངས་སུ་ཐོས་པར་གྱུར་ཏོ། །སྔོན་ཙུང་ཟད་ཡོད་པ་ཡང་མིང་ཙམ་ཐོས་ཏེ། ད་མྱ་ངན་ལས་འདས་པ་ཆེན་པོའི་མདོ་འདི་ལས་གདོད་དོན་ཐོས་པར་གྱུར་ཏོ། །ཉན་ཐོས་དང་རང་སངས་རྒྱས་ནི་མདོ་སྡེ་སྡེ་བཅུ་གཉིས་ཀྱི་མིང་འབའ་ཞིག་ཐོས་ཀྱི་དོན་མི་ཐོས་སོ། །ད་མདོ་སྡེ་འདི་ལས་ཡོངས་སུ་རྫོགས་པར་ཐོས་པར་གྱུར་པས་མ་ཐོས་པ་ཐོས་པ་ཞེས་བྱའོ།[12]

通过对比发现 P.t.0542 与《甘珠尔》所载 A 本《大般涅槃经》内容完全对应，只存在断句、笔误漏写及古藏文写法、语法上的差异。

断句上的不同，例如：P.t.0542 手抄本中“ང་རྒྱལ་དང་ཆེ་བའི་ང་རྒྱལ་དང་བཤེས་གཉེན་རྩོལ་བ་དང་།”，而在《甘珠尔》所载 A 本《大般涅槃经》中则为“ང་རྒྱལ་དང་།ཆེ་བའི་ང་རྒྱལ་དང་།བཤེས་གཉེན་རྩོལ་བ་དང་།”；再有 P.t.0542 手抄本中“རིགས་ཀྱི་བུ་ཇི་ལྟར་བྱང་ཆུབ་སེམས་དཔའ་སེམས་དཔས་ཆེན་པོ་མྱ་ངན་ལས་འདས་པ་ཆེན་པོ་ལ་ནན་ཏན་བྱེད་པ་ན་།མ་ཐོས་པ་ཐོས་པར་འགྱུར་ཞེ་ན།”，对应《甘珠尔》所载 A 本《大般涅槃经》中内容为“རིགས་ཀྱི་བུ་ཇི་ལྟར་བྱང་ཆུབ་སེམས་དཔའ་སེམས་དཔའ་ཆེན་པོ་མྱ་ངན་ལས་འདས་པ་ཆེན་པོ་ལ་ནན་ཏན་བྱེད་པ་ན་མ་ཐོས་པ་ཐོས་པར་འགྱུར་ཞེ་ན།”。从以上举例可以看出两者除了在断句上的细微差别之外，内容完全相同。

由于敦煌本为手抄本，在抄写过程中难免出现笔误，例如：P.t.0542 手抄本中“ལན་རེ་བའི་ཕྱིར་སྦྱིན་པ་བྱིན་པ་དེ”在《甘珠尔》中为“ལན་ལ་རེ་བའི་ཕྱིར་སྦྱིན་པ་བྱིན་པ་དེ”，手抄本中漏抄了“ལ”；再有 P.t.0542 手抄本中“ཐོས་པ”在《甘珠尔》中为“ཡོད་པ”。

由于古藏文某些拼写上的特点，两者还存在同一字不同书写，例如：P.t.0542 手抄本中的“མྱི་མཐོང”在《甘珠尔》中都写作“མི་མཐོང”，实则“མྱི”和“མི”相同，“མྱི”

11 《大正新修大藏经》第 12 册，No.374，1998：493 中栏。
12 《中华大藏经 · 甘珠尔（对勘本）》第 53 册，2008：7。

为“མི”的古藏文写法。再有 P.t.0542 手抄本中的“རྒྱུན་ཀྱིས”而在《甘珠尔》中为“རྒྱུན་གྱིས”，根据现代藏语语法“ན”为后加字的情况下作格应为“གྱིས”；P.t.0542 手抄本中的“ནོར་གི་དངོས་པོ”在《甘珠尔》中为“ནོར་གྱི་དངོས་པོ”，根据现代藏语语法“ར”为后加字的情况下属格应为“གྱི”，此两处的不同应为古藏文语法尚不甚严密所致。

综上所述，P.t.0542《大般涅槃经》与《甘珠尔》所载 15 品、56 卷《大般涅槃经》除了细微差别，内容完全对应，故可认为 P.t.0542 即为《甘珠尔》所载 15 品、56 卷《大般涅槃经》的敦煌写本。

二、P.t.0542《大般涅槃经》及其翻译所据汉文母本

根据吐蕃时期编纂的《丹噶目录》（ཕོ་བྲང་སྟོང་ཐང་ལྡན་དཀར་གྱི་ཆོས་འགྱུར་རོ་ཅོག་གི་དཀར་ཆག་བཞུགས），在记录由汉籍翻译而来的大乘经典中，《大般涅槃经》列居首位：

> ཐེག་པ་ཆེན་པོའི་མདོ་སྡེ་རྒྱ་ལས་བསྒྱུར་བ་ལ། འཕགས་པ་ཡོངས་སུ་མྱ་ངན་ལས་འདས་པ་ཆེན་པོ། ཤློ་ཀ་ཁྲི་ཉིས་སྟོང་དྲུག་བརྒྱ་སྟེ་བམ་པོ་བཞི་བཅུ་རྩ་གཉིས……[13]
>
> 由汉籍翻译而来的大乘经典如下：大般涅槃经，一万两千六百偈，合四十二卷……

由此记载可知，在汉籍藏译经典中，《大般涅槃经》位列第一，可见吐蕃对此经的重视程度。如上所述，《甘珠尔》所载 3 部《大般涅槃经》中，由汉文翻译而来的只有 A 本《大般涅槃经》，那《丹噶目录》中所提到的是否就是 A 本《大般涅槃经》呢？笔者将对此作进一步探讨。

已知 P.t.0542 为《甘珠尔》所载 A 本《大般涅槃经》的敦煌写本，而《甘珠尔》所载 A 本《大般涅槃经》是由汉文本翻译而来，那么找到《甘珠尔》所载 A 本《大般涅槃经》的汉文母本，此汉文本也就是 P.t.0542 的汉文母本。

目前尚存的汉文本《大般涅槃经》均收录于《大正新修大正藏》中，共有 4 部，分别是：法显所译六卷本[14]、昙无谶所译四十卷本[15]、慧严等所译三十六卷本[16]、以及若那跋陀

13《中华大藏经 · 丹珠尔（对勘本）》第 116 册，2008：799。

14《大正新修大藏经》第 1 册，No.7，1998：191-207。

15《大正新修大藏经》第 12 册，No.374，1998：365-604。

16《大正新修大藏经》第 12 册，No.375，1998：605-852。

罗所译《大般涅槃经后分》两卷本[17]。笔者将《甘珠尔》所载 A 本《大般涅槃经》与不同汉译本进行对比后发现，昙无谶译本《大般涅槃经》和若那跋陀罗版《大般涅槃经后分》二者的合体版为《甘珠尔》所载 A 本《大般涅槃经》的汉文母本。同理，合体版也即为 P.t.0542《大般涅槃经》的汉文母本。

从品次上看，《甘珠尔》所载 A 本《大般涅槃经》为 15 品，而昙无谶译本为 13 品，其二者品次对比见表一：

表一　不同译本《大般涅槃经》品次对应表

《甘珠尔》所载 A 本《大般涅槃经》	昙无谶译《大般涅槃经》	若那跋陀罗译《大般涅槃经后分》
དང་པོ། སྐུ་ཚེའི་ལེའུ།（寿命品第一）	寿命品第一之一、之二、之三	
གཉིས་པ། རྡོ་རྗེའི་སྐུ་ཞེས་བྱ་བའི་ལེའུ། （金刚身品第二）	金刚身品第二	
གསུམ་པ། མཚན་གྱི་ཡོན་ཏན་བརྗོད་པ་ཞེས་བྱ་བའི་ལེའུ། （名字功德品第三）	名字功德品第三	
བཞི་པ།དེ་བཞིན་གཤེགས་པའི་སྙིང་པོའི་ལེའུ། （如来性品第四）	如来性品第四之一、之二、之三、之四、之五、之六、之七	
ལྔ་པ། འཁོར་མང་པོས་ཀུན་ནས་དྲིས་པ་ཞེས་བྱ་བའི་ལེའུ། （一切大众所问品第五）	一切大众所问品第五、现病品第六	
དྲུག་པ། འཕགས་པའི་སྤྱོད་པ་ཞེས་བྱ་བའི་ལེའུ། （圣行品第六）	圣行品第七之一、之二、之三、之四	
བདུན་པ། ཚངས་པར་སྤྱོད་པ་ཞེས་བྱ་བའི་ལེའུ། （梵行品第七）	梵行品第八之一、之二、之三、之四、之五、之六	
བརྒྱད་པ།བྱིས་པ་ཆུང་ངུ་སྤྱོད་པ་ཞེས་བྱ་བའི་ལེའུ། （婴儿行品第八）	婴儿行品第九	
དགུ་པ།……………………………（第九） བཅུ་པ། བྱང་ཆུབ་སེམས་དཔའ་ཀུན་ཏུ་སྣང་བ་མཐོ་བཙུན་དཔལ་གྱི་རྒྱལ་པོ་ཞེས་བྱ་བས་ཡོངས་སུ་དྲིས་པའི་ལེའུ། （光明遍照高贵德王菩萨品第十）	光明遍照高贵德王菩萨品第十之一、之二、之三、之四、之五、之六	
བཅུ་གཅིག་པ། བྱང་ཆུབ་སེམས་དཔའ་སེང་གེ་སྒྲ་ཞེས་བྱ་བས་ཡོངས་སུ་དྲིས་པའི་ལེའུ། （狮子吼菩萨品第十一）	狮子吼菩萨品第十一之一、之二、之三、之四、之五、之六	
བཅུ་གཉིས་པ།འོད་སྲུང་གིས་ཡོངས་སུ་དྲིས་པ་ཞེས་བྱ་བའི་ལེའུ། （迦叶菩萨品第十二）	迦叶菩萨品第十二之一、之二、之三、之四、之五、之六	

17《大正新修大藏经》第 12 册，No.377，1998：900-912。

《甘珠尔》所载 A 本《大般涅槃经》	昙无谶译《大般涅槃经》	若那跋陀罗译《大般涅槃经后分》
བཅུ་གསུམ་པ། ཚེ་དང་ལྡན་པ་ཅང་ཤེས་ཀཽཎྜི་ནྱའི་ལེའུ། (憍陈如品第十三)	憍陈如品第十三之一、之二	憍陈如品余
བཅུ་བཞི་པ། བསྟན་པ་གཞག་པའི་ལེའུ། (遗教品第十四)		遗教品第一
བཅོ་ལྔ་པ། སྐུ་མྱ་ངན་ལས་འདས་ཤིང་ཞུགས་ལ་བཞིན་པའི་ལེའུ། (涅槃荼毘品第十五)		应尽还源品第二、机感荼毘品第三、圣躯廓润品第四

如表格所示，A 本《大般涅槃经》第十三品余下内容以及第十四品、第十五品的内容在昙无谶译本中不存在对应内容，昙无谶译本内容至此终结。

昙无谶译本最后一品“憍陈如品”末尾内容：

> 說是法時，十千菩薩得一生實相，萬五千菩薩得二生法界，二萬五千菩薩得畢竟智，三萬五千菩薩悟第一義諦，是第一義諦亦名第一義空，亦名首楞嚴三昧。四萬五千菩薩得虛空三昧，是虛空三昧亦名廣大三昧，亦名智印三昧。五萬五千菩薩得不退忍，是不退忍亦名如法忍，亦名如法界。六萬五千菩薩得陀羅尼，是陀羅尼亦名大念心，亦名無礙智。七萬五千菩薩得師子吼三昧，是師子吼三昧亦名金剛三昧，亦名五智印三昧。八萬五千菩提得平等三昧，是平等三昧亦名大慈大悲。無量恒河沙等眾生發阿耨多羅三藐三菩提心，無量恒河沙等眾生發緣覺心，無量恒河沙等眾生發聲聞心。人女、天女二萬億人，現轉女身得男子身，須跋陀羅得阿羅漢果。[18]

这段经文对应 A 本《大般涅槃经》“བཅུ་གསུམ་པ། ཚེ་དང་ལྡན་པ་ཅང་ཤེས་ཀཽཎྜི་ནྱའི་ལེའུ།（憍陈如品第十三）”：

> ཆོས་འདི་བསྟན་པ་ན་བྱང་ཆུབ་སེམས་དཔའ་བརྒྱ་ཕྲག་སྟོང་གིས་ཚེ་གཅིག་གིས་ཐོགས་པའི་ཡང་དག་པའི་འདུ་ཤེས་ཐོབ་བོ། །བྱང་ཆུབ་སེམས་དཔའ་ཁྲི་ལྔ་སྟོང་སྙེད་ཀྱིས་ཚེ་གཉིས་ཀྱིས་ཆོས་ཀྱི་དབྱིངས་ཐོབ་བོ། །བྱང་ཆུབ་སེམས་དཔའ་ཉི་ཁྲི་ལྔ་སྟོང་གིས་མཐར་ཕྱིན་པའི་ཡེ་ཤེས་ཐོབ་པར་གྱུར་ཏོ། །བྱང་ཆུབ་སེམས་དཔའ་སུམ་ཁྲི་ལྔ་སྟོང་

18《大正新修大藏经》第 12 册，No.374，1998：603 下栏。

གིས་དོན་དམ་པའི་བདེན་པ་ཐོབ་བོ། །དོན་དམ་པའི་བདེན་པ་ནི་དོན་དམ་པའི་སྟོང་པ་ཉིད་ཅེས་ཀྱང་བྱ། དཔའ་བར་འགྲོ་བའི་ཏིང་ངེ་འཛིན་ཅེས་ཀྱང་བྱའོ། །བྱང་ཆུབ་སེམས་དཔའ་བཞི་ཁྲི་ལྔ་སྟོང་སྙེད་ཀྱིས་ནམ་མཁའ་ལྟ་བུའི་ཏིང་ངེ་འཛིན་ཐོབ་བོ། །ནམ་མཁའ་ལྟ་བུའི་ཏིང་ངེ་འཛིན་ནི་རྒྱ་ཆེན་པོའི་ཏིང་ངེ་འཛིན་ཅེས་བྱ། ཡེ་ཤེས་ཀྱི་ཕྱག་རྒྱའི་ཏིང་ངེ་འཛིན་ཅེས་བྱའོ། །བྱང་ཆུབ་སེམས་དཔའ་ལྔ་ཁྲི་ལྔ་སྟོང་གིས་ནི་ཕྱིར་མི་ལྡོག་པའི་བཟོད་པ་ཐོབ་པར་གྱུར་ཏོ། །ཕྱིར་མི་ལྡོག་པའི་བཟོད་པ་ནི་ཆོས་ཀྱི་བཟོད་པ་ཞེས་ཀྱང་བྱ། ཆོས་དབྱིངས་ལྟ་བུ་ཞེས་ཀྱང་བྱའོ། །བྱང་ཆུབ་སེམས་དཔའ་དྲུག་ཁྲི་ལྔ་སྟོང་སྙེད་ཀྱིས་ནི་གཟུངས་ཐོབ་པར་འགྱུར་རོ། །གཟུངས་དེ་ནི་དྲན་པ་ཆེན་པོའི་སེམས་ཞེས་ཀྱང་བྱ། ཐོགས་པ་མེད་པའི་ཡེ་ཤེས་ཞེས་ཀྱང་བྱའོ། །བྱང་ཆུབ་སེམས་དཔའ་བདུན་ཁྲི་ལྔ་སྟོང་སྙེད་ཀྱིས་ནི་སེང་གེའི་སྒྲ་ཞེས་བྱ་བའི་ཏིང་ངེ་འཛིན་ཐོབ་པར་གྱུར་ཏོ། །སེང་གེའི་སྒྲའི་ཏིང་ངེ་འཛིན་ནི་རྡོ་རྗེ་ལྟ་བུའི་ཏིང་ངེ་འཛིན་ཅེས་ཀྱང་བྱ། ཡེ་ཤེས་ཀྱི་ཕྱག་རྒྱའི་ཏིང་ངེ་འཛིན་ཅེས་ཀྱང་བྱའོ། །བྱང་ཆུབ་སེམས་དཔའ་བརྒྱད་ཁྲི་ལྔ་སྟོང་སྙེད་ཀྱིས་ནི་མཉམ་པའི་ཏིང་ངེ་འཛིན་ཐོབ་པར་གྱུར་ཏོ། །མཉམ་པའི་ཏིང་ངེ་འཛིན་དེ་ནི་བྱམས་པ་ཆེན་པོ་དང་། སྙིང་རྗེ་ཆེན་པོ་ཞེས་ཀྱང་བྱའོ། །སེམས་ཅན་གྲངས་མེད་པ་གང་གཱའི་ཀླུང་གི་བྱེ་མ་སྙེད་ནི་བླ་ན་མེད་པ་ཡང་དག་པར་རྫོགས་པའི་བྱང་ཆུབ་ཏུ་སེམས་བསྐྱེད་པར་གྱུར་ཏོ། །སེམས་ཅན་གྲངས་མེད་པ་གང་གཱའི་ཀླུང་གི་བྱེ་མ་སྙེད་ནི་རང་སངས་རྒྱས་ཀྱི་སེམས་བསྐྱེད་དོ། །སེམས་ཅན་གྲངས་མེད་པ་གང་གཱའི་ཀླུང་གི་བྱེ་མ་སྙེད་ནི་ཉན་ཐོས་སུ་སེམས་བསྐྱེད་པར་གྱུར་ཏོ། །མི་དང་ལྷའི་བུ་མོ་སྟོང་ཕྲག་ཉི་ཤུ་སྙེད་ནི་མངོན་དུ་བུད་མེད་ཀྱི་ལུས་ལས་སྐྱེས་པའི་ལུས་སུ་གྱུར་ཏོ། །ཤིན་ཏུ་བཟང་པོ་ནི་དགྲ་བཅོམ་པའི་འབྲས་བུ་ཐོབ་པར་གྱུར་ཏོ།[19]

昙无谶译本《大般涅槃经》的内容到此已经完结，而 A 本《大般涅槃经》第十三品内容还未完结，紧随上引藏文之后的经文如下：

དེའི་ཚེ་ཤིན་ཏུ་བཟང་པོས་བཅོམ་ལྡན་འདས་ལས་ཡོངས་སུ་མྱ་ངན་ལས་འདས་པ་ཆེན་པོའི་ཆོས་ཤིན་ཏུ་ཟབ་མོ་ཐོས་ནས་ཆོས་ལ་ཆོས་ཀྱི་མིག་རྣམ་པར་དག་པར་གྱུར་ཏེ། ཡོངས་སུ་དག་པའི་ཆོས་མཐོང་ནས་དམ་པའི་ཆོས་འདོད་པས་ངན་པར་ལྟ་བ་ཡོངས་སུ་སྤངས་ཏེ། སངས་རྒྱས་ཀྱི་བསྟན་པ་ལ་དད་པ་ཤིན་ཏུ་བརྟན་པར་གྱུར་ནས། དེ་བཞིན་གཤེགས་པ་ལས་རབ་ཏུ་འབྱུང་བར་གསོལ་ཏོ……[20]

这段经文及其后第十四品、十五品在昙无谶译本已无相应内容，能否在其他汉译本中找到呢？经过笔者的深入梳理后发现，若那跋陀罗的《大般涅槃经后分》恰好与 A 本《大般涅槃经》的第十三品余、第十四品、第十五品的内容一一对应！

若那跋陀罗《大般涅槃经后分》第一品“憍陈如品余”开头内容如下：

19《中华大藏经 · 甘珠尔（对勘本）》第 53 册，2008：716-717。
20《中华大藏经 · 甘珠尔（对勘本）》第 53 册，2008：717。

爾時，須跋陀羅從佛聞說大般涅槃甚深妙法，而得法眼，見法清淨，愛護正法，已捨邪見，於佛法中深信堅固；即從如來，欲求出家……[21]

这部分内容恰与上引 A 本《大般涅槃经》内容完全对应。进一步研究发现，上引经文其后内容及第十四品、第十五品经文与若那跋陀罗版《大般涅槃经后分》一一对应。如若那跋陀罗《大般涅槃经后分》最后一品“圣躯廓润品”结尾内容如下：

王語眾言：佛入涅槃，我都不知，一何苦哉，不得見佛。請眾與我一分舍利，還國供養。眾言：汝何來晚，佛已先說分布法軌，舍利皆已各有所請，無有仁分，仁可還宮。王及臣眾不果所請，愁憂不樂，即禮舍利，悲戀而還。[22]

A 本《大般涅槃经》“涅槃荼毘品第十五”对应内容：

རྒྱལ་པོས་སྨྲས་པ། བདག་ཅག་གིས་ནི་སངས་རྒྱས་མྱ་ངན་ལས་འདས་པ་སྔར་མ་ཚོར་ན། དེ་བཞིན་གཤེགས་པའི་སྐུ་གདུང་ལ་ཤས་ཀྱིས་མཆོད་པའི་རྟེན་དུ་ཅི་གནང་ཞེས་གསོལ་ཏོ། །འཁོར་རྣམས་ཀྱིས་སྨྲས་པ། སྐུ་གདུང་བགོ་བའི་ཚོ་ག་སྔར་བཀའ་སྩལ་ཏེ། རྒྱལ་པོ་སྐལ་བ་མེད་ཀྱིས་སླར་དེང་ཤིག །རྒྱལ་པོ་འཁོར་དང་བཅས་ཏེ་སྐུ་གདུང་མ་ཐོབ་པས་མྱ་ངན་གྱིས་ཡིད་གདུངས་ཏེ། སྐུ་གདུང་ལ་ཕྱག་འཚལ་ནས་དུས་བཞིན་དུ་ཕྱིར་དོང་ངོ་།།[23]

由此得知，A 本《大般涅槃经》在藏译过程中将昙无谶译本和若那跋陀罗《后分》版进行了合体，昙无谶译本最后一品“憍陈如品”末尾内容与若那跋陀罗《后分》第一品“憍陈如品余”的开头内容都与《甘珠尔》所载 A 本《大般涅槃经》相应内容一一对应，且 A 本《大般涅槃经》并未另起一品，而是在藏译过程中直接将《后分》版的内容衔接在昙无谶译本《大般涅槃经》之后，此三者具体对应品次见表一。

如上所述，尽管《甘珠尔》所载 A 本《大般涅槃经》在内容上与昙无谶译本和若那跋陀罗《后分》版合体一一对应，但在品次序目上却不尽相符，经过笔者的深入梳理，找到了相应的答案。

21《大正新修大藏经》第 12 册，No.377，1998：900 上栏。
22《大正新修大藏经》第 12 册，No.377，1998：912 上栏。
23《中华大藏经 · 甘珠尔（对勘本）》第 53 册，2008：792。

《甘珠尔》所载 A 本《大般涅槃经》为 15 品，而昙无谶译本及若那跋陀罗《后分》汉文版共有 18 品，表面上后者比前者多了三品，实则从上表品次对应可以看出，汉文版的品次划分更为细致，而藏文版只是合并了某些品次，但内容并未删减。具体如下：1. 汉文版中的"一切大众所问品第五"和"现病品第六"在藏文版中合并为"一切大众所问品第五"，由此藏文版相较汉文版少一品；2. 汉文版中的"光明遍照高贵德王菩萨品第十"在藏文版中分成了"……第九"和"光明遍照高贵德王菩萨品第十"，藏文版多一品；3. 汉文版中的"憍陈如品第十三"和"憍陈如品余"在藏文版中合并为一品"憍陈如品第十三"，故藏文版又相较少一品；4. 汉文版中的"应尽还源品第二、机感荼毘品第三、圣躯廓润品第四"在藏文版中合并为"涅槃荼毘品第十五"，此处藏文版又比汉文版少两品。由此看来，藏文版比汉文版增一品而少四品，故在品次数目上一共少三品，表现为汉文昙无谶译本和若那跋陀罗《后分》共 18 品，而藏译后的《甘珠尔》所载《大般涅槃经》仅 15 品。因此，品次数目上的差别是因为藏、汉两文在品次划分上的差别，但内容却一一对应。

通过以上梳理、对比得知，A 本《大般涅槃经》是昙无谶所译四十卷及若那跋陀罗所译《后分》两卷的合体版藏文译本，此合体版卷数为四十二卷，恰好与《丹噶目录》中所记载的由汉籍翻译而来的大乘经典四十二卷《大般涅槃经》相符合，故而推知《丹噶目录》中所载《大般涅槃经》即为昙无谶与若那跋陀罗所译汉文《大般涅槃经》的合体版。综上所述，已知《甘珠尔》所载《大般涅槃经》的汉文母本，同理得知 P.t.0542 残卷的汉文母本亦即为昙无谶译本及若那跋陀罗译本的合体版。

三、小结

经过深入梳理和文字对比，可以发现敦煌藏经洞出土法藏 P.t.0542《大般涅槃经》实为《甘珠尔》所载 15 品、56 卷《大般涅槃经》的敦煌写本，此《甘珠尔》所载《大般涅槃经》很有可能就是《丹噶目录》所列"由汉籍翻译而来"的藏文《大般涅槃经》。吐蕃控制丝绸之路期间，藏、汉语种不同版本的《大般涅槃经》在丝绸之路和唐蕃古道广泛传抄；佛经的翻译、传抄揭示出吐蕃佛教即藏传佛教的早期形态，在其形成之初就显示出多元化特征。

就目前所知，汉文版《大般涅槃经》中还未有任何一部与《后分》合并成完整版，而藏文版《甘珠尔》所载 15 品、56 卷《大般涅槃经》却是昙无谶译本和《大般涅槃经后分》版合体的藏译本，这表明吐蕃时期在对《大般涅槃经》进行藏译时，吐蕃译经高僧与汉僧一道，并非仅仅对汉文版《大般涅槃经》进行机械的翻译，而是在对汉文版《大般涅槃经》诸版本有了整体认识后，根据其内容将初唐时期才问世的《大般涅槃经后分》与魏晋南北朝时期就已问世的《大般涅槃经》进行了合译，恢复了《大般涅槃经》的完整性，体现出吐蕃译经僧人的智慧以及唐蕃文化交流的成果，也从一个侧面反映出吐蕃经营丝绸之路期间，为丝路文明的传播和建构所做的历史贡献。

◆ 唐露恬　兰州大学敦煌学研究所博士研究生

敦煌藏经洞出土藏文《维摩诘经》抄本探析 *

魏健鹏

内容摘要：敦煌藏经洞出土藏文《维摩诘经》共有8件左右，法藏P.t.613与英藏IOL.Tib.J.VOL.19-4可缀合为完整一卷，应为同一抄本散藏于两处的编号。根据抄写内容和书写特征，大体可确定最早的抄本出现于9世纪初，最晚的则在11世纪初藏经洞封闭前夕。藏文《维摩诘经》三个版本在近两个世纪的翻译及其在敦煌的传播和抄写活动，与敦煌壁画维摩诘经变中吐蕃装人物的出现时间基本一致，二者或可共同被视为在吐蕃民众的推动下，汉藏维摩诘信仰融合的形象体现。英藏IOL.Tib.J.VOL.180的内容及书写特征与现存藏文大藏经《甘珠尔》中收录的《维摩诘经》完全一致，更是晚唐以来藏地佛教仍然持续发展，并且敦煌与吐蕃故地之间始终保持密切文化交流的有力见证。

《维摩诘经》至晚在9世纪初即被译为藏文，几乎同时期在敦煌出现相关的抄写活动。藏经洞出土敦煌遗书中，目前共发现有8件左右的藏文《维摩诘经》抄本，根据抄写内容和书写特征，可判定其时代大体从9世纪初一直延续到11一世纪初，反映出敦煌地区和吐蕃相关的维摩诘信仰一直没有中断。敦煌遗书中的藏文《维摩诘经》抄本在

* 本文为国家社科基金冷门绝学研究专项学术团队项目“敦煌壁画外来图像文明属性研究”（2OVJXTO14）、中国博士后科学基金资助项目（2020M683423）、首批国家级一流课程“敦煌石窟历史实践教学虚拟仿真实验”的阶段性成果。

既往研究中受关注较为有限，主要集中于整体内容的介绍，对具体抄本的关注主要为法藏 P.t.610、611 两件，荷兰狄庸（Jan Willem de Jong）先生最早对两卷内容与纳塘版和拉萨版《甘珠尔》进行对音分析，指出 P.t.610 代表最古老的《维摩诘经》藏译本[1]。法国 Étienne Lamotte 女士在将藏文《维摩诘经》译为法语时，对藏经洞出土藏文《维摩诘经》的法藏部分记录较为清楚，结合其所译法文本《维摩诘经》对法藏各卷起止进行说明，指出 P.t.611 代表最古老的藏译本，但并未独立于现有《甘珠尔》收录的《维摩诘经》译本，P.t.613、2203 代表第二次译本，英藏部分则较略，主要根据《印度事务部图书馆藏敦煌藏文写本目录》（*The Catalogue of the Tibetan Manuscripts from Tun-Huang in the India Office Library*）进行简要说明[2]。林纯瑜女士对《维摩诘经》藏译本做了整体性介绍，重点关注藏译本与清代《龙藏 · 维摩诘所说大乘经》之间的关系，并以法藏 P.t.610 和 P.t.611 为核心，将之与《甘珠尔》诸种版本中的《维摩诘经》相关内容进行比对，根据书写形式，判定 P.t.610 时代更早，再根据语法和句构分析，认为 P.t.610 与现存《甘珠尔》中收录的《维摩诘经》出自不同的译本体系[3]。杨本加先生对《甘珠尔》所收藏文《维摩诘经》与鸠摩罗什译本《维摩诘所说经》以及敦煌古藏文《维摩诘经》写本的异同进行了基本对比，指出敦煌古藏文《维摩诘经》写本应是《甘珠尔》所收《维摩诘经》的古代敦煌写本，反映出吐蕃为丝路文明的传播所做出的历史贡献[4]。这些成果增进了我们对《维摩诘经》藏译本基本内容的认识，但涉及敦煌藏经洞出土藏文本《维摩诘经》时，多集中于对音和语法等方面的分析或个别的初步内容比对，本文拟在这些成果的基础上，对敦煌藏经洞出土藏文本《维摩诘经》相关抄本的基本内容和时代划分等问题进行整理和研究，以期能对吐蕃相关的维摩诘信仰在敦煌的发展及其背后的汉藏文化交流研究有所贡献。

1　Jan Willem de Jong, " Fonds Pelliot Tibetan Nos. 610 et 611" , [日] 山口博士还暦记念会编：《印度学佛教学论丛——山口博士还暦记念》，京都：法藏馆，1955：60-67。

2　Étienne Lamotte, *L'Enseignement de Vimalakīrti* (*Vimalakīrtinirdeśa*), Louvain-la-Neuve: Institut Orientaliste, Université Catholique de Louvain, 1962: 14-20; Sara Boin trans., *The Teaching of Vimalakīrti* (*Vimalakīrtinirdeśa*), Bristol: The Pali Text Society, 1976: 36-43.

3　林纯瑜：《〈维摩经〉藏译本周边文献考察》，《佛光学报》新一卷第 2 期，2015 ：471-534 ；林纯瑜：《藏文本〈维摩诘经〉传衍考析》，台北：藏典出版社有限公司，2019：88-102。

4　杨本加：《吐蕃时期〈维摩诘所说经〉汉藏译本对比》，《藏学学刊》第 24 辑，2021（1）：32-43。

一、藏译本《维摩诘经》的译者、译出时间及底本

《维摩诘经》的藏译本称《圣者无垢称 / 净名所说大乘经》（འཕགས་པ་དྲི་མ་མེད་པར་གྲགས་པས་བསྟན་པ་ཞེས་བྱ་བ་ཐེག་པ་ཆེན་པོའི་མདོ），至晚在吐蕃时期的 9 世纪初已经译出，官方经录对该经名称有记载。《旁塘目录》（དཀར་ཆག་འཕང་ཐང་མ）记录为：

འཕགས་པ་དྲི་མ་མེད་པར་གྲགས་པས་བསྟན་པ། བམ་པོ་དྲུག[5]

圣者无垢称 / 净名所说（经）六卷

《丹噶目录》（ཕོ་བྲང་སྟོང་ཐང་ལྡན་དཀར་གྱི་ཆོས་འགྱུར་རོ་ཅོག་གི་དཀར་ཆག་བཞུགས）记录为：

འཕགས་པ་དྲི་མ་མེད་པར་གྲགས་པས་བསྟན་པ། བམ་པོ་དྲུག[6]

圣者无垢称 / 净名所说（经）六卷

《旁塘目录》和《丹噶目录》中都只纪录了经名和卷数，并未注明译者。藏文大藏经《甘珠尔》收录的该经尾题中记载译者为法性戒（ཆོས་ཉིད་ཚུལ་ཁྲིམས）：

འཕགས་པ་དྲི་མ་མེད་པར་གྲགས་པས་བསྟན་པ་ཞེས་བྱ་བ། ཐེག་པ་ཆེན་པོའི་མདོ་རྫོགས་སོ།།།།

ཤུ་ལོ་ཀ་སྟོང་བརྒྱད་བརྒྱ་སྟེ་བམ་པོ་དྲུག་གོ།

ལོཙྪ་བ་བན་དེ་ཆོས་ཉིད་ཚུལ་ཁྲིམས་ཀྱིས་བསྒྱུར་ཅིང་ཞུས་ཏེ་གཏན་ལ་ཕབ་པ།[7]

《圣者无垢称所说大乘经》结束。

共一千八百偈，六卷。

译师比丘法性戒翻译、校订。

《维摩诘经》现存世的唯一梵文本是由日本高桥尚夫先生 1999 年 7 月发现于西藏布达拉宫，经名为विमलकीर्तिनिर्देशसूत्र（Vimalakīrti Nirdeśa Sūtra）[8]。此后大正大学综合佛教研究所

5　西藏博物馆编：《旁塘目录、声明要领二卷》，北京：民族出版社，2003：8。

6　《中华大藏经 · 丹珠尔（对勘本）》第 116 册，北京：中国藏学出版社，2005：792。

7　《中华大藏经 · 甘珠尔（对勘本）》第 60 册，2008：617。

8　[日] 大正大学综合佛教研究所、梵语佛典研究会编辑：《梵文维摩經：ポタラ宫所藏写本に基づく校订》，东京：大正大学出版会，2006。

和梵语佛典研究会对梵文抄本进行整理，并进行了梵汉藏三文对勘[9]。黄宝生先生在此基础上，又将梵文本译为现代汉语，并逐段与鸠摩罗什、玄奘译本对勘[10]。这些细致的工作可以帮助我们更为准确的理解藏文本《维摩诘经》及藏经洞发现的各类文本。

《甘珠尔》所收录的《维摩诘经》虽为六卷本，与玄奘译本相同，但在具体品数划分上为十二品，又与梵文本一致。与鸠摩罗什和玄奘译本的十四品划分相比，结构差异主要在于将汉译本第三、四品和第十三、十四品各合为一品，另在各品标题名称上，藏译本亦有一些不同。我们以《甘珠尔》中收录的藏文本《维摩诘经》[11]、黄宝生先生对勘的布达拉宫藏梵文《维摩诘经》以及与藏文本译出时代相对接近的玄奘汉译本《说无垢称经》[12]和流通最广的鸠摩罗什译本《维摩诘所说经》为基础[13]，将藏梵汉《维摩诘经》诸品结构及内容对比如下（表一）：

表一　藏梵汉《维摩诘经》各品内容对比一览表

<table>
<tr><th colspan="2">藏译本</th><th rowspan="2">梵文本</th><th rowspan="2">玄奘译本</th><th rowspan="2">鸠摩罗什译本</th></tr>
<tr><th>藏文</th><th>汉译</th></tr>
<tr><td>སངས་རྒྱས་ཀྱི་ཞིང་ཡོངས་སུ་དག་པ་གླེང་གཞིའི་ལེའུ་སྟེ་དང་པོའོ།</td><td>叙述佛国净土缘起品第一</td><td>佛土清净缘起品</td><td>序品</td><td>佛国品</td></tr>
<tr><td>ཐབས་ལ་མཁས་པ་བསམ་གྱིས་མི་ཁྱབ་པའི་ལེའུ་ཞེས་བྱ་སྟེ་གཉིས་པའོ།</td><td>不可思议方便善巧品第二</td><td>不可思议方便善巧品</td><td>显不思议方便善巧品</td><td>方便品</td></tr>
<tr><td rowspan="2">ཉན་ཐོས་དང་བྱང་ཆུབ་སེམས་དཔའ་གཏང་བར་རྨས་པའི་ལེའུ་སྟེ་གསུམ་པའོ།</td><td rowspan="2">声闻和菩萨推辞问疾品第三</td><td rowspan="2">声闻和菩萨推辞问疾品</td><td>声闻品</td><td>弟子品</td></tr>
<tr><td>菩萨品</td><td>菩萨品</td></tr>
<tr><td>ན་བ་ཡང་དག་པར་དགའ་བར་བྱ་བའི་ལེའུ་སྟེ་བཞི་པའོ།</td><td>使病人真正欢喜品第四</td><td>问疾品</td><td>问疾品</td><td>文殊师利问疾品</td></tr>
<tr><td>རྣམ་པར་ཐར་པ་བསམ་གྱིས་མི་ཁྱབ་པ་བསྟན་པའི་ལེའུ་སྟེ་ལྔ་པའོ།</td><td>显示不可思议解脱品第五</td><td>示现不可思议解脱品</td><td>不思议品</td><td>不思议品</td></tr>
<tr><td>ལྷ་མོའི་ལེའུ་སྟེ་དྲུག་པའོ།</td><td>天女品第六</td><td>天女品</td><td>观有情品</td><td>观众生品</td></tr>
<tr><td>དེ་བཞིན་གཤེགས་པའི་རིགས་ཀྱི་ལེའུ་སྟེ་བདུན་པའོ།</td><td>如来种姓品第七</td><td>如来种姓品</td><td>菩提分品</td><td>佛道品</td></tr>
</table>

9 [日]大正大学综合佛教研究所、梵语佛典研究会：《梵汉藏对照〈维摩经〉》，东京：大正大学出版会，2004。

10 黄宝生译注：《梵汉对勘维摩诘所说经》，北京：中国社会科学出版社，2011。

11《中华大藏经·甘珠尔（对勘本）》第 60 册，2008：458-635。

12（唐）玄奘译：《说无垢称经》，《大正新修大藏经》第 14 册，No.476，1998：557-588。

13（后秦）鸠摩罗什译：《维摩诘所说经》，《大正新修大藏经》第 14 册，No.475，1998：537-557。

续表

<table>
<tr><th colspan="2">藏译本</th><th rowspan="2">梵文本</th><th rowspan="2">玄奘译本</th><th rowspan="2">鸠摩罗什译本</th></tr>
<tr><th>藏文</th><th>汉译</th></tr>
<tr><td>གཉིས་སུ་མེད་པའི་ཆོས་ཀྱི་སྒོར་འཇུག་པའི་ལེའུ་སྟེ་བརྒྱད་པའོ།</td><td>进入不二法门品第八</td><td>入不二法门品</td><td>不二法门品</td><td>入不二法门品</td></tr>
<tr><td>སྤྲུལ་པས་ཞལ་ཟས་བླངས་པའི་ལེའུ་སྟེ་དགུ་པའོ།</td><td>化身取食品第九</td><td>化身取食品</td><td>香台佛品</td><td>香积佛品</td></tr>
<tr><td>ཟད་པ་དང་མི་ཟད་པ་ཞེས་བྱ་བའི་ཆོས་ཀྱི་རྫོངས་ཀྱི་ལེའུ་སྟེ་བཅུ་པའོ།</td><td>有尽和无尽佛法施舍品第十</td><td>有尽无尽法施品</td><td>菩萨行品</td><td>菩萨行品</td></tr>
<tr><td>འཇིག་རྟེན་གྱི་ཁམས་མངོན་པར་དགའ་བ་བླངས་པ་དང་།དེ་བཞིན་གཤེགས་པ་མི་འཁྲུགས་པ་བསྟན་པའི་ལེའུ་སྟེ་བཅུ་གཅིག་པའོ།</td><td>显示取妙喜世界和不动如来品第十一</td><td>取妙喜世界见阿閦如来品</td><td>观如来品</td><td>见阿閦佛品</td></tr>
<tr><td rowspan="2">སྔོན་གྱི་སྦྱོར་བ་དང་དམ་པའི་ཆོས་གཏད་པའི་ལེའུ་ཞེས་བྱ་སྟེ་བཅུ་གཉིས་པའོ།</td><td rowspan="2">过去的安排和委托正法品第十二</td><td rowspan="2">托付品</td><td>法供养品</td><td>法供养品</td></tr>
<tr><td>嘱累品</td><td>嘱累品</td></tr>
</table>

虽然吐蕃时代的译经存在将汉文经典译为藏文的现象，诸如长期活动于敦煌地区的译师法成将义净译《金光明最胜王经》、慧觉等译《贤愚经》、玄奘译《十一面观音经咒》等经典都由汉文译为藏文[14]，但对比上表中三种文字《维摩诘经》的各品内容分布，可知藏译本是从梵文本直接翻译而来。结合汉藏梵译本对《维摩诘经》经名译法上的语义分歧来看，也能说明藏译本与梵文本之间的密切联系。

首先，藏译本在经名上采取了意译的方式，和梵文本名称基本保持一致，二者对应关系大体如下表所示：

无垢称所说经	圣者	无污垢的	名声	演说	名为	大乘经典
འཕགས་པ་དྲི་མ་མེད་པར་གྲགས་པས་བསྟན་པ་ཞེས་བྱ་བ་ཐེག་པ་ཆེན་པོའི་མདོ།	འཕགས་པ	དྲི་མ་མེད་པ	གྲགས་པ	བསྟན་པ	ཞེས་བྱ་བ	ཐེག་པ་ཆེན་པོའི་མདོ
विमलकीर्तिनिर्देशसूत्र (Vimalakīrti Nirdeśa Sūtra)		विमल (vimala)	कीर्ति (kīrti)	निर्देश (nirdesa)		सूत्र (sutra)

经对比可知，虽然藏译本的出现时间与玄奘译本时代接近，都采取了六卷本的划分，并对维摩诘的名称采用了意译的方法，但二者在经名的理解方面存在明显区别：藏

14 王尧：《藏族翻译家管·法成对民族文化的交流贡献》，《文物》1980（7）：52-56；旺多：《管·法成对汉藏佛经翻译的重大贡献》，《宗教学研究》2010（2）：134-137。

译本表明该经为维摩诘所说，与鸠摩罗什译本《维摩诘所说经》的理解相合，而玄奘译本《说无垢称经》则重在强调该经为佛说维摩诘相关事迹，可能在翻译中增加了个人理解。此外，在各品标题的表述方式上，藏梵文本近乎完全一致，诸如第一品《叙述佛国净土缘起品》在汉译本中被名为《序品》或《佛国品》，第三品《声闻和菩萨推辞问疾品》在汉译本中都被分为《弟子品》和《菩萨品》，第六品《天女品》在汉译本中被名为《观有情品》或《观众生品》，其余第七、九、十、十一等品皆是如此，藏梵本《维摩诘经》之间的一致性表现，远多于流通时间甚久的汉译本《维摩诘经》。因此，通过将藏梵汉三种文字《维摩诘经》的经名翻译理解和各品名称及排列结构进行对比，可以说明藏译本并非转译自汉译本，而是依据梵文本的直接翻译。

二、敦煌藏文《维摩诘经》抄本形态

我们尝试对各抄本的基本形态进行描述和分析，在相关译文中列出鸠摩罗什译本《维摩诘所说经》作参照，个别地方亦同时增加玄奘译本进行说明。由于多数抄本为梵夹装，个别纸张正面右侧空白处有收藏单位所盖页码印章（图一）。文中所用编号皆以《英藏敦煌西域藏文文献》[15]和《法藏敦煌藏文文献》[16]为主，同时在基本形态说明中标注国际敦煌项目（IDP）编号，由于国际敦煌项目彩色图版更便于文中展示，故相关插图皆采自国际敦煌项目网站相应图版。为便于查阅和行文叙述，我们在涉及带有页码标注的各纸内容表述时，备注相关原印章页码数字，如 IOL.Tib.J.VOL.12-3 第 1 纸（44），表示该抄本第 1 纸，原收藏单位在该纸编号为 44，特此说明。

（一）英藏

1. IOL.Tib.J.VOL.12-3、5（图一）

（1）基本形态

国际敦煌项目（IDP）编号为：IOL.Tib.J.VOL.180。梵夹装，IOL.Tib.J.VOL.12-3 共 11 纸，双面抄写藏文本《维摩诘经 · 入不二法门品》，每纸正面右侧收藏单位的页码编号范围为 44-52。IOL.Tib.J.VOL.12-5 共 2 纸，右侧收藏单位编号页码为 71-72，为藏文本《维摩诘经 · 入不二法门品》抄写报废经页，第 1 纸抄写至第四行开端位置，错误

15　金雅声、赵德安、沙木主编：《英藏敦煌西域藏文文献》，上海古籍出版社，2010-2021。

16　金雅声、郭恩主编：《法藏敦煌藏文文献》，上海古籍出版社，2006-2020。

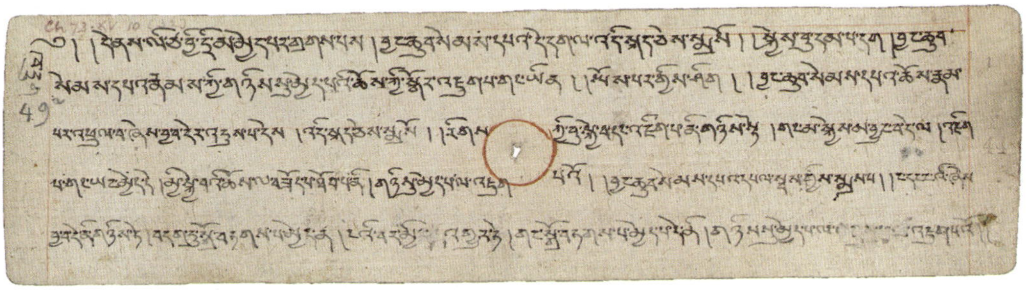

图一　英藏敦煌遗书 IOL.Tib.J.VOL.12-3 藏文《维摩诘经》第一纸
（采自国际敦煌项目（IDP）: http://idp.bl.uk）

出现于卷尾：བྱང་ཆུབ་སེམས་དཔའ་དཔལ་གྱིས་སྦྱིན་པོས་སྨྲས་པ།（吉祥藏菩萨说……），系误将前一句 དཔལ་གྱིས་སྦྱིན་པོ（吉祥藏）菩萨关于不二法门阐述文句开端的部分重复抄写，参照 IOL.Tib.J.VOL.12-3 第 7 纸（50）背面，同一位置原文应为 བྱང་ཆུབ་སེམས་དཔའ་ཟླ་བའི་བླ་མས་སྨྲས་པ།（月上菩萨言道……），当为抄写者发现错误后立即停止。第 2 纸可能为修改涂写不当，在抄写或校对中遭到报废。该件《维摩诘经》抄本中，第 4 纸（47）第二面和第 5 纸第一面之间的内容不能衔接，而第 29 纸（71）仅抄写一个单面，首尾恰可与第 4、5 纸（47、48）之间相接。第 29 纸首行 ནམ་མཁའི་རང་བཞིན་ནདེ། 中第三个字 རང 中 ང 被涂黑，可能因此在抄写或校对过程中被报废。反映出该卷的抄写过程具有成熟的校对程序。

IOL.Tib.J.VOL.12-3 与 5 之间为《圣稻秆大乘经》(འཕགས་པ་ས་ལུ་ལྗང་པ་ཞེས་བྱ་བའ་ཐེག་པ་ཆེན་པོ་མདོ)，共 18 纸，图书馆页码范围为 53-69。

（2）抄写起止

主体抄写内容为第八品《入不二法门品》(གཉིས་སུ་མེད་པའི་ཆོས་ཀྱི་སྒོར་འཇུག་པའི་ལེའུ་སྟེ་བརྒྱད་པའོ) 全文，与《甘珠尔》收录的《维摩诘经》第八品内容[17]完全相同。第 1 纸（44）开头为：

> དེ་ནས་ལི་ཙ་བྱི་དྲི་མ་མེད་པར་གྲགས་པས། བྱང་ཆུབ་སེམས་དཔའ་དེ་དག་ལ་འདི་སྐད་ཅེས་སྨྲོས།།[18]
>
> 尔后，长者无垢称向众菩萨如是言道。

对应鸠摩罗什译本《维摩诘经》内容为：

17《中华大藏经 · 甘珠尔（对勘本）》第 60 册，2008：561-569。
18《英藏敦煌西域藏文文献》②，2011：193。

尔时维摩诘谓众菩萨言：“诸仁者！云何菩萨入不二法门？[19]

第9纸（52）结束于：

བསྟན་པ་འདི་བཤད་པ་ན། །བྱང་ཆུབ་སེམས་དཔའ་ལྔ་སྟོང་གཉིས་སུ་མྱེད་པའི་ཆོས་ཀྱི་སྒོར་ཞུགས་པས། །མྱི་སྐྱེ་བའི་ཆོས་ལ་བཟོད་པ་ཐོབ་པར་གྱུར་ཏོ། །གཉིས་སུ་མྱེད་པའི་ཆོས་ཀྱི་སྒོར་འཇུག་པའི་ལེ་འུ་སྟེ་བརྒྱད་པའོ།།།།[20]

说了这些内容后，五千菩萨进入了不二法门，获得了无生法忍。入不二法门品第八。

对应鸠摩罗什译本《维摩诘经》内容为：

说是入不二法门品时，于此众中五千菩萨，皆入不二法门，得无生法忍。[21]

2. IOL.Tib.J.VOL.19-4（图二）

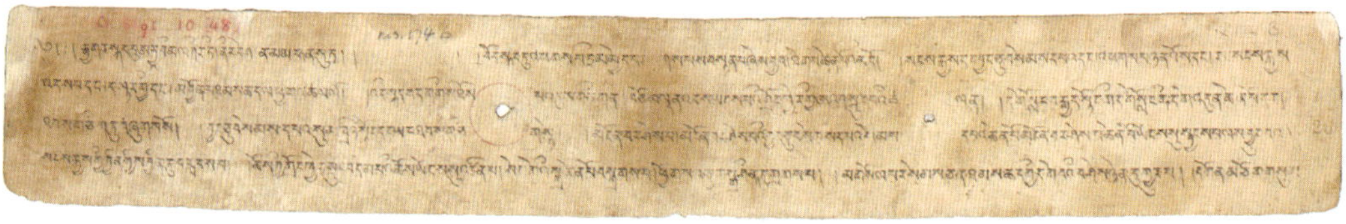

图二　英藏敦煌遗书 IOL.Tib.J.VOL.19-4 藏文《维摩诘经》第1纸（26）
（采自国际敦煌项目（IDP）: http://idp.bl.uk）

（1）基本形态

国际敦煌项目（IDP）编号为：IOL.Tib.J.VOL.181。梵夹装，共26纸，每纸正面右侧图书馆整理页码数字范围为26-51。每纸四行，双面抄写藏文《维摩诘经》，现存内容排列杂乱，但并无抄写重复之处，应为原本完整抄本的零散保存页面。现有内容为前四品即《叙述佛国净土缘起品》至《问疾品》之间的片断。抄写文句与现存《甘珠尔》中的《维摩诘经》内容差异之处较多，但文意大体相同。经重新整理，各纸对应《甘珠

19《大正新修大藏经》第14册，No.475，1998：550c。
20《英藏敦煌西域藏文文献》②，2011：197。
21《大正新修大藏经》第14册，No.475，1998：551c。

尔》排列顺序如下：

《叙述佛国净土缘起品》抄写 2 个片断，共 2 纸：第 1 纸（26）、第 17 纸（42）；[22]

《不可思议方便善巧品》抄写 1 个片断，共 1 纸：第 18 纸（43）；[23]

《声闻和菩萨推辞问疾品》抄写 8 个片断，共 19 纸：

第 11+10 纸（36+35）；第 13 纸（38）；第 12+5 纸（37+30）；第 20+21 纸（45+46）；第 6+7 纸（31+32）；第 16+24 纸（41+49）；第 8+9+15+22+4+3+19 纸（33+34+40+47+29+28+44）；第 25 纸（50）；[24]

《问疾品》抄写 1 个片断，共 4 纸：第 26+23+14+2 纸（51+48+39+27）。[25]

（2）抄写起止

开始于第 1 纸（26），为该经的起始部分：

རྒྱ་གར་སྐད་དུ་ཨརྱ་བྲི་མ་ལ་ཀིར་ཏི། ནིར་དེ་ཤ་ན་མ་མ་ཧ་ན་སུ་ཏྲ། །བོད་སྐད་དུ་འཕགས་པ་དྲི་མ་མྱེད་པར་གྲགས་པས་བསྟན་པ་ཞེས་བྱ་བ། ཐེག་པ་ཆེན་པོའི་མདོ། །སངས་རྒྱས་དང་བྱང་ཆུབ་སེམས་དཔའ་དང་། འཕགས་པ་ཉན་ཐོས་དང་།རང་སངས་རྒྱས་འདས་པ་དང་། ད་ལྟར་གྱི་དང་། མ་བྱོན་པ་ཐམས་ཅད་ལ་ཕྱག་འཚལ་ལོ། །འདི་སྐད་བདག་གིས་ཐོས་པའ་དུས་གཅིག་ན།[26]

印度语梵语是《圣维摩诘（无垢称）所说无上大乘经》（Arya bimalakirtinirdesha sutra），藏语名为《圣无垢称所说大乘经》。顶礼于（南无）过去现在以及未来一切佛、菩萨、大弟子和独觉者（辟支佛）！这些话是我有一次听到的（如是我闻）……

对应鸠摩罗什译本并无相应内容，仅从“如是我闻”[27] 开始：

结束于第 2 纸（27），为《问疾品》后半部维摩诘问文殊“何为菩萨解，何为菩萨缚”部分：

དེ་ལ་བཅིངས་པ་གང་གྲོལ་བ་གང་ཞེ་ན། ཐབས་མྱེད་པར་སྲིད་པའི་འགྲོ་བ་ཡོངས་སུ་འཛིན་པ་ནི། བྱང་ཆུབ་

22 对应于《中华大藏经 · 甘珠尔（对勘本）》第 60 册，2008：458-460、470-471。
23 对应于《中华大藏经 · 甘珠尔（对勘本）》第 60 册，2008：2005：479-481。
24 对应于《中华大藏经 · 甘珠尔（对勘本）》第 60 册，2008：483-485、488-489、490-492、493-496、497-499、500-502、505-512、513-515。
25《中华大藏经 · 甘珠尔（对勘本）》第 60 册，2008：517-522。
26《英藏敦煌西域藏文文献》③，2012：340。
27《大正新修大藏经》第 14 册，No.475，1998：537a。

སེམས་དཔའི་བཅིངས་པའོ། །ཐབས་ཀྱིས་སྲིད་པའི་འགྲོ་བར་འཇུག་པ་ནི། གྲོལ་བའོ། །ཐབས་མེད་པས་བསམ་གཏན་དང་། ཏིང་ངེ་འཛིན་སྐྱོང་བ་ནི་བྱང་ཆུབ་སེམས་དཔའི་བཅིངས་བའོ། ཐབས་ཀྱིས་བསམ་གཏན་དང་ཏིང་ངེ་འཛིན་ལ་མི་སྐྱོང་བ་ནི་གྲོལ་བའོ། །ཐབས་མེད་པས་ཟིན་པའི་ཤེས་རབ་ནི་བཅིངས་པའོ། །[28]

因此，什么是束缚和解脱呢？如果通过非善巧方便完全进入轮回的众生状态就是菩萨的束缚；如果通过善巧方便进入轮回的众生状态就是解脱；如果通过非善巧方便体会禅定和三昧就是菩萨的束缚；如果通过善巧方便没有体会禅定和三昧就是解脱；如果通过非善巧方便获得的智慧就是束缚……

对应鸠摩罗什译本中的内容为：

何谓缚？何谓解？贪著禅味，是菩萨缚；以方便生，是菩萨解。又无方便慧缚，有方便慧解；无慧方便缚……。[29]

3. IOL.Tib.J.VOL.34-5（图三）

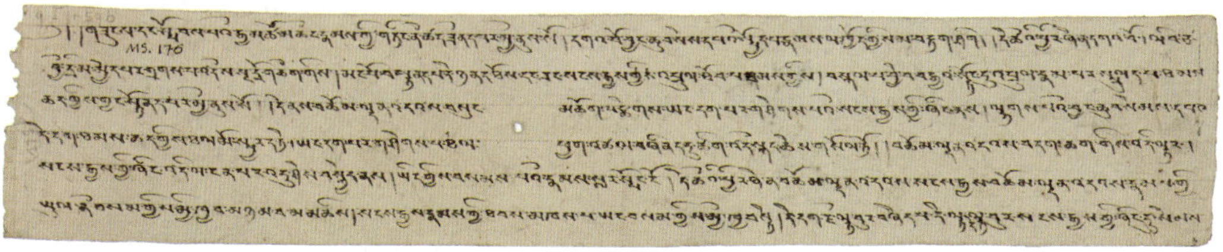

图三　英藏敦煌遗书 IOL.Tib.J.VOL.34-5 藏文《维摩诘经》正面
（采自国际敦煌项目（IDP）: http://idp.bl.uk）

（1）基本形态

国际敦煌项目（IDP）编号为 IOL.Tib.J.183。梵夹装，共 1 纸，双面抄写，每面 6 行，双面抄写藏文《维摩诘经》第十品《有尽和无尽佛法施舍品》，即对应鸠摩罗什译本第十一品《菩萨行品》内容，页面无页码数字标记。

（2）抄写起止

开始于第十品《有尽和无尽佛法施舍品第十》中间部分：

28《英藏敦煌西域藏文文献》③，2012：341。

29《大正新修大藏经》第 14 册，No.475，1998：545b。

གཟུངས་དང་སྤོབས་པའི་རྒྱ་མཚོ་མཆིང་རྣམས་ཀི་གཏིང་ནི་ཚད་ཟིནད་པར་མི་ནུས་སོ། དགའ་བོ་བྱང་ཆུབ་སེམས་དཔའི་སྤྱོད་པ་རྣམས་ལ་ཁྱོད་གྱིས་མ་བརྟག་ཤིག། །དེ་ཚིའི་ཕྱིར་ཞེ་ན་དགའ་བོ།ལིབ་ཙ་ཕྱི་དྲི་མ་མེད་པར་གྲགས་པ་འདིས་སྔ་དྲོ་གཅིག་གིས།མང་པོ་བསྟནད་པ་དེ་ཉནད་ཐོས་དང་རང་སངས་རྒྱས་ཀྱིས་འཕྲུལ་ཐོབ་པ་ཐམས་ཀྱིས། བསྐལ་པ་བྱེ་བ་བརྒྱའ་སྟོང་དུ་འཕྲུལ་རྣམ་པར་སྤྲུལད་པ་ཐམས་ཚད་གྱིས་ཀྱང་སྟོནད་པར་མི་ནུས་སོ།།[30]

总持和辩才（犹如）一切大海的深度不可衡量。阿难，你不必学习菩萨的一切行为，为什么这样说呢？因为毗耶离城的无垢称一个上午做的诸多教化，声闻和独觉者（辟支佛）以所证得的一切神通用百千万劫施展那些极简单肤浅的变化，也无法展现出来。

对应鸠摩罗什译本第十一品《菩萨行品》：

总持、辩才一切功德不可量也。阿难！汝等舍置菩萨所行，是维摩诘一时所现神通之力，一切声闻、辟支佛于百千劫，尽力变化所不能作。[31]

结束于：

དེ་ལྟར་འདུས་བྱས་ཟད་པར་མ་བྱས་པ་ནི་འདི་ལྟ་སྟེ་བྱམས་པ་ཆེན་པོ་ལས་མ་ཉམས་པའོ། །སྙིང་རྗེ་ཆེན་པོ་མ་བཏང་བའོ།ཤིན་དུ་བསམ་བ་ལས་བྱུང་བ་ཐམས་ཆད་མཁྱེནད་ཀྱི་ཡེ་ཤེས་ཡང་དག་པར་མི་བརྗེད་པའོ། བསྡུ་བའི་དངོས་པོས་སྨིནད་པར་བྱ་བའི་ཕྱིར། སེམས་ཆན་སྨིནད་པར་བྱེད་པ་ལ་མི་སྐྱོ་བའོ། དམ་པའི་ཆོས་ཡོངསུ་གཟུང་བའི་ཕྱིར། ལུས་དང་།[32]

因此，无尽的有为法呢是这样的：不失大慈，不舍大悲；没有完全忘却内心深处发起的一切智心；除了吸引众生（摄众生事），不厌倦地去教化一切众生；舍弃身体和生命护持一切正法……

对应鸠摩罗什译本内容：

何谓不尽有为？谓不离大慈，不舍大悲；深发一切智心，而不忽忘；教化

30《英藏敦煌西域藏文文献》⑦，2015：214。

31《大正新修大藏经》第 14 册，No.475，1998：554a。

32《英藏敦煌西域藏文文献》⑦，2015：214。

众生，终不厌倦，于四摄法，常念顺行；护持正法，不惜躯命……[33]

4. IOL.Tib.J.182（图四）

图四 英藏敦煌遗书 IOL.Tib.J.182 藏文《维摩诘经》正面
（采自国际敦煌项目（IDP）: http://idp.bl.uk）

（1）基本形态

国际敦煌项目（IDP）编号为 IOL.Tib.J.182[34]，梵夹装，共 1 纸，每面 6 行，双面抄写藏文《维摩诘经》第二品末段和第三品首段。图书馆整理页码误标于背面右侧，页码数字为 23。

（2）抄写起止

开始于第二品《不可思议方便善巧品第二》：

མྱེད་པ་སྟེ་ནམ་ཀ་དང་འདྲའོ།ལུས་འདི་ནི་ཡང་དག་པ་མ་ཡིན་བ་སྟེ་འབྱུང་བ་ཆེན་པོ་རྣམས་ཀྱི་གནས་སོ། །ལུས་འདི་ནི་སྟོང་པ་སྟེ་བདག་དང་བདག་གི་མྱེད་པའོ།།

这身体呢不真实，是四大种的住所。这身体呢是空的，没有我和属于我的。

对应鸠摩罗什译本：

是身不实，四大为家。是身为空，离我、我所。[35]

结束于：

དེ་སྐད་ཅེས་བཀའ་སྩལ་པ་དང་། ཤ་རི་བུས་བཅོམ་ལྡན་འདས་ལ་འདི་སྐད་ཅེས་གསོལ་ཏོ། །བཅོམ་ལྡན་

33 《大正新修大藏经》第 14 册，No.475，1998：554b。

34 《英藏敦煌西域藏文文献》目前出版至第 14 册，收录至编号 IOL.Tib.J.VOL.51，目前暂未收录至本卷，故此处暂用国际敦煌项目编号。

35 《大正新修大藏经》第 14 册，No.475，1998：539b。

འདས་བདག་ལིད་ཙ་བི་དྲི་མ་མེད་པ་གྲགས་པའི་བྲོ་འདྲི་ཞིང་མཆི་བར་མྱི་སྤྲོ་འོ། །དེ་ཅིའི་སླད་དུ་ཞེ་ན། བཅོམ་ལྡན་
འདས་བདག་གིས་མཇོན་བར་འཚལ་པ་དུས་གཅིག་གི་ཚེ།ཤིང་ཞིག་གི་དྲུང་ན་ནང་དུ་ཡང་དག་འཇོག་ལ་ཞུགས་ཏེ།

这个开示说完后，舍利子就向世尊这样请求说道：世尊，我没有能力前往问候毗耶离城的无垢称的疾病。为什么这么说呢！世尊，我有一次树下进入冥想……

对应鸠摩罗什译本内容：

舍利弗白佛言：世尊！我不堪任诣彼问疾。所以者何？忆念我昔，曾于林中宴坐树下……[36]

（二）法藏

1. P.t.610（图五）

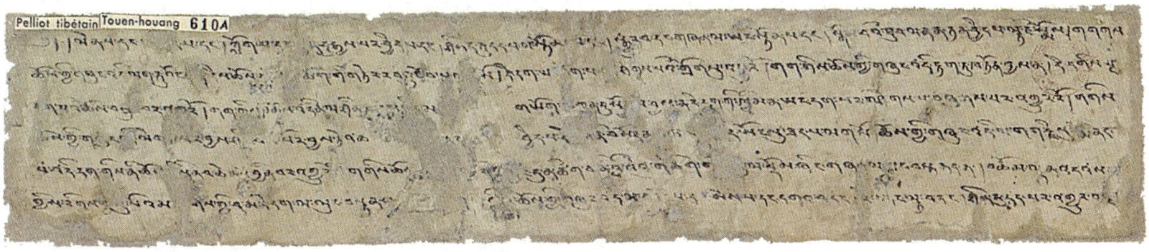

图五　法藏敦煌遗书 P.t.610 藏文《维摩诘经》第一纸正面
（采自国际敦煌项目（IDP）: http://idp.bl.uk）

（1）基本形态

国际敦煌项目（IDP）编号 P.t.610。梵夹装，共 2 纸，每面 6 行，双面抄写《维摩诘经》第十二品《过去的安排和委托正法品》部分内容，对应鸠摩罗什译本第十三品《法供养品》。第一、二纸正面分别有收藏单位编号 610A、610B。两纸抄写内容有重叠，整体内容为该品前半部分。

（2）抄写起止

本卷第 1 纸墨色脱落处较多，暂难以与《甘珠尔》及汉译本相应内容对应，首行内

36《大正新修大藏经》第 14 册，No.475，1998：539c。

容开始于：

ལེན་པ་དང་ □□□ པ་དང་། ཀློག་པ་དང་ □□ རྒྱས་པར་བྱེད་པ་དང་། ཤིནད་ཏུ་དད་པ་ལ་སྟོན་པ་དང་། སྒྱུར་བ་དང་གཞན་ལ་ཡང་སྟོན་པ་དང་། སྙོམ་བའི་ཐུ་བ་ལ་ནན་ཏན་བྱེད་པ་ལྟ་ཇི་སྙོམས།།[37]

勤于受持、□□、诵读、增长、全心全意的解说、翻译以及为他人解说、随身携带。

第 2 纸内容保存较为完整，开始于：

ཐམས་ཅད་ཀྱི་མཆོད་རྟེན་སོ་སོར་བྱས་ནས། དེ་དག་དེ་ལ་བསྐལ་པའཾ། བསྐལ་པའི་མཐར་ཏུག་གི་བར་དུ་མེན་ཏོག་ཐམས་ཅད་དང་། སྤོས་ཐམས་ཅད་དང་རྒྱལ་མཚན་ཐམས་དང་ལྷའི་བ་ཐམས་ཅད་ཀྱིས་མཆོདག་པ་བྱས། སིལ་སྙན་དང་དཀྲོལ་བ་དང་། ལེན་པ་དང་། བརྡུང་བ་ཐམས་ཅད་ཀྱིས་ཀྱང་མཆོད་པ་བྱས་ན། བརྒྱ་བྱིན་ནད་ལྷའི་དབང་པོ། ཁྱོད་ཇི་སྙམ་དུ་སེམས། རིགས་ཀྱི་བུ་པོའམ་རིགས་ཀྱི་བུ་མོ་དེ་དག་དེའི་ཕྱིར་བསོད་ནམས་མང་དུ་འཕེལོཾ།[38]

舍利塔分别完成后，在一劫、劫尽头，以一切花、香、宝幢和一切天人全部击钹、摇铃、吟唱、击鼓进行供养。帝释天，你内心如何看待善男子、善女人在此中的诸多功德？

对应鸠摩罗什译本内容：

以一一全身舍利起七宝塔——纵广一四天下，高至梵天，表刹庄严——以一切华香、璎珞、幢幡、伎乐微妙第一，若一劫、若减一劫，而供养之，于天帝意云何，其人植福宁为多不？[39]

结束于：

འདི་ལྟར་ལྷའི་དབང་པོ་སྨན་གྱི་རྒྱལ་པོ། ཡང་དག་པར་གཤེགས་པ་དགྲ་བཅོམ་བ་གཡུང་དྲུང་རྫོགས་པའི་སངས་རྒྱས། དེ་སྐུའི་ཚེ་ཚད་ནི། བསྐལད་པ་བར་མ་ཉི་ཤུའི་བར་དུ་ཐུབ། དེའི་ཉན་ཐོས་ཀྱི་དགེ་འདུན་རྣམས་ནི་བྱེ་བ་

37《法藏敦煌藏文文献》⑦，2015：164。

38《法藏敦煌藏文文献》⑦，2015：164。

39《大正新修大藏经》第 14 册，No.475，1998：556a。

ཁྲག་ཁྲིག་སུམ་ཅུ་ཚ་དྲུག་ཡོད་དེ། བྱང་ཆུབ་སེམས་དཔའི་དགེ་འདུན་ནི་བྱེ་བ་ཕྲག་བཅུ་གཉིས་ཡོད་དོ། །ལྷའི་དབང་པོ་དེའི་དུས་དེའ་ཚེ་ན་འཁོར་ལོའི་རྒྱལ།[40]

因此，帝释天，药王如来、应正等觉，其寿命能至二十中劫。有声闻诸僧团三十六亿，有菩萨僧团十二亿。帝释天，那时呢有转轮王……

对应鸠摩罗什译本内容：

佛寿二十小劫。其声闻僧三十六亿那由他，菩萨僧有十二亿。天帝！是时有转轮圣王……[41]

2. P.t.611（图六）

（1）基本形态

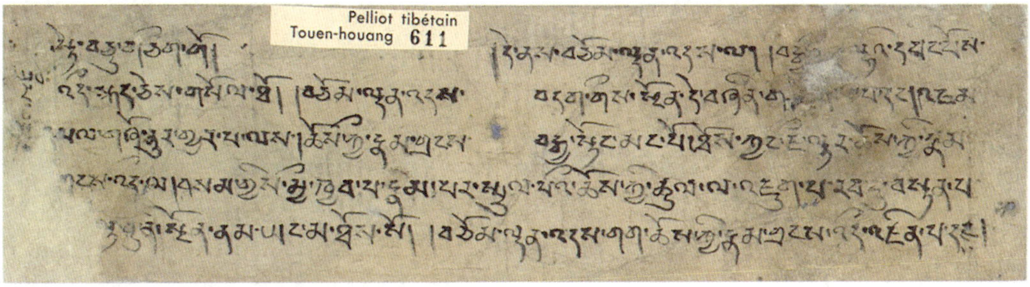

图六　法藏敦煌遗书 P.t.611 藏文《维摩诘经》背面
（采自国际敦煌项目（IDP）: http://idp.bl.uk）

国际敦煌项目（IDP）编号 P.t.611。梵夹装，共 1 纸，每面 6 行，双面抄写《维摩诘经》第十一品《显示取妙喜世界和不动如来品》结尾部分和第十二品《过去的安排和委托正法品》开端部分。对应鸠摩罗什译本第十二品《见阿閦品》结尾部分和第十三品《法供养品》开端部分。收藏单位误将本卷编号标签标于背面。

（2）抄写起止

开始于第十一品《显示取妙喜世界和不动如来品》结尾部分：

40 《法藏敦煌藏文文献》⑦，2015：165。

41 《大正新修大藏经》第 14 册，No.475，1998：556b。

ཐམས་ཅད་ཡོངས་སུ་བཟུང་བ་ལགས་སོ། །གག་ཆོས་ཀྱི་རྣམ་གྲངས་འདི་ལས། ཚིགས་བཞི་པའི་ཚིགས་སུ་བཅད་པ། གཅིག་ཙམ་དང་། སྡོམ་བའི་ཚིག་ཙམ་ཡང་གཞན་ལ་སྟོན་པ་དེ་དག་ནི་ཆོས་ཀྱི་མཆོད་སྦྱིན་ཆེན་པོ་མཐོང་བ་ལགས་སོ། །གག་གིས་ཆོས་ཀྱི་རྣམ་གྲངས་འདི་ལ་བཟོད་པ་དང་མོས་པ་དང་། བློ་གྲོས་དང་། རྟོག་པ་དང་ལྟ་བ་དང་། ཤིན་ཏུ་དད་པར་གྱུར་བ་དེ་ནི་དེ་ཉིད་དེ་དག་ལ་ལུང་བསྟན་པ་ལགས་སོ། །མངོན་པར་དགའ་བའི་འཇིག་རྟེན་གྱི་ཁམས་བླངས་པ་དང་། ཀྱི་འབྲུག་པ་དེ་བཞིན་གཤེགས་པ་བསྟན་པའི་ལེའུ་སྟེ་བཅུ་གཅིག་གོ།[42]

获得一切的（功德）。此外，依据各种法的类别，为他人解说仅一首四句的颂言或仅戒律的字句呢，就是做了盛大的法供养。全心全意地对各种法坚持、崇信、理解、思考、审视，也同样获得授记。

对应鸠摩罗什译本《见阿閦佛品》内容：

取一切智；若能信解此经，乃至一四句偈，为他说者，当知此人即是受阿耨多罗三藐三菩提记。[43]

结束于第十二品《过去的安排和委托正法品》开端处：

དེ་ནས་བཅོམ་ལྡན་འདས་ལ། །བརྒྱ་བྱིན་ལྷའི་དབང་པོས་འདི་སྐད་ཅེས་གསོལ་ཏོ། །བཅོམ་ལྡན་འདས་བདག་གིས་སྔོན་དེ་བཞིན་གཤེགས་པ་དང་། འཇམ་དཔལ་གཞོན་ནུར་གྱུར་པ་ལས། ཆོས་ཀྱི་རྣམ་གྲངས་བརྒྱ་སྟོང་མང་པོ། ཐོས་ཀྱང་ཇི་ལྟར་ཆོས་ཀྱི་རྣམ་གྲངས་འདད་ལ། བསམ་གྱིས་མི་ཁྱབ་པ་རྣམ་པར་སྤྲུལ་པའི་ཆོས་ཀྱི་ཚུལ་ལ་འཇུག་པ་རབ་ཏུ་བསྟན་པ་འདི་ལྟ་བུ་ནི་སྔོན་ནམ་ཡང་མ་ཐོས་སོ། །བཅོམ་ལྡན་འདས་གག་ཆོས་ཀྱི་རྣམ་གྲངས་འདི་འཛིན་པ་དང་།[44]

然后帝释天对世尊作如是说：世尊，以前从如来和文殊师利童子（这里）听了多达百千种法，然而为什么在那么多的法中，以前没有听过这样不可思议、富有变化法门的特别开示呢？掌握世尊各种法……

对应鸠摩罗什译本《法供养品》：

42《法藏敦煌藏文文献》⑦，2015：166。

43《大正新修大藏经》第 14 册，No.475，1998：555c。

44《法藏敦煌藏文文献》⑦，2015：166。

尔时释提桓因于大众中白佛言：世尊！我虽从佛及文殊师利闻百千经，未曾闻此不可思议、自在神通、决定实相经典。如我解佛所说义趣……[45]

3. P.t.613（图七）

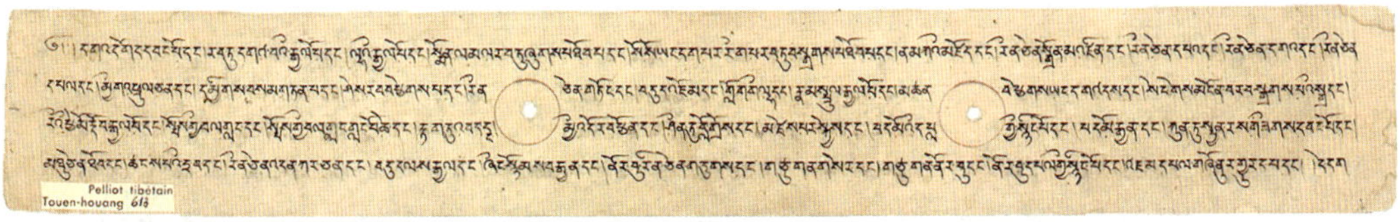

图七　法藏敦煌遗书 P.t.613 藏文《维摩诘经》第一纸

（采自国际敦煌项目（IDP）: http://idp.bl.uk）

（1）基本形态

国际敦煌项目（IDP）编号 P.t.613。梵夹装，共 19 纸，每纸四行，双面抄写藏文《维摩诘经》，现存内容可分为 8 个片断，抄写内容无重复，应为原本完整抄本的零散保存页面。本卷 19 纸中，第 1-5 纸、9-12 纸、19 纸保存完整，第 6-8、13-18 纸可能因水浸等原因，仅保存左半部分。现有内容为前四品即《叙述佛国净土缘起品》至《问疾品》之间的片断。抄写文句与现存《甘珠尔》收录的《维摩诘经》内容差异之处较多，但文意大体相同。经重新整理，各纸对应藏文大藏经《甘珠尔》排列顺序如下：

《叙述佛国净土缘起品》：抄写 3 个片段，共 7 纸半：第 1-5 纸、第 6 纸、第 7-8 纸正面；[46]

《不可思议方便善巧品》：抄写 1 个片段，共 7 纸半：第 8 纸背面 -12 纸背面；[47]

《弟子与菩萨品》：抄写 5 个片段，共 6 纸：第 13-14 纸、第 15 纸、第 16 纸、第 17 纸、第 18 纸；[48]

《问疾品》：抄写 1 个片段，共 1 纸：第 19 纸。[49]

（2）抄写起止

第 1 纸开始于《叙述佛国净土缘起品》中介绍护持毗耶离城三万二千菩萨的名称：

45《大正新修大藏经》第 14 册，No.475，1998：556a。

46《中华大藏经 · 甘珠尔（对勘本）》第 60 册，2008：461-468、471-472、473-474。

47《中华大藏经 · 甘珠尔（对勘本）》第 60 册，2008：475-479。

48《中华大藏经 · 甘珠尔（对勘本）》第 60 册，2008：481-483、489-490、492-493、499-500、503-505。

49《中华大藏经 · 甘珠尔（对勘本）》第 60 册，2008：522-523。

དགའ་དགོད་དབང་པོ་དང་། རབ་ཏུ་དགའ་བའི་རྒྱལ་པོ་དང་། ལྷའི་རྒྱལ་པོ་དང་། སྨོན་ལམ་ལ་རབ་ཏུ་ཞུགས་པ་ཐོབ་པ་དང་། སོ་སོ་ཡང་དག་པར་རིག་པ་རབ་ཏུ་བསྒྲགས་པ་ཐོབ་པ་དང་། ནམ་ཀའི་མཛོད་དང་། རིན་ཅེན་སྒྲོན་མ་འཛིན་དང་། རིན་ཅེན་དཔའ་དང་། རིན་ཅེན་དགའ་དང་།རིན་ཅེན་དཔལ་དང་།[50]

喜天菩萨、喜王菩萨、天王菩萨、能行愿菩萨、无障碍菩萨、虚空藏菩萨、执宝炬藏菩萨、宝勇菩萨、宝喜菩萨、宝吉祥菩萨……

对应鸠摩罗什译本《佛国品》内容：

喜王菩萨、辩音菩萨、虚空藏菩萨、执宝炬菩萨、宝勇菩萨、宝见菩萨、帝网菩萨、明网菩萨、无缘观菩萨、慧积菩萨、宝胜菩萨、天王菩萨……[51]

第 19 纸背面结束于：

དེ་ལ་འཇམ་དཔལ་བྱང་ཆུབ་སེམས་དཔ་ན་བས། དེ་ལྟར་ཆོས་དེ་དག་ལ་ངེས་པར་བརྟགས་ཏེ། གག་ལུས་དང་སེམས་དང་ནད་ལ་མི་རྟག་པ་དང་། སྡུག་བསྔལ་བ་དང་། སྟོང་པ་དང་།བདག་མེད་པར་རྟོག་པ་དེ་ནི་དེའི་ཤེས་རབ་བོ། །གང་ཡང་ལུས་ཀྱི་ནད་ཡོངས་སུ་སྤོང་བས། མི་སྐྱོ་སྟེ།འཁོར་བའི་རྒྱུན་མི་གཅོད་ཅིང་སེམས་ཅན་གྱི་དོན་སྦྱོར་བ་ལ་རྗེས་སུ་སྦྱོར་བ་འདི་ན་དེའི་ཐབས་སོ། །གཞན་ཡང་ལུས་དང་སེམས་དང་།[52]

因此，文殊，那些患病菩萨应该像这样真正的思考佛法。以无常、苦、空、无我思考任何身、心、疾病呢，即是智慧。不厌倦消除任何身体的一切疾病，不切断轮回的连续性，而致力于众生的共同利益呢，即是方便。另外，身体和内心……

对应鸠摩罗什译本《文殊师利问疾品》内容：

文殊师利！彼有疾菩萨，应如是观诸法。又复观身无常、苦、空、非我，是名为慧，虽身有疾，常在生死，饶益一切，而不厌倦，是名方便；又复观身，身不离病……[53]

50《法藏敦煌藏文文献》⑦，2015：168。

51《大正新修大藏经》第 14 册，No.475，1998：537b。

52《法藏敦煌藏文文献》⑦，2015：177。

53《大正新修大藏经》第 14 册，No.475，1998：545b。

4. P.t.2203（图八）

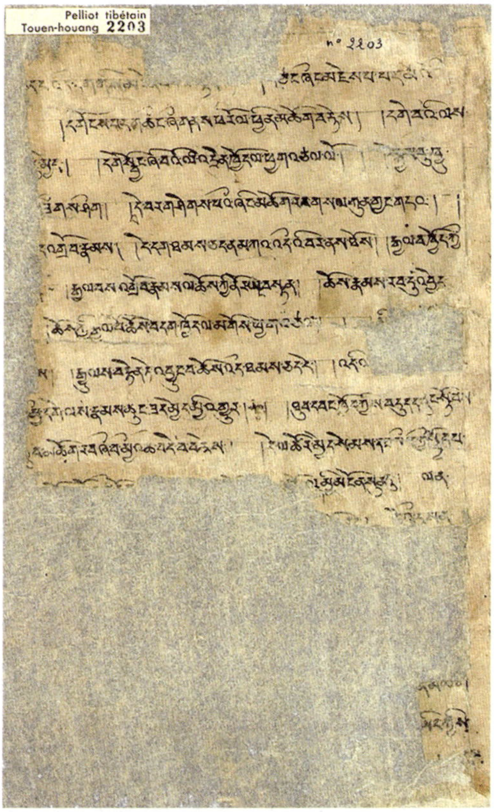

图八　法藏敦煌遗书 P.t.2203 藏文《维摩诘经》卷首
（采自国际敦煌项目（IDP）: http://idp.bl.uk）

（1）基本形态

国际敦煌项目（IDP）编号 P.t.2203。卷轴装，共 1 个长卷，首尾残破，中间保存完好，分 30 栏单面连续抄写藏文《维摩诘经》第一品《叙述佛国净土缘起品》中部至第三品《声闻和菩萨推辞问疾品》中部的内容，与现存《甘珠尔 · 维摩诘经》内容大体一致。

（2）抄写起止

开始于《叙述佛国净土缘起品》中长者子宝积以偈言赞颂佛的开端部分：

བཅད་པ་འདི་དག་གིས་མངོན་ □□□ ||ཚང་ཞིང་མཛེས་པ་པད་ □□□□| |དགོངས་པ་དག་ཆིང་ཞི་
གནས་པ་རོལ་ཕྱིན་མཆོག་བརྙེས| |དགེ་བའི་ལས་ □□□□□□ མྱེད| |དགེ་སྦྱོང་ཚོ་བའོ་ལོ་འདྲེན་ཁྱོད་ལ་ཕྱག་

འཚལ་ལོ།།[54]

赞颂：清净且庄严的莲花……，思想清净并且到达庄严的寂静彼岸。善行……无法，沙门解脱的向导，向您顶礼！

对应鸠摩罗什译本《佛国品》内容：

（于是长者子宝积即于佛前），以偈颂曰：目净修广如青莲，心净已度诸禅定，久积净业称无量，导众以寂故稽首。[55]

结束于《声闻和菩萨推辞问疾品》五百声闻弟子向佛推辞不堪前往维摩诘处问疾：

དེ་བཞིན་དུ་ཉན་ཐོས་ལྔ་བརྒྱ་ཙམ་གྱི་སྒྲོ་ □ □ □ ་གིས། རང་གི་སྤོབས་པ་བཅོམ་ལྡན་འདས་ལ་གསོལ་ཏེ། གང་ཡིད་ཙ་བྱི་དྲི་མ་སྨེད་པར་ □□□ ་གཏམ་བྱས་པ་དེ་ཐམས་ཅད་ཀྱང་བཅོམ་ལྡན་འདས་ལ་གསོལ་ཏོ།།[56]

如此，大约五百声闻向佛禀告，自己的辩材不□□，还向佛禀告毗耶离城无垢称所有的谈话。

对应鸠摩罗什译本《弟子品》结束部分：

如是五百大弟子各各向佛说其本缘，称述维摩诘所言，皆曰不任诣彼问疾。[57]

三、法藏 P.t.613 与英藏 IOL.Tib.J.VOL.19-4 的缀合整理

通过整体内容梳理，我们认为法藏 P.t.613 与英藏 IOL.Tib.J.VOL.19-4 应当为同一抄本的两处分散收藏编号。理由如下：

1. 本卷书写形态和抄写方式与 IOL.Tib.J.VOL.19 基本一致，皆为双面抄写、每纸四行、每纸两孔、每纸正面右侧有竖分界栏（图九）；

54《法藏敦煌藏文文献》㉛，2007：192。
55《大正新修大藏经》第 14 册，No.475，1998：537c。
56《法藏敦煌藏文文献》㉛，2007：200。
57《大正新修大藏经》第 14 册，No.475，1998：544a。

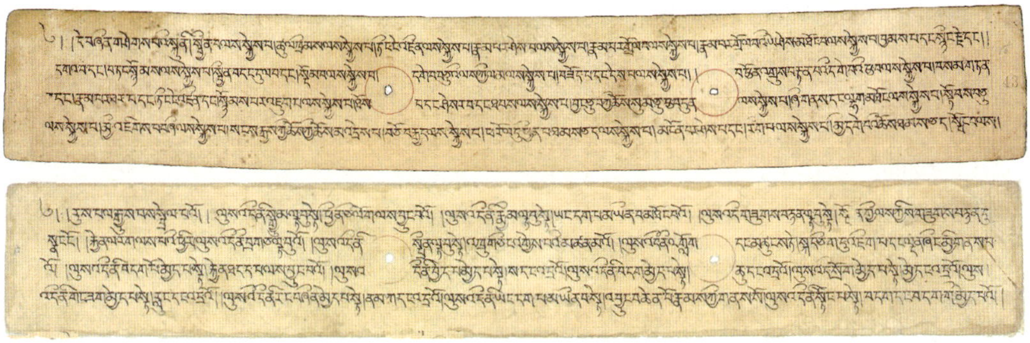

图九　IOL.Tib.J.VOL.19-4 第 12 纸正面、P.t.613 第 15 纸正面对比
（采自国际敦煌项目（IDP）: http://idp.bl.uk）

2. P.t.613 全部 19 纸内容与 IOL.Tib.J.VOL.19-4 几乎无重合之处；

3. P.t.613 所抄写内容较为分散，可区分为 8 个片断，与 IOL.Tib.J.VOL.19 有相似之处，且两个抄本的片断之间存在多达 11 处的衔接处，经缀合整理，参照藏文大藏经《甘珠尔》中所收《维摩诘经》，相关内容大体可分为《叙述佛国净土缘起品》至《问疾品》之间的五个片断：

《叙述佛国净土缘起品》

1. IOL.Tib.J.VOL.19-4 第 1 纸；[58]

2. P.t.613 第 1-5 纸；[59]

3. IOL.Tib.J.VOL.19-4 第 17 纸 +P.t.613 第 6 纸；[60]

4. 第 7 纸 +P.t.613 第 8 纸正面。[61]

《不可思议方便善巧品》完整：

P.t.613 第 8 纸背面 +P.t.613 第 9-12 纸 +IOL.Tib.J.VOL.19-4 第 18 纸。[62]

《弟子与菩萨品》

1. P.t.613 第 13、14 纸 +IOL.Tib.J.VOL.19-4 第 11、10 纸；[63]

2. IOL.Tib.J.VOL.19-4 第 13 纸 +P.t.613 第 15 纸 +IOL Tib L 181 第 12、5 纸 +P.t.613

58《中华大藏经 · 甘珠尔（对勘本）》第 60 册，2008：458-460。
59《中华大藏经 · 甘珠尔（对勘本）》第 60 册，2008：461-468。
60《中华大藏经 · 甘珠尔（对勘本）》第 60 册，2008：470-472。
61《中华大藏经 · 甘珠尔（对勘本）》第 60 册，2008：473-474。
62《中华大藏经 · 甘珠尔（对勘本）》第 60 册，2008：475-481。
63《中华大藏经 · 甘珠尔（对勘本）》第 60 册，2008：481-485。

第 16 纸 +IOL.Tib.J.VOL.19-4 第 20、21 纸；[64]

3. IOL.Tib.J.VOL.19-4 第 6、7 纸 +P.t.613 第 17 纸；[65]

4. P.t.613 第 18 纸 +IOL Tib L 181 第 8、9、15、22、4、3、19 纸。[66]

《问疾品》

1. IOL.Tib.J.VOL.19-4 第 25 纸；[67]

2. IOL.Tib.J.VOL.19-4 第 26、23、14、2 纸 +P.t.613 第 19 纸。[68]

综上，P.t.613 应与 IOL.Tib.J.VOL.19-4 为同一卷的分散保存形态。从书写形态观察，二者都存在大量反写元音“ྀ”、清音浊音替换以及前后重复字母简写的用法。诸如将“菩萨”一词“བྱང་ཆུབ་སེམས་དཔའ”，全部写为“བྱང་ཅུབ་སེམས་དཔ”，全部一词“ཐམས་ཅད”写为“ཐམས་ཆད”等，属于浊音ཅ和清音ཆ的替换使用；将“年轻的”一词“གཞོན་ནུ”简写为“གཞོ་ནུ”等，属于前后重复字母简写的用法。这些都是典型的吐蕃时期藏文书写方式，书写时代早于十一世纪，可能为吐蕃或晚唐时期的抄本。

四、敦煌藏文遗书《维摩诘经》抄本的分期

前述 8 件藏文《维摩诘经》的抄本，多数与《甘珠尔》中所收《维摩诘经》中的相应内容保持一致，甚至大体可以逐句对应，依据其对应方式和书写习惯，可将之分为三期：

第一期，共 1 件：P.t.610

抄本逐段与《甘珠尔》中的《维摩诘经》相应内容对应，具体文句、甚至专有名词译法与《翻译名义大集》中的通行规范有异。抄写内容中出现大量反写元音“ྀ”、基字中清浊音替换及再后加字等，应当代表了藏文《维摩诘经》中最早的一种翻译版本，可能不晚于九世纪初，抄写时间应当也距此不远。

书写方式和此前诸抄本相同，较多出现 11 世纪前期常见的反写元音“ྀ”、基字中清浊音互换和使用再后加字的用法。在内容上也出现较明显不同，正如上一部分关于开始和结束部分的记录，不同于此前英藏诸抄本，本卷与鸠摩罗什译本相应内容不能完全

64《中华大藏经 · 甘珠尔（对勘本）》第 60 册，2008：488-496。
65《中华大藏经 · 甘珠尔（对勘本）》第 60 册，2008：497-500。
66《中华大藏经 · 甘珠尔（对勘本）》第 60 册，2008：503-512。
67《中华大藏经 · 甘珠尔（对勘本）》第 60 册，2008：514-515。
68《中华大藏经 · 甘珠尔（对勘本）》第 60 册，2008：517-523。

对应，将之与玄奘以及黄宝生先生的汉译本对照，也是类似的情形。与《甘珠尔》中收录的《维摩诘经》相比对，亦是大体接近，且用词差异较大，翻译过程似乎以整段意译为主。其中较为明显的部分，诸如涉及舍利塔供养方式的描述时，本卷为：

ལྷའི་བ་ཐམས་ཅད་ཀྱིས་མཆོདག་པ་བྱས། སིལ་སྙན་དང་དཀྲོལ་བ་དང་། ལེན་པ་དང་། བརྡུང་བ་ཐམས་ཅད་ཀྱིས་ཀྱང་མཆོད་པ་བྱས་ན།[69]

一切天人皆击钹、摇铃、吟唱、击鼓进行供养。

《甘珠尔》所收《维摩诘经》相应内容则较为简略：

རྔ་དང་སིལ་སྙན་རྣམས་བརྡུངས་ཏེ་མཆོད་ན།[70]

击打各种鼓和钹进行供养。

再如涉及佛的名号时，本卷所述内容不及《甘珠尔》之《维摩诘经》完备，以释迦向帝释天讲述药王如来时为例，本卷为：

འདི་ལྟར་ལྷའི་དབང་པོ་སྨན་གྱི་རྒྱལ་པོ། ཡང་དག་པར་གཤེགས་པ་དགྲ་བཅོམ་བ་གཡུང་དྲུང་རྫོགས་པའི་སངས་རྒྱས། དེ་སྐུའི་ཚེ་ཚད་ནི། བསྐལད་པ་བར་མ་ཉི་ཤུའི་བར་དུ་ཐུབ།[71]

因此，帝释天，药王、如来、应供、正等觉，其寿命能至二十劫。

同处内容，《甘珠尔》所收《维摩诘经》中为：

དེ་བཞིན་གཤེགས་པ་དགྲ་བཅོམ་པ་ཡང་དག་པར་རྫོགས་པའི་སངས་རྒྱས་སྨན་གྱི་རྒྱལ་པོ་དེའི་ཚེའི་ཚད་ནི་བར་གྱི་བསྐལ་པ་ཉི་ཤུར་གྱུར་ཏོ།།[72]

如来、应供、正等觉、药王的寿命能至二十劫。

在佛名号的翻译上，将“如来”译为ཡང་དག་པར་གཤེགས་པ,《甘珠尔》中为དེ་བཞིན་

69《法藏敦煌藏文文献》⑦，2015：165。
70《中华大藏经 · 甘珠尔（对勘本）》第 60 册，2008：606。
71《法藏敦煌藏文文献》⑦，2015：165。
72《中华大藏经 · 甘珠尔（对勘本）》第 60 册，2008：607。

གཤེགས་པ；将“应供、正等觉”译为ཡང་དག་པར་གཤེགས་པ་དགྲ་བཅོམ་བ་གཡུང་དྲུང་རྫོགས་པའི་སངས་རྒྱས,《甘珠尔》中为དགྲ་བཅོམ་པ་ཡང་དག་པར་རྫོགས་པའི་སངས་རྒྱས。此外，还有将“明行足”译为མཁྱེན་དང་པ་དང་རྐང་པར་ལྡན་བ,《甘珠尔》中为རིག་པ་དང་ཞབས་སུ་ལྡན་པ，将“天人师”译为ལྷ་དང་མི་མཁན་པོ,《甘珠尔》中为དང་མི་རྣམས་ཀྱི་སྟོན་པ。在涉及佛的名号的翻译时，如此众多的差异，表明本卷所抄写之译本应为早期翻译规范尚未完全确立之时所作。佛的名号作为规范术语，吐蕃译经早期即制定过规范性文本进行说明，赤祖德赞（赤热巴坚）在位时期（815-841 年），邀请印度高僧和藏地著名译师对此前的译经进行修订，并对翻译方法和用词进行了规范，将当时藏文佛教典籍中词汇进行收集整理，编成梵藏对照佛学词典《翻译名义大集》(བྱེ་བྲག་ཏུ་རྟོགས་པར་བྱེད་པ་ཆེན་པོ)[73]。诸佛名号为该词典开篇最先说明的部分，在词条中第 7 条“明行足”对应为རིག་པ་དང་ཞབས་སུ་ལྡན་པ；第 11 条“天人师”对应为དང་མི་རྣམས་ཀྱི་སྟོན་པ[74]。因此，P.t.610 所据译本的翻译时间应当早于《翻译名义大集》的编订，类似的情形在其他各卷相对不甚明显，因此 P.t.610 的抄写时间可能也早于英法藏其他各卷。

综上，该卷虽与其余各卷内容无重叠之处，但所抄写内容与现存传世汉藏译本有明显的出入，应当为另一种翻译版本。若将前述英藏各卷与传世《甘珠尔》文本进行对照，二者之间虽有出入，但《甘珠尔》本多为对 IOL.Tib.J.VOL.19-4、IOL.Tib.J.182 等卷在用词方面的修订，类似于汉译本中鸠摩罗什译本和玄奘译本的关系。而本卷 P.t.610 与《甘珠尔》相比，则更多表现为用词甚至表述方式的差异，类似于汉译本中支谦译本和鸠摩罗什、玄奘译本之间的关系。因此，我们初步认为，P.t.610 的抄写应当是基于非英藏诸抄本的版本，时代也更早，应为八世纪上半叶。

第二期，共 6 件：英藏 IOL.Tib.J.VOL.19-4、IOL.Tib.J.182、IOL.Tib.J.VOL.34-5 和法藏 P.t.611、P.t.613、P.t.2203

抄本大体逐句与《甘珠尔》所收《维摩诘经》相应内容对应，但具体的表述方式和用词方面存在较多差异。其中 IOL.Tib.J.VOL.19-4 中保留了经名འཕགས་པ་དྲི་མ་མེད་པར་གྲགས་པས་བསྟན་པ་ཞེས་བྱ་བ་ཐེག་པ་ཆེན་པོའི་མདོ，与《甘珠尔》所收录经名完全一致，不同于《旁塘目录》所记录的འཕགས་པ་དྲི་མ་མེ་པར་གྲགས་པས་བསྟན་པ。因此，现在《甘珠尔》中收录的《维摩诘经》的译本应当是在第二期抄本所据译本的基础上修订而来。另外，本分期下各卷之间的重复部分虽然大体相似，但句尾结束词存在差异，诸如各品结束部分，以第二品结

73 张运珍：《〈翻译名义大集〉一藏文双语辞书的发端》，《中国藏学》2013（1）：177-178。

74 ［日］石滨裕美子、福田洋一：《新訂翻訳名義大集》，东京：东洋文库，1989：1。

束部分为例，IOL.Tib.J.181 为 གཉིས་སྟོའ，IOL.Tib.J.182 为 གཉིས་སོ，P.t.2203 为 གཉིས་པའོ，现存《甘珠尔》所收《维摩诘经》为 གཉིས་པའོ。这种差异可能缺乏严格的抄写规范，受不同时期的抄写习惯影响所致。这些抄本中同样出现大量反写元音“ྀ”、基字中清浊音替换及再后加字等，因此其时代下限不晚于第三次藏文书写规范厘定的 11 世纪初，上限则应当晚于 P.t.611 书写的九世纪初，整体应当是吐蕃统治敦煌后期至晚唐五代宋之间，多次抄写活动的内容留存。

本期内容虽与传世《甘珠尔》之《维摩诘经》大体相同，但并非同一个版本。文中有若干处异文可资比较，我们以 IOL.Tib.J.VOL.19-4《叙述佛国净土缘起品》开端部分较为明显的一处异文进行说明：

> བཅོམ་ལྡན་འདས་ཡངས་པའི་གྲོང་ཁྱེར་གྱི་ཨ་འབྲ་སྐྱོང་བའི་ཚལ་ན། དགེ་སློང་བརྒྱད་སྟོང་གི་དགེ་སློང་གི་དགེ་འདུན་ཆེན་པོ་དང་། ཐབས་གཅིག་ཏུ་བཞུགས་སོ། །བྱང་ཆུབ་སེམས་དཔའ་སུམ་ཁྲི་ཉི་སྟོང་དང་ཡང་ཐབས་གཅིག་སྟེ།[75]
>
> 那时佛在“广大城”（首都）有护卫的芒果树园，和八千比丘的大僧团一起居住。三万二千菩萨也共一处，……

鸠摩罗什译本对应为：

> 一时，佛在毗耶离庵罗树园，与大比丘众八千人俱，菩萨三万二千……[76]

《甘珠尔》之《维摩诘经》相应部分，在 བྱང་ཆུབ་སེམས་དཔའ་སུམ་ཁྲི་ཉིས་སྟོང་དང་ཡང་ཐབས་གཅིག་སྟེ（三万二千菩萨也共一处）之前，增加一段异文，内容如下：

> ཐམས་ཅད་ཀྱང་དགྲ་བཅོམ་པ། ཟག་པ་ཟད་པ། ཉོན་མོངས་པ་མེད་པ། དབང་དང་ལྡན་པར་གྱུར་པ། སེམས་ཤིན་ཏུ་རྣམ་པར་གྲོལ་བ། ཤེས་རབ་ཤིན་ཏུ་རྣམ་པར་གྲོལ་བ། ཅང་ཤེས་པ། གླང་པོ་ཆེན་པོ། བྱ་བ་བྱས་པ། བྱེད་པ་བྱས་པ། ཁུར་བོར་བ། བདག་གི་དོན་རྗེས་སུ་ཐོབ་པ། སྲིད་པར་ཀུན་ཏུ་སྦྱོར་བ་ཡོངས་སུ་ཟད་པ། ཡང་དག་པའི་ཤེས་པས་སེམས་ཤིན་ཏུ་རྣམ་པར་གྲོལ་བ། སེམས་ཀྱི་དབང་ཐམས་ཅད་ཀྱི་དམ་པའི་ཕ་རོལ་ཏུ་སོན་པ་ཤ་སྟག་གོ།[77]
>
> 以及一切阿罗汉，烦恼已尽，离诸杂染，成就自在，使内心完全解脱，使

75《英藏敦煌西域藏文文献》②，2011：193。

76《大正新修大藏经》第 14 册，No.475，1998：537a。

77《中华大藏经 · 甘珠尔（对勘本）》第 60 册，2008：458-459。

智慧非常完全解脱。如最好的大象已将工作完成，重担已卸，自我目标业已实现，所有的轮回彻底终结。然后令清净的智慧心得到非常完全解脱，到达到了唯一的所有精神力量的最妙彼岸。

此处异文部分，并没在保留第一品的敦煌藏文及传世汉译诸版本的《维摩诘经》中出现，但见于布达拉宫所藏梵文本，黄宝生先生翻译如下：

全都是阿罗汉，灭尽烦恼，清除污染，获得自在，心解脱，智慧解脱，犹如驯良的大象，完成职责，完成应做的事，卸下重担，实现自己的目的，断除生死束缚，心凭正智获得解脱，彻底控制一切思想。[78]

除此之外，第二期敦煌藏文《维摩诘经》中其他异文多是翻译方面用词的差异，但出现数量较多，再以 IOL.Tib.J.VOL.19-4 第 19 纸（44）正面《弟子和菩萨推辞问疾品》中维摩诘向长者子善德（ལེགས་པར་བྱིན）解说法施之会时，提及：

མོས་པ་དང་། རབ་ཏུ་དགའ་བས་མངོན་བར་བསྒྲུབས་པའི་འཕགས་བ་ལ་བསྙེན་བཀུར་བྱེད་པ་དང་།[79]
以虔诚和无上的欢喜供养圆满修行的圣贤。

对应鸠摩罗什译本内容：

心净欢喜，起近贤圣。[80]

这一部分与《甘珠尔》之《维摩诘经》中表述内容基本一致，但用词有所不同，将 མོས་པ་དང་། རབ་ཏུ་དགའ་བས（以虔诚和无上的欢喜）转述为 དད་པ་དང་མཆོག་ཏུ་དགའ་བ་ལ་བསྙེན་པས（凭借信念和无上的欢喜）：

དད་པ་དང་མཆོག་ཏུ་དགའ་བ་ལ་བསྙེན་པས་མངོན་པར་བསྒྲུབས་པའི་འཕགས་པ་ལ་བསྙེན་བཀུར་བྱེད་པ་དང་།[81]

78 黄宝生译注：《梵汉对勘维摩诘所说经》，2011：4。
79 《英藏敦煌西域藏文文献》②，2011：193。
80 《大正新修大藏经》第 14 册，No.475，1998：543c。
81 《中华大藏经 · 甘珠尔（对勘本）》第 60 册，2008：511。

凭借信念和无上的欢喜供养圆满修行的圣贤。

类似的用词差异在同期其他各件也有多处出现，这应当并非抄写过程中的随意改写，表明这些抄本相应的底本是不同于现存《甘珠尔》之《维摩诘经》的另外一种译本，与鸠摩罗什、玄奘译本之原本可能较为接近，而现存《甘珠尔》之《维摩诘经》原本则与布达拉宫藏梵文本《维摩诘经》更为接近。但整体而言，由于 IOL.Tib.J.VOL.19-4 等第二期敦煌藏文《维摩诘经》和《甘珠尔》之《维摩诘经》的相似之处仍是主流，二者之间应为鸠摩罗什译本和玄奘译本的关系，《甘珠尔》之《维摩诘经》可能是以类似现存布达拉宫梵文本为主，对早期的译本进行了新的修订和翻译。因此，IOL.Tib.J.VOL.19-4 等第二期抄本应当代表了现存《甘珠尔》以外的另一种藏文《维摩诘经》相对完备的早期版本形态。

第三期，共 1 件，IOL.Tib.J.VOL.12-3、5

抄本几乎逐字与《甘珠尔》所收《维摩诘经》相应内容完全对应。该卷 30 纸双面抄写的藏文《维摩诘经》和《圣稻秆大乘经》(འཕགས་པ་ས་ལུ་ལྗང་པ་ཞེས་བྱ་བའ་ཐེག་པ་ཆེན་པོ་མདོ)，在正文抄写中无一处出现吐蕃藏文常见的反写元音“◌ྀ”的用法，仅最后一页背面的题记中出现 1 处反写的◌ྀ，基字中清浊音替换和使用再后加字的用法也出现较少。因此，该卷应当为 11 世纪第三次藏文书写规范厘定后的抄本，但结合其具体书写方式和藏经洞的封闭时间，可以将该抄本的抄写时间确定为 11 世纪初以后不久。同时亦由此可知现存《甘珠尔》中收录的《维摩诘经》译本，在 11 世纪初已经修订完成。

不同于吐蕃时期的抄本，本卷书体较为规范，通览全卷，正文皆未出现吐蕃时期藏文常见的将元音 i 反写为“◌ྀ”的现象，仅在 IOL.Tib.J.VOL.12-5 第 3 纸（73）正面书写的一行字中出现反写的元音“◌ྀ”：ཆོས་དཀོན་མཆོག་གི་ལོ་རྒྱུས་ཀྱི་གཞུང་།（稀有佛法的历史经典）[82]。同时仍存在大量将 མྱ 和元音“◌ི”和“◌ེ”拼写的现象，如表示“没有”之意的 མྱི 和 མྱིད；以及在基字中将 ད 和 ཏ、在前加字中将 ད 和 ན 互换使用等情形，诸如前述 IOL.Tib.J.VOL.12-3 第 4 纸（47）和 IOL.Tib.J.VOL.12-5 第 2 纸（71）衔接处为 འོད་ཀྱི་ཏོག（最胜光、明相）阐述入不二法门之意：

བྱང་ཆུབ་སེམས་དཔའ་འོད་ཀྱི་ཏོག་གིས་སྨྲས་པ། །ཁམས་བཞི་པོ་ཡང་གཞན་ལ། ནམ་མཁའི་ཁམས་ཀྱང་གཞན་ནོ་ཞེས་བྱ་བ་དེ་ནི་གཉིས་ཏེ། ཁམས་བཞི་པོ་ནི་ནམ་མཁམསའི་རང་བཞིན་ནོ། །སྔོན་ཀྱི་མཐའ་ཡང་ནམ་

82《英藏敦煌西域藏文文献》②，2011：207。

མཁའི་རང་བཞིན་ནོ། །ཕྱི་མའི་མཐའི་ཡང་ནམ་མཁའི་རང་བཞིན་ནོ། །དེ་བཞིན་དུ་ད་ལྟར་ཕྱུ་ནམ་མཁའི་རང་བཞིན་ནདེ། གང་དེ་ལྟར་ཁམས་ལ་འཇུག་པའི་ཡེ་ཤེས་ནི་གཉིས་སུ་མྱེད་པར་འཇུག་པའོ།།[83]

最胜光菩萨说道：所谓四大世界（地、水、火、风）以外的和空界以外的是二，四大世界自身（自性）是空的，复次过去的边界的自身是空的，未来的边界的自身也是空的，同样现在的自身也是空的。那些现在领悟并进入到这个境界的，就是进入了不二法门。

对应鸠摩罗什译本内容：

明相菩萨曰：四种异、空种异为二。四种性即是空种性，如前际、后际空故，中际亦空。若能如是知诸种性者，是为入不二法门。[84]

上述整段几乎完全逐字相同于《甘珠尔》之《维摩诘经》，仅དེ་བཞིན་དུ་ད་ལྟར་ཕྱུ་ནམ་མཁའི་རང་བཞིན་ནདེ།（同样现在的自性也是空的）一句最后一词ནདེ，在《甘珠尔》中为ཏེ[85]，这种将基字ད、ཏ互换的用法和前加字ན都不再出现于11世纪后的藏文当中。

11世纪初第三次藏文书写规范厘定以后，废除了反写元音“◌ྀ”、མྱ与元音i、e拼写、清音和浊音交替使用等用法[86]。IOL.Tib.J.VOL.12的这些书写特点，尤其全卷仅第30纸（72）在经典抄写结束后书写的句子中出现“◌ྀ”表明，该卷的抄写时间可能为11世纪初第三次藏文厘定后不久，一方面在正文的抄写大体遵守新的厘定规则，将外观较为明显“◌ྀ”全部写为“◌ི”；另一方面又在具体抄写中保留了纸面上看起来不太明显的མྱ与元音拼写和清浊音替换的传统，这些特点都较为接近新规范制定初期的表现形态。

藏经洞封闭时间的下限一般认为不晚于西夏统治敦煌的1036年[87]，因此我们可将IOL.Tib.J.VOL.12的书写时间确定为11世纪初期的二三十年以内。又由于该卷的内容与现存《甘珠尔》所收《维摩诘经》完全一致，仅在书写特点上存在将མྱ和元音“◌ི”和“◌ེ”拼写的情形，表明IOL.Tib.J.VOL.12的抄写时间可能要略早于现存《甘珠尔》之

83 《英藏敦煌西域藏文文献》②，2011：206。

84 《大正新修大藏经》第14册，No.475，1998：551a。

85 《中华大藏经·甘珠尔（对勘本）》第60册，2008：565。

86 陈践：《吐蕃文献解读及古藏文厘定疏释》，《民族翻译》2017（4）：9。

87 刘进宝：《20世纪敦煌藏经洞封闭时间及原因研究的回顾》，《敦煌研究》2000（2）：29-35。

《维摩诘经》的最后一次修订。

综上所梳理，藏译本《维摩诘经》（འཕགས་པ་དྲི་མ་མེད་པར་གྲགས་པས་བསྟན་པ་ཞེས་བྱ་བ་ཐེག་པ་ཆེན་པོའི་མདོ）至晚在九世纪初已被译出，我们通过将藏经洞出土 8 件藏译本《维摩诘经》的内容及书写特征与《甘珠尔》所收《维摩诘经》相比对，得知其中最早的抄本 P.t.610 早于九世纪初的《翻译名义大集》，其内容应当为对梵文原文的整段意译；最晚的 IOL. Tib.J.VOL.12 则在 11 世纪初，其内容及书写特点，都与传世本《甘珠尔》之《维摩诘经》相一致，表明其抄写于第三次藏文书写规范厘定后至藏经洞封闭之前的时间；其余 6 件抄本除吐蕃藏文书写特点以外，在内容上多能与《甘珠尔》逐句对应，但用词不一致处较多，表明现存世的《甘珠尔》所收《维摩诘经》译本应是在此基础上修订而来。

五、汉藏维摩诘信仰的融合所见敦煌与藏地的文化交流

如前文所述，藏译本《维摩诘经》在敦煌的流传约始于 P.t.610 译出并抄写的九世纪初，此后至晚在 11 世纪初的藏经洞封闭前夕仍有新版本出现，与此密切相关的，还有吐蕃统治时期敦煌石窟维摩诘经变中的赞普和侍从听法图。参考樊锦诗、赵青兰先生吐蕃统治时期莫高窟洞窟分期研究，大致以 9 世纪初为界将吐蕃统治时期洞窟分为早晚两期，涉及到维摩诘经变的相关洞窟中，仅有第 133 和 186 窟属于早期洞窟，其余基本都属晚期作品，在时间段上大约相当于九世纪初前五十年的时间段[88]。罗世平先生则将吐蕃统治时期绘制维摩诘经变的洞窟全部划入长庆会盟（821 年）以后，认为长庆会盟解开了洞窟营建者在功德祈愿与身份认同上造成的现实困绕与心理纠结，因而各类蕃装人物可以在“唐蕃一家”的图像语义中出现于洞窟之中[89]。由此可见，藏文《维摩诘经》的抄写活动和壁画维摩诘经变中蕃装人物绘制，在 9 至 11 世纪长期共存，共同作为吐蕃文化及民众在敦煌长期存在并保持活力的生动体现。

维摩诘经变作为敦煌石窟中出现吐蕃装人物最多的壁画题材，其在中唐吐蕃统治时期的出现场景主要表现为两处：一是维摩诘下方的赞普及侍从听法图，诸如莫高窟第 360 窟的维摩诘经变（图一〇）；二是在部分洞窟《菩萨行品》维摩诘掌擎大众的情节中出现微型的赞普及侍从听法图，如莫高窟第 159（图一一）、231 窟的维摩诘经变。吐蕃统治结束以后，维摩诘经变中的蕃装人物开始出现不同程度的变化，维摩诘下方的赞

88 樊锦诗、赵青兰：《吐蕃占领时期莫高窟洞窟的分期研究》，《敦煌研究》1994（4）：90。

89 罗世平：《身份认同：敦煌吐蕃装人物进入洞窟的条件、策略与时间》，《美术研究》2011（4）：62。

普像要么不再绘出，诸如莫高窟第156窟（图一二），更多则是以单身像的形式表现，诸如莫高窟第9窟（图一三）的维摩诘经变等，《菩萨行品》掌擎大众情节中蕃装人物的组合则仅在晚唐第9窟出现一次（图一四）。

图一〇　莫高窟第360窟东壁维摩诘经变《方便品》·赞普听法图
（采自谭蝉雪编：《敦煌壁画全集·敦煌服饰画卷》，香港：商务印书馆，2005年，第151页。）

图一一　莫高窟第159窟主室东壁维摩诘经变《菩萨行品》·掌擎大众
（采自贺世哲主编：《敦煌石窟全集·法华经画卷》，香港：商务印书馆有限公司，1999年，第230页。）

图一二　莫高窟第 156 窟北壁维摩诘经变《方便品》· 诸王听法图
（采自敦煌研究院编：《敦煌石窟艺术 · 莫高窟第 156 窟》，南京：江苏美术出版社，1994 年，第 172 页。）

图一三　莫高窟第 9 窟北壁维摩诘经变 · 诸王听法图
（采自 敦煌研究院编：《敦煌石窟艺术 · 莫高窟第 9、12 窟》，南京：江苏美术出版社，1994 年，第 108 页。）

图一四　莫高窟第 9 窟北壁维摩诘经变 · 微型维摩诘经变
（采自敦煌研究院编：《敦煌石窟艺术 · 莫高窟第 9、12 窟》，第 114 页。）

蕃装人物在中唐吐蕃统治时期及此后晚唐五代宋时期的维摩诘经变中持续出现，同时藏文《维摩诘经》也多次被翻译并在敦煌抄写，这些既是吐蕃统治敦煌历史的反映，更是吐蕃持续存在维摩诘相关信仰的形象记录。关于中唐吐蕃统治时期维摩诘经变中出现吐蕃装人物的现象，以往研究者多将之视作吐蕃统治敦煌历史的反映，却相对较少探讨吐蕃装人物主要出现于维摩诘经变的原因。我们认为，吐蕃装人物主要出现于维摩诘经变中，可能与吐蕃的居士佛教发展形态有关。《维摩诘经》及相关的居士佛教发展形态，在汉传佛教中素来受到重视，也是各种研究关注的重点，而西藏佛教由于后弘期阶段以寺院作为佛教的核心传播机构，且以僧侣作为核心知识阶层，使得佛教虽具有广泛的信众基础，但居士概念相对弱化，《维摩诘经》缺乏流行和传播的社会基础，也因此相对较少受到关注，可能受此影响，前弘期吐蕃的居士佛教发展形态在研究中多被忽略。我们以此作为起点，若仅考察维摩诘经变中的吐蕃装人物，或可将之视为吐蕃人对敦煌地区维摩诘信仰传统的接受，但结合对藏文《维摩诘经》多次翻译和抄写活动的分析，又可更明显地感受到在对敦煌传统的接受之外，吐蕃自身的居士佛教思想可能更不容忽视。毕竟敦煌佛教的影响力，并不足以使《维摩诘经》至少三次由梵文被译为藏文，并都被传入敦煌。相对而言，若将之视为吐蕃也流行类似于汉地强调居士佛教的思想，应当可以更全面地认识藏文《维摩诘经》被多次由梵文翻译并在敦煌抄写的现象。

因此，中唐以来吐蕃装人物相对较为普遍的在维摩诘经变中出现，应当是留居敦煌的吐蕃民众对维摩诘信仰持续认同的体现。吐蕃统治结束以后，维摩诘经变中的蕃装人由赞普和侍从听法组合缩减至赞普单身像，一般多将之解释为吐蕃在敦煌统治的终结，但蕃装人物形象并未永久消失，则一方面表明敦煌人对吐蕃统治的憎恶程度相对有限[90]，另一方面更是留居敦煌的吐蕃民众在晚唐五代宋时期仍然保持维摩诘信仰的体现。在此基础上，我们进一步认识到，中唐吐蕃统治时期以来藏文《维摩诘经》的抄写和壁画维摩诘经变中吐蕃装人物的绘制，应当也体现了吐蕃佛教中强调居士思想的维摩诘信仰和敦煌固有维摩诘信仰传统的合流，形成一种类似汉藏佛教共同影响下的维摩诘信仰形态。

在对藏文《维摩诘经》抄本及吐蕃民众维摩诘信仰的探讨过程，也促使我们认识到吐蕃民众在延续吐蕃统治时期文化传统的同时，还继续受到相近时期青藏高原本土的文

90 魏健鹏：《归义军时期吐蕃遗民家窟——敦煌莫高窟第9窟研究》，兰州：甘肃文化出版社，2020：143-147。

化影响，这在藏经洞封闭前夕仍有新版本和抄写方式的藏文《维摩诘经》出现可得到印证。IOL.Tib.J.VOL.12 中抄写的《维摩诘经》内容与现存《甘珠尔》之《维摩诘经》完全一致，表明《维摩诘经》相关的信仰在吐蕃王朝覆灭后仍然处于较为活跃的状态，并对周边地区不断产生影响，这应当也是敦煌吐蕃民众保持维摩诘信仰的动力重要来源之一。IOL.Tib.J.VOL.12 上的藏文《维摩诘经》和其后《圣稻秆大乘经》抄本，在书写方式上都遵从了十一世纪初的藏文厘定规范，既表明藏文仍是敦煌地区使用较多的语言，也反映出敦煌与吐蕃故地或相关民众似乎一直保持有密切的联系。

敦煌与藏地的交流，自中唐吐蕃统治以来大体一直处于较为通畅的状态。长庆会盟之后，正如《唐蕃会盟碑》上所言“甥舅二主，商议社稷如一”[91]，此后唐蕃之间基本再未发生剧烈冲突。张议潮本人在年轻时代前往拉萨谒见赞普，在此后推翻吐蕃统治的过程中，又联合吐蕃尚婢婢势力[92]，建立归义军政权后，更迎请吐蕃高僧法成由甘州修多寺移锡敦煌[93]。这些都为此后敦煌与藏地之间的往来奠定良好的基础。归义军时期，将留居敦煌吐蕃遗民的游牧者编入吐谷浑部落，其他则安置在各个乡变成归义军政权管理下的编户[94]。莫高窟晚唐第 9 窟营建于九世纪末，其主室北壁的维摩诘经变在《方便品》和《菩萨行品》中对吐蕃装人物做了格外强调（图一五），表明该窟的营建家族中可能有吐蕃成员[95]。此后直至五代宋的曹氏归义军时期，敦煌周边仍然留居有大量的吐蕃部众，归义军使节经过吐蕃部落区时尚需征得其同意，P.4525V《归义军节度使曹致书蕃官首领书》：

> □蕃官首领：夏热，想汝好，在部族已□□得安健否？当道今差使人入贡阙庭，经过路途，到汝部落地界之时，□仰准例差遣人力仿（防）援，般次首公在路，勿致滞留踈失。今赐汝斜褐□段、牦牛尾三株，到可领也，不具。归义军节度使曹委屈俯首领。[96]

从晚唐至宋，敦煌及周边地区始终聚居着数量可观的吐蕃人，他们既构成了藏文

91 王尧：《王尧藏学文集二 · 吐蕃金石录》，北京：中国藏学出版社，2012：47。
92 陆离、陆庆夫《张议潮史迹新探》，《中国边疆史地研究》2011（1）：99-103。
93 王尧：《藏族翻译家管 · 法成对民族文化的交流的贡献》，《文物》1980（7）：51。
94 郑炳林：《晚唐五代敦煌地区的吐蕃居民初探》，《中国藏学》2008（2）：43。
95 魏健鹏：《新发现晚唐敦煌赞普听法图研究兼谈莫高窟第 9 窟功德主的族属》，《藏学学刊》第 14 辑，2016（1）：14-29。
96《法藏敦煌西域文献》㉛，2008：369。

图一五　莫高窟第 9 窟北壁维摩诘经变 · 微型经变化《菩萨行品》(上)、维摩诘 (中)、诸王听法图中的吐蕃赞普像 (徐铭君绘)

《维摩诘经》抄写流通以及维摩诘经变中吐蕃装人物持续出现的基本民众基础，同时也应该是推动敦煌与吐蕃故地各种交流往来的实际承担者。在吐蕃统治结束后半个世纪的十世纪初，敦煌仍与吐蕃故地或相关民众保持着较为明显的往来关系，敦煌遗书 P.3633《沙州百姓一万人上回鹘大圣天可汗状》作为金山国向甘州回鹘的求和状文[97]，其

97　颜廷亮:《〈沙州百姓一万人上回鹘天可汗状〉新校并序》,《兰州教育学院学报》(社会科学版) 1994 (1) : 3。

中有较多辩解未与吐蕃勾结的内容："吐蕃不论今生，万岁千秋，莫闻莫见……耆寿百姓等誓愿依凭大圣可汗，不看吐蕃为定。两地既为子父，更莫信馋。"而回鹘的发兵，则从实际上反映出敦煌与吐蕃故地或相关民众应存在明显的交流。西北民族大学才让先生在对敦煌藏文密教文献 IOL.Tib.J 771《第三续》释文的研究中指出，吐蕃统治结束以后，敦煌与阿里地区流传着相同的《第三续》教法，表明两地之间存在着一定的联系[98]。IOL.Tib.J.VOL.12 藏文《维摩诘经》抄本及 P.3633《沙州百姓一万人上回鹘大圣天可汗状》都从多个维度表明敦煌与吐蕃故地的某个区域或民众保持着实质性的联系，虽未必与阿里有关，但在一定程度上反映出中晚唐以来，敦煌与藏地的交流大体处于较为通畅的状态。

因此，在维摩诘信仰为代表的居士佛教思想凝聚下，维摩诘经变中吐蕃装人物和藏文《维摩诘经》抄写活动的共同持续存在，既是吐蕃人与敦煌地区其他民众融洽相处的形象记录，也作为敦煌与吐蕃故地存在有效来往的见证。

六、结语

或因后弘期藏传佛教以寺院和僧侣作为核心传播机构和人员，致使居士观念淡薄，《维摩诘经》和相关信仰在藏地缺乏发展的土壤，目前也暂未发现相关图像遗存。尽管如此，自九世纪初至 11 世纪初，藏文《维摩诘经》多次被翻译并传至敦煌，仍然显示出在吐蕃时期及后弘期藏传佛教复兴以前，《维摩诘经》和相关的信仰在藏地的流行程度。吐蕃相关民众将新兴的佛教文化不断引入敦煌，两种语言背景下的汉藏维摩诘信仰得以融合，这应当既是该经被不断翻译、传播和抄写的原始驱动力，同时也是壁画维摩诘经变中出现吐蕃赞普及侍从听法图像的深层次原因。这些文本和图像在敦煌延续两个多世纪，既是维摩诘相关信仰在敦煌及藏地民众中延续的写照，也是汉藏文化交流的载体，反映出从中唐至五代宋时期，作为重要参与者的吐蕃民众始终活跃于敦煌社会的各个领域，共同成就了敦煌文化的多姿多彩。

◆ 魏健鹏　陕西师范大学历史文化学院助理研究员、师资博士后

98　才让：《敦煌藏文密教文献〈第三续〉和相关注释初探》，《第二届敦煌吐蕃文化学术研讨会提要集》，敦煌研究院，2021.10。

梵藏佛典翻译中的前缀

——以《语合二卷》为例*

李晓楠

内容摘要：历史上，梵藏佛典翻译工作的推进对藏地佛教的流传及藏文的发展都至关重要。《语合二卷》是吐蕃最早的梵藏词汇翻译手册，对吐蕃时期梵藏翻译理论与翻译实践进行了综合阐述。书中前言部分为翻译规定，其中有一条涉及到了藏语中比较少见的语法概念“前缀”。本文将从此规定出发，结合《语合二卷》中出现的17个前缀及古代梵语学家对前缀的语法论述，集中分析吐蕃翻译家对前缀的处理方法及对佛教核心术语的理解和阐释。他们的处理方法，对当代佛典翻译实践和理论发展仍具有非凡的价值和意义。

引言

历史上，藏地佛教的传播历程与佛典的翻译息息相关。传说中松赞干布（སྲོང་བཙན་སྒམ་པོ། 617-650年）时期，藏地就已经开始了佛典翻译，但直到墀松德赞（ཁྲི་སྲོང་ལྡེ་བཙན།

* 本文为2020年度国家社科基金重大项目“吐蕃时期敦煌文献的整理与研究”（20&ZD210）之子课题“吐蕃时期敦煌梵文文献整理与研究”阶段性成果。感谢萨尔吉副教授对本论文指导，同时感谢匿名评审专家的修订意见。

755-797 年在位）时期，随着藏地真正聚齐佛法僧三宝，佛经翻译情况才逐渐明朗。经过了众多翻译家几十年艰苦卓绝的工作，到 814 年墀德松赞（ཁྲི་ལྡེ་སྲོང་བཙན། 798-815 在位）时期，随着《翻译名义》大中小三集[1]的成书，吐蕃前弘期的译经事业达到顶峰，其中的《翻译名义中集》（*Madhyavyutpatti*）又名《语合二卷》（སྒྲ་སྦྱོར་བམ་པོ་གཉིས་པ）是对这一时期梵藏翻译理论与翻译实践成果的综合阐述[2]。

梵藏佛典翻译是要在两个不同语系的语言之间准确转述深奥的教义思辨，其中艰辛非比寻常。考虑到前缀添加法是梵语体系中是极其常见的构词法，在印度传统哲学探讨中扮演着非常重要的角色，但同时这一概念对于藏文文法却比较陌生，因此在梵藏翻译过程中，"如何处理梵语前缀？"是相当棘手的一个问题。好在吐蕃翻译家们藉由对传统梵文语法对前缀的准确阐释，通过对不同前缀的系统性分类，给出了相对完美的解决方案。

根据印度传统语法学家对"前缀"的定义，与前缀相关的梵文语法术语至少有五个："不变词"（avyaya）、"投词"（nipāta）、"近置词"（upasarga）、"趣词"（gati）、"既表业词"（karmapravacanīya），这些术语之间的差别与联系在本文最后一节中会详细分析。这里我们先将"前缀"简单的等同于 prādi（pra 等词），在群读（gaṇapāṭha）中，prādi 这一组词有 22 个，分别为"pra、parā、apa、sam、anu、ava、nis、nir、dus、dur、vi、āṅ、ni、adhi、api、ati、su、ut、abhi、prati、pari、upa"[3]。需要说明的是，现在梵

1 《翻译名义》大中小三集译自其梵文 Mahāvyutpatti、Madhyavyutpatti、Kulyavyutpatti，vyutpatti 即"词源阐释"，是属于尼禄多（Nirukta）体系中从词源上对词汇进行阐释的解词方法，见 Kashinath Vasudev Abhyankar and J. M. Shukal, *Dictionary of Sanskrit Grammar*, Baroda: Oriental Institute, 1986: 380.
《翻译名义小集》目前未见文本存世；《语合二卷》跋文指明"此书是《翻译名义》大中小三集中的《中集》"，见李晓楠：《〈语合二卷〉研究与译注》，北京大学硕士学位论文，2019：168。《翻译名义大集》则是一部简明的梵藏对照词典。《语合二卷》更加符合梵文书名 vyutpatti（词源阐释）所蕴含的内容。《翻译名义大集》的梵文名 vyutpatti 很有可能是后世添加的。有关大中小三集的成书有多种说法：一种是"从大到中"说，即《语合二卷》是《翻译名义大集》的补充注释；另一种为"从中到大"说，即《语合二卷》是在《翻译名义小集》的基础之上加上了前言（即有关翻译政策的政令文书）以及正文中对词汇的具体解释而成，《翻译名义小集》则因为被《翻译名义大集》吸收，而在历史中，作为独立文本彻底消失；第三种观点认为两部书成书无时间先后，《翻译名义大集》即《语合二卷》前言中提到的"目录"（dkar chag），见 Cristina Scherrer-Schaub, "Enacting words: A Diplomatic Analysis of the Imperial Decrees (bkas bcad) and their Application in the sGra sbyor bam po gñis pa Tradition." *Journal of International Association of Buddhist Studies* 25 (1-2), 2002: 263-340.

2 后弘期之后的译经大师对翻译法也多有论述，如萨迦班智达的十四条翻译原则，章嘉国师的十六条翻译原则，参见何子君：《试论汉藏佛经翻译理论的共性特征》，载雷雨田、万兆元主编：《宗教经典汉译研究》，北京：社会科学文献出版社，2013：62-75。梵藏翻译事业绵延千年，正是诸位高僧大德对翻译理论的探索与总结才构筑了梵藏翻译坚固的基石。

3 Otto Böhtlingk, *Pāṇini's grammatik II*, Verlag Von H. Haessel, 1887: 125.

语语法学家对前缀范畴的划分并非完全一致，例如，在 Stenzler 的《梵文基础读本》中列举了 19 个前缀（§299）[4]；Gonda 同样也是列举了 19 个前缀[5]，但具体内容与 Stenzler 有区别；Perry 在书中列举了 16 个前缀（§167 和 §190）[6]。就群读中列举的前缀而言，nis 与 nir、dus 和 dur 是由于音变而导致尾音不同故分别列举[7]，分别可视为一组，āṅ（即 ā）。api、parā 并未在《语合二卷》中出现。故下文的讨论仅涉及 17 个前缀。

一、《语合二卷》中的前缀[8]

《语合二卷》经过历次修订，最终成书于 814 年[9]，全书分为两个部分（或者说两卷）：前言和正文。其中前言可以看做是一封政令文书，其中保存了《语合二卷》编纂过程中的相关历史信息，及编纂者总结的梵藏翻译的基本理论。正文则以 50 个主题，对 413 条梵语佛教词汇进行了解释。不同于其他辞书，《语合二卷》并非只有简单的梵藏对照词条，它还涉及到详细的语法分析，并通过引用波你尼（Pāṇini）中的语法条目（sūtra）及根读（dhātupāṭha，词根表），从词源学上阐释词汇。这种解析方式在汉文佛经翻译中相对比较少见。

---

4 A. F. 施坦茨勒著、季羡林译：《梵文基础读本 · 语法 · 课文 · 词汇》，北京大学出版社，2009：87。

5 Jan Gonda, *Elementary Grammar of the Sanskrit Language*, Leiden: Brill, 1966: 80.

6 Edward Delavan Perry, *A Sanskrit Primer*, Boston: Ginn and Company, 1885.

7 nis 和 nir、dus 和 dur 并非重复列举，s 和 r 的区别，涉及到《八章书》其他经文的使用，如 8,2.19、8,2.66。其中 8,2.19 规定了前缀中的 r 要被 l 替换。George Cardona, "Dimitrov, Dragomir, *Lehrschrift über die zwanzig Präverbien im Sanskrit. Kritische Ausgabe der* Viṃśatyupasargavṛtti *und der tibetischen Übersetzung* Ñe bar bsgyur ba ñi śu pa'i 'grel pa (Edition von Texten der Cāndra-Schule. Band 1). [Indica et Tibetica 49]" *Indo-Iranian Journal* 51 (1), 2008: 33-38.

8 本文中《语合二卷》的原文主要采用石川美惠精校本与西藏博物馆所藏写本。石川美惠："A Critical Edition of the sgra sbyor bam po gnyis pa—An Old and Basic Commentary on the Mahāvyutpatti." 東洋文庫，1990。西藏博物馆编：《旁塘目录；声明要领二卷》，北京：民族出版社，2003。汉译部分则采用笔者硕士论文中的翻译。李晓楠：《〈语合二卷〉研究与译注》，北京大学硕士学位论文，2019。

9 在 814 年之前，《语合二卷》必然还经历过至少一次编纂。根据塔波版《语合二卷》的记载，此书成书于 783 年或 795 年，第一卷（也就是前言的部分）中提到：ཕག་གི་ལོ་ལ་ཕོ་བྲང་ཟུང་ཀར་ན་བཞུགས（在猪年，住于雄卡尔宫）。雄卡尔（ཟུང་ཀར）为墀松德赞的一处行宫，在吐蕃王统世系敦煌写本中（Or. 8212/187）有记载：སྤྲེའུ་ལོ་ལ་བབ་ཏེ། དབྱརད་བཙན་པོ་ཟུང་ཀར་ན་བཞུགས……（到了猴年，赞普住于雄卡尔宫……）。
这里的猪年据邦隆推测有两种可能性，公元 783 年和公元 795 年，考虑到墀松德赞晚年长时间居于雄卡尔宫，邦隆倾向于 795 年。而谢肖娜考虑到大论尚结息（བློན་ཆེན་པོ་ཞང་རྒྱལ་གཟིགས་ཤུ་ཐེང）和论达扎路恭（བློན་སྟག་སྒྲ་ཀླུ་གོང）在塔波版本中都出现在官员列表中且头衔都还是大论，那么从这个层面上来说似乎是 783 年比较可靠。但如果说这里的猪年即 783 年，也有与史实矛盾之处，783 年寂护还未去世，依旧活跃在译经的舞台之上，如果这个版本真的是在 783 年完成就没有理由不出现寂护的名字。Jampa L. Panglung, "New Fragments of the sGra-sbyor bam-po gñis-pa." *Tabo Studies I*, Rome: IsMEO, 1994: 167.

以“不违背基本内容，藏语也要通顺”[10]为大原则，《语合二卷》一书制定了七条具体的翻译规则，涉及到了语序、专有名词、多义词、数字等各方面内容。其中第五条有关“前缀”的翻译方法引起了笔者的特别注意。

1. 前言中的前缀翻译规则

对前缀翻译方法的具体规定，原文如下：

> pari དང sam དང upa ལྟ་བུ་ལ་སོགས་ཏེ། ཚིག་གི་ཕྲད་དང་རྒྱན་ལྟ་བུར་འབྱུང་བ་རྣམས་བསྒྱུར་ན་དོན་དང་མཐུན་ཞིང་འབྱོར་བའི་ཐབས་ནི། ཡོངས་སུ་ཞེའམ། ཡང་དག་པ་ཞེའམ། ཉེ་བ་ཞེས་སྒྲ་བཞིན་དུ་སྒྱུར་ཅིག དོན་ལྷག་པར་སྣོགས་པ་མེད་པ་རྣམས་ནི། ཚིག་གི་ལྷད་ཀྱིས་བསྣན་མི་དགོས་ཀྱིས་དོན་བཞིན་དུ་ཐོགས་ཤིག[11]
>
> 像pari、sam、upa这样的“附着词”（ཚིག་གི་ཕྲད）或“修饰词”（ཚིག་གི་རྒྱན），在翻译的时候，用“顺意”（དོན་དང་མཐུན）或“加意”（དོན་དང་འབྱོར）的方法翻译，即“完全”（ཡོངས་སུ）、“正确”（ཡང་དག་པ）、“接近”（ཉེ་བ）。对无附加含义的，则不需要添加其他词，按其含义确定译名即可。

这一段话虽然只有寥寥三四行，但蕴含了很多信息。

如果我们细致分析，翻译家们或许是将前缀的含义分为三类，并分别为其制定了三种翻译方法。

三种前缀即：附着词（ཚིག་གི་ཕྲད）[12]、修饰词（ཚིག་གི་རྒྱན）、无附加含义。三种翻译方法为：顺意（དོན་དང་མཐུན）、加意（དོན་དང་འབྱོར）、不单独译。

这种前缀的三分法是基于前缀是否有附加含义，有附加含义的又被分为“附着词”和“修饰语”。“附着词”采用“顺意”翻译法，“修饰词”则采用“加意”翻译法，无

---

10 དོན་དང་ཡང་མི་འགལ་ལ་བོད་སྐད་ལ་ཡང་གར་བདེ་བར་གྱི་ཤིག

11 石川美惠："A Critical Edition of the sgra sbyor bam po gnyis pa—An Old and Basic Commentary on the Mahāvyutpatti." 東洋文庫，1990: 3。西藏博物馆编：《旁塘目录；声明要领二卷》，2003：72。

12 熟悉梵藏语法的读者或许会对“附着词”（ཚིག་གི་ཕྲད）的含义产生疑惑，“附着词”在现代的藏语语法体系中指虚词，比如不自由虚词（ཕྲད་གཞན་དབང་ཅན）中的ཀྱང、ཡང、འང，以及自由虚词（ཕྲད་རང་དབང་ཅན）中的ནི、དང等。《翻译名义大集》中“ཚིག་གི་ཕྲད”对应梵语语法概念“投词”（nipāta）。梵文文法中的“投词”同时包含了虚词与前缀，而仅包含前缀的语法概念“近置词”（upasarga）在《翻译名义大集》则译为“ཉེ་བར་སྦྱར་བ”，这种译法在《语合二卷》中并未出现。《语合二卷》中的“附着词”与藏语语法体系中的ཕྲད，和梵文语法体系中的“nipāta”都不相同。谢肖娜在2002年的文章中对翻译名义大中小三集的成书先后做了细致的分析，此处可以作为《语合二卷》比《翻译名义大集》的最终成书年代更早的一个例证。Cristina Scherrer-Schaub, "Enacting words: A Diplomatic Analysis of the Imperial Decrees (bkas bcad) and their Application in the sGra sbyor bam po gñis pa Tradition." *Journal of International Association of Buddhist Studies* 25 (1-2), 2002: 263-340.

附加含义的前缀不单独译出。即：

附着词——顺意

修饰词——加意

无附加含义——不单独译

前言中所提到的三个藏译词，翻译 pari 的 ཡོངས་སུ（全）、以及翻译 upa 的 ཉེ་བ（近）都可以说是运用“顺意”的方法翻译的“附着词”，翻译 sam 的 ཡང་དག་པ(正)则为“加意”法翻译的“修饰词”。

2. 正文中的前缀

那么在《语合二卷》的正文中，翻译家具体是如何处理前缀的呢，是否遵循了前言中的规定和分类方法？接下来笔者将对《语合二卷》中出现了的 17 个前缀分别进行讨论。

我们先来看一下在前言中特别提到的三个前缀 pari、sam、和 upa。（藏文转写的梵语词笔者使用拉丁转写；粗体为前缀的藏译词）

（1）pari[13]

pari 共有三种译法，第一种译为 ཡོངས་སུ，第二种译为 ཀུན་དུ，第三种不单独译。

在第 145 条 paripūrṇṇam“ཡོངས་སུ་རྫོགས་པ”（圆满），第 146 条 pariśuddha“ཡོངས་སུ་དག་པ”（皆净），第 147 条 paryavadātaṃ“ཡོངས་སུ་བྱང་བ”（皆消除），第 263 条 pariniṣpannalakṣaṇa“ཡོངས་སུ་གྲུབ་པའི་མཚན་ཉིད”（圆成实相）,pari 都翻译为 ཡོངས་སུ（全部）。

第 261 条 parikalpitalakṣaṇa“ཀུན་བརྟགས་པ་མཚན་ཉིད”（遍计所执相），在解释中说“parisamantan ཞེས་བྱ་སྟེ་ཡོངས་སུ་འམ་ཀུན་ཏུ”（parisamanta 即“全部”或“一切”），这里 pari 对应的依旧是“ཡོངས་སུ”，samanta 对应“ཀུན་དུ”，与其说 ཀུན་བརྟགས་པ་མཚན་ཉིད 中的“ཀུན”翻译的是 pari，不如是用 samanta 解释了“pari”，“ཀུན”翻译的是 samanta；在 364 条的解释中就说“parīti samanta-”（pari 即 samanta）。

第 275 条 anuśaya（随眠），在解释中则提到了 paryutthāna“ཀུན་ནས་ལངས་པ”（普起立），这里的 pari 译为“ཀུན”。

这样看来，pari 对应的译法为“ཡོངས་སུ”“ཀུན”，对应的其实是 samanta，而 samanta 即可以用来解释 pari 也可以解释 sam（详见下文）。

第 259 条 paripṛcchāvyākaraṇa（反诘记）藏语翻译为“དྲིས་ནས་ལུང་བསྟན་པ”，将 pari

13 匿名评审专家提示，这里 pari 的两种译法 ཡོངས་སུ 和 ཀུན་དུ 可能还有教理上的考量，前者意指正面的，超越性的概念，后者则用于负面的，世间的概念。

与 pṛccha 合翻[14]。

这样看来当 pari 为“附着词”时译为 ཡོངས་སུ，为其本意；做“修饰词”时译为 ཀུན་ཏུ，添加了 samanta 的意象；当与动词紧密结合无附加含义时，不单独译。

（2）sam

sam 有多种解法，看似非常复杂。

第一种是 རྫོགས་པ（圆满），比如第 5 条 samyaksaṃbuddha“ཡང་དག་པར་རྫོགས་པའི་སངས་རྒྱས”（正等正觉），这一条的解释中说“sam ནི samanta འམ། sampūrṇṇa སྟེ་མ་ལུས་པ་འམ་རྫོགས་པ”（sam 就是 samanta 或者 sampūrṇṇa，即无有剩余或者圆满）；第 25 条 sambhogakāya（报身），藏文译为 ལོངས་སྤྱོད་རྫོགས་པའི་སྐུ，其中的 sam 也如第 5 条一般译为 རྫོགས་པ（圆满）。

第二种，即按照前言中的说法，似乎是将 sam 与 samyak 对应了起来，翻译为 ཡང་དག་པར（正），如第 5 条 samyaksaṃbuddha（正等正觉），samyak 对应 ཡང་དག་པར་རྫོགས་པའི་སངས་རྒྱས 中 的 ཡང་དག་པར；99 条 samyagjñāna“ཡང་དག་པའི་ཤེས་པ”（正 知）；174 条 samyakprahāna“ཡང་དག་པར་སྤོང་བ”（正断）。

sam 单独译为 ཡང་དག་པ 的有第 149 条 sāṃdṛṣṭika“ཡང་དག་པར་མཐོང་བ”（见真实），这里的 sāṃ 即三合后的 sam；239 条 samatikramān“ཡང་དག་པར་བྱུང་བ”（正出）。

第三种则译为 ཀུན（一切），如第 221 条 samudaya“ཀུན་འབྱུང་བ”（集）；349 条 samutthāpaka“ཀུན་ནས་སློང་བ་པོ”（等使起者）；第 78 条 samantaprabhābuddhabhūmi 中，将 samanta 译为 ཀུན་ཏུ。

第四种译为 འབྲེལ་པ（结合），在第 278 条 pratītyasamutpāda“རྟེན་ཅིང་འབྲེལ་པར་འབྱུང་བ”（缘起）的解释中，有这样一句话“saṃ ནི saṃbandha སྟེ་འབྲེལ་པ་ལ་བྱ”（saṃ 即 saṃbandha，即结合），基于这一解释，sam 译为 འབྲེལ་པ。

第五种是 འདུས（聚），401 条 saṃskṛta“འདུས་བྱས”（有为；藏文直译“聚成”），解释中将 sam 解释为 sametya 和 sambhūya，即 འདུས。

第六种与将 sampanna 译为 ཕྱུར་པ，即 412 条 ājavañjavisampanna“འོང་བ་དང་འགྲོ་བར་

14 这里有两种翻译方法，《语合二卷》中未将 pari 单独译出，而在《翻译名义大集》中，还记载有另外一个译语“ཡོངས་སུ་དྲིས་ཏེ་ཞུང་བསྟན་པ”，pari 单独译为“ཡོངས་སུ”。

གྱུར་པ”（来往反复），但在其他文献中此词写做 ājavaṃjavībhāvaḥ[15]，并将 bhāva 译为 འགྱུར་པ，更加对应。

第七种即不单独译，前面提到的第78条其实属于这种情况；148条 samākhyāna “བསྙན་པ”（宣说）；184条 sāmantaka “ཉེར་བསྡོག”（近处），其中 sām 即 sam 三合而来；187条 samādhi “ཏིང་ངེ་འཛིན”（三摩地 / 等持）[16]；312条解释中同样出现了 samādhi，但这里则解释为“དམ་པོར་བསྲུངས་བ”（严格遵守）。

综合看来，有五个词可以用来阐释 sam，其中当 sam 为“附加词”时，应该译为 ཀུན。

（3）upa

在《语合二卷》中大多数 upa 都未单独翻译。36条 -upapattī- “སྐྱེ་བ”（出生）；第107条 upapadya- “སྐྱེས”（生）；137条 upadeśa “གདན་ལ་ཕབ་པའི་སྡེ”（论议）；234条解释中 upadrava “གནོད་པ”（灾祸）；288条 318条 varṣa-upagati（夏居誓）中的 upagati 解释为“ཁས་ལེན་པ”（允诺）；304条 upacāra “ཡོ་བྱད”（祭品）；317条中 upanāyikā “ཕྲད་པ”（会面）；397条和398条中的 upadhi “ཕུང་པོ”（蕴）。

剩下的基本上都翻译为“ཉེ་བ”（接近）。152条 aupanāyikā “ཉེ་བར་གཏོད་པ”（教授）中 aupa 为 upa 三合的形式；第173条 smṛtyupasthāna “དྲན་པ་ཉེ་བར་གཞག་པ”（念住）的解释中说“upa ནི་ཉེ་བ”（upa 即接近），整个词译为“དྲན་པ་ཉེ་བར་གཞག་པ་བཞི”（四种念住）。

第287条 upāsika “དགེ་བསྙེན”（优 婆 塞）、288条 upavāsastha “བསྙེན་གནས་ལ་གནས་པ”（近住）、289条 upasaṃpanna “བསྙེན་པར་རྫོགས་པ”（受具足戒），这三条中似乎将 upa 译为了“བསྙེན”（接近）。但其实，在288条的解释中，明确写有“upa ནི་ཉེ་བ”（upa 即 ཉེ་བ）。显然，这里是译者在考虑了词汇的实际含义后，采用了意译的方法，并非将 upa 直接翻译为 བསྙེན。

除了前言提到的三个前缀，在正文中还出现了另外13个前缀，其中的7个有“顺

---

15 在称友（Yaśomitra）的《俱舍论明了义释》(*Sphuṭārthā abhidharmakośavyākhyā*) 中，有一段类似的论述如下：

འོང་ཞིང་འགྲོ་བར་འགྱུར་བ་སྟེ་སྐྱེ་བ་དང་འཆི་བ་བརྒྱུད་པ་ཞེས་བྱ་བའི་ཐ་ཚིག་གོ།（D4092, 5b1）

ājavaṃjavībhāvaḥ janma-maraṇa-paraṃparetyarthaḥ ||

来来回回的样子，表达生死往复之意。

梵文摘自 Unrai Wogihara, *Sphuṭārthā Abhidharmakośavyākhyā by Yaśomitra Part 1*, Tokyo: The Publishing Association of Abhidharmakośavyākhya, 1936: 7.

16 samādhi 可拆分为 sam-ādhi 或 sama-ādhi，“等持”是按照“sama-ādhi”来理解的，《语合二卷》中的解释为“ཏིང་ངེ་འཛིན་གྱི་མཐུས་སེམས་དང་སེམས་ལས་བྱུང་བའི་རྒྱུད་དམིགས་པ་གཅིག་ལ་སྡུད་ཅིང་མི་གཡོ་བར་ཏིང་ངེ་འཛིན་འཛོག་པས་ན་ཏིང་ངེ་འཛིན་ཞེས་བྱ”（依三摩地之力，将心与心所之续，聚集于一对境上，不动摇地禅定，即成为三摩地），这里将是按照 sam-ādhi 理解，并将 sam 解释为“སྡུད”（聚）。

意”或“加意”的译法（即前缀拥有对应的藏译词），剩下的七个在《语合二卷》中采用了“合译”法（即前缀没有对应的藏译词）。

（4）pra

pra 基本不会单独译出，如第 1 条解释中 prabuddha“སངས་བ”（醒）；13 条解释中 praṇidhānaṃ“སྨོན་པ”（愿望）；prabhakarī“འོད་བྱེད་པ”（发光地）；第 78 条 samantaprabhā-“ཀུན་ཏུ་འོད”（普光）；第 89 条 anupraveśa“རྗེས་སུ་ཞུགས་པ”（后住）；153 条解释中 pravāraṇa“སྐབས་འབྱེད་པ”；155 条 supravedita“ལེགས་པར་གསུངས་པ”（善说）；174 条 samyakprahāṇa“ཡང་དག་པར་སྤོང་བ”（正断）；180 条 378 条 381 条 apramāṇaḥ“ཚད་མེད”（无量）；208 条 prakṛti-“རང་བཞིན”（本性）；234 条 praṇīta“གྱ་ནོམ་པ”（妙）；273 条 cittasaṃprayukta“སེམས་དང་མཚུངས་པར་ལྡན་པ”（心相应）；294 条解释中 -prabandha-“རྒྱུད”（续）；319 条 pravāraṇa“དགག་དབྱེ”（自恣）；384 条 -prasva“སྐྱེས་པ”（生）。

另外还有一种译法为 རབ་ཏུ（极），如最常见的 54 条 118 条 prajñā“ཤེས་རབ”（智慧）；68 条 pramuditā“རབ་ཏུ་དགའ་བ”（极喜地）；230 条 prabhava“རབ་ཏུ་སྐྱེ་བ”（生）。

（5）anu

anu 有两种处理方法，一不单独译出，如 275 条 anuśaya“བག་ལ་ཉལ”（随眠）；267 条 anubhava“མྱོང་བ”（受）。

大多数情况下，anu 按照 246 条中的阐释 paścād，译为 རྗེས་སུ。64 条 anuśāsaka“རྗེས་སུ་བསྟན་པ”（随教导）；113 条 anusari 译为“རྗེས་སུ་འབྲང་བ”（随顺），112 同；125 条 anudharma“རྗེས་སུ་མཐུན་པའི་ཆོས”，124 同；172 条解释中出现的 anuguṇatvāt“རྗེས་སུ་མཐུན་པ”（相顺）。

（6）nir

nir，例词中的 niḥ 和 nair 都是 nir 的变体，主要有三种译法。

第一种最常见，即按照 91 条 nirvedha“ངེས་པར་འབྱེད་པ”中的阐释，将 nir 解释为 niścita，在此基础上译为 ངེས་པར；152 条解释中的 niryāna“ཉེ་བར་འབྱུང་བ”（离）；156 条 239 条 naiyāṇika“ངེས་པར་འབྱིན་པ”（永出）；第 235 条 niḥsaraṇa“ངེས་པར་འབྱུང་བ”（离）；395 条 niḥśreyasa“ངེས་པར་ལེགས་པ”（至善）。

第二种译出了较为实在的含义，如 150 条 nirjvara“ནད་མེད་པ”（无疾）中译为 མེད་པ；363 条 nairṛti“བདེན་བྲལ”（离真）中译为 བྲལ。

第三种则与动词合译，不单独译出。如 160 条解释中的 nirjata“སྐྱེས”（生）；26 条和 371 条中的 nirmāṇa“འཕྲུལ”（化）；372 条中的 nirmita“འཕྲུལ”（化）；397、398 条 nirvāṇa“མྱ་ངན་ལས་འདས་པ”（涅槃）。

（7）dur

dur 虽然可说单独译为“དཀའ་བ”，但只出现了一次，在 72 条中 sudurjaya“ཤིན་ཏུ་སྦྱང་དཀའ་བ”（难胜地）。

（8）vi

vi 也具有多种译法。第一种译法最常见，即 རྣམ་པར，19 条中 viśuddha“རྣམ་པར་དག་པ”（清净）；29 条中的 vipāka“རྣམ་པར་སྨིན་པ”（异熟）；34 条 190 条中 vimokṣa“རྣམ་པར་ཐར་པ”（解脱）；55 条 vimukti“རྣམ་པར་གྲོལ་བ”（解脱）；79 条 vidarśana“རྣམ་པར་མཐོང་བ”（见）；116 条 117 条 118 条 119 条 vimukta“རྣམ་པར་གྲོལ་བ”（解脱）；146 条解释中的 vimuktya“རྣམ་པར་གྲོལ”（解脱）；167 条 vaiśravaṇaḥ“རྣམ་ཐོས་ཀྱི་བུ”（多闻天）；258 条 vibhaja“རྣམ་པར་ཕྱེ”（分别）；270 条 vijñāna“རྣམ་པར་ཤེས་པ”（识）；271 条 vijñāpti“རྣམ་པར་རིག་བྱེད”（表业）。

第二种是以 viśeṣaṇa 或 viṣiṣṭa（特殊的；特别的）解释，但采用了不同的藏语译词。169 条中 viruḍhāka“འཕགས་སྐྱེས་པོ”（增长），其中 vi 用 viśeṣaṇa“འཕགས་པ”（特别）解释；第 357 条中，将 vi 解释为 viśiṣṭa“འཕགས”（胜）；216 条 vipaśyana“ལྷག་མཐོང”（胜观），此处 vi 依旧以 viśeṣaṇa 解释。

第三种是带有否定意味的，如 vimala“དྲི་མ་མེད་པ”（无垢）；170 条 virūpākṣiḥ“མིག་མི་བཟང”（非善眼）；235 条 viyukta“བྲལ་བ”（离）。

第四种是与后词合译，如第 1 条解释中 vikāśana“བྱེ་ཞིང་རྒྱས་པ”（分展）；132 条中 vistāra“རྒྱས”（广）；148 条中 viparīta“ལོག་པ”（颠倒）；154 条中 vijñā“མཁས་པ”（有智）；155 条 vinaya“འདུལ་བ”；193 条 vihāra“གནས”（地）；226 条 227 条的解释中 vipakṣeṇa“གཉེན་པོ”（对治）；332 条解释中的 vihāyasa“ནམ་མཁའ”（天空）；第 369 条 vivāda“ཐབ་པ”（战斗）。

另外，135 条 vaipulya“ཤིན་ཏུ་རྒྱས་པའི་སྡེ”（方广），vai 是 vi 的三合形式，这里“ཤིན་ཏུ”应是为了区分三合后的词汇。

（9）su

su 有多个译词，都表“好”“善”之意，其中“ཤིན་ཏུ”和“ལེགས་པར”副词含义比较强，而“བཟང་པོ”等译法则更加写实。第 7 条 sugata“བདེ་བ་གཤེགས་པར”善逝；第 72 条 sudurjaya“ཤིན་ཏུ་སྦྱང་དཀའ་བ”（难胜）；390 条 sudarśana“ཤིན་ཏུ་མཐོང་བ”（善见）；120 条 supratipanna“ལེགས་པར་ཞུགས་པ”（善入）；第 155 条 supravedita“ལེགས་པར་བསྟན་པ”（善说）；第 142 条 svartha“བཟང་པོ་ཞེས”（妙义）的解释中，su 用了 བཟང་པོ 解释；143 条 suvyañjana“ཚིག་འབྲུ་བཟང་པོ”（妙言辞）；151 条 sukara“བྱ་བར་སླ་བ”（易）；389 条

sudṛśa “གྱ་ནོམ་སྣང”（善现）。

（10）abhi

abhi 基本上都译为“མངོན་པར”，73 条 abhimukti “མངོན་དུ་གྱུར་པ”（现前地）གྱུར་པ 有实在含义；108 条 109 条 269 条 abhisaṃskāra “མངོན་པར་འདུ་བྱེད་པ”（行）；154 条解释中 abhilāpya “བརྗོད་པ”（说）；196 条，abhijñā 中对 abhi 有解释“abhi ནི abhitas སྟེ་མངོན་པ”，故译为 མངོན་པར་ཤེས་པ；231 条的解释中 abhiniṣpādanam “མངོན་པར་གྲུབ་པར་བྱེད་པ”（使成），这里有两个前缀，abhi 和 nir，abhi 译为 མངོན་པར；242 条中 abhisamaya “མངོན་པར་རྟོགས་པ”（现观）。

有两条采用了完全意译的方法，264 条 abhiprāya “དགོངས་པ”（意）；302 条 abhicāra“དྲག་ཤུལ་སྤྱོད་པ”降服。

（11）prati

prati 的固定译法为 སོ་སོར，如 49 条 apratisaṃkhyā “སོ་སོར་མ་བརྟགས་པ”（无思择）；60 条 pratisaṃvit “སོ་སོར་ཡང་དག་པར་རིག་པ”（无碍解）；154 条的解释中将 prātyātmavadanīya 译为“སོ་སོར་རང་གི་རིག་པར་ཟད་པ”（自觉知）[17]；399 条 pratisaṃkhyā-“སོ་སོར་བརྟགས་པ”（择）。

大多数情况下 prati 并未单独翻译，33 条 42 条 pratipad “ལམ”（路）；59 条 pratihata “ཐོགས་པ”（碍）；96 条 pratyekabuddha “རང་སངས་རྒྱས”（独觉）；120 条 supratipanna “ལེགས་པར་ཞུགས་པ”（善入），此处 pratipanna 译为“ཞུགས་པ”，121-125 条与 251-254 条；145 条解释中的 pratipakṣa 可以勉强对为“ཟློགས་པར་སྤོང་ནུས”，但这里应该完全是意译，并不存在严格的对应关系；150 条 pratipakṣa “གཉེན་པོ”（对治）；158 条 pratiśaraṇa “བརྟེན་པ”（依）；238 条 pratipata “སླེབ་པ”（完成）；238 条解释中的 pratipātana“ཐོབ་པ”（得）。

另外还有六个前缀在《语合二卷》中并未单独译出。

apa 在 329 条 apasmāra“བརྗེད་བྱེད”（作忘）、369 条的解释中 apayata“ཐལ”（分开）、396 条 apavarge“བྱང་གྲོལ”（解脱）。

ava 都是与动词结合出现的近置词。15 条解释中 abhyavahara“ཀུན་ལ་སྤྱོད་པ”（享用）；132 条 avadāna “རྟོགས་པ་བརྗོད་པའི་སྡེ”（譬喻）；141 条 paryavasāna “ཐ་མར”（后）；147 条 paryavadāta“ཡོངས་སུ་བྱང་བ”（皆消除）；207 条中的 avakāra“དོར་བ”（舍）。

---

17 pratyātma 为《入楞伽经》的核心术语，经文中多次出现相关例词，其中 prati 均译为 སོ་སོ，如开篇偈颂中的 pratyātmavedyagatisūcanakaṃ 被译为 སོ་སོ་རང་རིག་ཤེས་པ་སྟོན་པ（D107, 49-1-56b）。Bunyiu Nanjio, *The Laṅkāvatāra Sūtra*, Kyoto: The Otani University Press, 1923: 3.

ni[18]，35 条 nivāsana “གནས”（位）；131 条 nidānaṃ “གླིང་གཞིའི་སྡེ”（因缘）；232 条等 nirodha “འགོག་པ”（灭）。

adhi，42 条 adhigama “ཐོབ་པ”（得）[19]；86 条 114 条中 adhimukti “མོས་པ”（解）。

ati，16 条 atikranto “དད་པ”（除）。

ut，第 34 条 vyuttāna “ལྡང་པ”（起）；275 条 parivyutthāna “ཀུན་ནས་ལྡང་བ་པ”（普起）；278 条 utpāta “འབྱུང་བ”“སྐྱེ་བ”（起；生）；utthāpaka “སློང་བ་པོ”（使起者）。

二、前缀翻译的特点、方法与实践

通过对这 17 个前缀的考察，，我们可以看出《语合二卷》中前缀的翻译有以下一些特点。总的来说，正文的翻译基本沿用了前言中提到的三分法，通过对具体实例的分析，能够推测附着词、修饰词、无附加含义前缀的具体所指，也能够进一步理解什么是顺意、加意和不单独译。三种前缀之间的区分并不是非常明确，也非每一个前缀都同时拥有三种译法。

在大多数情况下，前缀并未赋予词干附加的含义，这时翻译家选择将前缀与词干合为一体，共同译出，前缀不会拥有单独的译词。这是前言中所谓的第三种情况，“对无附加含义的，则不需要添加其他词，按其含义确定译名即可。”

另外，在注疏或语法书中，对部分前缀的含义给出了进一步阐释，在这种情况下，翻译家们会采用阐释后的词汇翻译。这应该就是前言中所谓的修饰词，以加意的方法将其译出，在《语合二卷》中，以下六个前缀给出了具体的阐释。

18 《入楞伽经》中开篇第 14 个偈颂最后一句为 mahāyānanaye śraddhā niviṣṭānyonyayojakāḥ。Bunyiu Nanjio, *The Laṅkāvatāra Sūtra*, 1923: 5. 藏译为 ཐེག་ཆེན་ཚུལ་ལ་དད་པ་ཡི། མངོན་པར་ཞེན་ཅིང་གཞན་འཛུད་པ།།（D107, 49-1-57b），这里的 nivṣṭa 译为 མངོན་པར་ཞེན。

19 在《入楞伽经》中 adhigama 一词反复出现，有三种译法，分别是 ཁོང་དུ་ཆུད་པ、མངོན་པར་རྟོགས་པ、ཐུགས་སུ་ཆུད་པ，其中 མངོན་པར་རྟོགས་པ 这一译法只出现了一次；ཁོང་དུ་ཆུད་པ 在复合词末尾或非复合词时使用，带有宾语；ཐུགས་སུ་ཆུད་པ 一般出现在复合词首，不带宾语，如：adhigamabuddhir。

前缀	梵语	藏语	汉语
sam	samyak	ཡང་དག་པ	正
	sampūrṇṇa	རྫོགས་པ	圆满
	samanta	ཀུན་ཏུ; ཀུན་ནས; ཀུན	遍
	saṃbandha	འབྲེལ་པ	合
	sametya	ཏུས	聚
upa	-	ཉེ་བ	近
anu	paścād	རྗེས་སུ	随
nir	niścit	ངེས་པ	决定
vi	viśeṣaṇa	འཕགས་པ	胜
	viśiṣṭa		
abhi	abhitas	མངོན་པ	现

最后，部分前缀演变出了固定的副词化的翻译方法，这或许就是所谓的“附着词”，以“顺意”的方法翻译。pari—ཡོངས་སུ；sam—ཀུན་ཏུ；pra—རབ་ཏུ；upa—ཉེ་བར；anu—རྗེས་སུ；nir—ངེས་པར；vi—རྣམ་པར；su—ཤིན་ཏུ；su—ལེགས་པར；abhi—མངོན་པར；prati—སོ་སོར。“附着词”与“修饰词”之间很多情况下并无法准确区分，但笔者认为“顺意”是采用相对固定的翻译方法，而“加意”则有一种具体情况具体分析的意味，即按照《语合二卷》梵文名vyutpatti（解词）的方法，从词源学上进行分析。

“顺意”无异于是一种增强语气，表达强调的方法，那么为什么，或者说在什么情况下会对一个词采用这种翻译方法呢？笔者认为这个问题可以从两方面来看。

只从形式方面来说，一是当多个前缀叠加的时候，如supratipanna“ལེགས་པར་ཞུགས་པ”（善入）；二是在前缀三合的时候如naiyāṇika“ངེས་པར་འབྱིན་པ”（永出）。

从内容上看，上面说的这种形式上的加强反应的必然是内容上的特殊，这种特殊从何而来？同时，很多在梵语形式上并无加强的词汇，翻译家还是选择将其前缀译出，这又是基于什么考虑？笔者认为不论是梵语本身形式的加强，或是在藏译中词义的加强主要都是基于以下两点：

第一，当叙述与佛陀相关的动作比较倾向于加入前缀的译法，这或许是一种表达尊敬的用法，与敬词的作用类似[20]。

第二，对于核心术语，一般都会译出前缀。这种翻译方法在梵语的语境中也是有根据的，因为在印度哲学的不同系统中，其核心术语都喜欢用带有前缀的词汇，以与其他派别区分，阐释教派各自独立的系统。比如与 jñā（知）相关的几个术语，samyagjñāna“ཡང་དག་པའི་ཤེས་པ”（正知）；prajñā“ཤེས་རབ”（智慧）；vijñāna“རྣམ་པར་ཤེས་པ”（识）；abhijñā“མངོན་པར་ཤེས་པ”（神通），通过不同前缀的添加使含义产生区分，而在藏译中也都以副词化的翻译方法对前缀进行了翻译。对相对于比较普世的词汇，梵藏翻译选择了表达含义为主的译法，但为了更加准确、特殊、加强甚至是陌生化佛教核心术语，这时，翻译家们则选择了将前缀译出。

翻译家对前缀并非机械地一一对应翻译，也并非仅从含义出发纯粹意译，而是在《语合二卷》前言中提出的第一条规则“正法的翻译方法，一定要即不违背内容，藏语也要通顺”的大原则下，兼顾了梵文语法的完整表达与佛教义理的准确传递。

三、传统梵文文法中的前缀

吐蕃翻译家们这种对前缀的分类和理解是由何而来？要解决这个问题，笔者认为还需要将目光转回梵文语法学家的视野当中。

笔者在这里将主要基于波你尼（Pāṇīni）《八章书》（*Aṣṭāyāyī*）中的相关经文进行探讨，波你尼是公元前六世纪的语法学家，他所著的《八章书》只用接近四千条经文（sūtra）就将整个古典梵文语法规则进行了规定，是现存的第一部完整的梵文语法书。在它之后成书的，与佛教关系更为密切的《旃陀罗语法》（*Candravyākaraṇa*）以及《迦丹多罗语法》（*Kātantravyākaraṇa*）都是以《八章书》为蓝本，重新整理和简化而成。笔者之所以并未涉及到这两部语法，主要是基于以下两点，首先，有学者统计过《语合二卷》中所引用的全部词根表（dhātupāṭha），没有任何一个语法系统能够涵盖所有涉及到的内容，如果非要比较则波你尼的词根表涵盖的部分会更多[21]，这说明当时翻译家们绝非仅仅参考了某一部语法书，仅从词根表的引用来说，或许还是以波你尼为主；再考虑到《旃陀罗语法》和《迦丹多罗语法》都更加注重语言的实践，而非语言的哲学，对前缀

20《入楞伽经》中在描述佛陀的形象时用到的两个词，vijṛmbhya 和 niścāyamāṇaḥ，见 The laṅkāvatāra Sūtra, 13。藏译分别使用了“རྣམ་པར་བསྒྲིངས”和“རབ་ཏུ་འཕྱེན”（D107, 49-1-60a）。

21 Pieter C. Verhagen, *A History of Sanskrit Grammatical Literature in Tibet, volume one, transmission of the canonical literature*, Handbook of Oriental studies, Leiden, New York and Köln: E.J. Brill, 1994: 35.

语法学上的讨论极少。《旃陀罗罗语法》中直接用 prādi 代替了其他与前缀相关的语法术语[22]。在这种情况下，追本溯源，还是需要从波你尼的《八章书》出发来探讨。

《八章书》顾名思义分为八章（adhyāya），每一章 4 小节（pāda），另有三个附录：字母表（akṣarasamāmnāya）、动词词根表“界读”（dhātupāṭha）以及分类词汇集“群读”（gaṇapāṭha）。

在《八章书》第一章第四节中，我们可以找到“前缀”相关的定义（1,4.56—1,4.60，1, 4.83），这六条经文再加上第一章第一节中对“投词”的定义（1,1.37），第二章第二节中对复合词中 pra 等词的定义，以及群读中对 pra 等的列举，就组成了传统梵语语法中对“前缀”范畴的规定。涉及到的八条经文如下：

svarādinipātam avyayam|| 1,1.37

prāgrīsvarān nipātāḥ|| 1,4.56

cādayo ’sattve|| 1,4.57

prādayaḥ|| 1,4.58

upasargāḥ kriyāyoge|| 1, 4.59

gatiś ca|| 1, 4.60

karmapravacanīyāḥ|| 1,4.83

kugatiprādayḥ|| 2,2.18

svara 等和“投词”，是“不变词”(avyaya)。(1,1.37)

在“r īsvara”(1,4.97)之前（的经文中所提到的），（都）称为“投词”(nipāta)。(1,4.56)

ca 等，当非实指的时候（是投词）。(1,4.57)

pra 等（也是如此）。(1,4.58)

当与动作结合时，(pra 等）称为“近置词”(upasarga)。(1,4.59)

也（称）为“趣词”(gati)。(1,4.60)

（以下情况，pra 等词）称为既表业词（karmapravacanīya）。(1,4.83)

22 例如《迦丹多罗语法》中的一条 upasarge ruvaḥ（4,5.7，加近置词的 ru）。张雪杉：《迦丹多罗语法翻译及研究》，北京大学博士学位论文，2014：310。在《旃陀罗语法》(*Candravyākaraṇa*) 却使用了另外的表述 prādibhyo ruvaḥ（1,3.11；在 pra 等词后的 ru）。K. C. Chatterji, *Cāndravyākaraṇa of Candragomin Part 1*, Poona: Postgraduate & Research Institute, 1953: 93. 很明显可以看到在《旃陀罗语法》中直接以 prādi 代指“近置词”，从而避免了概念的定义和纠缠。

ku、gati、pra 等词［总是与合意搭配的后词结合，形成依主释（tatpuruṣa）复合词］[23]。（2,2.18）

由于《八章书》独特的写作特点，笔者在这里需要对经文稍加解释。1,4.58 中提出的“pra 等”词即是我们所关注“前缀”，现代梵语学家定义的前缀，也都属于这一组词汇中。前后其他几条经文是在对其做出定义，可以看到，这里有五个术语用于划定 pra 等，一为“不变词”（avyaya），二为“投词”（nipāta），三为“近置词”（upasarga），四为“趣词”（gati），五为“既表业词”（karmapravacanīya）。之所以要对这几个概念分别定义，涉及到与《八章书》其他经文的配合，此处不详解。根据这几条经文我们知道“不变词”“投词”“趣词”是比“近置词”“既表业词”更大的概念。从所看，“近置词”比“既表业词”包含的前缀数量更多，两个概念互相排斥，当一个词为“既表业词”时，它就不再是“近置词”。这几组术语所含括的前缀数量可以简略表示如下（仅考虑数量）：

不变词 > 投词 > 趣词 > 近置词 > 既表业词

简单地说，从数量上说只有“近置词”这一概念，等同于我们要讨论的“前缀”，它需要满足前后两个条件，一是“当非实指时”；二是“与动作结合时”。从内容出发看，则要将“近置词”与“既表业词”结合起来才能够涵盖“前缀”所表达词汇意义。

“既表业词”的语法概念很奇妙[24]，根据《大疏》的说法，“那些现在不与动作结合的，就是既表业词。”（ye 'prayujyamānasya kriyā māhus te karmapravacanīyāḥ），笔者认为这一句是对应波你尼经 1,4.59 中对近置词的定义。本文所探讨的 17 个前缀，既包括与“动作”结合的“前置词”，又包含“不与动作结合”的“既表业词”。这两者的判定与

23　根据《迦湿迦》（Kāśikā）的解释，kugatiprādyaḥ samarthena śabdāntareṇa saha nityaṃ samasyante | tatpuruṣaś ca samāso bhavati || Paṇḍit Bāla Śātrī, *Kāśikā Commentary on Pāṇini's Grammatical Aphorism by Paṇḍit Vāmana and Jayāditya*, Benares: The Medical Hall Press, 1898: 101.

24　在《大疏》（Māhabhāṣya）中有一段对既表业词的分析：
kimarthaṃ mahatī saṃjñā kriyate | anvarthasaṃjñā yathā vijñāyeta | karmaproktavantaḥ karmapravacanīyā iti || ke punaḥ karma proktavantaḥ | ye saṃprati kriyāṃ nāhuḥ | ke ca saṃprati kriyāṃ nāhuḥ | ye 'prayujyamānasya kriyām āhus te karmapravacanīyāḥ ||
（摘自 F. Kielhorn, *Vyākaraṇa-Mahābhāshya of Patanjali Volume 1*, Bombay: Government Certral Book Depot, 1880: 346.）
何故造此长术语？随（其）含义，（此术语）要如此被理解。曾经表达了业的，就是“既表业词”。那么哪些是曾经表达了业的？那些现在不是在说行为的。什么是现在不是在说行为的？那些不说行为是被结合的（那些不与行为结合的），是“既表业词”。

一个梵语词在藏译中“可分”与“不可分”有关，一般来说动词词干与“前置词”的联系较为紧密，去掉“近置词”整个词义会发生改变，比如 pad 与 upa-pad，pad 为“落下”，而 upa-pad 则可表达“出生”。而“既表业词”往往单独出现，不与动词连用，且与词干的关系并不像“前置词”那样紧密。

最后一条出现在波你尼第二章第二节讨论复合词的部分，通过这一条，波你尼对 pra 等词与名词结合的情况也做了说明[25]，在《迦湿迦》中列举了多个前缀在复合词中的具体含义，以及与其搭配的后词所具有格尾，从中我们可以看到，在复合词中，前缀往往具有很具体的含义[26]。

《语合二卷》中并未出现对“前置词”“既表业词”等术语，但当时的翻译家一定是已经注意到了前缀在词汇中扮演了绝对不同的角色，才会为其选择不同的译语。综合看《语合二卷》中的译文，可以发现，在非核心术语或敬词的情况下，“近置词”一般都会与动词词干合译，而有具体阐释的前缀往往是“既表业词”或依主释中的前词。

这里我们可以再将目光转回古印度语法学家对前缀语法意义的思考，贝蒂·海曼（Betty Heimann）在其 1953 年的书中精辟地总结到：“印度传统语法对前缀的三种解释，一种是主张前缀本身就具有单独的含义，是词义的表达者（artha-vācaka）；一种认为前缀是词汇含义的阐明者（artha-dyotaka），如同一盏明灯，灯的目的不是为了自身而是为了照亮他者；还有一派认为前缀与主词共同作用（saha-karma），而组成词意。”[27] 这三分类基本上阐述了前缀与主词之间含义的交互关系，对于能够准确阐述单独含义的前缀，翻译家们选择将其译出，对于已经与主词融合为一体的词汇，翻译家们则选择不单独译出。

这种三分法所表达的内涵，刚好就可以与《语合二卷》前言中的三类前缀对应。

表义词（artha-vācaka）——修饰词（ཚིག་གི་རྒྱན）

明义词（artha-dyotaka）——附着词（ཚིག་གི་ལྷད）

共业词（saha-karma）——无附加含义

当然，在梵文语法系统中对前缀含义的探讨本身就是众说纷纭，并没有直接证据能够表明以上这种内容上的相似有客观的对应关系，但不可否认的是，吐蕃时期的佛典翻

25 同时迦湿迦在注释中还明确指出，这里要排除 pra 等词为“既表业词”的情况（prādiprasaṅge karmapravacanīyāṇ pratiṣedho vaktavyaḥ | ）Paṇḍit Bāla Śātrī, *Kāśikā Commentary on Pāṇini's Grammatical Aphorisms by Paṇḍit Vāmana and Jayāditya*, 1898: 102.

26 比如“当 nir 等，表达离开等含义时，与第五格结合”。从憍赏弥离开，即“离憍赏弥”（niṣkauśāmbhi）。“nirādyaḥ krāntādyārthe pañcamyā” niskrāntaḥ kauśāmbyāḥ niṣkauśāmbiḥ |（同上）

27 Betty Heimann, *The Significance of Prefixes in Sanskrit Philosophical Terminology*, London: Royal Asiatic Society, 1951: 2.

译家们对梵语词汇的理解已经相当深入，且具有很强的理论系统性，这无疑是继承了梵文语法学家的学术传统。

四、小结

总的来说，前弘期的吐蕃翻译家在翻译工作当中，准确意识到了前缀在词汇中所扮演的不同角色，并针对不同的情况形成了基本翻译范式。将前缀分为修饰词（ཚིག་གི་རྒྱན），附着词（ཚིག་གི་ཕྲད）、无附加含义三种[28]。

这种分类意识，与《八章书》中将前缀区分为“既表业词”（karmapravacanīya）、“近置词”（upasarga）或复合词成分的观点相似，也与梵文语法学家对前缀含义的思考相匹配。同时，吐蕃翻译家还从具体的词义出发，意识到了在表达尊敬以及核心术语时，需要对词义进行加强与突出。如此，结合前缀的语法内涵与词汇含义，翻译家们制定了三种翻译方法：顺意（དོན་དང་མཐུན）、加意（དོན་དང་འཕྱོར）和合译。在实践中形成了固定译语，对应以下十个前缀 pari、sam、upa、pra、anu、nir、vi、su、abhi、prati，还产生了十个副词化程度较高的译词。这为日后绵延千年的梵藏翻译事业打下了坚实可靠的基础。

翻译承载着一个文明对另一个文明的解读与重构。就梵藏佛经翻译的领域来说，前缀的翻译同时涵盖了翻译家们对语言的理解、对义理的阐释和思辨地表达。这既不是机

---

28 另有两部专门探讨前缀的语法书是在后弘期翻译的——《二十近置词注》[*Viṃśatyupasargavṛtti(nāma)*，ཉེ་བར་(བ)སྒྱུར་བ་ཉི་ཤུ་པའི་འགྲེལ་པ་(ཞེས་བྱ་བ)] 以及《近置词相疏》[*Upasargalakṣaṇabhāṣya*，ཉེ(ར)་བསྒྱུར་གྱི་མཚན་ཉིད་ཀྱི་བཤད་པ）。
《二十近置词注》存有多个梵文本，根据梵藏跋文（D 4270），此书属于旃陀罗语法系统（Candravyākaraṇa），作者是月官（Candragomin），由日幢（ཉི་མ་རྒྱལ་མཚན་དཔལ་བཟང་པོ）从班智达胜耳（Jitakaraṇa）处听闻后，于吉祥解脱林（དཔལ་ཐར་པ་གླིང）译成。Dragomir Dimitrov, *Lehrschrift über die Zwanzig Präverbien im Sanskrit: Kritische Ausgabe der Vimśatyupasargavṛtti und der tibetischen Übersetzung* Ñe bar bsgyur ba ñi śu pa'i 'grel pa (Vol. 1). Marburg: Indica et Tibetica Verlag, 2007. Pieter C.Verhagen, *A History of Sanskrit Grammatical Literature in Tibet*, 1994: 55.
日幢是布顿大师的梵文老师，生活在 13 世纪末到 14 世纪初，《二十近置词注》也大约在这一时期译成。Pieter C.Verhagen, *A History of Sanskrit Grammatical Literature in Tibet*, 1994: 94.
《近置词相疏》没有梵本留存。根据藏文跋文（P 5786），本书作者为 ghāṭapa 地区的因陀罗授（Indradatta），由大译师南卡桑布（ནམ་མཁའ་བཟང་པོ）翻译。南卡桑布生活在十四世纪。Pieter C.Verhagen, *A History of Sanskrit Grammatical Literature in Tibet*, 1994: 144.
两部书对梵文的前缀进行了系统、完整、细致的描述。毫无疑问，藏族大译师们通过翻译这两部专门的语法书，进一步加深了对梵文前缀的理解。值得注意的是，他们依旧是在吐蕃时期所形成的翻译范式上进行细化和拓展。这进一步说明了《语合二卷》当中所体现的翻译法对后世译经事业的巨大影响。

械的一一对应直译，也不是单纯从含义出发的意译，而是结合了语法和词义两方面考虑的综合成果。这种处理方法，对我们的翻译实践和理论发展仍具有非凡的价值和意义。

◆ 李晓楠　北京大学外国语学院南亚学系博士研究生

The Historical Significance of Licchavi Inscriptions in a Cross-cultural Context: Past, Present, and Future Directions of Research[1]

Diwakar Acharya and Nina Mirnig

ABSTRACT: In the wake of the political stabilization of the Trans-Himalayan region through the foundation of the Tubo Dynasty and the Tang Dynasty in the seventh century CE, political, economic and cultural relations between the Licchavi kingdom of Kathmandu Valley and economic and religious hubs in Inner and East Asia considerably increased. This article addresses the role of the Nepalese corpus of Licchavi-period Sanskrit inscriptions for historical reconstructions of Trans-Himalayan relationships in this period of growth. It provides a brief survey of the academic study of this corpus since its inception in

1 Some of the research undertaken and featured in this project takes place as part of the Austria Science Fund (FWF) project "Mapping Piety, Politics and Power in Early Medieval Nepal" (V-755) carried out at the Institute for the Cultural and Intellectual History of Asia of the Austrian Academy of Sciences, in collaboration with the Oriental Institute at Oxford University and Robin Coningham, UNESCO Chair on Archaeological Ethics and Practice in Cultural Heritage at the Department of Archaeology at Durham University. For the collection of some of the data and photographs used in this article we are grateful for the collaboration and assistance of the Department of Archaeology and National Archives in Kathmandu, with particular thanks to Kosh Prasad Acharya, Damodar Gautam, Saubhagya Pradhananga, and Shyamsundar Rajvamshi. Our sincere thanks also go to Luo Hong, who has not only prepared a Chinese translation of our text but in the course of this provided invaluable feedback and many suggestions for improvements to the article as well as to the translation and interpretation of the inscription in the appendix.

the 19th century, a typology of the inscriptions, as well as a brief overview of current research activities carried out by the authors and their collaboration partners. Furthermore, the article reviews important material and textual sources in Chinese and Tibetan that bear on the history of Nepal's relationship to its northern neighbors. The authors argue for the need to collaboratively review and tally these important multi-lingual sources and material evidences outside Kathmandu Valley with the Nepalese materials in order to develop a better understanding of the cultural and historical processes which accompanied the intensification of cultural relations along this corridor between South Asia and the Tibetan plateau and beyond during the early medieval period.

Introduction: The Significance of Licchavi Inscriptions for the Study of the Trans-Himalayan Region

From the early medieval period onwards Nepal, and in particular Kathmandu Valley, has been an important node in the Trans-Himalayan cultural and diplomatic networks that intensified along the existing trade routes. As such, this region holds a key role in the transmission and exchange of religious, cultural and artistic knowledge between the Indian subcontinent and both, the Tang dynasty and the Tubo dynasty starting with the mid-7th century CE. Due to lack of textual sources, the early history of Kathmandu Valley has to be deduced from later legends or historical reconstructions based on archaeological finds. However, from the third century CE. onwards there is a significant body of Sanskrit inscriptions, which constitute the earliest extant historical writings in the Valley and form the basis of more concrete historical reconstructions during the period of increased exchange between the Nepalese kingdom and its southern and northern neighbours. Ranging from one-line inscriptions to royal charters of up to 73 lines, this body of over 200 stone inscriptions contains information about religious activities, political developments, as well as administrative and legal regulations according to which the kingdom was governed and organized between the fourth and the first half of the eighth centuries CE. Based on these sources, these centuries have been characterized as a culturally flourishing period, shaped by the influx of Indian culture as it was transmitted through the Sanskrit language, the expansion of urban centers, and increasing prosperity and economic activities through the increased usage of trade routes toward Tibet from the seventh century onwards.[2]

This cultural heyday and the introduction of Sanskrit culture to Kathmandu Valley is associated with the presence of the Licchavis in Nepal. Branches of their family ruled the kingdom from at least the third century CE onwards, which is also the reason why this period is commonly referred to as the Licchavi period in scholarship. The origins of this Licchavi family

2 Levi 1905; Regmi 1960; Slusser 1982; Deeg 2016.

and the historical circumstances that have led to their presence in Nepal are as of yet obscure. However, it is likely that the Licchavis ruling Kathmandu Valley are related to the Licchavi clan from the time of the historical Buddha, when they resided in Vaishali (near present-day Patna, Bihar), and formed part of the Vṛji/Vajji confederation of eight clans. From Pali sources we also know that the Licchavis had close ties with the Shakyas in the Terai, to whom the historical Buddha belonged, and that they were one of the eight clans who shared the Buddha's remains.[3] The early Licchavis in Vaishali were conquered by the Magadha king in the fifth/fourth century BCE, after which their traces grow faint in the historical records. The family re-appears in the inscription record of the Gupta family. The Gupta king Chandragupta I (ascended 320 CE) married the Licchavi princess Kumāradevī and their son Samudragupta describes himself as the grandson of Licchavi descent on the mother's side (*licchavidauhitra*) in the Allahabad pillar inscription.[4] Nevertheless, nothing further is known about the whereabouts and position of the Licchavis once reigning over Vaishali. It is only in Nepal that a branch of the Licchavi family re-appears in history as a strong and independent ruling power from the third century onwards. An inscribed royal statue of King Jayavarman dating to the third century[5] may be the earliest extant epigraphic record of this branch.[6] However, the first extant explicit reference to the Licchavi family in Nepal features in a donative inscription issued by King Mānadeva's daughter Vajayavatī, who is referred to in the inscription as born into the Licchavi family (DV 20).

From Mānadeva's reign onwards there is a large and dense record of inscriptions issued under the rule of the Licchavis up to the mid-8th century CE. Besides the epigraphic evidence, the cultural and economic achievements are reflected in a rich variety of surviving sculptures,[7] archaeological remains,[8] their own coinage,[9] as well as a range of extant palm-leaf manuscripts

3 Strong 2004: 118.

4 Fleet 1960: no. 1; Slusser 1982: 21.

5 Castro & Garbini 1996; Garbini 2002.

6 This Jayavarman may, in fact, be the same king referred to in King Jayadeva's account of the Licchavi royal lineage in his eighth-century stele inscription located in Pashupatinath (DV 148). A King Jayadeva is mentioned therein as the 23rd king after King Supuṣpa and eleven kings prior in line to King Vṛṣadeva, who, in turn, is declared to be King Mānadeva's grandfather in the fifth-century pillar inscription (DV 2). There has been some debate on the reading and interpretation of the year number inscribed on Jayavarman's inscription, which has been read by Castro & Garbini (1996) as Saṃvat 207, and by Tamot and Alsop (1996) and other Nepali scholars as Saṃvat 107.

7 There are several studies dedicated to the topic of Nepalese Licchavi-period sculptures, see, e.g. Bangdel 1982, Pal 1974 and 1985, and the many article publications by Gautama Vajracharya.

8 See Verardi 1992, Khanal & Riccardi 2007, and more recent excavations and studies by a team of archaeologies under the direction of Robin Coningham and the Department of Archaeology, Government of Nepal (e.g. Coningham et al. 2016).

9 See Rhodes et al. 1989.

imported to or produced in Kathmandu Valley,[10] all testimony to the fervent cultural, artistic and intellectual activities — especially in Buddhist, Hindu and Tantric communities. We are still only in the process of understanding the organizational structure of the Licchavi kingdom, which may have profited from strong connections to adjacent feudatories. It is yet to be determined how far the political and cultural reach of the Licchavi kingdom extended towards the borderland regions in the North and South, a topic which forms part of our current investigations.

Amongst others, one important but hitherto understudied aspect of Licchavi history concerns the nature of the Nepalese kingdom's foreign relations, in particular those to the dynasties of the Tang and Tubo. Existing textual sources suggest that with the rise of these dynasties in the seventh century CE, their respective relationships with the Nepalese kingdom grew closer. While it is likely that travel routes between Kathmandu Valley and the Tibetan plateau were already in existence prior to the seventh century, Chinese accounts show that earlier routes along the silk route and through the Kuṣāṇa empire in the North West were more frequented.[11] Only after the political stabilization in the Trans-Himalayan area due to the establishment of the Tubo and the Tang dynasty did diplomats, traders as well as pilgrims from these regions start to use the routes through Kathmandu Valley to reach the Indian subcontinent more frequently, resulting in growing trade and diplomatic relationships with Nepal.[12] It is much due to these processes that the Licchavi kingdom experienced a particularly prosperous period from the seventh century onwards and gained in status and prosperity within the region.[13]

Amongst the known Licchavi inscriptions, only one contains a concrete reference to interactions between the Nepalese and their northern neighbors, namely a royal charter issued by King Śivadeva II in the area of modern Lagan Tol, dated to Licchavi Saṃvat 119 (i.e. 694 CE). This charter records the King's donation of a village to a Śaivite temple called Śivadeveśvara, most likely named in his honour (DV 139). Amongst the legal arrangements involved in this transfer, the charter records that all administrative and judiciary rights of the village are transferred to a group of Śaiva Pāśupata teachers named Vaśapāśupatas, in order for them to manage and maintain the temple (DV 139, ll.5-9). For the benefit of the village, the King also asks for tradesmen to recruit five load-bearers from this village every year for the purpose of carrying mercantile goods to Tibet, the so-called *bhoṭṭaviṣṭi*, the "Tibet-hire" (DV 139, ll.15-17).

The majority of sources containing records relating to Nepalese foreign relations with its northern neighbors are preserved outside Nepal, namely in classical Chinese and classical

10 See, e.g., Petech 1984 and Harimoto 2011.

11 Deeg 2016: 8.

12 Deeg 2016: 9; Sen 2015.

13 Deeg 2016.

Tibetan text sources.[14] For instance, in the Tang Annals it is recorded that King Narendradeva (r. 643–679) had received military support from the nascent kingdom of Songtsen Gampo in Tibet as he reclaimed the Licchavi after his exile. These text sources further claim that during Narendradeva's rule Nepal was a tributary to the Tubo kingdom a scenario which is hypothetically possible, but for which we lack any corroborating sources. Further references to China-Nepal relations in the Tang accounts are found in the context of the diplomatic missions of the Tang envoy Wang Xuance. It is reported that Wang Xuance led a campaign against the Indian king Harṣa's usurper, who had attacked the mission on their arrival in Magadha. According to the records, this military action which was carried out with support from the Nepalese king. It may, in fact, be the case that such a military alliance on this occasion had strengthened Narendradeva's position in regaining sovereignty in the Valley. Even though the Nepalese sources do not comment on these events, we can trace a shift of power in the inscriptions during this period, namely the disappearance of dominant ministers, who until Narendradeva's reign acted as de-facto rulers and may even have been involved in the political processes that led to the deposition of Narendradeva's father Udayadeva.[15]

Another famous link that has been claimed between Nepal and Tubo revolves around the story of King Songtsen Gampo marrying a Licchavi princess named Bhṛkuṭī, by legend described as King Aṃśuvarman's daughter, in about 641 CE. While this particular relationship with a daughter of Aṃśuvarman is chronologically impossible,[16] it is likely that some kind of marital relationship between Tubo and Nepal had been initiated at the time.[17] However, it has to be noted that these historical reconstructions are based on later Tibetan historical accounts from about the 12th/13th centuries, in which according to Tucci even the mention of Bhṛkuṭī and her ascribed role is not certain.[18] Nevertheless, this connection has been celebrated and holds an important symbolic value, also because it is claimed that it was her who brought Buddhism to Tibet, in particular the Avalokiteśvara traditions. The historical circumstances that have led to these claims therefore deserve further scrutiny for reconstructing the role of the cultural and political connections between the Nepalese and the Tubo Kingdom in the transmission of Buddhism to Tibet.

As is evident from these examples, a closer comprehensive study correlating Nepalese inscriptions as well as material findings of this period with the Chinese and Tibetan sources is a *desideratum* to improve our understanding of Nepal's relationship to its northern and southern neighbors. Thus far, partly due to disciplinary and linguistic boundaries, little research has been

14 See, e.g., Levi 1905: 159, 165, Slusser 1982: 32-37, and Petech 1984: 24-30.

15 See, e.g., Mirnig 2013: 337.

16 Petech 1984: 24-5, Slusser 1982: 33.

17 See, e.g., Slusser 1982.

18 Tucci 1962.

dedicated to systematically bringing together these disparate sources on the basis of up-to-date academic standards and advancements in the field. This is somehow incongruous with the fact that Kathmandu Valley was a crucial point of transfer of religious and artistic knowledge as well as craftsmanship in and out of China during the reign of the Licchavis. It is hoped that such comprehensive studies may also enrich the scholarship on the Tang account and other historical documents in Chinese and Tibetan of this period.

Review of Scholarship

Due to their significance for the study of early Nepalese history, the corpus of Licchavi inscriptions has attracted much scholarly attention from early on resulting in a long scholarly tradition and numerous publications of editions. The first publication of Licchavi inscriptions already appeared in the last quarter of the 19th century in a collection of twenty three Nepalese inscriptions which was originally prepared in Gujrati by Bhagawanlal Indraji and translated into English by G Bühler. It first appeared in 1880 as an article in the *Indian Antiquary* Vol. 9, but was reprinted as a monograph in 1885. The publication includes rubbings and cloth-copies of the inscriptions Indraji had collected during his journey through the Kathmandu Valley in 1876. Amongst these, the first fifteen inscriptions belong to the Licchavi period. Soon C. Bendall included four further inscriptions in the appendix[19] of his report on *A Journey of Literary and Archaeological Research in Nepal and Northern India during the Winter of 1884-1885* published in 1886. Twenty-two years later, the third volume of Sylvian Lévi's monumental historical study *Le Nepal* appeared in 1908, featuring 21 Licchavi-period inscriptions, of which only the first had previously been published in Indraji's collection.

Lévi's publication drew a lot of attention to the field of early Nepalese history and it was soon thereafter that some Nepali scholars became attracted to the search and study of Licchavi inscriptions. Amongst these the historian-Sanskritists Baburam Acharya and Nayaraj Pant started to collaborate in 1938 on locating and studying Licchavi inscriptions, as well as collecting important historical data. However, they were only able to publish their findings after the fall of the aristocratic rule of the Rāṇas.[20] Initiated by their activities, the study of Sanskrit inscriptions and manuscript sources and their relevance for Nepalese history received much momentum throughout the 50ies and were formalised through the foundation of a Pāṭhaśālā by Nayaraj Pant in 1952 (VS 2009), with a focus on the study of Nepalese history, calendrical

19 Bendall 1886: 70-80.

20 During the rule of the Rāṇas every publication had to be sanctioned by the authorities. According to reports mentioned in Nayaraj Pant's obituary (1972: 142) of Baburam Acharya it appears that he used to send his articles to Darjeeling during this period. However, we are not able to locate any of these publications at the moment.

calculations, and Sanskrit grammar. It is this Pāṭhaśālā that produced major Nepalese scholars in the field of history and culture, such as Gautama Vajra Vajracharya, Mahes Raj Pant, Dinesh Raj Pant, Gyan Mani Nepal, Ramji Tevari, and Shankar Man Rajvamshi. The publication activities of Nayaraj Pant and his students first started with a series of pamphlets to correct factual errors in historical writings (*itihāsa saṃśodhana*), the first of which had appeared in 1952. They also published two other series of pamphlets with the aim to correct factual errors in respectively the fields of calendrical calculations (*pañcāṅga saṃśodhana*) and the application of classical Sanskrit grammar in literary works (*vyākaraṇa saṃśodhana*). During this period, another team of Nepalese scholars also independently began to work on historical documents in 1953, namely Pt. Buddhi Sagar Parajuli and Mahant Naraharinath, eventually also joining forces with Nayaraj Pant and his students for many years. Together, they published the Sanskrit journal *Saṃskṛta Sandeśa* in 1953 (VS 2010) and the Nepali journal *Itihāsa Prakāśa* in 1955 (VS 2012). Further, they established and ran Pāṭhaśālās and Gurukulas in Masangalli/Watu, Pashupati, Buddhanilakantha, and Lubhu (Patan), thereby training a new generation of Sanskritist historians.

Around the same time, outside of Nepal a team of Italian scholars started to work on the history of Nepal, including R. Gnoli, L. Petech and G. Tucci. As the fruit of their scholarly endeavours, in 1956 Gnoli published the collection of "*Nepalese Inscriptions in Gupta Characters*", which features Licchavi inscriptions previously published by Indraji and Bühler, Bendall, as well as Lévi, and further added 51 inscriptions he declared to have been thus far unpublished.[21] Including the three inscriptions placed in the appendix, Gnoli published 92 inscriptions altogether. Two years after this, in 1958, Thomas O. Ballinger published five further Licchavi inscriptions in a paper that appeared in the *Journal of the American Oriental Society*. However, as a Professor of Art Education his training and interest was focused on the study of Nepalese architecture and artifacts, so that he did not provide any editions, translations or studies of the inscriptions but published their photographs with notes on their date, location, condition in order to make them available to philologists and historians. It should be noted

21 However, the state of affairs appears complex: Gnoli gives credit for the discovery of all these new inscriptions to Kaisher Bahadur KC (then Secretary at the Ministry of Education in Nepal), who had collected rubbings of these inscriptions and sent them to Italy. Obviously, the Italian team was so grateful to Bahadur KC—perhaps remaining unaware of how he collected the material—that Gnoli dedicated his book to Bahadur KC accordingly praised him in his preface. However, a number of these inscriptions were already published by Nepalese scholars and Gnoli appears to have been aware at least of those published in 1953 (he records this information in footnote 4 to his preface); but despite these circumstances, he labels all 51 inscriptions as unpublished. In fact, it appears that KC had dishonestly collected at least some (or all) of these rubbings from the members of the team of Nepali historians led by the 'Historian Laureate' Baburam Acharya, Nayaraj Pant, and Naraharinath. Unfortunately, these developments caused a serious rift between Baburam Acharya, Naraharinath, and Nayaraj Pant so that consequently their cooperation came to an end (cf. N. Pant 1972: 146-147).

that the team of Italian scholars, as well as Ballinger, were only able to locate and collect photographs of these inscriptions with the assitance of Kaisher Bahadur KC and other Nepal government officers.

On New Year's Day of Vikrama Saṃvat 2018 (i. e. 1961 CE) Nayaraj Pant and his scholar students founded the scholarly organization Saṃśodhana Maṇḍala and initiated a regular Nepali language publication on inscriptions, published quarterly, called *Abhilekha Saṃgraha*, through which they published hitherto unpublished inscriptions from Nepal. This periodical continued for three consecutive years and was eventually replaced by the journal *Purṇimā*, which still continues up to this day.[22] Over the years, these scholars discovered and published a large number of new Licchavi inscriptions and produced shorter and longer studies on their content and historical significance and context. In the same period, a few scholars, which were not part of the Saṃśodhana Maṇḍala, namely Yogi Naraharinath, Mohad Prasad Khanal, and Hemaraj Shakya, also located and published a few inscriptions independently.[23] The large range of collective scholarly efforts on the topic eventually culminated in the important collection of all the then known Licchavi-period inscriptions—altogether 190 in number—by Dhanavajra Vajracharya in 1973. To this day this volume remains the most complete and most cited, and provides an enormous amount of significant commentary in Nepali. Almost simultaneously to Dhanavajra Vajracharya's volume in 1973 appeared another collection of the same set of inscriptions by Hariram Joshi.

Vajracharya's volume provided easy access to the content of the Licchavi-period inscriptions to Nepali readers and we find that many subsequent studies heavily relied on the editions, translations and analytical commentary provided therein. Two further volumes of almost the same collection of Licchavi inscriptions subsequently appeared. In 1983 Dilli Raman Regmi—a politician turned historian—published an edition, English translation, and a study of *Inscriptions of Ancient Nepal* in three separate volumes. The third volume also includes images of the rubbings of most of these inscriptions. This is thus far the only larger English language publication to provide English translations and studies of the majority of the then known Licchavi inscriptions and has thus far also been the first point of access to the study of Licchavi inscriptions for many scholars outside of Nepal, who may not be aware of the wealth of studies and editions stemming from the long local scholarly tradition. As Regmi[24] writes in the preface to the first volume of his book, he published 164 inscriptions, and has "left 23 inscriptions given by Dhanavajra but added a few new ones." Rather befuddling to the reader, he declares that "those omitted or adopted are not historically important." Of the 164 inscriptions he translated only 161, dropping three very short ones. In 1994, two

22 Cf. M. Pant 1993: 3.

23 Cf. D. Vajracharya 1973: ña.

24 Regmi 1983: I, xiii.

further scholars, namely T.P. Verma and A.K. Singh, published another volume on Licchavi inscriptions, which was published in India. With their volume the editors claim to have collected all the inscriptions included in the publications of Vajracharya, Joshi, and Regmi, and collated the readings of the various editors. They have offered a study of these inscriptions but no translations.

Since then, a number of inscriptions have been newly found and published, or re-edited with new studies of them. As the epigraphist of the Department of Archaeology, Shyam Sundar Rajvamshi commonly provided a formal report and offered a first reading of every inscription found in Nepal in the last decades. As for subsequent scholars involved in the study of Licchavi inscription, we find the following range of scholars. Gautama V. Vajracharya published Licchavi inscriptions from inscribed images kept in western museums. In the 90s, Diwakar Acharya focused on the religio-cultural components of Licchavi inscriptions and a number of contents previously not properly analysed or even misunderstood.[25] Others involved in the study and analysis of the old as well as newly found inscriptions are (in alphabetical order) Veni Madhav Dhakal, R. Garbini, Lallanji Gopal, Mohan Prasad Khanal, D.N. Lielukhine, Nina Mirnig, Gyanmani Nepal, J.C. Regmi, T. Riccardi, Hemaraj Shakya, P.S. Shakya, and Judit Torzsok. Recently, Prakash Darnal and Shyam Sundar Rajvamshi have been tasked by Saubhagya Pradhananga (National Archives, Government of Nepal) to carry out a post-earthquake survey of inscriptions in the Kathmandu Valley. In the course of these documentation activities Darnal and Rajvamshi also discovered new Licchavi inscriptions, which have been reported through the National Archives and the Department of Archaeology. In recent decades Mahes Raj Pant, together with his students, has renewed efforts to locate and edit new Licchavi inscriptions, offering detailed analyses of their content in several publications.

There have also been translations of some collected volumes: Gnoli's volume has been translated into Hindi by Agrawal in 1985 and Vajracharya's volume into Japanese by K. Saeki in 1999. Veni Madhav Dhakal has published a poetical and literal analysis of Licchavi inscription in Sanskrit (originally PhD thesis).

Current Research Activities

1. Documentation and Development of a Comprehensive Research Approach

While thus a considerable amount of work has already been done on the text of the inscriptions, less attention has previously been paid to their analysis and study as artifacts themselves and in their immediate physical context as an integral part of the Kathmandu Valley's ancient

25 Acharya 1993, 1996, 1996a, 1997, 1998, 2003, 2005, 2008.

Fig. 1 Type 1. Pillar inscription in Changu Narayan, issued by Licchavi King Mānadeva in 464 CE.

landscape. Current collaborative research and publication activities, partly taking place under the umbrella of the project *Mapping Piety and Politics in Early Medieval Nepal* (Austrian Science Fund, FWF V-755), address this methodological desideratum and engage in developing a comprehensive approach to the study of the inscriptions, which also takes into account their materiality and immediate context. Thus, in a first step a comprehensive digital documentation of the Kathmandu Valley's *in situ* stone inscriptions is currently being undertaken, including GPS data, measurements, photos and photogrammetry recording in some cases. Based on this documentation, also a typology of inscriptions is drawn up, consisting of the following list.

Type 1. Pillars

Thus far four pillar inscriptions are known. Three of those have been issued by King Mānadeva. The first is the famous pillar inscription in Changu Narayan (DV 2, see Fig.1), which is considered as one of the most important historic inscriptions, narrating King Mānadeva's rise to power as a young king. Another small fragment of a pillar inscription issued by King Mānadeva has been found in the temple area of Pashupatinath and is dated to Licchavi Saṃvat 381 (i.e. 459 CE). The fourth surviving pillar inscription has been set up by Anuparama, father of the important royal minister Bhaumagupta, as a dedication in praise of Dvaipāyana; this long poem reveals much insight into the kind of literature and philosophical concepts prevalent in learned circles of Kathmandu Valley at the time (for an edition, translation and analysis see Acharya 2007).

Type 2. Stone Stele

This is the most common type of inscription found in Kathmandu Valley. Kings and ministers declared their edicts on such stone Stele inscriptions, which mostly appear to have been set up in prominent public places.

Fig. 2 Type 2. Stone stele inscription in Yangal Hiti, issued by the royal minister Viṣṇugupta in 640 CE.

Type 3. Structural Elements

Type 3a. Small Water Tanks (*jaladroṇi*)

These are small, elevated water reservoirs made of stone (Nepali *tutedhara*), which are commonly still found in Kathmandu Valley, but are nowadays not in use anymore. Commonly inscriptions were inscribed on their walls. See, e.g., DV 120 and 147.

Type 3b. Water Spouts

These are water spouts—usually decorated—, which function as the outlets of regulated water channels (see Fig.3). These outlets, which are still in use today, are usually located below ground level and accessible through steps. While there are many water spouts that have been dated to the Licchavi period on art-historical grounds, there are only a few which contain

Fig. 3 Water spout, Licchavi period (apart from the metal spout fixed by cement).

inscriptions. One of these inscribed water spouts dates to the fifth century CE.[26]

Type 3c. Elements of Buildings

There are also few inscriptions that have been found as part of wall constructions. In most cases it is to be expected that these have been placed there simply as a result of reuse of old materials for new constructions. One exception is a recently discovered royal inscription in Pashupatinath, which may have originally been intended as part of a temple wall.[27]

Type 4. Copper Plates

Even though the use of copper plates for inscriptions is documented in a royal edict on stone, only one copper plate dating to the (late) Licchavi period has been discovered recently after the 2015 Gorkha Earthquake (Pant 2022). A reason for this conspicuous absence of further copper plates may be reusage by melting in order to produce copper coins, sculptures and other artefacts.

Type 5. Pedestals

Type 5a. *śivaliṅgajalahari*

This type of inscription denotes the pedestal—now known as *yoni* or *jalahari*—into which the *śivaliṅga* is installed (see Fig.4). They are classed as a separate category to *pādapīṭhas*

26 Acharya 2019: 4.

27 Acharya & Mirnig 2023.

Fig. 4 Type 5a. Inscribed *śivaliṅga-jalahari* in Pashupatinath, issued by Licchavi princess Vijayadevī in 505 CE.

since they are worshipped together with the *śivaliṅga*, unlike structures of similar kinds attached to sculptures. There are fifteen inscriptions of this type located in three areas, namely Pashupatinath/Deopatan, Lazimpat and Buddhanilkantha. While two of the inscriptions are undated, thirteen have been established between 477–645 CE.[28] As such, they constitute the earliest set of dated *liṅga*-pedestals in South Asia. These inscriptions attest to early local Śaiva donative practices, including donations of land to the *śivaliṅga* shrines, and thereby also inform on the accumulation of land grants linked to the ancient Pashupatinath temple as well as the participation of merchants and women of high rank in these donative practices. Some structural elements that appear to have formed part of shrines housing these *śivaliṅgas* are still preserved on site.

Type 5b. *pādapīṭha*

This category denotes the pedestals, which are recorded to have served as a base for sculptures or pillars. There are two types of these: the first looks similar to the *śivaliṅga jalahari* pedestal that is found as the basis for the *śivaliṅga* (type 5a), featuring also a water exit. The second is a pedestal without water exit, but still clearly meant to directly support the image. The first type includes, for instance, an inscribed pedestal of 505 CE in Changu Narayan, which records that a certain Nirapekṣa established effigies of his deceased parents (DV 19), a pedestal recording the establishment of a stone pillar (DV 8), and a pedestal with a water spout dating to 489 CE

28 Mirnig 2016.

Fig. 5 Inscribed *pādapīṭha* in Pashupatinath, commissioned by a Dhruvasaṅga in 533 CE.

recording the establishment and worship of the goddess Śarvaṇī (Acharya 1996, and Garbini 1997). Examples for the second type are the pedestal of the Chattracaṇḍeśvara image in Pashupatinath (DV 110) and the lotus pedestal for a Buddha image in Chabahil.[29]

Type 5c. Built Platforms

This category covers several types of platforms supporting images and *śivaliṅgas*. There are two sub-types. The first is a single stone, intended to support the *jalahari* with the icon on top. These include the platform under the *śivaliṅga*, with an inscription recording the setting up of five *liṅga* shrines, including one named Bhadreśvara (Licchavi *saṃvat* 455, DV 34, see Fig.5), as well as the inscribed stone once supporting the Harihara image (DV 50). The second sub-type denote larger platforms built with several stone elements, where the inscriptions are located on the wall of these structures, such as the platform structure supporting the *śivaliṅga* identified as Anuparameśvara (DV 38).

29 See DV 1, and Acharya 2008.

Fig. 6 Inscribed Viṣṇuvikrānta image issued by Licchavi King Mānadeva in 467 CE, originally located in Lazimpat, now in the National Museum.

Fig. 7 Inscribed Licchavi-period caitya.

Type 5d. Image pedestal

Some inscriptions are located on an image pedestal that forms part of the same stone, thus being of particular importance for art history, for dating of certain stylistic and iconographical features.[30] Examples are the Jayavarman statue, the Viṣṇuvikrānta image at Tilagaṅga (DV 5, see Fig.6) as well as that of Vankālī, now enshrined in a small temple.[31]

Type 6. Caityas

There are only few surviving Buddhist votive chaityas, which still bear Licchavi-period inscriptions. One of them has been edited, translated and analyzed in detail by Acharya (see Fig.7),[32] who points out how this inscription gives insights into the form of Mahāyāna practiced in Nepal in the late sixth century.

30 E.g. Pal 1974 and Slusser 1982.

31 G. Vajracharya 1973.

32 Acharya 2008.

Type 7. Metal image coverings *(kavaca)*

There is a single known so-called armour inscription (DV 76), inscribed on a golden cover of the main image of the Changu Narayan temple and commissioned by King Aṃśuvarman. However, it is kept as part of the temple's treasury and has not been accessible to the public.

Type 8. Rock

Rock inscriptions were located by members of the National Archives in 2021 (https://old.risingnepaldaily.com/detour/first-rock-inscription-of-licchavi-era-found-in-nagarjun).

2. Re-edition and Re-translation of Inscriptions

A second objective of the authors is the re-edition and translation of the inscriptions. While, as discussed above, an enormous body of scholarship—including many excellent translations and studies—have accumulated over the decades, recent improved photographic methods as well as advances in Indic epigraphic and cultural studies enable some important improvements to the text and interpretation. Due to the lack of other contemporaneous autochthonous Nepalese historical writings, many technical terms—especially in the realm of administration and the taxing system—have posed challenges for interpretation. However, through comparison with other Indic inscriptions, as well as a growing body of knowledge about the development of early Buddhism, Śaivism and Vaiṣṇavism from new editions of old palm-leaf manuscripts—an improved interpretation and translation can be offered in many cases. Another aim is to more systematically document palaeographical features, which may aid the dating and contextualisation of undated inscriptions. In the past, misinterpretations of this kind have taken place and have led to larger misconstructions of history.[33] As part of the collaborative editing activities, also newly located inscriptions will be translated.

3. Development of a Comprehensive Research Approach

Equipped with reliable translations as well as a detailed comprehensive documentation of the inscriptions as objects in the field, the inscription data has to be evaluated also against other extant material evidences, such as from art-history or archaeology. While information from the inscription text has occasionally been utilized in art-historical and archaeological studies, no comprehensive attempt to more systematically bring together larger data-sets deriving from each of the disciplines have been carried out. Further, prior to current activities, the research of the inscriptions tended to be focused purely on the philological study, lacking the inclusion of more comprehensive approaches, which take into account the materiality and immediate context of the inscriptions. The only previous attempt to analyse the inscriptions in relation to

33 See, e.g., Acharya 2007: 30ff for examples of such faulty historical reconstructions.

their location was undertaken by Tiwari,[34] who tried to use the evidence of the inscriptions to identify ancient settlement patterns based on their locations. First steps towards developing more cross-disciplinary approach have been taken in collaboration with Robin Coningham and his team (UNESCO Chair, Durham University), as well as with the Department of Archaeology. Some of the preliminary results have already been published in the Journal of the Department of Archaeology, entitled Ancient Nepal.[35] Further results from this ongoing research will be published in a proceedings volume of the British Academy-sponsored conference *Licchavi Heritage at the Crossroads: Multidisciplinary Appraoches to History and Heritage in Nepal*, held at Oxford University 5 -6 September 2022.

Future Perspectives

While our research activities are progressing, the importance of multilingual and interdisciplinary expertise becomes ever more highlighted. Given the geographical location of the Nepalese kingdom as an important point of transfer between South and Inner and Eastern Asia, a comprehensive understanding of its history and role across the Trans-Himalayan cultural zone is only possible by taking into consideration multi-lingual text sources and by developing a better understanding of the material remains along trade routes and borderland regions. For instance, one of the earliest inscriptional testimonies to Nepal-China relations is located along the route leading from Tibet to Nepal, namely the so-called Monument of the Mission to India during the Tang Dynasty (大唐天竺使之铭), which was established by the general envoy Wang Xuance (王玄策) in 658 CE. This invaluable historical record was first discovered and reported by Huo Wei (霍巍) in 1990 and has since been subject of study. A recent academic event closely related to precisely this topic of Trans-Himalayan cultural exchange was convened by Huo Wei and Diwakar Acharya, entitled "Along the Route: A Workshop on the Inscriptions, Images, and Manuscripts Found in Nepal and Tibet", and held in Chengdu on January 5-6, 2018.[36]

In order to build on these various finds and research activities and jointly explore these cultural links across disciplines and source languages, we propose to design a multi-lingual platform, which takes the earliest historical writings of the Licchavi-period as a starting point. Especially since important historical sources about Kathmandu Valley are in classical Chinese and Tibetan, for which much expertise is especially found in China and Japan, collaborative approaches for historical reconstructions are crucial for the study of Nepalese history and

34 Tiwari 2001.

35 See, e.g., Coningham et. al. 2016.

36 For a report of the workshop, see Xu 2019.

culture — and in turn for the study of Chinese and Tibetan materials — but difficult to achieve given the disciplinary and linguistic boundaries. By providing a platform featuring reliable scholarly translations in major Asian languages — including Chinese — we hope to facilitate such multilingual academic engagements. The first steps in this direction have been taken in collaboration with Luo Hong, who has translated a number of Buddhist and Śaiva Licchavi inscriptions into Chinese based on our new editions and interpretations. An example for these joint activities can be found in the appendix, a multi-lingual translation of a 7th-century dedicatory inscription, which was issued on the occasion of the foundation of a Harihara-sculpture in Pashupatinath.

As a next step it is a *desideratum* to further expand the platform in collaboration and integrate important Chinese and Tibetan sources for the study of Nepal during the early medieval period in order to allow for more comprehensive analyses of the materials. In addition to textual sources, we also recognize the importance of art-historical and archaeological evidence and aim to include such information where available.

Appendix: The Śaṅkaranārāyaṇa inscription in Pashupatinath

Location: Pashupatinath area
The inscription is still on site, located in the area outside of the west entrance of the Pashupati temple. Previously, a Licchavi-period Harihara image with a base was fixed on top of the square pedestal, on to which the text was inscribed. It appears that during some renovation works related to the re-design of the area in front of the west entrance in the 1990ies the image was stolen.

State of preservation: The general condition of the inscription is good. The top left corner and lines 6 and 7 are damaged on the right side. Some traces of cement are visible. Compared to earlier rubbings, increased damaged on the stone can be detected. Diwakar Acharya records that when the image was still fixed on top of the inscribed pedestal, the inscription used to be covered by worshipping substances such as oil and vermilion. It is therefore conceivable that some of the damage is linked to both, the worshipping activities, as well as to the cleaning of the inscription during the renovation activities in the 1990ies.

Previous editions: The first publication was published in *Saṃskṛtsaṃdeśa* 1.8. by B. Acharya and N. Pant. The inscription also appears in Gnoli's volume as No. 20, as well as in Dhanavajra

Fig. 8 Śaṅkaranārāyaṇa inscription in Pashupatinath.

Vajracharya's collection as No. 50.[37]

Editorial convention:

Uncertain readings, in which part of the letters are still visible are given in round brackets (x).
Conjectured readings for passages that are damaged are given in square brackets [x].
Line numbers are provided in square brackets [N].
We silently supply *avagrahas* when there is a *sandhi* of o and a.
Half verses are marked in the inscription with an empty space of about one *akṣara* in size; in the edition this is marked with a single *daṇḍa*. The end of verses is marked with a double *daṇḍa*.

Sanskrit Text

[[metre: śragdharā]]

[1] patyor nnau paśya he śrīr yyugalam amithunaṃ śūlabhṛcchārṅgapāṇyor
ekaikasyātra kin tan na sukaram anayos tau yad ekattra pṛktau[38] |

37 Vajracharya, D. 1973.

38 *pṛktau* is clearly visible in the rubbing but appears damaged in the recent photograph.

madbhi[t]ty[āl](ū)[ya][39][2] nūnaṃ sakhi madanaripor evam uktvā bhavānyā
yo dṛṣṭo jātu tasmai satatam iha namo 'stv arddhaśaurīśvarāya ||

saṃvat 489[40] (i.e. 400 80 9) prathamā[ṣāḍha][3]śukladvitīyāyām bhaṭṭārakamahārājaśrīgaṇadeve kālam aparimitaṃ samājñāpayati paramadaivataśrībhaumaguptapādānuddhyāto vidi[4] tavinayaḥ śaśvatkuśalakarmmaṇy upahitaparamānugrahaḥ prakṛṣṭakulajanmā divam upagatayor mmātāpi[tro]r ātmanaś ca puṇyopacitaye [5]svāmivārttaḥ sakalabhuvanasambhavasthitipralayakā raṇam anādinidhanaṃ bhagavantam iha śaṅkaranārāyaṇas[v]ām[i][41] naṃ pratiṣṭhāpitavān api [ca]

[[metre: mandākrāntā]]
[6] yo 'sau sarvvatribhuvanaguruḥ śreyasāñ cādhivāso
yasmin baddhā niyamitaphalāḥ sampadaḥ puṇya[42] bhājām |
nānārūpaṃ bhuvanam akhilaṃ [7] dhāryyate yena cedaṃ
tasmin bhaktir nna bhavati vṛthā śuddhacittāśayānām ||

[[mandākrāntā]]
bhinne puṃsāṃ jagati ca tathā deva[43] tābhaktibhāve
pakṣagrāhabhrami[ta][44] [8]manasām pakṣavicchittihetoḥ
[i]ty arddhābhyāṃ samuparacitaṃ yan murārīśvarābhyām
ekaṃ rūpaṃ śaradijaghanaśyāma[45] gauraṃ tad avyāt ||

[[metre: vasantatilakā]]
puṇyāni ye [9] 'py ubhayalokasukhāvahāni
kurvvanti hi pratidinaṃ vigatābhimānāḥ
kṛtvāpi te 'tra vidhivad viṣayopabhogaṃ[46]

39 This part of the line is very damaged and only partial letters are visible. Acharya & Pant read *madbhityā* and conjecture *tasya* thereafter, and Vajracharya reads *mūrttityā--*. Our proposed reading *madbhittyālūya* is a conjecture based on the fact that on the bottom of the line a partial ū or ṛ is visible, and that the metre requires a short syllable after this. Another possibility would be to reconstruct *badbhittyākṛtya*, though we favor this option less since this would require a further agent in the Sanskrit.

40 Acharya & Pant, as well as Gnoli read the year 489, Vajracharya reads 487.

41 The "i" is damaged in our photographs, but we should note that Vajracharya did not indicate that he had a problem reading this part of the *akṣara*.

42 Note that even though this is readable, some cement now partly covers the letters.

43 Note that the lower part of va is covered by cement.

44 The *akṣara* ta is damaged now but previous editors appear to have had no problem to read it, perhaps the damage occurred recently.

45 The letters *-āma* are partly covered with cement.

46 The letters are partly covered by cement.

svaiḥ karmmabhiḥ sukṛtino diva[10]m āvasanti ||

[[metre: śārdūlavikrīḍita]]
puṃsāṃ pāpakṛtām adhaḥ sukṛtinām ūrddhvaṅ gatir ddhīmatām
ity evaṃ pravicintya niścitamatiḥ samprajñayāprajñayā
dṛṣṭādṛṣṭa[11]vidhiprayoganipuṇo vārttaḥ svapuṇyāptaye
mūrttiṅ keśavaśaṅkarārddharacitām asthāpayad[47] bhaktitaḥ ||

Translation

"O Śrī [Lakṣmī], look at the pair of our Lords, the Bearer of the trident and Holder of the bow, united but not as husband and wife. What is it that is not easy to achieve for each of the two of them in this world due to which they have merged into one [person] after the Enemy of Love had certainly separated by way of splitting away from me."[48]

May there be eternal obeisance to this Half-Viṣṇu-half-Śiva, at whom Bhavanī looked at after having spoken these words.

On the second day of the bright fortnight of the first Āṣāḍha month in *saṃvat* 489, while Bhaṭṭāraka Mahārāja Śrī Gaṇadeva is reigning for an unlimited time, Svāmivārtta,[49] favored by the supreme devotee of deities Śrī Bhaumagupta, who knows proper conduct, has continuously invested the highest favor in good/meritorious deeds , [and] who is born into a distinguished family established here for the purpose of accumulating the merit for his deceased mother and father, as well as for himself, the venerable Śaṅkaranārāyaṇasvāmin, who is without beginning or end and [constitutes] the cause for the genesis, maintenance, and destruction of all worlds. Furthermore,

Devotion towards him – [i.e. Śaṅkaranārāyaṇa], who is the Guru of all the three worlds, the abode of blessings, in whom all kinds of prosperity in the form of regulated rewards [of deeds] are fixed for those who have merit, and who maintains this entire world in its various

47 asthāpayad] em., sthāpeyad Cod.

48 We imagine here that the composite image of Śiva and Śakti as Ardhanarīśvara was a well-known motive, so that the underlying idea of the poet could be that Parvatī remarks how Śiva has literally separated himself from her in order to join Viṣṇu.

49 It is difficult to be certain whether *svāmivārta* is intended as a personal name or some sort of title; both *svāmin* and *vārtta* are used separately as titles in inscriptions. However, there is the possibility to interpret *vārta*, in the sense of professional/officer, derived from *vṛtti-*, or messenger, derived from *vārtta-*, taking *svāmi-* to refer to the deity, so that Svāmivārtta is either an "officer acting on behalf of the deity" or as the "messenger of the deity". The latter interpretation would actually fit the general content of the inscription well, since the donor advocates a message of unity amongst the worshippers, even presenting such as message as the intention of the deity.

forms — is never fruitless for those of pure hearts and intentions.

May that single form protect [us], [which is] dark and white like a cloud in autumn, created from half of Viṣṇu and half of Śiva in order to remove this bias of those whose minds are confused because of clinging to one side, since the world of men is divided in respect to the nature of devotion to deities!

Those virtuous ones who indeed daily perform meritorious deeds that bring happiness in both worlds and are free of vanity, they reach heaven through their own actions after enjoying the objects of senses in this world according to the rules.

The course of men who do evil deeds is downwards [and that] of virtuous, wise men upwards. Having thus reflected upon this with intelligent mind, with resolved intention [this] Vārtta, skillful in practicing visible and invisible rites and methods (i.e. external and internal) established with devotion this image fashioned with half of Viṣṇu and half of Śiva for obtaining his own merit.

Abbreviations

DV See D. Vajracharya, 1973.

VS Vikrama saṃvat.

Bibliography

Acharya, Diwakar. 1993. Prācīn abhilekh-harūko asaṃgata vyākhyāko nirākaraṇa (Nepali) [The Refutation of Erroneous Interpretation of Two Ancient Inscriptions]. In *Maryādā*, Vikrama Year 2050 (1993): 75-91.

——1996. Cailakar kapaḍāko utpādanmā lāgeko kar hoina (Nepali) [Cailakara is not a Levy on Textiles]. In *Maryādā, a Special Issue in the Occasion of the Golden Jubilee of King's Birthday*, Vikrama Year 2052 (1996): 56-62.

——1996a. Śīlavatīko abhilekha ra yaskā viśiṣṭa pakṣa (Nepali) [Sīlavatī's inscription of Śaka 411: an analysis of its special features]. In *Prajñā*, vol. 83ka: 39-45.

——1997. Aṃśuvarmāko upanām kalahābhimānī mātra ho (Nepali) [The title of King Aṃśuvarman is just Kalahābhimānin]. In Prajñā (*Journal of the Royal Nepal Academy*), vol. 84: 22-28.

——1998. Prācīna nepālamā pāśupata mata (Nepali) [Pāśupatas in ancient Nepal]. In *Garimā*, vol. 191: 85-92.

——2003. Licchavi rājā mānadevko pālāko vimalasaṃghako abhilekha: śakasaṃ 407 (Nepali) [Vimalasaṃgha's Inscription of Śaka 407]. In *Smārikā*. Kathmandu.

——2005. "The Role of Caṇḍa in the Early History of the Pāśupata Cult and the Image on the Mathurā Pillar Dated Gupta Era 61." In *Indo-Iranian Journal* 48: 207-222.

——2007. "Anuparama's Dvaipāyanastotra inscription from the Early 6th-Century: [Text, translation and commentary]." In *Journal of Indological Studies* 19: 29-56.

——2008. "More Evidence for Mahāyāna Buddhism and Sukhāvatī cult in India in the middle period: Early fifth to late sixth century Nepalese inscriptions." In *Journal of International Association of Buddhist Studies* 31.1–2 2008 (2010): 23-75.

——2019. "Dolphin Deified. The Celestial Dolphin, an Upaniṣadic Puzzle, and Viṣṇu's First Incarnation." *Electronic Journal of Vedic Studies* 25.1: 1-30.

Acharya, D. & Mirnig, N. 2023. "A Rāṣṭrakūṭa King in the Kathmandu Valley: Reassessing Late Licchavi History in the Light of a Newly Deciphered Eighth-Century Inscription." In *Journal of the American Oriental Society* 143.1: 87-108.

Agrawal, K. D. 1985. *Nepālī saṃskṛt Abhilekhoṃ kā hindī anuvād* [A Hindi Translation of Nepalese Sanskrit Inscriptions]. New Delhi: Eastern Book Linkers. Republished in a new format with no reference to the original edition as: *Importance of Nepalese Sanskrit Inscriptions* (*English-Hindi Translation*), New Delhi: Rastriya Sanskrit Samsthan Deemed University, 2010.

Alsop, Ian. 1995. "Licchavi Caityas of Nepal: A Solution to the Empty Niche." Published online: http://www.asianart.com/alsop/licchavi.html (last accessed: 28 December 2020).

Ballinger, Thomas O. 1958. "Five Unpublished Nepalese Inscriptions." In *JAOS* 78.4: 277-279.

Bangdel, Lain S. 1982. *The Early Sculptures of Nepal*. New Delhi: Vikas Publishing House.

Bendall, Cecil. 1886. *A Journey of Literary and Archeological Research in Nepal and Northern India during the Winter of 1884-1885*. Cambridge University Press.

Castro, A. D. & Garbini, R. 1996. "An Inscribed Statue of Year 207 from Maligaon, Kathmandu." In *East and West* 46.3/4: 299-317.

Coningham, R. A. E., Acharya, K. P., Davis, C. E., Manuel, M. J., Kunwar, R. B., Hale, D., Tremblay, J., Gautam, D. and Mirnig, N. 2016. "Exploring ancient Pashupati: the results of preliminary surveys and excavations at Bhandarkhal 2014-2016." *Ancient Nepal* 192: 28-51.

Deeg, M. 2016. *Miscellanae Nepalicae: early Chinese report on Nepal. The foundation legend of Nepal in its trans-Himalayan context*. Lumbini International Research Institute.

Fleet, J. F. 1960. *Inscriptions of the Early Guptas and their successors*. Corpus Inscriptionum Indicarum vol. 3. Varanasi: Indological Book House, Antiquarian Booksellers & Publishers.

Garbini, R. 2002. "On Dating the Jayavarman Inscription: (Two) Hundred and Seven of the Śaka Era?." In *East and West* 52.1/4: 421-426.

Gnoli, R. 1956. *Nepalese inscriptions in Gupta characters*. vol. 2. ISMEO: Naples.

Harimoto, K. 2011. "In search of the oldest Nepalese manuscript." *Rivista degli Studi Orientali*, Nuova Serie vol. 84: 84-106.

Indraji, Bhagawanlal and Georg Bühler 1880. "Inscriptions from Nepal." In *Indian Antiquary* 9: 163-194. Reprinted in 1885 as a monograph titled "Twenty-Three Inscriptions from Nepal together with Some Considerations on the Chronology of Nepal. Translated from Gujarātī by G. Bühler."

Joshi, Hariram. 1973. *Nepālko Prācīn Abhilekh* [Ancient Inscriptions of Nepal]. Kathmandu: Nepal Royal Academy, VS 2030.

Khanal, Mohanprasad. 1984. *Cangu Narayanaka Aitihasik Samagri*, Kathmandu: Centre for Nepal and Asian Studies, Tribhuvan University, VS 2040.

Khanal, M.P. & Riccardi, T. 2007. *Archaeological Excavation in the Kathmandu Valley: A Report on the 1984-85 and 1988-89 Seasons at Dumakhal*. Harvard Oriental Series.

Lévi, Sylvain. 1905-8. *Le Népal: étude historique d'un royaume Hindou*, vols. I-II: 1905, vol. III: 1908. Annales du Musée Guimet. Bibliothéque d' Études, Tome XIX. Paris: Ernest Leroux.

Mirnig, Nina. 2013. "Favoured by the Venerable Lord Paśupati. Tracing the Rise of a new Tutelary Deity in Epigraphic Expressions of Power in Early Medieval Nepal." In *Indo-Iranian Journal* 53, 3/4: 325-347.

——2016. "Early Strata of Śaivism in the Kathmandu Valley." In *Indo-Iranian Journal* 59, 4: 309-362.

Pal, Pratapaditya. 1974. *The Arts of Nepal. Part I: Sculpture*. Leiden: Brill Archive.

——1985. *Vaiṣṇava Iconology in Nepal. A Study in Art and Religion with 110 Illustrations*. Calcutta: The Asiatic Society.

Pant, Mahes Raj. 1993. *Ādarśa: A supplement to Pūrṇimā, the journal of the Saṃśodhana Maṇḍala*. Kathmandu: Pundit Publication.

——2022. "Preliminary Studies of the Earliest Copper-Plate Inscription from Nepal." In *Pūrṇimā* 145: 26 -42. Kathmandu: Saṃśodhana Maṇḍala.

Pant, Nayaraj. 1972. "Ādaraṇīya Aitihāsikaśiromaṇijyū." [Respectable Mr. Historian par Excellence], *Pūrṇimā* 7.3, Kathmandu: Saṃśodhan Maṇḍal, VS 2029. 131-153.

——1986. *Licchavi saṃvatko nirṇaya* [Determination of the Licchavi Saṃvat]. Kathmandu: Royal Nepal Academy.

Petech, Luciano. 1961. "The Chronology of Early Inscriptions of Nepal." In *East and West* 12.4: 227-232.

——1984. *Mediaeval history of Nepal (c.750-1480)*. Vol. 54. Roma: Istituto italiano per il Medio ed Estremo Oriente.

Rajvamshi, Shankar Man. 1974. "Nepālī Lipivikās (The Evolution of Devanagari Script)." *Kailash Journal of Himalayan Studies* vol. 2, no. 1 and 2: 23-120.

Rajvamshi, S. S. 1989/1990. "Paśupatinātha prāṃgagramā prāpta aprakāsita Licchavi Abhilekha." In *Ancient Nepal* 115: 1-2.

Regmi, D.R. 1960. *Ancient Nepal*. Calcutta: Firma K. L. Mukhopadhyay.

——1983. *Inscriptions of Nepal. Vol 1: Inscriptions. Vol II: Translation. Vol III: Introduction to the Inscriptions*. New Delhi: Abhinav Publications.

Regmi, Jagaddish C. 1997. *Licchavi-Itihas* (Nepālko cautho śatābdidekhi āṭhauñ śatābdisammako choṭkarī itihās). Kathmandu: Centre for Nepal and Asian Studies, VS 2053.

Rhodes, N. G., Gabrisch, K. C. Valdettaro Pondecorve della Rocchetta. 1989. *The Coingage of Nepal from the earliest times until 1911*. London: Royal Numismatic Society.

Riccardi, Theodore, Jr. 1980. "Buddhism in Ancient and Early Medieval Nepal." In A. K. Narain, *Studies in History of Buddhism*. Delhi: B. R. Publishing Corporation, 265-281.

——1989. "The Inscription of King Manadeva at Changu Narayan." In *JAOS* 109.4: 611-620.

Saeki, Kazuhiko. 1999. *Kodai nepāru shiryō: Richavi Jidai no Meibun Syūsei*, Dhanavajra Vajracharya Hen, Saeki Kazuhiko Yaku, [Historical Records of Ancient Nepal: Corpus of the inscriptions of Licchavi Period, Compilation: Dhanavajra Vajracharya, Translation: Kazuhiko Saeki], Tokyo: Akashi Shōten. 『古代ネパール史料 リッチャヴィ時代の銘文集成』、ダナバジラ・バジラーチャリヤ 編佐伯和彦訳 , 東京 : 明石書店 .

Sen, T. 2015. *Buddhism, Diplomacy, and Trade: The Realignment of India–China Relations, 600-1400*. Lanham: Rowman & Littlefield.

Shakya, Milan. 1989. "Licchavi rājā vasantadevko euṭā arko abhilekh." In *Gorkhāpatra daily*, Friday Kartik 12, 2045 VS.

Shakya, P. S. 1990. "Bāghhiṭīko licchavikālīn abhilekh." In *Gorkhāpatra daily*, Saturday Caitra 5, 2045 VS.

Slusser, Mary. 1982. *Nepal Mandala. A Cultural Study of the Kathmandu Valley*. Princeton: Princeton University Press.

Strong, John S. 2004. *Relics of the Buddha*, Princeton and Oxford: Princeton University Press.

Tamot, K. & Alsop, I. 1996. "A Kushan-Period Sculpture from the Reign of Jaya Varman, A.D. 185 Kathmandu, Nepal." http://asianart.com/articles/jaya/ (downloaded 4.7.2016)

Tiwari, Sudarshan Raj. 2001. *The ancient settlements of the Kathmandu Valley*. Kathmandu: Centre for Nepal and Asian Studies, Tribhuvan University.

Tucci, Giuseppe. 1962. "The wives of Sron-btsan-sgam-po." In Oriens Extremus 9: 121-126.

Vajracharya, Dhanavajra. 1973. *Licchavikālakā Abhilekha*. [*Inscriptions of the Licchavi Period*.] Kathmandu: Centre for Nepal and Asian Studies, Vikrama saṃvat 2030. (DV)

Vajracharya, Gautama. 1973. "Recently discovered inscriptions of Licchavi Nepal." *Kailash Journal of Himalayan Studies* Vol. 1, No. 2: 112-135.

Verardi, G. 1992. *Excavations at Harigaon Kathmandu*. Rome: IsMEO.

Xu, Li. 徐理 . 2019. "Workshop Review: Inscriptions, Images, and Manuscripts along the Bod-Balpo Ancient Route of Contact."[碑铭、图像、写本——蕃尼古道工作坊综述], *Journal of Tibetology* 藏学学刊 , vol. 20: 366–375.

◆ Authors: Prof. Diwakar Acharya, Spalding Professor of Eastern Religions and Ethics, Faculty of Oriental Studies / All Souls College, University of Oxford.

Dr. Nina Mirnig, Research Associate at the Institute for the Cultural and Intellectual History of Asia, Austrian Academy of Sciences.

西藏日土丁穹拉康石窟恶趣清净曼荼罗研究 *

卢素文

内容摘要：丁穹拉康石窟群位于西藏自治区阿里地区日土县多玛乡乌江村，其中仅K1四壁及窟顶皆绘壁画。本文结合图像特征和藏文文献，对K1所绘图像进行了考证。K1右壁绘制的是恶趣清净曼荼罗，与前壁绘制的四道一起构成完整的恶趣清净曼荼罗。11-13世纪在藏西出现的恶趣清净曼荼罗所依据的文本为仁钦桑布译《一切恶趣清净曼荼罗仪轨》，与宋代法贤译《佛说大乘观想曼拏罗净诸恶趣经》为同源异译本。

丁穹拉康石窟群位于西藏自治区阿里地区日土县多玛乡乌江村境内的诺藏布河谷内。1992年，西藏自治区文物管理委员会文物普查队对阿里地区进行文物普查，在此期间首次对丁穹拉康石窟进行调查，并于1993年在《阿里地区文物志》一书中对丁穹拉康壁画进行介绍，根据供养人服饰等图像特征认为其年代不早于10世纪，很可能为

* 本文为国家社科基金青年项目“皮央·东嘎佛教遗存研究”（20CKG018）的阶段性成果，得到四川省社会科学重点研究基地四川佛教文化遗产研究中心项目“9-13世纪恶趣清净曼荼罗功能研究——从图像、文本出发”（2020YB02）资助。笔者于2019年参加由四川大学中国藏学研究所张长虹研究员与故宫博物院罗文华研究员所组织的西藏阿里石窟调查，前往该窟进行实地调查，得以对该窟的图像进行细致观察，特此致谢。

12-13 世纪[1]。2013 年 8 月，西藏自治区文物保护研究所与陕西省考古研究院等联合再次对其调查，并于 2014 年发表调查简报[2]。在简报中将石窟群中的四座石窟依次编号为 K1-K4，其中 K1 绘有壁画，根据图像特征等判断其年代为 10-12 世纪。窟内绘三铺曼荼罗，简报中辨识出左壁所绘为金刚界曼荼罗，右壁和后壁所绘曼荼罗未识别仅做描述，前壁部分图像的辨识存疑。而因石窟本身破坏严重以及资料公布有限，丁穹拉康石窟的研究相对薄弱，除了年代判断外，石窟中的图像研究较少，部分图像未予辨识。笔者于 2019 年 5 月前往该石窟调查，得以近距离观察该窟的图像。在前人研究和实地调查的基础上，本文对石窟内的部分壁画题材进行了重新辨识，并尝试找寻壁画图像的文本来源。

一、丁穹拉康石窟右壁和前壁的壁画

石窟平面形状近似正方形，窟顶中央内凹，为藻井式顶。原简报中将 K1 的四壁称为后壁、左壁、前壁、右壁。

右壁所绘曼荼罗尊像被损坏，原报告中未进行图像辨识。该曼荼罗中最醒目的是壁面留下的一个个小圆圈，金刚墙内外共有 53 个，其中金刚墙内有 37 个，这些小圆圈的位置原来可能为贴塑的小佛像，在小像掉落后留下了一个个的小圆圈（图一）[3]。曼荼罗四方绘有四门，图像可分为三重。中央绘八辐轮，辐轮原各有尊像。轮心绘主尊，以轮心为依托绘八瓣莲花，四瓣莲花上未绘图像，另外四瓣原绘有图像，其中两处可辨识为金刚杵和莲花，应为四亲近菩萨的三昧耶形。第二、第三重四隅各绘四菩萨，第三重四方绘十六大菩萨，四门绘四护门菩萨。门楼两侧绘八吉祥（可辨识有伞等），门颊绘狮子与白象。金刚墙外四隅绘十二天。从三十七尊像的配置，莲瓣上残存的金刚杵、莲花等来看，该曼荼罗应为恶趣清净曼荼罗。该曼荼罗在东嘎石窟 3 号窟（图二）、卡俄普石窟以及帕尔嘎尔布石窟的壁画中也有发现。

1　李永宪、霍巍等编写：《阿里地区文物志》，拉萨：西藏人民出版社，1993：134-136。

2　陕西省考古研究院、西藏自治区文物保护研究所：《西藏日土县丁穹拉康石窟群考古调查简报》，《考古与文物》2014（6）：32-40。

3　这些小圆圈的位置原先也可能是贴塑的擦擦小像。中国社会科学院人类学和民族学研究所廖旸研究员于 2021 年 7 月在阿里石窟调查时告知笔者，在西藏阿里普兰县的一处石窟中观察到有贴塑擦擦的现象，特此致谢。

图一　丁穹拉康石窟右壁的恶趣清净曼荼罗

图二　东嘎 3 号窟顶部的恶趣清净曼荼罗

前壁即窟门所在位置，中间为窟门，窟门左下角及左侧部分壁面被破坏。窟门上方绘一组图像，以窟门为中心对称分布六组图像（图三），简报中识别了马头明王和女性地方护法神，其余图像存疑。

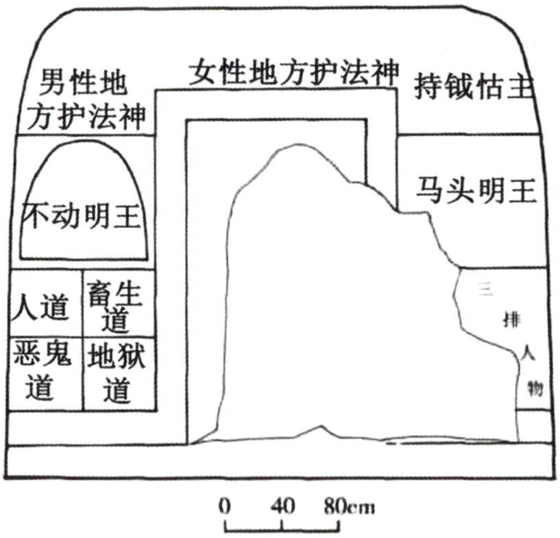

图三　丁穹拉康石窟前壁壁画配置示意图
（采自《西藏日土县丁穹拉康石窟群考古调查简报》图一八）

窟门右侧最上方绘制一尊忿怒像，左手持白色嘎巴拉碗，右手上举，持钺刀，脚下踩赤裸尸体。原简报中辨认为舞蹈人物，在古格红殿门楣上方绘有一与其图像特征基本一致的护法神，在其莲座上有藏文题记“མགོན་པོ་གྲི་གུག་ལ་ན་མོ།”，可译为“顶礼持钺怙

图四　丁穹拉康石窟前壁所绘持钺怙主　　图五　东嘎 1 号窟东壁所绘持钺怙主

主”，据此，丁穹拉康的这身护法神推测为持钺怙主（图四）。持钺怙主在东嘎 1 号窟（图五）、东嘎 2 号窟、白东布石窟和阿契寺等的壁画中皆有发现。

持钺怙主右侧绘制的是一组女性地方护法神[4]，其旁边还绘有一组男性组像，共有五身（图六），分两排，上面两身，为兽首人身，下排三身，中间一身着世俗装，带帽，骑羊，两侧各有一兽首人身像，其中一身手持盾牌，五身像皆面向女性护法神。因图像受损，四身兽首人身像身份暂且不明。东嘎 1 号窟（图七）、东嘎 2 号窟、白东布石窟（图八）、增萨石窟、古格红殿、古格白殿、以及萨热译师殿中皆绘有该组图像，这七处图像保存相对较好，可以辨识出四身兽首人身形象，分别为鹿首人身、羊首人身、象首人身、猴首人身。其中古格红殿和萨热译师殿在部分图像下方有藏文题记，古格红殿中骑羊人物下方题记为“འབྲོག་གནས”，鹿首人身下方题记为“སྲིད་སྲོང”，羊首人身下方题记为“ཡང་དག་ཤེས”，象首人身下方题记为“རྒྱུན་འཆན”，猴首人身下方题记为“ཞེས་པའི་སྒྲོ་མ”。萨热译师殿的护法神绘于门楣上方，熊文彬对萨热译师殿的图像进行了辨识和研究，将骑羊人物下方题记译为“牧区夜叉”（གནོད་སྦྱིན་འབྲོག་གནས），羊首人身下方题记译为“正知”（ཡང་དག་ཤེས），鹿首人身下方题记为“སྲིད་སྲོང”音译为“色邦”，象首人身下方题记为“རྒྱུན་འཆན”音译为“俊钦”，认为他们都是被佛教法师降伏、发誓保护佛教的地方

4　关于西藏西部女性地方护法神的研究，可参考任赟娟、王瑞雷：《西藏西部“阿里三围”女护法神灵多杰钦姆的图像变迁与信仰传承》，《敦煌研究》2019（4）：49-60；张长虹：《大译师仁钦桑布传记译注（下）》，《中国藏学》2014（1）：35。

图六 丁穹拉康石窟前壁所绘骑羊人

图七 东嘎 1 号窟东壁所绘骑羊人

图八 白东布石窟甬道西壁所绘骑羊人及其随从

神灵[5]。《仁钦桑布传记》中记载仁钦桑布曾经调伏了地方神灵：“镇伏了居士热拉金（ར་སླག་ཅན）并任命他为侍者，守护荣穷所有寺庙的财物。”[6] 热拉金可译为“披着羊皮”，因此推测男性人物可能为居士热拉金，图像中将其表现为骑羊的男性形象，周围的四身兽首人身形象则为其侍从。

男性护法神下方绘有一身忿怒尊像，简报中定为金刚勇识。该像一面二臂，左手持剑，右手施期克印，右腿弯曲，左腿伸展，侧面而立；上身赤裸，双肩披飘带，下身着虎皮裙，手腕及颈间戴蛇索（图九）。根据图像特征来看应为不动明王，造型类似的不

5 熊文彬：《西藏阿里札达县译师殿壁画年代及相关问题》，《文物》2019（2）：41。
6 张长虹：《大译师仁钦桑布传记译注（下）》，《中国藏学》2014（1）：35。

图九　丁穹拉康石窟前壁所绘不动明王

图一〇　丁穹拉康石窟前壁所绘四道

动明王在卡俄普石窟窟门所在壁面亦有发现。与不动明王对应的窟门右侧绘制的是马头明王，二者作为护法神成对出现，绘制于窟门两侧。

不动明王下方所绘图像被十字分割为四格，描绘四幅不同的场景（图一〇），原简报中认为属于地狱变："金刚勇识下部的壁面上又分为鹿、奔兽、走猴、立姿展翅禽鸟等；左下部一组为裸体的骨瘦如柴的人物；或跪或躺或趴或立，表情狰狞，应为尸体，表现的可能是尸体修行；右下部为一组地狱变，表现等待或正在遭受各类恐怖地狱刑罚的裸体人物。"[7] 从图像内容来看，上面左侧的画面以一座楼阁建筑为主体，绘有世俗人物，表现生活场景，应为六道中的人道；右侧可辨识有牛、鸟、狮子、猴、羊等动物，应为畜生道。下方左侧的画面绘制七个瘦骨嶙峋的人物，应为饿鬼道；右侧绘地狱受刑场景，应为地狱道。该组图像表现的是六道中的四道，与右壁的恶趣清净曼荼罗题材有关，下文将详细论证。

二、西藏阿里地区发现的 11–13 世纪恶趣清净曼荼罗图像

（一）西藏阿里石窟壁画中的恶趣清净曼荼罗

目前在西藏阿里地区的石窟壁画中共发现五例恶趣清净曼荼罗图像，分别位于丁穹拉康石窟、东嘎 3 号窟、卡俄普石窟、帕尔嘎尔布石窟以及帕尔宗石窟。其中帕尔宗石

7　陕西省考古研究院、西藏自治区文物保护研究所：《西藏日土县丁穹拉康石窟群考古调查简报》，《考古与文物》2014（6）：39。

图一一　卡俄普石窟东壁的恶趣清净曼荼罗（张长虹拍摄）

图一二　帕尔嘎尔布石窟东壁的恶趣清净曼荼罗

窟年代为 16 世纪，窟内绘有无上瑜伽父续和母续的各类曼荼罗，恶趣清净曼荼罗与其他曼荼罗绘制于同一空间内，其性质、用途与早期相比可能已发生变化，故本文暂不讨论。

东嘎 3 号窟位于阿里地区札达县东嘎村，年代为 11-12 世纪[8]。东嘎 3 号窟窟顶绘制一幅恶趣清净曼荼罗（图二）[9]，四壁绘法界语自在曼荼罗。恶趣清净曼荼罗共绘三重：第一重绘八辐轮，轮心外侧绘八莲瓣。轮心绘释迦佛，八瓣莲花上绘四亲近菩萨，以三昧耶形表现，另外四瓣空白未绘；八辐轮上依次绘八佛顶如来。第二重四隅绘嬉鬘歌舞四菩萨，第三重四隅绘香花灯涂四菩萨，四方绘十六大菩萨；四门处绘有门楼并四护门菩萨。四门外侧绘有一圈尊像共 12 尊，可以辨识出风天、帝释天等，推测为十二天。

卡俄普石窟位于阿里地区札达县香孜乡香巴村（图一一），年代不晚于 13 世纪[10]。北壁绘金刚界曼荼罗，西壁绘胜乐金刚曼荼罗，东壁绘恶趣清净曼荼罗。恶趣清净曼荼

8　四川大学历史文化学院考古学系、西藏自治区文物事业管理局：《皮央·东嘎遗址考古报告》，成都：四川人民出版社，2008：263。

9　霍巍、张长虹主编：《藏族美术集成·壁画·阿里卷》，成都：四川民族出版社，2017：79。

10　四川大学中国藏学研究所、四川大学历史文化学院考古系、西藏自治区文物局：《西藏阿里札达县象泉河流域卡俄普与西林衮地点的初步调查》，《文物》2007（6）：63。

罗的构图与东嘎3号窟的相同[11]。金刚墙外四隅绘制的应为“四道”。原简报对其进行辨识“此幅曼荼罗图案的上方一角在白色的底色上用墨线画出长发裸体的神怪形象，体形枯槁，或坐或立，似为六道轮回图中的饿鬼形象。”[12]但未确定其具体内容。虽然曼荼罗左侧部分已毁，但是右侧的图像可以辨认，右上角绘有瘦骨嶙峋人物，为恶鬼道，右下角绘地狱受刑场景，为地狱道。右侧损毁的部分推测原绘有人道和畜生道。

帕尔嘎尔布石窟位于阿里札达县托林镇波林村境内，共发现有四座壁画窟，其中K1保存较为完好（图一二），K1年代为13世纪或14世纪[13]。K1西壁绘金刚界曼荼罗，东壁绘恶趣清净曼荼罗，恶趣清净曼荼罗旁侧为药师八如来，在其下方绘有十二药叉大将[14]。恶趣清净曼荼罗共有三重，第一重绘八辐轮，轮心外侧绘八莲瓣。轮心绘释迦佛，八瓣莲花上在四隅绘四亲近菩萨，另外四瓣绘宝珠。八辐轮上依次绘八佛顶如来。第二重四隅绘嬉鬘歌舞四菩萨，第三重四隅绘香花灯涂四菩萨，四方绘十六大菩萨。四门处绘四护门菩萨。四门各绘楼，门楼两边绘八吉祥。曼荼罗四角绘有四幅图像，原报告认为可能属于佛经故事的画面[15]。左侧上方绘六尊赤身裸体，瘦骨嶙峋的人物，应表现饿鬼道；下方绘刀山、火海等五个受刑场景，应为地狱道；右侧上方绘鹅、狮、兔、马、猴、牛、摩羯鱼、蛇、羊等动物，应为畜生道；下方绘四组人物，应表现人道，这四组图像表现的应是四道。

四例恶趣清净曼荼罗，在曼荼罗配置方面基本一致，中央为释迦佛，依次绘三昧耶形四亲近菩萨，八佛顶如来，八供养女神，十六大菩萨，四护门菩萨，最外为金刚墙等。以往的研究仅对金刚墙内的曼荼罗展开论证，对金刚墙外所绘图像未予关注。从图像配置来看，丁穹拉康、卡俄普、帕尔嘎尔布石窟皆在曼荼罗外侧绘以“饿鬼道、地狱道、畜生道、人道”为主的四道，尤其卡俄普石窟和帕尔嘎尔布石窟皆绘于金刚墙外四隅，明显与金刚墙内的曼荼罗有关联，这在恶趣清净曼荼罗相关的文本中可以找到依据。

---

11 霍巍、张长虹主编：《藏族美术集成·壁画·阿里卷》，2017：88。

12 四川大学中国藏学研究所、四川大学历史文化学院考古系、西藏自治区文物局：《西藏阿里札达县象泉河流域卡俄普与西林衮地点的初步调查》，《文物》2007（6）：51。

13 四川大学中国藏学研究所、四川大学历史文化学院考古系、西藏自治区文物局等：《西藏阿里札达县帕尔嘎尔布石窟遗址》，《文物》2003（9）：57。

14 张长虹：《西藏阿里帕尔嘎尔布石窟的图像程序》，载［奥］恭特朗·哈佐德、沈卫荣主编：《西藏宗谱：纪念古格·次仁加布藏学研究文集》，北京：中国藏学出版社，2018：572-587。

15 四川大学中国藏学研究所、四川大学历史文化学院考古系、西藏自治区文物局：《西藏阿里札达县帕尔嘎尔布石窟遗址》，《文物》2003（9）：54。

（二）仁钦桑布译《一切恶趣清净曼荼罗仪轨》

恶趣清净曼荼罗的图像和文本在吐蕃时期即已出现，在敦煌藏经洞出土有相关经书和白描图等，对其图像和文本国内外学者已有研究[16]。藏文大藏经《甘珠尔》中收录有新旧两个关于恶趣清净曼荼罗的译本，旧译本为《如来阿罗汉等正觉者清净一切恶趣威光王仪轨》（དེ་བཞིན་གཤེགས་པ་དགྲ་པ་ཡང་དག་པར་རྫོགས་པའི་སངས་རྒྱས་ངན་སོང་ཐམས་ཅད་ཡོངས་སུ་སྦྱོང་བ་གཟི་བརྗིད་ཀྱི་རྒྱལ་པོའི་བརྟག་པ）[17]，8 世纪中叶由寂藏（Śāntigarbha）和胜护（Jayarakṣita）所译。新译本为《如来阿罗汉等正觉者清净一切恶趣威光王仪轨一分》（དེ་བཞིན་གཤེགས་པ་དགྲ་བཅོམ་པ་ཡང་དག་པར་རྫོགས་པའི་སངས་རྒྱས་ངན་སོང་ཐམས་ཅད་ཡོངས་སུ་སྦྱོང་བ་གཟི་བརྗིད་ཀྱི་རྒྱལ་པོའི་བརྟག་པ་ཕྱོགས་གཅིག་པ），12 世纪末由天因陀罗天（Devendradeva）、吉祥智（Māṇikaśrījñāna）和恰译师（ཆོས་རྗེ་དཔལ）等译[18]。頼富本宏等学者对新旧译本的翻译年代、版本，以及二译本的异同之处等曾进行过研究[19]。

霍巍[20]、张长虹和王瑞雷对藏西所见恶趣清净曼荼罗进行过专文研究，张长虹依据《究竟瑜伽鬘》判定帕尔嘎尔布石窟东壁的曼荼罗为恶趣清净曼荼罗[21]。王瑞雷结合图像特征对帕尔嘎尔布石窟、卡俄普石窟的曼荼罗进行讨论，结合藏文文献对三十七尊像进行研究，认为在配置方位、尊格身色及持物等方面皆与藏文新译本《如来阿罗汉等正觉者清净一切恶趣威光王仪轨一分》所载接近，其对应的汉译本为宋代法贤所译《佛说大乘观想曼拏罗净诸恶趣经》[22]。本文对阿里发现的恶趣清净曼荼罗图像所依据的文本为藏文新译本《如来阿罗汉等正觉者清净一切恶趣威光王仪轨一分》存疑。首先，以往研究主要关注的是金刚墙内三十七尊曼荼罗图像的配置方位、尊格身色等，卡俄普石窟与帕尔嘎尔布的恶趣清净曼荼罗皆在金刚墙外四隅绘制了四道，应为恶趣清净曼荼罗的一部分，仅讨论金刚墙内的图像略有不妥；其次，王瑞雷研究中指出新译藏本未记载四亲近菩萨，但法贤的汉译本却有记载，二者是否确为同一文本，值得进一步商榷。

---

16 田中公明：《敦煌出土の悪趣清浄曼荼羅儀軌と白描図像》，《敦煌密教と美術》，京都：法蔵館，2000：72-96；王瑞雷：《敦煌、西藏西部早期恶趣清净曼荼罗图像探析》，《故宫博物院院刊》2014（5）：81-98；贾维维：《榆林第 3 窟壁画与文本研究》，杭州：浙江大学出版社，2020：265-266。

17 《中华大藏经 · 甘珠尔》第 85 册，北京：中国藏学出版社，2008：164-254。

18 《中华大藏经 · 甘珠尔》第 85 册，2008：278-399。

19 頼富本宏：《密教仏の研究》，京都：法蔵館，1990：250-270；Tadeusz Skorupski, *The Sarvadurgatipariśodhana Tantra: Elimination of All Evil Destinies*, Delhi: Motilal Banarsidass, 1983: xvii-xxviii.

20 霍巍：《对西藏西部新发现的两幅密教曼荼罗壁画的初步考释》，《文物》2007（6）：43-47。

21 张长虹：《西藏阿里帕尔嘎尔布石窟的两幅曼荼罗图像及相关问题研究》，《西藏大学学报》2013（4）：95-106。

22 王瑞雷：《敦煌、西藏西部早期恶趣清净曼荼罗图像探析》，《故宫博物院院刊》2014（5）：81-98。

《丹珠尔》中收录有仁钦桑布所译《一切恶趣清净曼荼罗仪轨》(ངན་སོང་ཐམས་ཅད་ཡོངས་སུ་སྦྱོང་བའི་དཀྱིལ་འཁོར་གྱི་ཆོ་ག)[23]，其翻译年代为 11 世纪，将其与法贤译《佛说大乘观想曼拏罗净诸恶趣经》[24] 进行对比，发现二者应为根据同一梵文本所译，只是在具体的表述方面略有差异。藏、汉文译本均分为上、下两卷，上卷记载了恶趣清净曼荼罗的配置，依次为释迦如来、八佛顶如来、四亲近菩萨、八供养菩萨、十六大菩萨、四护门菩萨等，并详细描述了释迦如来、八佛顶、十六大菩萨和四护门菩萨的身色、持物、手印、方位等。

1. 八佛顶如来

东嘎 3 号窟和帕尔嘎尔布石窟的恶趣清净曼荼罗图像保存相对较好，可以明确辨认出手中的持物与手印，身色因后期褪色，部分可以辨识。卡俄普石窟恶趣清净曼荼罗图像部分被毁，残存部分与前面二窟配置基本一致。下面依次对三座石窟所绘八佛顶如来中各尊如来的方位、身色、手印进行介绍，并与藏、汉文献的相关记载进行对比。藏译本所据文本为仁钦桑布所译《一切恶趣清净曼荼罗仪轨》，汉译本为法贤所译《佛说大乘观想曼拏罗净诸恶趣经》，在叙述时不再专门标出。

东嘎 3 号窟、卡俄普石窟以及帕尔嘎尔布石窟壁画中恶趣清净曼荼罗中央主尊释迦如来均面向西方，双手施说法印。其下方为东方的金刚大佛顶如来，东嘎 3 号窟、卡俄普石窟和帕尔嘎尔布石窟所绘金刚大佛顶如来身色皆为白色，右手施触地印。汉、藏文译本中记载的金刚大佛顶如来的身色和手印与壁画中描绘的一致。

藏译本记载：ཤར་རྩིབས་པདྨ་ཟླ་བར་བཞུགས། རྡོ་རྗེ་གཙུག་ཏོར་དེ་བཞིན་གཤེགས། སེམས་ཅན་ཀུན་ལ་ཕན་དོན་དུ། ཐུགས་ཀ་ལས་བྱུང་བཞུགས་པར་བསམ། སྐུ་མདོག་དཀར་ཞིང་འོད་ཟེར་འབར། ས་གནོན་པ་ཡི་ཕྱག་རྒྱས་བཞུགས།……ཨོཾ་རཏྣོཥྞ་ཧཱུཾ། ཞེས་བྱ་བས་གདོན་པར་བྱའོ།[25]

汉译本记载：复从心中出生金刚大佛顶如来，相好具足，其身白色光焰炽盛，手作触地印，安曼拏罗轮东辐之位。[26]

南方为宝生顶如来，卡俄普石窟的宝生顶如来后期被破坏，无法判断其身色和手印。东嘎 3 号窟的宝生顶如来身色为青色，右手施与愿印，帕尔嘎尔布石窟身色为白色，右手施与愿印。汉、藏译本记载的宝生顶如来身色皆为青色，手施与愿印。东嘎 3

23《中华大藏经 · 丹珠尔》第 34 册，北京：中国藏学出版社，1998：1243-1276。
24（宋）法贤译：《佛说大乘观想曼拏罗净诸恶趣经》，《大正新修大藏经》第 19 册，No. 939，1998：88-95。
25《中华大藏经 · 丹珠尔》第 34 册，1998：1249。
26（宋）法贤译：《佛说大乘观想曼拏罗净诸恶趣经》，《大正新修大藏经》第 19 册，No. 939，1998：89。

号窟宝生顶如来的身色、手印与汉、藏文译本所载一致，帕尔嘎尔布石窟宝生顶如来的身色与文献记载有差异。

藏译本记载：དེ་ནས་ལྷོ་ཡི་ཕྱོགས་ལ་ནི། རིན་ཆེན་གཙུག་ཏོར་དེ་བཞིན་གཤེགས། པདྨ་ཧླ་བའི་དབུས་སུ་ནི། ཕྱོགས་ཀ་ལས་ནི་ངེས་སྟོན་ལ། སྐུ་མདོག་སྔོ་ཞིང་ཤིན་ཏུ་མཛེས། མཆོག་སྦྱིན་པ་ཡི་ཕྱག་རྒྱས་བཞུགས། ཁམས་གསུམ་པ་ནི་མ་ལུས་པའི། སེམས་ཅན་ཀུན་ལ་དབང་བསྐུར་མཛད། ཨོཾ་པཊྨོཧྣ་ཧྲཱིཿ། ཞེས་བྱ་བས་གདོན་པར་བྱའོ།[27]

汉译本记载：复从心中化出宝生顶如来，身大青色相好具足光明炽盛，手作施愿印，能与三界一切众生授其灌顶，安曼拏罗轮南辐之位。[28]

中央主尊释迦如来上方为西方莲花顶如来，东嘎3号窟、卡俄普石窟和帕尔嘎尔布石窟中的莲花顶如来身色皆为红色[29]，双手施禅定印。汉、藏译本中莲花顶如来的身色也为红色，双手施禅定印，图像与文献一致。

藏译本记载：དེ་ནས་ནུབ་ཀྱི་ཕྱོགས་ལ་ནི། པདྨ་ཧླ་བའི་དཀྱིལ་འཁོར་ལ། ས་བོན་ལས་ནི་བྱུང་བའི་སྐུ། པདྨ་གཙུག་ཏོར་དེ་བཞིན་གཤེགས། ཕྱོགས་ཀ་ལས་ནི་ཕྱུང་སྟེ་བཞུགས། སེམས་ཅན་ཀུན་ལ་རྗེས་སྟོན་མཛད། སྐུ་མདོག་དམར་ཞིང་འོད་འབར་བ། བསམ་གཏན་གྱི་ནི་ཕྱག་རྒྱས་བཞུགས། ཨོཾ་བི་ཤྭོཧྣ་མ་ཨཿ། ཞེས་བྱ་བས་གདོན་པར་བྱའོ།[30]

汉译本记载：复化出莲花顶如来，身赤色相好具足光焰炽盛，手作禅定印，怜悯三界一切众生，安曼拏罗轮西辐之位。[31]

北方为羯磨顶如来，卡俄普石窟的羯磨顶如来后期被破坏，无法判断其身色和手印，东嘎3号窟与帕尔嘎尔布石窟的羯磨顶如来身色为绿色，右手施无畏印。汉译本中羯磨顶如来身色为绿色，手施无畏印，但是藏译本中未说明其身色，汉、藏文译本记载存在差异。石窟壁画中羯磨顶如来的身色和手印与汉文译本一致。

藏译本记载：དེ་ནས་བྱང་གི་ཕྱོགས་ལ་ནི། པདྨ་ལ་གནས་ཧླ་དབུས་སུ། ཕྱོགས་ཀ་ལས་ནི་ཡང་དག་སྟོན།

27《中华大藏经 · 丹珠尔》第34册，1998：1249。
28（宋）法贤译：《佛说大乘观想曼拏罗净诸恶趣经》，《大正新修大藏经》第19册，No. 939，1998：89。
29 卡俄普石窟与东嘎3号窟存在褪色现象。
30《中华大藏经 · 丹珠尔》第34册，1998：1249。
31（宋）法贤译：《佛说大乘观想曼拏罗净诸恶趣经》，《大正新修大藏经》第19册，No. 939，1998：89。

སྣ་ཚོགས་གཙུག་ཏོར་དེ་བཞིན་གཤེགས། སྣ་ཚོགས་པ་ཡི་འོད་ལྡན་པ། འདི་ཡི་ཕྱག་རྒྱ་མི་འཇིགས་སྦྱིན། འདི་ནི་སྣ་ཚོགས་ལས་མཛད་དེ།[32]

汉译本记载：化出羯磨顶如来。身绿色相好具足光焰炽盛，手作施无畏印，安于曼拏罗轮北辐之位。[33]

东南隅为光明顶如来，东嘎3号窟与帕尔嘎尔布石窟的光明顶如来身色为粉白色，卡俄普石窟原来可能为红色；三座石窟中的光明顶如来皆右手持日轮，其中东嘎3号窟为双手捧日轮，其余两处均为右手持日轮，左手安腰侧。汉、藏文译本中记载光明顶如来的身色为赤白色（སྐུ་མདོག་དཀར་དམར），应为白色和红色的混合色，东嘎3号窟和帕尔嘎尔布石窟中的光明顶如来身色白中略泛红，呈粉白色，与文献记载一致。汉、藏译本均记载光明顶如来"右手持日轮左手安腰侧"，帕尔嘎尔布和卡俄普石窟中的光明顶如来均右手持日轮，左手安腰侧，与文献记载一致。

藏译本记载：ཨོཾ་གྱི་ས་བོན་ལས་བྱུང་བ། གཙུག་ཏོར་གཟི་བརྗིད་དེ་བཞིན་གཤེགས། ཐུགས་ཀ་ལས་བྱུང་མེ་མཆམས་སུ། པད་གནས་ཟླ་བའི་དཀྱིལ་འཁོར་ལ། གཡས་པ་ལ་ནི་ཉི་མ་བསྣམས། ཕྱག་གཡོན་དཀུར་ནི་བརྟེན་ཏེ་བཞུགས། སྐུ་མདོག་དཀར་དམར་འོད་ཟེར་གྱིས། ཁམས་གསུམ་པར་ནི་སྣང་བར་མཛད།[34]

汉译本记载：復次從心想出唵字，從唵字出生光明頂如來，身赤白色相好具足，光焰熾盛照於三界。右手持日輪左手安腰側。安曼拏羅輪東南隅輻位。[35]

西南为宝幢顶如来，东嘎3号窟的宝幢顶如来身色为黑色，帕尔嘎尔布的身色为红色，卡俄普石窟的褪色严重，现在呈黑色，不排除原先为红色的可能；三座石窟中的宝幢顶如来均右手持幢。汉、藏译本中记载宝幢顶如来身色为赤黑色（སྐུ་མདོག་དམར་ཞིང་ནག་པ），壁画中则既有黑色又有赤色，可能与画师对文本的理解有关。

藏译本记载：ཧཱུཾ་གི་ས་བོན་ལས་བྱུང་བ། གཙུག་ཏོར་རྒྱལ་མཚན་དེ་བཞིན་གཤེགས། ཐུགས་ཀ་ནས་ནི་བྱུང་ནས་ཀྱང་། བདེན་བྲལ་མཚམས་ཀྱི་རྩིབས་ལ་ནི། པད་གནས་ཟླ་བའི་དབུས་ན་བཞུགས། སྐུ་མདོག་དམར་ཞིང་ནག་པ་ལ། ཡིད་བཞིན་ནོར་བུའི་རྒྱལ་མཚན་རྣམས། འགྲོ་བའི་སེར་སྣ་རྣམ་དག་མཛད།[36]

32《中华大藏经 · 丹珠尔》第34册，1998：1249。

33（宋）法贤译：《佛说大乘观想曼拏罗净诸恶趣经》，《大正新修大藏经》第19册，No. 939，1998：89。

34《中华大藏经 · 丹珠尔》第34册，1998：1250。

35（宋）法贤译：《佛说大乘观想曼拏罗净诸恶趣经》，《大正新修大藏经》第19册，No. 939，1998：89。

36《中华大藏经 · 丹珠尔》第34册，1998：1250。

汉译本记载：复次从心想出吽字，从吽字出生宝幢顶如来，身赤黑色相好具足，光焰炽盛照于三界，手持如意宝幢，能净众生贪嫉之垢，安于曼拏罗轮西南隅辐位。[37]

西北方为利佛顶如来，东嘎3号窟、卡俄普石窟和帕尔嘎尔布石窟中的利佛顶如来，身色皆为蓝色，右手持剑，左手持经书。汉、藏文译本中记载利佛顶如来身色如虚空色（སྐུ་མདོག་མཁའ་ལྟར་སྔོ་བ），即蓝色，右手持剑左手持经。壁画中描绘的身色和持物与文献记载一致。

藏译本记载：ཀྲྀ་ཡི་ས་བོན་ལས་བྱུང་བ། གཙུག་ཏོར་རྣོན་པོ་དེ་བཞིན་གཤེགས། ཉོན་མོངས་ཉེ་བའི་ཉོན་མོངས་དག གཅོད་མཛད་རལ་གྲི་ཕྱག་ན་བཟུང་ཞིང་། ཡི་ཡི་སྤྱན་ཤ་ཀ་མཚན་ཉིད་ཀྱི་བཞུགས།

汉译本记载：复次从心想出提字，从提字出生利佛顶如来，身如虚空色，相好具足光焰炽盛，照于三界利益众生，右手持剑左手持经，安曼拏罗轮西北隅辐位。[39]

东北方为白伞盖顶如来，卡俄普石窟该尊像被毁，身色、持物不明。东嘎3号窟与帕尔嘎尔布石窟的白伞盖顶如来身色均为白色，右手均持白伞盖。汉、藏文译本中描绘的白伞盖顶如来身色也均为白色，手持白伞盖。壁画中描绘的身色和持物与文献记载一致。

藏译本记载：ཀྲཱི་ཡིག་ས་བོན་ལས་བྱུང་བ། གཙུག་ཏོར་གདུགས་དཀར་དེ་བཞིན་གཤེགས། ཆོས་ཀྱི་བདག་པོར་གྱུར་པ་ནི། དབང་ལྡན་ཕྱིབས་སུ་དབྱུང་བར་བྱ། སྐུ་མདོག་དཀར་ཞིང་འོད་ཟེར་འབར། འདི་ཡི་ཕྱག་མཚན་གདུགས་བསྣམས་པའོ།[40]

汉译本记载：复次从心想出讫陵二合字，从讫陵字出生白伞盖顶如来，身纯白色相好具足，光焰炽盛照于三界，手持白伞盖，安曼拏罗轮东北隅辐位。[41]

37（宋）法贤译：《佛说大乘观想曼拏罗净诸恶趣经》，《大正新修大藏经》第19册，No. 939，1998：89。
38《中华大藏经 · 丹珠尔》第34册，1998：1250。
39（宋）法贤译：《佛说大乘观想曼拏罗净诸恶趣经》，《大正新修大藏经》第19册，No. 939，1998：89。
40《中华大藏经 · 丹珠尔》第34册，1998：1250。
41（宋）法贤译：《佛说大乘观想曼拏罗净诸恶趣经》，《大正新修大藏经》第19册，No. 939，1998：89。

如上，从八佛顶如来各尊像的身色、持物及方位来看，石窟壁画所绘各尊图像与汉、藏文译本中的记载基本相符，出现的个别差异可能与画师对文本的理解有关。

2. 四亲近菩萨

四亲近菩萨又称为四波罗蜜，丁穹拉康石窟、东嘎3号窟、卡俄普石窟及帕尔嘎尔布石窟皆以三昧耶来表现。藏、汉文译本中对四亲近菩萨的描述如下：

藏译本记载：ཧཱུྃ་ཧྲཾ་ཧྲི་ཨ་ཡི་སྔགས་ཀྱི་ནི། སྒེག་མོ་ལ་སོགས་ལྷ་མོ་བཞི། ཕྱུང་སྟེ་མཚམས་ཀྱི་ཆ་ཡི་ནི། པད་གནས་ཟླ་དཀྱིལ་དག་ཏུ་དགོད། སྐུ་མདོག་ཕྱག་མཚན་རིགས་ཀྱི་ཡུམ། རྒྱུད་ལས་ཇི་སྐད་གསུང་བཞིན་བྱ། དེ་བཞིན་མེ་ཏོག་བདུག་སྤོས་མ། མར་མེ་དྲི་ཡི་ལྷ་མོ་བཞི། གྲྭ་ཡི་ཆ་རུ་གནས་པ་ནི། གོ་རིམས་བཞིན་དུ་དབྱུང་བར་བྱ། སྔགས་དང་གདན་ལ་སོགས་པ་ནི། སྒེག་མོ་ལ་སོགས་བཤད་པར་བྱ།[42]

汉译本记载：从此真言出生四亲近菩萨，其身色仪相及手印相，并依法则，安于轮外四隅之位莲华月上座。复次从心想出香花灯塗嬉鬘歌舞八菩萨等。[43]

丁穹拉康石窟与东嘎3号窟在四方的莲瓣上绘三昧耶形四亲近菩萨，另外四瓣莲瓣空白未绘（图一三）；卡俄普石窟与帕尔嘎尔布石窟在四方绘三昧耶形四亲近菩萨，另外四瓣莲花绘宝珠。绘完四亲近菩萨后，依次绘制香花灯塗嬉鬘歌舞八供养菩萨。

图一三　丁穹拉康石窟壁画中的四亲近菩萨

42《中华大藏经·丹珠尔》第34册，1998：1250-1251。

43（宋）法贤译：《佛说大乘观想曼拏罗净诸恶趣经》，《大正新修大藏经》第19册，No. 939，1998：89。

3. 十六大菩萨

十六大菩萨绘于曼荼罗第三重，安于东南西北四方，每个方向四位；四角绘香花灯涂菩萨，四门处各绘四身守护菩萨。东门从右到左依次绘第一慈氏菩萨、第二不空见菩萨、第三除一切罪障菩萨、第四破一切忧暗菩萨：

藏译本记载：སྔགས་འདིས་བྱམས་པ་ལ་སོགས་པ། བཅུ་དྲུག་པོ་ནི་ཕྱུང་ནས་སུ། ཤར་གྱི་ཕྱོགས་ནས་བཙམས་ནས་སུ། བྱང་གི་སྒོ་ཡི་བར་དུ་དགོད། ཤར་སྒོ་ཡི་ནི་ཕྱོགས་གཉིས་སུ། བྱམས་པ་ལ་སོགས་རྣམ་པ་བཞི། པད་གནས་ཟླ་བའི་དབུས་སུ་ནི། སེམས་དཔའི་སྐྱིལ་ཀྲུང་དག་གིས་བཞུགས། བྱམས་པ་མདོག་སེམས་འོད་བཟང་པ། གཡས་ན་ཀླུ་ཤིང་མེ་ཏོག་བསྣམས། གཡོན་ན་སྤྱི་བླུགས་ལེགས་པར་འཛིན། བྱང་སེམས་རྣམ་དག་འཁྲུངས་ལས་བྱུང་། གཉིས་པ་མཐོང་བ་དོན་ཡོད་ནི། པདྨ་ལ་གནས་ཟླ་བ་བཞུགས། སྐུ་མདོག་ཡོངས་སུ་སེར་བ་ཉིད། གཡས་ན་པདྨ་བསྣམས་པའོ། པདྨའི་སྤྱན་དང་ཡང་དག་ལྡན། གཡོན་པའི་ཁུ་ཚུར་དཀུར་བརྟེན་པའོ། གསུམ་པ་ཁྲིབ་བདག་ངན་སོང་སྦྱོང་། པད་གནས་ཟླ་བ་ཉིད་ལ་བཞུགས། སྐུ་མདོག་དཀར་ལ་འོད་འབར་བ། ཕྱག་ན་ལྕགས་ཀྱུ་བསྣམས་པ་ཡིན། ཁྲམས་ཀྱི་གོ་རིམས་ཇི་བཞིན་པའི། དཀྱིལ་འཁོར་བཞི་པར་བཤད་པ་ལ། མྱ་ངན་མུན་པ་ཐམས་ཅད་ནི། ངེས་པར་འཇོམས་པའི་བློ་གྲོས་ནི། སྐུ་མདོག་དཀར་སེར་དག་ཏུ་སྣང་། འདི་ཡི་ཕྱག་རྒྱ་དབྱུག་པ་བསྣམས། གཡོན་པའི་ཁུ་ཚུར་དཀུར་བརྟེན་ཏེ། སེམས་དཔའི་སྐྱིལ་ཀྲུང་དག་གིས་བཞུགས། འདི་དག་ཤར་དུ་བཞུགས་པ་ཡི། བྱང་ཆུབ་སེམས་དཔའ་གྲགས་པ་ཡིན།[44]

汉译本记载：诵此真言时，又复观想，出生慈氏等十六大菩萨，是菩萨等于曼拏罗四方，各安四位。从初起首于曼拏罗东门。第一先安慈氏菩萨，身作黄色光焰炽盛，右手执龙花树枝左手执军持，于莲华月上跏趺而坐；第二位安不空见菩萨，身黄色，右手执莲华左手安腰侧，于莲华上跏趺而坐；第三位安除一切罪障菩萨，身白色光焰炽盛，右手执钩左手执军持，于莲华月上跏趺而坐；第四位安破一切忧闇菩萨，身黄白色光焰炽盛，右手持宝杖左手作拳安腰侧，于莲华月上跏趺而坐。[45]

南门从下到上依次为第一香象菩萨、第二勇猛菩萨、第三虚空藏菩萨、第四智幢菩萨：

藏译本记载：དེ་བཞིན་ལྷོ་ཡི་ཕྱོགས་སུ་ནི། སྔར་བཤད་པ་ཡི་རིམ་ཉིད་ཀྱིས། པད་གནས་ཟླ་བའི་དབུས་

44《中华大藏经 · 丹珠尔》第 34 册，1998：1251。

45（宋）法贤译：《佛说大乘观想曼拏罗净诸恶趣经》，《大正新修大藏经》第 19 册，No. 939，1998：90。

སུ་ནི། སེམས་དཔའི་སྐྱིལ་ཀྲུང་དག་གིས་བཞུགས། དང་པོ་སྤོས་ཀྱི་གླང་པོ་སྟེ། སྐུ་མདོག་དཀར་ལྗང་མཛེས་པར་སྣང་། འདི་ཡི་ཕྱག་རྒྱ་གཡས་ཀྱི་ནི། ཕྱག་ན་དྲི་ནི་བསྣམས་པར་མཛད། ཕྱག་གཡོན་དཀྱུར་ནི་བརྟེན་ནས་སུ། སེམས་ཅན་ཐམས་ཅད་རབ་གྲོལ་མཛད། བྱང་ཆུབ་སེམས་དཔའ་གཉིས་པ་ནི། དེ་མཚན་དཔའ་བར་འགྲོ་བའོ། སྐུ་མདོག་དུང་དང་ཀུན་ད་འདྲ། ཕྱག་གཡས་རལ་གྲི་བསྣམས་པར་མཛད། གཡོན་པའི་ཁུ་ཚུར་དཀྱུར་བརྟེན་པ། ཤིན་ཏུ་མཉམ་པར་བཞག་སྟེ་བསྒོམས། བདེ་གཤེགས་སྲས་པོ་གསུམ་པོ་ནི། ནམ་མཁའ་མཛོད་ཅེས་བྱ་བ་སྟེ། དམ་པ་ཆོས་ཀྱི་གང་བའི་མཛོད། སྐུ་མདོག་དག་ནི་དཀར་སེར་ཡིན། འདི་ཡི་ཕྱག་རྒྱ་ཕྱག་གཡས་ན། པདྨ་ལ་གནས་ཆོས་ཀྱི་མཛོད། གཡོན་པའི་ཕྱག་ནི་དཀྱུར་བརྟེན་ཏེ། མཁའ་ཀུན་ཁྱབ་པའི་ནོར་འཛིན་ཏོ། བྱང་ཆུབ་སེམས་དཔའ་བཞི་པོ་ཡང་། ཡེ་ཤེས་ཏོག་ཅེས་བྱ་བ་སྟེ། འདི་ཡི་སྐུ་མདོག་སྔོན་པོ་ལ། ཡིད་བཞིན་ནོར་བུ་རྒྱལ་མཚན་བསྣམས། གཡོན་པའི་ཁུ་ཚུར་དཀྱུར་འཇོག་ཅིག སེམས་ཅན་ཀུན་ལ་མི་འཇིགས་སྩོལ།[46]

汉译本记载：复次于曼拏罗南门安四菩萨。第一位安香象菩萨，身白绿色光焰炽盛，右手擎香象左手安腰侧；第二位安勇猛菩萨，身白玻璃月色，右手持剑左手作拳安腰侧；第三位安虚空藏菩萨，身如虚空色及黄白色，右手持莲华华上有妙法藏，左手安腰侧能持虚空性；第四位安智幢菩萨，身大青色，右手持如意宝幢，左手作拳安腰侧。是四菩萨皆于莲华上跏趺而坐。[47]

西门从右到左依次为第一甘露光菩萨、第二月光菩萨、第三贤护菩萨、第四炽盛光菩萨：

藏译本记载：ད་ནི་ནུབ་ཀྱི་ཕྱོགས་དག་གི། བྱང་ཆུབ་སེམས་དཔའ་བཞི་པོ་ཡང་། པདྨ་ཟླ་བའི་དཀྱིལ་འཁོར་ལ། སེམས་དཔའི་སྐྱིལ་ཀྲུང་དག་གིས་བཞུགས། དང་པོའི་མཚན་ནི་འདོ་དཔག་མེད། དེ་ཡིས་འོད་ཀྱི་རྣམ་པར་མཛེས། ཟླ་བའི་མདོག་ཅན་ཤིན་ཏུ་དཀར། ཕྱག་གཡས་ན་ནི་བདུད་རྩི་ཡིས། བུམ་པ་ཡང་དག་འཛིན་པར་མཛད། གཡོན་པའི་ཁུ་ཚུར་དཀྱུར་བརྟེན་པའོ། སངས་རྒྱས་སྲས་པོ་གཉིས་པ་ནི། དེ་མཚན་ཟླ་འོད་ཅེས་བྱ་བ། དེ་བཞིན་སྐུ་མདོག་དཀར་ལ་བཟང་། ཕྱག་རྒྱ་གཡས་པའི་ཕྱག་ན་ནི། པདྨར་གནས་པའི་ཟླ་ཚེས་ཏེ། གཡོན་པའི་ཁུ་ཚུར་དཀྱུར་བརྟེན་པའོ། བྱང་ཆུབ་སེམས་དཔའ་གསུམ་པ་ཡང་། མཚན་ནི་བཟང་སྐྱོང་ཞེས་བྱ་བ། སྐུ་མདོག་དཀར་དམར་དག་ཏུ་སྣང་། ཕྱག་རྒྱ་གཡས་པའི་ཕྱག་ལ་ནི། རིན་ཆེན་འབར་བ་རབ་ཏུ་བསྣམས། གཡོན་པའི་ཁུ་ཚུར་དཀྱུར་བརྟེན་པའོ། བྱང་ཆུབ་སེམས་དཔའ་ཞི་བའི་མཚན། དྲ་བ་ཅན་གྱི་འོད་ཅེས་བྱ། སྐུ་མདོག་དམར་ཞིང་འོད་འབར་བ། རྡོ་རྗེ་དྲ་བ་འཛིན་པར་མཛད།[48]

46《中华大藏经 · 丹珠尔》第 34 册，1998：1251-1252。

47（宋）法贤译：《佛说大乘观想曼拏罗净诸恶趣经》，《大正新修大藏经》第 19 册，No. 939，1998：90。

48《中华大藏经 · 丹珠尔》第 34 册，1998：1252-1253。

汉译本记载：复次于曼拏罗西门安四菩萨。第一位安甘露光菩萨，身如月色，右手持甘露瓶，左手作拳安腰侧；第二位安月光菩萨，身白色，右手持开敷莲华，华上有月，左手作拳安腰侧；第三位安贤护菩萨，身赤白色，右手持炽盛光明宝，左手作拳安腰侧；第四位安炽盛光菩萨，身赤色，二手持金刚半惹啰。是四菩萨皆于莲华月上跏趺而坐。[49]

北门从上到下依次为第一金刚藏菩萨、第二无尽意菩萨、第三辩积菩萨、第四普贤菩萨：

藏译本记载：དེ་བཞིན་བྱང་གི་སྒོ་ཕྱོགས་སུ། རྒྱལ་སྲས་སེམས་དཔའ་དང་པོ་ནི། རྡོ་རྗེ་སྙིང་པོ་ཞེས་བྱ་བ། སྐུ་མདོག་ཟོ་སྐྱ་འབར་བ་ལ། ཕྱག་གཡས་པ་ཡི་ཕྱག་ན་ནི། ཨུཏྤལ་རྡོ་རྗེ་དང་ལྡན་པའོ། ཕྱག་གཡོན་དཀུར་ནི་བརྟེན་པའོ། གཉིས་པའི་མཚན་ནི་བློ་གྲོས་ཀྱི། མཐར་ནི་མི་ཟད་པ་ཞེས་བྱ། ཀུན་དུ་ཟླ་བ་ལྟར་དཀར་ཞིང་། ཕྱག་རྒྱ་ཕྱག་ནི་གཉིས་ཀ་ཡིས། ཡེ་ཤེས་བུམ་པ་ལེགས་བསྣམས་ཏེ། སེམས་ཅན་ཀུན་ནི་རབ་ཚིམ་མཛད། སངས་རྒྱས་སྲས་པོ་གསུམ་པ་ནི། སངས་རྒྱས་ཀུན་གྱིས་བསྔགས་པའི་མཚན། དང་པོ་སྤོབས་པ་བཞག་པ་ལ། ཐ་མར་བརྩེགས་པ་ཞེས་བྱ་བ། སྐུ་མདོག་ཟངས་ལྟར་དམར་བ་སྟེ། ཕྱག་རྒྱ་གཡས་ན་པདྨ་ལ། གནས་པའི་རིན་ཆེན་བརྩེགས་པ་བསྣམས། གཡོན་པའི་ཁུ་ཚུར་དཀུར་བརྟེན་པའོ། རྒྱལ་བའི་སྲས་པོ་བཞི་པ་ནི། ཀུན་ཏུ་བཟང་པོ་ཞེས་བྱ་སྟེ། སྐུ་མདོག་སེར་ཞིང་འོད་བཟང་པ། ཕྱག་རྒྱ་གཡས་པའི་ཕྱག་རྒྱ་ནི། རིན་ཆེན་སྙེ་མ་བསྣམས་པར་མཛད། གཡོན་པའི་ཁུ་ཚུར་དཀུར་བརྟེན་པའོ། དེ་འདྲའི་ཚུལ་དང་རང་བཞིན་གྱིས། བྱང་ཆུབ་སེམས་དཔའ་ཐུགས་རྗེ་ཡི། བདག་ཅན་པད་གནས་ཟླ་དབུས་སུ། སེམས་དཔའི་སྐྱིལ་ཀྲུང་དག་གིས་བཞུགས།[50]

汉译本记载：复次于曼拏罗北门安四菩萨。第一位安金刚藏菩萨身青白色，右手执优钵罗花，花上有金刚杵，左手安腰侧；第二位安无尽意菩萨，身如军那花及如月色，二手持知阏伽瓶调伏诸众生；第三位安辩积菩萨，身浅绿色，右手持莲华华上有宝积，左手作拳安腰侧；第四位安普贤菩萨身黄色，右手执宝树枝，左手作拳安腰侧。是四菩萨皆于莲华月上跏趺而坐。[51]

帕尔嘎尔布石窟东壁恶趣清净曼荼罗中的十六大菩萨身色、持物保存较好，与《一切恶趣清净曼荼罗仪轨》和《佛说大乘观想曼拏罗净诸恶趣经》的记载基本一致；东嘎

49（宋）法贤译：《佛说大乘观想曼拏罗净诸恶趣经》，《大正新修大藏经》第 19 册，No. 939，1998：90。
50《中华大藏经 · 丹珠尔》第 34 册，1998：1253。
51（宋）法贤译：《佛说大乘观想曼拏罗净诸恶趣经》，《大正新修大藏经》第 19 册，No. 939，1998：90。

3 号窟的图像剥落严重，部分持物模糊不清，卡俄普石窟的壁画受损更为严重，褪色氧化较甚，无法将每一身菩萨与汉、藏文译本相对应，但从其配置方位及部分持物可以判断与《一切恶趣清净曼荼罗仪轨》大体吻合。

4. 四护门菩萨

四护门菩萨位于曼荼罗的四门处，《一切恶趣清净曼荼罗仪轨》和《佛说大乘观想曼拏罗净诸恶趣经》中记载，守护四门的依次为东门的金刚钩，南门的金刚索，西门的金刚锁和北门的金刚铃：

藏译本记载：ཛཿཡི་ས་བོན་ལས་བྱུང་བའི། ཤར་དུ་རྡོ་རྗེ་ལྕགས་ཀྱུ་ནི། ཀུན་དུ་ཟླ་བ་ལྟར་དཀར་བ། ཕྱག་གཡས་ཀྱིས་ནི་ལྕགས་ཀྱུ་བསྣམས། ཧཱུཾ་ཀྱི་ས་བོན་ལས་བྱུང་བའི། ལྷོ་རུ་རྡོ་རྗེ་ཞགས་པ་སྟེ། སྐུ་མདོག་སེར་ཞིང་འོད་འབར་བ། ཕྱག་ན་ཞགས་པ་ཡང་དག་བསྣམས། བཾ་གྱི་ས་བོན་ལས་བྱུང་བའི། ནུབ་ཏུ་རྡོ་རྗེ་ལྕགས་སྒྲོག་ནི། སྐུ་མདོག་རྣམ་པར་དམར་བ་སྟེ། ཕྱག་ན་ལྕགས་སྒྲོག་བསྣམས་པ་ཡིན། ཧོཿཡི་ས་བོན་ལས་བྱུང་བའི། བྱང་དུ་རྡོ་རྗེ་འབེབས་པ་ནི། སྣ་ཚོགས་མདོག་ཅན་འོད་པོ་ཆེ། ཕྱག་ན་དྲིལ་བུ་ལེགས་པར་བསྣམས། སྔར་བཤད་པ་ཡི་རིམ་གྱིས་ནི། སྒོ་བཞི་དག་ཏུ་སྤྱུང་ནས་ཀྱང་། པདྨ་ལ་གནས་ཟླ་དབུས་སུ། སེམས་དཔའི་སྐྱིལ་ཀྲུང་དག་གིས་བཞུགས།[52]

汉译本记载：复次观想四护门菩萨。初想嗡字，出生金刚钩菩萨身，如军那花及如月色，安曼拏罗东门位；次想吽字，出生金刚索菩萨，身黄色，手持金刚索安曼拏罗南门位；次想網字，出生金刚锁菩萨，身赤色，手持金刚锁，安曼拏罗西门位；次想呼字，出生金刚铃菩萨，身如玻瓈色，手持金刚铃，安曼拏罗北门位。此四菩萨具大慈悲皆于莲华月上跏趺而坐。[53]

东嘎 3 号窟、卡俄普石窟、帕尔嘎尔布石窟壁画恶趣清净曼荼罗四护门菩萨的方位、身色、持物与汉、藏文译本完全一致。

5. 其他

藏、汉译本下卷均详细记载了完整的恶趣清净曼荼罗的绘制过程。画毕曼荼罗四方四门，门各有楼，然后于中心画八辐轮，轮外画金刚围。轮心画释迦佛，八辐位画八大佛顶如来；次于四隅画四亲近菩萨，于第二重四隅画嬉鬘歌舞四菩萨，于第三重四隅画香花灯涂四菩萨，于四门画四护门菩萨，再于四方画十六大菩萨，于在山围内画八护世，于山围外东南隅画阿鼻等八地狱，西南隅画饿鬼趣，西北隅画种种畜趣，东北隅画

52《中华大藏经 · 丹珠尔》第 34 册，1998：1253-1254。

53（宋）法贤译：《佛说大乘观想曼拏罗净诸恶趣经》，《大正新修大藏经》第 19 册，No. 939，1998：90。

人趣[54]。关于十二天，在藏、汉译本中也有关于身色、方位、持物及坐骑的明确记载。

藏译本记载：གོ་རིམས་བཞིན་དུ་བྲི་བར་བྱ། བརྒྱ་བྱིན་གདན་ནི་གླང་པོ་ཆེ། དཀར་ཞིང་མཆེ་བ་དྲུག་ལྡན་ཡིན། གུར་གུམ་མདོག་ཅན་འགྲེང་བས་འདུག ཕོགས་ན་ཤ་ཅི་ཨུ་པ་ཡིས། ལག་པ་གཡོན་པ་དཀུར་འཇོག་ཅིང་། གཡས་པ་ཡིས་ནི་རྡོ་རྗེ་འཛིན། མེ་ཡི་གཟུགས་ནི་བྲི་བྱ་བ། ན་ཚོད་པོ་ནི་བརྒྱ་པ་ལ། ཁ་དོག་དམར་ཞིང་འོད་འབར་བ། སྤྱི་བླུགས་དང་ནི་དབྱིག་པ་འཛིན། གདན་དུ་ར་སྐྱེས་དམར་པོ་ནི། མེ་ཡི་ལྷ་ལ་བཏག་པར་བྱ། གཤིན་རྗེ་ནག་པོ་བྲི་བྱ་སྟེ། དེ་ཡི་གདན་ནི་མ་ཧེ་ཡིན། གཡོན་པའི་ཁུ་ཚུར་དཀུར་འཇོག་ཅིང་། གཡས་པ་ཡིས་ནི་དབྱུག་པ་འཛིན། ནག་མོ་དང་ནི་འཆི་བདག་གཉིས། ངོས་གཉིས་ན་ནི་འདུག་པ་བྲི། བདེན་བྲལ་ཕྱོགས་སུ་སྲིན་པོ་ནི། ཡི་དྭགས་གདན་ལ་འདུག་པ་ལ། མདོག་ནི་དམར་ཞིང་གནག་པར་སྣང་། འབར་བའི་འོད་དང་ལྡན་པ་ལ། ལག་པ་གཡོན་པ་དཀུར་འཇོག་ཅིང་། གཡས་ན་རལ་གྲི་འཛིན་པ་ཡིན། ནུབ་ཀྱི་ཕྱོགས་སུ་ཆུ་ཡི་ལྷ། ཁ་དོག་དཀར་ཞིང་ཅུང་ཟད་དམར། སྦྲུལ་གྱི་གདེངས་ཀ་དག་དང་ལྡན། སྟན་ནི་ཆུ་སྲིན་དམར་པོ་ཡིན། གཡས་ན་སྦྲུལ་ཞགས་འཛིན་པ་སྟེ། ལག་པ་གཡོན་པ་རིན་ཆེན་འཛིན། ཀླུ་དང་ཀླུ་མོ་རྣམས་ཀྱི་ནི། ཐན་མོ་འཁོར་དང་བཅས་པ་བྲི། རླུང་ནི་ཕྱོགས་སུ་རླུང་ལྷ་ནི། ནམ་མཁའི་མདོག་དང་འདྲ་བ་ལ། ཤ་བའི་སྟན་ལ་ཡང་དག་གནས། བ་དན་རྒྱལ་མཚན་ཐོགས་པ་བྲི། བྱང་དུ་གནོད་སྦྱིན་བདག་པོ་ནི། བཙོ་མ་གསེར་གྱི་མདོག་འདྲ་ལ། གཡོན་ན་རིན་ཆེན་སྣོད་འཆང་ཞིང་། གཡས་ན་རིན་ཆེན་སྙེ་མ་འཛིན། ཧ་དཀར་གྱི་ནི་གདན་ལ་བཞུགས ཆུང་མ་དང་ནི་བཅས་པར་བྲི། འབྱུང་པོའི་བདག་པོ་ཐལ་མདོག་ཅན། གཡས་ན་རྩེ་གསུམ་ཨ་ཐྲ་ཐོགས། གཡོན་ནི་སྤྱི་བླུགས་ཏུ་ཏཀྐཱ། ཁྲུ་མཆོག་སྟན་ལ་ཡང་དག་གནས། ས་ཡི་ལྷ་མོ་གསེར་མདོག་ཅན། པདྨའི་སྟན་ལ་གནས་པ་ལ། མདུན་དུ་ལག་པ་གཉིས་ཀྱི་ནི། བདུད་རྩིའི་བུམ་པ་འཛིན་པར་བྱེད། གཡས་ཕྱོགས་སུ་ནི་ལྷ་མ་ཡིན། ཁ་དོག་དམར་ཞིང་ནག་པ་ལ། གོ་ཆ་གྱོན་ཅིང་རལ་གྱི་འཛིན། ནང་ཚངས་འཛམ་ལ་བྲི་བར་བྱ། གཡོན་ཕྱོགས་སུ་ནི་ཟླ་བྲི་བ། མདོག་དཀར་ཆུང་མར་བཅས་པ་ལ། སྦྲུལ་གྱི་གདེངས་ཀར་བཅས་པ་བྲི། ལག་ན་རིན་ཆེན་སྣོད་ཐོགས་པ། མཆོག་སྦྱིན་གསེར་གྱི་མདོག་ཅན་ལ། གླིགས་བམ་དང་ནི་ཕྲེང་བ་ཐོགས། གཡོན་པ་མཆོད་སྦྱིན་སྤྱི་བླུགས་ནི། འཛིན་པ་ཉིད་དུ་ཡང་དག་བྲི།[55]

汉译本记载：于山围内画八护世。东方画帝释天，右手持金刚杵左手安腰侧，乘六牙白象，两边画天女，一名设尸二名乌哩嚩尸；东南方画火天，身赤色光明炽盛，右手执军持左手执宝杖，乘赤色羖羊；南方画夜摩天，身作绿色，左手作拳安腰侧，右手执宝杖，乘于水牛，两边画中天像；西南方画罗刹主，身赤黑色光如火聚，右手执剑左手安腰侧，以鬼为座；西方画水天，身黄白色头上现龙头，右手持羂索左手持妙宝，乘赤色摩竭鱼，两边画龙女及眷属等；西北隅画风天，身如虚空色，手持幡乘于鹿；北方画夜叉主，身如金色，右手

54（宋）法贤译：《佛说大乘观想曼拏罗净诸恶趣经》，《大正新修大藏经》第 19 册，No. 939，1998：93-94。
55《中华大藏经 · 丹珠尔》第 34 册，1998：1265-1266。

执宝树枝左手持宝囊，乘于白马，两边画夜叉女；东北隅画部多主，身如灰色，右手持三叉左手持金刚子军持，乘于黄牛；于曼拏罗前下面，画地天，身如金色，二手于胸前持甘露瓶，坐莲花座；于右边画阿修罗，身赤黑色被挂甲胄，手执利剑乘酤里哥龙；于左边画大龙王，身作白色坐于本座，手持宝器众宝盈满，及画二龙女，身作黄色具端严相，手持般若经数珠军持及施愿相。[56]

在卡俄普石窟，诸天绘制于恶趣清净曼荼罗最外围火焰金刚墙内侧，环绕四方四门一周，可惜左侧部分被毁，残存部分可辨有夜摩天等；东嘎3号窟的恶趣清净曼荼罗绘于窟顶，十二天绘于方形山墙内；在丁穹拉康石窟，恶趣清净曼荼罗最外围金刚墙外侧四角残存有小圆圈，推测为原来或许为十二天小像；帕尔嘎尔布石窟恶趣清净曼荼罗四周没有绘出十二天，在石窟内的其他壁面上绘十二天[57]，不能确定与恶趣清净曼荼罗的关系。因此，在十二天的绘制方面，图像与文献的记载不能完全对应。

藏、汉译本还记载了在四门楼绘有八吉祥，门颊绘有狮、象：

藏译本记载：སྒོ་བཞི་ཡི་ནི་ཕྱོགས་དག་ཏུ། གླང་ཆེན་དང་ནི་སེང་གེ་བྲི། རྟ་བབས་ཀྱི་ནི་ངོས་གཉིས་སུ། བཀྲ་ཤིས་བརྒྱད་པོ་ཡང་དག་བྲི། ཤར་དུ་དཔལ་བེའུ་འཁོར་ལོ་བྲི། ལྷོ་རུ་པདྨ་རྒྱལ་མཚན་ཏེ། ནུབ་ཏུ་གདུགས་དང་བུམ་པ་གཉིས། བྱང་དུ་དུང་དང་ཉ་བྲིའོ།[58]

汉译本记载：于四门外各于颊，画象及师子，于门二边画八吉祥。[59]

藏、汉译本略有差异，藏文本详细记录八吉祥的内容和方位：“东方绘吉祥结和法轮，南方绘莲花和胜幢，西方绘宝伞和宝瓶，北方绘海螺和双鱼。”丁穹拉康石窟和卡俄普石窟的恶趣清净曼荼罗四方城门门颊处绘有狮子和大象（图一四、一五）；而八吉祥的绘制则十分普遍，丁穹拉康、卡俄普石窟、东嘎3号窟以及帕尔嘎尔布石窟在四门楼处皆有绘制。

曼荼罗绘制完毕金刚墙后，在四隅绘制四道，藏、汉译本皆有记载：

56（宋）法贤译：《佛说大乘观想曼拏罗净诸恶趣经》，《大正新修大藏经》第19册，No. 939，1998：93-94。

57 张长虹：《西藏阿里帕尔嘎尔布石窟的图像程序》，载［奥］恭特朗·哈佐德、沈卫荣主编：《西藏宗谱：纪念古格·次仁加布藏学研究文集》，2018：576。

58《中华大藏经·丹珠尔》第34册，1998：1264。

59（宋）法贤译：《佛说大乘观想曼拏罗净诸恶趣经》，《大正新修大藏经》第19册，No. 939，1998：93。

图一四　丁穹拉康石窟曼荼罗城门门颊处描绘的狮、象

图一五　卡俄普石窟曼荼罗城门门颊处描绘的狮、象

藏译本记载：དཀྱིལ་འཁོར་ཕྱི་རོལ་ས་ཡི་ཆར། དམྱལ་བ་བརྒྱད་པོ་བྲི་བྱ་སྟེ། མཐར་མེད་པ་ལ་སོགས་པ་ནི། མེ་ཡི་ཕྱོགས་སུ་བྲི་བར་བྱ། བདེན་བྲལ་གྱི་ནི་ཕྱོགས་ཉིད་དུ། ཡི་དྭགས་འགྲོ་བ་བྲི་བར་བྱ། རླུང་གི་ཕྱོགས་སུ་ཕྱོལ་སོང་གི། འགྲོ་བ་སྣ་ཚོགས་བྲི་བར་བྱ། དབང་ལྡན་ཕྱོགས་ཀྱི་ཆ་རུ་ནི། མི་ཡི་འགྲོ་བ་ཡང་དག་བྲི།[60]

汉译本记载：于山围外东南隅，画阿鼻等八地狱，西南隅画饿鬼趣，西北隅画种种畜趣，东北隅画人趣，如是画已。[61]

60《中华大藏经 · 丹珠尔》第 34 册，1998：1266。

61（宋）法贤译：《佛说大乘观想曼拏罗净诸恶趣经》，《大正新修大藏经》第 19 册，No. 939，1998：94。

藏、汉文译本中明确记载曼荼罗的金刚墙外四隅绘地狱道、恶趣道、畜生道、人道，绘完四道后曼荼罗绘制完毕。丁穹拉康石窟、卡俄普石窟和帕尔嘎尔布石窟皆绘有四道，并且卡俄普石窟和帕尔嘎尔布石窟同文献记载相一致，四道则绘制于曼荼罗金刚墙外四隅，而丁穹拉康石窟中，四道绘制于窟门右侧，而不是曼荼罗四隅，可能是画师根据石窟的空间布局而做的灵活性变通。

此外，后期藏文文献中还有仁钦桑布学习并制作恶趣清净曼荼罗的相关记载。根据白玛噶波记载，仁钦桑布在迦湿弥罗从宝金刚学到了瑜伽部怛特罗传规和与此相关的曼荼罗仪轨。他成为诺布林巴（ནོར་བུ་གླིང་པ）的弟子，诺布林巴向他讲解了恶趣清净怛特罗，以及方便怛特罗 [不动佛（怛特罗）][62]。《仁钦桑布传记》中有其为父亲做恶趣清净曼荼罗的记载："从迦湿弥罗到脚旺，他以神行术只花了 6 天时间就抵达了，他说他的父亲已经逝世不在人世了。他说：'从迦湿弥罗返回后不去（东印度）的话就好了，感到非常后悔'。他为父亲做了 7 个恶趣清净曼荼罗。"[63]

通过上述将各窟恶趣清净曼荼罗中尊像的配置、方位、身色、持物以及四隅四道的绘制等与藏、汉译本的记载相比较，可以看出西藏阿里地区石窟壁画中绘制的恶趣清净曼荼罗与仁钦桑布所译《一切恶趣清净曼荼罗仪轨》中的描述十分接近，同时也与法贤所译《佛说大乘观想曼拏罗净诸恶趣经》的十分接近，图像与文本之间、藏汉译本之间几乎能够完全对应，由此笔者推测西藏阿里石窟壁画所绘恶趣清净曼荼罗的文本来源应为仁钦桑布所译《一切恶趣清净曼荼罗仪轨》。至于图像细节表现方面的细微差异，可能与石窟的空间布局及画师对文本的理解有关。完整的恶趣清净曼荼罗应包括金刚墙内的三十七尊像，山墙内的十二天，以及金刚墙外四隅的四道。法贤所译《佛说大乘观想曼拏罗净诸恶趣经》对应的藏文本也应为仁钦桑布译《一切恶趣清净曼荼罗仪轨》，而非《如来阿罗汉等正觉者清净一切恶趣威光王仪轨一份》。

三、小结

丁穹拉康石窟右壁所绘曼荼罗为恶趣清净曼荼罗，窟门右侧绘制的为四道，是恶趣清净曼荼罗的组成部分，可能由于空间壁面的限制未能将四道与曼荼罗绘于同一壁面。卡俄普石窟与帕尔嘎尔布石窟的恶趣清净曼荼罗在金刚墙外四隅绘四道，为标准的恶

62 [意] 图齐著，魏正中、萨尔吉主编：《梵天佛地》（第二册），上海古籍出版社，2009：26。
63 张长虹：《大译师仁钦桑布传记译注（下）》，《中国藏学》2014（1）：32。

趣清净曼荼罗。通过对 11-13 世纪西藏阿里地区发现的恶趣清净曼荼罗各尊像方位、身色、持物、门颊装饰等与相关的藏、汉译本相比较，认为其所依据的文本为仁钦桑布译《一切恶趣清净曼荼罗仪轨》，与宋代法贤译《佛说大乘观想曼拏罗净诸恶趣经》应为同源异译本。

◆ 卢素文　四川大学博物馆馆员，四川大学历史文化学院博士研究生

取舍之道：从夏鲁寺早期壁画看后弘初期西藏多元艺术元素的交融与重构*

杨鸿蛟

内容摘要：夏鲁寺早期壁画（1027-1045年）风格延承了吐蕃时期佛教艺术传统，对其他地域元素兼收并蓄，具有较强的多元性，是西藏后弘初期重要的壁画遗存。本文主要从人物造型、色彩、技法、头光和身光、背龛和宝座靠背、莲座、植物和动物、头饰和服饰等要素入手，通过与11-12世纪东北印度贝叶经插画，唐宋时期敦煌石窟与山西寺院壁画、塑像，高昌回鹘时期柏孜克里克壁画，以及同一时期西藏本土寺院壁画与唐卡绘画比对，对其壁画中所蕴含的东北印度波罗艺术、尼泊尔艺术以及内地与中亚艺术元素等多元风格艺术元素加以细致分析，借以丰富我们对于西藏佛教艺术的特质以及后弘初期西藏佛教艺术多元性的认识。

夏鲁寺位于西藏自治区日喀则东南，11世纪由吐蕃后裔介氏始建，13世纪末至14世纪上半叶利用元朝皇帝赏赐大规模扩建，是西藏中部地区唯一一处保存完好的11至14世纪寺院壁画遗存，壁画中所保留的大量珍贵的图像资料，是西藏中部佛教复兴历程

* 本文为国家社科基金重大项目“西藏阿里后弘期初的佛教遗存与多民族交融研究”（19ZDA177）阶段性成果。

中宗教和历史社会的折射和缩影，为探索汉、藏、印以及尼泊尔多边文化交流提供有力的例证。

按照绘制年代，夏鲁寺壁画可以分为初建时期（1027-1045 年）和扩建时期（13 世纪末 -1356 年）。相较于后者，夏鲁寺初建时期壁画还有较大的研究空间，如西方艺术史学者玛丽莲·莱因（Marylin M. Rhie）所言，这一时期（佛教后弘期）的西藏壁画风格"在西藏艺术中是最引人入胜，也最为复杂和困难的时期。只有极少数的作品有年代题记，以供断代和梳理，而来自不同传统的多样风貌，又很难理出头绪。"[1] 而夏鲁寺初建时期壁画风格则集中体现了这一多元性[2]，即主体呈现浓郁的东印度波罗艺术特征，并兼容汉地、中亚、尼泊尔和西藏本土等艺术元素。下文将从夏鲁寺初建时期壁画中的三种主要艺术元素来源，即东印度波罗艺术、尼泊尔艺术和内地与中亚艺术及其影响来对其进行探讨。

夏鲁寺初建时期壁画主要分布在一层护法殿内殿、马头明王殿和二层般若佛母殿内殿，题材包括佛说法图、眷属菩萨、星宿、供养天女和供养人像。

一、波罗（Pāla）艺术风格元素

在对夏鲁寺初建时期壁画风格细述之前，我们有必要对其构成主体印度波罗艺术加以说明和界定。印度波罗艺术是指在 8-12 世纪印度东部的孟加拉（Bangla）和比哈尔（Bihar）地区流行的造像艺术，主要在笈多时期（Gupta）艺术风格基础上演变形成，其尊像以造型修长和优雅著称。印度波罗时期主要存在三种绘画形式：壁画、布画和贝叶经插画，作为主体的壁画和确凿的布画业已不存，因此我们对波罗艺术风格特征的总

1 Marylin M. Rhie and Robert A. F. Thurman, *Wisdom and Compassion: The Sacred Art of Tibet*, New York: Harry N. Abrams, 2000: 42. 张亚莎：《11 世纪西藏的佛教艺术：从扎塘寺壁画研究出发》，北京：中国藏学出版社，2008：29。

2 对于其风格已有学者图齐（Giuseppe Tucci）、熊文彬、张亚莎、维塔利（Roberto Vitali）、艾米·海勒（Amy Heller）、米歇尔·汉斯（Michael Henss）等不同程度的论述：Roberto Vitali, *Early Temples of Central Tibet*, London: Serindia Publications, 1990: 89-122. 汉译本参见熊文彬译：《西藏中部早期寺院》，未刊本。Amy Heller, "Did Atiśa Visit Zhalu Monastery? Tracing Atiśa's Influence on Tibetan Iconography." In *Buddhist Art and Tibetan Patronage Ninth to Fourteenth Centuries: Proceedings of the Ninth Seminar of the International Association for Tibetan Studies*, eds. Deborah Klimburg-Salter and Eva Allinger, Leiden: Brill, 2000: 45-58. Amy Heller, "The Paintings of Grathang: History and Iconography of an 11th century Tibetan Temple." *Tibet Journal*, 2002: 39-72. 张亚莎：《11 世纪西藏的佛教艺术 : 从扎塘寺壁画研究出发》，2008。

结，主要是基于大量的印度石雕像和散落于各地的梵文贝叶经插图[3]及部分被推测为印度画师所作的唐卡而得出的。然而，由于不同艺术种类的表现手法有别，雕塑与壁画的区别自不待言，贝叶经插图尺幅较小，通常纵 7 厘米，横 7-10 厘米，画风简略，只选取最为重要的图像元素，构图多为单尊或主尊配以小尊眷属，在具体技法和表现细节上的丰富性上难以比拟大尺幅的壁画[4]，很难将其作为界定整个波罗绘画艺术风格的基准品。因此，印度波罗绘画风格的提法尚不谨严，为表述准确，下文将以元素、母题或艺术特征来替代波罗艺术中风格一词较为恰当。对于东印度波罗绘画艺术，诸多学者均已对其特征加以归纳和总结，这些特征主要体现在：

（1）人物造型上，面部呈卵圆型，菩萨装尊像的发髻高束，正面多呈柱状，饰尖叶形发冠[5]；菩萨和佛母，无论立姿还是坐姿，均身姿折曲，略显夸张。

（2）色彩和技法上，常见以黄、红、蓝、绿、黑、白六种纯色绘制[6]，以线条造型和色彩平涂为主，辅以简单的晕染，与尼泊尔风格绘画中讲求以色彩来突出立体感的表现方式不同[7]。

（3）典型波罗艺术装饰带：画框边缘常见以金属艺术品中的宝石镶嵌工艺为母本的装饰带，即以深棕色为底，其内以黄色勾勒边缘线和纹样，内饰间隔排布的蓝色莲瓣和橘红色三角形，空白处缀以细密的黄色小点（图一）[8]，这与尼泊尔绘画中金色或黄色的条带边框相异[9]，也是两种艺术风格的重要区别之处。这种装饰带常见于唐卡和壁画的外框边缘以及画面中佛塔等建筑物和头光的边缘。

（4）标志性头光装饰：头光左右两侧由蹲踞或站立的卷尾摩羯鱼（makara）、鹅鸟

---

3 据统计，现存世界各地的印度波罗梵文贝叶经藏品约 280 部，尼泊尔梵文贝叶经藏品约 70 部，参见 Susan L. Huntington and John C. Huntington, *Leaves from the Bodhi Tree: The Art of Pāla India (8th-12th Centuries) and Its International Legacy*, Dayton: The Dayton Art Institute, 1990: 295.

4 Susan L.Huntington and John C. Huntington, *Leaves from the Bodhi Tree: The Art of Pāla India (8th-12th Centuries) and Its International Legacy*, 1990: 101.

5 David P. Jackson, *Mirror of the Buddha: Early Portraits from Tibet*, New York: Rubin Museum of Art, 2011: 2.

6 Susan L. Huntington and John C. Huntington, *Leaves from the Bodhi Tree: The Art of Pāla India (8th-12th Centuries) and Its International Legacy*, 1990: 101.

7 Amy Heller, "Did Atiśa Visit Zhalu Monastery? Tracing Atiśa's Influence on Tibetan Iconography." 2000: 49. J. P. Losty, "Bengal, Bihar, Nepal? Problems of Provenance in 12th Century Illuminated Buddhist Manuscripts, Part 1." *Oriental Art* 35, no. 3, 1989: 86.

8 Susan L. Huntington and John C. Huntington, *Leaves from the Bodhi Tree: The Art of Pāla India (8th-12th Centuries) and Its International Legacy*, 1990: 190, pl. 59.

9 David P. Jackson, *Mirror of the Buddha: Early Portraits from Tibet*, 2011: 2.

图一 《般若八千颂》贝叶经插图。东印度或孟加拉，12 世纪，水彩，贝多罗树叶，美国洛杉矶郡立美术馆藏（M72.1.23）

（haṃsa）、共命鸟或乐神乾闼婆（gandharva）来支撑[10]，有别于尼泊尔风格绘画中摩羯鱼尾羽卷曲更为夸张的样式。

夏鲁寺初建时期壁画中，以一层护法殿门廊西壁和二层般若佛母殿门楣上方壁画中的波罗艺术元素最为典型和浓郁。前者保存状况更为完好，主要题材为佛说法图，共具四铺（图二、图三）。与同一时期西藏扎塘寺主殿每铺佛说法图构图相似，即主尊释迦牟尼佛位于画面中央，听法众比丘和菩萨众分上下四到五排对称分列于左右，呈四分之三侧面面向主尊踞坐，身色不一，每排左右各三人或四人不等，上两排主要为比丘，下两排均为菩萨，画面底部为莲池，顶部或丛林植物或为大型彩虹背光。每铺壁画均有不同程度的重绘，编号 I 和 IV 铺的重绘面积较大，接近 70% 的重绘，而编号 II 和 III 两铺重绘面积相对较小，重绘部分主要是画面中央约有 60 厘米宽的幅面，从底部到顶部贯通，呈带状。重绘部分以尼泊尔艺术风格绘制而成，与初建时期壁画风格迥异，应为

10 David P. Jackson, *Mirror of the Buddha: Early Portraits from Tibet*, 2011: 2.

图二　夏鲁寺护法殿门厅西壁佛说法图壁画：编号 III（廖旸拍摄，2009）

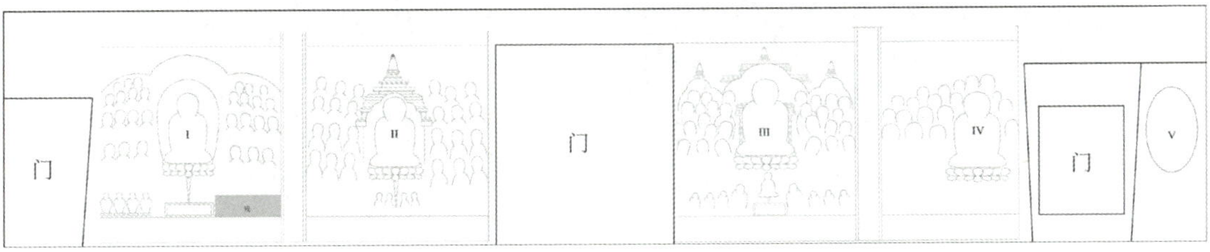

图三　夏鲁寺护法殿门厅西壁壁画分布示意图（常红红、贾维维、张中亚、杨鸿蛟绘图，常红红制图）

元代夏鲁寺扩建时期所绘[11]。波罗艺术特征主要体现在两侧听法的比丘和菩萨以及主尊背龛和植物等图像上。

后者由于壁面污垢和贴擦残迹，壁画图像残损较重。题材为菩萨，共具六尊，呈横向构图，据题记确知其中三尊为宝生、普贤和金刚手菩萨。每尊均身呈深棕色，正面跏趺坐，造像构图和造型也基本一致，仅在持物、手印和装饰细节上存在差异。两处壁画虽然在构图、尺幅和内容上存有差异，但在绘画技法和菩萨脸型、发髻装饰、头光边缘套色画法以及禽鸟、植物等细节上较为一致，甚至可能为同一批画师所作（图四 - 图八）。

11 Roberto Vitali, *Early Temples of Central Tibet*,1990: 89-122. Amy Heller, "Did Atiśa Visit Zhalu Monastery? Tracing Atiśa's Influence on Tibetan Iconography." 2000: 45-58.

图四　夏鲁寺般若佛母殿门楣上方壁画（杨鸿蛟拍摄，2017）

图五　夏鲁寺般若佛母殿门楣上方菩萨壁画（局部）

图六　夏鲁寺般若佛母殿门楣上方菩萨壁画（局部）：宝生菩萨

图七　夏鲁寺般若佛母殿门楣上方菩萨壁画（局部）：金刚手菩萨

图八　夏鲁寺般若佛母殿门楣上方菩萨壁画（局部）：普贤菩萨

图九　贝叶经夹经板彩画（部分），印度比哈尔，1075-1100 年

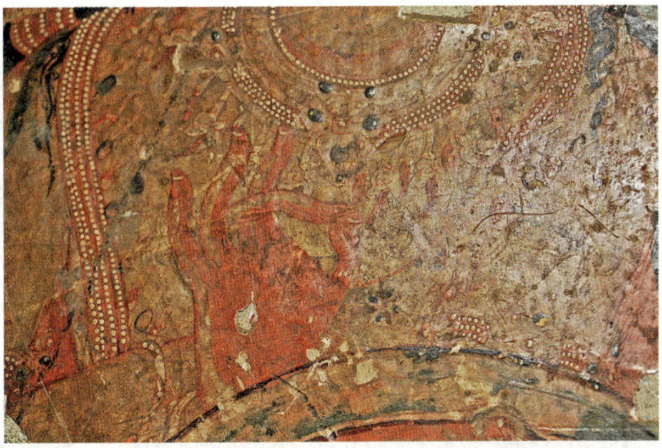

图一〇　夏鲁寺护法殿门厅西壁佛说法图壁画（编号 II）菩萨细节（廖旸拍摄，2009）

下文将以这两处壁画遗存为例，分别从其人物造型、色彩、技法、头光和身光、背龛和宝座靠背、莲座、植物和动物、头饰和服饰等要素入手，对其波罗艺术风格元素加以详细分析。

1. 人物造型、色彩与技法

造型上，尊像面部均呈卵圆型，发际线较低，呈连弧状，肩膀和胸部较为健硕，腰肢细瘦，腹部圆润，手心和脚心均涂红，菩萨筒形高发髻，披肩发丝卷曲；正面尊像可以看到明显的右曲折姿，即头偏向左边，肩和腰则扭向相反方向。特别说明的是在对于菩萨腋窝细节的表现和处理，大多有一条波罗艺术绘画中常见的短线（图九）。

色彩和技法上，基本以蓝、黄、绿色为主，采取平涂，复勾线条，色彩较明亮，颜料水性强，线条精细，富有弹性，在部分图像的边缘加以细微晕染进行过渡，瓔珞和项链上有沥粉堆金痕迹，表面形成凹凸感（图一〇）。

位于护法殿门廊西壁南侧 II 号一铺中的两尊菩萨是最为精美之作（图一一、一二），两者均使用了印度贝叶经插画中常见的线条和涂色方法，即深色肤色勾勒更暗色彩的轮廓线，黄色肤色勾勒红色轮廓线[12]。前者以淡绿色平涂面部和躯体肤色，与明红色头光形成对比，再通过颜色稍暗的墨绿色的线条勾画菩萨五官和面部、身体轮廓，眉毛和嘴唇中部以及鼻孔勾描较粗的黑线，线条虚实有度、流畅自如、富有弹性，然而画

12 Susan L. Huntington and John C. Huntington, *Leaves from the Bodhi Tree: The Art of Pāla India (8th-12th Centuries) and Its International Legacy*, 1990: 101.

图一一　夏鲁寺护法殿门厅西壁佛说法图壁画（编号 II）菩萨细节（廖旸拍摄，2009）

图一二　夏鲁寺护法殿门厅西壁佛说法图壁画（编号 II）菩萨细节（廖旸拍摄，2009）

师并不是按照透视方法理解线条，鼻梁的线条反倒并不明显，眼窝、下颌、额头与发髻边缘、面颊、耳廓边缘和身体轮廓线内侧略加晕染，增添了人物的活力和生动性，这一点在同一铺图一二的黄色身菩萨上体现的更为明显，红色轮廓线和晕染的处理使得人物面庞更加鲜活，富于光辉。

然而，值得注意的是，在人物面部和头光中出现了印度贝叶经插画中并不常见的淡红色和紫红色（图一二），主要体现在色彩更为丰富的护法殿门廊西壁壁画中。印度的绘画传统中多以纯色表现[13]，而这两种颜色也出现在 11-12 世纪的扎塘寺（图一三）和西藏唐卡、经板画图像的莲瓣、宝座的元素上，后者还曾在 12 世纪尼泊尔护经板画中的莲瓣和建筑卷草花纹中见到（图一四）[14]。

13　Susan L. Huntington and John C. Huntington, *Leaves from the Bodhi Tree: The Art of Pāla India (8th-12th Centuries) and Its International Legacy*, 1990: 101.

14　《八千颂》护经板彩画，尼泊尔，12 世纪，5.4×56.2×1.3 厘米，洛杉矶郡立博物馆藏（M.77.19.1a-b）。笔者对于这一色彩的关注最初源于 2017 年 8 月故宫博物院罗文华研究员的提示与研究心得的分享。

图一三　扎塘寺祖拉康一层内殿壁画菩萨局部，11世纪（谢继胜拍摄，2011）

图一五　扎塘寺祖拉康一层内殿文殊与弥勒菩萨对坐图壁画（局部），11世纪（谢继胜拍摄，2011）

图一四　《八千颂》护经板彩画（局部），尼泊尔，12世纪，洛杉矶郡立博物馆藏（M.77.19.1a-b）

另外还有两种技法值得关注，一种是在尼泊尔绘画中较为常见的以黑线定型和区隔的技法（图一四），但在12世纪的东北印度贝叶经插画中亦可见到。例如在护法殿门廊西壁II铺中椭圆形树冠和般若佛母殿内殿门楣上方的棕榈树，它们的外周均有明显的一圈黑线来进行区隔，只是尚不明显。

另一种是运用白色颜料在头冠和臂钏等处镶嵌宝石上、宝缯褶皱边缘和指甲外端进行点缀和勾描，突出物体的质感，增强画面立体感（图一〇），在宝石上点出高光点的画法，同样是在在该壁的I和III铺上也有部分出现，但后两种画法未见。由于贝叶经插画尺幅的原因，这些细节很少能被表现出来，但也偶见于12世纪印度贝叶经插图的边饰宝珠上。卫藏地区同时期其他壁画和唐卡中也鲜见此种画法，仅在扎塘寺佛殿文殊与弥勒菩萨对法壁画中和11-12世纪卫藏唐卡主尊中见有（图一五），在扎塘寺还见有类似的以白色线条勾勒卷草边缘的画法。

2. 头光和身光

头光及其装饰是辨别波罗艺术风特征的要素之一，然而在夏鲁寺波罗艺术风格壁画中则呈现出更为多样化的面貌。首先，仅就头光来说，其形制多呈椭圆型或马蹄型，底色紫红色、红色、绿色和深蓝色，样式大约可以分为三种：（1）素色，主要分布在护法殿门廊西壁IV铺（图一六），与印度贝叶经插画接近，但后者主要为白底，并

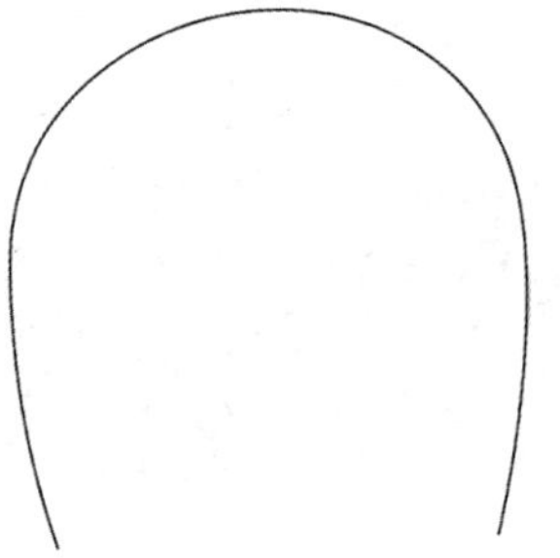

图一六　夏鲁寺护法殿门厅西壁佛说法图壁画头光形制一线描图

图一七　夏鲁寺护法殿门厅西壁佛说法图壁画头光形制二线描图

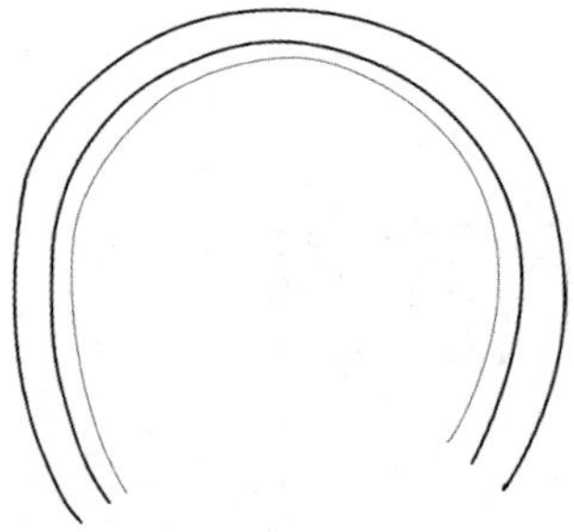

图一八　夏鲁寺护法殿门厅西壁佛说法图壁画头光形制三线描图

在近边缘处勾勒红色或黄色细线；（2）套色：即在外缘处有一条撞色条形装饰带，有的为黄色底红绿蓝三色错莲镶嵌样式（图一七）；（3）套色 + 细线，即在第二种套色样式的基础上，在接近头光内侧边缘的地方勾勒一条细线（图一八），与这一时期西藏本土波罗绘画的典型头光接近，但略有差异，后者还会在外侧装饰以红蓝彩线的金色火焰纹边缘。三种样式的头光在扎塘寺一层佛殿佛说法图壁画中也均有呈现，其中以第二种套色类型在夏鲁寺初建时期波罗艺术风格壁画中最为常见。

其次是头光两侧的装饰，主要有两种样式：（1）一种为上述典型的卷尾摩羯鱼或鹅鸟或乐神乾闼婆，部分摩羯鱼和乾闼婆呈回首状，分布在般若佛母殿内殿门楣上方六尊菩萨壁画中[15]。细致观察，可以看出六尊菩萨头光两侧的卷尾样式各不相同，一尊菩萨头光两侧装饰为逐渐上升递减的金地红色暗纹卷草（图一九），与印度贝叶经插画中常见的样式相类似（图二〇），但在西藏本土唐卡和壁画中却鲜见；另两尊菩萨的卷尾头光装饰呈波浪型卷曲上升，这在同一时期印度和西藏本土波罗绘画中的均不常见；还有一尊菩萨的则为卷曲上升的连环状，则为这一时期西藏本土波罗绘画中典型的头光两侧装

15　据法国学者 Bautze-Picron 研究指出，头光两侧立于横梁上的鸟兽图案，在印度最初为只是鹅的样式，而且最先是在石雕造像上出现，12 世纪之后才在贝叶经插画中的流行，11 世纪中大多只是椭圆形头光，并无鹅鸟装饰；乐神乾闼婆样式在此基础上演变而出，在 12 世纪那烂陀石雕像中可以看到这一样式；摩羯鱼样式的头光装饰可以追溯到 9 世纪的那烂陀石雕像，但在印度主要作为拱龛和建筑外侧装饰，并不像西藏这般常作为头光装饰出现。这或可为壁画年代的确定提供了部分佐证。Claudine Bautze-Picron, "The Elaboration of a Style: Eastern Indian Motifs and Forms in early Tibetan (?) and Burmese Painting." In *The Inner Asian International Style, 12th-14th Centuries, Papers Presented at a Panel of the 7th Seminar of the International Association for Tibetan Studies, Graz, 1995*. Wien: Verlag der Österreichischen Akademie der Wissenschaften, 1998: 31-32.

图一九　夏鲁寺般若佛母殿门楣上方金刚手菩萨壁画头光细节（杨鸿蛟拍摄，2017）

图二〇 《般若经》贝叶经插图，印度比哈尔，12 世纪，私人藏品（采自 Pratapaditya Pal, Julia Meech-Pekarik, *Buddhist Book Illuminations*, 1988: 81, PL.12）

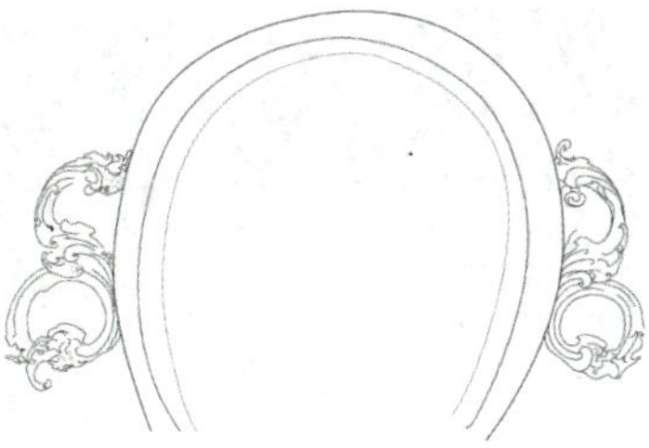

图二一　夏鲁寺护法殿门厅西壁佛说法图壁画头光及其装饰线描图

饰的一种，在印度 12 世纪贝叶经插画中亦可见到原型。（2）另一种头光装饰是较为简略的卷草纹（图二一），主要见于护法殿门廊西壁 II 铺上，这在同一时期印度雕塑和西藏本土波罗艺术风格绘画中以及西夏时期东千佛洞第 2 窟中可以见到。

再次是身光样式上，主要呈覆钟型，其图案装饰有两种：（1）一种为素色，即底色多为绿色、红色、深蓝色或为已经变为灰白的颜色，部分边缘有装饰带，与扎塘寺一层佛殿佛说法图中主尊背光样式相似（图七、二二）。（2）一种为靠垫样式，有以红色或绿色抑或棕色底暗纹卷草纹（图二三），还有 11 世纪印度梵文贝叶经插画常见的横条纹配以斜菱形暗纹的图案（图二四）[16]。

3. 建筑背龛和宝座靠背

两处壁画中出现了两种典型的印度艺术风格背龛，均来自于印度建筑的原型。一种是三座三叶拱形锥体型龛相联样式，位于护法殿门廊西壁 III 铺上（图二、二五），龛型类似于印度锡卡罗（śikhara）建筑结构。在印度古文献中，锡卡罗意指像山一样的宗教场所，即有一个向上隆起的部分，暗指“宇宙之山”默鲁山，或其山峰凯拉萨峰

16　参见 Pratapaditya Pal, Julia Meech-Pekarik, *Buddhist Book Illuminations*, New York: Ravi Kumar Publishers, 1988: 57, fig.12,《般若经》贝叶经插图，印度比哈尔，1075-1080 年，The Asiatic Society, Calcutta.

图二二　扎塘寺祖拉康一层内殿佛说法图壁画 11 世纪（谢继胜拍摄，2011）

图二三　夏鲁寺护法殿门厅西壁佛说法图壁画（编号 II）比丘细节（廖旸拍摄，2009）

图二四　夏鲁寺护法殿门厅西壁佛说法图壁画（编号 III）菩萨细节（廖旸拍摄，2009）

图二五　夏鲁寺护法殿门厅西壁佛说法图壁画（编号 III）塔龛线描图

图二六　贝叶经夹经板彩画，印度比哈尔，1150-1200 年，洛杉矶郡立美术馆藏（采自 Pratapaditya Pal, Julia Meech-Pekarik, *Buddhist Book Illuminations*, 1988: 71, fig. 23a）

（Kailasha）。在印度建筑中主要指在北方那揭罗（nagara）类型庙宇内殿的上层结构。这种锡卡罗龛被认为是 12 世纪东印度贝叶经插图中的常见母题 [17]，三叶拱形锡卡罗龛在孟加拉和比哈尔东部地区的图像中更为常见 [18]，13 世纪的绘画中拱叶形制有所变化，即中

17 Claudine Bautze-Picron, "The Elaboration of a Style: Eastern Indian Motifs and Forms in early Tibetan (?) and Burmese Painting."1998: 20.

18 J. P. Losty, "Bengal, Bihar, Nepal? Problems of Provenance in 12th Century Illuminated Buddhist Manuscripts, Part 1." *Oriental Art* 35, no. 3, 1989: 95. 他之所以这样认为，是由于这种带有分叶形拱龛的建筑形式通常会出现在超戒寺（Vikramaśīla）和恒河三角洲地区绘制的手抄本上。

图二七　夏鲁寺护法殿门厅西壁佛说法图壁画（编号 III）背龛装饰细节（廖旸拍摄，2009）

间部分的比例被极度拉大，两边拱叶被缩小，甚至演变成单拱[19]；沿拱形边沿装饰一圈莲瓣形边饰和垂落状的 U 型瓔珞和花鬘，这种瓔珞和花鬘装饰在印度贝叶经插画中并不常见[20]。这种三联三叶拱形龛在 12-13 世纪的印度贝叶经插画中找到相似的样式（图二六）。

从建筑顶端的锡卡罗建筑结构可以看出，画师对这一建筑结构已不是十分理解，建筑原型为从下至上层层递减的塔型，每层之间有空隙，在印度雕塑和贝叶经插画中对其进行艺术化处理，中间开龛，置佛像。而此处锡卡罗塔的造型已经完全为宝石镶嵌的两个斜边，中间开龛，内饰宝珠（图二七），同时期的西藏唐卡中也有部分这种变形处理。此外，据 Bautze-Picron 研究，印度波罗艺术中主尊和眷属的拱龛建筑顶层形制不同，主

19 Claudine Bautze-Picron, "The Elaboration of a Style: Eastern Indian Motifs and Forms in early Tibetan (?) and Burmese Painting."1998: 23.

20 Claudine Bautze-Picron, "The Elaboration of a Style: Eastern Indian Motifs and Forms in early Tibetan (?) and Burmese Painting."1998: 23.

尊冠以锡卡罗塔，而眷属则多为 āmalaka 或者 caitya 塔[21]，而夏鲁寺这一处与这一点并不相同。

另一种是单座五叶拱形锡卡罗（śikhara）佛塔样式，位于护法殿门廊西壁 II 铺上（图三），Bautze-Picron 根据部分现藏大英图书馆两函 12 世纪梵文贝叶经插图[22]指出，12 世纪这种分叶拱形龛在印度从三叶发展为五叶拱[23]。

两处壁画中也出现了典型印度建筑构件样式的的宝座靠背图像，其中以般若佛母殿内殿门楣上方眷属菩萨宝座图像最为清晰和完整（图七）。形制呈方形，横梁为单层，两端出挑，并装饰波罗风格中的三角形装饰，立柱和横梁交叉的外侧下方挂彩色绶带，横梁上立对称的两只卷尾摩羯鱼或鹅鸟或乐神乾闼婆，夹在头光两侧，其外罩马蹄型大背光，而非拱形建筑，背光底色为深蓝、绿或前述已经变为灰白的底色，大背光和背龛横梁与立柱上绘波罗风格中常见的装饰带，装饰带以深棕色为底，其内以黄色勾勒边缘线和纹样，内饰间隔排布的蓝色莲瓣和橘红色三角形宝石，空白处缀以细密的黄色小点，模仿宝石镶嵌工艺中錾刻的底子。

这一时期印度和西藏本土波罗绘画中大背龛或为三联拱形建筑，或为素色边缘的圆拱形，而般若佛母殿这种装饰宝石镶嵌条形带的形式并不常见。然而这种大马蹄背光配建筑构件式宝座的形制较为流行，例如大英图书馆藏 12 世纪贝叶经插画绿度母、大都会艺术博物馆藏约 1075-1200 年的喇嘛像卫藏唐卡、西夏黑水城出土的释迦牟尼佛唐卡上。

4. 莲座

两处壁画中的莲座均为波罗艺术中的扁圆形上下对称式仰覆莲座，莲瓣肥厚，莲瓣上排宽下排扁，瓣尖卷曲纹样偏向一侧，每瓣莲瓣在近边缘处以留白和晕染的方式勾勒卷边和瓣尖，台面为黄色，部分装饰圆圈纹样，似乎表现莲子，台面外缘绘一圈绿色边，莲瓣与台面转折处的立面上以细密的红色竖线表现莲蕊，按照色彩和造型细节上的差别，可以细分为三种：（1）素色，底色为绿（图二八），风格简约，出现在护法殿门廊西壁 I 中；（2）是前一样式的变体，莲瓣以紫红、绿、深蓝等颜色相间排布，上下左

---

21 Claudine Bautze-Picron, "The Elaboration of a Style: Eastern Indian Motifs and Forms in early Tibetan (?) and Burmese Painting."1998: 19.

22 J. P. Losty, "Bengal, Bihar, Nepal? Problems of Provenance in 12th Century Illuminated Buddhist Manuscripts, Part 1." 1989: figs. 1-9, 14.

23 Claudine Bautze-Picron, "The Elaboration of a Style: Eastern Indian Motifs and Forms in early Tibetan (?) and Burmese Painting."1998: 22.

图二八　夏鲁寺护法殿门厅西壁佛说法图壁画（编号 I）莲座细节（廖旸拍摄，2009）

图二九　夏鲁寺般若佛母殿门楣上方普贤菩萨壁画莲座细部（杨鸿蛟拍摄，2017）

图三〇　夏鲁寺护法殿门厅西壁佛说法图壁画（编号 III）莲座细节（廖旸拍摄，2009）

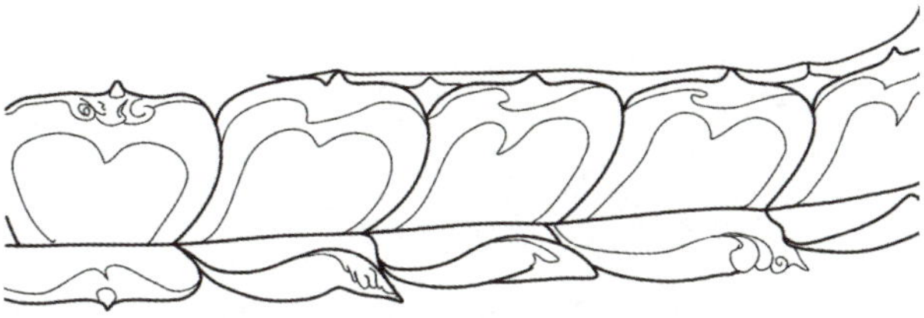

图三一　夏鲁寺护法殿门厅西壁佛说法图壁画（编号 III）莲座线描图

右颜色错开，位于护法殿门廊西壁 II 和般若佛母殿内殿门楣上方壁画（图二九）中，这种样式莲座与黑水城 465 窟窟顶五方佛莲座样式较为相似；（3）同样为错莲，但较于前者更为繁复，下排莲瓣向前伸展翻卷，且厚度较小，注重莲瓣瓣尖的卷曲装饰，并利用套色方法，运用紫红、黄和绿色区别莲瓣边缘、莲瓣中央和莲瓣背面结构，见于护法殿门廊西壁 III 的下排菩萨壁画（图三〇、图三一）。这种套色样式的莲座与 11-13 世纪卫藏地区和西夏时期唐卡与壁画中较为简洁的套色莲座莲瓣有所区别，瓣尖和下排莲瓣更为卷曲自然，与扎塘寺说法图壁画莲瓣具有异曲同工之妙（图二二）。值得说明的是前两种简约的莲座样式在 11-12 世纪东印度贝叶经插画中常见。

5. 植物和动物

细观两处壁画，画师对于画面背景的动物和植物形象的表现，尤为生动，且品类多样，这种自然趣味的特征，虽然很难在 11-13 世纪卫藏地区波罗艺术绘画中见到，但与现存 12 世纪部分东北印度波罗艺术样式贝叶经插画的风格特征尤为相似[24]，体现了夏鲁寺画师对于仪轨之外的自然趣味的探索和追求。

24　参见 Pratapaditya Pal, Julia Meech-Pekarik, *Buddhist Book Illuminations*, 1988: 71, fig.22, 贝叶经夹经板彩画，印度比哈尔，1140 年，木质，6.3 × 57 厘米，波士顿美术馆藏。

图三二　夏鲁寺护法殿门厅西壁佛说法图壁画（编号 II）细节（廖旸拍摄，2009）

图三三　夏鲁寺护法殿星宿壁画（局部）（廖旸拍摄，2009）

以护法殿门廊西壁 II 铺为例，画面上方以黑色为底，上排人物的背后以棕榈树和椭圆形树冠来表示丛林，树冠叶似菩提榕树，树林后面再以表面装饰花苞瓔珞线的大面积白色做背景，其上画满印度佛教石刻中常见的大象、马、牛、羚羊、狗、鹿、虎、熊、猴、野猪以及孔雀、鸭子、鹦鹉、鸽子等鸟兽，甚至还有西藏本土的牦牛、戴胜鸟等动物，画法稚拙，画师通过棕榈树对鸟兽等动物的前后遮挡关系来表现空间上的纵深感（图三二）；在毗邻的 III 铺说法图上方还见有类似无忧树和芒果树的植物形象（图二七）。

另如，在般若佛母殿内殿门楣上方壁画中，每尊菩萨的头光上方均配有叶似菩提榕树和无忧树的树冠，树冠上间或停落鹅和戴胜等对鸟；并在两尊之间穿插风格化明显的棕榈树，以示意区隔，棕榈树呈对称式的五叶或七叶，以细密的线条表现棕榈树叶边缘散落的姿态，与 12 世纪东北印度波罗艺术贝叶经插画中的表现极为相似（图四至图八、图二六）。

再如，六尊菩萨下方为以莲叶和须状瓔珞花枝缀满空间的莲池，这在波罗贝叶经插画、福特绿度母唐卡和汤加寺尼玛拉康回廊内壁的早期度母壁画中乃至东千佛洞第 2 窟西夏时期绿度母壁画中均有极为相似的表现（图七）；画面以蜿蜒生出的莲枝和莲座将六尊菩萨统一起来，构思巧妙，莲华根茎从底部正中莲池涌出，一分为三，分向左中右延伸，并在每尊菩萨莲座和每两尊菩萨之间分枝，用以承托各尊菩萨和禽鸟（图四），这种造型方式在蒲甘壁画中有相似表现。

6. 头饰和服饰

此外，在头饰和服饰上，波罗艺术样式也贯穿始终，发冠多为多层尖叶形，每层为两片或三片冠叶，具扇形宝缯，缯带蜿蜒上举；圆盘形耳铛，尖叶形臂钏，圆环形手镯，双层项链，外层珠链饰有一圈垂饰，披素纹帛带，搭系于左肩，肩披瓔珞，垂挂于胸前。

下身着深色短裙，裙子边缘在小腿外侧和两腿之间呈三个连弧形，贴合于莲台上方，腰间系瓔珞腰带，部分下饰一圈圆形挂饰，腰带两端堆叠搭衬于大腿外侧；据 Bautze-Picron 研究，这几种服饰元素至少在 Mahīpāla I（913-944 年）时期即已各自出现，但直至 11 世纪末才完全组合在一起。此外，在裙和披巾上装饰小碎花，突出其棉质透明或半透明的花布质感的表现方式也是于此时出现[25]。

此外，我们还在护法殿中星宿图壁画中看到了较为本土化和简率风格的波罗艺术特征。画家在表现诸星宿时（图三三），舍弃了前述夏鲁寺波罗艺术壁画中对头饰、衣饰和背景等繁复装饰细节的突出，用笔极简，力求以色彩和法器及坐骑对不同星宿形象加以区分和变化，重视对人物姿势和体态以及眼神灵动性的刻画，以此来突显人物神态，用寥寥数笔的简率方式来刻画星宿人物的神髓和意趣，这也说明了夏鲁寺早期壁画画家不仅对波罗艺术的基本风格和特征了然于胸，而且更能够根据题材和供养人的需要、凭借自身的想象力予以创造性的发挥和改造，在其笔下，波罗艺术呈现出更加本土化的一面，在吐蕃时期卫藏绘画遗存暂时缺失的前提下，至少相对于时代略晚、本土化技艺更为纯熟的扎塘寺主殿早期壁画而言，夏鲁寺早期壁画应是这一趋势的尝试和发轫阶段。

二、尼泊尔艺术元素

在夏鲁寺早期的壁画中，东北印度波罗艺术元素无疑是其主要风格元素。而在西乌孜大殿北侧的马头明王殿中，我们同样看到了将中亚和波罗艺术元素有机融入的具有浓郁尼泊尔艺术特征的壁画。壁画位于殿堂四壁上方一周，主要为立姿菩萨和天女，共计 49 尊，均面向主尊塑像大日如来（图三四），手持法器供器作印不一。由于表面涂有清油，偏色严重，部分蓝色和绿色已褪色成灰黑色，而黄色和红色等颜色较于一般夏鲁寺

25 Claudine Bautze-Picron, "The Elaboration of a Style: Eastern Indian Motifs and Forms in early Tibetan (?) and Burmese Painting." 1998: 38. 另参见 Susan L. Huntington and John C. Huntington, *Leaves from the Bodhi Tree: the Art of Pāla India (8th-12th centuries) and its International Legacy*, 1990: cat. 58c.《般若经》贝叶经插图，印度比哈尔，12 世纪中叶，Vigrahapāla III（1055-1070 年）时期的贝叶经插画年。

图三四　夏鲁寺马头明王殿东壁立姿菩萨和天女壁画（局部）（王辰拍摄，2020）

早期佛殿壁画色彩更加明亮艳丽，因此很难将其作为夏鲁寺早期壁画的原色加以参照。这些壁画风格元素多元、复杂，并不排除重绘的可能性。因为在东侧门楣上方的阿閦佛说法图中，可以看到很明显的重绘痕迹，尤其是莲瓣样式甚至与 17 世纪后期勉萨画派中的莲瓣有相似之处。仅就这 49 尊菩萨和天女众而言，还未见有明显的 14 世纪甚或之后的风格元素，因此暂且将其下限判定在 13 世纪较为稳妥。

画师在绘制过程中将多种风格元素圆融一处，在人物身体造型和体态上，虽与中亚立佛和尼泊尔立姿菩萨均有所相似，然而在面部造型上，与尼泊尔风格样式更为接近[26]。

菩萨服饰上更为多样，有赤裸上身、披帛带、饰尖叶形宝宝冠等装饰、下身着裙裤的印度样式，有头戴缠头饰尖叶形宝冠、身着翻领藏袍饰蹀躞七饰、足踏藏靴的西藏本土样式，也有头饰卷叶冠、身着短衣、下着长短裙的疑似中亚样式，更有头束高冠、身着斜开襟紧身短衣、下身着疑似东南亚服饰的样式，从这一点上可以看出与护法殿门廊和扎塘寺壁画中一样的趣味趋向，即将多种地域艺术元素圆融，只是在处理手法上更为含混难辨。例如在第一种样式中，发冠主要为波罗风格中的尖叶形，但已然有所变形，形制硕大，装饰简单趋于平面，而臂钏和耳铛则为尼泊尔艺术中的简化样式（图三四）；再如第三种疑

26　参见 Pratapaditya Pal, Julia Meech-Pekarik, *Buddhist Book Illuminations*, 1988: 117, fig. 40, 佛经夹经板彩画，尼泊尔，12 世纪，木质，5.6 × 32.8 厘米，印度国家博物馆藏。

似中亚样式中，仅有发冠和裙较为统一，而短衣则在中亚艺术中难以见到。

背光和莲台形制上，主要是脱胎于中亚样式（图三五），即头光配舟形身光和覆莲莲座的样式，但已然以波罗样式对其加以改造，头光为马蹄形，而非中亚的原型；身光见有中亚样式的彩虹边缘、波浪形虹光和卷曲的火焰边，同时也有加有套色宽边，内部边缘画有细线的夏鲁寺壁画中常见的波罗样式的一种；莲座在中亚样式，即长圆形莲台外饰一周外展莲叶样式的基础上，大大改造了莲叶的样式，融入了卫藏地区典型的波罗艺术样式。

树冠的画法可与敦煌 158 窟的吐蕃占领时期敦煌参比，但不同的是菩提叶外轮廓勾描金色细线，树干多瘤弯曲，与 11 世纪以来尼泊尔贝叶经板画十分相似。

对于马头明王殿眷属菩萨和天女壁画中出现的这种混杂的风格特征，有一种解释更为合理，即它是以尼泊尔绘画风格重新绘制的，艺术元素上保留了初建时期波罗、中亚、汉地多种艺术元素融合的特征，但在绘画技法，主要是按照尼泊尔菩萨身体和面部

图三五　柏孜克里克第 15 窟《佛本行经变 · 迦叶佛授决定记图》壁画，10-11 世纪，高昌回鹘时期，现存俄罗斯彼得堡艾尔米塔什博物馆（魏文拍摄，2017）

图三六　夏鲁寺般若佛母殿菩萨壁画（廖旸拍摄，2009）

造型绘制，其重绘年代至晚不晚于13世纪。这种多种艺术元素杂糅的现象在般若佛母殿内殿四隅的供养天女和四摄菩萨壁画中亦有出现，其主体仍为东印度波罗艺术特征，但是在部分菩萨发冠、裹裙、背光（图三六）中出现了明显的尼泊尔艺术元素，这也应是缘于壁画重绘的缘故。

三、汉地与中亚艺术元素

夏鲁寺初建时期壁画还融汇了大量的内地与中亚艺术元素，它们主要体现在部分菩萨与比丘的人物形象、画面背景和边饰图案以及天顶木板彩画中，其中汉地样式的菩萨发冠与同时代的内地菩萨塑像十分接近。

1. 菩萨与比丘

夏鲁寺初建时期的汉地样式菩萨壁画中约有八处，主要集中在护法殿说法图与马头明王殿眷属菩萨壁画中，这些具有汉地样式特征的菩萨均头戴扇形宝冠，两鬓发辫绕耳挽过，肩披宽大的帛带。其中护法殿的两尊菩萨壁画汉地艺术特征尤为明显（图三七），

图三七　夏鲁寺护法殿门厅西壁佛说法图壁画（编号IV）局部（廖旸拍摄，2009）

图三八　山西大同下华严寺薄伽教藏殿辽代观音菩萨塑像，1038年（采自《中国寺观雕塑全集》(3)，黑龙江美术出版社，2003：图版18）

图三九　榆林窟第3窟西夏时期文殊菩萨变相壁画局部，12-13世纪（采自《中国敦煌壁画全集》(10)，天津人民美术出版社，2010：图版192）

图四〇　夏鲁寺护法殿门厅西壁佛说法图壁画（编号 II）汉地样式菩萨细节（廖旸拍摄，2009）

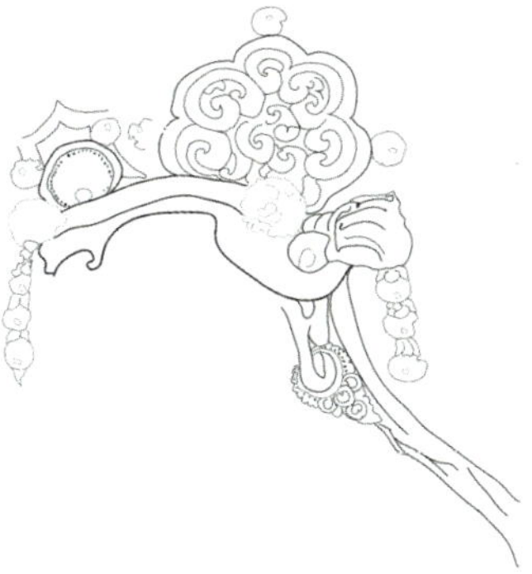

图四一　夏鲁寺护法殿门厅西壁佛说法图壁画（编号 II）汉地样式菩萨头冠线描图

图四二　柏孜克里克第 20 窟《佛本行经变 · 发心供养品》比丘像壁画，10-11 世纪，高昌回鹘时期，现存俄罗斯彼得堡艾尔米塔什博物馆（魏文拍摄，2017）

其面容与画法明显区别于具有印度波罗艺术特征的菩萨，脸颊丰满，双目狭长呈鱼形，上下以弧线刻画眼廓，鼻翼边缘呈直角，前额发际呈连弧形，五官线条粗细均匀一致，坚挺有力，令人联想起 7-8 世纪由于阗地区传入汉地的屈铁盘丝绘画技法。两尊菩萨发冠均呈五瓣连弧形，形制较高，连弧衔接处饰卷草，并悬挂蓝红色璎珞，这与唐、宋、辽、金时期菩萨塑像中筒形高华冠十分类似（图三八、三九）。护法殿的另一尊汉式菩萨，其面容特征和画法汉风并不明显，但画工对于头冠的刻画较于前两尊更为细致（图四〇、四一），可以看出头冠包含了前后两部分，前部分为配以宝珠的圆形装饰，后部分为类似前两尊的五瓣连弧形发冠，两端饰垂蔓，整体形制与宋、辽、金、西夏时期菩萨塑像和壁画中的发冠相似，甚至与高昌回鹘时期的柏孜克里克壁画也可进行参比（图四二）。同样的特征也体现在护法殿说法图壁画中的四尊听法比丘形象上，其中两尊与前述两尊菩萨位于同一铺面，身着三衣僧装，五官采用了同样的屈铁盘丝画法，双目狭长，眉梢长垂，具络腮胡，其中一尊以较为夸张的手法表现了西域和汉地比丘图像中常见的头顶光秃的特征（图四三、四四）。

图四三　夏鲁寺护法殿门厅西壁佛说法图壁画（编号 IV）局部（廖旸拍摄，2009）

图四四　柏孜克里克第 20 窟《佛本行经变·发心供养品》比丘像壁画，10-11 世纪，高昌回鹘时期，现存俄罗斯彼得堡艾尔米塔什博物馆（魏文拍摄，2017）

2. 波浪纹背光

值得一提的是，在夏鲁寺初建时期汉式菩萨和比丘图像中（图四五、四六），常常伴有具有放射状的波折纹背光，其图像可追溯至始于盛唐，流行于中晚唐的敦煌石窟壁画[27]以及高昌回鹘石窟壁画中的波浪形背光（图三五），这种由条条光芒变体而形成的道道波浪纹，在柏孜克里克回鹘高昌石窟中十分常见，常与周围有簇簇叶纹而组成的火焰纹组合一体。同样在库木吐拉石窟典型受到回鹘绘画影响石窟中也可以见到这种装饰图案的佛像头光、身光[28]。这种背光纹样或可追溯至唐代敦煌壁画中。在卫藏地区，这种类型的背光和头光在扎塘寺塑像和壁画背光中被表现得淋漓尽致（图四七、四八），相较而言，夏鲁寺早期壁画中的这种波浪纹样背光更为粗旷和简率。值得关注的是在两处壁画遗存中，这种波浪纹头光和背光多出现在具有中亚和汉地艺术特征的听法佛弟子和菩萨形象中，可见画师在运用这一元素时多少是将其与中亚或汉地文化背景联系起来。

27　段文杰：《中国敦煌壁画全集》（6），天津人民美术出版社，2010：200，图版 192，敦煌莫高窟第 148 窟南龛西披三面四臂观音壁画，8 世纪中叶。

28　新疆石窟研究所编：《西域壁画全集：（4）》，乌鲁木齐：新疆美术摄影出版社，2015：284，图版 254。

图四五　夏鲁寺马头明王殿南壁立姿菩萨壁画局部（王辰拍摄，2020）

图四六　夏鲁寺护法殿门厅西壁佛说法图壁画（编号 I）局部（廖旸拍摄，2009）

图四七　扎塘寺祖拉康一层内殿塑像头光　11 世纪（谢继胜拍摄，2009）

图四八　扎塘寺祖拉康一层内殿佛说法图壁画　11 世纪（谢继胜拍摄，2009）

图四九　夏鲁寺般若佛母殿天顶木板彩绘中四方连续独立排布的圆环形卷草装饰图案

图五〇　夏鲁寺般若佛母殿天顶木板彩绘中的双狮泥塑贴饰

随着藏传佛教艺术东传对西夏佛教艺术的影响，这一背光元素也再次经过西藏艺术的提炼出现在西夏时期的东千佛洞壁画中。

3. 卷草装饰

夏鲁寺初建时期壁画边饰与殿堂的天顶木板彩绘中绘制了不同形制、层次丰富的卷草图案，其影响可探源到唐代盛行的团花和卷草纹，其中也不乏受到早期中亚地区文化影响的连珠纹图案。这些装饰图案主要采用绿、红、蓝、桔色色调，以莲花为基础进行变体和不同形制的组合。

在天顶木板上，卷草装饰图案主要以圆环形为框架构图，或是四方连续独立排布的（图四九），或是套联式排布。前一种排布方式类似于汉地织物上四方连续的团花图案，四组圆环之间以十字形花叶装饰，圆环内的构图为四朵或八朵莲花围合而成，中心装饰圆形花盘，部分花盘中嵌有外饰一周连珠纹的泥塑双狮贴饰（图五〇）。在敦煌中唐时期石窟 201 窟的窟顶藻井中也见有相似的图案构图[29]，天顶彩绘装饰以狮子的图例在同时期的羌姆石窟中也可以见到[30]。在几组四朵莲花构图的圆环图案中，我们看到了中亚艺术中常见的装饰元素联珠纹以及具有明显早期西域壁画特征的持莲童子形象（图五一），持莲童子的面部特征与画法与早期西域艺术中受到犍陀罗艺术影响的天使和弟子形象十分相似的。套联式排布圆环构图（图五二），在同时期的西藏坚利寺、羌姆石窟以及 12 世纪的蒲甘石窟中也出现了同样的窟顶纹样[31]，汉地《营造法式》中称这种纹样为“球璐

29　段文杰：《中国敦煌壁画全集》（7），2010：8，图版 8，敦煌莫高窟第 201 窟窟顶茶花藻井，8-9 世纪。
30　夏格旺堆：《定结恰姆石窟——直苍区域内规模最大的佛教石窟寺》，《中国西藏》2015（5）：80-84。
31　夏吾卡先：《西藏林周县坚利寺的调查与研究》，《文物》2015（2）：79，图一二。

图五一　夏鲁寺般若佛母殿天顶木板彩绘中连珠纹禽鸟衔莲与持莲童子图案

图五二　夏鲁寺般若佛母殿天顶木板彩绘中套联圆环卷草图案

图五三　夏鲁寺护法殿门厅西壁佛说法图壁画（编号 II）边框装饰中的卷草图案（廖旸拍摄，2009）

图五四　夏鲁寺护法殿门厅西壁佛说法图壁画（编号 IV）上方的卷草图案（廖旸拍摄，2009）

图五五　夏鲁寺般若佛母殿壁面上方壁画中的帷幔装饰局部

图五六　夏鲁寺般若佛母殿帷幔装饰壁画细节

图五七　夏鲁寺般若佛母殿帷幔装饰壁画细节

图五八　印度阿旃陀石窟第17窟壁画中的瑞兽卷草图案，5世纪下半叶（采自定金計次《アジャンター壁画の研究（図版編）》，中央公論美術出版，2009：351）

图五九　敦煌莫高窟第148窟南龛壁画边框装饰中的卷草图案，8世纪中叶（采自段文杰：《中国敦煌壁画全集》（6），2010：200，图版191）

纹”，但在敦煌石窟壁画的天顶彩绘中出现较晚，主要是在西夏时期的榆林窟第3窟窟顶和第10窟甬道顶中。

护法殿壁画边框装饰中的卷草纹样（图五三），构图上采用了唐草蜿蜒折曲的缠枝植物构图，画法上更趋装饰性，主要采取圆形的葵花形花冠，花冠从外到内共三层，即蓝色花叶、紫红色花瓣和绿色莲蓬，一层护法殿说法图壁画上方卷草纹的花冠中央还被绘制成黄色花苞和四瓣的茶花样式（图五四）。在般若佛母殿壁画上方的帷幔装饰中，体现了多种艺术元素融合的特征，主体构图采用印度佛教艺术中兽面衔璎珞横向排布的框架，莲花唐草纹则穿插其中（图五五）。帷幔上缘为人首鸟身和摩羯鱼卷草，图案样式可追溯至印度笈多时期阿旃陀石窟壁画中的瑞兽卷草装饰（图五六-五九），但从卷草的样式上来看，更接近于敦煌石窟中的唐草边饰图样，卷草中穿插花冠。

小结

夏鲁寺初建时期壁画艺术风格主要延承了吐蕃时期以桑耶寺为代表的三样式佛教艺

术传统，对其他地域元素兼收并蓄，具有较强的多元一统性，主要呈现了三种主要艺术元素，即东印度波罗艺术、尼泊尔艺术以及内地与中亚艺术元素。但通过对人物造型、色彩、技法以及头光和身光、背龛和宝座靠背等绘画要素的分析，不难发现，夏鲁寺早期壁画艺术并非是对不同艺术风格的照抄照搬，而是以自身的审美和理解对其加以不同程度的改造和取舍，既与后弘初期扎塘寺、羌姆石窟等其他壁画遗存具有相同的多种风格相融的特征，但其中的具有波罗艺术特征的壁画，较于其他，则更为接近 11-12 世纪东北印度的贝叶经插画风格，从而显示了夏鲁寺壁画艺术本身的独特性和创造力。这种对于不同艺术风格有意识的取舍和融合的审美取向和艺术表现，逐渐内化成为西藏画师本土化风格的重要特征，即使在至 13 至 14 世纪尼泊尔艺术风格鼎盛时的夏鲁寺壁画中仍然在延续。

◆ 杨鸿蛟　中国藏学研究中心西藏文化博物馆副研究馆员

西藏甘丹彭措林寺大经堂“了义经”壁画研究

——兼论壁画的题材与风格 *

闫雪

内容摘要：藏传佛教觉囊派祖师笃布巴根据佛陀三转法轮经典划分出二十部了义经，于17世纪初经由觉囊派第二十八代法主多罗那他的设计指导，将这二十部经典以变相形式表现出来，分散绘制于原为觉囊派祖寺的西藏拉孜县彭措林寺大经堂的四面墙壁上。这些壁画近年来备受国内外学界关注，然迄今为止尚未有学者对壁画图像进行完整的辨识。本文将对其中以“了义经”为主的经变题材壁画进行解读，并对其复古与创新并举的画风及以其为代表的西藏经变题材绘画进行讨论。

藏传佛教觉囊派祖师笃布巴 · 喜饶坚赞（དོལ་པོ་པ་ཤེས་རབ་རྒྱལ་མཚན། 1292-1361 年）在确立觉囊了义他空见的判教思想时，根据佛陀三转法轮经典划分出二十部了义经典，包括“如来藏十经”（སྙིང་པོའི་མདོ་བཅུ）和“了义十经”（ངེས་དོན་མདོ་བཅུ）。觉囊派第二十八代法主多罗那他（ཏཱ་ར་ནཱ་ཐ། 1575-1634 年）继承了笃布巴的佛学思想，并在其主持修建于1615 年的达丹丹曲林寺（རྟག་བརྟན་དམ་པའི་ཆོས་ཀྱི་གླིང），即今西藏自治区拉孜县甘丹彭措林

* 本文在写作过程中得到了中国社会科学院廖旸老师多方面的帮助和赐教，谨致谢忱！

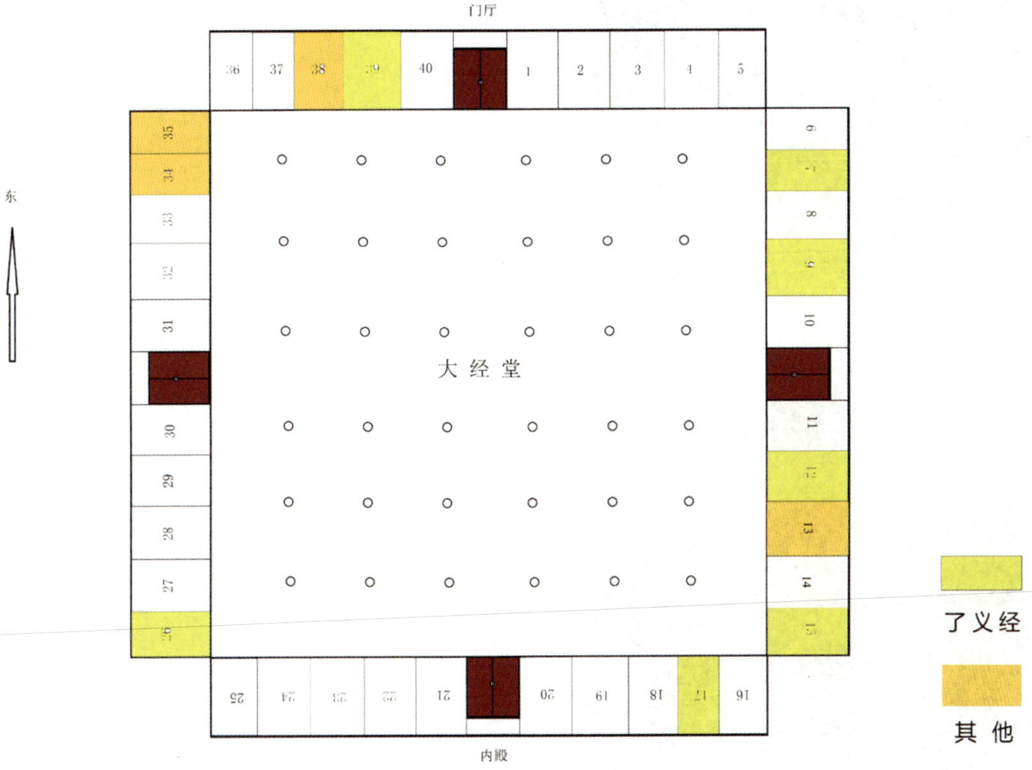

图一　大经堂壁画编号示意图（本文线描图均由闫雪绘制）

寺（དགའ་ལྡན་ཕུན་ཚོགས་གླིང，简称彭措林寺）集会大殿一层大经堂的四面墙壁中，将这二十部经典以图像形式表现出来。除这二十部经典外，大经堂壁画还包括了《时轮根本续》《文殊根本续》和佛传故事等内容，共计四十铺。每铺高约 2.2 米，宽约 2 米，下方均有藏文题记，部分残毁。在前期研究中，笔者已对壁画的藏文题记进行了识读研究[1]，并对其中的如来藏十经壁画进行了解读[2]。本文将继续按照自经堂正门开始的顺时针次序对以了义经题材为主的十一幅壁画内容进行辨识分析（图一）。

1　闫雪：《西藏甘丹彭措林寺大经堂壁画题记识读与研究》，《中国藏学》2014（3）：160-169。美国耶鲁大学安德鲁·昆特曼与弗吉尼亚大学科蒂斯·谢夫教授亦对大经堂壁画题记进行了研究，见 Andrew Quintman and Kuitis R. Scharffer, “The Life of the Buddha at Rtag brtan phun tshogs gling Monastery in Text, Image, and Institution: A Preliminary Overview.”《藏学学刊》第 13 辑，2015（2）：32-73；熊文彬和孜强·边巴旺堆教授对大经堂壁画的汉式风格进行了探讨，参见熊文彬、孜强·边巴旺堆：《西藏拉孜县平措林寺祖拉康大殿壁画的题材与风格及其流派初探》，《藏学学刊》第 14 辑，2016（1）：72-89。

2　闫雪：《西藏甘丹彭措林寺大经堂“如来藏十经”壁画研究》，《故宫博物院院刊》2020（12）：48-58。

图二　No.7《金光明经》壁画（马宁提供，图片凡未注明者，均为马宁提供）

图三　No.7《金光明经》壁画线描示意图

一、图像辨识

1.《金光明经》（No.7）

据题记“འཕགས་པ་གསེར་འོད་དམ་པའི་མདོ་བཀོད་བཞུགས་སོ།།”可知，此画据《金光明经》（འཕགས་པ་གསེར་འོད་དམ་པའི་མདོ）而绘（图二，图三）。该经为笃布巴所定“了义十经”之

一，有三种藏译本[3]，目前很难确定壁画出自哪种译本，因三译本中以法成（འགོས་ཆོས་འགྲུབ）的汉文藏译本，即《金光明最胜王经》内容最为完整，共30品[4]，故暂以此本为参照。通过图文分析可知，壁画主体部分图像与第2品“寿量品”[5]内容相契合，同时也表现了“序品”及其他个别品次内容。

“寿量品”讲述了佛住王舍城灵鹫山，有妙幢菩萨（བྱང་ཆུབ་སེམས་དཔའ་མཛེས་པའི་ཏོག）疑佛寿命仅八十岁，时四方四佛即现身于莲花之上，放大光明照王舍城，告妙幢菩萨佛陀寿命之事。壁画中人物均被围在一宫墙之中，佛陀端坐中央，身后可见宫殿。佛陀全跏趺坐于画面正中，左手下垂结触地印，右手置右膝处结与愿印，较为罕见。自佛双肩及腰部两侧各飘出一团浮云，其上各现一尊化佛，共四尊，均趺坐于莲座之上。这一场景构成了该铺壁画的主体，并可在经文中找到相应描述：“时彼菩萨于世尊所，作是念时，以佛威力，其室忽然广博严净，帝青琉璃种种众宝，杂彩间饰，如佛净土，有妙香气过诸天香，芬馥充满。于其四面各有上妙狮子之座，四宝所成，以天宝衣而敷其上。复于此座有妙莲花，种种珍宝以为严饰，量等如来自然显现。于莲花上有四如来，东方名阿閦、南方名宝相（རིན་ཆེན་མཚན）[6]、西方名无量寿、北方名微妙声（ལྷའི་རྔ་སྒྲ་དབྱངས）[7]，是四如来自然而坐狮子座上，放大光明照王舍城，及此三千大千世界……”。[8]如示，经文描述正与壁画场景契合，其中所说莲花上四如来当正是壁画中的四尊化佛。四佛中位于佛陀右下方者残（图三-A），身色不辨，勉强可见双手分别结禅定印和触地印。其他三尊图像清晰（图三-B、C、D）：黄身者，左手结禅定印，右手置右膝处，掌心向外结与愿印；红身者，双手于腹前结禅定印；绿身者，左手结禅定印，右手当胸施无畏印。通

3　三种藏译本分别为：（1）འཕགས་པ་གསེར་འོད་དམ་པ་མཆོག་ཏུ་རྣམ་པར་རྒྱལ་བའི་མདོ་སྡེའི་རྒྱལ་པོ་ཐེག་པ་ཆེན་པོའི་མདོ།（《圣金光明最上胜经王大乘经》），德格版《甘珠尔》555号，北京版174号，法成由汉译藏；汉译本见唐义净译：《金光明最胜王经》10卷31品，《大正新修大藏经》第16册，665号。（2）འཕགས་པ་གསེར་འོད་དམ་པ་མདོ་སྡེའི་དབང་པོའི་རྒྱལ་པོ་ཞེས་བྱ་བ་ཐེག་པ་ཐེག་ཆེན་པོའི་མདོ།（《圣金光明胜经王大乘经》）10卷29品，德格版《甘珠尔》556号，北京版175号，胜友（Jinamitra）、戒主觉（Śīlendrabodhi）和智军（ཡེ་ཤེས་སྡེ）合译；汉译本见释宝贵将昙无谶等人译本合为一本的《合部金光明经》8卷24品，《大正新修大藏经》第16册，664号。（3）འཕགས་པ་གསེར་འོད་དམ་པ་མདོ་སྡེའི་དབང་པོའི་རྒྱལ་པོ་ཞེས་བྱ་བ་ཐེག་ཆེན་པོའི་མདོ།（《圣金光明胜经王大乘经》）5卷21品，德格版《甘珠尔》557号，北京版176号，译者阙载。汉译本见昙无谶译：《金光明经》4卷19品，《大正新修大藏经》第16册，663号。

4　见德格版《甘珠尔》555号，པ函，通帙89，19a1-151a7。

5　见德格版《甘珠尔》555号，པ函，通帙89，23b4-34a1。

6　德格版556，557号中作རིན་ཆེན་ཏོག།

7　“微妙声”对应藏文ལྷའི་རྔ་སྒྲ་དབྱངས，直译为“天鼓妙音”，德格版556，557号中作རྔ་སྒྲ།

8　见《大正新修大藏经》第16册，665号，第404页，c9-c20行，对应藏文本见德格版《甘珠尔》555号，通帙89，པ函，24a1-24a6。

过身色和手印可知，后三尊正为密教五方佛中的南方宝生佛（རིན་འབྱུང），西方无量寿佛（ཚེད་དཔག་མེད）及北方不空成就佛（དོན་ཡོད་གྲུབ་པ），由此可推断图 A 当为东方阿閦佛（མི་འཁྲུགས），遂知经中提到的莲上四如来即五方佛之东西南北四佛。

除主尊和四佛外，壁画下方还描绘了多尊神祇，共计十位（图三 -1a-1e、2a-2e）。从构图来看，以佛陀前方供桌为中轴线，左右对称式排列，但人物安排有主次之分，如图 1a、2a 安排在供桌两侧，体量相对较大，可知二者地位当位列十尊之首。虽然这十尊神祇各具图像志特征，但大部分都不见于藏传佛教艺术的图像谱系中，亦无题记说明，因此可以确定尊格的只有三位，其余各尊仅能结合图像和经文内容加以分析推测，暂不作定论。为便于叙述，下文以供桌为中轴线，将十尊神分两组来讨论。

图三 -1a：菩萨舒坐姿，白身，左手持经书置于左膝处，右手当胸结与愿印。通过持物手印，易将此菩萨认定为文殊菩萨（འཇམ་དཔལ་དབྱངས），但文殊菩萨仅在本经“序品”中作为参加法会的菩萨众中的一位被提及[9]，显然与其在画面所处的特殊位置不符。考虑到“寿量品”中除佛陀外的核心人物即为四佛和妙幢菩萨，四佛形像已有表现，妙幢菩萨于佛教艺术中并无特定图像，如敦煌 156 窟金光明经变中的妙幢菩萨被描绘成一位双手合十，无任何持物标识的菩萨[10]，因此不排除艺术家或以此图像表现妙幢菩萨。

图三 -1b：为一年轻的王者形象，身着交领红色长袍、脚踏黑色短靴，侧身面朝佛陀，双手当胸合十，身份不明，疑与“序品”中提到的护世四天王众有关。

图三 -1c：为一菩萨像，双手捧宝瓶，这一持物令人想到经中多次提及的坚牢地神（སྲུ་བ་ས་ཡི་ལྷ་མོ）。作为从地踊出见证佛陀成道而广为人知的地神，其形象在多部佛经中都有相关记载，如《方广大庄严经》卷九“降魔品”载：“而时地神形体微妙，以种种珍珠璎珞庄严其身，于菩萨前从地踊出，曲躬恭敬捧七宝瓶，盛满香花以用供养。”[11] 据此可知盛满香花的七宝瓶是地神的持物之一。在图像表现上，地神多为刚踊出地面的半身形象，或呈托举状，或呈双手合十或手捧宝瓶鲜花的供养形象，供养形象多出现在大型故事画或经变画，特别是降魔成道图中[12]。如彭措林寺集会大殿三层色究竟天殿西壁右上角壁画中，绘有一幅明确为降魔成道的图像，佛陀下方正描绘了一位刚刚踊出地面手捧

9 见德格版《甘珠尔》555 号，པ 函，通帙 89，20b2。

10 图版参见《敦煌石窟艺术》编委会编：《敦煌石窟艺术（莫高窟第 156 窟附第 161 窟）》，南京：江苏美术出版社，2005：182，图版一七一。感谢浙江大学贾维维副教授惠赐资料。对于 156 窟金光明经变的图像和榜题解读详见施萍婷：《金光明经变》，《敦煌习学集》（下），兰州：甘肃人民出版社，2003：574-579。

11 见《大正新修大藏经》第 3 册，187 号，第 594 页，c24-c26。

12 张善庆：《涅槃经变、金光明经变抑或降魔成道图——甘肃马蹄寺石窟群千佛洞第 1 窟北朝壁画考（二）》，《敦煌学辑刊》2013（1）：140。

图四　彭措林寺色究竟天殿降魔成道图局部（廖旸摄）

宝瓶供养的地神像（图四），其宝瓶样式与图 1c 菩萨所持宝瓶十分相似。此外，这位地神除在本经序品中提及外，还专门设有第 18 品“坚牢地神品”（སའི་ལྷ་མོ་བརྟན་མའི་ལེའུ）[13]，可谓经中代表性神祇之一。但矛盾的是，无论是经典记载还是图像表现，地神多被描绘成女相，而于此画中却示以菩萨相，无明显的女性特征，这种情况虽偶见于明代汉地佛教艺术中[14]，但于藏地尚未见到其他实例，因此地神的推测也尚待进一步证实。

图三 -1d：为一红身王者形象，身着交领绿色长袍，脚蹬红色短靴，双手捧一硕大桃形摩尼宝。据该经第 21 品“善生王品”（རྒྱལ་པོ་ལེགས་སྐྱེས་ཀྱི་ལེའུ）[15] 中载：“国王善生，为供养此经，手持如意摩尼宝，发愿为众生”，回看图 1c 的手捧摩尼宝王者相特征，与经文描述较为相符，初定此像为善生王。

图三 -1e：为一人身蛇尾，头顶五蛇冠的龙神像，当与“序品”中讲到的有两万八千龙王前来佛所听法之内容有关。龙神紧邻宫墙内沿而坐，龙神左手持其树枝上

---

13 见德格版《甘珠尔》555 号，པ 函，通帙 89，114a6-117a4。

14 廖旸：《元代二十诸天的图像志考察》，王晓丽、廖旸、吴凤玲主编：《宗教信仰与民族文化》第三辑，北京：社会科学文献出版社，2009：233-234。

15 见德格版《甘珠尔》555 号，པ 函，通帙 89，122b7-124b4。

图五　白居寺吉祥多门塔三层宝生佛殿阿修罗王像（廖旸摄）

图六　六道轮回图局部（采自 *Worlds of Transformation,* 1999: 170, PL. 448）

举肩处，右手举胸前施与愿印，墙外一棵高大的疑似菩提树的宝树延展至墙内龙神前方处。佛教艺术中所见龙神形象，多持珠宝及珊瑚等象征龙宫珍宝之物，持树者相当罕见。鉴于此处龙神所持树枝与其前方宝树形态完全一致，或意在表现龙神借宝树献给佛陀。

图三 -2a：为一棕肤色人像，图像漫漶，可大致辨出结高发髻，浓眉，隐见黑色连鬓胡须。裸上身，左肩处似有敷搭瑜伽带，腰围短布。右手前伸结与愿印，左手于左膝处持数珠，似一瑜伽士形象，从其身量和所处位置可知这也是一位身份特殊的人物。对比“寿量品”中所提到的几位核心人物，最有可能的就是出现于大会中的婆罗门憍陈如法师授记（བྲམ་ཟེ་ཀཽ་ཎྜི་ནྱས་ཆོས་ཀྱི་སློབ་དཔོན་གྱིས་ལུང་བསྟན་པ）[16]。这位婆罗门在“寿量品”中也是一位代表性人物，如在敦煌同样表现了该品的 156 窟和 85 窟壁画中，均以描绘这位婆罗门而表示该品内容[17]。虽因图像不清，暂不能确定此像的婆罗门相特征，但憍陈如法师授

16　见德格版《甘珠尔》555 号，པ 函，通帙 89，27a7。

17　对于 156 窟、85 窟金光明经变的图像和榜题解读详见施萍婷：《金光明经变》，《敦煌习学集》（下），2003：574-589。

图七 No.7《金光明经》壁画之大辩才天女像

图八 贡嘎曲德寺 伎乐童子像

记的推测仍备一说。

图三 -2b：为一英俊的青年像，黑发束高髻。面朝佛陀，双膝跪地。双手合十，身着盔甲，脚踏红色短靴。如图所示，图三 -2b，2c，2d、2e 自上至下依次排列，构成一组，后三者尊格明确（详下），在本经“序品”和第 22 品“诸天药叉护持品”（ལྷ་དང་གནོད་སྦྱིན་རྣམས་ཀྱིས་ཡོངས་སུ་བསྲུང་ཞིང་འཛིན་པར་བྱེད་པའི་ལེའུ）[18] 中均作为诸天护法提及，据此推知 2b 当亦为诸天成员之一 [19]。身着盔甲的武士相是这位天神的重要图像志特征，藏传佛教艺术中以武士形象表现的天神以阿修罗神（ལྷ་མ་ཡིན། Asura）为典型，壁画或唐卡中均有描绘（图五、图六），据此推测此为经中“序品”提到的阿修罗神 [20]。

图三 -2c：为手持乐器的大辩才天女（ལྷ་མོ་སྤོབས་པ་ཆེན་མོ）（图七），这位女神除于“序品”作为诸天提及外，还专设第 15 品“大辩才天女品”（ལྷ་མོ་སྤོབས་པ་ཆེན་མོའི་ལེའུ）和第 30

18 见德格版《甘珠尔》555 号，པ 函，通帙 89，124b4-128a4。

19 汉传佛教艺术中诸天形象的形成与《金光明经》有着密切关系。《金光明经》广说诸天护国思想，汉地高僧依此创金光明忏法，使得供天仪式盛行，又据该经中的“功德天品”“鬼神品”等诸品内容精心择选，逐步补充形成二十四诸天体系。见廖旸：《圆觉、诸天杂识》，《中国寺观壁画全集》第 6 册，广州：广东教育出版社，2014：7-14。如果藏地艺术家也了解这种情况，那么于此画中描绘多尊诸天神祇就更易理解了。

20 见德格版《甘珠尔》555 号，པ 函，通帙 89，23a5。

品“大辩才天女赞叹品”(ལྷ་མོ་སྤོབས་པ་ཆེན་མོས་བསྔགས་པ་བརྗོད་པའི་ལེའུ)[21]。值得注意的是，天女所持乐器是四弦四柱的曲项琵琶样式的弹拨乐器。四弦曲项琵琶起源于犍陀罗和萨珊王朝时期的波斯一带，后经于阗传入敦煌和中原地区，是佛教艺术中常见的乐器[22]，但在西藏本土地区并不多见，目前所见较早出现的为山南贡嘎曲德寺壁画中（图八）[23]，类似这种乐器在西藏一般称为“哔旺”(པི་ཝང)[24]。然彭措林寺的形制却有所不同，其四柱（即弦轴）穿透弦槽，看起来似八柱，共鸣箱也并非传统的梨形，而是分成上下两部分的葫芦形，边缘呈如意纹式的曲线造型，类似造型在同时期及其后的西藏艺术中经常出现，或为当时藏地开始流行的“扎念”(སྒྲ་སྙན) 琴样式[25]。

图三 -2d：为天龙八部之一的金翅鸟，面朝佛陀，单膝跪地，双手合十。

图三 -2e：图像漫漶，可依稀辨出为一绿身神祇，马头人身，双手合十。饰红色项圈，臂钏、腕钏，应即天龙八部之一的男身紧那罗（མིའམ་ཅི། Kinnara)。藏文文献记载或是图像实例中的紧那罗，身色多为红色[26]，亦有黄，白身之说[27]，如此绿身者并不多见，但其马头人身的特征及其上方所绘的两位奏乐天部神祇仍可力证其尊格。

通过分析可推知，这十位尊神描绘的当是“寿量品”及以“序品”为主的其他个别品次中的代表性人物。有关金光明经变的图像在西藏本土十分罕见，但在汉地的绘制传统可谓由来以久，敦煌石窟内便保存了 10 铺比较完整的金光明经变壁画[28]，而以各品中

21 见德格版《甘珠尔》555 号，པ 函，通帙 89，103a5-111a4，148a1-148b5。

22 赵维平：《丝绸之路上的琵琶乐器史》，《中国音乐学》2003（4）：34-38。

23 原图见罗文华、格桑曲培主编：《贡嘎曲德寺壁画——藏传佛教美术史的里程碑》，北京：故宫出版社，2015：70，图 83。

24 པི་ཝང 藏语解释 ཏམ་བུ་ར（丹布热）为或 སྒྲ་སྙན（扎念），对应汉语“琵琶”，有单弦和多弦之分，见张怡荪主编：《藏汉大词典》，北京：民族出版社，1985：1616。

25 སྒྲ་སྙན 与 པི་ཝང 都是弦乐器总名，但 སྒྲ་སྙན 一般指多弦乐器（རྒྱུད་མང），见张怡荪主编：《藏汉大词典》，1985：606。有学者研究认为，西藏的妙音天女早期持“曲项琵琶”的有品乐器，或半梨形的有项无品乐器，都泛称为“丹布热”和“哔旺”，到后世才逐渐接近扎念的造型，参见觉嘎：《论藏族传统乐器扎念的传承脉络》，《中央音乐学院学报》2007（2）：84-90。然根据笔者目前搜集资料来看，藏传佛教艺术中所见的这种乐器在造型上更为多样化，需要进一步探讨。

26 如阿里东嘎 2 号窟壁画中的紧那罗像，详见廖旸：《摄伏与融纳——试论西藏阿里札达东嘎 2 号窟法语自在曼荼罗壁画的神系结构》，载刘中玉主编：《形象史学》第二十辑，北京：中国社会科学出版社，2021：41。

27 Benoytosh Bhattacharyya, *The Indian Buddhist Iconography: Mainly based on the Sādhanamālā and other cognate Tāntric texts of Rituals*, Calcutta: Firma K. L. Mukhopadhyay, 1968: 380-381.

28 即 417，154、133、158、196、85、138、156、55 窟，其中除隋代 417 窟外，其他均依据义净译本《金光明最胜王经》而绘，年代主要集中在吐蕃统治敦煌时期到曹氏归义军的中晚唐时期，共计表现了《金光明最胜王经》30 余品内容。关于这些经变图像的研究，详见施萍婷：《金光明经变》，《敦煌习学集》（下），2003：556-597。

图九 No.9《密严经》壁画

图一〇 No. 12《解深密经》壁画

的代表性人物表现其内容的方式是这些作品的共同特征。以156窟为例，将画面分成上下两部分，上部为以佛陀为中心的法会图，下部分组描绘了每一品的代表性人物，旁边均附榜题说明[29]。虽然因年代和地域的巨大差异，我们并不能依据对敦煌图像的认识来解说彭措林寺的图像，但却可为本文的推测提供一种可能性。

2.《密严经》(No.9)

此画题记残，根据残余题记“[འཕགས་པ་རྒྱན]་སྟུག་པོ་བཀོད་པ་བཞུགསྶོ།།”推断，应为《密严经》(藏文全称 འཕགས་པ་རྒྱན་སྟུག་པོའི་བཀོད་པ་ཞེས་བྱ་བ་ཐེག་པ་ཆེན་པོའི་མདོ།《圣密严大乘经》)(图九)。此经为笃布巴所定“了义十经”之一，藏译本共4卷9品，由胜友(Jinamitra)，戒主觉(Śīlendrabodhi)和智军(ཡེ་ཤེས་སྡེ)合译[30]。经文讲述佛陀在密严世界，从现法乐住自觉圣智甚深境界微妙奋迅无量众色之所现显三摩地起，出帝雷光庄严殿(མོ་བྲང་འཇའ་དང་གློག་གི་འོད་ཅན་རྒྱན)，与众菩萨入于无垢月藏殿(ཟླ་བ་དྲི་མ་མེད་པའི་སྙིང་པོའི་ཁང)中，升密严场狮子之座(སྟུག་པོའི་རིས་ཀྱི་རྒྱན་སེང་གེའི་གདན་དམ་པ)说法，全经以佛陀、一切佛法如实见菩萨

29 图版参见《敦煌石窟艺术(莫高窟第156窟附第161窟)》，2005：182，图版一七一。

30 德格版《甘珠尔》110号，通帙50，ཙ函，1b1-55b7。另见北京版《甘珠尔》778号。汉译本见唐不空译：《大乘密严经》3卷8品，《大正新修大藏经》第16册，682号。

（སངས་རྒྱས་ཀྱི་ཆོས་ཐམས་ཅད་ཀྱི་རྣམ་པར་དགོད་པ་ཡང་དག་པ་ཇི་ལྟ་བཞིན་དུ་སྟོན་པ）和金刚藏菩萨（རྡོ་རྗེ་སྙིང་པོ）为主要对话人物，阐释如来藏阿赖耶识学说。

佛陀位于画面中心，身着通肩式红色袈裟，双手结禅定印，全跏趺坐于莲座之上，表现的正是该经“序品”中所说的佛陀经禅定入三摩地之状态[31]。佛陀左右两侧各绘一位胁侍菩萨，均面朝佛陀作供养状。右侧菩萨双手合十，左侧菩萨双手捧香橼果供养佛陀。据经文推断，此二菩萨当为一切佛法如实见菩萨和金刚藏菩萨，但二者都无明显的图像志特征，仅以供养菩萨姿态表现。佛陀台座正前方绘一硕大莲台，上供法轮、宝瓶、香炉、海螺、烛台等。莲台左右两侧，各绘小身供养菩萨像。佛陀身后山岩上方绘一座红色宫殿，当是密严国的无垢月藏殿。宫殿主体部分被佛陀头光遮蔽，左右两侧绘象征繁荣的玉米穗和牡丹花，顶部蹲坐一只展翅的金翅鸟。整体看来，画面内容简单，难以辨出具体情节。这也是因为该经本身就是以哲理性说教内容为主，没有讲述具体故事，因此很难入画，如敦煌石窟中的密严经变图像，也基本都是以大大小小的说法图表现[32]。

3.《解深密经》（No. 12）

根据题记“ཨོཾ་སྭ་སྟི། མདོ་སྡེ་ཟབ་མོ་དགོངས་པ་ངེས་པར་འགྲེལ་བའི་བཀོད་པ།། མཾ་ག་ལཾ།”可知，此画表现的是《解深密经》（藏文全称འཕགས་པ་དགོང་པ་ངེས་པ་འགྲེལ་པ་ཞེས་བྱ་བ་ཐེག་པ་ཆེན་པོའི་མདོ།《圣密意究竟释大乘经》）（图一〇）。该经为笃布巴所定“了义十经”之一，藏译本共10品，译者阙载[33]。经文主要讲述时佛陀住最胜光耀七宝庄严殿（གཞལ་མེད་ཁང་རིན་པོ་ཆེ་སྣ་བདུན་མཆོག་ཏུ་འབར་བ་བཀོད་པ）与大众聚，以解甚深义密义菩萨（དོན་ཟབ་དགོངས་པ་ངེས་པར་འགྲེལ）、如理请问菩萨（ཚུལ་བཞིན་ཀུན་འདྲི）、法涌菩萨（ཆོས་འཕགས）、善慧清净菩萨（བློ་གྲོས་ཤིན་ཏུ་རྣམ་དག）、广慧菩萨（བློ་གྲོས་ཡོངས་པ）、德本菩萨（ཡོན་ཏན་འབྱུང་གནས）、胜义生菩萨（དོན་དམ་ཡང་དག་འཕགས）、观音菩萨（འཕགས་པ་སྤྱན་རས་གཟིགས་དབང་ཕྱུག）、弥勒菩萨（བྱམས་པ）、文殊菩萨等十位菩萨为上首的无量菩萨摩诃萨前来听法。整个经文即以解甚深义密义菩萨在佛前答

31　佛典中对三衣的披着方式有明确规定，即唯有通肩和右袒二式。袒右肩式多用于礼佛、供养、忏悔、面见长老、论证佛法等场合，以示慎重、尊威之意。通肩式则在僧尼坐禅、诵经、或出入世俗之地时穿着，为彰显袈裟福田相之功德。参见费泳：《中国佛教艺术中的佛衣样式研究》，北京：中华书局，2012：25-26。

32　施萍婷：《敦煌经变画略论》，敦煌研究院编：《敦煌研究文集：敦煌石窟经变篇》，兰州：甘肃民族出版社，2000：5。

33　德格版《甘珠尔》106号，通帙49，ཅ函，1b-55b。另见北京版《甘珠尔》774号。汉译本见唐玄奘译：《解深密经》8品，《大正新修大藏经》第16册，676号。汉译本另有唐菩提流志译：《深密解脱经》11品，《大正新修大藏经》第16册，675号。比较两种汉译本，玄奘译本虽内容略少，但译文更准确，与藏文译本更相符。

如理比丘之问，引出下文的佛陀与其他八位菩萨对答的关于“一切法无二，胜义世俗无别”的甚深义。

佛陀全跏趺端坐于画面中心，双手结转法轮印，以示正在宣讲佛法。身着袒右肩式袈裟，配绿色头光和蓝黑色身光，身后隐见宫殿，当是七宝庄严殿。台座前方供桌上置盛满鲜果的钵、烛台及海螺等供物。佛陀左右两侧共绘十尊舒坐姿的菩萨像，身色有红、绿、黄、白等，皆面朝佛陀侧身而坐。十菩萨皆束高发髻，戴宝冠及项饰，胸饰、臂钏、腕钏等。上身赤裸，仅以天衣绕肩而下，下身穿条纹过膝长裤。这十位菩萨正是经文所说解甚深义密义菩萨等十位菩萨，画面表现的正是“序品”中所言十菩萨闻佛讲法之场景。与《密严经》一样，《解深密经》也是一部以哲理性说教内容为主的经典，因此可见该画也同样以说法图模式表现，无任何情节描绘。

4.《时轮根本续》（No. 13）

据题记为“ཨོཾ་སྭ་སྟི། བཅོམ་ལྡན་འདས་དུས་ཀྱི་འཁོར་ལོའི་རྩ་བའི་རྒྱུད་གསུངས་པའི་བཀོད་པ་བཞུགས་སོ།།”可知，壁画依据《时轮根本续》（དཔལ་དུས་ཀྱི་འཁོར་ལོའི་རྩ་བའི་རྒྱུད）而绘（图一一）。西藏历史上所说的《时轮根本续》，即指香巴拉第一任具种王名称王（གྲགས་པ། Yakśas）所作的《时轮略续》(དཔལ་དུས་ཀྱི་འཁོར་ལོའི་བསྡུས་པའི་རྒྱུད)[34]。据经文开篇所言，该经为佛陀应金刚手菩萨的化身月贤王（ཟླ་བཟང་། Sucandra）之请在米聚塔（Dhānyakaṭaka）宣讲[35]。

画面中佛陀居于中心，全跏趺坐于莲座之上。左手禅定印，右手当胸结说法印，以示正在宣讲佛法。佛陀头部上方可见一佛塔，右侧绘蓝黑身菩萨。菩萨双手持一株莲花作合十状，花上置金刚杵，描绘的正是化身成月贤王的金刚手菩萨。由此可知，此场景正与经文开篇所讲佛陀应月贤王之请在米聚塔宣讲《时轮根本续》之内容契合，这里的月贤王是以其报身相，即金刚手菩萨形象表现。此外，对照经文可知，此处佛塔无疑为米聚塔，可见塔刹及少许塔身和塔基，貌似藏式佛塔，型制却有所不同。塔刹部分绘相轮及顶部新月，然其上日轮形状又似摩尼宝珠，最顶部则缺绘宝珠。塔的整体型制扁宽，似被压缩而成。米聚塔的真实面貌我们不得而知，但即便与西藏罕见的图像范例，即夏鲁寺东无量宫壁画中的米聚塔比较，此塔型制也相差悬殊[36]。整体看来，画家显然是

34 藏文全称 མཆོག་གི་དང་པོའི་སངས་རྒྱས་ལས་ཕྱུང་བ་རྒྱུད་ཀྱི་རྒྱལ་པོ་དཔལ་དུས་ཀྱི་འཁོར་ལོ།（《最胜本初佛所现怛特罗王吉祥时轮》），见德格版《甘珠尔》362 号和《丹珠尔》1346 号，另见 བུ་སྟོན་རིན་ཆེན་གྲུབ། མཆོག་གི་དང་པོའི་སངས་རྒྱས་ལས་ཕྱུང་བ་རྒྱུད་ཀྱི་རྒྱལ་པོ་དཔལ་དུས་ཀྱི་འཁོར་ལོའི་བསྡུས་པའི་རྒྱུད་གོ་སླའི་མཆན་བཅས། 收于 Lokesh Chandra ed., *The Collected works of Bu ston* (zhol par ma/ ldi lir bskyar par brgyab pa), Part 1 (ka), New Delhi: International Academy of Indian Culture, 1965.

35 བུ་སྟོན་རིན་ཆེན་གྲུབ། མཆོག་གི་དང་པོའི་སངས་རྒྱས་ལས་ཕྱུང་བ་རྒྱུད་ཀྱི་རྒྱལ་པོ་དཔལ་དུས་ཀྱི་འཁོར་ལོའི་བསྡུས་པའི་རྒྱུད་གོ་སླའི་མཆན་བཅས། 1965: 1a2-4.

36 廖旸：《从夏鲁寺东无量宫壁画看布顿对藏式佛塔的贡献》，《民族研究》2019（4）：2-3。

图一一　No.13《时轮根本续》壁画

图一二　No. 13《时轮根本续》壁画之梵天像

图一三　No.13《时轮根本续》局部之娄陀罗像

按照藏式佛塔样式描绘，但又并未追求其写实性和准确性，仅是象征性或符号化地将其表现出来，不排除或是因画面空间限制所致。

佛陀左侧为一四面四臂的梵行者形象神祇（图一二），舒坐，黑发束高髻，黑色须髯。上身赤裸无佩饰，仅于左肩处斜挂两根梵线，腰围虎皮裙。前两手当胸合十。右二手上举，持数珠。左二手置左膝，持三尖叉棒。据图像志特征可判定此为大梵天神（Brahmā）。梵天有多种形象，这种四面四臂的梵行者形象形成于印度笈多王朝时期，束高髻，络腮胡、无佩饰、左肩斜披修行带，四臂持水瓶，数珠，杖和舀子，有时骑坐在鹅或孔雀身上，是其典型图像特征[37]。本画中图像除四臂中二主臂作合十印外，其他特征

37　印度梵天的图像志特征见宫治昭著，李萍、张清涛译：《涅槃和弥勒的图像学——从印度到中亚》，北京：文物出版社，2009：180-186；另见施勒伯格（Eckard Schleberger）著，范晶晶译：《印度诸神的世界：印度教图像学手册》，上海：中西书局，2016：33。

图一四　彭措林寺大经堂内殿时轮金刚壁画之娄陀罗像（廖旸摄）

图一五　No.13《时轮根本续》壁画之迦摩神像

均与这种梵天形象契合。

佛陀正前方绘一粗茎莲台，上置一造型奇特的花瓶，其内莲花盛放。两侧各绘一女尊像，初步推测二者与印度教中的湿婆（Śiva）和毗湿奴（Viṣṇu）有关。左侧红身者单膝跪地，一面三目四臂，前二手当胸合十，后二手举至头顶，作合十印。前左臂处夹一三叉戟，上挂法鼓（图一三）。这种形制的法鼓，被认为是印度教的分支湿婆教所特有[38]，而三叉戟则是北印度湿婆像的典型持物之一[39]。在大经堂的内殿和三层色究竟天殿的时轮壁画中，绘有被时轮金刚踩踏于脚下的印度教恶魔娄陀罗（Rudra）像，手中恰好持有相同样式的法鼓和三叉戟（图一四）。娄陀罗在吠陀经典及其他婆罗门经典中均被认为是湿婆的原型，或直接视为同一神祇，称为娄陀罗—湿婆 (Rudra-Śiva)[40]，由此推测此像或为娄陀罗神。

右侧绿身女尊，单膝跪地，一面三目四臂。前两手当胸合十，右二手上举持法轮，左二手外伸持法螺（图一五）。法轮和海螺，均是印度教中毗湿奴的典型持物[41]。据图像

38　罗伯特·比尔（Robert beer）著，向红笳译：《藏传佛教象征符号与器物图解》，北京：中国藏学出版社，2010：115。

39　施勒伯格著，范晶晶译：《印度诸神的世界：印度教图像学手册》，2016：63。

40　Jitendra Nath Banerjea, *The Development of Hindu Iconography*, M.A., PH.D., F.A.S., University of Calcutta, 1956: 447. 施勒伯格著，范晶晶译：《印度诸神的世界：印度教图像学手册》，2016：62。

41　Jitendra Nath Banerjea, *The Development of Hindu Iconography*, 1956: 301, 396, note 3.

志特征推测此神为毗湿奴的化身之一爱神迦摩（Kāma）。在佛教中，印度教的三位重要神祇——梵天、毗湿奴和湿婆，皆被列入不同等级的护法神行列。但在时轮修法中，三者则被视为被降伏的外道（印度教）恶魔。据《究竟瑜伽鬘》（*Nispannayogāvalī*）载，时轮密教的本尊神时轮金刚四十二只手臂中，有一只持有梵天的四面头颅，双脚分别踩踏爱神迦摩和娄陀罗神[42]。爱神迦摩是毗湿奴的化身之一，在印度教图像中，他常被表现成一位骑着鹦鹉的英俊少年，手持弓和箭，但有时也会以多臂形象出现，持物中便有毗湿奴的法轮和海螺[43]。考虑到上述梵天和疑似娄陀罗的图像，推测此绿身神祇，便是这位爱神迦摩。三神除各持法器外，主臂均当胸合十，作供养佛陀状。此外，在一般所见的时轮金刚图像中，娄陀罗为白色身，而爱神迦摩为红色身，与此画中的身色有别，或因所依文本不同而致。

通过分析图像可知，壁画与题记内容吻合，描绘的正是佛陀应金刚手菩萨化身月贤王之请于米聚塔宣讲此经，一并降伏外道克胜诸方的场景。藏传佛教艺术中有关时轮题材的绘塑作品多不胜数，然罕有与此相似的其他范例，尤其是画中将常见的时轮金刚图像中的三外道神祇单独提取出来，并描绘成供养佛陀的形象，很可能是画家根据自己对时轮教义和图像的理解而创作的有别于传统的新作品。众所周知，《时轮根本续》为时轮密法的根本经典，时轮则是觉囊派的主修密法，此画赫然昭示了觉囊派的密教传承。

5.《华严经》（No. 15）

此画题记全毁。据图像内容推测此画当依《华严经》（藏文全称 སངས་རྒྱས་ཕལ་པོ་ཆེ་ཞེས་བྱ་བ་ཤིན་ཏུ་རྒྱས་པ་ཆེན་པོའི་མདོ）而绘。该经为笃布巴所定“了义十经”之一，藏译本共115卷45品，9世纪上半叶由胜友、天王菩提（Surendrabodhi）和智军合译，遍照护（Vairocana）复校[44]。经分析可知，壁画据《华严经》第18品“佛升须弥山顶品”（དེ་བཞིན་གཤེགས་པ་རི་རབ་ཀྱི་རྩེར་གཤེགས་པའི་ལེའུ）[45]和第19品“菩萨偈赞品”（བྱང་ཆུབ་སེམས་དཔའི་ཚོགས་ཀྱི་ཚིགས་

42 Benoytosh Bhattacharyya, *The Indian Buddhist Iconogaraphy: Mainly Based on the Sādhanamālā and Other Cognate Tāntric Texts*, Calcutta: Firma K.L. Mukhopadhyay, 1968: 187-188.

43 施勒伯格著，范晶晶译：《印度诸神的世界：印度教图像学手册》，2016：41-42。

44 德格版《甘珠尔》44号，通帙35，ཀ函，1b1-393a5行。另见北京版761号。藏译本《华严经》与实叉难陀汉译《华严经》80卷内容最为接近，但二者品次并不对应，经文稍有出入，参见唐实叉难陀译：《大方广佛华严经》80卷，《大正新修大藏经》第10册，279号。

45 该品对应实叉难陀汉译本第13品“升须弥山顶品”。见德格版《甘珠尔》44号，通帙35，ཀ函，238a6-239b7。

图一六 《华严经》壁画

སུ་བཅད་པའི་ལེའུ）[46] 而绘（图一六）。按汉地流行的八十华严的“七处九会”之说，此画描绘的即属位于须弥山帝释殿的第三会。“佛升须弥山顶品”讲述了世尊于菩提树下上升须弥山顶（རི་རབ་ཀྱི་རྩེ་མོ）帝释殿（བརྒྱ་བྱིན），帝释天（ལྷའི་དབང་པོ）于妙胜殿（རྣམ་པར་རྒྱལ་བའི་ཁང་པ）遥见佛来庄严宫殿，并以佛神力，自忆念过去佛所种诸善根而说颂言，偈赞十佛所有功德。“菩萨偈赞品”乃续“升须弥山顶品”而说，讲述十方世界有十菩萨各于其佛所净修梵行，时闻佛升须弥山妙胜殿，十大菩萨皆从十方世界来佛所，各说颂言，赞

46 藏译本中称为 རི་རབ་ཀྱི་རྩེ་མོར་དེ་བཞིན་གཤེགས་པའི་རྣམ་པར་འཕྲུལ་པ་དང་། བྱང་ཆུབ་སེམས་དཔའི་ཚོགས་ཀྱི་ཚིགས་སུ་བཅད་པའི་ལེའུ། 即“须弥山顶佛幻化，菩萨偈赞品”。该品对应实叉难陀汉译本第 14 品“须弥顶上偈赞品”。见德格版《甘珠尔》44 号，通帙 35，ཀ 函，240a1-244b7。

佛功德。十方世界及佛菩萨名见于下表[47]：

十方世界	十方佛	十方菩萨
因陀罗花世界（དབང་པོའི་མེ་ཏོག）	无他月佛（ཟླ་བ་གཞན་མ་ཡིན་པ）	法慧菩萨（ཆོས་ཀྱི་བློ་གྲོས）
钵头摩花世界（པད་མའི་མེ་ཏོག）	不败月佛（ཟླ་བ་མ་ཉམས་པ）	一切慧菩萨（ཐམས་ཅད་བློ་གྲོས）
宝花世界（རིན་པོ་ཆེའི་མེ་ཏོག）	不动月佛（ཟླ་བ་མི་གཡོ་བ）	胜慧菩萨（དཔལ་གྱི་བློ་གྲོས）
优钵罗花世界（ཨུཏྤལའི་མེ་ཏོག）	不摇月佛（ཟླ་བ་མི་སྒུལ་བ）	功德慧菩萨（ཡོན་ཏན་བློ་གྲོས）
金刚花世界（རྡོ་རྗེའི་མེ་ཏོག）	水月佛（ཟླ་བ་ཆུའི་ལྷ）	精进慧菩萨（བརྩོན་འགྲུས་བློ་གྲོས）
妙香花世界（སྤོས་ཀྱི་མེ་ཏོག）	无著月佛（ཟླ་བ་ཐོགས་པ་མེད་པ）	善慧菩萨（དགེ་བའི་བློ་གྲོས）
悦意花世界（ཡིད་དུ་འོང་བའི་མེ་ཏོག）	光明月佛（ཟླ་བའི་འོད་ཟེར）	智慧菩萨（ཡེ་ཤེས་བློ་གྲོས）
阿卢那花世界（འོད་ཟེར་གྱི་མེ་ཏོག）	清净月佛（ཟླ་བ་རྡུལ་མེད་པ）	真实慧菩萨（བདེན་པའི་བློ་གྲོས）
那罗陀花世界（ལྷུམ་བུའི་མེ་ཏོག）	解脱月佛（ཟླ་བ་རྣམ་པར་གྲོལ་བ）	无上慧菩萨（མཆོག་གི་བློ་གྲོས）
虚空花世界（ནམ་མཁའི་མེ་ཏོག）	（阙）	坚固慧菩萨（དམ་པའི་བློ་གྲོས）

画面中，佛陀全跏趺端坐于中心，双手结禅定印。左右两侧各绘五身菩萨像，菩萨均侧身而立，双手合十，并各持一花，面朝佛陀。表现的正是十方世界的十方菩萨来至佛所各说颂言之场景。佛陀身后两侧背景中现十光轮，其内各绘不同姿态的一佛一菩萨像，手中均持一花。如上表，十佛和十菩萨所在的十方世界的名称皆以“花”命名，可知此十图正是对十方世界之描绘。数字“十”在《华严经》中极富意涵，经中以“十”为首字的品名和概念比比皆是，它是圆满的象征。此画以十个圆形光轮囊括十方世界，正象征了十方圆满之义。

佛陀正前方供桌上供鲜花与鲜果。左侧图像漫漶，但可依稀辨出正是须弥山顶帝释天宫的主人帝释天神（图一七），也是确认此画内容的重要线索。帝释天神一面三目，双手合十，左腋下夹金刚杵，侧身跪拜佛陀。结发髻戴头冠，身上绘满眼睛，以示其“千眼帝释”之身份。这种帝释形象，在彭措林寺大经堂壁画中多次表现。《华严经》虽是佛教大经，并于前弘期时已传入西藏，但相关美术遗存却并不多见，目前所见早期的

47 德格版《甘珠尔》44 号，通帙 35，ཀ 函，240a2-6。藏译本此处共言九佛，然根据上文，当有十方世界之十佛，故藏译本当阙译一佛名。汉译本载十佛，但与藏译本名称并不对应，其分别为：特殊月佛、无尽月佛、不动月佛、风月佛、水月佛、解脱月佛、无上月佛、星宿月佛、清净月佛、明了月佛，参见实叉难陀译：《大方广华严经》，《大正新修大藏经》第 10 册，279 号，第 81 页，b3-b5。

图一七　No. 15《华严经》壁画之帝释天像

实例即 11 世纪藏西塔布寺（ཏ་པོ་ཆོས་འཁོར）依据“入法界品”而绘的善财五十三参故事壁画[48]。卫藏地区有 15 世纪江孜白居寺（དཔལ་འཁོར་ཆོས་སྡེ）吉祥多门塔（མཆོད་རྟེན་ཆེན་མོ་བཀྲ་ཤིས་སྒོ་མང）一层兜率宫殿（དགའ་ལྡན་ལྷ་ཁང）内据《华严经》而绘的弥勒本生图[49]。但这些都属于取材于该经而绘的故事画，彭措林寺的这幅作品则更具“经变”的意味。虽不知画家缘何独取这须弥山帝释殿会的两品进行描绘，但其主题和表现形式在藏地却属罕见。

6.《入楞伽经》（No. 17）

据题记“ཨོཾ་སྭ་སྟི། འཕགས་པ་ལང་ཀར་བཤེགས་པའི་མདོ་བཀོད་པ་བཞུགསྶོ།། མཾ་ག་ལཾ།”可知，此画表现的是《入楞伽经》（图一八）。该经为笃布巴所定“了义十经”之一，藏译本有二，均系法成由汉文本转译：（1）འཕགས་པ་ལང་ཀར་གཤེགས་པའི་ཐེག་པ་ཆེན་པོའི་མདོ།（《圣入楞伽大乘经》），译自北魏菩提流支所译 10 卷本《入楞伽经》[50]。（2）འཕགས་པ་ལང་ཀར་གཤེགས་པའི་རིན་པོ་ཆེའི་མདོ་ལས་སངས་རྒྱས་ཐམས་ཅད་ཀྱི་གསུང་གི་སྙིང་པོ་ཞེས་བྱ་བའི་ལེའུ།（《圣入楞伽宝经 · 一切佛语心品》），译自刘宋求那跋陀罗所译 4 卷本《楞伽阿跋多罗宝经》[51]。其中第一种译本内容最完整，讲述

48 详见廖旸：《瞿昙寺瞿昙殿图像程序溯源》，《故宫博物院院刊》2012（6），101-106。

49 熊文彬：《中世纪藏传佛教艺术：白居寺壁画艺术研究》，北京：中国藏学出版社，1996：48，71。

50 德格版《甘珠尔》107 号，通帙 49，ཙ 函，56a1-191b7。另见北京版 775 号。汉译本见《大正新修大藏经》，第 16 册，671 号。此藏译本标为 9 卷，实将汉译本第 10 卷归为第 9 卷中，自 175b3 开始至末，为汉译本《入楞伽经》第 10 卷内容。

51 德格版《甘珠尔》108 号，通帙 49，ཙ 函，192b1-284b7。另见北京版 776 号。汉译本见《大正新修大藏经》，第 16 册，670 号。

图一八　No.17《入楞伽经》壁画

楞伽城主婆罗那王（གདོང་སྤྲིན་གྱི་བདག་པོ་འདོད་འགྲོགས། 又称十头楞伽王）请佛至楞伽城（ལང་ཀའི་གྲོང་ཁྱེར）讲法，后以大慧菩萨（བློ་གྲོས་ཆེན་པོ）为首向佛陀问法，佛陀宣讲五法、三自性、八识、二无我等佛法，整个经义旨在结合如来藏与唯识阿赖耶识思想宣说世界万物皆由心所造，认识作用之对象不在外界而在内心之教义[52]。

画面中，佛陀全跏趺端坐中央，左手结禅定印，右手当胸结说法印，以示正在宣讲佛法。佛陀左右两侧各一胁侍菩萨，相对而立，双手均结说法印。十头楞伽王和菩萨对坐于佛陀下方左右两侧。楞伽王十面二臂，每面二目。十头之顶端为一绿色马头像，以示此王为马头明王之化身。楞伽王双手持一把绿色的四弦拉弦乐器（图一九），正是经文第 1 品“婆罗那王请佛品”（འདོད་འགྲོགས་ཀྱིས་གསོལ་བ་བཏབ་པའི་ལེའུ）[53] 所说楞伽王请佛入楞伽城，并以种种伎乐乐于如来之场景。值得注意的是，相比前述《金光明经》图像中大辩才天女的四弦乐器，楞伽王所持的

52　关于该经的思想内容与特色的分析，参见赖永海、刘丹译注：《楞伽经》，北京：中华书局，2012：6-12。

53　见德格版《甘珠尔》107 号，通帙 49，ཙ 函，56b7-57a1。

图一九　No. 17《入楞伽经》壁画之楞伽王像

乐器在型制上又有所不同，其共鸣箱更近葫芦形，且琴头为凤首造型。琴头饰凤首的造型在西藏晚期壁画中经常见到，如山南达隆寺（སྟག་ལུང་དགོན）门厅和丢热寺（ཙེའུ་ར་དགོན）门厅壁画中的持国天王所持乐器[54]，或更接近第司 · 藏巴（སྡེ་སྲིད་གཙང་པ）时期藏地开始流行的扎年琴样式[55]。楞伽王对面菩萨侧身而坐，左手持经书置于左膝上，右手当胸结说法印。据经文推测此菩萨当为大慧菩萨，然经文并未对其形象作特别描述，画家当是以“大慧”之名为依据，将其描绘成手持代表智慧的经书之形象。

7.《寂照神变三摩地经》(No. 26)

据题记“ཨོཾ་སྭ་སྟི། འཕགས་པ་རབ་ཏུ་ཞི་བ་རྣམ་པར་ངེས་པའི་ཆོ་འཕྲུལ་ཆེན་པོའི་མདོ་བཀོད་བཞུགསྶོ།། ཤུབྷཾ།”可

54　达隆寺门厅壁画为新绘，丢热寺门厅壁画年代不定，根据风格推测为 17 世纪以后。图版见湖南省文物考古研究所、西藏自治区文物保护研究所、西藏自治区山南市文物局编：《山南壁画》，北京：科学出版社，2013：212，图 6-3-2；357，图 14-5-3。

55　据称正是在彭措林寺兴建前后的第司 · 藏巴时期，西藏妙音天女的乐器开始变成藏族扎年琴样式，且琴头都为凤首造型。次央：《藏传佛教绘画中的拉姆央金玛与其手持乐器之演变》，《法音》2012（2）：61。

图二〇　No.26《寂照神变三摩地经》壁画

知，此画所绘为《寂照神变三摩地经》（藏文全称 འཕགས་པ་རབ་ཏུ་ཞི་བ་རྣམ་པར་ངེས་པའི་ཆོ་འཕྲུལ་གྱི་ཏིང་ངེ་འཛིན་ཞེས་བྱ་བ་ཐེག་པ་ཆེན་པོའི་མདོ།《圣寂静决定神变三摩地大乘经》）（图二〇）。该经为笃布巴所定“了义十经”之一，藏译本共 3 卷，由胜友、施戒（Danaśīla）和智军合译[56]。经文讲述佛于王舍城灵鹫山与众菩萨俱，以贤护菩萨（བཟང་སྐྱོང）和文殊菩萨为首向

56 德格版《甘珠尔》129 号，通帙 55，ང 函，174b4-210b3 行。此经汉译本由玄奘译，但玄奘译本仅 1 卷，其内容相当于藏译本第 1 卷的部分内容（174b4-184b5），参见玄奘译：《寂照神变三摩地经》1 卷，《大正新修大藏经》第 15 册，648 号。

佛陀请问佛法，佛以寂照神变三摩地回复，使菩萨得无障碍法，于一切诸法皆得圆满。贤护菩萨与佛陀对话内容集中于藏译本第1卷，文殊菩萨则于后2卷中出现[57]。

画面内容简单，佛陀全跏趺坐于莲座之上，莲座由一朵巨大莲花撑起。左手罕见微扶莲座，右手当胸结说法印，身着通肩式袈裟。佛陀左下方绘一侧身半跏趺坐菩萨，白色身，束高发髻，饰头冠，耳铛、项饰及四肢钏环等。左手结说法印，右手持经书置于腹前，显系文殊菩萨形象，据此可知壁画描绘的是该经第2卷中所讲的文殊菩萨向佛陀问法的场景。佛陀正前方为莲台，上供鲜果轮宝等，右侧可见四尊小神祇（图二一、图二二），均侧身跪向佛陀，推测为前来佛所听法之各诸天龙众护法。最前方者双膝跪地，头戴宝冠，饰耳铛钏环，上身着短衣，下身着长裤，双手上举头顶，右手持金刚杵。诸天之中，惟帝释天最符合这一形象特征[58]；菩萨后方为双手捧如意宝的龙神和手持短橛的明王；最后一位男尊双手合十（图二二），单膝跪地；束高发髻，佩红色头冠及钏环等；上身赤裸，环披天衣，下身着短裙，身背疑似琵琶样式乐器，推测为乐神乾闼婆（Gandharva）。佛陀后方两侧可见宫殿建筑，旁边果树飘香，当为王舍城。右上方两位头扎三抓髻的童子形象的供养天正驾祥

图二一　No.26 局部

图二二　No.26《寂照神变三摩地经》壁画局部

57　德格版《甘珠尔》129号，通帙55，ད函，186b5-210b3。

58　[日]宫志昭著，李萍、张清涛译：《涅槃和弥勒的图像学》，北京：文物出版社，2009：186-196。

图二三　No. 34《大孔雀经》壁画

图二四　No.34《大孔雀经》壁画之大孔雀佛母像

云而来，其中一位正向佛陀散花，另一位手持挂有三层饰的旗幡。

8.《大孔雀经》（No. 34）

据题记“རྨ་བྱ་ཆེན་མོའི་མདོ་བཀོད་པ་བཞུགསྶོ་ སཾ་ག་ལཾ།”所示，此画当依《大孔雀经》（藏文全称རིག་སྔགས་ཀྱི་རྒྱལ་པོ་རྨ་བྱ་ཆེན་མོ།《明咒王大孔雀母》）而绘（图二三）。该经由戒主觉、智成（Jñānasiddhi）、释迦光和智军合译[59]。经文主要讲述佛于舍卫城祇树给孤独园（རྒྱལ་བུ་རྒྱལ་བྱེད་ཀྱི་ཚལ་མགོན་མེད་ཟས་སྦྱིན་གྱི་ཀུན་དགའ་ར་བ），时有一比丘，名为萨哩（ས་རི），出家不久，因被蛇咬，危在旦夕，阿难陀见状疾往佛所，向佛求救。佛告阿难陀，孔雀明王大陀罗尼能灭诸毒，令阿难陀持此陀罗尼解救萨哩，宣说诵此陀罗尼可以除一切恐怖，获得安乐福德之教义。

壁画残损，包括主尊在内的大部分图像皆为后人重绘。画面中佛陀全跏趺端坐中央，双手当胸结转法轮印。佛陀左侧图像漫漶，似一立像胁侍弟子。右下方红身菩萨图像保存相对完好，上身部分当为原绘。菩萨侧身坐在一只七彩翎毛的大孔雀之上，孔雀回顾主人（图二四）。菩萨头束高发髻，戴五叶宝冠、瓔珞钏环等严饰。上身穿短衣，环披天衣，下身着长裤。左手置于腹前持莲花，上立宝剑，右手下垂结与愿印。若题记所载正确，此菩萨当为孔

59　德格版《甘珠尔》559号，通帙90，ཕ函，87b1-117a5行。汉译本见梁僧伽婆罗译：《孔雀王咒经》，《大正新修大藏经》第19册，984号。此经有梵、汉、藏、西夏等多种文本，关于各版本之异同及研究，参见任曜新、杨富学：《〈孔雀明王经〉文本的形成与密教化》，《陕西师范大学学报》2012（5）：81-87、107-111。

雀佛母，但图像志上却有所不符。首先，从经名“རྨ་བྱ་ཆེན་མོ”即可知，孔雀佛母为女尊，但此像女性特征并不明显；第二，从红色身，莲花上立宝剑的标识看此像更符合文殊菩萨的图像特征，且于汉传和印度艺术乃至文献中均有骑孔雀的文殊菩萨实例[60]；第三，藏传艺术中，孔雀明王有二臂、六臂、八臂至十二臂多种，通常在五护佛母组图或坛城中出现，极少以孔雀为坐骑并单独表现。身色有黄、绿二色之说，鲜见红色[61]。持物上，当孔雀明王为多臂时，才会持宝剑，罕有一面二臂持宝剑和经书之例[62]。最后，《明咒王大孔雀母经》属“五护秘经”之一，与其他了义经和佛传题材壁画一同出现在该殿中甚显突兀，难以解释。当然，这些定规大多适用在解说成就法图像上，在如彭措林寺这样的叙事图像中，画师很可能根据自己的理解和认知进行一定程度上的创作，对于该画图像和主题虽不能完全确定，但也不可就此否定。

9.《文殊根本续》（No. 35）

据题记“ཨོཾ་སྭ་སྟི། འཇམ་དཔལ་རྩ་བའི་རྒྱུད་ཀྱི་བཀོད་པ་བཞུགས་སོ།།”可知，此画依《文殊根本续》（འཕགས་པ་འཇམ་དཔལ་རྩ་བའི་རྒྱུད）而绘（图二五），该经由鸠摩罗迦罗阇（Kumārakalāśa）和释迦罗追（ཤཱཀྱ་བློ་གྲོས། 11 世纪）合译[63]，原梵文本 55 品，藏译本译出 36 品[64]。藏译本开篇讲

60 10 世纪的那烂陀造像中可见骑孔雀的五字文殊（Pañcāksara Mañjuśrī），见 Lokesh Chandra, *Dictionary of Buddhist Iconography*, vol. 8, New Delhi: International academy of Indian Culture and Aditya Prakashan, 2003: 2159-2160。汉传佛教中，八字、五字和一字文殊菩萨皆有骑孔雀的例子，其中八字文殊更是有文献记载，见唐代菩提流志译：《文殊师利法宝藏陀罗尼经》，《大正新修大藏经》第 20 册，第 794 页，a12-15；第 797 页，a14-15。图像参见《大正新修大藏经》图像部第 6 册，第 104、105 页。关于汉地孔雀佛母研究，见廖旸：《明清时代的三铺孔雀明王壁画——兼及对图像配置的探讨》，《美术研究》2010（1）：26-41。感谢廖旸老师的教示，并提供有关文殊菩萨和孔雀明王图像的相关资料和信息。

61 目前所见疑似红身者仅有榆林第 3 窟壁画中作为五护佛母出现的三面八臂的大孔雀佛母，此像已经氧化为褐色，贾维维博士根据石窟颜料的氧化特点推测其原色有可能为红色，并讨论了与其相对应的文本等相关问题。详见贾维维：《榆林窟第 3 窟五护佛母图像研究》，《敦煌研究》2015（4）：14-24；关于五护佛母的研究另见张雅静：《故宫博物院藏五守护佛母图像解读》，《故宫博物院院刊》2015（4）：110-125。

62 东京国立博物馆收藏有一尊朝鲜新罗时代（7 世纪）定名为孔雀明王的铜像（馆藏号 TC-687），明王一面二臂，左右手持物疑似宝剑和经书，乘坐一只正面展翅的大孔雀身上，但因无任何题记和文献记载，该像尊格尚待进一步确认。图像见 https://colbase.nich.go.jp/collection_items/tnm/TC-687?locale=zh，最后访问日期 2022 年 4 月 11 日。

63 格版《甘珠尔》543 号，通帙 88，ན 函，88a1-334a6。

64 汉文有四个译本，共译出 28 品：（1）北宋天息灾译：《大方广菩萨文殊师利根本仪轨经》20 卷，《大正新修大藏经》第 20 册，1191 号；（2）不空译：《文殊师利菩萨根本大教王经金翅鸟品》1 卷，《大正新修大藏经》第 21 册，1276 号；（3）佚名译：《大乘方广曼殊师利菩萨华严本教阎曼德迦忿怒王真言大威德仪轨品》1 卷，《大正新修大藏经》第 21 册，1215 号；（4）佚名译：《大乘方广曼殊师利菩萨华严本教阎曼德迦忿怒王真言阿毘遮噜迦仪轨品》，《大正新修大藏经》第 21 册，1216 号。关于该经的专题研究，详见 Yūkei Matsunaga, “On the date of the Mañjuśrīmūlakalpa.” In *Tantric and Taoist Studies in Honour of R. A. Stein*, Vol. 3, ed. Michel Strickman, Brussels: Institut belge des hautes etudes chinoise, 1985: 885.

图二五　No.35《文殊根本续》壁画

述佛于净光天上虚空中（གནས་གཙང་མའི་སྟེང་གི་ནམ་མཁའི་དཀྱིལ），与菩萨众俱，时佛对净居天子众言，为利益众生讲说文殊童子化现之种种不思议禅定、神变、解脱道场，菩萨的种种幻化，诸菩萨之养身、无病寿命与自在如意圆满之真言。前 35 品讲说了文殊师利多种修法、造像法等。第 36 品“宣说功德及过失之无量功效品”（ཕན་ཡོན་དང་ཉེས་དམིགས་ཀྱི་ནུས་པ་རབ་འབྱམ[ས]་བསྟན་པའི་ལེའུ）[65]，以佛陀授记方式讲述了印度波罗王朝（Pāla）之前的王统历史，以及期间持执佛法的大德事迹，因此又被称为“国王授记品”，是藏传佛教最大的一部预言书，受到藏传佛教各派的重视。

画面中，佛陀趺坐于莲座之上，双手结禅定印，身着袒右肩式袈裟。圆形身光由红、黄、绿三色组成的放射状波浪纹饰表现，十分醒目。圆形头光上方各种祥云飘浮，

65　德格版《甘珠尔》543 号，通帙 88，ན 函，290b5-333b7。

图二六 No. 35《文殊根本续》壁画之文殊菩萨像

图二七 No. 35《文殊根本续》壁画之上师弥勒像

其上几位童子形象的供养天正向佛陀散花。佛陀身部两侧，各现一尊化佛，趺坐于祥云之上，双手结禅定印，目前尚不能确定此场景内容，或与该经“序品”中所讲佛陀为文殊童子说菩萨行真言句仪轨品时有四方上下一切诸佛前来集会听法之内容有关。佛陀右下方绘有立姿胁侍弟子像和菩萨像各一，图像漫漶，前方菩萨像大部分为补绘，可见右手结与愿印，左手置腰部持莲花，莲花上可见一横置经书及其上所立宝剑残迹，剑锋周围的沥粉堆金火焰鲜明可见（图二六），由此可知此即该经重要人物文殊菩萨。后方尊像头部残毁，从其身着僧袍可知当为胁侍弟子。佛陀台座正前方，原供桌部位绘一坐姿蓝身不动明王像，一面三目，左手持绢索，右手上挥宝剑。饰五骷髅冠，颈部蛇蔓和骷髅环及四肢蛇钏等，腰围虎皮裙。经文中尚未见到与此明王相关内容，或仅作为护法身份出现。

佛陀左下方绘一位头戴红色班智达的上师像（图二七），全跏趺坐于法座之上，右手结说法印，左手置腹前持经书，其上有手写梵字经名，模糊不辨。眉目清秀，隐见稀疏须髯。上身着无袖上衣，外搭黄色坎肩，领口及襟边配绛红色，为典型的藏式僧服。外披黄色百衲袈裟，下身着红色僧裙，配上垂直高耸的法座靠背，凸显了上师德高望重的庄严，由此可见其殊圣的身份地位。前方供桌供有盛满木瓜的果盘，如意宝、香炉，以及一件疑似曼扎（即 Maṇḍala，具体名称待考）的供器。

上师右后方绘一供桌，上供插有孔雀翎的礼瓶，朱砂及花瓶，礼瓶和朱砂多在举行佛教仪式时使用。供桌后方一高一矮二僧人，右侧矮者疑为坐姿或跪姿，着藏式僧装，左手托经书上举，右手当胸结无畏印，似刚从对面僧人手中接过经书。对面僧人站在法座靠背后方，仅露半身，右手前伸至经书方向。根据人物姿态，持物和供器推测，二人当正在举行某种传承仪式，递送的经书即传承的象征，同时也应与前方上师手持的经书有密切关系。

上师右上方绘一立姿菩萨像，束高髻，上饰一小佛塔，饰耳铛，项饰及臂钏等，左肩斜披鹿皮。左手持净瓶，右手握在一形似宝剑的剑身部位，未见剑柄。发束高髻，饰佛塔，手持净瓶及斜披鹿皮的梵行者形象，皆可表明其弥勒菩萨的身份。然一般所见弥勒菩萨持物，一手为净瓶，另一手或结印，或持龙华树花，尚未见到持宝剑之相，具体原因待考。

如上所示，结合图像志内容与题记分析，推测此画当与《文殊根本续》第 36 品“国王授记品”有关，其中一段讲述了佛陀对印度无著（ཐོགས་མེད། Asaṇga）论师的授记：“名无著之比丘，精通论典之意，分别经部典籍了义与不了义。成世智导师，启论具真性……，最后彼大德，得证菩提果”[66]。在觉囊派中，无著被视为觉囊派显教了义他空大中观的祖师[67]，他经由禅定，上升至兜率天随弥勒菩萨学法，从弥勒处得到《瑜伽师地论》并传述后世[68]。因此，他经常被描绘成手持经书，结说法印，头戴班智达帽的形象，并常和弥勒菩萨一同出现在画面中[69]。回看此画，弥勒菩萨形象已经确定，上师的持物和手印也正与无著形象特征相符，由此推断其为无著论师当合情合理，但几处图像志细节却令人作疑。第一，画中上师穿的是典型的藏式僧装，这与无著的印度论师的身份显然不符。此外，上师所穿上衣为左襟在下，右襟在上。据当今觉囊派弟子所言，此为多罗

66 德格版《甘珠尔》543 号，通帙 88，ན 函，309a1-3。这段授记于《布顿教法史》中有完整引述，见 བུ་སྟོན་རིན་ཆེན་གྲུབ། བུ་སྟོན་ཆོས་འབྱུང，北京：中国藏学出版社，1988 : 140。汉译本见蒲文成译：《布顿佛教史》，兰州：甘肃民族出版社，2007：85。

67 ངག་དབང་བློ་གྲོས་གྲགས་པ། དཔལ་ལྡན་ཇོ་ནང་པའི་ཆོས་འབྱུང་རྒྱལ་བའི་ཆོས་ཚུལ་གསལ་བྱེད་ཟླ་བའི་སྒྲོན་མེ，北京：中国藏学出版社，1992 : 9-10。汉译本见许得存译：《觉囊派教法史》，拉萨：西藏人民出版社，1992：4-5。

68 ཏཱ་ར་ནཱ་ཐ། རྒྱ་གར་ཆོས་འབྱུང，成都：四川民族出版社，1994：139-143。汉译本见张建木译：《印度佛教史》，成都：四川民族出版社，1988 : 121-124。另见夏吾拉旦：《交流与共生：敦煌藏文写本 I.O.32〈无著世亲传略〉考释》，《敦煌研究》，2020（6），94-103。

69 图像参见 https://www.himalayanart.org/items/77008（以及 item no. 77214, 55669, 77133, 12870, 358）最后访问日期 2022 年 4 月 11 日。

图二八　彭措林寺集会大殿一层内殿多罗那他像（廖旸摄）

图二九　No.26《寂照神变三摩地经》壁画局部

图三〇　No.35《文殊根本续》壁画局部

那他祖师衣着特征[70]。事实上，这种穿着方式在西藏上师像中并不罕见，且彭措林壁画中可确定为他多罗那他的画像着装均为左襟在上，右襟在下样式。然作为人类学证据，觉囊派弟子说法也当暂备一说。第二，上师所戴班智达帽的两侧延边向内折叠，同款帽子还见于大经堂内殿壁画的觉囊多罗那他祖师像中（图二八）。同时，二尊像均有络腮胡须，手持无夹经板的梵字经书。第三，上师像前方供桌上的疑似曼扎的供器形制特别，同时见于二像（图二九、三〇），以及大经堂另外一幅疑似多罗那他的画像中（图三一），很难说不是一种精心的安排。如上分析，我们虽不能就此确定此上师即多罗那

70　笔者2012年赴彭措林寺考察时，承蒙觉囊派仲德上师开示告知，这也是当今觉囊派系内部的观点。

图三一　No.16 佛传壁画局部

他，也不能否定二者的紧密联系，画家显然是将现实中的人物与经典中的角色进行了融合。总体而言，无论此像所绘是无著，多罗那他亦或觉囊派其他祖师，对觉囊派而言，此画都象征了觉囊派以了义大中观思想为主的显教传承，画中弥勒菩萨的出现及二僧人正在进行的传承仪式，便是有力说明。而《文殊根本续》中记载的佛陀对无著授记的内容，正宣示了这个传承的正统性。

10.《文殊师利神变经》（No. 38）

据题记“ༀ་སྭ་སྟི། འཇམ་དཔལ་རྣམ་པ་འཕྲུལ་པའི་བཀོད་པ་བཞུགསྶོ།། སཾ་ག་ལཾ།”可知，此画所绘为《文殊师利神变经》（藏文全称 འཕགས་པ་འཇམ་དཔལ་རྣམ་པར་འཕྲུལ་བའི་ལེའུ་ཞེས་བྱ་བ་ཐེག་པ་ཆེན་པོའི་མདོ།（《圣文殊师利神变品大乘经》）（图三二），由胜友、戒主觉和智军合译[71]。该经内容极短，主要讲述佛于舍卫国祇树给孤独园，为众会眷属说法，时有大光天子（ལྷའི་བུ་འོད་མང་པོ）与文殊师利问答魔事，魔王波旬（བདུད་སྡིག་ཅན）来扰乱，文殊以三昧力缚魔，复变魔为佛身，与诸比丘论法，使魔心怀忧戚，泣泪而去之故事。

该铺壁画保存完好，可见主尊佛陀全跏趺端坐于莲座之上，面相端庄，眉如初月，双目广长。螺法上肉髻高耸，宝珠顶严，配深绿色圆形头光。特别地，原本身光部分由

71　德格版《甘珠尔》97 号，通帙 46，ཁ 函，242a1-257b7。另见北京版 765 号。此经梵文本佚，汉译本名为一卷，与藏译本题名不同，即西晋竺法护译：《佛说魔逆经》1 卷，《大正新修大藏经》第 15 册，589 号。

图三二　No.38《文殊室利神变经》壁画

靠背替代，其上整齐敷搭饰有荷花图案的深绿色敷布。佛陀左手置腹前结禅定印，右手下垂至莲座结降魔触地印。由金翅鸟、龙女、摩羯、童子、狮羊、狮子及大象组成的拏具靠背将画面衬托的庄严华丽。顶部两侧几位头梳扎髻的童子形象的供养天和伎乐天正乘坐卷云奔向佛陀。主尊左右两侧各伴二胁侍菩萨及弟子各一，其中右前方菩萨，身橘色，双手结说法印，并于右手拈莲花，花上置经书和智慧宝剑，显系文殊菩萨。左前方菩萨，身淡黄色，左手结与愿印，右手上举持经书，或为与文殊菩萨辩论的大光天子。因大光天子形象并无定规，此像当是画家据自己理解而创作。整体来看，画家虽未描绘具体的降魔场景，但通过主尊的降魔触地印以及文殊菩萨的出现可知，此画表现的当是文殊以三昧力变魔为佛身，坏魔心神之内容。就题材而言，《文殊师利神变经》并未在笃布巴的了义经之列，但或可勉强归类于佛传或本生故事，与其他壁画同绘于一殿内。

11.《宝云经》（No. 39）

据题记“འཕགས་པ་དཀོན་མཆོག་སྤྲིན་གྱི་མདོ་བཀོད་བཞུགྶོ།། སཾ་ག་ལཾ༔”可知，此画所绘为《宝云经》（藏文全称 འཕགས་པ་དཀོན་མཆོག་སྤྲིན་ཞེས་བྱ་བ་ཐེག་པ་ཆེན་པོའི་མདོ། （《圣宝云大乘经》）（图三三），共 7 卷，由宝海（རིན་ཆེན་མཚོ）和法性戒（ཆོས་ཚུལ་ཁྲིམས）合译[72]。此经为笃布巴所定“了义十经”之一，讲说佛于伽耶城伽耶山顶（ཡུལ་ག་ཡ་ན་ག་ཡ་མགོའི་རི）放大光明，普照百千世界，引东方无量恒河沙世界（འཇིག་རྟེན་གྱི་ཁམས་གང་གཱའི་ཀླུང་གི་བྱེམ་སྙེད་འདས་པ）莲花国除盖障菩萨（སྒྲིབ་པ་ཐམས་ཅད་རྣམ་པར་སེལ་བ）等诸菩萨，以宝树华果、琉璃树、颇梨树、……华鬘云、宝盖云、宝幢幡云、音乐云等为供养诣至佛前，……其后除盖障菩萨以 102 问请教佛陀，佛每问以十法回答，事皆具体教示菩萨之正法，细说菩萨所具备之德行。

画面中，佛陀全跏趺坐于中央，身着袒右肩式袈裟。左手当胸施无畏印，右手垂至膝下结与愿印。左右两侧各侍一立像菩萨。左侧菩萨，三折立姿，面朝世尊，双手合十，并拈一株莲花，盛放于左肩，上置一颗可以满足众生愿望的摩尼宝珠，系除盖障菩萨的标识（图三四）。根据经文第 1 卷所讲，除盖障菩萨来到世尊处所后，从坐而起，偏袒右肩右膝著地，合掌向佛发 102 问，以此引出整个经文内容[73]。此画中，除盖障菩萨虽未表现成“偏袒右肩，右膝着地”之姿势，却有合掌向佛的姿态。佛陀右侧，一位胁侍菩萨双手举一华丽的孔雀翎华盖撑于佛陀头顶，后方花果繁盛，正是对经文所说诸菩萨以宝树华果、琉璃树、颇梨树、宝盖云、宝幢幡云等为供养之描绘。佛陀前方中央置供桌，其左右两侧各有二弟子，分别持经书和莲花等供养佛陀。

经上述分析可知，画家择性地描绘了各经典的内容，多以“序品”为主，也有其他品次内容，如《金光明经》的“寿量品”，《华严经》的“佛升须弥山顶品”及“菩萨偈赞品”及《文殊根本续》的“国王授记品”等，且多以描绘各品中的代表性人物而表现其内容。通过分析图像志内容可知，除《明咒王大孔雀母经》和《文殊师利神变经》两铺壁画尚需进一步考证外，其他壁画内容均与题记所示经典相符。另根据书写墨迹可

72 德格版《甘珠尔》231 号，通帙 64，ཕ 函，1b1-112b7。本经汉译本有四部：（1）竺法护等译：《佛说除盖障菩萨所问经》20 卷，《大正新修大藏经》第 14 册，489 号；（2）梁曼陀罗仙僧伽婆罗译：《大乘宝云经》7 卷，《大正新修大藏经》第 16 册，第 659 号；（3）梁曼陀罗仙译：《宝云经》7 卷，《大正新修大藏经》第 16 册，658 号；（4）唐达摩流支译：《佛说宝雨经》，《大正新修大藏经》第 16 册，660 号。四部内容稍有差别，法护译本与曼陀罗仙译本内容大致相同，但结构不同。达摩流支译本比其他三部及藏译本多出卷首月光天子作女王之事。文献中记载藏译本约有 7 种，并有 7 卷，8 卷之说。见于德格版和北京版译本为同本，共 7 卷，译者为宝海和法性戒。经学者对比研究，此藏译本内容与竺法护汉译本最为接近。关于本经梵、藏、汉诸版本概况及相关研究，详见杨志国：《敦煌藏文写本〈宝云经〉整理与研究——以 IOL Tib J 164 为中心》，兰州大学硕士学位论文，2021：7-14。

73 德格版《甘珠尔》231 号，通帙 64，ཕ 函，4a3-11a7。

图三三　No. 39《宝云经》壁画

图三四　No.39《宝云经》壁画之除盖障菩萨像

知，部分壁画的藏文题记为后人补录，但图像却印证了题记所载基本无误。此外，因题记损毁，图像过于简单，尚有《慈氏所问经》（འཕགས་པ་བྱམས་པས་ཞུས་པ་ཞེས་བྱ་བ་ཐེག་པ་ཆེན་པོའི་མདོ），《般若五百颂》（འཕགས་པ་ཤེས་རབ་ཀྱི་ཕ་རོལ་ཏུ་ཕྱིན་པ་ལྔ་བརྒྱ་པ）和《智光明庄严经》（འཕགས་པ་སངས་རྒྱས་ཐམས་ཅད་ཀྱི་ཡུལ་ལ་འཇུག་པའི་ཡེ་ཤེས་སྣང་བའི་རྒྱན་ཅེས་བྱ་བ་ཐེག་པ་ཆེན་པོའི་མདོ）三部了义经典壁画存疑待考，于此文中暂不公布。

二、彭措林寺与西藏寺院壁画中的经变图像

彭措林寺大经堂的四十铺壁画中，有二十铺皆取材于觉囊派祖师笃布巴所划定的二十部了义经，并与《文殊根本续》和《时轮根本续》两部密续及佛传壁画混合排列，分绘于四面墙壁上。除佛传壁画外，包括两铺本续在内的壁画，都是依据不同经典而

绘制的图像。根据汉地佛教绘画传统，这些壁画实际上就是依经而绘的“变相”，亦称“经变”[74]。因藏文化语境中并无“变相”或“经变”之称谓，这类题材则被统称为佛经故事（མདོ་སྣང）[75]。为方便汉文读者理解，本文仍采用“经变”一说。值得注意的是，觉囊笃布巴划定的二十部了义经典，均为佛陀三转法轮所宣讲的显教经典。现今所见西藏寺院壁画，多以描绘密续部图像为主，显教题材则以佛传和本生故事为主，间或表现一些显教经变图像，如彭措林寺大量集中描绘的例子并不多见，但其历史可追溯至吐蕃及后弘初期，且与敦煌汉地有着密切关系。谢继胜教授指出，西藏扎塘寺等 11 世纪后半叶的佛教寺院，以及由吐蕃衍传至后弘期的桑耶寺，其壁画与塑像都是按照显教经部来布局，但寺院主题结构却是按照唐密胎藏界曼荼罗简化的形势来安排的[76]。根据文献记载，建造于公元 779 年的被誉为西藏第一座寺院的桑耶寺内，便绘制了大量的显教经变题材壁画。《桑耶寺志》(《巴协》，སྦ་བཞེད）中讲到桑耶寺乌孜大殿（དབུ་རྩེ）内绘有多幅流行于当时汉地的显教经典题材壁画，如绘于一层礼佛道外壁的属《妙法莲华经》[77]、鼓楼，前殿（སྟ་ཁང）和聚宝殿（རིན་ཆེན་སྣ་ཚོགས་གླིང）中的《宝云经》壁画、中层佛殿内的《十万颂般若波罗蜜多经缘起品》(ཡུམ་རྒྱས་པའི་གླིང་གཞི)，以及流行于唐武周之后的亦见于彭措林寺的《大云经》壁画等。除了桑耶寺外，在与其隔江相望的建于后弘初期，即 11 世纪末的扎塘寺主殿内，也绘制了同样见于桑耶寺的《妙法莲华经》《大云经》等题材壁画[78]。众所周知，这两座寺院的建筑和绘画风格均具有明显的汉地艺术特征，且与敦煌石窟艺术有着密切联系[79]。彭措林寺的这些壁画题材，如《金光明经》《密严经》《楞伽经》

74 对于“变相”和“经变”二词的使用和涵义，学界多有争论，巫鸿先生作过系统深入的探讨。他以敦煌为例，将变相分为依据佛经内容而绘的偶像式构图的“经变”和与文学性的变文相关的绘画两类。见巫鸿：《何为变相？兼论敦煌艺术与敦煌文学的关系》，郑岩等译：《礼仪中的美术：巫鸿中国古代美术史文编》，北京：生活 · 读书 · 新知三联书店，2005：346-389。另见巫鸿：《空间的敦煌：走进莫高窟》，北京：生活 · 读书 · 新知三联书店，2022：229-238。广义地讲，佛传和本生故事都出自佛经，因此这类绘画也都属于经变范畴，但本文仅指这些依据特定经典而绘的经变。

75 就藏文“经变”一词的使用问题笔者曾得廖旸老师和穷达老师多次教示，谨此致谢！另见塔尔查 · 穷达：《藏译古典梵文辞藻学典籍〈甘露藏〉及其他》，沈卫荣主编：《大喜乐与大圆满：庆祝谈锡永先生八十华诞汉藏佛学研究论集》，北京：中国藏学出版社，2014：241。

76 见谢继胜：《扎塘寺主殿造像配置及其意蕴——兼论 13 世纪西藏佛教与佛教艺术的构成》，《中国藏学》2018（3）：78。

77 藏文全称 དམ་པའི་ཆོས་པད་མ་དཀར་པོ་ཞེས་བྱ་བ་ཐེག་པ་ཆེན་པོའི་མདོ། 由吐蕃译师天王菩提和智军合译，见德格版《甘珠尔》113 号，通帙 51，ཇ 函，1b1-180b7。

78 关于桑耶寺和扎塘寺壁画题材的讨论，参见谢继胜：《扎塘寺主殿造像配置及其意蕴——兼论 13 世纪西藏佛教与佛教艺术的构成》，《中国藏学》2018（3）：72-91。

79 关于扎塘寺壁画风格的分析，见谢继胜主编：《藏传佛教艺术发展史》（上），上海书画出版社，2010：94-100。

《华严经》《宝云经》及《涅槃经》等，在西藏虽不多见，但在隋唐之际的汉地，尤其是敦煌地区也早已流行[80]。考虑到当时敦煌与吐蕃密切的文化交往背景，可以推测西藏早期绘制显教经变图像的传统，当直接或间接受到以敦煌为主的汉地影响。

在扎塘寺之后的以萨迦寺、夏鲁寺、白居寺等为代表的后弘期寺院壁画中，占据主流的是呈现出藏传佛教特色和本土艺术风格的密教题材绘画。但对于显教经典题材绘画的描绘并未就此消失，如白居寺一层大殿西殿的西方极乐净土壁画，以及多门塔一层的兜率宫殿（དགའ་ལྡན་ལྷ་ཁང）内据《华严经》《大悲白莲花经》(《妙法莲华经》)、《弥勒请问经》《月灯经》[81]《宝髻请问经》[82] 等经典而描绘的关于弥勒的本生故事的壁画[83]。彭措林之后，据《五世达赖喇嘛传》和《黄琉璃》载，1658 年，勉塘派（སྨན་ཐང་པ）卫钦 · 达隆贝贡（དབུ་ཆེན་སྟག་ལུང་དཔལ་མགོན）与另一位勉塘派大师勉塘鼐（སྨན་ཐང་ནས）一起，率领庞大艺术家队伍参与拉萨八廓街转经道的维修，绘制了华严净土、《大般若经》和西方净土等壁画[84]。由此可见，西藏绘制显教经变的传统作为一种非主流也一直存在着，彭措林寺也当间接地承袭了这种传统，但如该寺一样在同一佛殿中集中描绘二十部显教经典的情况在西藏却实为少见。藏传佛教提倡显密兼修，彭措林寺壁画所表现的这些显教经典，大都在吐蕃时期就被译为藏文，是后来藏传佛教各教派都学习的经典[85]。但后弘期的藏传佛教各派，却很少以图像的形式宣扬这些经典及其教义。多罗那他在彭措林寺大经堂中设计安排这些壁画，明显是为了强调和宣扬觉囊派独具特色的了义他空大中观的显教思想和教义，却在无意中彰显了自己的与众不同。

---

80 对于敦煌经变数量统计参见巫鸿：《何为变相？兼论敦煌艺术与敦煌文学的关系》，2005 ：358。另见施萍婷：《敦煌经变画略论》，敦煌研究院编：《敦煌研究文集：敦煌石窟经变篇》，兰州：甘肃民族出版社，2000：7。

81 即《月灯三昧经》，藏译全称 འཕགས་པ་ཆོས་ཐམས་ཅད་ཀྱི་རང་བཞིན་མཉམ་པ་ཉིད་རྣམ་པར་སྤྲོས་པ་ཏིང་ངེ་འཛིན་གྱི་རྒྱལ་པོ་ཞེས་བྱ་བ་ཐེག་པ་ཆེན་པོའི་མདོ། (《圣一切法自性平等显现三昧王大乘经》)，见德格版《甘珠尔》127 号，通帙 55，ད 函，1b1-170b7。汉译本见《大正新修大藏经》第 15 册，第 639 号。

82 即汉译本《大宝积经 · 宝髻菩萨会》,《大正新修大藏经》第 11 册，第 310 号。藏文全称 འཕགས་པ་གཙུག་ན་རིན་པོ་ཆེས་ཞུས་པ་ཞེས་བྱ་བ་ཐེག་པ་ཆེན་པོའི་མདོ། 见德格版《甘珠尔》91 号，通帙 44，ཆ 函，210a1-254b7。

83 熊文彬：《中世纪藏传佛教艺术：白居寺壁画艺术研究》，北京：中国藏学出版社，1996 ：48，71。在图齐关于白居寺的著作中，仅提到了该殿绘塑艺术的文献依据是《弥勒请问经》和《妙法莲华经》，参见图齐著，魏正中、萨尔吉等译：《梵天佛地》第 4 卷第 1 册，上海古籍出版社，2009：141。

84 转引自熊文彬、孜强 · 边巴旺堆：《西藏哲蚌寺措钦大殿二楼十六罗汉壁画初探——兼论与清宫同一题材唐卡之间的关系》,《故宫博物院院刊》2017（4）：97。关于这些壁画的内容，参见第悉 · 桑结嘉措著，许德存译：《格鲁派教法史 · 黄琉璃宝鉴》，拉萨：西藏人民出版社，2009：351。

85 大部分经典都可见于元代西藏佛学大师布顿的佛典目录中，参见 བུ་སྟོན་རིན་ཆེན་གྲུབ། བུ་སྟོན་ཆོས་འབྱུང་། 1988 ：235-249。汉译本见蒲文成译：《布顿佛教史》，2007：149-158。

图三五　大经堂壁画之罗汉像

三、绘画风格的复古与创新

西藏绘画于15世纪开始，逐渐吸收汉地、印度及尼泊尔艺术特征形成了具有民族特色本土艺术风格。彭措林寺壁画也同时兼具这多种风格特征，其中汉地的影响尤为明显。壁画中绘于佛陀上方的伎乐天或供养天，以头梳抓髻的汉地艺术中的善财童子形像表现，这种童子形象在江孜白居寺、拉萨的哲蚌寺（འབྲས་སྤུངས）及山南的贡嘎曲德寺保存的明代壁画里都有大量表现[86]。画面背景山水采用了汉地透视法，显得开阔灵活。背景中坐于汉式木椅上的罗汉像（图三五）、重檐歇山式的汉式宫殿建筑及芭蕉、竹子、牡丹、松树等植物等绘画元素和母题的描绘及淡雅的设色都显示出浓郁的汉风特征。此

86 关于彭措林壁画中汉式童子的探讨，参见熊文彬、孜强·边巴旺堆：《西藏拉孜县平措林寺祖拉康大殿壁画的题材与风格及其流派初探》，《藏学学刊》第14辑，2016（1）：72-89。

图三六　彭措林寺大经堂壁画局部（谢继胜摄）

外，主尊袈裟边缘，部分供器及菩萨神祇的头冠，持物等也使用了汉地的沥粉堆金技法[87]。但因表面被涂白灰，只能看出沥粉线条，无法辨出其上金色[88]。

在承袭传统基础上，彭措林寺也展现出自己的特别之处。虽与汉地经变画一样，彭措林寺壁画也采用了宗教艺术常见的偶像型构图[89]来表现，但却缩减了汉地经变画的壮观、人物众多的宏大叙事场景[90]，画面中人物大小、主次安排有别，灵活而不失规整。从整个佛殿的壁画配置看，四十铺壁画虽各自独立，但相互间却并无明确界限分割，而是

87 沥粉堆金技法在卫藏地区较早见于15世纪前后的山南贡嘎曲德寺，拉萨哲蚌寺和扎什伦布寺弥勒殿二楼歇热拉康壁画中，相关研究见罗文华：《15-19世纪扎什伦布寺绘画风格考察》，《故宫博物院院刊》2020（11）：25；熊文彬、廖旸：《哲蚌寺措钦大殿内转经道壁画的年代、题材与风格初探》，《中国藏学》2017（3）：164。

88 因多处沥粉线条并未准确覆盖原画形状，因此也不排除为后人添加。

89 巫鸿将画面构图分为偶像型和情节型两种。偶像型构图的明显特征是以一个偶像（佛菩萨圣像）为中心，上下左右四周对称式的环绕众人。中心偶像被表现成一位庄严的正面像，与周围环绕的胁侍众人完全没有互动。情节性构图通常是非对称性的，主要的人物总是被描绘成全侧面和四分之三侧面，且总是处于行动状态中，沿着画面向左或向右进行。其构图中的人物都是相互关联的，姿态具有动势。巫鸿：《武梁祠》，北京：生活·读书·新知三联书店，2015：149-150。

90 自15世纪白居寺开始，汉地经变画的宏大叙事模式及绘画风格也影响到了西藏的绘画艺术，上述白居寺吉祥多门塔内的弥勒本生画，便采用了这种宏大而自由的构图。图齐（Giuseppe Tucci）就此指出，（白居寺）绘制这些壁画的画师很明显地在很大程度上受到了汉风的影响，以至于一些场景完全取自汉式，画师受教于以汉风来诠释译介佛典叙事题材的学派。见《梵天佛地》第4卷第1册，2009：142。

图三七　No.15《华严经》局部

图三八　印度波罗风格金刚手菩萨像（采自 *Sacred Visions*, 1998: 109）

以风景、人物、动植物等的穿插构图而分开（图三六）。这种布局方式较早见于山南贡嘎曲德寺的一层壁画，但其所绘是具有连续情节的本生故事图像[91]，彭措林寺则用这种方式表现了混合经变和佛传的四十个不同主题且相互间无任何联系的画面。每个画面都以描绘单个情节或场景为主，鲜少表现连续性故事情节。为使画面统一，大经堂包括佛传在内的三种题材壁画，都以这种方式表现，令不熟悉情节的观者难以分辨到底是佛传还是经变图像，最后呈现给观者的都是一幅幅庄重肃穆的以佛陀为膜拜中心的静态式画面，使整个佛殿都被一种凝重庄严的气氛所笼罩。从这点上看，彭措林寺壁画则体现出一种更高的宗教绘画意境。

对于汉、藏等多种风格的人物形象的描绘和再创造，是彭措林寺壁画最富特色和创新之处。佛陀面相安详，五官秀气，与 15 世纪以后形成的西藏本土风格特征相一致，但身体量度比例偏长，衣着更为朴素。菩萨像尤具特色，多描绘成三折立姿和四分之三侧面相，眉眼细长，上眼睑中部下凹。鼻梁高挺，鼻头棱角分明，发束宽大高髻。上身全裸，仅以璎珞装饰，下身着条纹短裙，展现出流行于西藏后弘初期的印度波罗艺术的典雅高贵的人物神韵，具有明显的复古意味，但宝冠、耳铛、璎珞环钏等佩饰是藏式的，样式也更加简洁大方（图三七、三八）。印度波罗艺术风格在 15 世纪以后的西藏艺术中已经很少表现，彭措林寺这些菩萨像，当是画家直接刻意模仿而为之，这无疑与建寺者多罗那他钟情于印度佛教和艺术文化的印度情结和审美取向相吻合。同时，壁画中所绘多位写实性极强的藏族高僧形象，如《文殊根本续》绘画中的上师像，又表现出明显的藏族特色。此外，由于是直接依经而绘的图像，对经中涉及的很多神祇人物图像并没有严格的仪轨要求，如《金光明经》中的妙幢菩萨，善生王和憍陈如法师授记，《入楞

91　关于贡嘎曲德寺本生故事构图特点见罗文华：《从西藏贡嘎曲德寺壁画看钦则画派的特点》，《故宫博物院院刊》2015（5）：124。

图三九　江孜白居寺吉祥多门塔顶层香巴拉王像（廖旸摄）

图四〇　彭措林寺大经堂壁画之香巴拉王像

伽经》中的大慧菩萨及《文殊师利神变经》中的大光天子等，在常见佛教艺术中并无固定的图像传统可遵循，从而为画家提供了很大的创造空间，具有一定的创新性。壁画的诸多人物形像中，最具创新的就是背景中的香巴拉王像。现今所见藏传佛教艺术中的香巴拉王像，多以法王相表现（图三九），彭措林寺则以这些国王的报身相，即化身成这些国王的菩萨或明王相表现（图四〇）[92]，这在之前尚未见到先例。

主尊的头光和背光，以及莲座莲瓣等装饰纹饰均可在与其风格相关的 15 世纪前后的江孜白居寺，扎什伦布寺、贡嘎曲德寺和达隆寺壁画中找到相似样式。但每一铺均有变化，四十个画面几乎没有重复，这种变化多端的装饰风格亦可追溯至贡嘎曲德寺壁画[93]。可以看出，从 15 世纪的贡嘎曲德寺到 17 世纪初的彭措林寺，对于装饰纹样的多样化表现已经成为一种追求。从绘画风格上看，彭措林寺与汉地及上述几座卫藏寺院中 15 世纪前后的壁画作品都有一定的渊源关系。但在人物形象表现上，则反映出明显的复古与创新并举的个性特征。这些特征都显示了彭措林寺这些创作于 17 世纪初的壁画，在画面构图、人物造型，以及装饰纹样上，广泛吸取了早已发展成熟的融汇于西藏艺术中的多种文化元素，同时又表现出自己的审美取向，体现出一种既有复古又有民族创新特色的新古典主义艺术风貌。

◆ 闫雪　上海社会科学院宗教研究所助理研究员

92 关于这些菩萨和明王的名称及其与各香巴拉国王的对应关系，详见闫雪：《藏传佛教中关于香巴拉具种王的争论》，《复旦学报》2022（2）：87-100。

93 对于二者装饰纹样的比较研究，见罗文华：《从西藏贡嘎曲德寺壁画看钦则画派的特点》，《故宫博物院院刊》2015（5）：117-119。

甘肃红城感恩寺大雄宝殿平棋曼荼罗考述 *

杨旦春　姜宇钦

内容摘要：甘肃红城感恩寺是庄浪河流域所存较为完整的明代早期建筑群落，寺内大雄宝殿所存85幅平棋曼荼罗均属于建寺之初的原作，较为完整地保持了早期风貌。感恩寺平棋绘画在风格上显现出对14-15世纪流行于西藏夏鲁寺、江孜白居寺绘画的继承，是明代西藏绘画东向发展的历史见证，为明代汉藏文化交流史研究提供了珍贵的实物资料。虽然明代汉藏文化交界地带普遍存在以曼荼罗装饰平棋天花的习惯，但感恩寺大雄宝殿所存曼荼罗在题材的选择、排列布局上与大通河流域的妙因寺多吉强殿更为接近，两处遗存以密集金刚三十二尊曼荼罗为主题进行主尊互换的特征体现了明代大通河、庄浪河流域独特的文化传承和信仰习俗。

一、概述

公元1492年，土司鲁麟因“三教兴隆于亿万之世，君亲仁寿于天枢之久，万性同登于极乐之境，乾坤高厚于六合至尊，阴阳造化于泰和之清，风调雨顺于五谷之端，海

* 本文系国家社科基金项目“大通河流域明清时期曼荼罗图像调查研究”（19XKG001）阶段性成果。

宇太平于共享之治”，在其驻军之地（今永登县红城镇）建造了一座藏传佛教寺院，弘治皇帝（1487-1505年在位）为其赐名“感恩寺”。[1]感恩寺现存牌楼、碑亭、哼哈二将殿、天王殿、菩萨殿、护法殿、大雄宝殿等七座主要建筑，其中大雄宝殿所存平棋曼荼罗以其悠久的历史传承、精湛的绘制工艺等特点，为我们考察研究感恩寺绘塑留下了珍贵的实物遗存。

2008年8月，故宫博物院藏传佛教文物研究所与首都师范大学美术学院、甘肃永登鲁土司衙门博物馆研究人员，首次对妙因寺、感恩寺等永登县境内明代鲁土司属寺建筑、壁画、唐卡等艺术遗存进行了为期一个月的全面考察，召开了专门的学术研讨会、发表了考察报告[2]。与会专家指出：“妙因寺、感恩寺等处许多曼荼罗的类型还是首次发现，极具研究价值”。[3]罗文华和文明在考察报告中指出感恩寺大雄宝殿“每一种曼陀罗因主尊身色的不同而出现若干种不同样式”。[4]进而认为“此殿天花壁画中保存了国内所见最为丰富的曼陀罗资料，值得做更加深入的研究”。[5]但此次考察未对曼荼罗进行内容识别和深入研究。魏文在其研究中对感恩寺几座佛殿壁画、平棋绘画、拱眼绘画等进行了全面的图像识别和研究，尤其对感恩寺大雄宝殿平棋曼荼罗中的神灵形像做了详细的特征描述，并指出该殿围绕藻井的32幅为“秘密集会曼荼罗”，[6]但对其中的大部分作品没有指明具体的名称，也未指明其特殊的密集金刚主尊互换类型。

由于感恩寺平棋绘画“全保留了寺院初建时期的面貌”，[7]均属于建寺之初的原作，因此灯烟污染和起甲脱落等现象也较为严重，对内容识别和风格研究造成一定的困难。值得庆幸的是妙因寺也保存有大量同类作品，而且两者之间有着极高的相似度。鉴于感恩寺和妙因寺同属鲁土司家寺，建寺年代相近，在文化传承、家族信仰等方面存在诸多关联，故而笔者尝试将两寺相关曼荼罗图像遗存进行并置研究，以期从互补勘同的角度为感恩寺大雄宝殿天顶平棋曼荼罗的内容辨识及风格来源等问题进行梳理与探讨。

1　《敕赐感恩寺碑记》，感恩寺藏。碑文参见谢继胜主编：《藏传佛教艺术发展史》，上海书画出版社，2010：480。
2　罗文华、文明：《甘肃永登连城鲁土司属寺考察报告》，《故宫博物院院刊》2010（1）：60。
3　贾维维、孙琳：《甘肃省永登县鲁土司属寺藏传佛教艺术考察与学术报告会综述》，《中国藏学》2009（1）：236。
4　罗文华、文明：《甘肃永登连城鲁土司属寺考察报告》，《故宫博物院院刊》2010（1）：79。
5　罗文华、文明：《甘肃永登连城鲁土司属寺考察报告》，《故宫博物院院刊》2010（1）：80。
6　魏文：《甘肃红城感恩寺及其壁画研究》，首都师范大学硕士学位论文，2009：41。
7　金维诺、谢继胜、熊文彬等：《中国寺观壁画全集5·明清寺院佛传图》，广州：广东教育出版社，2009：34。

二、大雄宝殿所存平棋绘画及相关特征

大雄宝殿坐落于感恩寺最北端，坐北向南，东西长 11.6、南北宽 11.6 米，平面呈正方形，面阔三间，进深三间，单檐歇山顶。殿内四根立柱架起屋顶相互铆接的大梁，以立柱为界将室内分割为主佛堂与转经廊两个空间，共设置平棋天花 116 块、藻井 1 眼，全部施以彩绘。其绘画内容大致可分为尊像和曼荼罗两类：回廊最外一圈 32 块天花板（W01-W32）表现的是各类佛、菩萨形像；回廊第二圈 24 块天花板（W33-W56）与主佛堂 60 块平棋天花板（N01-N60）全部绘制了曼荼罗，环绕在藻井四周。藻井内也绘制了曼荼罗（N61）。该殿天顶共绘制曼荼罗 85 幅，佛、菩萨等尊像 32 幅，依一定规律排列组合（图一）：

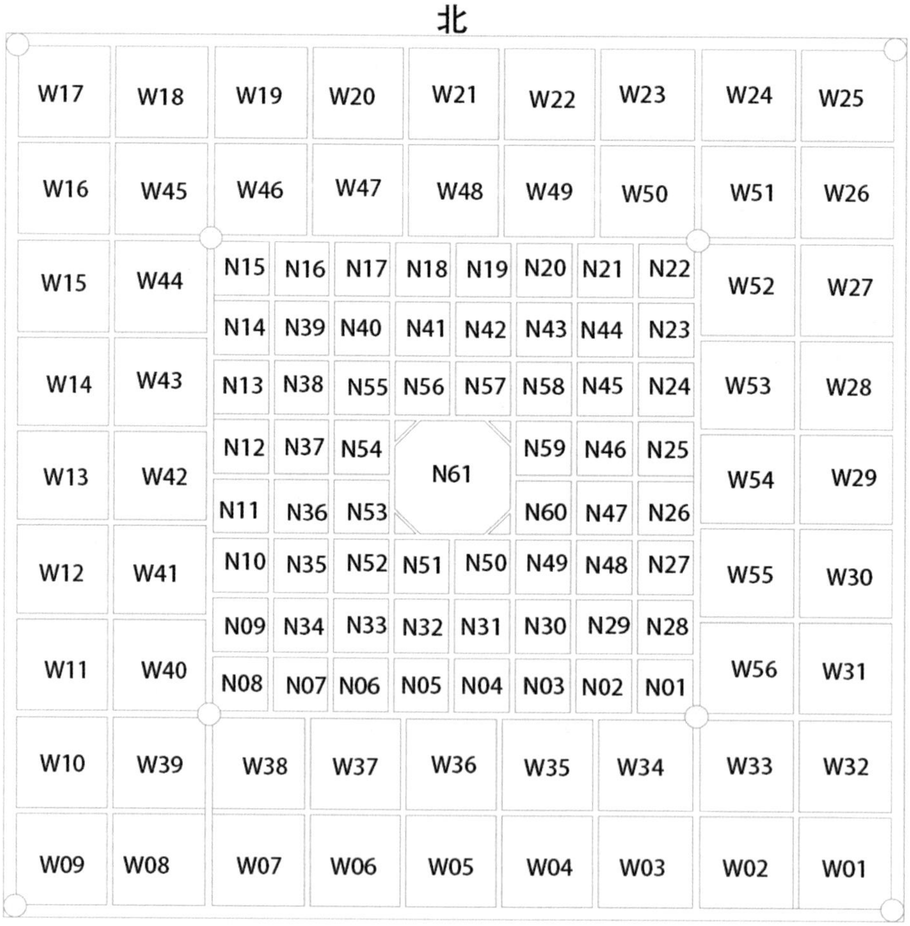

图一　感恩寺大雄宝殿平棋绘画布局示意图

（一）佛、菩萨等尊像类绘画

感恩寺大雄宝殿回廊天花最外一圈所绘尊像内容有五方佛、三世佛和三尊药师佛等 19 尊佛部形像，摧破金刚、妙音佛母等 10 尊菩萨和护法部形像，金刚手、马头明王等 3 尊怒相神灵，共计 32 幅尊像绘画环绕一周。从排列来看，菩萨和护法类都被安置在建筑四角，每角 3 尊，其余佛像均平铺于东、南、西、北四方。具体配置为：北方正面为宝生佛（W19）、阿閦佛（W20）、大日如来（W22）、阿弥陀佛（W23），其表现内容应属于化身形像的五方佛，但此处缺少不空成就佛，而多出一尊释迦牟尼像（W21）；南方绘制了报身形象的大日如来（W04）、阿閦佛（W05）、宝生佛（W06）和不空成就佛（W07），从造型特征与组合来看，应表现的是报身形像的五方佛，但其中缺少阿弥陀佛，而多出一尊文殊菩萨（W03）；西方中央绘制了无量光佛、药师佛和燃灯佛（W12-W14），应属于横三世佛组合，但在横三世佛两侧再次出现了药师佛（W11）和燃灯佛（W15）；东方有纵三世佛之弥勒佛和阿弥陀佛（W29-W30），但缺释迦牟尼佛。综合来看，造成这种混乱的原因极有可能是后世维修拆卸过程中打乱了最初的排列，同样的情况还发现在同属于鲁土司家族建造的妙因寺中 [8]。

感恩寺平棋天花所绘五方佛、纵三世佛、横三世佛等不仅涵盖了空间和时间上的立体关系，而且其原始排列组合的设计意图亦或暗示着某种特殊的象征意义。此外回廊平棋所绘尊像的表现方法也具有多样性特征，如五方佛就有报身和化身两种形像，在突出该题材的同时也增强了视觉上的丰富性（表一）。

表一　感恩寺大雄宝殿平棋绘画尊像一览表

图像编号	藏文名称	汉文名称	备注
W01	རྡོ་རྗེ་རྣམ་འཇོམས།	摧破金刚	尊像
W02	ལྷ་མོ་དབྱངས་ཅན་མ།	妙音佛母	尊像
W03	འཇམ་དཔལ་དབྱངས།	文殊菩萨	尊像
W04	ཀུན་རིག་རྣམ་པར་སྣང་མཛད།	普明大日	尊像
W05	མི་འཁྲུགས་པ།	阿閦佛	尊像
W06	རིན་ཆེན་འབྱུང་ལྡན།	宝生佛	尊像

8　杨旦春：《甘肃妙因寺多吉强殿曼荼罗图像内容及其布局考述》，《西藏大学学报》2020（1）：91。

续表

图像编号	藏文名称	汉文名称	备注
W07	དོན་ཡོད་གྲུབ་པ།	不空成就佛	尊像
W08	འོད་ཟེར་ཅན་མ།	摩利支天	尊像
W09	སྒྲོལ་མ་ལྗང་གུ	绿度母	尊像
W10	ལོ་གྱོན་མ།	叶衣佛母	尊像
W11	སངས་རྒྱས་སྨན་བླ།	药师佛	尊像
W12	སངས་རྒྱས་མར་མེ་མཛད།	燃灯佛	尊像
W13	སངས་རྒྱས་སྨན་བླ།	药师佛	尊像
W14	སངས་རྒྱས་འོད་དཔག་མེད།	无量光佛	尊像
W15	སངས་རྒྱས་མར་མེ་མཛད།	燃灯佛	尊像
W16	གདུགས་དཀར།	大白伞盖	尊像
W17	ཕྱག་ན་རྡོ་རྗེ།	金刚手	尊像
W18	不详	不详	尊像
W19	རིན་ཆེན་འབྱུང་ལྡན།	宝生佛	尊像
W20	སངས་རྒྱས་མི་བསྐྱོད་པ།	阿閦佛	尊像
W21	སྟོན་པ་ཤཱཀྱ་ཐུབ་པ།	释迦牟尼佛	尊像
W22	རྣམ་པར་སྣང་མཛད།	大日如来	尊像
W23	སངས་རྒྱས་འོད་དཔག་མེད།	无量光佛	尊像
W24	སངས་རྒྱས་དོན་ཡོད་གྲུབ་པ།	不空成就佛	尊像
W25	རྟ་མགྲིན་དམར་པོ།	马头明王	尊像
W26	ནོར་སྒྲིན་མ།	财续佛母	尊像
W27	རྡོ་རྗེ་རྣམ་འཇོམས།	摧破金刚	尊像
W28	སངས་རྒྱས་མི་བསྐྱོད་པ།	不动金刚	尊像
W29	རྒྱལ་བ་བྱམས་པ།	弥勒佛	尊像
W30	སངས་རྒྱས་འོད་དཔག་མེད།	无量光佛	尊像
W31	སངས་རྒྱས་སྨན་བླ།	药师佛	尊像
W32	རྟ་མགྲིན་སྔོན་པོ།	马头明王，蓝色	尊像

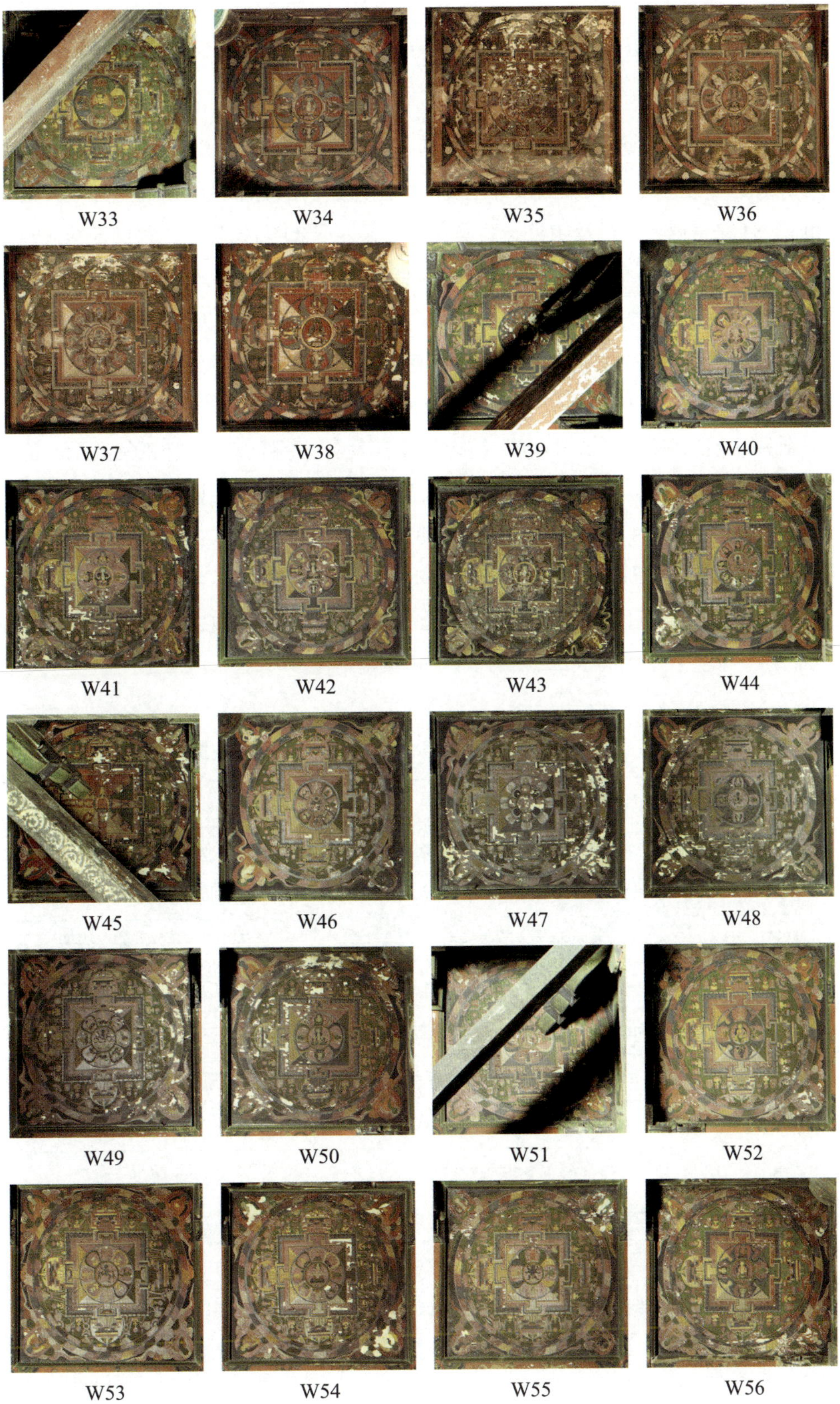

图二　感恩寺大雄宝殿平棋绘画外圈曼荼罗

（二）平棋曼荼罗的内容与相关特征

平棋曼荼罗是感恩寺大雄宝殿最主要的绘画作品，也是本文的研究重点。该殿回廊和主佛堂 84 块平棋天花以及中央一眼藻井，共保存了 85 幅曼荼罗，题材各异。藏传佛教曼荼罗数量庞大，不同题材的曼荼罗各自拥有完整而系统的仪轨文献，规定了各个曼荼罗的尊像特征、色彩变化、城池结构、功能等等，是曼荼罗乃至密宗文化的核心内容。《成就法全集》（སྒྲུབ་ཐབས་ཀུན་བཏུས）和《续部全集》（རྒྱུད་སྡེ་ཀུན་བཏུས）就收录了大量的仪轨文献，为曼荼罗图像研究提供了极大的便利。

从外观上看，曼荼罗往往以城池结构和度量大小、尊像特征、神祇的数量、色彩的不同变化等加以区别。笔者通过多年对曼荼罗知识的学习积累，以及绘画实践经验，结合《金刚鬘》（རྡོ་རྗེ་ཕྲེང་བ）、《成就法全集》及《续部全集》等相关文献资料，对感恩寺大雄宝殿所存平棋曼荼罗进行了详细的比对和解读，受篇幅所限，无法在本文一一呈现。截至目前，除部分绘画因遮挡或剥落严重无法识别外，绝大多数题材的内容可以得到确认（图二），如下表所示（表二、三）：

表二　感恩寺大雄宝殿平棋绘画外圈曼荼罗题材一览表

图像编号	藏文名称	汉文名称
W33	སོ་སོར་འབྲང་མའི་དཀྱིལ་འཁོར།	随行佛母 13 尊曼荼罗
W34	རྡོ་རྗེ་སེམས་དཔའ་ལྷ་ལྔའི་དཀྱིལ་འཁོར།	金刚萨埵 5 尊曼荼罗
W35	རྟ་མགྲིན་གྱི་དཀྱིལ་འཁོར།	马头明王 25 尊曼荼罗
W36	ཨ་ར་པ་ཙ་ལྷ་ལྔའི་དཀྱིལ་འཁོར།	文殊 5 尊曼荼罗
W37	ཁམས་གསུམ་རྣམ་རྒྱལ་གྱི་དཀྱིལ་འཁོར།	降三世 9 尊曼荼罗
W38	ཚེ་དཔག་མེད་ལྷ་དགུའི་དཀྱིལ་འཁོར།	无量寿 5 尊曼荼罗
W39	སངས་རྒྱས་ལྷ་དགུའི་དཀྱིལ་འཁོར།	佛陀 9 尊曼荼罗
W40	ཨ་ར་པ་ཙ་ལྷ་ལྔའི་དཀྱིལ་འཁོར།	文殊 5 尊曼荼罗
W41	སྤྱན་རས་གཟིགས་ལྷ་ལྔའི་དཀྱིལ་འཁོར།	四臂观音 5 尊曼荼罗
W42	འཇམ་དབྱངས་དཀར་པོ་ལྷ་ལྔའི་དཀྱིལ་འཁོར།	四臂白文殊 5 尊曼荼罗
W43	རྡོ་རྗེ་སེམས་དཔའ་ལྷ་ལྔའི་དཀྱིལ་འཁོར།	金刚萨埵四大天王 5 尊曼荼罗
W44	ཕྱག་ན་རྡོ་རྗེ་ལྷ་དགུའི་དཀྱིལ་འཁོར།	金刚手 9 尊曼荼罗
W45	ཀུ་རུ་ཀུ་ལླེའི་དཀྱིལ་འཁོར།	智行佛母曼荼罗

续表

图像编号	藏文名称	汉文名称
W46	བདེ་མཆོག་དྲིལ་བུ་ལྷ་ལྔའི་དཀྱིལ་འཁོར།	胜乐金刚 5 尊曼荼罗
W47	不详	图像剥落严重，无法识别
W48	མི་བསྐྱོད་པ་ལྷ་བཅུ་གསུམ་གྱི་དཀྱིལ་འཁོར།	阿閦佛 13 尊曼荼罗
W49	ལྷ་མོ་ཕག་ལྷ་བཅུ་གསུམ་མའི་དཀྱིལ་འཁོར།	金刚亥神 13 尊曼荼罗
W50	རྣམ་རྒྱལ་མ་ལྷ་དགུའི་དཀྱིལ་འཁོར།	尊胜佛母 9 尊曼荼罗
W51	སྒྲོལ་དཀར་ལྷ་ལྔའི་དཀྱིལ་འཁོར།	白度母 5 尊曼荼罗
W52	ཛམ་བྷ་ལ་སེར་པོ་ལྷ་ལྔའི་དཀྱིལ་འཁོར།	黄财神 5 尊曼荼罗
W53	བདག་མེད་མ་ལྷ་ལྔའི་དཀྱིལ་འཁོར།	金刚无我母 5 尊曼荼罗
W54	སྒྲོལ་མ་བླ་མེད་ལྷ་དགུའི་དཀྱིལ་འཁོར།	无上度母 9 尊曼荼罗
W55	མ་ཧ་ག་ལ་ལྷ་ལྔའི་དཀྱིལ་འཁོར།	六臂玛哈嘎拉 5 尊曼荼罗
W56	འཇམ་དབྱངས་ལྷ་ལྔའི་དཀྱིལ་འཁོར།	文殊 5 尊曼荼罗

表三　感恩寺大雄宝殿平棋绘画内圈曼荼罗题材一览表

图像编号	藏文名称	汉文名称
N01		曼荼罗，内容不明（被遮挡）
N02	རྡོ་རྗེ་སེམས་དཔའ་ལྷ་ལྔའི་དཀྱིལ་འཁོར།	金刚萨埵 5 尊曼荼罗
N03	སྟོན་པ་དང་གནས་བརྟན་བཅུ་དྲུག་གི་དཀྱིལ་འཁོར།	释加牟尼与十六罗汉曼荼罗
N04	ཚེ་དཔག་མེད་ལྷ་དགུའི་དཀྱིལ་འཁོར།	无量寿 9 尊曼荼罗
N05	རྣམ་པར་སྣང་མཛད་ཀྱི་དཀྱིལ་འཁོར།	大日如来曼荼罗
N06	ཚེ་དཔག་མེད་ལྷ་ལྔའི་དཀྱིལ་འཁོར།	无量寿 5 尊曼荼罗
N07	རྡོ་རྗེ་སེམས་དཔའ་ལྷ་ལྔའི་དཀྱིལ་འཁོར།	金刚萨埵 5 尊曼荼罗
N08	模糊不清	不详
N09	གཤིན་རྗེ་གཤེད་ལྷ་བཅུ་གསུམ་གྱི་དཀྱིལ་འཁོར།	黑阎摩敌 13 尊曼荼罗
N10	ཕྱག་རྡོར་འཁོར་ཆེན་ལྷ་དགུའི་དཀྱིལ་འཁོར།	大轮金刚手 9 尊曼荼罗
N11	དགྲ་ནག་ལྷ་བཅུ་གསུམ་གྱི་དཀྱིལ་འཁོར།	黑阎魔敌 13 尊曼荼罗
N12	འཇིགས་བྱེད་ལྷ་བཅུ་གསུམ་མའི་དཀྱིལ་འཁོར།	大威德 13 尊曼荼罗
N13	གཤིན་རྗེ་གཤེད་དམར་ལྷ་ལྔའི་དཀྱིལ་འཁོར།	红阎摩敌曼 5 尊曼荼罗

续表

图像编号	藏文名称	汉文名称
N14	གདུགས་དཀར་ལྷ་ཉེར་དགུའི་དཀྱིལ་འཁོར།	大白伞盖 29 尊曼荼罗
N15	模糊不清	不详
N16	རྡོ་རྗེ་སེམས་དཔའ་ལྷ་བཅུ་གཅིག་གི་དཀྱིལ་འཁོར།	金刚萨埵 11 尊曼荼罗
N17	ཀྱཻ་རྡོ་རྗེ་ལྷ་དགུའི་དཀྱིལ་འཁོར།	喜金刚 9 尊曼荼罗
N18	སྒྲོལ་མ་བླ་མེད་ལྷ་དགུའི་དཀྱིལ་འཁོར།	无上度母 9 尊曼荼罗
N19	སྤྱན་རས་གཟིགས་བཅུ་གཅིག་ཞལ་ལྷ་ལྔའི་དཀྱིལ་འཁོར།	十一面观音 5 尊曼荼罗
N20	ཕྱག་རྡོར་ལྷ་ལྔའི་དཀྱིལ་འཁོར།	金刚手 5 尊曼荼罗
N21	ཚེ་དཔག་མེད་ལྷ་ལྔའི་དཀྱིལ་འཁོར།	无量寿 5 尊曼荼罗
N22	རྟ་མགྲིན་ལྷ་ལྔའི་དཀྱིལ་འཁོར།	马头明王 5 尊曼荼罗
N23	模糊不清	不详
N24	སྒྲོལ་མ་གསེར་མོ་ལྷ་བཅུ་གཅིག་གི་དཀྱིལ་འཁོར།	金色度母 11 尊曼荼罗
N25	བདེ་མཆོག་ལྷ་སོ་བདུན་གྱི་དཀྱིལ་འཁོར།	胜乐金刚 37 尊曼荼罗
N26	ཀྱཻ་རྡོ་རྗེ་ལྷ་དགུའི་དཀྱིལ་འཁོར།	喜金刚 9 尊曼荼罗
N27	ཕྱག་རྡོར་ཐུགས་ལྷ་བཅུ་གསུམ་མའི་དཀྱིལ་འཁོར།	金刚手意 13 尊曼荼罗
N28	ཀྱཻ་རྡོ་རྗེ་ལྷ་དགུའི་དཀྱིལ་འཁོར།	喜金刚 9 尊曼荼罗
N29	གསང་བ་འདུས་པ་ལྷ་སོ་གཉིས་ཀྱི་དཀྱིལ་འཁོར།	密集金刚 32 尊曼荼罗
N30	གསང་བ་འདུས་པ་ལྷ་སོ་གཉིས་ཀྱི་དཀྱིལ་འཁོར།	密集金刚 32 尊曼荼罗
N31	གསང་བ་འདུས་པ་ལྷ་སོ་གཉིས་ཀྱི་དཀྱིལ་འཁོར།	密集金刚 32 尊曼荼罗
N32	གསང་བ་འདུས་པ་ལྷ་སོ་གཉིས་ཀྱི་དཀྱིལ་འཁོར།	密集金刚 32 尊曼荼罗
N33	གསང་བ་འདུས་པ་ལྷ་སོ་གཉིས་ཀྱི་དཀྱིལ་འཁོར།	密集金刚 32 尊曼荼罗
N34	གསང་བ་འདུས་པ་ལྷ་སོ་གཉིས་ཀྱི་དཀྱིལ་འཁོར།	密集金刚 32 尊曼荼罗
N35	གསང་བ་འདུས་པ་ལྷ་སོ་གཉིས་ཀྱི་དཀྱིལ་འཁོར།	密集金刚 32 尊曼荼罗
N36	གསང་བ་འདུས་པ་ལྷ་སོ་གཉིས་ཀྱི་དཀྱིལ་འཁོར།	密集金刚 32 尊曼荼罗
N37	གསང་བ་འདུས་པ་ལྷ་སོ་གཉིས་ཀྱི་དཀྱིལ་འཁོར།	密集金刚 32 尊曼荼罗
N38	གསང་བ་འདུས་པ་ལྷ་སོ་གཉིས་ཀྱི་དཀྱིལ་འཁོར།	密集金刚 32 尊曼荼罗
N39	གསང་བ་འདུས་པ་ལྷ་སོ་གཉིས་ཀྱི་དཀྱིལ་འཁོར།	密集金刚 32 尊曼荼罗

续表

图像编号	藏文名称	汉文名称
N40	གསང་བ་འདུས་པ་ལྷ་སོ་གཉིས་ཀྱི་དཀྱིལ་འཁོར།	密集金刚 32 尊曼荼罗
N41	གསང་བ་འདུས་པ་ལྷ་སོ་གཉིས་ཀྱི་དཀྱིལ་འཁོར།	密集金刚 32 尊曼荼罗
N42	གསང་བ་འདུས་པ་ལྷ་སོ་གཉིས་ཀྱི་དཀྱིལ་འཁོར།	密集金刚 32 尊曼荼罗
N43	གསང་བ་འདུས་པ་ལྷ་སོ་གཉིས་ཀྱི་དཀྱིལ་འཁོར།	密集金刚 32 尊曼荼罗
N44	གསང་བ་འདུས་པ་ལྷ་སོ་གཉིས་ཀྱི་དཀྱིལ་འཁོར།	密集金刚 32 尊曼荼罗
N45	གསང་བ་འདུས་པ་ལྷ་སོ་གཉིས་ཀྱི་དཀྱིལ་འཁོར།	密集金刚 32 尊曼荼罗
N46	གསང་བ་འདུས་པ་ལྷ་སོ་གཉིས་ཀྱི་དཀྱིལ་འཁོར།	密集金刚 32 尊曼荼罗
N47	གསང་བ་འདུས་པ་ལྷ་སོ་གཉིས་ཀྱི་དཀྱིལ་འཁོར།	密集金刚 32 尊曼荼罗
N48	གསང་བ་འདུས་པ་ལྷ་སོ་གཉིས་ཀྱི་དཀྱིལ་འཁོར།	密集金刚 32 尊曼荼罗
N49	གསང་བ་འདུས་པ་ལྷ་སོ་གཉིས་ཀྱི་དཀྱིལ་འཁོར།	密集金刚 32 尊曼荼罗
N50	གསང་བ་འདུས་པ་ལྷ་སོ་གཉིས་ཀྱི་དཀྱིལ་འཁོར།	密集金刚 32 尊曼荼罗
N51	གསང་འདུས་རྣམ་སྣང་ལྷ་སོ་གཉིས་ཀྱི་དཀྱིལ་འཁོར།	密集大日如来 32 尊曼荼罗
N52	གསང་བ་འདུས་པ་ལྷ་སོ་གཉིས་ཀྱི་དཀྱིལ་འཁོར།	密集金刚 32 尊曼荼罗
N53	གསང་བ་འདུས་པ་ལྷ་སོ་གཉིས་ཀྱི་དཀྱིལ་འཁོར།	密集金刚 32 尊曼荼罗
N54	གསང་བ་འདུས་པ་ལྷ་སོ་གཉིས་ཀྱི་དཀྱིལ་འཁོར།	密集金刚 32 尊曼荼罗
N55	གསང་བ་འདུས་པ་ལྷ་སོ་གཉིས་ཀྱི་དཀྱིལ་འཁོར།	密集金刚 32 尊曼荼罗
N56	གསང་འདུས་སྒྲ་རྡོ་རྗེ་མ་ལྷ་སོ་གཉིས་ཀྱི་དཀྱིལ་འཁོར།	密集声金刚 32 尊曼荼罗
N57	གསང་བ་འདུས་པ་ལྷ་སོ་གཉིས་ཀྱི་དཀྱིལ་འཁོར།	密集金刚 32 尊曼荼罗
N58	གསང་བ་འདུས་པ་ལྷ་སོ་གཉིས་ཀྱི་དཀྱིལ་འཁོར།	密集金刚 32 尊曼荼罗
N59	གསང་བ་འདུས་པ་ལྷ་སོ་གཉིས་ཀྱི་དཀྱིལ་འཁོར།	密集金刚 32 尊曼荼罗
N60	གསང་འདུས་མི་བསྐྱོད་པ་ལྷ་སོ་གཉིས་ཀྱི་དཀྱིལ་འཁོར།	密集不动金刚 32 尊曼荼罗
N61	དུས་ཀྱི་འཁོར་ལོའི་དཀྱིལ་འཁོར།	时轮金刚曼荼罗

鲁土司家族曾在大通河、庄浪河流域创建过显教寺（1412 年）、宝严寺（1413 年）、妙因寺（1424 年）、海德寺（1447 年）、宣化寺（1483 年）、感恩寺（1496 年）

图三　密集不动金刚三十二尊曼荼罗（N60）

图四　密集声金刚三十二尊曼荼罗（N56）

等八座藏传佛教寺院[9]，目前保存较好的只有感恩寺和妙因寺，而且感恩寺大雄宝殿和妙因寺多吉强殿在建筑结构、平棋绘画等方面存在诸多共性。虽然妙因寺多吉强殿和感恩寺大雄宝殿藻井所绘曼荼罗内容不同（多吉强殿藻井所绘为密集金刚曼荼罗、感恩寺大雄宝殿藻井所绘为时轮金刚曼荼罗），但两座建筑环绕藻井的均是32幅以密集金刚为主题的“密集三十二尊曼荼罗”，将密集不动金刚三十二尊曼荼罗中的32尊形像轮流作为主尊加以表现。两者对曼荼罗题材的选择、排列布局上均存有诸多关联，可以在内容识别和风格研究中进行互补。相比而言，妙因寺多吉强殿此类作品因为色彩鲜艳，且部分作品保留了原始题记，故其内容与布局基本明晰。而感恩寺平棋曼荼罗因熏染和脱落等原因，目前能够完全识别的只有密集不动金刚曼荼罗、密集声金刚曼荼罗和密集大日如来曼荼罗等3幅，其中密集不动金刚曼荼罗（图三）主尊身蓝色、三面六臂，明妃身浅蓝色、三面六臂，共有三十二尊，密集不动金刚之特征明显；密集声金刚曼荼罗（图四）中主尊身红色、三面六臂、主二臂持琵琶，呈弹奏状，无疑是密集声金刚。其余环绕藻井的29幅曼荼罗虽受熏染严重，但通过作品的结构和度量大小、尊像和色彩上的细微变化，亦可识得为密集金刚三十二尊类型，主尊互换特征明显，其题材的选择和排列方

9　李向德：《连城鲁土司述略》，《青海民族研究》1995（1）：70。

式均与妙因寺多吉强殿存有极大的关联，二者应遵循了相同的仪轨或文献[10]。

藏传佛教曼荼罗最根本图像学文献——《金刚鬘》和《究竟瑜伽鬘》在公元 13 世纪才传入西藏[11]，随着历代高僧的增补和修订，现今的曼荼罗已经由《金刚鬘》所述之二十多种发展至 5817 种之多[12]。不同的曼荼罗都有各自对应的轨范性文本——“成就法”（སྒྲུབ་ཐབས），成就法内容包含了各种仪式规范和图像学内容，也就是曼荼罗的结构、色彩搭配，以及内部诸尊的姿态、肤色、手印、布局等。在众多的成就法文献中，密集金刚一直以来都具有特殊的地位，格鲁派认为秘密集会怛荼罗是无上瑜伽的根本和“诸续之精要”（འདི་ནི་སྒྲུབ་པའི་ཡན་ལག་མཆོག །རྒྱུད་ཀུན་གྱི་ནི་དོན་བསྡུས་པ།།）[13] 而备受尊崇。

将密集金刚三十二尊曼荼罗之 32 位尊像轮流作为主尊绘制曼荼罗的做法，目前仅见于妙因寺和感恩寺，再次印证了密集金刚在这两座寺院中具有极高的地位，而且这一做法也在四世班禅 · 洛桑曲吉坚赞（བློ་བཟང་ཆོས་ཀྱི་རྒྱལ་མཚན། 1570-1663 年）的著作中找到了理论依据[14]。鉴于妙因寺和感恩寺均由鲁土司家族创建，两者之间的距离、建寺年代都相差不远，它们在平棋天花大面积表现曼荼罗以及突出密集金刚题材的做法，进一步说明上述寺院在文化传承和信仰习俗上的内在联系，同时也印证了明代大通河、庄浪河流域特殊的密集金刚信仰习俗。

（三）曼荼罗外围的图像内容及历史信息

感恩寺大雄宝殿 116 块正方形平棋天花与绘制其间的曼荼罗形成了一个个外方内圆的独立单元，方与圆套叠时恰好形成了四个三角形空位，其间绘以各类尊像或装饰花

10 仪轨文献所载密集金刚三十二尊曼荼罗之尊像布局依次为：“中央不动金刚与明妃金刚触母、东面大日如来白、南面宝生黄、西无量光红、北不空成就绿、东南佛眼母白、西南忙莽计母蓝、西北白衣母红、东北度母绿；第二圈之东南金刚色女白、西南金刚声女黄、西北金刚香女红、东北金刚味女绿；第三圈东台之右弥勒左地藏二尊白、南台之右金刚手左虚空藏二尊黄、西台之右观世音左文殊二尊黄、北台之右除盖章左普贤二尊红；东门阎魔敌黑、南门般若究竟白、西门马头明王红、北门除障明王蓝；东南不动明王黑、西南欲帝明王蓝、西北蓝杖明王蓝、东北大力明王蓝；上方转轮明王蓝、下方妙损明王蓝等”。ངག་དབང་བློ་གྲོས། དཔལ་གསང་བ་འདུས་པ་མི་བསྐྱོད་རྡོ་རྗེའི་དཀྱིལ་འཁོར་གྱི་ཆོ་ག་པདྨའི་ཕྲེང་ཆེན་རྟ་མཆོག་ཁ་འབབས། རྒྱུད་སྡེ་ཀུན་བཏུས། ཌ། སྡེ་དགེ་པར་ཁང་། 8-12.

11 杨清凡：《无畏生护与曼荼罗仪轨在西藏的译传：以〈金刚鬘〉与〈究竟瑜伽鬘〉文本为中心》，《故宫博物院院刊》2018（3）：54。

12 གྲུབ་ཆེན་ཨ་བྷ་ཡ་ཀ་ར། རྡོ་རྗེ་ཕྲེང་བའི་མཛེས་རྒྱན་ནོར་བུའི་རྒྱན་འཕྲེང་། རྒྱུད་སྡེ་ཀུན་བཏུས། ཟ། སྡེ་དགེ་པར་ཁང་། 154.

13 ཨ་ཀྱ་ཡོངས་འཛིན་བློ་བཟང་དོན་གྲུབ། དཔལ་གསང་བ་འདུས་པ་འཕགས་ལུགས་དང་མཐུན་པའི་སྔགས་ཀྱི་ས་ལམ་རྣམ་གཞག་ལེགས་བཤད་སྐལ་བཟང་འཇུག་ངོགས། གསང་ཆེན་རྡོ་རྗེ་ཐེག་པའི་ཆོས་སྐོར་མཁས་པའི་ལེགས་བཤད་ཕྱོགས་བསྒྲིགས་ནོར་མཚར་ནོར་བུའི་དོ་ཤལ། སེར་གཙུག་ནང་བསྟན་དཔེ་རྙིང་འཚོལ་བསྡུ་ཕྱོགས་སྒྲིག་ཁང་། 2016: 90.

14 པཎ་ཆེན་བློ་བཟང་ཆོས་ཀྱི་རྒྱལ་མཚན། རྒྱུད་ཐམས་ཅད་ཀྱི་རྒྱལ་པོ་དཔལ་གསང་བ་འདུས་པའི་བསྐྱེད་རིམ་གྱི་རྣམ་བཤད་དངོས་གྲུབ་ཀྱི་རྒྱ་མཚོའི་སྙིང་པོ། རྒྱུད་ཐམས་ཅད་ཀྱི་རྒྱལ་པོ་དཔལ་གསང་བ་འདུས་པའི་གདམས་ངག་རིམ་ལྔ་གསལ་སྒྲོན་དང་བསྐྱེད་རིམ་དངོས་གྲུབ་རྒྱ་མཚོ་གཉིས་ཀྱི་སྙིང་པོ་བསྡུས་པ་ཟབ་དོན་གསལ་བའི་ཉི་མ་དང་། ཆོས་དྲུག་རྡོ་རྗེའི་ཚིག་རྐང་གི་རྣམ་བཤད། སེར་གཙུག་ནང་བསྟན་དཔེ་རྙིང་འཚོལ་བསྡུ་ཕྱོགས་སྒྲིག་ཁང་། 2016: 110.

卉。就内容来看，此三角空位所绘内容也有一定的规律。

主佛堂最外一圈曼荼罗之三角空位全部绘制了无量寿佛，其余两圈曼荼罗之三角空位是五方佛的不同组合（参见图三、图四）。因为空间关系，每个曼荼罗只能安置五佛中的四尊形像，故而单元天花对五佛的选择和组合也不尽相同。与主佛堂不同的是，回廊平棊第二圈的曼荼罗三角空位除了部分作品表现五方佛内容外，还出现了观音、金刚手、无量寿等菩萨，以及莲花生大师、噶玛巴、米拉日巴等宁玛、噶举、格鲁等教派的主要上师形像[15]，唯独没有萨迦派上师形像，可见其绘画内容有一定的选择性。

据感恩寺碑文记载：

ལོ་གསུམ་ལ་ནི་ལེགས་པར་གྲུབ། བླ་རེ་ □□□□ ་དང་རོལ་མོ་སོགས / བཀོད་ལེགས་ཡིད་འོང་མཆོད་པའི་རྫས། བསོད་ནམས / བསག་པའི་རྟེན་དུ་ཕུལ། གྲོ་བའི་གུ་ཤྲི་དཔལ་འབྱོར་བཟང་/ པོའི་དབུ་མཛད། ཟི་ཉིད་ཀྱི་གོ་ཤྲི་ཆེན་·····སོགས་པའི་བླ་མ/ རྣམས་གདན་དྲངས་ནས་རབ་གནས་བྱས། རྒྱ་སོག་པོའི་ལུང་དུ/ ཆོས་ □□□□□□ ་དགེ་སློང་ཅིག་གི་དབུ་མཛད་པའི་དགེ་འདུན/ བཅུ་དྲུག་བར་ན་བཞུགས་དུ་བཅུག

大意为：

大明弘治五年奠基大雄宝殿始，万事齐备，三年乃成，□□□音乐等殊胜供品，为积福德。瞿昙之国师班觉桑波主持，□□□国师□□□等上师（迎请来）实施开光。寺内也有汉、藏、蒙古等地区□□一名比丘及十六名僧侣之间……

当时的瞿昙寺属于皇家寺院（噶举教派），它在当地的影响正值高峰时期。感恩寺

15 感恩寺平棊外层图 W-33 四角绘有一尊红帽噶玛巴上师，其余三尊被遮挡；W-34、W-35、W-36、W-37、W-38 四角均绘有四尊无量寿佛；W-39 绘有莲花生、宗喀巴、阿弥陀佛，其余一尊被遮挡；W-40、W-41、W-42、W-43 四角均为五方佛题材中的四尊；W-44 四角绘有白度母、绿度母、阿弥陀佛、不空成就佛等四尊；W-45 四角可见三尊格鲁派上师，其余一尊被遮挡；W-46 绘有米拉日巴和三组大成就者（其中一尊为那若巴）；W-47 四角分别为格鲁派、噶当派、黑帽派噶玛巴、红帽派噶玛巴等四尊上师；W-48 四角分别为四臂观音、阿弥陀佛、释迦牟尼、宝生佛等；W-49 四角分别为莲花生、释迦牟尼、阿閦佛、大日如来佛等四尊；W-50、W-51 四角均为五方佛题材中的四尊；W-52 四角绘有金刚手、阿弥陀佛、阿閦佛、大日如来等四尊；W-53、W-54 四角均为五方佛题材中的四尊；W-55 四角绘有四臂观音、文殊菩萨、金刚手、药师佛等四尊；W-56 绘有绿度母、大日如来、不空成就、宝生佛等四尊。

图五　感恩寺大雄宝殿拱眼绘画药师佛

邀请瞿昙寺高僧班觉桑波（དཔལ་འབྱོར་བཟང་པོ། 1483 年继任第五代灌顶净觉弘济大国师）[16]主持开光仪式，足见其对皇家寺院的敬畏和攀附之意，以及它与噶举教派之间的友好联系。值得注意的是，在感恩寺拱眼壁画药师佛肩部两尊上师形像进行了特别标注，分别为“顶礼扎西坚赞”（བཀྲིས་རྒྱལ་མཚན་ལ་ན་མོ）、“顶礼罗桑尼玛”（བློ་བཟང་ཉི་མ་ལ་ན་མོ）（图五），两位上师均着格鲁派僧帽，罗桑尼玛是格鲁派高僧、甘丹寺第九任法台[17]。这说明感恩寺在建造之初就与罗桑尼玛本人有着特殊的关系，抑或它在建造之初就是一座格鲁派寺院。另外，该殿绘画中没有出现萨迦派祖师的事实也说明当时萨迦派对感恩寺没有什么影响，其具体原因尚待进一步研究。

16 伯果：《瞿昙寺瞿昙殿上师壁画人物身份考述》，《青海民族研究》2020（4）：163。

17 罗桑尼玛，即赤钦 · 罗桑尼玛，1439 年出生于湟水流域一代，1492 年圆寂。他是宗喀巴的直系亲属，曾任甘丹寺第九任法台。

三、大雄宝殿平棋绘画的艺术风格

自宋元以来，藏传佛教艺术的文化向心力逐渐由南亚、中亚转向中原地区，在不断借鉴和吸收中原艺术的同时也对中原地区的佛教艺术产生深远的影响。明朝中央推行的分封国师、禅师，以夷制夷、土流参治的政策[18]，不仅在政治上取得了稳定，也极大地促进了各民族间文化艺术的交流与融合，因此出现了像瞿昙寺、妙因寺、感恩寺等具有一定规模且艺术精湛的汉藏合璧式艺术群落。值得关注的是，感恩寺虽然在建筑上选择了中原内地风格，但其中的绘画，特别是平棋曼荼罗却显示出来自卫藏地区14-15世纪夏鲁寺和江孜一带的绘画样式。需要说明的是，在白居寺建成之前，卫藏地区主要流行以夏鲁寺壁画为代表的尼泊尔风格，虽然白居寺壁画已经更多地表现出对尼泊尔风格的本土化改造，但二者在造型、色彩、装饰图案等诸多领域依然具有明确的关联或延续[19]。学界将这种以白居寺壁画为代表、带有明显尼泊尔风格且已经本土化的绘画作品称之为江孜样式或齐吾岗巴风格[20]。

虽然感恩寺大雄宝殿所存平棋曼荼罗绘画受损或熏染较为严重，但与其风格相同的尊像类绘画却保存良好，成为我们研究该殿平棋绘画风格的主要参照对象。该殿尊像类绘画多为一主尊与二胁侍构成的三尊一组图像，共32组，环绕在平棋最外一圈。各单元画面中主尊以各种姿态坐于单层覆莲座上，头光和背光呈马蹄形；三尊背光外围有一硕大的拱券式构造，部分作品在拱券外围四角或顶端两角处还绘有无量寿佛；部分作品中胁侍配有专门的莲台，有些则对立于主尊莲台两侧。此类绘画的构图和内容相对简洁，细节清晰，故而下文选取其中具有代表性的作品进行绘画风格判断。

1. 菩萨：摩利支天与二胁侍是该殿绘画中具有代表性的作品（图六）。主尊与二胁侍脸型上宽下窄，呈椭圆形；鱼形眼，单眼皮，上眼皮呈弧形，下眼皮平直，半圆形黑色瞳孔落在下眼线上，细长而弯曲的眉毛位置略显偏高；嘴唇和嘴角略染朱红，嘴唇外围、鼻子、下巴处均绘有一道高光；头顶结发髻，额头整齐的排列着曲卷的发丝，长发自肩膀处飘逸下垂。二胁侍腿部明显被拉长，身材显得极高。主尊的项链、臂钏和耳坠显得极其硕大厚重，二胁侍的项链臂钏则只是以线条勾勒出基本的轮廓，没有染色。三尊上身均着天衣，下身穿两层裤裙。

18 熊文彬、陈楠主编：《西藏通史·明代卷》，北京：中国藏学出版社，2016：36-50。
19 熊文彬：《中世纪藏传佛教艺术——白居寺壁画艺术研究》，北京：中国藏学出版社，1996：141-155。
20 丹巴饶旦、阿旺晋美：《西藏绘画》，北京：中国藏学出版社，2019：7。

图六　感恩寺大雄宝殿平棋绘画摩利支天

与同期或稍早些时候的西藏绘画相比，感恩寺菩萨脸形虽然没有夏鲁寺波罗风格那种长和方的因素，但人物面部高光的表现与夏鲁寺壁画“人物的面部、衣带、首饰上的宝珠和植物的叶茎等都有表现立体感和光泽的‘高光点’，或暗示高光的装饰亮线”[21]的做法极其相似，线描方法也是夏鲁寺“不求变化的铁线描”。菩萨粗壮而且较长的手指以及指尖上卷肉、细长而弯曲的眉毛，额头整齐的排列的曲卷发丝均属于白居寺绘画常见的表现方法。衣纹和裤裙褶皱处的立体晕染在西藏初见于公元11世纪扎塘寺壁画“佛说法图”，14世纪的夏鲁寺和15世纪的白居寺、贡噶曲德寺壁画中也有所继承。

2. 背龛、装饰纹样、尊像饰物：三尊所居拱券外围整齐地排列着叶状巴扎纹样，莲台两侧向上伸出的立柱与拱券两端相接，形成拱券式背龛，背龛与尊像之间的空白处绘制的卷草纹样与江孜绘画中连续的持宝巴扎或卷草纹样在形式上存有极其紧密的联系。感恩寺平棋绘画中弥勒身后红、蓝、绿间色搭配整齐排列的彩虹状背光与夏鲁寺壁画中的白度母的背光如出一辙，佛座下方图案化的莲瓣也是典型的夏鲁风格（参见图五）。

21　于小冬：《藏传佛教绘画史》，南京：江苏美术出版社，2006：127。

图七　感恩寺大雄宝殿平棋绘画马头明王

感恩寺文殊菩萨右肩处蓝色的小花朵、大白伞盖背龛左右两个立柱上的花朵，特别是上方几何形摩尼宝的造型与色彩处理甚至还带有浓厚的西部古格样式的特点。

另外，感恩寺平棋受绘画空间所限，其画面中的庄严宝饰缺少夏鲁寺、白居寺那种华丽与繁复。佛冠、耳铛、臂钏等只是以简单的色块或象征性的轮廓线加以简约表现。类似的表现方法和绘画风格还见于大雄宝殿其他尊像画中。

3. 怒相神：感恩寺大雄宝殿平棋东南、东北角各有一蓝一红两尊马头明王，两者在造型和细节表现上具有明显的差异。其中蓝色马头明王菩提树叶状圆睁的眼睛、眼圈处大面积红色晕染方法极具夏鲁寺、白居寺怒相神表现风格。其面部五官的造型、须眉的表现，背光外围图案化的火焰等均与夏鲁寺、白居寺绘画中的“火焰、头发、五官眉须都更为图案化”的做法如出一辙（图七）。而红色马头明王的头部和上身比例明显夸大，下身几乎略去了整个胯部，虽然五官须眉也有图案化的造型、树叶状圆睁的眼睛和眼圈处大面积晕染，但已经不是完整的夏鲁表现风格，与瞿昙寺、妙因寺早期绘画中怒相形像更为接近（图八）。整齐排列在脸庞周围的黄色胡须也为该红色的忿怒马头明王增添了几分老迈和沧桑，缺乏白居寺绘画中的憨态。

图八　感恩寺大雄宝殿平棋绘画马头明王

虽然感恩寺大雄宝殿平棋绘画与江孜白居寺、夏鲁寺壁画在造型、色彩等方面存在上述诸多共性，但相比之下感恩寺平棋绘画中尊像面部特征则表现出微妙差异，如脸型略显短圆、五官相对集中、眉毛细长且略显偏高等，这种风格特征还见于瞿昙寺、妙因寺等河湟地区寺院的明代壁画作品中，显示出一种地域性的风格模式。

小结

曼荼罗既属于佛教密宗灌顶仪轨中的特殊“工具”，同时也是佛教世界观的一种独特艺术表达，它在表现形式和使用材料上都具有多样性特征[22]。虽然藏传佛教早期就已经有在天顶绘制曼荼罗的习惯，但此类大面积的平棋曼荼罗应得益于中原建筑足够数量的方格式平棋天花。感恩寺、妙因寺等明代寺院充分利用了这一特点，在建筑、绘画等艺术领域有效融合了汉藏两种风格。

22　阿毗达纳所述曼荼罗就有彩砂曼荼罗、布绘曼荼罗、意念曼荼罗、身躯曼荼罗等四类表现形式。རྒྱལ་ཆེན་ཨ་བྷྱ་ཡ་ཀ་ར། རྡོ་རྗེ་ཕྲེང་བའི་མཛེས་རྒྱན་ནོར་བུའི་ཕྲེང་འཕྲེང་། རྒྱུད་སྡེ་ཀུན་བཏུས། ཟ། སྡེ་དགེ་པར་ཁང་། 159.

细数感恩寺平棋曼荼罗，它具有以下几个典型的特点：第一、题材的丰富性。大雄宝殿平棋所存 85 幅曼荼罗，内容涉及事部、行部、瑜伽部、无上瑜伽部等内容，是目前国内保存曼荼罗数量较多、内容较为丰富的一处遗存。第二、内容的规范性。大雄宝殿所有平棋曼荼罗从城池的结构、尊像布局、色彩搭配等各个方面都显示出规范性和统一性特征，作品创作之初应遵循了相关仪轨文献，画师本身也具有较高的绘画水准，画面人物造型精准，色彩搭配和谐，线条流畅。第三、风格的统一性。感恩寺绝大多数曼荼罗作品均为早期原作，在绘画风格上更多地借鉴了夏鲁寺和江孜的样式，甚至也不排除来自卫藏的画师直接参与或主持完成了感恩寺绘画的可能[23]。另外还有部分作品、特别是尊像类绘画也显示出与当地绘画艺术的融合，形成新的地域性绘画风格。第四、布局的严谨性。感恩寺众多的曼荼罗在排列上也显示出一定的规律性和密宗次第关系。无上瑜伽部、瑜伽部、行部、事部等密宗四部曼荼罗从内向外依次呈放射状排列，在凸显时轮金刚核心地位的同时，也对密集金刚题材进行了特殊的展现。

◆ 杨旦春　西北民族大学美术学院副教授

姜宇钦　鲁东大学艺术学院讲师

23 据《敕赐感恩寺碑记》载：“始于壬子岁春正月也，遂命远访诸工高艺，绘塑修缮佛殿一宇，正堂金垒诸像，左廊护法，右厢菩萨，中前天王，两壁钟鼓，山门、僧舍庶可具备”。

《诸佛事略图说附彩绘佛像》

——乾隆皇帝的本生画传 *

李若愚

内容摘要： 故宫博物院收藏了一份名为《诸佛事略图说附彩绘佛像》的泥金写藏满蒙汉四体合璧本，内容实际上是乾隆皇帝的本生画传。该书在六世班禅为乾隆皇帝创作的《丹书克无畏狮子音》与《本生祈愿》的本生源流之外，又加入了乾隆皇帝文殊菩萨化身的宗教思想。本文在前人研究的基础上，结合故宫博物院收藏的相关一手资料，进一步考证每幅图像的信息，讨论其创作背景及背后的宗教思想与政治考量。

故宫博物院收藏了一份名为《诸佛事略图说附彩绘佛像》的泥金写藏满蒙汉四体合璧本，编号为书 9927，相关文物信息最早刊布在《故宫博物院藏品大系善本特藏编 · 蒙文古籍》中，并公布有封面及两张内页照片[1]。周文欣指出其性质为乾隆皇帝的本生画传，并进一步指出了乾隆皇帝本生传记与三世章嘉国师若必多吉（ལྕང་སྐྱ་རོལ་པའི་རྡོ་རྗེ། 1717-1786 年）以及六世班禅洛桑班丹益西（བློ་བཟང་དཔལ་ལྡན་ཡེ་ཤེས། 1738-1780 年）本生传记存在关

* 本文系国家社科基金青年项目“故宫博物院藏藏文古籍整理研究”（21CTQ002）阶段性研究成果。

1 故宫博物院编：《故宫博物院藏品大系善本特藏编 · 蒙文古籍》，北京：故宫出版社，2014：168-169。

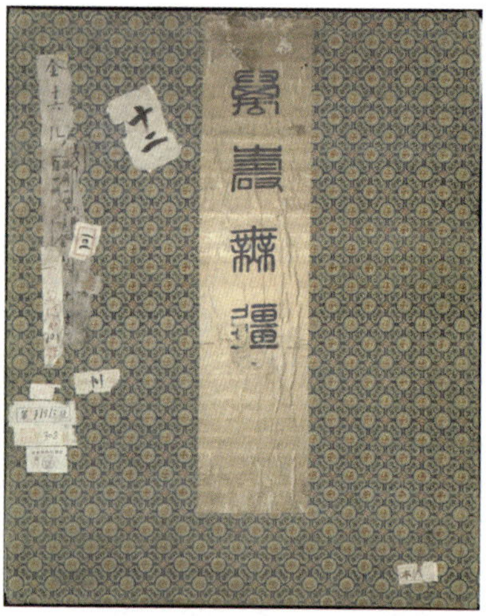

图一 《诸佛事略图说附彩绘佛像》封面

图二 《诸佛事略图说附彩绘佛像》内页

系[2]。本文拟在上述资料与研究的基础之上，结合故宫博物院藏《法王新胜传》等一手资料，进一步考证每幅图像的信息，讨论其创作背景，以及背后的宗教思想与政治考量。

一

《诸佛事略图说附彩绘佛像》为册页装，蓝色地万字夔龙纹锦书面，上书“万寿无疆”四个深蓝色篆字（图一），书本纵 47 厘米，横 36.5 厘米，共 17 开，开本尺寸 47 × 73 厘米，前后各有两开为空白洒金笺，前两开上钤“五福五代堂古稀天子宝”[3]“八徵耄念之宝”[4]印，后两开上钤“避暑山庄”“太上皇帝之宝”[5]印。其余 13 开，四周裱有

2 Wen-shing Chou, *Mount Wutai Visions of a Sacred Buddhist Mountain*, New Jersey: Princeton University Press, 2018: 79-85.

3 乾隆五十二年（1787 年）在紫禁城内景福宫增书“五福五代堂”之额，同时刻制了“五福五代堂古稀天子宝”玺。见恽丽梅：《故宫藏书画中乾隆帝印玺钤用考》（上），《艺术市场》2009（3）：73-75。

4 乾隆帝于乾隆五十四年（1789 年）拟定了“八徵耄念之宝”和副宝“自强不息”之后，便开始了大规模的新玺印的制作。这种以“八徵耄念之宝”为核心玺印的制作从乾隆五十四年冬天一直持续到乾隆五十九年（1794 年），从没有间断过，制作总量超过一百四十方。见郭福祥：《辉煌盛世下的人生写照——清乾隆皇帝御用玺印解析》，《紫禁城》2010（8）：48-61。

5 乾隆六十年（1795 年）九月初三，在乾隆即位周甲之年，宣布立皇十五子颙琰为皇太子，待第二年新正时举行授受大典。乾隆成为清代唯一的太上皇帝，并刻制了“太上皇帝之宝”玺。见恽丽梅：《故宫藏书画中乾隆帝印玺钤用考》（上），《艺术市场》2009（3）：73-75。

暗花白绫，左半开为黑色研光羊脑笺，描金花框，版框纵 40.5 厘米，横 31.8 厘米，框内金字书写藏满蒙汉四体偈颂，略述人物功德，右半开为对应的描金彩绘插图（图二），其图像风格与梵华楼唐卡相似，且图像中所有金色部分皆用金粉设色，具有典型的内府特征。

整书共有彩绘插图十三幅，构图相似，均为三段式，画面中央为主尊，第一幅中央主尊为文殊菩萨、接下来的十一幅画面主尊分别为乾隆皇帝的各本生化身，最后一幅中央主尊为乾隆皇帝。主尊上方绘有与之相关的祖师或佛、菩萨像，下方绘有格鲁派常见的护法神，这些护法神也常见于乾隆皇帝的佛装唐卡中。每幅画的上方均描绘蓝天白云，表现天空，下方绘绿山飞瀑、花草树木和岩石流水等青绿山水场景。整书共绘有三十九尊像。各幅图像内容依次介绍如下：

1. 插图 1（图三）。画面中央为文殊菩萨（1A），寂静相，身色为黄色，一面二臂，头戴金色五叶冠，身佩金色项链、臂钏、手镯、脚镯。左手执莲花，花心上托经书，右手持宝剑，剑端有火焰纹，全跏趺坐于彩色莲座上，绿色圆形头光，蓝黄双重圆形身光，上绘金色光线，每位尊像的身光里都满绘类似的金色光线。文殊菩萨上方为阿閦佛（1B），寂静相，蓝色身，一面二臂，螺发高髻，双耳垂肩，身披袒右肩式红色袈裟，右肩搭覆袈裟一角。左手施禅定印，上有一金色金刚杵，右手施触地印，全跏趺坐于粉瓣莲座上，紫色圆形头光，绿黄两重圆形身光，身光外围环绕有彩色花环。文殊菩萨下方为骑狮黄财宝天王（1C）[6]，黄色身，一面二臂，头戴宝冠，高发髻，双目圆睁，肩披蓝色绸带，身系绿色帛带，左手持白色吐宝鼠，右手持彩色胜幢，左舒坐于白色绿鬃狮背，狮子回首张口作咆哮状，卧在粉瓣莲座上，绿色圆形头光边缘饰熊熊燃烧的红色火焰纹，粉色圆形身光后面有白色大块云朵。

2. 插图 2（图四）。画面中央为胜军王（2A），即波斯匿王或胜光王（གསལ་རྒྱལ），法王相。一面二臂，头戴宝冠，高发髻，耳戴金色圆形耳环，脖系白巾，身穿橘色底描金袍，腰系绿色腰带，外披红色与绿色描金披风，左手前伸结印，右手捧绿色摩尼宝珠，舒坐于方形台座上，台座上垫有灰色毛皮垫，前有供桌，上供有宝珠象牙等，台座两侧绘有两位侍从。主尊绿色圆形头光，蓝黄两重圆形身光。主尊上方为释迦牟尼佛（2B），寂静相，黄色身，一面二臂，螺发高髻，身着红色描金碎花袈裟，裸露右肩，左手施禅定印，右手施触地印，全跏趺坐于粉瓣莲座上，红色圆形头光，绿紫二重圆形身光。主尊下方为持国天王（2C），白色身，一面二臂，头戴胄，上插红缨，脖系白巾，身着铠

6　该图像的辨识参见王家鹏主编：《梵华楼藏宝 · 唐卡》，北京：故宫出版社，2013：244-245。

图三 《诸佛事略图说附彩绘佛像》插图 1

图四 《诸佛事略图说附彩绘佛像》插图 2

甲，外披红蓝二色披风，双手拨弹鹰首琵琶，舒坐于蓝色描金锦垫上，绿色圆形头光边缘外饰红色火焰纹，身后是熊熊的褐色火焰。

3. 插图 3（图五）。画面中央为固萨里岳嘎匝唎（3A），即固萨里（ཀུ་ས་ལི），藏族高僧相。主尊头戴红色班智达帽，身穿红底描金碎花藏式僧衣，身后有红底描金宝篋，双手作辨经状，舒坐于方形台座上，台座左侧有戴白头巾的坐姿供养人像。身后有黄色圆形头光和绿色圆形身光。主尊上方为一白色菩萨像（3B），暂未能确定身份，寂静相，白色身，眉间有白毫，高发髻，耳戴金色叶状耳环，袒露上身，周身佩金色项链、臂钏、手镯、脚镯，披蓝色碎金缎带，腰围红底碎金花围裙，下身穿彩色长裤，轮王坐姿，坐于花座上，右臂放于腿后撑地，左臂斜搭左膝外伸，绿色圆形头光，粉色圆形身光，周围绘彩色鲜花围绕。主尊下方为白布禄护法（3C）[7]，忿怒相，白色身，一面三目二臂，头戴五叶冠，褐发上竖，戴有金色叶状耳环，袒露上身，周身佩金色项链、臂钏、手镯、脚镯，肩披蓝色碎金花帛带，胸前斜披红色碎金花络腋，左手持红色宝杖，右手持红色三尖叉，舒坐于龙背上，龙身呈绿色，右前、后爪中各握一宝珠，立于粉瓣莲座上，该尊绿色圆形头光，橘色圆形身光，外缘绘有五色彩虹，后面有白色云朵漂浮。

4. 插图 4（图六）。画面中央为广觉王（4A），即觉方王（སངས་རྒྱས་ཕྱོགས），法王相。主尊一面二臂，头戴宝冠，高发髻，耳戴宝珠耳珰，脖系紫巾，身穿橘色底描金袍，外披红色描金碎花披风，左手施禅定印，上捧法轮，右手于胸前结印，舒坐于台垫上，台垫右侧绘有两位侍从，手捧法轮宝珠。主尊绿色圆形头光，蓝紫两重圆形身光。主尊上方为无量寿佛（4B），寂静相，红色身，螺发高髻，披红绿二色底金色碎花袈裟，双手结禅定印捧钵，全跏趺坐于红瓣莲座上，黄色圆形头光，蓝黄二重圆形身光。主尊下方为六臂勇保护法（4C）[8]，忿怒相，蓝色身，一面三目六臂，头戴五骷髅冠，褐发上竖，发间有蛇束系，颈部挂红边白底红花项圈，赤裸全身，挂人头鬘，披绿色帛带，配饰耳珰、臂钏、手镯、脚镯，左右元手分别持嘎巴拉碗和钺刀于胸前，左副手分别持三尖叉和金刚索，右副手分别持骷髅念珠与达玛茹，蜷右展左立于白色象头神上，下为粉瓣莲座，莲座前放置有五觉供品和宝珠。该尊最上两手扯一白色象皮，再后是熊熊的火焰纹。

5. 插图 5（图七）。画面中央为牟尼赞宝王（5A），即牟尼赞普（མུ་ནེ་བཙན་པོ། 762-798 年），法王相。主尊一面二臂，头戴宝冠，高发髻，耳戴耳珰，脖系白巾，身穿红底描

7　王家鹏主编：《梵华楼藏宝 · 唐卡》，2013：236-237。

8　王家鹏主编：《梵华楼藏宝 · 唐卡》，2013：164-165。

图五 《诸佛事略图说附彩绘佛像》插图 3

图六 《诸佛事略图说附彩绘佛像》插图 4

图七 《诸佛事略图说附彩绘佛像》插图 5

金袍，外披蓝色描金碎花披风，左手捧一盘宝珠，右手施无畏印，舒坐于宝座上，宝座右侧绘有一白头巾侍从，主尊绿色圆形头光，无身光，背后为宝座靠背。主尊上方为药师佛（5B），蓝色身，一面二臂，螺发高髻，双耳垂肩，身披袒右肩式红底描金碎花袈裟，右肩搭覆袈裟一角。左手施禅定印，右手持药草，全跏趺坐于粉瓣莲座上，黄色圆形头光，绿粉两色圆形身光，周围彩色花卉环绕。主尊下方为梵天（5C）[9]，寂静相，黄色身，四面二臂，头戴三叶冠，高发髻，袒露上身，披蓝色碎金花帛带，佩饰有耳珰、臂钏、手镯、脚镯及璎珞，双手于胸前捧法轮，绿色围腰，彩色条纹长裤，舒坐于从水中升出的莲座上，莲座下方为蓝色的流水，有四只黄鸭在同向游泳嬉戏。梵天身后依次为绿色圆形头光、粉色圆形身光和大块蓝色云朵。

6. 插图 6（图八）。画面中央为成就胜行金刚（6A），即旦慈多吉（དམ་ཚིག་རྡོ་རྗེ），一面二臂，络腮胡，高发髻前有一骷髅佩饰，长发披肩，袒露上身，佩饰白骨璎珞，左手捧嘎巴拉碗，右手持天杖，交脚坐于兽皮垫上，其身后放一宝箧，绿色圆形头光，粉色圆形身光。其左侧有两位僧侣，捧抬金色摩尼宝。主尊上方是胜乐金刚（6B），蓝色身，一面三目二臂，头戴骷髅冠，身佩戴白色骨饰，腰围虎皮，垂挂骷髅鬘与人头鬘，双手交叉持金刚铃和金刚杵并拥抱红色的金刚亥母，蜷左展右，脚踩一红一蓝两个小鬼，立于莲花座上。身光红色，周围饰有火焰纹饰。主尊下方是四臂勇保护法（6C）[10]，忿怒相，蓝黑色身，一面三目四臂，头戴骷髅冠，褐发上竖，上身赤裸佩项圈璎珞，腰系虎皮裙，围人头鬘、戴有耳环、臂钏、手镯和脚镯，左元手捧嘎巴拉碗，右元手持舌装物，左副手持三尖叉，右副手持宝剑，舒坐于二裸体人身上，下为粉色莲座，背后披白色兽皮，身后有黄黑两重火焰纹。

7. 插图 7（图九）。画面中央为成善慧尊者（7A），即勒贝喜饶（ལེགས་པའི་ཤེས་རབ། 1018-1115 年），头戴红色班智达帽，身披橘色底描金碎花袈裟，身旁放置一红绿底金花宝箧，左手捧经书，右手施无畏印，舒坐于台座上，台座右角有捧净瓶及僧钵二僧人。主尊勒贝喜饶绿色圆形头光，蓝粉二色圆形身光，上绘有金色光线。主尊上方是阿底峡（ཨ་ཏི་ཤ། 982-1054 年）（7B），头戴红色班智达帽，身披红底碎金花袈裟，双手结说法印，身旁放置有宝箧与噶当塔，全跏趺坐于粉瓣莲座上，绿色圆形头光，蓝色圆形身光，上绘有金色光线。主尊下方是红戟财宝护法（7C）[11]，红色色身，一面三目二臂，头戴胄，

9 王家鹏主编：《梵华楼藏宝 · 唐卡》，2013：144-146。

10 王家鹏主编：《梵华楼藏宝 · 唐卡》，2013：190-192。

11 见国家图书馆版本提供：《诸佛菩萨圣像赞》，北京：中国藏学出版社，2008：323。

图八 《诸佛事略图说附彩绘佛像》插图 6

图九 《诸佛事略图说附彩绘佛像》插图 7

上插红缨，身着铠甲，脖系白巾，外披绿色帛带和红色披风，左手捧一白色吐宝鼠，左臂弯夹一金刚钩，右手持长矛及胜幢，舒坐于粉瓣莲座上，绿色圆形头光，外饰火焰纹饰，蓝色圆形身光，上绘有金色光线。

8. 插图 8（图一〇）。画面中央为达尔叉尔巴（8A），即得道者达洽（གྲུབ་ཐོབ་འདར་ཕྱར），主尊头戴骷髅冠，高发髻，发髻处饰有骷髅头饰，其余长发披散，耳戴叶形耳环，身着绿色底绣金祥云袍，外穿橘色底碎金花袍，系绿色腰带，外披紫色底绣金袈裟与红色底绣金袈裟，左手斜搭左膝外伸，右手持金刚橛，舒坐于宝座上，绿色圆形头光，无身光。主尊上方为萨迦班智达衮噶坚赞[12]（ཀུན་དགའ་རྒྱལ་མཚན། 1182-1251 年）（8B），其头戴红色班智达帽，身着红色碎金花坎肩，外披橘色绣金袈裟，右臂抬起，左臂伸出，作辨经状，舒坐于宝座上，绿色圆形头光，四周围有鲜花。主尊下方为婆罗门勇保护法（8C）[13]，蓝色身，一面三目二臂，灰发高耸，上饰骷髅头饰与人骨发簪，耳戴叶形耳环，袒露上身，斜披红底碎金帛带，挂五个大铜铃，佩饰白骨璎珞，左手捧嘎巴拉碗，碗上有净瓶钺刀，左臂弯夹一长矛，右手举胫骨号于嘴边，作吹奏状，右手小指悬一柄宝剑，下身着短裤，舒坐于仰面人尸上，下为粉瓣莲座，前供嘎巴拉碗与钺刀，该尊无头光身光，身后饰有褐色与红色火焰纹饰。

9. 插图 9（图一一）。画面中央为塞陈王（9A），即忽必烈（ཧུ་པི་ལས། 1215-1294 年），主尊一面二臂，头戴宝冠，高发髻，系红色束发缯带，耳戴耳珰，脖系白巾，身穿红底描金袍，外披蓝色描金碎花披风及绿色帛带，左手施禅定印，上捧摩尼宝珠，右手施无畏印，舒坐于宝座上，宝座右侧绘有两位侍从，手捧鲜花和寿桃，主尊绿色圆形头光，无身光，背后为宝座靠背。主尊上方为八思巴罗追坚赞（འཕགས་པ་བློ་གྲོས་རྒྱལ་མཚན། 1235-1280 年）（9B），其头戴红色班智达帽，身着坎肩，外披橘色绣金袈裟，左手持金刚铃，右手持金刚杵，端坐于宝座上，蓝色圆形头光，无身光，四周围有鲜花。主尊下方为宫室勇保护法（9C）[14]，忿怒相，蓝黑色身，一面三目二臂，头戴骷髅冠，褐发上竖，系红色束发缯带，赤裸全身，颈部挂绿边白底红花项圈，肩披绿色帛带，腰围虎皮，佩饰耳珰、项链、人头鬘、臂钏、手镯和脚镯，左手捧嘎巴拉碗，右手持钺刀，两肘间夹一宝

12 萨迦班智达与达洽关系密切，曾一同击败过外道，见 Vladimir L. Uspensky, "The Previous Incarnations of the Qianlong Emperor according to the Panchen Lama Blo bzang dpal ltan ye shes." In *Tibet, Past and Present: Proceedings of the Ninth Seminar of the International Association for Tibetan Studies*. ed. Henk Blezer, Leiden: Brill, 2002: 224-225.

13 王家鹏主编：《梵华楼藏宝 · 唐卡》，2013：196-197。

14 王家鹏主编：《梵华楼藏宝 · 唐卡》，2013：184-185。

图一〇 《诸佛事略图说附彩绘佛像》插图 8

图一一 《诸佛事略图说附彩绘佛像》插图 9

杖，蹲坐于一裸尸背上，下为粉瓣莲座，前供嘎巴拉碗及五觉供品，背后饰有火焰纹饰。

10. 插图 10（图一二）。画面中央为噶尔丹锡勒图功德愿上师（10A），即赤钦默朗贝哇（ཁྲི་ཆེན་སྨོན་ལམ་དཔལ་བ། 1414-1491 年），主尊头戴黄色僧帽，身穿绣金坎肩，外披红底绣金袈裟，左手捧经书，右手施无畏印，端坐宝座之上，宝座右侧有一供养人，手捧宝珠。主尊绿色圆形头光，无身光。主尊上方为宗喀巴大师（ཙོང་ཁ་པ་བློ་བཟང་གྲགས་པ། 1357-1419 年）（10B），头戴黄色班智达帽，身穿红底绣金坎肩，外披橘底绣金袈裟，双手结说法印，各持一株莲花，莲花上有宝剑与经书，全跏趺坐于粉瓣莲座上，绿色圆形头光，粉色圆形身光，上绘有金色光线。主尊下方为吉祥天母护法（10C）[15]，忿怒相，蓝黑色身，一面三目二臂，头戴骷髅冠，赤发飘扬，身着蓝绿面黄色里子披风，腰围虎皮，佩饰耳珰、项链、臂钏、手镯、脚镯，左手持嘎巴拉碗，右手高举金刚杵杖，踞坐在铺有人皮的黄骡背上，黄骡臀部有一只眼睛，携带有魔线球、疾病种子袋、黑白骰子、红咒语包、红色拘鬼牌等神器，在血海中作奔驰状，身后饰有褐色与红色火焰。

11. 插图 11（图一三）。画面中央为功德坚固上师（11A），即尊者杰却贝桑波（རྗེ་སྐྱབས་མཆོག་དཔལ་བཟང་པོ），主尊头戴黄色僧帽，身穿绣金坎肩，外披红底绣金袈裟，左手持金刚铃，右手持金刚杵，端坐宝座之上，宝座左侧有一供养僧人，手捧金色贡物，右侧有两僧人合十礼敬。主尊蓝色圆形头光，粉色圆形身光，上绘有金色光线。主尊上方是白胜乐金刚（11B），白色身，头戴骷髅冠，全跏趺坐于粉瓣莲座上，双臂拥抱红色的金刚亥母，双手各捧持净瓶，金刚亥母亦坐姿，仰面朝向白胜乐金刚，双手向上，各托举一嘎巴拉碗，该尊绿色圆形头光，蓝黄二色圆形身光，上绘有金色光线，四周饰有鲜花。主尊下方为白勇保护法（11C）[16]，忿怒相，白色身，一面三目六臂，头戴五叶冠，褐发上竖，袒露上身，披绿色帛带，佩饰耳珰、项链、臂钏、手镯，脚镯，下身着裙。左元手捧嘎巴拉碗，右元手捧摩尼宝珠，左副手由上到下依次持三尖叉和金刚钩，右副手由上到下依次持钺刀及达玛茹，立姿，双脚各踩一白色象头神，下为粉瓣莲座，该尊无头光身光，背后饰有黄色火焰。

12. 插图 12（图一四）。画面中央为噶尔丹锡勒图海施上师（12A），即赤钦金巴嘉措（ཁྲི་ཆེན་སྦྱིན་པ་རྒྱ་མཚོ། 1711-1799 年），主尊头戴黄色班智达帽，身穿红底绣金坎肩，外披橘底绣金袈裟，左手施禅定印，右手施无畏印，各持一柄莲花，莲花上有宝剑与经书，

15 王家鹏主编：《梵华楼藏宝 · 唐卡》，2013：204-205。

16 王家鹏主编：《梵华楼藏宝 · 唐卡》，2013：144-145。

图一二 《诸佛事略图说附彩绘佛像》插图 10

图一三 《诸佛事略图说附彩绘佛像》插图 11

图一四 《诸佛事略图说附彩绘佛像》插图 12

图一五 《诸佛事略图说附彩绘佛像》插图 13

全跏趺坐于宝座上，宝座左右两侧各有供养的僧人像。主尊绿色圆形头光，蓝黄二色身光，上绘有金色光线。主尊上方为五世达赖喇嘛（ངག་དབང་བློ་བཟང་རྒྱ་མཚོ། 1617-1682 年）（12B）[17]，该尊头戴黄色班智达帽，身穿红底绣金坎肩，外披橘底绣金袈裟，左手施禅定印，手捧净瓶，右手施无畏印，并持一柄莲花，端坐于宝座上，绿色圆形头光，无身光，四周有鲜花围绕。主尊下方是外修法帝护法（12C）[18]，即外修阎魔，忿怒相，蓝色身，一面三目二臂，牛头人身，头戴骷髅冠，褐发上竖，袒露全身，左右手高举，分别持金刚套索与骨架棒，身佩白骨璎珞、手镯、臂钏、人头鬘，身侧一母尊，亦蓝色身，头戴骷髅冠，一面三目二臂，佩饰耳珰、白骨璎珞、手镯、臂钏及脚镯，披兽皮，左手捧嘎巴拉碗，右手持三尖叉，二尊同立于青牛之上，青牛披挂白骨璎珞，脚踩一裸尸，下方为粉瓣莲座，周围绘有火焰。

13. 插图 13（图一五）。画面中央为大圣主（13A），即乾隆皇帝（1711-1799 年），呈中老年人形象。中央主尊乾隆皇帝头戴黄色僧帽，身着藏式僧装，里面为红底绣金坎肩，外披橘底绣金袈裟，左手施禅定印，捧金色法轮，持一柄莲花，右手施说法印，持一柄莲花，两柄莲花上放置有宝剑与经书，端坐在狮子宝座之上，宝座左侧放置有金刚铃与金刚杵，右侧放置有白、蓝两个花瓶，分别插有鲜花与如意，宝座左右两侧的树上，分别挂满了金色的八珍与七宝，并垂挂红底描金帛带。主尊上方是文殊菩萨（13B），寂静相，黄色身，一面二臂，高发髻，头戴金色五叶冠，身佩金色项链、臂钏、手镯、脚镯。披绿色与红色帛带，左手施说法印，并持执莲花，花心上托经书，右手持宝剑，剑有火焰纹，全跏趺坐于粉色莲座上，绿色圆形头光，蓝粉两色圆形身光，上绘金色光线。主尊下方为吉祥天母护法（13C），忿怒相，蓝色身，一面三目二臂，头戴骷髅冠，系红色束发缯带，赤发飘荡，上有孔雀翎宝盖，身着蓝红面粉色里子披风，佩饰耳珰、项链、臂钏、手镯、脚镯，左手持嘎巴拉碗，右手高举金刚杵杖，舒坐在铺有人皮的黄骡背上，黄骡臀部有一只眼睛，携带有魔线球、疾病种子袋、黑白骰子、红咒语包、红色拘鬼牌等神器，扭头在血海中作奔驰状，该尊身后饰有黑色与黄色火焰。

三十九尊名号列表如下：

17 赤钦金巴嘉措曾跟随五世达赖修习菩提道次第（ཐམས་ཅད་མཁྱེན་པ་ལྔ་པ་ཆེན་པོ་ལ་བྱང་ཆུབ་ལམ་གྱི་རིམ་པའི་ཁྲིད་ཟླ་བ་གཉིས་ཀྱི་བར་གསན་ཏེ），见《法王新胜传 · 赤钦金巴嘉措传》，ད 函第 3 叶正面，故宫博物院藏书。

18 故宫博物院编：《藏传佛教众神——乾隆满文大藏经绘画 · 下》，北京：紫禁城出版社，2003：329。

表一

编号	画面中央主尊	编号	画面上方尊像	编号	画面下方尊像
1A	文殊菩萨	1B	不动佛	1C	骑狮黄财宝天王
2A	胜军王（胜光王）	2B	释迦牟尼佛	2C	持国天王
3A	固萨里	3B	白色菩萨像	3C	白布禄护法
4A	广觉王（觉方王）	4B	无量寿佛	4C	六臂勇保护法
5A	牟尼赞宝王（牟尼赞普）	5B	药师佛	5C	梵天
6A	成就胜行金刚（旦慈多吉）	6B	胜乐金刚	6C	四臂勇保护法
7A	成善慧尊者（勒贝喜饶）	7B	阿底峡	7C	红戟财宝护法
8A	达尔叉尔巴（得道者达洽）	8B	萨迦班智达	8C	婆罗门勇保护法
9A	塞陈王（忽必烈）	9B	八思巴	9C	宫室勇保护法
10A	噶尔丹锡勒图功德愿上师（赤钦默朗贝哇）	10	宗喀巴	10C	吉祥天母护法
11A	·功德坚固上师（杰却贝桑波）	11B	白胜乐金刚	11C	白勇保护法
12A	噶尔丹锡勒图海施上师（赤钦金巴嘉措）	12B	五世达赖	12C	外修法帝护法
13A	大圣主（乾隆皇帝）	13B	文殊菩萨	13C	吉祥天母护法

二

《诸佛事略图说附彩绘佛像》中反映了乾隆皇帝的本生世系，这一体系与六世班禅入京庆祝乾隆皇帝七十大寿这一事件有关。乾隆四十五年（1780 年）是乾隆皇帝的七十岁万寿吉辰，六世班禅额尔德尼洛桑班丹益西不远千里由西藏入京，为乾隆皇帝贺岁祝寿。这是清代历史上的一件大事，朝觐期间，六世班禅与乾隆皇帝多次会晤，并举办了一系列的政治、宗教活动。关于这部分的历史，目前学界已多有研究，对班禅朝觐的时代背景、原因和朝觐经过都有不同程度的论述，本文不一一详述[19]。而六世班禅在与乾隆

19 见柳森：《国内近三十年来关于六世班禅朝觐研究综述》，《四川民族学院学报》2010（2）：1-5。王晓晶的博士论文也对六世班禅朝觐这一史实进行了专题性的研究，见王晓晶：《六世班禅进京史实研究》，中央民族大学博士学位论文，2011。柳森的博士论文也涉及了这一主题，见柳森：《六世班禅额尔德尼研究》，中央民族大学博士学位论文，2012。

皇帝会晤期间，为乾隆皇帝构建了一套本生转世系统[20]，最早注意到这方面史料的学者是弗拉基米尔 · 乌斯宾斯基（Vladimir L. Uspensky），他曾指出，在乾隆皇帝七十寿辰之际，六世班禅为其作《本生祈愿》（འཁྲུངས་རབས་གསོལ་འདེབས），名为《丹书克无畏狮子音》（བརྟན་བཞུགས་འཇིགས་མེད་གདོང་ལྔའི་སྒྲ་དབྱངས），以偈颂的形式赞颂了乾隆皇帝的十一个前世，并在文章中给出了这些偈颂的录文与英文翻译，并简要介绍了这十一个前世人物的事迹[21]。之后，石滨裕美子将这份丹书克翻译成了日文，也简要介绍了这十一个前世人物，并与三世章嘉若必多吉的本生传记和六世班禅的本生传记进行了对比，指出了这些前世人物之间的历史关系，但是石滨裕美子所列出的三世章嘉若必多吉以及六世班禅的本生传记与藏文传记中记载的略有不同，这里不一一详述[22]。以上两位学者主要依据的资料是六世班禅献给乾隆皇帝的《丹书克无畏狮子音》，这份丹书克的原件收藏在故宫博物院，编号为宗 23596，梵夹装，页面 19 × 7.3cm，墨框 15.5 × 4.5cm，朱墨双栏，左侧框外写有藏文叶码，页 4 行，共 11 叶[23]。经外附有民国时的旧签，上书“丹书喀尔经，大小各一帙，共二色，旧藏宝蕴楼，写本”。根据档案资料，这份丹书克原藏热河[24]，在“盗卖热河避暑山庄前清古物案”之后，民国政府与逊清皇室协商，将承德避暑山庄和沈阳故宫的遗留文物由民国政府备价收归国有，并运京保存，成为了古物陈列所的藏品之一，直到 1948 年，古物陈列所后归并于故宫博物院，这份藏文古籍与其他文物也一

20 其转世系统共有十一个人物，依次为：法王胜光王（ཆོས་ཀྱི་རྒྱལ་པོ་གསལ་རྒྱལ）、固萨里（ཀུ་ས་ལི）、觉方王（རྒྱལ་པོ་སངས་རྒྱས་སྐྱོགས）、牟尼赞普（མུ་ནེ་བཙན་པོ）、大成就者旦慈多吉（གྲུབ་ཆེན་དམ་ཚིག་རྡོ་རྗེ）、勒贝喜饶（ལེགས་པའི་ཤེས་རབ）、得道者达洽（གྲུབ་ཐོབ་འདར་ཕྱར）、忽必烈（ཧུ་པེ་ལས）、赤钦默朗贝哇（ཁྲི་ཆེན་སྨོན་ལམ་དཔལ་བ）、尊者杰却贝桑波（རྗེ་སྐྱབས་མཆོག་དཔལ་བཟང་པོ）和赤钦金巴嘉措（ཁྲི་ཆེན་སྦྱིན་པ་རྒྱ་མཚོ）。

21 Vladimir L. Uspensky, "The Previous Incarnations of the Qianlong Emperor according to the Panchen Lama Blo bzang dpal ltan ye shes." 2002: 215-228.

22 石滨裕美子:《清朝とチベット仏教—菩薩王となつた乾隆帝》，东京：早稻田大学出版部，2011: 228-250。

23 相关图片见故宫博物院、西藏自治区文物局、扎什伦布寺编:《须弥福寿：当扎什伦布寺遇上紫禁城》，北京：故宫出版社，2020：170-171。

24《热河园林陈设运京物品表—第二次起运清查佛供器表》中记载了这份丹书克，此条目为：一百九十六号，番字丹书喀尔经一部作二，十一页又一部番字经五十页，见《热河园林陈设运京物品表—第二次起运清查佛供器表》，wwwzcnqwwjg00530。故宫博物院有对应藏品，上有旧签：“丹书喀尔经，大小各一帙，旧藏宝蕴楼，写本”。此文物有两函，其中一函尺寸较小，开本 19 × 7.3cm，计 11 叶，为《丹书克无畏狮子音》（བརྟན་བཞུགས་འཇིགས་མེད་གདོང་ལྔའི་སྒྲ་དབྱངས），另一函尺寸较大，开本 40.3 × 8.9cm，计 50 叶，共 6 部，分别为《吉祥胜乐根本咒了义》（དཔལ་འཁོར་ལོ་སྡོམ་པའི་རྩ་སྔགས་ཀྱི་ངེས་དོན）、《金刚铃加持法》（རྡོ་དྲིལ་བྱིན་བརླབས）、《吉祥胜乐五尊成就法 · 大乐增长》（དཔལ་འཁོར་ལོ་བདེ་མཆོག་ལྷ་ལྔའི་སྒྲུབ་ཐབས་བདེ་ཆེན་རབ་འཕེལ）、《上师传承》（བླ་བརྒྱུད）、《秘密名》（གསང་མཚན）、《吉祥胜乐五尊灌顶师承祈请 · 降大乐雨》（དཔལ་འཁོར་ལོ་སྡོམ་པ་ལྔ་ལྷའི་དབང་གི་བླ་བརྒྱུད་གསོལ་འདེབས་བདེ་ཆེན་ཆར་འབེབས），见故宫博物院藏品，书 00027264，宗 23596。

并归并于故宫博物院的收藏系统中[25]。除这一份丹书克之外，故宫博物院还收藏了这份丹书克的复本，根据《内务府造办处活计档》，对班禅额尔德尼所递献的丹书克奏书，乾隆皇帝曾下旨随报发往京内，配鞔皮画金匣盛装，写四样字说语白绫签子[26]。这份复本现保存在故宫博物院雨花阁内，与奏书一起存放在彩漆长皮匣内，其结尾书写“天皇四十五岁（即乾隆四十五年）十月上旬吉祥日专心写，班禅”。[27]除这份《丹书克无畏狮子音》之外，六世班禅在热河陛见乾隆之时，还另作了一部《本生祈愿》，在《丹书克无畏狮子音》尾跋有提及：“此是与《文殊化身人主天神乾隆大皇帝的本生祈愿》所分开的《丹书克祈愿 · 无畏狮子音》”。[28]著名的蒙古学者吉美日白多吉（འཇིགས་མེད་རིག་པའི་རྡོ་རྗེ། 1761-1835 年）所著的《蒙古教法源流》（ཧོར་གྱི་ཆོས་འབྱུང་）更是清楚地记载了六世班禅在热河向乾隆皇帝进献丹书克，作《本生祈愿》的情形：“（八月）十三日，在大皇帝生日的大喜乐之时，尊者（六世班禅）献丹书克，且为皇帝新作《本生祈愿》”，[29]这份名为《本生祈愿》的文本也收藏在故宫博物院，文物定名为《法王新胜传》，整套写本由 11 个传记故事组成，每个传记藏文名皆有“གླིང་བཞི་ལྷ་དང་བཅས་པའི་འགྲོ་བ་ཡོངས་ཀྱི་གཙུག་རྒྱན་ཆེན་པོ་རྗེ་བཙུན་འཇམ་པའི་དབྱངས་གོང་མ་བདག་པོ་ཆེན་པོའི་འཁྲུངས་རབས་གསོལ་འདེབས་སུ་གསུངས་པའི་བརྒྱུད་རིམ”（四洲诸天与众生之大顶严 · 讲说至尊文殊大皇帝本生祈愿次第）之语，之后为各个传记的序号与人物名称，如第一份传记全名为“གླིང་བཞི་ལྷ་དང་བཅས་པའི་འགྲོ་བ་ཡོངས་ཀྱི་གཙུག་རྒྱན་ཆེན་པོ་རྗེ་བཙུན་འཇམ་པའི་དབྱངས་གོང་མ་བདག་པོ་ཆེན་པོའི་འཁྲུངས་རབས་གསོལ་འདེབས་སུ་གསུངས་པའི་བརྒྱུད་རིམ་དང་པོ་ཆོས་ཀྱི་རྒྱལ་པོ་གསལ་རྒྱལ་གྱི་རྟོགས་བརྗོད། །”（《四洲诸天与众生之大顶严 · 讲说至尊文殊大皇帝本生祈愿次第之第一 · 法王胜光王传》）[30]，这 11 个传记人物与《丹书克无畏狮子音》记载的一致，较为详细地介绍了每个人物的生平，对判断《诸佛事略图说附彩绘佛像》

25 国民政府于 1946 年决议，北平古物陈列归并故宫博物院；古物陈列所房屋及其尚留北平之文物拨交故宫博物院；古物陈列所文物已经移至南京者，仍照中央政治会议成案，拨交中央博物院，并于 1948 年基本完成了合并工作，见刘楠楠：《北平古物陈列所归并故宫博物院并改隶行政院领导史料一组》，《民国档案》2015（2）：3-7。

26 中国第一历史档案馆、中国藏学研究中心合编：《六世班禅朝觐档案选编》，北京：中国藏学出版社，1996：263-264。

27 王家鹏：《六世班禅的一封奏书》，《紫禁城》1988（1）：17-19。

28 藏文原文为：ཅེས་འཇམ་དཔའི་དབྱངས་མི་ཡི་རྗེ་བོར་རོལ་པ་གནམ་གྱི་ལྷ་གོང་མ་ལྷས་སྐྱོང་བདག་པོ་ཆེན་པོའི་འཁྲུངས་རབས་གསོལ་འདེབས་དང་འབྲེལ་བའི་བརྟན་བཞུགས་གསོལ་འདེབས་འཇིགས་མེད་གདོང་ལྔའི་སྒྲ་དབྱངས་ཞེས་བྱ་བ་འདི་ནི，见故宫博物院藏书，宗 23596。

29 藏文原文为：ཆོས་བཅུ་གསུམ་གོང་མ་ཆེན་པོའི་འཁྲུངས་སྐར་གྱི་དུས་ཡར་ཆེན་པོ་ལ་རྗེ་ཉིད་ཀྱིས་བརྟན་བཞུགས་ཕུལ་ཏེ་གོང་མའི་འཁྲུངས་རབས་གསོལ་འདེབས་གསར་རྩོམ་མཛད་པ， 见 འཇིགས་མེད་རིག་པའི་རྡོ་རྗེ། ཆེན་པོ་ཧོར་གྱི་ཡུལ་དུ་དམ་པའི་ཆོས་ཇི་ལྟར་བྱུང་བའི་ཚུལ་བཤད་པ་རྒྱལ་བའི་བསྟན་པ་རིན་པོ་ཆེ་གསལ་བར་བྱེད་པའི་སྒྲོན་མེ། ཟི་ལིང་། མཚོ་སྔོན་མི་དམངས་དཔེ་སྐྲུན་ཁང་། 1993: 255。

30 李若愚：《故宫博物院藏乾隆皇帝本生故事集——〈法王新胜传〉》，《藏学学刊》第 21 辑，2019（2）：273-294。

中的图像具有重要参考价值。

三

与上述《丹书克无畏狮子音》与《本生祈愿》不同的是，《诸佛事略图说附彩绘佛像》中主尊的形象有 13 个，除了上述的 11 个本生人物之外，《诸佛事略图说附彩绘佛像》开头的主尊是文殊菩萨，结尾是乾隆皇帝，因此，《诸佛事略图说附彩绘佛像》中包含了两个系统，一是六世班禅所构建的本生系统，二是乾隆皇帝的文殊化身系统。

六世班禅所构建的乾隆皇帝的本生系统与三世章嘉若必多吉、六世班禅和达赖喇嘛的本生系统都有或远或近的联系（见表二），表中乾隆皇帝源流依据的是《丹书克无畏狮子音》和《本生祈愿》中的本生系统，章嘉活佛的转世源流依据《章嘉若必多吉传》中的本生系统[31]，班禅转世源流依据《班禅班丹益西传》中的本生系统[32]，达赖转世源流依据故宫博物院收藏的一组十三轴《达赖喇嘛源流》唐卡，后均有白绫题签“乾隆二十六年（1761 年）三月初六日，钦命章嘉呼图克图认看番画像达赖喇嘛源流一轴”，王家鹏做过研究，认定为七世达赖在位期间所绘，并公布图版，给予简要介绍[33]。

表二

乾隆本生源流	章嘉本生源流	班禅本生源流	达赖本生源流
1. 法王胜光王 རྒྱལ་པོ་གསལ་རྒྱལ	1. 祖达尊者 ཙུནྡ	1. 须菩提 གནས་བརྟན་རབ་འབྱོར	1. 静息观音
2. 孤萨利 ཀུ་སུ་ལི	2. 释迦喜年 ཤཱཀྱ་བཤེས་གཉེན	2. 妙吉祥法称王 རིགས་ལྡན་འཇམ་དཔལ་གྲགས་པ	2. 松赞干布 （617-650 年） སྲོང་བཙན་སྒམ་པོ
3. 觉方王 རྒྱལ་པོ་སངས་རྒྱས་ཕྱོགས	3. 龙王达巴拉 དཔན	3. 清辨（6 世纪） སློབ་དཔོན་ལེགས་ལྡན་འབྱེད	3. 益西沃 （947-1019/1024 年） ཡེ་ཤེས་འོད
4. 牟尼赞普 （762-798 年） མུ་ནེ་བཙན་པོ	4. 噶哇贝则 ཀ་བ་དཔལ་བརྩེགས	4. 阿巴伽罗古它 ཨབ་ཧྱ་ཀ་ར་གུཔྟ/འཇིགས་མེད་འབྱུང་གནས་སྦས་པ	4. 仲敦巴 （1005-1064 年） འབྲོམ་སྟོན་པ་རྒྱལ་བའི་འབྱུང་གནས

31 ཐུའུ་བཀྭན་བློ་བཟང་ཆོས་ཀྱི་ཉི་མ། ལྕང་སྐྱ་རོལ་པའི་རྡོ་རྗེའི་རྣམ་ཐར། ལན་གྲོའུ། ཀན་སུའུ་མི་རིགས་དཔེ་སྐྲུན་ཁང་། 1989：11-15。

32 དཀོན་མཆོག་འཇིགས་མེད་དབང་པོ། པཎ་ཆེན་དཔལ་ལྡན་ཡེ་ཤེས་ཀྱི་རྣམ་ཐར། སྟོད་ཆ། པེ་ཅིན། ཀྲུང་གོའི་བོད་རིག་པ་དཔེ་སྐྲུན་ཁང་། 2002：6-27。

33 王家鹏主编：《藏传佛教唐卡》，香港：商务印书馆，2003：10-23。

续表

乾隆本生源流	章嘉本生源流	班禅本生源流	达赖本生源流
5. 大成就者旦慈多吉 གྲུབ་ཆེན་དམ་ཚིག་རྡོ་རྗེ	5. 濯浦巴 （1074-1134 年） སྒྲོ་ཕུག་པ	5. 桂译师库巴拉孜 （11 世纪） འགོས་ལོ་ཙཱ་བ་ཁུག་པ་ལྷས་བཙས	5. 衮噶宁波 （1092-1158 年） ཀུན་དགའ་སྙིང་པོ
6. 勒贝喜饶 （1018-1115 年） ལེགས་པའི་ཤེས་རབ	6. 玛尼师斯斯日巴 སི་སི་རི་པ	6. 萨迦班智达衮噶坚赞 （1182-1251 年） ས་སྐྱ་པཎྜི་ཏ་ཀུན་དགའ་རྒྱལ་མཚན	6. 桑杰贡巴 （1160-1229 年） སངས་རྒྱས་སྒོམ་པ
7. 得道者达洽 （12 世纪） གྲུབ་ཐོབ་འདར་ཕྱར	7. 朗塘巴 · 多吉僧格 （1054-1123 年） གླང་ཐང་པ་རྡོ་རྗེ་སེང་གེ	7. 雍墩多杰贝 （1284-1365 年） གཡུང་སྟོན་རྡོ་རྗེ་དཔལ	7. 一世达赖根敦主巴 （1391-1474 年） དགེ་འདུན་གྲུབ་པ
8. 忽必烈 （1215-1294 年） ཧུ་བི་ལི	8. 八思巴罗珠坚赞 （1235-1280 年） འཕགས་པ་བློ་གྲོས་རྒྱལ་མཚན	8. 一世班禅克珠杰 （1385-1438 年） མཁས་གྲུབ་དགེ་ལེགས་དཔལ་བཟང་པོ	8. 二世达赖根敦嘉措 （1475-1542 年） དགེ་འདུན་རྒྱ་མཚོ
9. 赤钦默朗贝哇 （1414-1491 年） ཁྲི་ཆེན་སྨོན་ལམ་དཔལ་བ	9. 索南坚赞 （1312-1375 年） བླ་མ་དམ་པ་བསོད་ནམས་རྒྱལ་མཚན	9. 二世班禅索南却朗 （1438-1505 年） བསོད་ནམས་ཕྱོགས་ཀྱི་གླང་པོ	9. 三世达赖索南嘉措 （1543-1588 年） བསོད་ནམས་རྒྱ་མཚོ
10. 尊者杰却贝桑波 རྗེ་སྐྱབས་མཆོག་དཔལ་བཟང་པོ	10. 大慈法王释迦益西 （1354-1435 年） བྱམས་ཆེན་ཆོས་རྗེ་ཤཱཀྱ་ཡེ་ཤེས	10. 三世班禅洛桑顿珠 （1505-1568 年） བློ་བཟང་དོན་གྲུབ	10. 四世达赖云丹嘉措 （1589-1616 年） ཡོན་ཏན་རྒྱ་མཚོ
11. 赤钦金巴嘉措 （1711-1799 年） ཁྲི་ཆེན་སྦྱིན་པ་རྒྱ་མཚོ	11. 却吉坚赞 （1469-1544 年） རྗེ་བཙུན་ཆོས་ཀྱི་རྒྱལ་མཚན	11. 四世班禅洛桑却吉坚赞 （1569-1662 年） བློ་བཟང་ཆོས་ཀྱི་རྒྱལ་མཚན	11. 五世达赖阿旺洛桑嘉措 （1617-1682 年） ངག་དབང་བློ་བཟང་རྒྱ་མཚོ
	12. 班觉弘珠 （1561-1637 年） དཔལ་འབྱོར་ལྷུན་གྲུབ	12. 五世班禅洛桑益西贝桑波 （1663-1737 年） བློ་བཟང་ཡེ་ཤེས་དཔལ་བཟང་པོ	12. 六世达赖仓央嘉措 （1683-1706 年） ཚངས་དབྱངས་རྒྱ་མཚོ
	13. 一世章嘉扎巴俄色 （？ -1641 年） གྲགས་པ་འོད་ཟེར		13. 七世达赖格桑嘉措 （1708-1757 年） བསྐལ་བཟང་རྒྱ་མཚོ
	14. 二世章嘉洛桑却丹 （1642-1714 年） བློ་བཟང་ཆོས་ལྡན		

乾隆皇帝的本生源流与章嘉、班禅以及达赖源流都有或多或少的联系，如乾隆皇帝的第八个转世为忽必烈，而章嘉国师第八个转世为八思巴，是忽必烈的根本上师，是萨迦派的第五祖，而班禅源流中则有转世为萨迦班智达衮噶坚赞，是八思巴的叔叔，也是萨迦派的第四祖，达赖源流中也有转世为衮噶宁波，是萨迦派的第一祖。这些显然不是

巧合，表明六世班禅在创作乾隆皇帝的本生源流时，费了许多心思与功夫，掺杂了自己的政治和思想意图。六世班禅能审时度势，由章嘉国师从中牵线，以贺乾隆帝七十寿辰为契机前来朝觐，并且能在朝觐期间，亲身考察沿途尤其是藏传佛教在甘青、蒙古地区的传播、发展情况，并通过进一步身体力行的宣传来增加藏传佛教的影响，并以藏传佛教总代表的身份觐见乾隆皇帝，以期得到中央政府认可、提升自身在西藏的政教地位[34]，由此可以看出，身为西藏地方政教领袖，政治和宗教是不可能分开的。对于乾隆皇帝的本生源流，六世班禅不仅在纵向上，将乾隆皇帝追溯成了护持佛教的国王，得道的大成就者以及噶当派、格鲁派的重要上师，还在横向上与章嘉、班禅甚至达赖源流都建立起微妙的联系，通过轮回转世这套宗教话语，将教派与皇权绑定在一起，并依附皇权，扩大了宗教影响。

除了这套本生系统，《诸佛事略图说附彩绘佛像》还反映了乾隆皇帝的文殊化身系统。藏传佛教认为，汉地是文殊菩萨所摄受的地方，在娘 · 尼玛沃色（ཉང་རལ་ཉི་མ་འོད་ཟེར། 1124-1192/1204 年）所著的《娘氏教法源流》提到："圣者文殊身的体性安住于汉地五台山，利众事业弘化不可思议的诸佛刹土，特别弘扬于北方香巴拉。"[35] 成书于明代的《青史》也提到："传说汉地是妙音（即文殊）菩萨所摄受的地方，而西藏则是观自在（或称观世音）菩萨摩诃萨所教化之地。"[36] 根据学者研究，在元代就有将忽必烈称为"文殊菩萨化身"的说法，如孙鹏浩根据邬坚巴（ཨུ་རྒྱན་པ་རིན་ཆེན་དཔལ། 1229/1230-1309 年）的传记，指出在 13 世纪末的西藏，已经流传有忽必烈是文殊菩萨化身的言论或者讨论，或者说相关的预言（授记）已经被创造出来[37]。铁龙年（1641 年）和硕特蒙古首领顾实汗颁发给达普寺的藏蒙对照铁券文书也将明代崇祯皇帝称之为"文殊师利的化身 (manjusiri-yin qubilgan)"[38]。故安海燕指出：在藏传佛教语境中，作为"文殊菩萨化身"

34 柳森：《论六世班禅朝觐的背景与原因》，《佛教研究》2011（4）：128-132。

35 藏文原文为：འཕགས་པ་འཇམ་དཔལ་གྱི་སྐུའི་ངོ་བོ་ནི། རྒྱ་ནག་རི་བོ་རྩེ་ལྔ་ན་བཞུགས་ནས། མཛད་པའི་འཕྲིན་ལས་ནི། སངས་རྒྱས་ཀྱི་ཞིང་ཁམས་བསམ་གྱིས་མི་ཁྱབ་པའི་མཛད་པ་ནས། ཁྱད་པར་དུ་བྱང་ཕྱོགས་ཤམ་བྷ་ལར་དར་རོ，见 ཉང་ཉི་མ་འོད་ཟེར། ཆོས་འབྱུང་མེ་ཏོག་སྙིང་པོ་སྦྲང་རྩིའི་བཅུད། ལྷ་ས། བོད་ལྗོངས་བོད་ཡིག་དཔེ་རྙིང་དཔེ་སྐྲུན་ཁང་། 2012：5。汉译文见娘 · 尼玛沃色著、许渊钦译注：《〈娘氏教法源流〉译注》（一），《中国藏学》2014（1）：42-54。

36 藏文原文为：རྒྱའི་ཡུལ་ནི་བྱང་ཆུབ་སེམས་དཔའ་འཇམ་པའི་དབྱངས་ཀྱིས་གཟུང་བ་བཞིན་དུ། བོད་ཀྱི་ཡུལ་འདི་ནི་བྱང་ཆུབ་སེམས་དཔའ་སེམས་དཔའ་ཆེན་པོ་འཕགས་པ་སྤྱན་རས་གཟིགས་དབང་ཕྱུག་གིས་རྗེས་སུ་བསྐྱངས་པ་ཡིན་ཏེ། 见 འགོས་ལོ་གཞོན་ནུ་དཔལ། དེབ་ཐེར་སྔོན་པོ། སྨད་ཆ། ཁྲིན་ཏུའུ། སི་ཁྲོན་མི་རིགས་དཔེ་སྐྲུན་ཁང་། 1984：1173。汉译文见廓诺 · 迅鲁伯著、郭和卿译：《青史》，拉萨：西藏人民出版社，2003：601。

37 孙鹏浩：《薛禅可汗与文殊菩萨：见于〈邬坚巴传〉中的某一种联系》，沈卫荣主编：《汉藏佛学研究：文本、人物、图像和历史》，北京：中国藏学出版社，2013：591-594。

38 乌云毕力格、道帏 · 才让加：《〈铁龙年顾实汗颁给达普寺的铁券文书〉考释》，《藏学学刊》第 10 辑，2014（1）：175-185。

的皇帝，其核心统治区域是汉地，元朝统治的最主要和核心的地区是汉地，大明继承的是元朝的正统。因此，藏传佛教语境中将“文殊菩萨化身”这一曾经用于忽必烈的称呼加于明朝帝王身上就是自然而然的事情了。清朝皇帝“文殊菩萨化身”之一称号也正是基于上述历史背景而来[39]。他们自称是佛子，就是文殊菩萨化身的转轮圣王，他们就是受膜拜的对象[40]。清代皇帝被尊称为“文殊大皇帝”（འཇམ་པའི་དབྱངས་གོང་མ་བདག་པོ་ཆེན་པོ），顺治三年（1646 年），五世达赖喇嘛遣使致顺治帝书，开头有“在涅槃世界十力之千道光芒普照，大名妙音，具有六种智慧净饭王之子，曼殊师利之化身，圣识一切著名智慧之神，天命人君祝福万寿无疆”之语[41]。顺治九年（1652 年）五月初一日，第巴 · 索南热丹为迎请达赖喇嘛赴京事向清顺治帝所呈的奏书，开头有“第巴谨奏至上文殊菩萨圣主陛下”之语[42]。之后顺治十年（1653 年）三月二十八日，在五世达赖请安奏书抬头有“达赖喇嘛致金光四射、银光普照、旋乾转坤、人世之天、至上文殊大皇帝明鉴”之语[43]。“文殊大皇帝”这一称谓在清代一直沿用。王晓晶认为直到乾隆四十四年（1779 年），清帝之前缀称呼文殊菩萨才有文殊菩萨的转世化身之意，并认为这一化身身份始于三世章嘉呼图克图[44]，这里不讨论这一说法是否妥当，但乾隆皇帝显然有意识地宣扬自己文殊菩萨化身的身份，如制作御容佛装唐卡，通过对现存世的七幅御容佛装唐卡的研究，胡清清指出：在这种图像中，乾隆的形象在带有强烈宗教功能的唐卡中出现，最为重要的是，画面上的乾隆形象，均被描绘成文殊菩萨的扮相[45]。除此之外，乾隆三十三年（1768 年）还在紫禁城内建造梵宗楼，王子林指出：梵宗楼实际上成为这一称呼（文殊菩萨）的载体，即从了义和不了义两方面确立了梵宗楼的供奉是为了表明乾隆为文殊菩萨之化

---

39 安海燕：《作为“转轮王”和“文殊菩萨”的清帝——兼论乾隆帝与藏传佛教的关系》，《清史研究》2020（2）：105-118。

40 罗文华：《龙袍与袈裟》（上），北京：紫禁城出版社，2005：27。

41 蒙古文原文为：sansar nirwan u orud dur arban kücün ü mingγan gerel masita badaraγsan, yeke aldar un egesig iyer cikin ü degedü cimeg, jirγuγan jüng bilig degüsügsen ariγun itegetü yin bübegün, manjusiri yin γalii qubilγan u toor iyer bücigci, qamuγ i medegci aldarsiγsan sain üyütü, tngri daca jayaγa tu kümün ü erketü cimada nasu aburita sain üljei soyorqatuγai，见中国第一历史档案馆、内蒙古自治区档案馆、内蒙古大学蒙古学研究中心编，齐木德道尔吉、吴元丰、萨 · 那日松主编：《清内秘书院蒙古文档案汇编》（第二辑），呼和浩特：内蒙古人民出版社，2003：146。此处蒙古文由故宫博物院春花老师帮忙转写，特此感谢。汉译见希都日古编译：《清内秘书院蒙古文档案汇编汉译》，北京：社会科学文献出版社，2015：77。

42 中国第一历史档案馆、中国藏学研究中心合编：《清初五世达赖喇嘛档案史料选编》，北京：中国藏学出版社，2000：23。

43 中国第一历史档案馆、中国藏学研究中心合编：《清初五世达赖喇嘛档案史料选编》，2000：34。

44 王晓晶：《六世班禅进京史实研究》，2011：70-75。

45 胡清清：《乾隆的御容佛装唐卡与文殊菩萨信仰》，南京艺术学院硕士学位论文，2013：13。

身，乾隆即文殊菩萨大皇帝[46]。张雅静进一步考证了梵宗楼内部的文殊像，指出其在图像学资料中被称为“（转）轮王游戏文殊”（Mahārājalīlamañjuśrī），这里 Mahārāja 一词指大王、帝王，为统治天下的君王，也译作转轮王，其名称中具有帝王和文殊的双重含义，与乾隆作为皇帝兼文殊的化身的身份相符[47]。以上种种举动显然取得了效果，在《章嘉若必多吉传》中记载了土观 · 洛桑却吉尼玛（ཐུའུ་བཀྭན་བློ་བཟང་ཆོས་ཀྱི་ཉི་མ། 1737-1801/1802 年）的评论：“从学法开始，皇上自己就对掌握教法要点的次第有如此的认识，说明他无疑是文殊菩萨之化身。”[48] 在《诸佛事略图说附彩绘佛像》中，第一幅主尊为文殊，最后一幅主尊为乾隆皇帝，这显然是乾隆皇帝对自己文殊菩萨化身的又一次宣扬。

《诸佛事略图说附彩绘佛像》是一本乾隆皇帝的本生画传，其在六世班禅为乾隆皇帝创作的《丹书克无畏狮子音》与《本生祈愿》的基础之上，又加入了乾隆皇帝文殊菩萨化身的宗教思想，乾隆皇帝以转轮圣王、宗教大德、文殊化身等身份示现，既是乾隆本身宗教情感的真实体现，又是乾隆皇帝“因俗而治”利用藏传佛教安定蒙藏地区这一高超政治手腕的体现。乾隆皇帝个人对藏传佛教的信仰，在专制君主与宗教信徒的角色转换过程中，呈时隐时现之势[49]，以上这些点点滴滴，翻开《诸佛事略图说附彩绘佛像》，我们得以一窥。

◆ 李若愚　故宫博物院图书馆副研究馆员

46 王子林：《乾隆与文殊菩萨——梵宗楼供奉陈设探析》，《故宫博物院院刊》2006（4）：122-131。

47 张雅静：《清宫梵宗楼文殊像考》，《故宫博物院院刊》2019（6）：57-69。

48 藏文原文为：ཆོས་སློབ་པའི་མགོ་འཛུགས་ཙམ་ཉིད་ནས་བསྟན་པའི་གནད་འགག་དང་དེ་ལ་འཇུག་པའི་རིམ་པ་རང་སྟོབས་ཀྱིས་མཁྱེན་པ་འདི་འདྲ་ངེས་པར་རྗེ་བཙུན་འཇམ་པའི་དབྱངས་ཀྱི་རྣམ་འཕྲུལ་དུ་གདོན་མི་ཟའོ，见 ལྕང་སྐྱ་རོལ་པའི་རྡོ་རྗེའི་རྣམ་ཐར། 1989：291-292。汉译文见土观 · 洛桑却吉尼玛著，陈庆英、马连龙译：《章嘉国师若必多吉传》，北京：民族出版社，2007：131。

49 柳森：《六世班禅额尔德尼研究》，中央民族大学博士学位论文，2012：106。

六臂大黑天教法源流考 *

米玛次仁

内容摘要： 六臂怙主教法（མགོན་པོ་ཕྱག་དྲུག་གི་ཆོས་སྐོར）是藏传佛教密乘教法之一，自西藏佛教后弘期从古印度传入至今已有八百多年的历史。本文通过勾勒六臂大黑天神灵的来源及相关经典的藏译和在藏传佛教各宗派中的传承，指出六臂大黑天教法形成于古印度，后由琼布乃觉（ཁྱུང་པོ་རྣལ་འབྱོར། 978-1127 年）等译师引入和译介，逐步成为西藏佛教密乘修行的重要法门，尤其被藏传佛教香巴噶举派视为“黄金教法”（གསེར་ཆོས）。而后来的格鲁派继承了香巴噶举派的教法传统，在克珠杰（མཁས་གྲུབ་རྗེ། 1385-1438 年）等人的推动下，六臂大黑天教法成为格鲁派修行密乘的重要内容之一，六臂大黑天也同样成为格鲁派的重要护法神。时至今日，该教法在西藏仍有着深远的影响。

大黑天（Mahākāla, ནག་པོ་ཆེན་པོ），亦称怙主（མགོན་པོ），被认为是集勇猛、智慧于一身的藏传佛教护法神。据《仁琼百法》（རིན་འབྱུང་བརྒྱ་རྩ）记载，大黑天的信仰圈十分广泛，

* 本文系中宣部 2019 年宣传思想文化青年英才自主选题资助项目“11-16 世纪西藏史学史”阶段性研究成果。

不仅有 50 多种化身[1]，在藏传佛教各宗派的万神殿中皆占有一席之地。

早期学者对于大黑天的研究主要集中在造像艺术及文化传播两个方面[2]。随着近些年来相关文献资料的不断发现和公布，越来越多的学者将视线转移到了大黑天修行法门类的密乘文献的解读，如俄藏黑水城文献中的文本[3]。上述研究不仅丰富了我们对于西藏佛教史方面的认识，亦对重构藏传佛教在西域和中原的传播起到了重要影响。

在搜集、研读大黑天相关文献及图像资料的过程中，笔者发现目前学界对于大黑天教法在西藏的传播历史并不十分清晰。因此，笔者拟从大黑天诸多化身中选择“六臂大黑天”作为研究对象，试着梳理六臂大黑天教法在西藏的传播脉络。

一、六臂大黑天教法之来源

大黑天作为藏传佛教护法神，其来源据印度学者 Varadpande 考证，大黑天即摩诃迦罗，是一位古老的神灵，系古印度湿婆大神的变体[4]。在印度教里，湿婆是主管毁灭和宇宙再生的世间至高神。由于湿婆教派利用它的这种能力和地位，促进了印度教密宗的诞

1 Martin Willson and Martin Brauen, *Deities of Tibetan Buddhism: The Zürich Paintings of the Icons Worthwhile to See*, Boston: Wisdom Publications, 2000: 144-161; 汉译本可参考 [瑞士] 马丁 · 布劳恩、马丁 · 威尔森著，张彦译：《藏传佛教本尊大全》，西安：陕西师范大学出版社，2010：158-175，393-431。

2 主要研究成果有：李勤璞：《盛京嘛哈噶喇考证——满洲喇嘛教研究之一》，《藏学研究论丛》第 7 辑，拉萨：西藏人民出版社，1995：95-120；Réne De Nebesky-Wojkowitz, *Oracles and Demons of Tibet: The cult and Iconography of the Tibetan Protective Deities*, Lecturer at The university of Vienna, 1996: 38-67; 汉译本可参阅 [奥地利] 勒内 · 德 · 内贝斯基 · 沃杰科维茨著、谢继胜译：《西藏的神灵和鬼怪》，拉萨：西藏人民出版社，1996：43-78；张羽新：《玛哈噶拉——元朝的护国神——从柳贯〈护国寺碑铭〉谈起》，《世界宗教研究》1997（1）：30-37；那木吉拉：《元明清时期蒙古人的摩诃葛剌神崇拜及相关文学作品研究》，《中国藏学》2001（1）：82-115；朱悦梅：《大黑天造像初探——兼论大理、西藏、敦煌等地大黑天造像之关系》，《敦煌研究》2001（4）：75-85；李翎：《大黑天图像样式考》，《敦煌学辑刊》2007（1）：125-132；ཏིང་འཛིན་བཀྲ་ཤིས། རིན་འབྱུང་ལྷ་སྐུ་སུམ་བརྒྱ། པེ་ཅིན།། མི་རིགས་དཔེ་སྐྲུན་ཁང་། 2007；诺布旺典：《唐卡中的大黑天》，北京：紫禁城出版社，2009；王尧：《摩诃葛剌（Mahākāla）崇拜在北京》，《藏汉文化考述》，北京：中国藏学出版社，2011：78-90。

3 主要研究成果有：沈卫荣：《西夏、蒙元时代的大黑天神崇拜与黑水城文献——以汉译龙树圣师造〈吉祥大黑八足赞〉为中心》，《贤者新宴》第 5 辑，上海古籍出版社，2007：153-167；黄杰华：《黑水城出土藏传佛教实修文书〈慈乌大黑要门〉初探》，《中国藏学》2009（3）：114-120；黄杰华：《大黑根本命咒：西夏大黑天信仰的一个侧面》，《西夏研究》2010（3）：34-38；曾汉辰：《西夏大黑天传承初探——以黑水城文书〈大黑求修并作法〉为中心》，《中国藏学》2014（1）：151-158；亚历山大 · 佐林著、操林英译：《俄罗斯科学院东方文献研究所藏古藏文写卷中的一件密教仪轨文献》，《国外藏学研究集刊》第 1 辑，上海古籍出版社，2017：331-343。

4 M. L.Varadpande, *Mythology of Shiva and Shakti*, New Delhi: Abhinav Publications, 2013: 103.

生[5]。从公元5世纪始，大黑天逐步进入佛教典籍，并成为古印度各大佛寺的灶神[6]。在多罗那他（ཏཱ་ར་ནཱ་ཐ།1575-1634年）《印度佛教史》（རྒྱ་གར་ཆོས་འབྱུང་）中先后两次提到大黑天护持佛教的传说[7]，证明了大黑天在当时已然成为佛教万神殿中的一员。

从佛教的视角来看，六臂大黑天的来源常与观世音菩萨联系在一起。据多罗那他《智慧六臂怙主法类源流略述》（ཡེ་ཤེས་ཀྱི་མགོན་པོ་ཕྱག་དྲུག་པའི་ཆོས་སྐོར་གྱི་བྱུང་ཚུལ་མདོ་ཙམ་བརྗོད་པ）记载：

> 观世音菩萨立誓普度一切众生，不达此愿，誓不成佛。当观世音来到布达拉山时，仍见有情难离五毒，心生倦意，故而违背誓言，身亦碎成千片。观世音的上师无量光佛见状，前来相助，对其加持，从而化作十一头面、千手千眼观世音。虽得加持，却不敢再立普度众生之誓言，如此过去七天后，从观世音菩萨心间诞出一黑色“吽”字化为六臂大黑天。[8]

由上引可知，大黑天这一印度教的古老神灵不仅被佛教所吸纳、转化，最终由佛教史家描绘成为观世音菩萨的忿怒化身。从史源学角度出发，笔者认为藏传佛教六臂大黑天的来源与观世音信仰的西藏化有着密切的关联。

众所周知，早在吐蕃王朝时期观世音密法就在西藏极度盛行，敦煌古藏文佛教文献中保存下来的关于观世音的诸多经典就是很好的明证[9]。除了吐蕃时期遗留下来的文献

---

5 据德国学者施勒伯格考证，湿婆在正统印度教中是最多样化的一位大神，也是印度最古老的神灵之一。起初湿婆带有风暴、疫病、死亡等的自然属性，后来其形象渐渐变得饱满，不仅是仁慈者的代表，更展现出其作为毁灭者、恐怖者、掠夺者和死神的功能。关于湿婆的内容，详见[德]施勒伯格著、范晶晶译：《印度诸神的世界——印度教图像学手册》，上海：中西书局，2016：62-88；马维光：《印度神灵探秘——巡礼印度教、耆那教、印度佛教万神殿探索众神的起源、发展和彼此间的关系》，北京：世界知识出版社，2014：364。

6 薛克翘：《印度密教》，北京：中国大百科全书出版社，2017：189；马维光：《印度神灵探秘——巡礼印度教、耆那教、印度佛教万神殿探索众神的起源、发展和彼此间的关系》，2014：363。

7 རྗེ་བཙུན་ཏཱ་ར་ནཱ་ཐ། རྒྱ་གར་ཆོས་འབྱུང་། ཁྲིན་ཏུའུ། སི་ཁྲོན་མི་རིགས་དཔེ་སྐྲུན་ཁང་། 1994: 254-255；汉译本可参阅多罗那他著、张建木译：《印度佛教史》，成都：四川民族出版社，1988：201；英译可参阅Lama Chimpa and Alaka Chattopadhyaya, *Tāranātha's History of Buddhism in India*, Delhi: Motilal Banarsidass Publishers Private Limited, 1990: 265-269.

8 རྗེ་བཙུན་ཏཱ་ར་ནཱ་ཐ། ཡེ་ཤེས་ཀྱི་མགོན་པོ་ཕྱག་དྲུག་པའི་ཆོས་སྐོར་གྱི་བྱུང་ཚུལ་མདོ་ཙམ་བརྗོད་པ། རྗེ་བཙུན་ཏཱ་ར་ནཱ་ཐའི་གསུང་འབུམ་དཔེ་བསྡུར་མ། པོད་ཞེ་གཉིས་པ། པེ་ཅིང་། ཀྲུང་གོའི་བོད་རིག་པ་དཔེ་སྐྲུན་ཁང་། 2008: 133-134.

9 关于敦煌藏文佛教文献中的观世音相关经典的研究，可参阅才让：《菩提遗珠：敦煌藏文佛教文献的整理与解读》，上海古籍出版社，2016：141-201；李婵娜：《九至十一世纪的吐蕃观音崇拜——以敦煌古藏文文献研究为中心》，载沈卫荣主编：《文本中的历史：藏传佛教在西域和中原的传播》，北京：中国藏学出版社，2012：36-76。

外，佛教后弘期以来成书的观世音的相关文献更是数不胜数。其中最重要的要属《嘛呢全集》（མ་ཎི་བཀའ་འབུམ）。该书共分二卷十品，其中第一品《大悲观世音千佛大史》（ཐུགས་རྗེ་ཆེན་པོ་སངས་རྒྱས་སྟོང་རྩའི་ལོ་རྒྱུས་ཆེན་མོ）的第四章“坚定复发菩提心”（སླར་སེམས་བསྐྱེད་བརྟན་པར་མཛད་པའི་ལེའུ）中详述了千手千眼观世音的形成过程，与多罗那他所述基本相同，只是该书并未提起六臂大黑天[10]。喇嘛丹巴索南坚赞（བླ་མ་དམ་པ་བསོད་ནམས་རྒྱལ་མཚན།1312-1375 年）《西藏王统世系明鉴》（རྒྱལ་རབས་གསལ་བའི་མེ་ལོང）中，以“圣观世音菩萨成熟度脱雪域一切众生”（འཕགས་པ་སྤྱན་རས་གཟིགས་ཀྱིས་ཁ་བ་ཅན་པའི་སེམས་ཅན་རྣམས་སྨིན་གྲོལ་ལ་འགོད་པའི་སྐོར）为题，把观世音幻化千手千眼的故事场景安排在了西藏，将前引文中的“众生”转变为“雪域有情”。同时，行普度众生之事的地点设在了上部阿里、下部朵康和中部卫藏等地，视“布达拉山”为拉萨红山[11]。如此将故事内容具体化是作者为将吐蕃赞普松赞干布（སྲོང་བཙན་སྒམ་པོ།？ -650 年）描绘成观世音菩萨化身进行的铺垫，表明了索南坚赞身为佛教高僧，以佛教史观来对待和处理“历史事实”。二世达赖喇嘛根敦嘉措（དགེ་འདུན་རྒྱ་མཚོ།1476-1542 年）则以前述观世音菩萨化现千手千眼的故事母本为据，在《速成智慧怙主之历史》（མྱུར་མཛད་ཡེ་ཤེས་ཀྱི་མགོན་པོའི་ལོ་རྒྱུས）中相应地增加了“从观世音菩萨心间诞出一黑色吽字化为六臂大黑天”的细节，而这恰恰是藏传佛教传统认同六臂大黑天为观世音菩萨忿怒化身的具体体现。而前述多罗那他的阐述则继承了二世达赖喇嘛所阐述的这种渊源关系。

在论及六臂大黑天教法来源时，我们不得不从一世班禅克珠杰（མཁས་གྲུབ་རྗེ།1385-1438 年）所整理的《怙主教法手册汇编》（མགོན་པའི་བེའུ་བུམ་ཕྱོགས་བསྒྲིགས）入手。该经典共 7 品 197 叶 394 面，收录有六臂大黑天本续、修行法、密咒等共计 134 篇，被后人视为修行六臂大黑天教法的“教科书”。克珠杰作为六臂大黑天教法“标准化”的重要人物，将数以千计的有关六臂大黑天教法经典进行了严格的整理和筛选，最终汇编完成了《怙主教法手册汇编》一书。克珠杰在该书第 3 品之《克珠一切智所造有关怙主（经典）精益搜寻并进行整理所作笔记》（མཁས་གྲུབ་ཐམས་ཅད་མཁྱེན་པས་མགོན་པོའི་སྐོར་ལེགས་པར་རྩད་བཅད་ཅིང་དག་ཐེར་ལེགས་པར་མཛད་པའི་ཐེམ་ཡིག）中指出，藏文《甘珠尔》十万怛特罗部第 3 卷中

10 མ་ཎི་བཀའ་འབུམ། བོད་དང་པོ། ལྷ་ས། བོད་ལྗོངས་མི་དམངས་དཔེ་སྐྲུན་ཁང་། 2011: 7-10. 关于《嘛呢全集》的研究，可参阅 [法] 安娜 · 玛丽 · 布隆多著、耿昇译：《〈嘛呢宝训集〉的掘藏师是苯教徒吗？》，《国外藏学研究译文集》第九辑，拉萨：西藏人民出版社，1992：69-138。

11 བླ་མ་དམ་པ་བསོད་ནམས་རྒྱལ་མཚན། རྒྱལ་རབས་གསལ་བའི་མེ་ལོང་། པེ་ཅིང་། མི་རིགས་དཔེ་སྐྲུན་ཁང་། 2005: 37-42；汉译可参阅萨迦索南坚赞著、刘立千译注：《西藏王统记》，北京：民族出版社，2000：23-25；英译本可参阅 Per K. Sørensen, *Tibetan Buddhist Historiography, The mirror illuminating the royal genealogies: An annotated translation of the XIVth century Tibetan Chronicle: rGyal-rabs gsal-ba'i me-long*, Harrassowitz Verlag Wiesbaden, 1994: 111-114.

有一篇名为《吉祥大黑金刚忿怒尊密悉秘密怙主成就出现本续》(དཔལ་རྡོ་རྗེ་ནག་པོ་ཆེན་པོ་ཁྲོས་པའི་མགོན་པོ་གསང་བ་དངོས་གྲུབ་འབྱུང་བ་ཞེས་བྱ་བའི་རྒྱུད)的密续经典，是六臂大黑天教法的最早来源[12]。根据德格版《甘珠尔》中的跋文记载，该经由印度大师摩诃班智达 · 阿跋雅噶热库达（ཨ་བྷ་ཡཱ་ཀ་ར་གུཔྟ་པཱ་ད）和译师克吴岗 · 廓罗扎（ཁྱེའུ་ཆུང་འཁོར་ལོ་གྲགས）共同翻译、校订而成。后，又有杂米 · 桑杰扎（ཙ་མི་སངས་རྒྱས་གྲགས）[13] 和译师智吾 · 喜饶贝（གྲོ་བོ་ཤེས་རབ་དཔལ）的译本[14]。这部密续经典本是专门记述四臂大黑天的修行法门，在其第 14 品中有一段介绍六臂大黑天形象特征及修行密咒等极为简略的内容[15]。

克珠杰将《甘珠尔》中所收录的这部密续视为六臂大黑天教法的最早记录，究其原因，笔者认为许是在藏文《甘珠尔》中没有独立的以六臂大黑天为主的密续经典所致，加之藏传佛教传统习惯将某一教法的源头追溯至释迦牟尼佛或金刚持；又或佛语部即《甘珠尔》，从而证明该教法的“正统性”。

除此之外，格鲁派高僧列隆 · 协贝多吉（སླེ་ལུང་བཞད་པའི་རྡོ་རྗེ། 1697-1740 年）在《誓愿护法传》(དམ་ཅན་བསྟན་སྲུང་གི་རྣམ་ཐར）中叙述六臂大黑天的来源时提到了三部六臂大黑天教法经典本续，分别是本续八品、十七品和十三品[16]。笔者找到了相应的两部本续，分别是：

1.《怙主自述六臂智慧怙主本续十七品》(ཕྱག་དྲུག་ཡེ་ཤེས་མགོན་པོའི་རྒྱུད་ལེའུ་བཅུ་བདུན་པ་མགོན་པོ་རང་གིས་གསུངས་པ་བཞུགས)，共 6 叶 17 品，作者、译者缺[17]。

2.《马头明王所述六臂怙主本续八品》(མགོན་པོ་ཕྱག་དྲུག་པའི་རྒྱུད་ལེའུ་བརྒྱད་པ་རྟ་མགྲིན་གྱིས་གསུངས་པ་བཞུགས་པ་ལགས)，共 6 叶 8 品，作者、译者缺[18]。

但列隆 · 协贝多吉所提到的“十三品”，笔者未能找到相应的文本，只发现了另一部六臂大黑天本续，即《青衣金刚手所述六臂怙主本续十二品》(ཕྱག་རྡོར་གོས་སྔོན་ཅན་གྱིས་

12 མཁས་གྲུབ་རྗེ། མགོན་པའི་བེའུ་བུམ་ཕྱོགས་བསྒྲིགས། ཁྲིས་མ། 1973: 112.

13 关于杂米 · 桑杰扎的生平及所译经典，可参阅 Elliot Sperling, “Rtsa-Mi Lo-Tsā-Ba Sangs-rGyas Grags-Pa and The Tangut Background to Early Mongol-Tibetan Relations.” In *Tibetan Studies: Proceedings of the 6th Seminar of the International Association for Tibetan Studies, Fagernes 1992*, The Institute for Comparative Research in Human Culture Oslo, 1994: 801-824.

14 ཨ་བྷ་ཡཱ་ཀ་ར་གུཔྟ་པཱ་ད་དང་ཁྱེའུ་ཆུང་འཁོར་ལོ་གྲགས་ཀྱིས་བསྒྱུར། དཔལ་རྡོ་རྗེ་ནག་པོ་ཆེན་པོ་ཁྲོས་པའི་མགོན་པོ་གསང་བ་དངོས་གྲུབ་འབྱུང་བ་ཞེས་བྱ་བའི་རྒྱུད། བཀའ་འགྱུར། སྡེ་དགེ་ཤིང་སྤར། པོད་བདུན་ཅུ་དོན་དགུ་པ། 1982: 583; 董多杰编译：《大藏经〈甘珠尔〉目录》(藏汉合璧)，西宁：青海民族出版社，2004：166。

15 ཨ་བྷ་ཡཱ་ཀ་ར་གུཔྟ་པཱ་ད་དང་ཁྱེའུ་ཆུང་འཁོར་ལོ་གྲགས་ཀྱིས་བསྒྱུར། དཔལ་རྡོ་རྗེ་ནག་པོ་ཆེན་པོ་ཁྲོས་པའི་མགོན་པོ་གསང་བ་དངོས་གྲུབ་འབྱུང་བ་ཞེས་བྱ་བའི་རྒྱུད། བཀའ་འགྱུར། སྡེ་དགེ་ཤིང་སྤར། པོད་བདུན་ཅུ་དོན་དགུ་པ། 1982: 526-583.

16 སླེ་ལུང་བཞད་པའི་རྡོ་རྗེ། དམ་ཅན་བསྟན་སྲུང་གི་རྣམ་ཐར། པེ་ཅིང་། མི་རིགས་དཔེ་སྐྲུན་ཁང་། 2003: 123.

17 མཁས་གྲུབ་རྗེ། མགོན་པའི་བེའུ་བུམ་ཕྱོགས་བསྒྲིགས། ཁྲིས་མ། 1973: 13-26.

18 མཁས་གྲུབ་རྗེ། མགོན་པའི་བེའུ་བུམ་ཕྱོགས་བསྒྲིགས། ཁྲིས་མ། 1973: 2-8.

གསུངས་པའི་ཕྱག་དྲུག་མགོན་པོའི་རྒྱུད་ལེའུ་བཅུ་གཉིས་པ་བཞུགས)，该经共 7 叶 12 品，作者缺。据跋文，该续由印度佛教大师毗达噶玛（ཝཻ་ད་ཀརྨ）和藏族译师比丘洛追（བློ་གྲོས）合作译成藏文[19]。

六臂大黑天教法产生后在古印度的传播过程中，主要形成了三条不同的传承系统，分别是萨哇日巴（ཤ་ཝ་རི་པ）、萨乐诃（ས་ར་ཧ）和罗睺罗（ར་ཧུ་ལ）。大成就师密底巴（མེ་ཏྲི་པ）则将萨哇日巴和萨乐诃二种传承集于一身。

萨哇日巴系古印度八十四大成就者之一[20]，也是六臂大黑天教法传承的关键人物。其生活的年代，据《吉祥智慧六臂大黑天教法源流》记载，大约在释迦牟尼示寂六百年后[21]。与萨哇日巴相关的六臂大黑天教法文本，笔者在德格版《甘珠尔》中找到了《加持大黑天成就法》(བྱིན་གྱིས་བརླབས་པ་ནག་པོ་ཆེན་པོའི་སྒྲུབ་ཐབས)[22]。另外，在《怙主教法手册汇编》中有 7 篇，分别是：

1.《上师怙主无分别修法》(བླ་མ་མགོན་པོ་དབྱེར་མེད་ཀྱི་བསྒྲུབ་པ)

2.《怙主密修古本》(མགོན་པོ་གསང་སྒྲུབ་ཀྱི་རྒྱ་གཞུང)

3.《六臂大黑天酬补灵器》(ཕྱག་དྲུག་པའི་བསྐང་མདོས)

4.《灌顶仪轨 · 甘露海》(དབང་གི་ཆོ་ག་བདུད་རྩིའི་རྒྱ་མཚོ)

5.《外修 · 大金刚礼》(ཕྱི་སྒྲུབ་རྡོ་རྗེ་ཆེན་པོ་འབེབས)

6.《内修 · 成就海》(ནང་བསྒྲུབ་དངོས་གྲུབ་རྒྱ་མཚོ)

7.《密修 · 甘露藏》(གསང་བསྒྲུབ་བདུད་རྩི་སྙིང་པོ)

另一位人物萨乐诃同样也是古印度八十四大成就者之一[23]，与其相关的六臂大黑天教法文献，笔者只找到了《三面六臂大黑天饮血成就法》(ནག་པོ་ཆེན་པོ་ཞལ་གསུམ་ཕྱག་དྲུག་པ་ཁྲག་འཐུང་བསྒྲུབ་པ)。据跋文，该经由印度班智达阿塔雅苯杂（ཨ་ཐ་ཡ་བཛྲ）和译师琼布乃觉(མཁས་གྲུབ་ཁྱུང་པོ་རྣལ་འབྱོར། 978-1127 年）合作译成藏文[24]，收录于《怙主教法手册汇编》。

在目前笔者掌握的资料中并未发现署名罗睺罗的作品，而在《怙主教法手册汇编》中明确写明与罗睺罗相关的经典共有 5 篇，此容后述。

19 མཁས་གྲུབ་རྗེ། མགོན་པའི་བེའུ་བུམ་ཕྱོགས་བསྒྲིགས། ཁྲིས་མ། 1973: 9-22.

20 其生平详见 སློབ་དཔོན་ཨབྷྱ་ཀ་ར། གྲུབ་ཆེན་བརྒྱད་ཅུ་རྩ་བཞིའི་རྣམ་ཐར། ཁྲི་ལིང་། མཚོ་སྔོན་མི་རིགས་དཔེ་སྐྲུན་ཁང་། 1996: 14-16; 英译本参见 Keith Dowman, *Masters of Mahāmudrā: Songs and Histories of the Eighty-four Buddhist Siddhas*, State University of New York Press, 1985: 60-65.

21 རྗེ་བཙུན་ཏཱ་ར་ནཱ་ཐ། ཡེ་ཤེས་ཀྱི་མགོན་པོ་ཕྱག་དྲུག་པའི་ཆོས་སྐོར་གྱི་བྱུང་ཚུལ་མདོ་ཙམ་བརྗོད་པ། 2008: 135.

22 ཤ་ཝ་རི་པ། བྱིན་གྱིས་བརླབས་པ་ནག་པོ་ཆེན་པོའི་སྒྲུབ་ཐབས། བསྟན་འགྱུར། སྡེ་དགེ་ཤིང་སྤར། པོད་ཉེར་བརྒྱད་པ། 1982: 253a.

23 其生平详见 སློབ་དཔོན་ཨབྷྱ་ཀ་ར། གྲུབ་ཆེན་བརྒྱད་ཅུ་རྩ་བཞིའི་རྣམ་ཐར།1996: 16-19; 英译本参见 Keith Dowman, *Masters of Mahāmudrā: Songs and Histories of the Eighty-four Buddhist Siddhas*, 1985: 66-72.

24 མཁས་གྲུབ་རྗེ། མགོན་པའི་བེའུ་བུམ་ཕྱོགས་བསྒྲིགས། ཁྲིས་མ། 1973: 69.

将萨哇日巴和萨乐诃二种传承集于一身的密底巴是大成就师那若巴（ནཱ་རོ་པ）的八大弟子之一，据传曾通过神通依止萨哇日巴学习六臂大黑天教法[25]。西藏佛教后弘期重要历史人物玛尔巴译师（མར་པ་ལོ་ཙཱ་བ། 1012-1097 年）和琼布乃觉等都曾依止密底巴学习佛法，因此，密底巴在藏传佛教中影响深远。笔者在《怙主教法手册汇编》找到的与其相关的六臂大黑天教法文本有 3 篇，分别是：

1.《怙主内修或灌顶王成就法》(མགོན་པོའི་ནང་སྒྲུབ་བམ་དབང་རྒྱལ་གྱི་སྒྲུབ་ཐབས)

2.《亲见天女所造赞颂文》(ལྷ་མོ་ཞལ་གཟིགས་མཛད་པའི་བསྟོད་པ)

3.《依于人主心力修天女气》(མི་དབང་སྙིང་ཤུགས་ལ་བརྟེན་པའི་ལྷ་མོའི་རླུང་བསྒྲུབ)

以上三篇文本皆为琼布乃觉在印度求法期间依止密底巴求得并翻译和引介到西藏的。

二、六臂大黑天教法在西藏之初传

六臂大黑天教法在西藏的初传，主要与西藏佛教后弘期的四位译师有关。他们是吉觉 · 达瓦沃色（གྱི་ཇོ་ཟླ་བའི་འོད་ཟེར）、噶若 · 崔臣琼乃（ག་རོང་ཚུལ་ཁྲིམས་འབྱུང་གནས）、噶尔 · 曲桑（མགར་ཆོས་བཟང）和琼布乃觉[26]。

吉觉 · 达瓦沃色，生卒年不详，他以首次在西藏译介时轮经典而著称。由于吉觉的引介，使“饶迥”(རབ་བྱུང) 这一西藏传统纪年方式在西藏得以传播和普及[27]。笔者在翻阅藏文《大藏经》时并未发现吉觉所译六臂大黑天相关文本，但在《吉祥智慧六臂大黑天教法源流》中提到“吉觉依止班智达弥娘多吉（མི་མཉམ་རྡོ་རྗེ）翻译了萨哇日巴的简要经典”[28]。从这段记载笔者推测，吉觉 · 达瓦沃色所翻译的极有可能是萨哇日巴所造《加持大黑天成就法》(བྱིན་གྱིས་བརླབས་པ་ནག་པོ་ཆེན་པོའི་སྒྲུབ་ཐབས)。

噶若 · 崔臣琼乃和噶尔 · 曲桑所翻译的六臂大黑天教法经典，并未收录在任何版本的藏文《大藏经》中[29]，作为专门收录六臂大黑天教法经典的《怙主教法手册汇编》中亦未发现相关译本。笔者认为，两位译师的译本不在藏文《大藏经》的原因可能与 13 世纪由纳塘寺高僧觉丹日巴热赤（བཅོམ་ལྡན་རིག་པའི་རལ་གྲི 1228-1305 年）和其弟子卫巴洛

25 འབྲུག་པ་པད་མ་དཀར་པོ། ཆོས་འབྱུང་པད་མ་རྒྱས་པའི་ཉིན་བྱེད། ལྷ་ས། བོད་ལྗོངས་བོད་ཡིག་དཔེ་རྙིང་དཔེ་སྐྲུན་ཁང་། 1992: 213-221.

26 རྗེ་བཙུན་ཏཱ་ར་ནཱ་ཐ། ཡེ་ཤེས་ཀྱི་མགོན་པོ་ཕྱག་དྲུག་པའི་ཆོས་སྐོར་གྱི་བྱུང་ཚུལ་མདོ་ཙམ་བརྗོད་པ། 2008: 137-143.

27 ཚག་ལོ་རིན་ཆེན་ཆོས་རྗེ། དཔལ་དུས་ཀྱི་འཁོར་ལོའི་བརྒྱུད་པ་རིན་ཆེན་རྟོགས་བརྗོད་དཔག་བསམ་སྙེ་མ། ལྷ་ས། བོད་ལྗོངས་བོད་ཡིག་དཔེ་རྙིང་དཔེ་སྐྲུན་ཁང་། 2014: 75, 78.

28 རྗེ་བཙུན་ཏཱ་ར་ནཱ་ཐ། ཡེ་ཤེས་ཀྱི་མགོན་པོ་ཕྱག་དྲུག་པའི་ཆོས་སྐོར་གྱི་བྱུང་ཚུལ་མདོ་ཙམ་བརྗོད་པ། 2008: 137.

29 ཀུན་སྤྱི་བོད་རིགས་རང་སྐྱོང་ལྗོངས་ཇོམ་སྒྲུར་ཙུའུ། གངས་ལྗོངས་སྙད་གཉིས་སྨྲ་བ་དུ་མའི་འགྱུར་བྱང་བློ་གསལ་དགའ་སྐྱེད། ནང་ཁུལ་འགྲེམ་སྤེལ། 1983: 99-103, 157-158.

色（དབུས་པ་བློ་གསལ），以及后来的布顿·仁钦珠（བུ་སྟོན་རིན་ཆེན་གྲུབ། 1290-1364 年）等对藏文《大藏经》进行“标准化”过程中遭到了“淘汰”所致[30]。亦或收录在《怙主教法手册汇编》中那些没有跋文，缺少作者、译者信息的文本极有可能出自上述两位译师之手。

将六臂大黑天教法引介到西藏的最重要人物要属香巴噶举派创始人琼布乃觉。有关琼布乃觉的生平，据《香巴金鬘》（ཤངས་པ་གསེར་ཕྲེང）记载：琼布乃觉于 978 年出生在尼木热芒（གཉེ་མོང་ར་མང），属琼布一族。早年学习苯教，后改信佛教，学习大圆满法。他曾先后 3 次前往印度、4 次前往尼泊尔，一生中共依止过一百五十多位高僧，其中包括两位六臂大黑天教法的传承者密底巴和罗睺罗。其中，琼布乃觉在第二次前往印度时，依止密底巴学习了六臂大黑天的早期教法。后，在西藏澎域（འཕན་ཡུལ）地方琼布乃觉依止当时前来西藏传法的罗睺罗，获得未能在密底巴处求得的六臂大黑天教法。从此，六臂大黑天教法成为琼布乃觉及其传人，以及后来的香巴噶举派的重要修行法门。大师于 1127 年圆寂[31]。

在布达拉宫所藏浩瀚的藏文文献中，保存着三卷琼布乃觉大师的文集。其中，笔者发现与六臂大黑天教法相关的作品共计 12 篇，它们是[32]：

1.《智慧怙主、姊妹护法、四夜叉赞颂》（ཡེ་ཤེས་མགོན་པོ་ལྕམ་དྲལ་དང་གནོད་སྦྱིན་བཞིའི་བསྟོད་པ）

2.《吉祥六臂大黑天羯磨集古本》（དཔལ་མ་ཧཱ་ཀཱ་ལ་ཕྱག་དྲུག་པའི་ལས་ཚོགས་རྙ་གཞུང）

3.《智慧怙主长寿法随许灌顶》（ཡེ་ཤེས་མགོན་པོའི་ཚེ་སྒྲུབ་རྗེས་གནང）

4.《吉祥六臂怙主引导文》（དཔལ་མགོན་ཕྱག་དྲུག་པའི་ཁྲིད་ཡིག）

5.《怙主除晦法要》（མགོན་པོའི་གྲིབ་སེལ་གྱི་བཀའ་གནད）

6.《智慧怙主法类中之修法引导·如意宝》（ཡེ་ཤེས་མགོན་པོའི་ཆོས་སྐོར་ལས་སྒྲུབ་ཁྲིད་ཡིད་བཞིན་ནོར་བུ）

30 关于藏文《大藏经》“标准化”的历史，我们可以从上述几位大师所著目录一探究竟，即觉丹日巴热赤的《广法庄严日光》（བསྟན་པ་རྒྱས་པ་རྒྱན་གྱི་ཉི་འོད）、卫巴洛色的《佛藏目录》（བསྟན་བཅོས་ཀྱི་དཀར་ཆག），以及布顿·仁钦珠的《布顿佛教史》（བུ་སྟོན་ཆོས་འབྱུང）和《〈丹珠尔〉目录·如意宝灌顶王宝串》（བསྟན་བཅོས་འགྱུར་རོ་ཚལ་གྱི་དཀར་ཆག་ཡིད་བཞིན་གྱི་ནོར་བུ་དབང་གི་རྒྱལ་བའི་ཕྲེང་བ）。详见：བཅོམ་ལྡན་རིག་པའི་རལ་གྲི། བསྟན་པ་རྒྱས་པ་རྒྱན་གྱི་ཉི་འོད། བཅོམ་ལྡན་རིག་པའི་རལ་གྲིའི་གསུང་འབུམ། པོད་དང་པོ། ཤིང་སྤར། 2007: 57-101; དབུས་པ་བློ་གསལ། བསྟན་བཅོས་ཀྱི་དཀར་ཆག ཐིམ་ས། བུ་སྟོན་རིན་ཆེན་གྲུབ། བུ་སྟོན་ཆོས་འབྱུང་། པེ་ཅིང་། ཀྲུང་གོའི་བོད་ཀྱི་ཤེས་རིག་དཔེ་སྐྲུན་ཁང་། 1988; བུ་སྟོན་རིན་ཆེན་གྲུབ། བསྟན་བཅོས་འགྱུར་རོ་ཚལ་གྱི་དཀར་ཆག་ཡིད་བཞིན་གྱི་ནོར་བུ་དབང་གི་རྒྱལ་བའི་ཕྲེང་བ། ཁྲིན་ཏུ། སི་ཁྲོན་དཔེ་སྐྲུན་ཚོགས་པ། སི་ཁྲོན་མི་རིགས་དཔེ་སྐྲུན་ཁང་། 2011.

31 ཀོང་སྤྲུལ་བློ་གྲོས་མཐའ་ཡས། ཤངས་པ་གསེར་ཕྲེང་། ཤིང་སྤར། 1970: 59-144. 英译本有 Nicole Riggs, *Like an Illusion: Lives of the Shangpa Kagyu Masters*, Dharma Cloud Press, 2001: 44-92. 关于琼布乃觉生平的研究，可参阅米玛次仁：《藏传佛教香巴噶举派创始人琼布乃觉生平考述》，《西藏研究》2014（4）：33-39。

32 པོ་ཏ་ལ་དོ་དམ་ཁྲུའུ་རིག་དངོས་ཞིབ་འཇུག་ཁང་། ཕོ་བྲང་པོ་ཏ་ལར་བཞུགས་པའི་བཀའ་བརྒྱུད་པའི་གསུང་འབུམ་དཀར་ཆག ལྷ་ས། བོད་ལྗོངས་མི་དམངས་དཔེ་སྐྲུན་ཁང་། 2007: 66-67.

7.《大黑天成就法门独传秘籍灌顶仪轨》(ནག་པོ་ཆེན་པོའི་སྒྲུབ་ཐབས་ཅིག་བརྒྱུད་བཀའ་རྒྱ་མ་དབང་ཆོག)

8.《天女热玛蒂成就法 · 总摄精要》(ལྷ་མོ་རེ་མ་ཏིའི་སྒྲུབ་ཐབས་ཀུན་ཏུ་བཙུད་བསྡུས)

9.《金刚大黑天灌顶仪轨》(རྡོ་རྗེ་ནག་པོ་ཆེན་པོ་དབང་གི་ཆོག)

10.《智慧六臂怙主谛、基、要三教诫》(ཡེ་ཤེས་མགོན་པོ་ཕྱག་དྲུག་པའི་བདེན་གཞི་གནད་གསུམ་མན་ངག)

11.《六臂怙主摩羯集之附注极秘小字》(མགོན་པོ་ཕྱག་དྲུག་པའི་ལས་ཚོགས་ཀྱི་ཟུར་འདེབས་ཞལ་ཤེས་ཤིན་ཏུ་གསང་བའི་ཡིག་ཆུང)

12.《怙主入心教诫往生法》(མགོན་པོ་སྙིང་ཞུགས་ཀྱི་གདམས་པ་འཕོ་བ)

而在《怙主教法手册汇编》中收录了 5 篇琼布乃觉依止罗睺罗求得并译介的经典[33]。另外，在《怙主教法手册汇编》中，也同样收录了 13 篇琼布乃觉所造六臂大黑天教法相关文本。琼布乃觉作为西藏佛教后宏期重要译师之一，不仅将许多六臂大黑天教法经典化梵为藏，还撰写了大量相关成就法和灌顶法门，这些都推动了六臂大黑天教法在西藏的传播。

综上所述，六臂大黑天教法从印度传入西藏与吉觉、琼布乃觉等译师们的贡献密切相关。虽然当时所译经典至今存世数量极少，但在当时对六臂大黑天教法在西藏的初传产生了深远的影响。

三、琼布乃觉的传人

琼布乃觉所传教法因其内容和法脉的特殊性，后来发展成为藏传佛教宗派之一——

33《怙主教法手册汇编》中收录的琼布乃觉依止罗睺罗求得并译介的经典有：(1)《怙主密修灌顶仪轨》(མགོན་པོ་གསང་སྒྲུབ་ཀྱི་དབང་ཆོག)；(2)《怙主庄严成就法》(མགོན་པོ་རྒྱན་ཅན་གྱི་བསྒྲུབ་སྐོར)；(3)《命主怙主四空行母环绕成就法》(ཚེ་བདག་མགོན་པོ་མཁའ་འགྲོ་བཞི་བསྐོར་ཡུམ་བཅས་ཀྱི་སྒྲུབ་ཐབས)；(4)《第五卷怙主庄严气功成就法》(ཤོག་དྲིལ་ལྔ་པ་མགོན་པོ་རྒྱན་ཅན་ལ་བརྟེན་པའི་རླུང་སྒྲུབ)；(5)《护国药叉食子业加行》(བྲེ་ཏ་པ་ལའི་གཏོར་མའི་ལས་སྦྱོར)。而《大黑天教法手册汇编》中，也同样收录了 13 篇琼布乃觉所造六臂大黑天教法相关文本有：(1)《吉祥怙主秘修古本》(དཔལ་མགོན་པོའི་གསང་སྒྲུབ་ཀྱི་རྒྱ་གཞུང)；(2)《吉祥怙主特殊秘修法》(དཔལ་མགོན་པོའི་གསང་སྒྲུབ་ཐུན་མོང་མ་ཡིན་པ)；(3)《怙主灌顶王随许灌顶文》(མགོན་པོ་དབང་གི་རྒྱལ་པོའི་རྗེས་གནང་གི་ཡི་གེ)；(4)《命主怙主四位空行母环绕修行法》(ཚེ་བདག་མགོན་པོ་མཁའ་འགྲོ་བཞི་བསྐོར་ཡུམ་བཅས་ཀྱི་སྒྲུབ་ཐབས)；(5)《修行法所求悉成诀窍王》(སྒྲུབ་ཐབས་དགོས་པ་ཀུན་འབྱུང་གདམས་པའི་རྒྱལ་པོ)；(6)《贤者琼布（乃觉）所造迎请法》(མཁས་གྲུབ་ཁྱུང་པོས་མཛད་པའི་སྤྱན་འདྲེན)；(7)《护国药叉气功成就法》(བྲེ་ཏ་པ་ལའི་རླུང་བསྒྲུབ)；(8)《姿纳米札气功成就法》(ཛི་ན་མི་ཏྲའི་རླུང་བསྒྲུབ)；(9)《欲王气功成就法》(ཏྲ་ཀི་རྣ་ཛའི་རླུང་བསྒྲུབ)；(10)《札谢气功成就法》(ཏྲག་ཤད་ཀྱི་རླུང་བསྒྲུབ)；(11)《主仆圆满气功成就法》(གཙོ་འཁོར་ཡོངས་རྫོགས་ཀྱི་རླུང་བསྒྲུབ)；(12)《通过法轮消除魔障业》(འཁོར་ལོའི་སྒོ་ནས་དགྲ་བགེགས་བསད་པའི་ལས)；(13)《恶咒魔女持火》(ངན་སྔགས་སྲིན་མོ་མེ་ཁྱེར)。

香巴噶举（ཤངས་པ་བཀའ་བརྒྱུད）[34]。关于香巴噶举派的早期传承，在藏文史书中统称为“七宝法统”（རིན་ཆེན་བདུན་བརྒྱུད），即：（1）金刚持（རྡོ་རྗེ་འཆང）、（2）尼古玛（ནི་གུ་མ）、（3）琼布乃觉、（4）莫觉巴（རྨོག་ལྕོག་པ། 1110-1170？）、（5）杰岗巴（སྐྱེར་སྒང་པ། 1143-1216 年）、（6）桑杰聂顿（སངས་རྒྱས་གཉན་སྟོན། 1175-1247 年）、（7）桑杰敦巴（སངས་རྒྱས་སྟོན་པ། 1213-1285 年）[35]。

琼布乃觉的主要弟子，除了“七宝法统”中所提到的莫觉巴外，还有密吾敦巴（མེའུ་སྟོན་པ）、玉布 · 嘉木且（གཡོར་པོ་རྒྱ་མོ་ཆེ）、俄敦 · 仁旺（དངུལ་སྟོན་རིན་དབང）、拉堆 · 贡却喀（ལ་སྟོད་དཀོན་མཆོག་མཁར）和香贡曲森（ཞང་སྟོན་ཆོས་སེང）[36]。这几位弟子分别掌握了琼布乃觉所传某一特殊法门，其中传承六臂大黑天教法的有拉堆 · 贡却喀、莫觉巴和香贡曲森[37]。其中前二人所传六臂大黑天教法后来发展成为两个不同的传承系统，即上部传承（སྟོད་ལུགས）和下部传承（སྨད་ལུགས）。

拉堆 · 贡却喀，琼布乃觉的弟子之一。据《乃宁教法史》（གནས་རྙིང་ཆོས་འབྱུང）载，拉堆 · 贡却喀曾前往香巴噶举派祖寺雄雄（ཞོང་ཞོང）寺，依止琼布乃觉学习六臂大黑天等教法，后返回娘堆（ཉང་སྟོད）地方，继任乃宁寺（གནས་རྙིང）法台[38]。由他所传六臂大黑天教法主要以乃宁寺为中心，形成了六臂大黑天教法的“上部传承”[39]。

莫觉巴，系琼布乃觉的主要弟子之一，也是香巴噶举派的重要传承者。据《香巴金鬘》记载，莫觉巴于 16 岁在雄雄寺受戒出家，先后两次依止琼布乃觉共计六年七个月，学习了六臂大黑天教法等琼布乃觉所传特殊密法，遂成为其衣钵继承者[40]。在《怙主教法手册汇编》中所收录的经典跋文中，多次提到琼布乃觉将六臂大黑天相关修行法门以极密的形式传授给了莫觉巴，并叮嘱其“单脉相传”。例如《修行法所求悉成窍诀王》（སྒྲུབ་ཐབས་དགོས་པ་ཀུན་འབྱུང་གདམས་པའི་རྒྱལ་པོ）跋文载：“吾琼布乃觉巴将教诫记录成文，祈请上师怙主空行母正忍。在黄金一样的教法当中，（吾）将怙主（六臂大黑天）的这一极密之

34 关于香巴噶举派的历史，参见 [美] 马修 · 开普斯顿著、沈卫荣译：《香巴噶举：一支鲜为人知的藏传佛教宗派》，《国外藏学研究译文集》第六辑，拉萨：西藏人民出版社，1989：122-135；米玛次仁：《藏传佛教香巴噶举派综述》，《西藏研究》2010（4）：25-33。

35 འཇམ་དབྱངས་མཁྱེན་བརྩེའི་དབང་པོ། གངས་ཅན་བོད་ཡུལ་དུ་བྱོན་པའི་གསང་སྔགས་གསར་རྙིང་གི་གདན་རབས་མདོར་བསྡུས་ངོ་མཚར་པདྨོའི་དགའ་ཚལ། ས་སྐྱའི་ཆོས་འབྱུང་གཅེས་བསྡུས། དེབ་དྲུག་པ། ས་སྐྱའི་དཔེ་རྙིང་བསྡུ་སྒྲིག་ཁང་ནས་བསྒྲིགས། ཀྲུང་གོའི་བོད་རིག་པ་དཔེ་སྐྲུན་ཁང་། 2009: 145-146.

36 ཀོང་སྤྲུལ་བློ་གྲོས་མཐའ་ཡས། ཤངས་པ་གསེར་ཕྲེང་། ཤིང་སྤར། 1970: 136.

37 རྗེ་བཙུན་ཏཱ་ར་ནཱ་ཐ། ཡེ་ཤེས་ཀྱི་མགོན་པོ་ཕྱག་དྲུག་པའི་ཆོས་སྐོར་གྱི་བྱུང་ཚུལ་མདོ་ཙམ་བརྗོད་པ། 2008: 143.

38 ནམ་མཁའ་སོགས། གནས་རྙིང་ཆོས་འབྱུང་། ལྷ་ས། བོད་ལྗོངས་བོད་ཡིག་དཔེ་རྙིང་དཔེ་སྐྲུན་ཁང་། 2011: 73-78.

39 རྗེ་བཙུན་ཏཱ་ར་ནཱ་ཐ། ཡེ་ཤེས་ཀྱི་མགོན་པོ་ཕྱག་དྲུག་པའི་ཆོས་སྐོར་གྱི་བྱུང་ཚུལ་མདོ་ཙམ་བརྗོད་པ། 2008: 144.

40 ཀོང་སྤྲུལ་བློ་གྲོས་མཐའ་ཡས། ཤངས་པ་གསེར་ཕྲེང་། ཤིང་སྤར།1970: 145-222. 英译本有 Nicole Riggs, *Like an Illusion: Lives of the Shangpa Kagyu Masters*, Dharma Cloud Press, 2001: 93-108.

法传授于汝仁钦尊追（莫觉巴），切记此法只许单传。”[41] 类似的跋文在《怙主教法手册汇编》中一共出现 6 次，可见莫觉巴继承了琼布乃觉所传六臂大黑天的极密法门。

根据《青史》（དེབ་ཐེར་སྔོན་པོ）和《知识总汇》（ཤེས་བྱ་ཀུན་ཁྱབ）等记载，香巴噶举派的早期传承即“七宝法统”皆为“单脉相传”[42]，也就是将其主要教法只传授给某一位弟子，因此，六臂大黑天教法在当时也遵循了这一原则。直到“七宝法统”的最后一位桑杰敦巴始，由其弟子凯珠 · 藏玛香敦（མཁས་གྲུབ་གཙང་མ་ཤངས་སྟོན། 1234-1309 年）和桑定 · 循努珠（བསམ་སྡིངས་གཞོན་ནུ་གྲུབ། ？ -1319 年）分别创立了香巴噶举派的两条支系，即嘉巴（འཇག་པ）和桑巴（བསམ་པ）。嘉巴后来又发展出三条法脉，即：穆钦 · 坚赞贝桑（མུས་ཆེན་རྒྱལ་མཚན་དཔལ་བཟང）和拉齐瓦 · 囊喀坚赞（ལ་ཆི་བ་ནམ་མཁའ་རྒྱལ་མཚན）所传之上传承；嘉钦 · 强巴贝（འཇག་ཆེན་བྱམས་པ་དཔལ། 1310-1391 年）的弟子贡敦 · 囊喀杰布（གོང་སྟོན་ནམ་མཁའ་རྒྱལ་པོ）所传之下传承；以及凯尊 · 坚赞苯（མཁས་བཙུན་རྒྱལ་མཚན་འབུམ། 1261-1334 年）所传之中传承[43]。桑巴则发展出两条法脉，它们是南派传承（ལྷོ་བརྒྱུད）和断行传承（གཅོད་བརྒྱུད）[44]。

上述即为莫觉巴以来香巴噶举派的传承，亦是六臂大黑天教法在香巴噶举派中的传承，这一系统被称为“下部传承”（图一）。

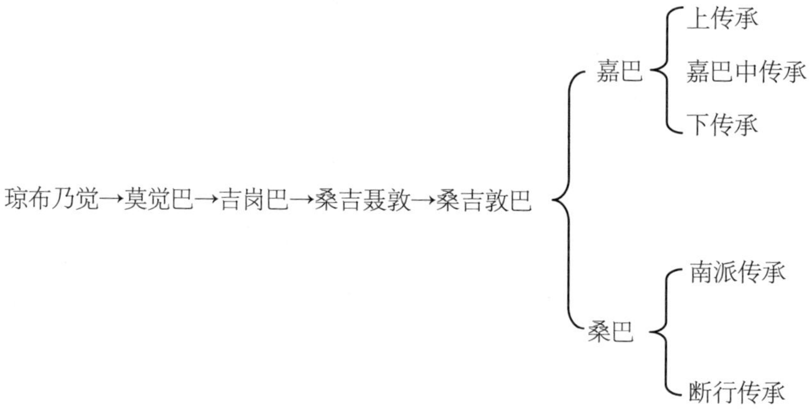

图一　六臂大黑天教法“下部传承”

41 མཁས་གྲུབ་རྗེ། མགོན་པའི་བེའུ་བུམ་ཕྱོགས་བསྒྲིགས། ཁྲིས་མ། 1973: 92.

42 འགོས་ལོ་གཞོན་ནུ་དཔལ། དེབ་ཐེར་སྔོན་པོ། ཁྲིན་ཏུ། སི་ཁྲོན་མི་རིགས་དཔེ་སྐྲུན་ཁང་།1985: 854-874; ཀོང་སྤྲུལ་ཡོན་ཏན་རྒྱ་མཚོ། ཤེས་བྱ་ཀུན་ཁྱབ། པེ་ཅིང་། མི་རིགས་དཔེ་སྐྲུན་ཁང་། 2002: 268.

43 རྗེ་བཙུན་ཏཱ་ར་ནཱ་ཐ། དཔལ་ལྡན་ཤངས་པ་བཀའ་བརྒྱུད་ཀྱི་ཆོས་འབྱུང་། རྗེ་བཙུན་ཏཱ་ར་ནཱ་ཐའི་གསུང་འབུམ་དཔེ་བསྡུར་མ། བོད་སོ་བཞི་པ། པེ་ཅིང་། ཀྲུང་གོའི་བོད་རིག་པ་དཔེ་སྐྲུན་ཁང་། 2008: 248-249.

44 རྗེ་བཙུན་ཏཱ་ར་ནཱ་ཐ། ཡེ་ཤེས་ཀྱི་མགོན་པོ་ཕྱག་དྲུག་པའི་ཆོས་སྐོར་གྱི་བྱུང་ཚུལ་མདོ་ཙམ་བརྗོད་པ། 2008: 149.

笔者对《怙主教法手册汇编》《吉祥智慧六臂大黑天教法源流》和《香巴金鬘》等文献进行分析后发现，其实上述六臂大黑天教法传承是一种概括性的大致总结，并非一概而论。因为就某一六臂大黑天的修行法门而言，皆有自己的传承系统，如《通过四天尊向他人传授灌顶法》（ལྷ་བཞིའི་སྒོ་ནས་གཞན་ལ་དབང་བསྐུར་བ）[45]。

总之，六臂大黑天教法被香巴噶举派视为“黄金教法”（གསེར་ཆོས）而得以传承，并形成了两大支系，即上部传承和下部传承。上部传承主要以乃宁寺为中心，下部传承则以香巴噶举派为基础。下部传承又因香巴噶举派的分裂而形成若干支系。如此，六臂大黑天教法在香巴噶举派中得到了系统的传承。

四、格鲁派与六臂大黑天教法

继承六臂大黑天教法“下部传承”，并将其发扬光大者非格鲁派莫属[46]，而引介者即为格鲁派创始人宗喀巴（ཙོང་ཁ་པ། 1357-1419 年）及其弟子克珠杰。

宗喀巴，藏传佛教格鲁派创始人，也是当时重要的宗教改革家。他曾周游西藏中部地区，依止各宗派的佛教大师，系统地学习了显密二宗，成为当时名扬四海的佛学大家[47]。据《吉祥智慧六臂大黑天教法源流》记载，宗喀巴曾依止嘉钦 · 强巴贝学习了六臂大黑天教法[48]。

克珠杰作为宗喀巴最重要弟子之一，在其传记中记载，传主曾依止香巴噶举派高僧囊喀乃觉（ནམ་མཁའ་རྣལ་འབྱོར）系统地学习了六臂大黑天教法[49]。克珠杰在其所著《闻法录》（གསན་ཡིག）中，明确写明自己所传承的六臂大黑天教法源自香巴噶举派[50]。

---

45 其传承系统为：罗睺罗→琼布乃觉→莫觉巴→吉岗巴→桑吉聂敦→桑吉敦巴→凯珠香敦→穆钦 · 坚赞贝桑→上师多吉循努（བླ་མ་རྡོ་རྗེ་གཞོན་ནུ）→仁布且囊喀乃觉（རིན་པོ་ཆེ་ནམ་མཁའ་རྣལ་འབྱོར）→金刚持格列贝桑（རྡོ་རྗེ་འཆང་དགེ་ལེགས་དཔལ་བཟང་）→至尊曲吉坚赞（རྗེ་བཙུན་ཆོས་ཀྱི་རྒྱལ་མཚན）→贡嘎德列仁钦坚赞（ཀུན་དགའ་བདེ་ལེགས་རིན་ཆེན་རྒྱལ་མཚན）。参见 མཁས་གྲུབ་རྗེ། མགོན་པའི་བེའུ་བུམ་ཕྱོགས་བསྒྲིགས། ཁྲིས་མ། 1973: 80.

46 རྗེ་བཙུན་ཏཱ་ར་ནཱ་ཐ། ཡེ་ཤེས་ཀྱི་མགོན་པོ་ཕྱག་དྲུག་པའི་ཆོས་སྐོར་གྱི་བྱུང་རྩལ་མདོ་ཙམ་བརྗོད་པ། 2008: 150.

47 其生平参见 མཁས་གྲུབ་རྗེ། རྗེ་བཙུན་ཙོང་ཁ་པ་ཆེན་པོའི་ངོ་མཚར་རྨད་དུ་བྱུང་བའི་རྣམ་ཐར་དད་པའི་འཇུག་ངོགས། ཟི་ལིང་། མཚོ་སྔོན་མི་རིགས་དཔེ་སྐྲུན་ཁང་། 1982；王尧、褚俊杰：《宗喀巴评传》，南京大学出版社，2011。

48 རྗེ་བཙུན་ཏཱ་ར་ནཱ་ཐ། ཡེ་ཤེས་ཀྱི་མགོན་པོ་ཕྱག་དྲུག་པའི་ཆོས་སྐོར་གྱི་བྱུང་རྩལ་མདོ་ཙམ་བརྗོད་པ། 2008: 150.

49 པཎ་ཆེན་བདེ་ལེགས་ཉི་མ། མཁས་གྲུབ་ཐམས་ཅད་མཁྱེན་པའི་རྣམ་ཐར་མཁས་པའི་ཡིད་འཕྲོག པཎ་ཆེན་སྐུ་ཕྲེང་དང་པོ་དང་གཉིས་པ་གསུམ་པའི་རྣམ་ཐར། ལྷ་ས། བོད་ལྗོངས་བོད་ཡིག་དཔེ་རྙིང་དཔེ་སྐྲུན་ཁང་། 2014: 55; མཁས་གྲུབ་རྗེ། མགོན་པའི་བེའུ་བུམ་ཕྱོགས་བསྒྲིགས། ཁྲིས་མ།1973: 109.

50 据《闻法录》所示其传承系统为：金刚持→尼古玛→萨哇日巴→密底巴→罗睺罗→琼布乃觉→莫觉巴→吉岗巴→桑杰聂敦→桑杰敦巴→香敦 · 崔臣苯→穆钦 · 坚赞贝桑→多吉循努→囊喀乃觉→克珠杰。参见 མཁས་གྲུབ་རྗེ། གསན་ཡིག་མཁས་གྲུབ་དགེ་ལེགས་དཔལ་བཟང་གི་གསུང་འབུམ། པོད་དང་པོ། སེར་གཙུག་ནང་བསྟན་དཔེ་རྙིང་འཚོལ་བསྡུ་ཕྱོགས་བསྒྲིགས་ཁང་གིས་བསྒྲིགས། པེ་ཅིང་། ཀྲུང་གོའི་བོད་རིག་པ་དཔེ་སྐྲུན་ཁང་། 2014: 206, 209-210.

笔者在克珠杰多达十二卷的文集中找到了部分与六臂大黑天相关的文本，主要有《速成智慧怙主食子仪轨酬补支分》（མྱུར་མཛད་ཡེ་ཤེས་ཀྱི་མགོན་པོའི་གཏོར་ཆོག་བསྐང་གསོ་ཆ་ལག）[51]和《速成智慧怙主及眷属修供食子常修瑜伽之修持》（མྱུར་མཛད་ཡེ་ཤེས་ཀྱི་མགོན་པོ་འཁོར་དང་བཅས་པ་སྒྲུབ་ཅིང་གཏོར་མ་འབུལ་བ་རྒྱུན་གྱི་རྣལ་འབྱོར་ཉམས་སུ་ལེན་ཚུལ）[52]等。克珠杰对于六臂大黑天教法的最大贡献就是搜集、筛选和整理六臂大黑天教法相关文本，并最终完成了《怙主教法手册汇编》。该书共收录六臂大黑天教法文本共计 134 篇，其中包括克珠杰的作品 6 篇，它们是：

1.《克珠一切智所造有关怙主（经典）精益搜寻并进行整理所作之笔记》（མཁས་གྲུབ་ཐམས་ཅད་མཁྱེན་པས་མགོན་པོའི་བསྐོར་ལེགས་པར་རྩད་བཅད་ཅིང་དག་ཐེར་ལེགས་པར་མཛད་པའི་ཐེམ་ཡིག）

2.《六臂怙主念、修、事业三释论》（མགོན་པོ་ཕྱག་དྲུག་པའི་བསྙེན་སྒྲུབ་ལས་གསུམ་གྱི་རྣམ་བཤད）

3.《念修业三事不共之要门》（བསྙེན་སྒྲུབ་ལས་གསུམ་གྱི་མན་ངག་ཐུན་མོང་མ་ཡིན་པ）

4.《食子仪轨及酬补 · 遍除障碍》（གཏོར་མཆོག་བསྐང་བ་དང་བཅས་པ་བར་ཆད་ཀུན་སེལ）

5.《怙主赞颂文》（མགོན་པོའི་བསྟོད་པ）

6.《天女赞颂文》（ལྷ་མོའི་བསྟོད་པ）

其中，《笔记》和《概说》对六臂大黑天教法的历史溯源，并就作者在搜集、整理六臂大黑天教法文本时对所发现的问题和奉行的“标准”进行了详述，因此，可将这两篇文本视为《怙主教法手册汇编》的“导论”。由于克珠杰的引介，六臂大黑天教法成为格鲁派修行密乘的重要内容之一，六臂大黑天也成为格鲁派万神殿中的重要一员，而克珠杰的《怙主教法手册汇编》后来成为藏传佛教修习六臂大黑天教法的“教科书”。

二世达赖喇嘛根敦嘉措（དགེ་འདུན་རྒྱ་མཚོ། 1476-1542 年）是格鲁派教法传统形成史上的一位重要人物，也是格鲁派所传各本尊、护法神修习仪轨的重要奠定者。在他的文集中，收录了数篇关于六臂大黑天的历史、加持法、修行法门及祈颂文等作品[53]。笔者认为，可将其视为后来格鲁派接受和吸纳六臂大黑天教法的一个佐证。除了根敦嘉措外，

51 མཁས་གྲུབ་རྗེ། མྱུར་མཛད་ཡེ་ཤེས་ཀྱི་མགོན་པོའི་གཏོར་ཆོག་བསྐང་གསོ་ཆ་ལག་མཁས་གྲུབ་དགེ་ལེགས་དཔལ་བཟང་གི་གསུང་འབུམ། པོད་ཏ་པ། 2014: 297-328.

52 མཁས་གྲུབ་རྗེ། མྱུར་མཛད་ཡེ་ཤེས་ཀྱི་མགོན་པོ་འཁོར་དང་བཅས་པ་སྒྲུབ་ཅིང་གཏོར་མ་འབུལ་བ་རྒྱུན་གྱི་རྣལ་འབྱོར་ཉམས་སུ་ལེན་ཚུལ། མཁས་གྲུབ་དགེ་ལེགས་དཔལ་བཟང་གི་གསུང་འབུམ། པོད་ན་པ། 2014: 252-268.

53 རྒྱལ་དབང་དགེ་འདུན་རྒྱ་མཚོ། མྱུར་མཛད་ཡེ་ཤེས་ཀྱི་མགོན་པོའི་ལོ་རྒྱུས། རྒྱལ་དབང་དགེ་འདུན་རྒྱ་མཚོའི་གསུང་འབུམ། པོད་གསུམ་པ། སེར་གཙུག་ནང་བསྟན་དཔེ་རྙིང་འཚོལ་བསྡུ་ཕྱོགས་སྒྲིག་ཁང་གིས་བསྒྲིགས། པེ་ཅིང་། ཀྲུང་གོའི་བོད་རིག་པ་དཔེ་སྐྲུན་ཁང་། 2010: 422-425; རྒྱལ་དབང་དགེ་འདུན་རྒྱ་མཚོ། མགོན་པོ་ཡིད་བཞིན་ནོར་བུའི་སྒྲུབ་ཐབས་མདོར་བསྡུས། རྒྱལ་དབང་དགེ་འདུན་རྒྱ་མཚོའི་གསུང་འབུམ། པོད་གསུམ་པ། 2010: 418-420; རྒྱལ་དབང་དགེ་འདུན་རྒྱ་མཚོ། དཔལ་ཡེ་ཤེས་ཀྱི་མགོན་པོ་ཕྱག་དྲུག་པའི་རྗེས་གནང་བྱ་ཚུལ། རྒྱལ་དབང་དགེ་འདུན་རྒྱ་མཚོའི་གསུང་འབུམ། པོད་གསུམ་པ། 2010: 420-422; རྒྱལ་དབང་དགེ་འདུན་རྒྱ་མཚོ། རྗེ་བཙུན་ཐམས་ཅད་མཁྱེན་པའི་གསུང་འབུམ་ཐོར་བུ་ལས་ཆོས་སྐྱོང་གི་སྐོར་རྣམས། རྒྱལ་དབང་དགེ་འདུན་རྒྱ་མཚོའི་གསུང་འབུམ། པོད་དྲུག་པ། 2010: 117-123.

在三世达赖喇嘛索南嘉措（རྒྱལ་དབང་བསོད་ནམས་རྒྱ་མཚོ། 1543-1588 年）和七世达赖喇嘛格桑嘉措（རྒྱལ་དབང་བསྐལ་བཟང་རྒྱ་མཚོ། 1708-1757 年）的文集中同样收录了六臂大黑天的相关作品[54]。

据工珠 · 云丹嘉措（ཀོང་སྤྲུལ་ཡོན་ཏན་རྒྱ་མཚོ། 1813-1890 年）所述，六臂大黑天教法除了格鲁派，在萨迦派中也有传播[55]，只是影响和地位不及大黑天的另外二种身相，即四面怙主（མགོན་པོ་ཞལ་བཞི）和宝帐怙主（མགོན་པོ་གུར）。

五、多罗那他所造六臂大黑天教法仪轨

多罗那他是一位杰出的佛教大师，在其多达 45 卷的全集中，我们可以见到他所造的诸多密乘修行法门、经典释论、本尊仪轨和要门等的经典，其中包括数篇六臂大黑天相关法门，主要有：

1.《吉祥六臂智慧怙主修行法及食子仪轨 · 事业宝藏》（དཔལ་ཡེ་ཤེས་མགོན་པོ་ཕྱག་དྲུག་པའི་སྒྲུབ་ཐབས་གཏོར་མའི་ཆོ་ག་དང་བཅས་པ་འཕྲིན་ལས་གཏེར་མཛོད）[56]

2.《吉祥六臂智慧怙主修行成就法及食子仪轨》（དཔལ་ཡེ་ཤེས་མགོན་པོ་ཕྱག་དྲུག་པའི་སྒྲུབ་ཐབས་གཏོར་ཆོག）[57]

---

54 རྒྱལ་དབང་བསོད་ནམས་རྒྱ་མཚོ། མགོན་དཀར་ཡིད་བཞིན་ནོར་བུའི་སྒྲུབ་ཐབས། རྒྱལ་དབང་བསོད་ནམས་རྒྱ་མཚོའི་གསུང་འབུམ། སེར་གཙུག་ནང་བསྟན་དཔེ་རྙིང་འཚོལ་བསྡུ་ཕྱོགས་སྒྲིག་ཁང་གིས་བསྒྲིགས། པེ་ཅིང་། ཀྲུང་གོའི་བོད་རིག་པ་དཔེ་སྐྲུན་ཁང་། 2010: 216-221; རྒྱལ་དབང་བསྐལ་བཟང་རྒྱ་མཚོ། མྱུར་མཛད་ཡེ་ཤེས་ཀྱི་མགོན་པོ་སྙིང་ཞུགས་ཀྱི་གདམས་པ་ཐུན་མོང་མ་ཡིན་པ་རྒྱུན་འཁྱེར་དུ་ཉམས་སུ་ལེན་པའི་ཚུལ་དངོས་གྲུབ་ཀུན་འབྱུང་། རྒྱལ་དབང་བསྐལ་བཟང་རྒྱ་མཚོའི་གསུང་འབུམ། པོད་ལྔ་པ། སེར་གཙུག་ནང་བསྟན་དཔེ་རྙིང་འཚོལ་བསྡུ་ཕྱོགས་སྒྲིག་ཁང་གིས་བསྒྲིགས །པེ་ཅིང་། ཀྲུང་གོའི་བོད་རིག་པ་དཔེ་སྐྲུན་ཁང་། 2013: 426-432.

55 根据工珠 · 云丹嘉措所述，六臂大黑天教法之罗睺罗传统的传承谱系中提到了萨迦派三大支系之俄系（ངོར་ལུགས）传承，其中提到了几位重要的萨迦派高僧，例如俄旺寺法台江衮桑杰平措（འཇམ་མགོན་སངས་རྒྱས་ཕུན་ཚོགས།1649-1705 年）曾专门撰写一篇名为《吉祥六臂大黑天之食子略轨》（དཔལ་ནག་པོ་ཆེན་པོ་ཕྱག་དྲུག་པའི་གཏོར་བསྔོ་བསྡུས་པ）的供养食子的仪轨。因此，可以确定六臂大黑天教法曾在萨迦派中得到传承，只是其地位和影响没有像香巴噶举派和格鲁派那样深远。另外，笔者就该篇论文内容，曾于 2018 年 6 月 14 日在西藏大学第十八期珠峰双周学术沙龙暨首期藏语珠峰沙龙中进行讲座，在互动环节中曾有一名西藏大学文学院的学生向笔者提供了在昌都某座萨迦派寺院中供奉着六臂大黑天神像这一信息。这一例子足以证明前述六臂大黑天教法在萨迦派的某一支系中曾经得到传播的历史事实。详见 ཀོང་སྤྲུལ་ཡོན་ཏན་རྒྱ་མཚོ། དམ་པའི་ཆོས་རིན་པོ་ཆེ་མདོ་སྔགས་རིག་གནས་དང་བཅས་པ་ཇི་ལྟར་ཐོས་ཤིང་དེ་དག་གང་ལས་བརྒྱུད་པའི་ཡི་གེ་དགོངས་འདོད་ཀུན་འབྱུང་ནོར་བུའི་བང་མཛོད། པེ་ཅིང་། མི་རིགས་དཔེ་སྐྲུན་ཁང་། 2009: 765; འཇམ་མགོན་སངས་རྒྱས་ཕུན་ཚོགས། དཔལ་ནག་པོ་ཆེན་པོ་ཕྱག་དྲུག་པའི་གཏོར་བསྔོ་བསྡུས་པ། ཨེ་ཝཾ་བཀའ་འབུམ་ཁ་སྐོང་། པོད་དང་པོ། དཔལ་བརྩེགས་བོད་ཡིག་དཔེ་རྙིང་འཚོལ་བསྡུ་རྩོམ་སྒྲིག་ཁང་ནས་བསྒྲིགས། པེ་ཅིང་། ཀྲུང་གོའི་བོད་རིག་པ་དཔེ་སྐྲུན་ཁང་། 2013: 395-396.

56 རྗེ་བཙུན་ཏཱ་ར་ནཱ་ཐ། དཔལ་ཡེ་ཤེས་མགོན་པོ་ཕྱག་དྲུག་པའི་སྒྲུབ་ཐབས་གཏོར་མའི་ཆོ་ག་དང་བཅས་པ་འཕྲིན་ལས་གཏེར་མཛོད། ཇོ་ནང་རྗེ་བཙུན་ཏཱ་ར་ནཱ་ཐའི་གསུང་འབུམ་དཔེ་བསྡུར་མ། པོད་ཉི་ཤུ་རྩ་ལྔ་པ། དཔལ་བརྩེགས་བོད་ཡིག་དཔེ་རྙིང་ཞིབ་འཇུག་ཁང་གིས་བསྒྲིགས། པེ་ཅིང་། ཀྲུང་གོའི་བོད་རིག་པ་དཔེ་སྐྲུན་ཁང་། 2008: 1-20.

57 རྗེ་བཙུན་ཏཱ་ར་ནཱ་ཐ། དཔལ་ཡེ་ཤེས་མགོན་པོ་ཕྱག་དྲུག་པའི་སྒྲུབ་ཐབས་གཏོར་ཆོག ཇོ་ནང་རྗེ་བཙུན་ཏཱ་ར་ནཱ་ཐའི་གསུང་འབུམ་དཔེ་བསྡུར་མ། པོད་ཉི་ཤུ་རྩ་ལྔ་པ། 2008: 20-28.

3.《上师怙主无别性赞颂》(བླ་མ་མགོན་པོ་དབྱེར་མེད་ཉིད་ལ་བསྟོད་པ) [58]

4.《吉祥六臂智慧怙主实用食子解禳略要实践》(དཔལ་ཡེ་ཤེས་ཀྱི་མགོན་པོ་ཕྱག་དྲུག་པའི་གཏོར་བཟློག་བསྡུས་པའི་ལག་ལེན) [59]

5.《白怙主如意宝供酬 · 赐诸成就》(མགོན་དཀར་ཡིད་བཞིན་ནོར་བུའི་མཆོད་བསྐང་དངོས་གྲུབ་ཀུན་སྩོལ) [60]

6.《略述六臂智慧怙主法类源流》(ཡེ་ཤེས་ཀྱི་མགོན་པོ་ཕྱག་དྲུག་པའི་ཆོས་སྐོར་གྱི་བྱུང་ཚུལ་མདོ་ཙམ་བརྗོད་པ) [61]

7.《速成六臂怙主成就法偈颂》(མྱུར་མཛད་མགོན་པོ་ཕྱག་དྲུག་པའི་སྒྲུབ་ཐབས་ཚིགས་བཅད་མ) [62]

8.《速成智慧怙主食子略轨》(མྱུར་མཛད་ཡེ་ཤེས་ཀྱི་མགོན་པོའི་གཏོར་ཆོག་བསྡུས་པ) [63]

9.《六臂怙主煨桑 · 教法能兴》(ཕྱག་དྲུག་པའི་བསང་མཆོད་བསྟན་པ་འཕེལ་བྱེད) [64]

以上除了第 6 篇外，其余皆为六臂大黑天教法相关修行法、仪轨和要门，从这些作品我们可以看出，多罗那他精通六臂大黑天教法，其所造仪轨、要门和历史是承继了香巴噶举派的教法传统，并将其发扬光大。目前我们对于香巴噶举派这一藏传佛教派别的了解，很大程度上是受到了多罗那他的影响[65]。除了上述单篇的关于六臂大黑天的作品外，多罗那他最重要的密乘方面的作品要属《本尊海修行法 · 珍宝源》(ཡི་དམ་རྒྱ་མཚོའི་སྒྲུབ་ཐབས་རིན་ཆེན་འབྱུང་གནས)[66]。这是一部作者关于藏传佛教密乘本尊修行法门的大成之作，其中就收录了前述关于六臂大黑天的修行法、仪轨和要门[67]。

58 རྗེ་བཙུན་ཏཱ་ར་ནཱ་ཐ། བླ་མ་མགོན་པོ་དབྱེར་མེད་ཉིད་ལ་བསྟོད་པ། ཛོ་ནང་རྗེ་བཙུན་ཏཱ་ར་ནཱ་ཐའི་གསུང་འབུམ་དཔེ་བསྡུར་མ། པོད་ཉི་ཤུ་རྩ་ལྔ་པ། 2008: 29-31.

59 རྗེ་བཙུན་ཏཱ་ར་ནཱ་ཐ། དཔལ་ཡེ་ཤེས་ཀྱི་མགོན་པོ་ཕྱག་དྲུག་པའི་གཏོར་བཟློག་བསྡུས་པའི་ལག་ལེན། ཛོ་ནང་རྗེ་བཙུན་ཏཱ་ར་ནཱ་ཐའི་གསུང་འབུམ་དཔེ་བསྡུར་མ། པོད་ཉི་ཤུ་རྩ་ལྔ་པ། 2008: 31-35.

60 རྗེ་བཙུན་ཏཱ་ར་ནཱ་ཐ། མགོན་དཀར་ཡིད་བཞིན་ནོར་བུའོ་མཆོད་བསྐང་དངོས་གྲུབ་ཀུན་སྩོལ། ཛོ་ནང་རྗེ་བཙུན་ཏཱ་ར་ནཱ་ཐའི་གསུང་འབུམ་དཔེ་བསྡུར་མ། པོད་ཞེ་གཉིས་པ། 2008: 112-116.

61 རྗེ་བཙུན་ཏཱ་ར་ནཱ་ཐ། ཡེ་ཤེས་ཀྱི་མགོན་པོ་ཕྱག་དྲུག་པའི་ཆོས་སྐོར་གྱི་བྱུང་ཚུལ་མདོ་ཙམ་བརྗོད་པ། ཛོ་ནང་རྗེ་བཙུན་ཏཱ་ར་ནཱ་ཐའི་གསུང་འབུམ་དཔེ་བསྡུར་མ། པོད་ཞེ་གཉིས་པ། 2008: 132-152.

62 རྗེ་བཙུན་ཏཱ་ར་ནཱ་ཐ། མྱུར་མཛད་མགོན་པོ་ཕྱག་དྲུག་པའི་སྒྲུབ་ཐབས་ཚིགས་བཅད་མ། ཛོ་ནང་རྗེ་བཙུན་ཏཱ་ར་ནཱ་ཐའི་གསུང་འབུམ་དཔེ་བསྡུར་མ། པོད་ཞེ་གཉིས་པ། 2008: 153-156.

63 རྗེ་བཙུན་ཏཱ་ར་ནཱ་ཐ། མྱུར་མཛད་ཡེ་ཤེས་ཀྱི་མགོན་པོའི་གཏོར་ཆོག་བསྡུས་པ། ཛོ་ནང་རྗེ་བཙུན་ཏཱ་ར་ནཱ་ཐའི་གསུང་འབུམ་དཔེ་བསྡུར་མ། པོད་ཞེ་གཉིས་པ། 2008: 157-159.

64 རྗེ་བཙུན་ཏཱ་ར་ནཱ་ཐ། ཕྱག་དྲུག་པའི་བསང་མཆོད་བསྟན་པ་འཕེལ་བྱེད། ཛོ་ནང་རྗེ་བཙུན་ཏཱ་ར་ནཱ་ཐའི་གསུང་འབུམ་དཔེ་བསྡུར་མ། པོད་ཞེ་གཉིས་པ། 2008 : 160-162。

65 正因为多罗那他对于香巴噶举派教法传承中的重要性，工珠 · 云旦嘉措在整理《香巴金鬘》时，收录了一篇多罗那他的传记。

66 རྗེ་བཙུན་ཏཱ་ར་ནཱ་ཐ། ཡི་དམ་རྒྱ་མཚོའི་སྒྲུབ་ཐབས་རིན་ཆེན་འབྱུང་གནས། ཛོ་ནང་རྗེ་བཙུན་ཏཱ་ར་ནཱ་ཐའི་གསུང་འབུམ་དཔེ་བསྡུར་མ། པོད་ཉེར་དགུ་པ། པོད་སུམ་ཅུ་པ། 2008.

67 རྗེ་བཙུན་ཏཱ་ར་ནཱ་ཐ། ཡི་དམ་རྒྱ་མཚོའི་སྒྲུབ་ཐབས་རིན་ཆེན་འབྱུང་གནས། ཛོ་ནང་རྗེ་བཙུན་ཏཱ་ར་ནཱ་ཐའི་གསུང་འབུམ་དཔེ་བསྡུར་མ། པོད་སོ་གཅིག་པ། 2008: 1-53.

小结

藏传佛教的发展史也是佛教文本的翻译和传播的历史。宏观上，早期西藏佛教的历史可通过前弘期、后弘期两个时间节点来划分，因为在这两个时间段里，西藏掀起了两次大规模的译经活动，并以此为基础开展了建寺、传法等一系列弘法活动。微观上，藏传佛教各宗派所修习的教法皆有自己的传承系统，每个系统都能将西藏佛教的传播历史串联起来。六臂大黑天教法的传播史，不仅是西藏佛教史的一个缩影，更是佛教中国化的极好个案。从勾勒藏传佛教六臂大黑天教法之源流，我们可以发现原本属于印度教神灵的六臂大黑天被佛教所吸纳，并成为佛教万神殿中的一员。之后，相关经典的引入和藏译，使六臂大黑天教法逐步发展成为具有中国文化特点的藏传佛教密乘教法之一，而六臂大黑天也同样成为藏传佛教重要的护法神。通过对古印度六臂大黑天教法经典的藏译及本土作者的创作文本进行梳理，可以使我们对六臂大黑天教法传入西藏的路径有更加清晰的认识，对于认识后来西藏佛教各宗派的形成及某一教法的传承关系等问题具有重要的意义。

◆ 米玛次仁　西藏自治区社会科学院宗教研究所副研究员

论格鲁派在古格地区的发展及弘传 *

黄博

内容摘要：15 世纪初格鲁派在卫藏地区形成后很快就传入了古格境内，一方面古格的寺院大多改宗了格鲁派；另一方面，格鲁派在古格王室贵族的支持下也兴建了不少新的寺院，逐渐形成了格鲁派在古格境内的寺院体系。格鲁派本身有着发达的寺院教育，格鲁派传入古格后，建立起了古格的僧人到卫藏主寺学经的制度，并且在卫藏主寺中开办专为阿里地区僧人学经的扎仓，为古格培养了大量的佛教人才。同时，古格王室与格鲁派上层之间有着密切而良好的关系，古格王多次试图迎请达赖喇嘛与班禅大师来传法，古格王也曾去卫藏地区拜见达赖喇嘛，其高潮就是古格末年迎请四世班禅大师到访古格。古格与格鲁派长达两百多年的政教关系，早已在深层结构上让卫藏和阿里形成了不可分割的联系。

古格是 10-17 世纪统治西藏西部阿里地区的一个地方割据政权，在其统治的后期，格鲁派在卫藏地区兴起并迅速西传到阿里地区。格鲁派从 15 世纪初开始传入古格后，逐渐在其境内拥有了包括著名的托林寺在内的众多寺院，建立起了古格僧人前往卫藏大寺的学经机制，为古格及西部西藏地区培养了一大批的佛学人才；古格王室更是持续支

* 本文为国家社科基金后期资助项目“清代西藏阿里地区政治地理研究”（19FZSB061）的阶段性成果。

持格鲁派在西部地区的发展壮大，与格鲁派上层领导集团有着非常频繁的联系和深入的交往，对后世西藏的宗教结构和政治格局产生了深远的影响。对于格鲁派与古格的关系，目前学界尚缺乏整体和系统梳理[1]，因此本文运用相关藏文史料，在历史考证的基础上，尝试再现格鲁派与古格关系的历史过程和完整图景。

一、古格境内格鲁派寺院体系的形成

格鲁派在古格的基本力量和经济基础是建立在遍布古格全境的格鲁派寺院的基础上的，格鲁派在古格的寺院体系的形成，是格鲁派在古格传播的重要成就之一。古格境内格鲁派寺院体系的构建，主要有两种方式，一是古格境内旧有寺院在格鲁派传入后大量地改宗了格鲁派；二是格鲁派高僧在古格王室和信众的支持下，修建了一些由格鲁派主持的新寺院，这些寺院也自然成为格鲁派的道场。

15 世纪初，宗喀巴的亲传弟子阿旺扎巴（ངག་དབང་གྲགས་པ）回到古格传播格鲁派的教法，很快就赢得包括古格王南杰德（རྣམ་རྒྱལ་ལྡེ། 1372-1439 年）在内的古格王室的青睐，依靠王室贵族的支持，他逐渐掌握了古格境内许多重要寺院的控制权，这些寺院就自然地改宗了格鲁派[2]。阿旺扎巴在王室贵族的支持下成为托林寺（མཐོ་ལྡིང）和洛当寺（སྙོས་བདད）的座主（གདན་ས）。托林寺始建于 996 年，是古格历史最悠久和宗教地位最高的寺院，著名的拉喇嘛益西沃、大译师仁钦桑布都曾经驻锡此寺。洛当寺的历史虽然不如托林寺悠久，但地理位置非常重要，位于宫城附近洛地方的高地上，与王室关系密切。差不多同时，阿旺扎巴也成为芒囊寺（མ་ནང་བྱང་ཆུབ་སྒྲིང）的座主，芒囊寺是跟托林寺一样古老的名寺，由早期古格王拉喇嘛绛曲沃所修建，阿底峡大师被迎请到古格后曾一度驻锡此寺[3]。上述这些重要寺院因为阿旺扎巴长期主持，都转变成为格鲁派的寺院。另外，阿

---

1 目前集中论述这一问题主题的专题论文只有 Lobsang Shastri 对包括古格在内的西藏阿里地区的各君主与格鲁派关系的研究；此外，黄博对格鲁派在 15 世纪初传入古格的情况也有所考察；伯戴克在《拉达克王国史》、维大利在《古格普兰王国》中也涉及到古格王室与格鲁派高僧交往的考证。参见 Lobsang Shastri, "Relations between Dalai Lamas and Rulers of mNga' ris skor gsum: From late 14th-mid 19th century." *Tibet Journal* 2003 (3): 3-116；黄博：《改宗格鲁：元明之际西藏古格王国政教关系的演进》，《福建师范大学学报》2016（1）：104-112；[意] 毕达克著，沈卫荣译：《拉达克王国史（950-1842）》，上海古籍出版社，2018：27-55；Roberto Vitali, *The Kingdoms of Gu.ge Pu.hrang*, New Delhi: Indraprastha press, 1996: 503-528.

2 参见黄博：《改宗格鲁：元明之际西藏古格王国政教关系的演进》，《福建师范大学学报》2016（1）：109-112。

3 སྡེ་སྲིད་སངས་རྒྱས་རྒྱ་མཚོ། དགའ་ལྡན་ཆོས་འབྱུང་བཻཌཱུ་སེར་པོ། པེ་ཅིང་། ཀྲུང་གོའི་བོད་ཀྱི་ཤེས་རིག་དཔེ་སྐྲུན་ཁང་། 1998: 274-275；汉译文参见第斯 · 桑结嘉措著，索南才让译：《格鲁派教法史——黄琉璃》，西宁：青海人民出版社，2021：274-276。

旺扎巴的弟子们也不遗余力地扩大格鲁派在古格的寺院基础，如将切嘎尔的南杰孜寺（བྱེ་དཀར་དུ་ཆོས་སྡེ་རྣམ་རྒྱལ་རྩེ）改宗格鲁派，切嘎尔位于今阿里地区札达县的萨让乡，距托林寺约 80 多公里[4]，阿旺扎巴的弟子扎巴桑波（གྲགས་པ་བཟང་པོ）在主持南杰孜寺期间，使这座原本属于止贡派的寺院改宗了格鲁派[5]。

另一方面，从 15 世纪开始到 17 世纪的两百年间，格鲁派高僧在古格王室和信众的支持下新修了一批寺院，这些寺院也成为格鲁派在古格的基本力量。15 世纪初，古格王南杰德在位期间，在古格北方的政教中心东嘎创建了著名的扎西曲林寺（བཀྲ་ཤིས་ཆོས་གླིང），此寺的旧址据说是一个叫做“天神之花”（ལྷའི་མེ་ཏོག）的贵族女性长期供养三十位清净比丘的供奉处，并以弘扬佛教为宗旨，相传了数代，可能早先已有佛寺的雏形，扎西曲林寺建成后，南杰德将该寺奉献给了阿旺扎巴，这座新建成的寺院遂成了格鲁派在古格北方的重要基地[6]。《阿里王统记》记载了著名的拉喇嘛益西沃有一个名叫“天神之花”的女儿[7]，这座寺院的旧址应当是她所兴建的。扎西曲林寺建成后一度十分繁荣，现在虽已废弃多年，但从其遗址中仍可看出当年的辉煌，寺址位于札达县治以北的东嘎村北面的山顶上，主体建筑为“红庙”，总面积达 12000 平方米，由门廊、正殿和后室三部分组成，内有大量精美的壁画和塑像[8]。

1424 年，古格王南杰德退位出家为僧，王子南喀旺波彭措德（ནམ་མཁའི་དབང་པོ་ཕུན་ཚོགས་ལྡེ། 1424-1449 年在位）即位后，继续保持了对格鲁派的热情[9]，这期间一世班禅克珠杰（མཁས་གྲུབ་རྗེ་དགེ་ལེགས་དཔལ་བཟང་། 1385-1438 年）的亲传弟子、大成就者官觉贝衮（དགོན་ཅོག་དཔལ་མགོན）很可能就是在这时来到古格传扬格鲁派的教法，官觉贝衮在多香（དོ་ཤང）

---

4 གུ་གེ་ཚེ་རིང་རྒྱལ་པོ། མངའ་རིས་ཆོས་འབྱུང་གངས་ལྗོངས་མཛེས་རྒྱན། ལྷ་ས། བོད་ལྗོངས་མི་དམངས་སྐྲུན་ཁང་། 2006: 334。

5 དཀའ་ལྡན་ཆོས་འབྱུང་བཻཌཱུ་སེར་པོ། 1998: 275；汉译文参见《格鲁派教法史——黄琉璃》，2021：276。关于南杰孜寺,《松巴佛教史》的说法也大致相同，参见松巴堪布 · 益西班觉著，蒲文成、才让译:《松巴佛教史》，兰州：甘肃民族出版社，2012：328。

6 དཀའ་ལྡན་ཆོས་འབྱུང་བཻཌཱུ་སེར་པོ།1998: 277；汉译文参见《格鲁派教法史——黄琉璃》，2021：278。另见《松巴佛教史》，2012：328。

7 གུ་གེ་མཁན་ཆེན་ངག་དབང་གྲགས་པ། མངའ་རིས་རྒྱལ་རབས། བོ་ཞིང་གཙུག་ལག་ཁང་ལོ་གཅིག་སྟོང་འཁོར་བའི་རྗེས་དྲན་མཛད་སྒོའི་གོ་སྒྲིག་ཚོགས་ཆུང་།1996: 51.

8 索朗旺堆主编:《阿里地区文物志》，拉萨：西藏人民出版社，1993：111-113。

9 需要注意的是，古格王室对藏传佛教各教派的支持并不是排他性的，南喀旺波彭措德在支持格鲁派的同时，对萨迦派也倾注了大量的精力。1436 年前后萨迦派高僧俄钦 · 贡噶桑波曾应古格王室的邀请前往普兰传法，并在科迦寺主持了南喀旺波彭措德的出家仪式。同一时期古格本地也有承事萨迦派的高僧，如《拉喇嘛益西沃广传》的作者扎巴坚赞即曾先后就学于俄钦和萨迦派的另一位高僧绒敦 · 释迦坚赞，他回到古格后驻锡托林寺，传授萨迦派的教法。参见黄博:《10—13 世纪古格王国政治史研究》，北京：社会科学文献出版社，2021：28-29。

地方修建了木嘎尔却宗寺（མུ་དཀར་ཆོས་རྫོང），并担任第一任座主[10]。该寺位于今札达县扎布让乡的布林村，离托林寺约25公里[11]，也是著名的多香城堡遗址所在地，现存的多香城堡中尚有不少残存的佛殿和佛塔，分布在遗址南区的山脚下的山坡和台地上，尽管大部分的外观建筑都已经被损毁掉了，但杜康大殿和贡康大殿尚保存完好，杜康大殿中尚有一些壁画，包括高僧像、十方如来佛大像、胜乐金刚等，贡康大殿中有多种怙主像和六道轮回“三恶道”中的畜生道图[12]，这个佛寺遗址的规模不小，而且规划严整，可能就是木噶尔却宗寺的残余建筑。同时，南喀旺波彭措德在位时，还有一个叫做益西尊追的河西圣者（ཧ་སེ་འཕགས་པ་ཡེ་ཤེས་བརྩོན）[13]来到古格首都扎布让创建了哲丹寺（ཐི་ལྡན），此寺也是属于格鲁派系统的寺院[14]。不过另据《松巴佛教史》的说法，河西圣者 · 益西尊追是著名的古格王拉喇嘛益西沃的上师，哲丹寺最初是益西尊追所建，南喀旺波彭措又再次复建，洛桑饶丹（བློ་བཟང་རབ་བརྟན）时期才改宗为格鲁派的寺院，此说或更得哲丹寺的实情[15]。古格王室还一直持续地对格鲁派的寺院进行翻新和扩建，15世纪晚期在位的古格王洛桑饶丹的王后顿珠玛（དོན་གྲུབ་མ）也是一位格鲁派的热情支持者，她主持修建了洛当寺的红殿。《黄琉璃》记载，洛桑饶丹的王后顿珠玛修建了面积为三十根柱子的红殿，打造了无比成就自在佛、弥勒佛、三怙主、宗喀巴师徒的身像，此外还刻印了许多佛经[16]。

因此南喀旺波彭措德统治时期，格鲁派在古格的寺院势力已经初具规模，仅阿旺扎巴亲自主持的寺院就有托林寺、洛当寺、芒囊寺和扎西曲林寺，另外还有官觉贝衮的木噶尔却宗寺和河西圣者的哲丹寺，格鲁派在古格的寺院布局基本形成。但格鲁派的寺院体系的扩展仍然在继续，16世纪前半期，古格王济登旺秋班噶尔德（འཇིག་རྟེན་དབང་ཕྱུག་པད་དཀར་ལྡེ）即位后，与他的两个兄弟绛央巴（འཇམ་དབྱངས་པ）和恰多尔（ཕྱག་རྡོར）一起将洛当寺进行扩建，修建了寺中的白殿和大威德殿[17]。此外，济登旺秋班噶尔德时代，在古格

10 དགའ་ལྡན་ཆོས་འབྱུང་བཻཌཱུརྻ་སེར་པོ།1998: 276；汉译文参见《格鲁派教法史——黄琉璃》，2021：276-277。另见《松巴佛教史》，2012：328。

11 མངའ་རིས་ཆོས་འབྱུང་གངས་ལྗོངས་མཛེས་རྒྱན། 2006: 196.

12《阿里地区文物志》，1993：94-95。

13 古格王室的护法神之一即名“河西圣者”，古格与河西可能存在的历史联系，参见黄博:《从古格“哈奢帕巴”崇拜看中古时期河西与藏西的交流》，《青海民族大学学报》2020（1）：79-85。

14 དགའ་ལྡན་ཆོས་འབྱུང་བཻཌཱུརྻ་སེར་པོ། 1998: 273-274；汉译文参见《格鲁派教法史——黄琉璃》，2021：274。

15《松巴佛教史》，2012：327。

16 དགའ་ལྡན་ཆོས་འབྱུང་བཻཌཱུརྻ་སེར་པོ། 1998: 274；汉译文参见《格鲁派教法史——黄琉璃》，2021：275。另见《松巴佛教史》，2012：327-328。

17 དགའ་ལྡན་ཆོས་འབྱུང་བཻཌཱུརྻ་སེར་པོ། 1998: 274；汉译文参见《格鲁派教法史——黄琉璃》，2021：275。

王的上师（དབུ་བླ）勒珠贝桑（ལེགས་གྲུབ་དཔལ་བཟང）主持下，将朗嘎寺（ལང་ཀ་ཆོས་སྡེ）迁建到香孜宫附近，该寺最初是由弥珠巴大师（མི་ཏྲི་པ）创建的，迁建工程完成后，勒珠贝桑给这座寺院取了一个新的名称，叫做热丹强巴林寺（རབ་བརྟན་བྱམས་པ་གླིང），勒珠贝桑本人则担任了该寺第一任座主[18]。香孜位于托林以北约 60 公里处，该地现属札达县香孜乡。在古格时代它也是一个重要的政教中心，现在考古调查发现在香孜乡治所北面的山脊上有一个庞大的古代遗址群，包括寺庙、城堡、窑洞等。寺庙主体建筑位于山脊的南坡，现存有强巴佛殿和护法神殿，殿后有佛教石窟，内壁上绘有宗喀巴师徒三尊像[19]。这些佛寺遗迹很可能就是古格时代的热丹强巴林寺的残余建筑，特别是强巴佛殿与热丹强巴林寺具有很强的一致性。

值得注意的是，直到古格亡国前夕，格鲁派的寺院扩建仍然在进行，16 世纪末到 17 世纪初，当时的古格王名叫南喀旺秋（ནམ་མཁའི་དབང་ཕྱུག），南喀旺秋的兄弟出家为僧，成为格鲁派僧团在古格的领袖人物，名叫拉尊洛桑丹白尼沃（ལྷ་བཙུན་བློ་བཟང་བསྟན་པའི་ཉི་འོད）。洛桑丹白尼沃本人作为古格王的兄弟，身份高贵，地位显赫，可调动大量的社会资源，他领导古格的格鲁派时，仅扩建哲丹寺工程一项就已令人瞩目，《黄琉璃》详细记载了他主持哲丹寺工程扩建情况：

> 在哲丹寺从中到右次第建造了时轮金刚、集密、不动、文殊金刚、观自在菩萨、黑、红、威严阎罗王、不动佛、无量寿佛。在左边修建了洛、铃、黑三胜乐金刚、喜金刚、大轮明王、伏魔金刚、普明大日如来等坛城，共计佛殿十七座。在楼上建造了药师佛殿。下了每年的神变月为各仪轨的修供月，其余月则以上品举行供祭的规定。[20]

此外，拉尊洛桑丹白尼沃同之前的王室出家者一样，也兼任着古格境内几个重要寺院的寺主，根据《黄琉璃》所记统计，当时古格最主要的几个寺院托林寺、洛当寺、达巴扎什伦布寺等都由他主持[21]。

可以说，到了古格晚期，在长期的、大规模的寺院改宗、翻新和新建的过程中，遍

18 དགའ་ལྡན་ཆོས་འབྱུང་བཻཌཱུརྱ་སེར་པོ། 1998: 278；汉译文参见《格鲁派教法史——黄琉璃》，2021：275。另见《松巴佛教史》，2012：328。

19《阿里地区文物志》，1993：113-114。

20 དགའ་ལྡན་ཆོས་འབྱུང་བཻཌཱུརྱ་སེར་པོ། 1998: 274；汉译文参见《格鲁派教法史——黄琉璃》，2021：275。

21 དགའ་ལྡན་ཆོས་འབྱུང་བཻཌཱུརྱ་སེར་པོ། 1998: 273-276；汉译文参见《格鲁派教法史——黄琉璃》，2021：274-276。

布古格各地的格鲁派寺院体系已经形成。托林寺、洛当寺和哲丹寺位于古格王城附近，是古格的格鲁派寺院体系的中枢所在，其座主通常是古格最有名的高僧或最有权势的王室僧人。其他的寺院则主要分布在古格的一些重要城堡或重镇所在地。一是围绕在王城周围的寺院，如扎布让东南方向上的重镇芒囊，有绛曲林寺；扎布让西南方向的多香城堡，有木嘎尔却宗寺等；二是在朗钦藏布（象泉河）南岸的古格南部地区，以王城为中心呈东西线状分布，往东在扎布让东南方不远处的达巴，有仿照日喀则的扎什伦布寺修建的达巴扎什伦布寺；往西在扎布让的西北方、朗钦藏布的南岸的萨让地方，有南杰孜寺等。三是在朗钦藏布以北的古格北部地区，位于朗钦藏布各个支流的河谷深处地带，如扎布让以北稍偏东的东嘎，有扎西曲林寺；扎布让以北稍偏西的香孜有热丹强巴林寺等。显而易见，格鲁派寺院在古格的核心地区的布局是相当完备的[22]。

二、格鲁派的寺院教育体系与古格地区佛教人才的培养

格鲁派在古格的弘传和发展的模式与藏传佛教其他的教派颇为不同，此前止贡派和蔡巴派在古格的发展模式是从卫藏地区派遣僧团进入古格，两派虽然也取得了相当丰富的传教成果，但对古格本地的佛教人才的培养和本地僧团的发展助益不大[23]。但格鲁派在古格的发展并非是单向传播式的，而是有着双向的宗教文化交流。首先，格鲁派最初进入阿里地区传教的阿旺扎巴就是古格人，他的家乡在古格的噶林，该地属于朗钦藏布河南岸的古格核心区。他跟随宗喀巴大师，获得“边地护教亲炙弟子”（དངོས་སློབ་བསྟན་པ་ཕྱོགས་མཐར་སྐྱོང་བ་དྲུག）的称号，回到古格后先在东嘎一带传布格鲁派的教法，之后使古格王室皈依了格鲁派，出任包括托林寺、洛当寺在内的多个重要寺院的座主，在 1424 年古格王南杰德的退位大典上，阿旺扎巴已经拥了赞誉大学者的“智者之王”（མཁས་པའི་དབང་པོ། 意为“古格的首席大学者”）的美称，整个 15 世纪，阿旺扎巴都是古格最有影响力的格鲁派高僧[24]。

格鲁派的兴起，大大提高了古格人在藏传佛教历史中的参与度，这一时期格鲁派

22 关于古格境内重要城堡和村镇的情况可参见黄博：《古格时期西藏阿里地区的重要城堡与村镇略考》，沈卫荣等主编：《西藏宗谱：纪念古格 · 次仁加布藏学研究文集》，北京：中国藏学出版社，2018：637-647。

23 止贡派和蔡巴派在古格的活跃时期主要是 13 世纪前后，详情参见黄博：《生命之树：西藏阿里王朝与止贡噶举派早期政教关系研究》，《世界宗教研究》2012（6）：168-177；《宣文辅治：元朝统一西藏前后阿里地区的政教关系研究》，《藏学学刊》第 18 辑，2018：55-74。

24 参见黄博：《改宗格鲁：元明之际西藏古格王国政教关系的演进》，《福建师范大学学报》2016（1）：109-112。

中除了阿旺扎巴之外，还有一位出生于古格的名叫却旺扎巴（ཆོས་དབང་གྲགས་པ། 1404-1471 年）的著名高僧，不过他学成之后没有回到家乡，而是去了康区，为格鲁派在康区的传播和发展做出了巨大的贡献。据《黄琉璃》记载，却旺扎巴于阳木猴年（1404 年）生于阿里古格象雄之地，他从年轻时起就崇信佛法，聪明伶俐，来到佛法生起之地的卫藏地区，进入文殊怙主法王宗喀巴的大宝教门，依止法王师徒父子的莲足，勤奋钻研显密一切经典，成为一名大学者。他与木色巴（མུ་སྲད་པ）一起被誉为宗喀巴弟子中智慧最殊胜者。他一生创作了大量才思极佳、文辞优美的诗歌。他在卫藏学法大成之后前往康区，在昌都一带弘扬格鲁派的教法，随后担任格鲁派在康区的主寺昌都强巴林寺的第二任主持，做了许多利益佛教的事业。此外他自己也创建了一些寺院，其中最著名的是在那雪建立的布达南杰贝巴寺（ནགས་ཤོད་སྤུས་མདའ་རྣམ་རྒྱལ་དཔལ་འབར），他于 68 岁时在该寺圆寂[25]。

到 16 世纪，在古格王室的支持下，逐渐建立起了古格本地僧人同格鲁派的卫藏地区主寺之间的佛教人才寺院教育体系。1541 年，古格王济登旺秋班噶尔德提供巨资，由二世达赖喇嘛主持在曲科杰寺（ཆོས་འཁོར་རྒྱལ）创建了专门供阿里僧人学法的“阿里扎仓”，《黄琉璃》一书对此有比较详细的描述：

> （曲科杰寺的）第三扎仓阿里扎仓，在杰喇嘛的转世——班钦根敦嘉措六十六岁之时，阿里法王济登旺秋班噶尔德和大臣阿旺南杰奉献了许多珍宝财物以及多如鹅群的僧人在曲科杰寺创建了这一扎仓，因此而得名，且有附属庄园。[26]

曲科杰寺为二世达赖喇嘛在 1509 年创建的一所格鲁派的重要寺院，位于今山南地区的加查县北部的崔久乡。古格政府出资捐建阿里扎仓，不但使古格政权同格鲁派总部建立起正式的政教合作关系，还为阿里地区的各大寺院的僧人们提供了一个到卫藏地区求习佛法的学习基地，该扎仓此后基本上与阿里地区各大寺院结成固定的生源供应关系，由各大寺院提供优秀人才到阿里扎仓深造，因而曲科杰寺的阿里扎仓为古格和阿里地区培养了大批优秀的佛教人才，对阿里地区佛教水平的提高贡献极大，济登旺秋班噶尔德此举可谓功德无量。

值得特别注意的正是，格鲁派在阿里地区的传教方式与以前各教派的不同也在于

25 དགའ་ལྡན་ཆོས་འབྱུང་བཻཌཱུར་སེར་པོ། 1998: 331；汉译文参见《格鲁派教法史——黄琉璃》，2021：341。
26 དགའ་ལྡན་ཆོས་འབྱུང་བཻཌཱུར་སེར་པོ། 1998: 198；汉译文参见《格鲁派教法史——黄琉璃》，2021：187。

此，即不是仅仅将本派的人才和教团派驻阿里，而是培养阿里本地人才主持当地的教务，同时阿里本地人也有了固定的机会到卫藏大寺学习，而成为格鲁派的高僧，曲科杰寺的阿里扎仓是格鲁派设立的最大的阿里学院[27]。阿里扎仓建成后二世达赖喇嘛委任自己的弟子持藏者丹巴达桑（སྡེ་སྣོད་འཛིན་པ་བསྟན་པ་དར་བཟང）为阿里扎仓的首任主持，由于扎仓的教学对象主要面向古格所在的阿里地区的僧人，所以后来又有不少出生于阿里的僧人担任扎仓的主持，据记载先后主持阿里扎仓的阿里人有扎西贝桑（བཀྲ་ཤིས་དཔལ་བཟང）、饶绛巴丹巴嘉措（རབ་འབྱམས་པ་བསྟན་པ་རྒྱ་མཚོ），古格人洛追嘉措（བློ་གྲོས་རྒྱ་མཚོ）、尊追坚参（བརྩོན་འགྲུས་རྒྱལ་མཚན）、芒域人喇嘛桑结贝桑（སངས་རྒྱས་དཔལ་བཟང），毕底人贝丹坚参（དཔལ་ལྡན་རྒྱལ་མཚན）、松热嘉措（གསུང་རབ་རྒྱ་མཚོ）、洛桑南杰（བློ་བཟང་རྣམ་རྒྱལ），可谓人才辈出[28]。

除了曲科杰寺的阿里扎仓之外，在其他的一些大寺中，也有一些小型的专供阿里僧人学习的单位，比如色拉寺虽然没有阿里扎仓，但在扎仓之下却有一些专门供阿里僧人学经的康村，如杰巴阔孟扎仓中就设有阿里古格、阿里白图、阿里桑噶尔和阿里达摩四个康村[29]；扎什伦布寺的吉康扎仓也有古格、白图、达摩和达巴等几个米村专供阿里僧人学经[30]。因此格鲁派中有不少高僧都出自古格地区，除了前面提到的跟阿旺扎巴齐名的却旺扎巴之外，古格人中后来还出现过一个甘丹赤巴，即第四十任甘丹寺法台贝丹坚赞（དཔལ་ལྡན་རྒྱལ་མཚན），巧的是此人正是曲科杰寺阿里扎仓培养出来的高材生。

贝丹坚赞，出生于古格附近的毕底章卡尔（སྤི་ཏི་གྲང་མཁར）地方，后来到拉萨学法，又到曲科杰寺的阿里扎仓和下密院研习各种显密经论，后来成为甘丹寺绛孜扎仓的堪布，最后登上了至尊宗喀巴大师的金座，担任了七年的甘丹寺法台。他在任的时间大约在 1651-1657 年之间，此时古格已经亡国多年，他卸任之后驻锡俄噶尔寺（མདོན་དགར），经常游历各大名寺，直到七十三岁时圆寂[31]。由于甘丹寺是格鲁派的主寺，建成后由宗喀巴大师担任该寺的第一任法台，所以甘丹赤巴一向被视为本派的教主，在任职资格上重学问而不问出身，其宗教地位极高，出行时有人开道，仪杖中有香炉、黄伞，在

27 此前大规模往阿里地区传法的止贡派曾在阿里的神山圣湖地区大力经营，13 世纪以后形成以冈底斯山中的远声寺为基地，以止贡多增为首领的止贡派僧团。但止贡派不像格鲁派那样有着严密的修学体系，神山圣湖地区的止贡僧团及其领导者多从卫藏地区派出，其著名高僧如聂钦波 · 杰瓦拉囊巴、古雅冈巴、止贡林巴京俄 · 喜绕迥乃等，皆非来自卫藏地区，阿里本地僧人的影响力并不显著。参见黄博：《生命之树：西藏阿里王朝与止贡噶举派早期政教关系研究》，《世界宗教研究》2012（6）：168-177。

28 དགའ་ལྡན་ཆོས་འབྱུང་བཻཌཱུར་སེར་པོ། 1998: 198-199；汉译文参见《格鲁派教法史——黄琉璃》，2021：187。

29 恰白 · 次旦平措等著，陈庆英等译：《西藏通史 · 松石宝串》，拉萨：西藏古籍出版社，2008：565。

30《西藏通史——松石宝串》，2008：573。

31 དགའ་ལྡན་ཆོས་འབྱུང་བཻཌཱུར་སེར་པོ། 1998: 92；汉译文参见《格鲁派教法史——黄琉璃》，2021：75。

甘丹颇章政府时期，这一待遇与达赖、班禅和萨迦法王一致[32]，可见贝丹坚赞确实佛学知识精湛，佛教修为高深。此外，其他一些小有成就的阿里僧人在《黄琉璃》中更是不计其数了。

随着格鲁派在古格的进一步发展，16 世纪时，格鲁派已经在古格取得了超越其他教派的优势地位。《新红史》在叙述古格的教派情况时说，“古格之贝拉赞普也唯只供奉格丹派，并以财物表示敬爱。让其属下之诸如萨迦巴寺院处于自然状态”。[33]《新红史》成书于 1538 年，这段材料的描述正可以说明十五世纪前半期格鲁派在古格的一枝独秀。因此，16 世纪以来，古格本地的高僧基本上都是格鲁派寺的寺院教育体系中成长起来的，如古格王济登旺秋班噶尔德统治时期，古格的宗教领袖是前文已经提到过的修建达巴扎什伦布寺的欣达巴，此人是 16 世纪格鲁派在古格成就最大的高僧，全名叫班钦欣达巴 · 洛追坚赞（པཎ་ཆེན་ཤཱཀྱ་པ་བློ་གྲོས་རྒྱལ་མཚན），因为佛学修为深湛，所以人称班钦，意即大学者。

欣达巴出生于古格北部的东嘎地区，宗教史著作通常认为他拥有许多神奇能力，据说曾使托林寺的强巴佛像开口说话，曾发掘出宝藏（可能指藏传佛教中的伏藏），在西藏有许多关于他的奇异事迹流传[34]。欣达巴早年在卫藏地区学法，成就极大，在回古格创建达巴扎什伦布寺之前，曾经做过著名的日喀则扎什伦布寺的第七任法台。欣达巴拥有“班钦”的名号，他本人具有精深的佛学造诣，著有《中观释义明论》和《般若明义》等讲释经论的专著，这两本书后来成为吉康扎仓必须讲授的经典教材[35]。他卸任扎什伦布寺法台之位后回到了家乡古格，在托林以南 60 公里的达巴地方创建了达巴扎什伦布寺(མདའ་པ་སར་བཀྲ་ཤིས་ལྷུན་པོ)，并担任该寺的第一任主持[36]。同时，跟阿旺扎巴一样，他主持着古格境内大多数重要寺庙的教务，事实上是古格国内得到普遍认同的宗教领袖和古格境内格鲁派寺院集团最高领导人。从《黄琉璃》中可以统计出这一时期他至少担任着托林寺、洛当寺、达巴扎什伦布寺、东嘎扎西曲林寺、香孜热丹强巴林寺等古格的重要寺庙的座主之职[37]。

除此之外，日喀则的扎什伦布寺的第六任寺主也是古格王室中的出家者，此人名叫

32 王维强：《甘丹赤巴在藏传佛教发展史上的地位与作用》，《中国藏学》2006（2）：217-218。
33 班钦 · 索南查巴著、黄颢译：《新红史》，拉萨：西藏人民出版社，2002：27-28。
34 དགའ་ལྡན་ཆོས་འབྱུང་བཻཌཱུར་སེར་པོ། 1998: 276；汉译文参见《格鲁派教法史——黄琉璃》，2021：276。
35 དགའ་ལྡན་ཆོས་འབྱུང་བཻཌཱུར་སེར་པོ། 1998: 242；汉译文参见《格鲁派教法史——黄琉璃》，2021：242-243。
36 དགའ་ལྡན་ཆོས་འབྱུང་བཻཌཱུར་སེར་པོ། 1998: 276；汉译文参见《格鲁派教法史——黄琉璃》，2021：276。
37 དགའ་ལྡན་ཆོས་འབྱུང་བཻཌཱུར་སེར་པོ། 1998: 273-278；汉译文参见《格鲁派教法史——黄琉璃》，2021：274-278。

阿里拉尊·洛桑丹贝尼玛坚赞（མངའ་རིས་ལྷ་བཙུན་བློ་བཟང་བསྟན་པའི་ཉི་མ་རྒྱལ་མཚན）[38]，古格高僧欣达巴就与拉尊洛桑丹贝尼玛坚赞同属古格人，在扎什伦布寺学经期间，欣达巴肯定得到这位同乡前辈的不少关照，后来欣达巴接替拉尊洛桑丹贝尼玛坚赞担任了扎什伦布寺第七任法台之外，而在此之前还接替他担任过吉康扎仓（དཀྱིལ་ཁང་གྲྭ་ཚང་）的洛本（སློབ་དཔོན）[39]。不过关于拉尊·洛桑丹贝尼玛坚赞任扎什伦布寺寺主的相关资料实在太少，他的身份按当时的情况来看，应该是古格王族中的远支成员，他是接替二世达赖喇嘛担任扎什伦布寺主持的，而二世达赖喇嘛是在1516辞去主持之职，然后离开扎什伦布寺前往拉萨担任哲蚌寺的法台，据二世达赖喇嘛自述，他离开扎什伦布寺前曾召集寺中上层讨论本寺继任主持的人选问题：

> 于是我们商议委任扎什伦布寺法座的继承人问题。卜算是到外面去找，还是在寺内的三个扎仓的堪布中选择合适的人选为好。考虑的结果是在寺院内部任命为好。由于其他的两位堪布表示不愿意担任法台，结果一致同意委任曲杰拉尊洛桑丹巴担任法台。[40]

看来拉尊洛桑丹贝尼玛坚赞得以担任扎什伦布寺的法台是得到寺内僧众的一致支持的，而他本人在此前已在寺中修行多年，并且担任着寺内扎仓主持的职务。幸运的是，他担任扎仓堪布的情况可用《黄琉璃》的记载加以补充。桑结嘉措告诉我们，他在登上扎什仓布寺的法座之前曾做过第二扎仓吉康扎仓的洛本，在任期间出资为千尊佛像涂金[41]，出手如此阔绰，这倒是与他王室贵族的身份相符。

古格王室有王位继承人之外的王室成员出家为僧的传统，比如当时的古格王济登旺秋班噶尔德有两个儿子，之后阿吉旺秋即位为王，另一个儿子则出家为僧，是为拉尊喜饶沃色（ཤེས་རབ་འོད་ཟེར）。从《黄琉璃》的记载可知，拉尊喜饶沃色也是身兼数寺之主，至少担任着洛当寺、南杰孜寺、多香木噶尔却宗寺、香孜热丹强巴林寺等几个重要寺院的主持之职[42]。随着格鲁派在古格的兴盛，古格的王室僧人们大多接受了格鲁派的教法，

---

38 དགའ་ལྡན་ཆོས་འབྱུང་བཻཌཱུརྱ་སེར་པོ། 1998: 240；汉译文参见《格鲁派教法史——黄琉璃》，2021：242。

39 དགའ་ལྡན་ཆོས་འབྱུང་བཻཌཱུརྱ་སེར་པོ། 1998: 242；汉译文参见《格鲁派教法史——黄琉璃》，2021：243。

40 根敦嘉措著、陈庆英译：《二世达赖喇嘛传》，收入《一世—四世达赖喇嘛传》，北京：中国藏学出版社，2006：119。

41 དགའ་ལྡན་ཆོས་འབྱུང་བཻཌཱུརྱ་སེར་པོ། 1998: 241；汉译文参见《格鲁派教法史——黄琉璃》，2021：243。

42 དགའ་ལྡན་ཆོས་འབྱུང་བཻཌཱུརྱ་སེར་པོ།1998: 275-278；汉译文参见《格鲁派教法史——黄琉璃》，2021：276-278。

并且前往卫藏的格鲁派主寺学习，随后回到古格继续弘扬格鲁派的教法，或者留在卫藏地区为格鲁派的发展贡献自己的力量。他们把古格与格鲁派的政教利益深度地联结在了一起。

三、古格王室与格鲁派上层领导集团的联系与交往

格鲁派在 15 世纪初传入古格后很快就得到了古格王室的尊奉，古格王室很早就打算和格鲁派在卫藏地区的上层领导集团取得直接的联系，最早试图将古格王室与格鲁派上层领导集团建立起直接联系的是古格王南喀旺波彭措德。南喀旺波彭措德即位后，曾经试图邀请克珠杰 · 格勒贝桑（མཁས་གྲུབ་རྗེ་དགེ་ལེགས་དཔལ་བཟང་། 1385-1438 年）来古格传法，克珠杰是宗喀巴的三大首要弟子之一，也是后世班禅转世系统所追认的一世班禅，在格鲁派集团中具有崇高的地位。克珠杰在给南喀旺波彭措德的回信中以诸事丛挫，心神散逸为由，婉言谢绝了南喀旺波彭措德的邀请，虽然不能前去古格弘法，但克珠杰在信中仍不忘嘱咐说，古格王只要以佛法的慈悲心执掌王政，就能让臣民过上幸福的生活。这可以说是古格王室和格鲁派上层领导集团最早的一次直接联系了，可惜的是，虽然克珠杰在信的末尾提到这封信是在三月二十七日于日沃当坚寺（རི་བོ་གདན་ཅན）写成的[43]，但是却没有说明这封信写作的具体年份。考虑到克珠杰在 1431 年已受贾曹杰之邀前去拉萨出任甘丹寺的法台，这封信的时间下限不会晚于 1431 年。而南喀旺波彭措德是在 1424 年才即位为古格王的，对克珠杰的邀请不会早于这一年，同时在 1420 年代的大部分时间里，克珠杰一直在江孜参与白居寺的兴建，直到 1427 年因为与江孜的地方首领发生矛盾，才回到日沃当坚寺，因此南喀旺波彭措德邀请克珠杰前往古格的事件应该发生在 1427 至 1430 年间[44]。此外，《克珠杰全集》中还收录有克珠杰与南喀旺波彭措德的王妃赤坚（ཁྲི་ལྕམ）的书信[45]，克珠杰还为赤坚撰造了《胜乐父母尊赞品》（བདེ་མཆོད་ཡབ་ཡུམ་ལ་བསྟོད་པའི་རབ་བྱེད）[46]，亦可见古格王室与格鲁派上层的密切关系。

由于克珠杰未能前往古格，古格王室与格鲁派上层领导集团的会面事实上在半个多

43 མཁས་གྲུབ་རྗེ་དགེ་ལེགས་དཔལ་བཟང་། གུ་གེའི་མངའ་བདག་ནམ་མཁའི་དབང་པོ་ཕན་ཚོགས་སྡེ་དཔལ་བཟང་པོར་ཕུལ་བའི་ཡིག་ལན། གངས་ལྗོངས་མཁས་དབང་རིམ་བྱོན་གྱི་ཇོམ་ཡིག་གསེར་གྱི་སྦྲམ་བུ། ཟི་ལིང་། མཚོ་སྔོན་མི་རིགས་དཔེ་སྐྲུན་ཁང་། 1988: 408-411；另见 གུ་གེ་མངའ་བདག་ཁྲི་ནམ་མཁའི་དབང་པོལ་སྤྲིངས་པ། གསུང་འབུམ། མཁས་གྲུབ་རྗེ། བཀྲས་ལྷུན་པར་རྙིང་། རྒྱ་སར་བསྐྱར་པར་བརྒྱབ་པ། ཤ133-136。

44 克珠杰的生平参见《西藏通史 · 松石宝串》，2008：548-550。

45 གུ་གེའི་བདག་མོ་ཁྲི་ལྕམ་ལ་སྤྲིངས་པ། གསུང་འབུམ། མཁས་གྲུབ་རྗེ། ཤ136-138。

46 བདེ་མཆོག་ཡབ་ཡུམ་ལ་བསྟོད་པའི་རབ་བྱེད། གསུང་འབུམ། མཁས་གྲུབ་རྗེ། ཤ32-35。

世纪后才发生。1484年洛桑饶丹亲自到后藏达那（在今日喀则地区的谢通门县境内）的多吉丹寺拜见了年仅九岁的二世达赖喇嘛根敦嘉措（1476-1542年），后来二世达赖喇嘛在《自传》中记载了他与古格王洛桑饶丹（བློ་བཟང་རབ་བརྟན）相见的详情：

> 到我九岁时，古格地方的领主洛桑饶丹来到后藏地方。他献给我一首赞颂诗和见面礼品，赞颂诗说："使佛法睡莲茁壮成长的，是十五的明月根敦珠巴，他已经逝往西方极乐界。这时雪域地方佛陀教法，犹如紧紧闭合的睡莲花。具有智悲的白色的光华，你是重新升起的新月亮！"我对此给他回赠了适合的一首偈颂。当时，四面护法对我这位古格领主有一些不喜欢，显现了一些护法的神通，使他明显地感觉到这一情形。他对我说四面护法要他对四面护法奉献食子，请我为此施食。虽然我以前没有从师尊那里听受过这位四面护法的随许法，此时就立即听受了，并为他做了这一项法事。[47]

可见，洛桑饶丹对当时新兴的格鲁派在西藏佛教界的地位是相当看重的，对二世达赖也有很高的期许，赞许他是重新升起的新月。不过洛桑饶丹此行也并不顺利，所谓"四面护法"不高兴的故事当是二世达赖喇嘛给他的一种宗教式的暗喻或警告。这一点在另一部二世达赖喇嘛的传记《遍知一切法王根敦嘉措贝桑波传——如意树》中讲得更明白一些，在与洛桑饶丹会面时二世达赖喇嘛曾警告古格王会有生命危险，最后在回程的路上，古格王臣一行遇到了敌人，随行的一个大臣还丢掉了性命，而洛桑饶丹返回阿里后不久也逝世了[48]。

洛桑饶丹的儿子帕巴拉继位后，与格鲁派的达赖喇嘛转世系统仍然保持着联系，二世达赖喇嘛的《全集》中收录了一份标明是写给古格王帕巴拉（གུ་གེ་བདག་པོ་འཕགས་པ་ལྷ）的信件，写作地点是在哲蚌寺的寝殿（དཔལ་ལྡན་འབྲས་སྤུངས་ཆོས་གྲྭའི་གཟིམས་ཁང）[49]。帕巴拉是《阿

47 《二世达赖喇嘛传》，2006：96-97。

48 གཡང་པ་ཆོས་རྗེ། ཆོས་ཀྱི་རྒྱལ་པོ་ཐམས་ཅད་མཁྱེན་པ་དགེ་འདུན་རྒྱ་མཚོ་དཔལ་བཟང་པོའི་རྟོགས་པ་བརྗོད་པ་དཔག་བསམ་གྱི་ལྗོན་ཤིང་། ཤ34, 载 The collected works of the second Dalai Lama Dge 'dun rgya mtsho (1475-1542), Vol.2, New Delhi: Indraprastha Press, 2006.

49 དགེ་འདུན་རྒྱ་མཚོ། རྗེ་བཙུན་ཐམས་ཅད་མཁྱེན་པའི་གསུམ་འབུམ་ཐོར་བུ་པ་ལས་ཆབ་ཤོག་སྣེ་དག་གི་སྐོར་རྣམས། སེར་གཙུག་ནང་བསྟན་དཔེ་རྙིང་འཚོལ་བསྡུ་ཕྱོགས་སྒྲིག་ཁང་གིས་བསྒྲིགས། རྒྱལ་དབང་དགེ་འདུན་རྒྱ་མཚོའི་གསུང་འབུམ་བཞུགས་སོ། དེབ་དྲུག་པ། པེ་ཅིང་། ཀྲུང་གོའི་བོད་རིག་པ་དཔེ་སྐྲུན་ཁང་། 2010: 219.

里王统记》中提到的最后一位古格王，他即位的时间当不晚于 1497 年[50]。而根敦嘉措出任哲蚌寺的法台是在 1517 年，此前几年他一直担任着扎什伦布寺的法台，显然，《全集》中这封写于哲蚌寺寝殿的信件应该不会早于 1517 年。

二世达赖喇嘛跟古格王室的联系渠道一直比较畅通，《全集》中收录有多封他写给古格王的书信，除了给帕巴拉以外，其他几封信函都没有写明古格王的名字，这些信件中，最早的一封应该写于 1515 年，因为信中点明了写作时间是四十岁时，写信的地点是在扎什伦布寺[51]。最晚的一封则写于 1540 年，信中明确提到写作时间是“铁鼠年”(ཀུན་ལྡན་ལོ)，写作地点在曲科杰寺[52]。从时间上来看，收信的古格王应该是帕巴拉的孙子济登旺秋班噶尔德。上一节已提到过的，在 1541 年济登旺秋班噶尔德出资给二世达赖喇嘛在曲科杰寺创建了阿里扎仓，所以他写给古格王的最晚一封信的收件人应该是济登旺秋班噶尔德。

济登旺秋班噶尔德与达赖喇嘛的关系也持续到三世达赖喇嘛时期，1547 年三世达赖喇嘛索南嘉措在哲蚌寺举行坐床大典，济登旺秋班噶尔德和古格高僧欣达巴联合派出使团前往拉萨祝贺三世达赖喇嘛并给格鲁派捐赠了大量资财，此事的详情记载在五世达赖喇嘛所撰写的三世达赖喇嘛的传记中：

> 吐蕃赞普清净世系的后裔古格王及其臣下、班钦欣达巴等派人送来礼物，有黄金近千两及各种礼品无数。班钦欣达巴派来送礼的使者，将索南嘉措到哲蚌寺以前的事迹书写在绸缎之上，迎请回阿里地区。这是最早一次记述索南嘉措的事迹。[53]

参加三世达赖喇嘛的坐床大典并提供大量供养表明，古格政府以及境内的寺院集团同格鲁派总部的良好关系确实是稳定而持久的。济登旺秋班噶尔德对格鲁派如此热情除了信仰之外，可能也有在政治上争取文化优势的目的，因为格鲁派已经成为西藏发展最快，最生机勃勃的教派，且信众遍布西藏各地，和格鲁派联合势必可以增强古格在西藏

---

50 《阿里王统记》的纪年体系有两个坐标，一是益西沃兴佛诏旨颁布的 986 年为佛涅槃后 3244 年，二是作者阿旺扎巴完稿的时间为佛涅槃后 3756 年，两者相距 512 年，因此该书完稿于 1497 年。参见 Roberto Vitali, The Kingdoms of Gu.ge Pu.hrang, New Delhi: Indraprastha Press, 1996: 95.

51 རྗེ་བཙུན་ཐམས་ཅད་མཁྱེན་པའི་གསུམ་འབུམ་ཐོར་བུ་པ་ལས་ཆབ་ཤོག་སྙན་ངག་གི་སྐོར་རྣམས། 2010: 216.

52 རྗེ་བཙུན་ཐམས་ཅད་མཁྱེན་པའི་གསུམ་འབུམ་ཐོར་བུ་པ་ལས་ཆབ་ཤོག་སྙན་ངག་གི་སྐོར་རྣམས། 2010: 221.

53 五世达赖喇嘛等著、陈庆英等译：《三世达赖喇嘛传》，载《一世—四世达赖喇嘛传》，北京：中国藏学出版社，2006：154。

的影响力。这一点在随后他邀请三世达赖喇嘛赴阿里一事中表现得更为明显。1555 年济登旺秋班噶尔德派遣使臣尼丹噶居孟兑到哲蚌寺，打算迎请三世达赖喇嘛到阿里驻锡：

阿里王拉赞普贡玛久典旺秀班噶德（即济登旺秋班噶尔德）和班钦欣达巴派遣尼丹噶居孟兑携带书信礼物前来请求索南嘉措为了彼方的教法众生，前去阿里。在索南嘉措前去阿里之前，他们还请求送去描绘索南嘉措事迹的画像作为替代。这也是阿里王和前辈根敦嘉措两位福田施主之时所结善缘，双方互赠书信礼品。阿里古格王还给昌卡巴活佛写了一封信，请求赐给索南嘉措的画像作为信仰供奉之依止处，并请求教导。索南嘉措说："按普通的传记那样绘制。"当画好主尊和诞生情形的草图时，索南嘉措说："拿来给我看看。"仔细看后说："像古格王这样有根器的人，要对他保密是很困难的。前辈活佛圆寂后，在两个七天中，在兜率天宫、极乐界、空行界和拂尘洲示现神变等无数秘密事迹可作为上幅绘出。"……那幅画完成以后，举行了开光仪轨，进行加持。阿里王将此画迎请而去，作为供养之物，加以供养。这是最早将索南嘉措今生的故事绘成图画。[54]

这是古格第二次邀请格鲁派的上层领导集团前往古格，上一次在 1430 年，邀请的是一世班禅克珠杰。尽管古格王室这次邀请三世达赖喇嘛前去古格没有成功，但也反映了古格王室与达赖喇嘛转世系统的密切关系。古格王济登旺秋班噶尔德与二世达赖喇嘛保持着多年的书信交来，并且出资在二世达赖喇嘛主持的曲科杰寺创建了阿里扎仓。二世达赖喇嘛圆寂后，又遣使试图迎请年幼的三世达赖喇嘛前往古格，再次加强并巩固了古格王室与格鲁派三大寺中的两大主寺哲蚌寺和色拉寺系统的紧密联系。济登旺秋班噶尔德最后索取三世达赖喇嘛的画像也是为了同格鲁派上层建立起特殊的联系，这种关系使他在三世达赖喇嘛的早年创造出两个"第一"——即第一次记述三世达赖喇嘛今生的事迹和第一次将三世达赖喇嘛今生的故事绘成图画，济登旺秋班噶尔德因此成为格鲁派教法史上必须大书特书的古格君主。

到古格晚期，古格王室与格鲁派上层领导集团的关系更为密切，其高潮就是四世班禅洛桑却吉坚赞（བློ་བཟང་ཆོས་ཀྱི་རྒྱལ་མཚན། 1570-1662 年）应邀访问了古格，终于实现了古格王室多年来希望卫藏地区的格鲁派上层领导集团能够亲临古格的夙愿。据《四世班禅

54《三世达赖喇嘛传》，2006：170-172。

传》所述，去年火蛇年（1617 年）的夏天，古格方面派出使者去邀请四世班禅前往古格弘法传道，使者大约在第二年春天抵达扎什伦布寺，四世班禅遂应邀启程前往古格弘法[55]。从 1420 年代后期古格王南喀旺波彭措德试图迎请一世班禅克珠杰算起，古格在差不多坚持了二百年后终于迎来了格鲁派宗教领袖的到访。四世班禅是十五世纪末到十六世纪初格鲁派最有影响力的领袖人物和藏传佛教最著名的佛学大师。这一时期由于三世达赖喇嘛圆寂，四世达赖喇嘛年幼并早逝，四世班禅成为格鲁派中最有影响力的人物和佛学造诣最深的高僧[56]。同时，1617 年前后，格鲁派在卫藏地区的处境已相当困难，由于新兴的藏巴汗政权支持噶玛噶举派敌视格鲁派的立场，对卫藏地区的格鲁派采取打击和压迫的政策，四世班禅此行也是希望当格鲁派在卫藏地区的局势日益恶化的过程中，在西部地区寻求更有力的支持者。

土马年（1618 年）四月二十三日，四世班禅一行抵达普兰境内的圣湖玛旁雍措，正式开启古格之行。班禅在玛旁雍措湖边停留沐浴，于次日抵达神山冈底斯山前，然后继续西行，在夏拉扎（ཤ་ལ་ཙ）地方与止贡多增（该派驻锡在阿里地区的僧团首领）会面，然后继续西行，在五月十三日抵达象雄的白顶地方（སྤུའི་ཕྱིང），与古格方面前来迎接四世班禅的庞大队伍相会。古格方面前来迎接班禅的人员包括夏仲法王（ཞབས་དྲུང་ཆོས་རྗེ）、觉卧达波（ཇོ་བོ་བདག་པོ）等古格王室高层以及众多的僧俗信众[57]。夏仲法王和觉卧达波可能正是《黄琉璃》中提到的主持迎请四世班禅来访的古格王室成员拉尊洛桑丹白尼玛沃和拉尊洛桑益西沃以及古格王扎西扎巴德。拉尊洛桑丹白尼玛沃为古格王济登旺秋班噶尔德之孙，他以王室贵胄身份身兼托林寺、哲丹寺、洛当寺等古格最重要的寺院的座主；而拉尊洛桑益西沃则是拉尊洛桑丹白尼玛沃的侄孙，是当时的古格王南杰扎巴桑波德的叔父，他在四世班禅访问结束后就继任了托林寺的座主，并兼任哲丹寺、洛当寺、南杰孜寺、芒囊寺等大多数古格境内的格鲁派寺院的座主，显而易见，他们祖孙二人是当时古格格鲁派僧团中最有权势的人物[58]。

五月十五日，班禅与古格王室一行抵达古格的佛教中心托林寺，应古格僧团领袖夏仲法王之请，四世班禅登上了大译师仁钦桑波的法座，为古格王室及僧俗信众讲经说法。然后，前往古格境内的其他一些重要寺院，如木卡尔却宗寺、芒囊绛曲林寺、达巴

---

55 པཎ་ཆེན་བློ་བཟང་ཡེ་ཤེས། པཎ་ཆེན་བློ་བཟང་ཆོས་རྒྱན་གྱི་རྣམ་ཐར། ལྷ་ས། བོད་ལྗོངས་མི་དམངས་དཔེ་སྐྲུན་ཁང་། 1990: 112.

56 参见牙含章：《班禅额尔德尼传》，北京：华文出版社，2001：15-24；杨贵明、马吉祥编译：《藏传佛教高僧传略》，西宁：青海人民出版社，1992：210-242。

57 པཎ་ཆེན་བློ་བཟང་ཆོས་རྒྱན་གྱི་རྣམ་ཐར།1990: 112-113.

58 དགའ་ལྡན་ཆོས་འབྱུང་བཻཌཱུརྱ་སེར་པོ། 1998: 273-276；汉译文参见《格鲁派教法史——黄琉璃》，2021：274-277。

扎什伦布寺、香孜寺热丹强巴林寺传法，并亲自为古格、芒域、日土三地的百名信众主持了近圆戒的授戒仪式，同时还授予古格的格鲁派僧团首领夏仲法王拉尊洛桑丹白尼玛沃“教主”（བསྟན་པའི་བདག་པོ། 意为古格佛教事务的总负责者）的称号。四世班禅在古格期间，拉达克王（མང་ཡུལ་རྒྱལ་པོ）[59] 派遣使者前来邀请四世班禅去拉达克传法，同时拉达克的大批僧俗信众来到古格拜见了班禅大师，但四世班禅没有前去拉达克，而是在九月十三日从古格启行，登上返程之路，最后在十一月十三日回到扎什伦布寺[60]。四世班禅到访古格可以说是格鲁派与古格关系的高潮，可是也是古格最后的辉煌，《黄琉璃》记载，在四世班禅返回扎什伦布寺十二年后，拉达克王僧格南杰就攻入了古格，俘虏了拉尊洛桑益西沃和古格王扎西扎巴，延续了七百多年的古格政权覆灭[61]。

四、余论

古格的灭亡，并不意味着格鲁派与古格地区关系的结束，因为古格的故地上还有着格鲁派的众多寺院和僧俗信众，但失去了古格王室的支持，格鲁派在古格本地遭遇到了严重的困难，特别是经济上压力越来越大，如与拉达克关系密切的主巴噶举派德钦曲果寺（བདེ་ཆེན་ཆོས་འཁོར）的二世雍增活佛衮噶伦珠（ཡོངས་འཛིན་ཀུན་དགའ་ལྷུན་གྲུབ།1617-1676 年）在《自传》中说，大约在 1652 年五世达赖喇嘛前去汉地之后，甘丹颇章政权曾派出使者前去拉达克，请求拉达克将古格王室留下来的城堡和庄园赐给当地的格鲁派寺院[62]。另一方面，执掌了卫藏地区政教大权的格鲁派也经常性地对古格故地上的格鲁派寺院和僧众进行经济援助，如《五世达赖喇嘛自传》中记载，1668 年和 1672 年两次派出使者前去古格故地，给当地的五十八座格鲁派寺院和三千九百多名僧人发放了茶叶和银两[63]。此外，有意思的是，当时古格故地虽然处于拉达克的统治之下，但甘丹颇章政权仍然可以利用当地的格鲁派寺院集团的力量在古格故地活动，如五世达赖喇嘛曾派定本贝雅（ཉིང་དཔོན་དཔལ་ཡག）前去阿里，贝雅一行人员沿途的驿站费用是由当地的格鲁派寺院提供的，特别随行的骡马也是由古格当地的格鲁派寺院喂养[64]。

59 原文以“མང་ཡུལ”指代拉达克当为字形相近之讹，正确的写法当为“མར་ཡུལ”。

60 པཎ་ཆེན་བློ་བཟང་ཆོས་རྒྱན་གྱི་རྣམ་ཐར། 1990: 113-114.

61 དགའ་ལྡན་ཆོས་འབྱུང་བཻཌཱུརྱ་སེར་པོ། 1998: 273；汉译文参见《格鲁派教法史——黄琉璃》，2021：274。

62 ཡོངས་འཛིན་དམ་པའི་རྟོགས་བརྗོད་དྲང་སྲོང་དགའ་བའི་དལ་གཏམ། རྗེ་ཡོངས་འཛིན་ཀུན་དགའ་ལྷུན་གྲུབ་ཀྱི་བཀའ་འབུམ། Darjeeling: Kargyud Sungrab Nyamso Khang, 1973: 221-222.

63 五世达赖喇嘛著、陈庆英译：《五世达赖喇嘛自传》（下），北京：中国藏学出版社，2006：6，83。

64《五世达赖喇嘛自传》（下），2006：28。

可以说，格鲁派与古格之间的联系既是从古格王室与格鲁派上层僧侣集团之间自上而下，也是古格境内的广大信众与格鲁派之间自下而上的双重关系过程，因此这种关系并不会因为古格的灭亡而终结。事实上，在古格灭亡约半个世纪后，在卫藏地区新兴的由格鲁派所领导的甘丹颇章政权最终在1680年代击败拉达克，重新将古格故地纳入治下，在这一带设置宗谿，建置总管，将阿里与卫藏一起纳入到西藏地方政府的治理之下，从而奠定了后世西藏政治地理和中国边疆地理的基本格局[65]。但卫藏与阿里的政治、经济、文化等全方位的一体化进程却并不是从这场战争开始，也并不是这场战争的结果。事实上，在此之前格鲁派与古格长达两百多年的政教关系，早已将卫藏和阿里地区在深层结构上形成了不可分割的联系。

◆ 黄博　四川大学中国藏学研究所副教授

65 关于古格故地的行政建置历史过程，参见黄博：《四宗六本：甘丹颇章时期西藏阿里基层政权初探》，《中国藏学》2016（2）：148-156。

清代西藏八思巴字印章初探*

朱德涛

内容摘要：八思巴字印章是清朝西藏地方官印中非常盛行的一种印章类型。对这类印章的印文释读、性质特点与历史涵意，学界尚存一些隔膜和误区，缺乏系统深入研究。文章结合文物、档案及文献资料对清朝西藏官方使用过的八思巴字印章的印面文字、形制特点、功能使用和出现原因等问题进行考证和分析后认为，八思巴字印章不属于清朝中央政府颁授西藏的印信体系，而是西藏地方上的自制印章，它被西藏的僧俗人员广泛使用于西藏地方的政教事务之中。八思巴字印章之所以在清代西藏地方上盛行，是由清廷默认支持的官方态度、当时西藏地方特殊的政治形势及其历史传统等多元因素相结合的产物。对以上问题的探讨将有助于我们更加深入地理解和认识清代西藏地方上的官印制度及其政治特点，具有一定的学术价值和研究意义。

一、引言

八思巴字是元朝至元六年（1269 年）元世祖忽必烈诏命萨迦派高僧八思巴依照藏文

* 本文系国家社科基金青年项目“西藏古代印章与汉藏各民族交往交流交融研究”（21CMZ045）的阶段性成果。

创制的文字，当时这种文字被称作“蒙古新字”。按照当时官方的诏书，这种文字作为“译写一切文字”的“国书”，主要用于国家颁发诏旨、文告、法令和官印等[1]。但从现存资料来看，八思巴字在元代并非真的用于译写一切文字，而是主要用在译写汉字、蒙古文字和少量藏文[2]，该文字的这种功能和使用范围也很快随着元朝的灭亡逐渐退出了历史舞台。

明朝后期以来，在我国蒙藏地区的一些藏传佛教寺院里，一直流行着一种以八思巴字译写藏文的文字，主要用于印章、楹联、匾额、经卷封面等。目前学界关于这种文字的定名尚有一定分歧，归纳说来，主要有以下三种观点。第一种观点认为这种文字是藏文的一种篆体形式，如王尧称其为“篆体藏文”[3]，松儒布称它为“八思巴字篆体藏文”[4]。第二种观点倾向于认为这种文字是八思巴字，持这种观点的学者如陈庆英[5]、欧朝贵[6]和其他部分蒙古族学者[7]。第三种观点比较持中，认为这种文字是以八思巴字为基础衍生出来的一种新型文字，最主要的学者代表是八思巴字专家照那斯图，他认为该文字是“一种从八思巴字脱胎而来的文字”[8]。

综合上述三种观点，笔者认为这种文字应当被称作八思巴字。首先，从文字形式上看，它的字母体式是仿八思巴字篆体而成；书写格式包括字母自上而下竖写的方法和自右往左的行款，都沿用的是八思巴字的书写方法[9]。其次，在清代藏文文献中一律将这种文字称作“霍尔依”（ཧོར་ཡིག），即蒙古字，这表明藏族人并不认为这种文字是藏文的一种，而是将其与元代八思巴为蒙古人创制的八思巴字联系在一起。最后，在清代西藏地方上存在一些既有藏文或蒙古文，又刻写这种文字的多语合璧印章，例如收藏在布达拉宫的桑杰嘉措之“达赖喇嘛谕遍胜人王布忒达阿白迪供施之印”[10]、贡贝堪布的“贡贝堪

1 宋濂：《元史·释老传》卷二〇二，北京：中华书局，1976：4518。

2 照那斯图、薛磊：《元国书官印汇释》，沈阳：辽宁民族出版社，2011。

3 王尧：《藏文》，《民族语文》1979（1）：72。

4 松儒布：《介绍两份八思巴字文献》，载中国民族古文字研究汇编：《中国民族古文字研究》，天津古籍出版社，1991：1。

5 陈庆英：《塔尔寺楹联上的八思巴字》，《西藏研究》1986（3）：51。

6 欧朝贵、其美：《西藏历代藏印》（序言），拉萨：西藏人民出版社，1991：2。

7 贾拉森：《阿拉善活佛印章所刻八思巴文释读》，《内蒙古大学学报》（蒙文版）1993（3）。乌力吉白乙拉：《八思巴文变形体研究》（蒙古文），内蒙古大学博士学位论文，2007：65-71。包呼宝力高：《八思巴字印章体研究》（蒙古文），内蒙古大学硕士学位论文，2014：72-77。

8 照那斯图：《一种从八思巴字脱胎而来的文字》，《民族语文》2003（2）：58。照那斯图：《关于八思巴字“圣人·宝贝·吉祥”印》，载《西域历史语言研究集刊》第二辑，北京：科学出版社，2009：25-27。

9 照那斯图：《一种从八思巴字脱胎而来的文字》，《民族语文》2003（2）：58。

10 欧朝贵、其美：《西藏历代藏印》，1991：63。

布札萨克达喇嘛之印”[11]、十三世达赖喇嘛的三语合璧金印[12]，以及热振摄政的“热振阿其图慧灵呼图克图之印”[13]等。这些例子表明，在藏族人观念里，这种文字是与藏文和蒙古文都不相同的文字。因此，我们也不能笼统地将其等同视之。

从保存下来的文物材料看，印章是清朝八思巴字在西藏最主要的用途。二十世纪八十年代德国藏学家迪特·舒（Dieter Schuh）根据自己所见的三十多件藏文档案上加盖的印章文字，对八思巴字印章进行了识读和研究，可称为清代西藏八思巴字印章研究的一部开拓性专著[14]。不无遗憾的是，由于这部专著是由德语写成，它在中国学界的影响力并不广布，加之受当时材料公布和研究视角的限制，作者重点结合档案资料对印章文字进行考释，并未对八思巴字印章及印章本身特性进行搜集和研究。在中国学术界，由于多数学者对这种新创文字都比较陌生，再加上印章资料零散复杂的结构特性，相较其他语种的印章，八思巴字印章尚未引起学者们的足够重视。目前所见，以往的研究多是对这类印章比较零散的简要考释，且相关考释主要是对印章文字的粗略译解[15]，多有不准确或讹误之处。有鉴于此，笔者拟在前贤们的研究基础上，结合新近公布的文物和档案资料，进一步对清朝西藏的八思巴字印章实物和印文资料进行系统搜集和考释，并对这种印章的形制特点、使用情况和出现原因等问题进行探讨。

二、清代西藏八思巴字印章举例

本文所讨论的八思巴字印章，是指印面文字只有八思巴字一种文字的印章，其他印面中包含有八思巴字的多语合璧印章，在此不作讨论。从文物材料来看，现今存世的清代八思巴字印章实物并不是很多，多数是连同档案文书以印文形式保存下来。根据这些

11 功德林寺档案，编号 K602。见德国波恩大学西藏档案资料数字化网站（Digitized Tibetan Archives Material at Bonn University）：http://www.dtab.uni-bonn.de/tibdoc/index1.htm（资料检索时间截止于 2018 年 9 月）。本文引用的多数档案和印章图片都采自该网站，档案与印章编号也是直接采用网站中的原编号，即以大写字母“K”代表“功德林寺”，后文不再说明。

12 欧朝贵、其美：《西藏历代藏印》，1991：64。西藏自治区博物馆编，何晓东著：《历史的见证：西藏自治区博物馆藏历代中央政府治藏文物集萃》，成都：四川美术出版社，2015：152-153。

13 邹西成：《中国西藏文化博物馆展品中的三枚清代摄政王印章初考》，《中国藏学》2010（3）：106。

14 Dieter Schuh, *Grundlagen tibetischer Siegelkunde: Eine Untersuchung über tibetische Siegelaufschriften in 'Phags-pa-Schrift*, Sankt Augustin: Hans Richarz Publikations-Service, 1981.

15 ནོར་རྒྱས་ནང་པ་དབང་འདུས་ཚེ་རིང། དེབ་ཐེར་ལོང་བའི་དམིགས་བུ་དང་ཐམ་དེབ། ཆབ་སྲིད་ཚེ་བརྟན་ཕུན་ཚོགས། བོད་ཀྱི་གལ་ཆེའི་ལོ་རྒྱུས་ཡིག་ཆ་བདམས་བསྒྲིགས། ལྷ་ས། བོད་ལྗོངས་བོད་ཡིག་དཔེ་རྙིང་དཔེ་སྐྲུན་ཁང་། 1991: 1-83。陈金钟：《元以来中央政权颁授西藏地方首领印章举要》，《中央民族大学学报》1988（3）：14-22。陈金钟：《中央政府颁授达赖、班禅之金册金印》，《中国西藏》1996（1）：38-48。

印章的属性特点可将清代西藏的八思巴字印章分为四类，以下分别作介绍。

（一）宗教首领用印

1. 持金刚达赖喇嘛之印（图一：1）

铜印，宝珠形木纽，高 11.5 厘米，方形，边长 11 厘米，西藏自治区博物馆藏[16]。共三行印文，转录为藏文：རྡོ་རྗེ་འཆང་ཏ་ལའི་བླ་མའི་ཐམ་ཀ་རྒྱལ། 汉译：持金刚达赖喇嘛之印胜。该印原型是蒙古顺义王俺答汗于 1578 年颁授给第三世达赖喇嘛索南嘉措（བསོད་ནམས་རྒྱ་མཚོ།1543-1588 年）的印章，原印为金印，今已不存。据文献记载，这颗金印为龙纽[17]。现存铜印是后期复制印，在清朝的藏文档案中可见到历辈达赖喇嘛承袭使用此印[18]。

2. 持金刚之印（图一：4）

铁印，宝珠形木纽，高 9 厘米，方形，边长 4.3 厘米，西藏自治区博物馆藏[19]。共有三行印文，仅可辨识出中间一行的八思巴字，转录为藏文：བ་ཛྲ་དྷ་ར།，是对梵文“Vajradhara”的藏文转写，藏文意为：རྡོ་རྗེ་འཆང་། 汉译：持金刚。印文的外围有两圈方框。原印系有布条说明为五世达赖喇嘛的印章，该印章在《噶厦印谱》中被称作“印中心有‘班杂达拉’三行蒙文的旧印”[20]。从印文内容可以推测，这枚印章是根据俺答汗赐封第三世达赖喇嘛的金印复制而成。

3. 持金刚达赖喇嘛之印（图一：5）

方形，尺寸不详，红色印文。印面文字和排列布局都与西藏自治区博物馆内保存的铜印“持金刚达赖喇嘛之印”[21]基本相同，仅是在印章起首部分稍有差异。共三行印文，转录为藏文：རྡོ་རྗེ་འཆང་ཏཱ་ལའི་བླ་མ་ཡི་ཐམ་ཁ་རྒྱལ། 汉译：持金刚达赖喇嘛之印胜。这枚印章是根据俺答汗赠给第三世达赖喇嘛的金印复制而成的印章，被历辈达赖喇嘛承袭使用。

4. 班禅喇嘛之印（图一：6）

方形，边长 5.7 厘米，印文红色[22]。共三行印文，转录为藏文：དགེ་འདུན་མཆལ（？）་པ།

---

16 欧朝贵、其美：《西藏历代藏印》，1991：47。西藏自治区博物馆编，何晓东著：《历史的见证：西藏自治区博物馆藏历代中央政府治藏文物集萃》，2015：86-87。

17 五世达赖喇嘛著，陈庆英、马连龙译：《一世——四世达赖喇嘛传》，北京：中国藏学出版社，2006：241。

18 Dieter Schuh, *Grundlagen tibetischer Siegelkunde*, 1981: 7. 功德林寺档案，编号 K835。

19 欧朝贵、其美：《西藏历代藏印》，1991：66。功德林寺档案，编号 K423。

20 诺杰朗巴·旺堆次仁著，刘立千译：《噶厦印谱译注》，《中国藏学》1990（1）：89。

21 Dieter Schuh, *Grundlagen tibetischer Siegelkunde*, 1981: 6. 功德林寺档案，编号 K424。

22 Dieter Schuh, *Grundlagen tibetischer Siegelkunde*, 1981: 23.

音译：格敦切巴。从档案看，这枚印章是第六世和第七世班禅喇嘛的用印。印文中前半部分“དགེ་འདུན”是“僧伽、僧团”之意，后半部分藏文意思待考。在青海省博物馆内收藏的 1776 年第六世班禅喇嘛致蒙藏僧俗之文告[23]，即钤盖此印。

5. 察雅活佛之印（图一：2）

铁印，宝珠型木纽，高 7.6 厘米，方形，边长 3.6 厘米，西藏自治区博物馆藏[24]。共五行印文，转录为藏文为：བྲག་གཡབ་སྤྲུལ་སྐུའི་ཐམ་ག་ཕྱོགས་དུས་ཀུན་ཏུ་རྣམ་པར་རྒྱལ་ལོ། 汉译：察雅活佛之印时空全胜。察雅县在今昌都地区，察雅活佛指察雅县麻贡寺的活佛世系，有清一朝，察雅活佛与中央政府有着非常密切的关系。康熙末年，清朝平准大军进藏途径昌都地区，曾受到察雅活佛的帮助，此后历辈察雅活佛都先后受到清政府的封赐[25]，这枚印章应是察雅活佛的自制用印。

6. 察雅呼图克图诺门罕之印（图一：8）

镀金铁印，檀香木如意纽，二台，高 7.7 厘米，方形，边长 3.4 厘米，昌都地区文化局藏[26]。共四行印文，转录为藏文：བྲག་གཡབ་ཧོ་ཐོག་ཐུ་ནོ་མིན་ཧན་གྱི་ཐམ་ཀ་རྒྱལ་ལོ། 汉译：察雅呼图克图诺门罕之印胜利。此印是察雅活佛的用印。

7. 察雅诺门罕呼图克图之印（图一：9）

镀金铁印，镂空如意纽，高 8.6 厘米，方形，边长 4.7 厘米，印面上方有日月组合标记，昌都地区文化局藏[27]。共三行印文，转译为藏文：བྲག་གཡབ་ནོ་མིན་ཧན་ཧོ་ཐུག་ཐུ་ཀྱི་ཐམ་ག་ཀུན་ཏུ་རྣམ་པར་རྒྱལ་ལོ། 汉译：察雅诺门罕呼图克图之印全胜。此印也属于察雅活佛的用印。

8. 弘扬佛教达察班智达灌顶大国师之印（图一：3）

银印，宝珠形木纽，高 8.2 厘米，方形，边长 5 厘米，西藏自治区博物馆藏[28]。共五行印文，转录为藏文：བསྟན་པའི་གསལ་བྱེད་སྟག་བྲག་པན་ཊི་ཏ་ཀྭན་ཏིང་ཏའི་ཀཽ་ཤྲཱིའི་ཐམ་ག་དགེ་ལེགས་འཕེལ། 汉译：弘扬佛教达察班智达灌顶大国师之印妙善繁荣。达察活佛的驻寺在拉萨西郊堆隆德庆县乃琼乡，该世系中曾有活佛担任过西藏摄政，受到清廷封赏。

9. 达察班第达之政教业绩优胜之印（图一：10）

银印，双鱼佛轮纽，高 12 厘米，方形，边长 6.7 厘米，西藏自治区博物馆藏[29]。共

23 青海省博物馆、青海民族博物馆：《河湟藏珍：藏传佛教文物卷》，北京：文物出版社，2012：182-183。
24 图片由西藏自治区博物馆提供。
25 欧朝贵、其美：《西藏历代藏印》，1991：97。
26 欧朝贵、其美：《西藏历代藏印》，1991：98。
27 欧朝贵、其美：《西藏历代藏印》，1991：98。
28 图片由西藏自治区博物馆提供。另见欧朝贵、其美：《西藏历代藏印》，1991：87。
29 欧朝贵、其美：《西藏历代藏印》，1991：87。

七行印文，转录为藏文：གངས་ལྗོངས་བསྟན་འགྲོའི་ཕན་བདེའི་དཔལ་མགོན་ཡོངས་འཛིན་སྟག་བྲག་པཎ་ཊི་ཏ་ཡི་ཆོས་སྲིད་འཕྲིན་ལས་བཟང་པའི་དགེ་མཚན་མཆོག་ཏུ་འབར་བའི་ཐམ་ག་བཀྲ་ཤིས་བདེ་སྐྱིད་འཕེལ། 汉译：雪域佛教众生利益护持经师达察班第达之政教业绩优胜之印吉祥如意。此印是达察活佛的用印。

10. 管理西藏事务弘扬黄帽佛教吉祥诺门罕之印（图一：11）

铁印，宝珠形木纽，高 7 厘米，方形，边长 5 厘米，现藏西藏自治区博物馆[30]。共六行印文，转录为藏文：བོད་ཀྱི་ལས་དོན་ཁུར་འཛིན་ཞྭ་སེར་བསྟན་པ་འཛིན་བྱེད་དཔལ་ལྡན་ནོ་མིན་ཧན་གྱི་ཐམ་ག་རིམ་པར་རྒྱལ་ལོ། 汉译：管理西藏事务弘扬黄帽佛教吉祥诺门罕之印诸事全胜。此印是西藏地方根据朝廷颁赐的蒙藏满三语合璧银印自制之印，被达察活佛以后的历任摄政承袭使用。

11. 济隆呼图克图寺院主持扎萨克喇嘛之印（图一：12）

铁印，宝珠木纽，高 7.9 厘米，方形，边长 3.4 厘米，西藏自治区博物馆藏[31]。共五行印文，转录为藏文：རྗེ་དྲུང་ཧུ་ཐོག་ཐུའི་གདན་སའི་ལས་དོན་ཛ་སག་བླ་མའི་དམ་རྒྱ་ཀུན་ཏུ་རྒྱལོ（རྒྱལ་ལོ།）汉译：济隆呼图克图寺院主持扎萨克喇嘛之印诸事全胜。“济隆”为“རྗེ་དྲུང་།”音译，又称作济咙或济中。济隆呼图克图是西藏有名的活佛转世系统。第六世、七世和八世济隆活佛都曾前往北京，曾受到清廷颁授印章[32]。此印是根据朝廷封印自制的印章。

12. 弘扬黄帽阿其图慧灵呼图克图之印（图一：13）

铁印，直纽，高 5 厘米，方形，边长 4.8 厘米，收藏地不详[33]。共五行印文，转录为藏文：ཞྭ་སེར་བསྟན་པ་གསལ་བར་བྱེད་པའི་ཨ་ཆི་ཐུ་ཧུ་ཉིང་ཧོ་ཐོག་ཐུའི་ཐམ་ག་དགེ་ལེགས་འཕེལ། 汉译：弘扬黄帽阿其图慧灵呼图克图之印妙善繁荣。阿其图是蒙古语 ačitu，意思是“勋劳、勋功”，清朝借以封授蒙藏高僧。据文献记载，“阿其图慧灵呼图克图”是第三世热振活佛阿旺益西楚臣坚赞（ངག་དབང་ཡེ་ཤེས་ཚུལ་ཁྲིམས་རྒྱལ་མཚན། 1816-1863 年）的名号[34]。

13. 皇帝谕旨弘扬佛教吉祥诺门罕之印（图一：14）

方形，边长 6.3 厘米，印文红色[35]。共六行印文，转录为藏文：གོང་མའི་ལུང་གིས་ཞྭ་སེར་གྱི་བསྟན་པ་འཛིན་བྱེད་དཔལ་ལྡན་ནོ་མིན་ཧན་གྱི་ཐམ་ག་བཀྲ་ཤིས་དགེའོ། 汉译：皇帝谕旨弘扬佛教吉祥诺门罕之印圆满。据档案和文献记载，该印章主人是达结林第六世第穆呼图克图阿旺强白德勒

---

30 欧朝贵、其美：《西藏历代藏印》，1991：90。

31 欧朝贵、其美：《西藏历代藏印》，1991：86。

32 昆冈、李鸿章等修，赵云田点校：《钦定大清会典事例 · 理藩院》，北京：中国藏学出版社，2006：160。

33 欧朝贵、其美：《西藏历代藏印》，1991：84。

34 《西藏研究》编辑部：《清代藏事辑要》（第一辑），拉萨：西藏人民出版社，1983：460、493。

35 Dieter Schuh, *Grundlagen tibetischer Siegelkunde*, 1981: 111-112. 功德林寺档案，编号 K425、K1234、K788。

图一　清代西藏八思巴字印章（一）

（1. 持金刚达赖喇嘛之印 2. 察雅活佛之印 3. 弘扬佛教达察班智达灌顶大国师之印 4. 持金刚之印 5. 持金刚达赖喇嘛之印 6. 班禅喇嘛之印 7. 类乌齐印 8. 察雅呼图克图诺门罕之印 9. 察雅诺门罕呼图克图之印 10. 达察班第达之政教业绩优胜之印 11. 管理西藏事务弘扬黄帽佛教吉祥诺门罕之印 12. 济隆呼图克图寺院主持扎萨克喇嘛之印 13. 弘扬黄帽阿其图慧灵呼图克图之印 14. 皇帝谕旨弘扬佛教吉祥诺门罕之印 15. 慧通禅师济隆呼图克图之印 16. 额尔德尼诺门罕之印 17. 管理西藏事务黄帽班丹诺门罕之印）

嘉措（ངག་དབང་འཇམ་དཔལ་བདེ་ལེགས་རྒྱ་མཚོ། 1724-1777 年）[36]。

14. 慧通禅师济隆呼图克图之印（图一：15）

方形，边长 4.7 厘米，红色印文[37]。共七行印文，转录为藏文：གནམ་བསྐོས་འཇམ་དབྱངས་གོང་མ་ཆེན་པོ་ཡི་བཀས་ཡེ་ཤེས་ཡོངས་རྫོགས་བསམ་གཏན་མཁན་པོ་རྗེ་དྲུང་ཧུ་ཐུག་ཐུའི་ཐམ་ག་བཀྲ་ཤིས་དགེ་ལེགས་འཕེལ། 汉译：奉天承运文殊菩萨大皇帝敕封慧通禅师济隆呼图克图之印吉祥如意。从现存档案和印文内容看，这枚印章主人是达察摄政，即济隆呼图克图一系。

15. 额尔德尼诺门罕之印（图一：16）

方形，边长 6.2 厘米，红色印文[38]。共五行印文，转录为藏文：བཀས་བོད་ཀྱི་ལས་དོན་ཁུར་འཛིན་ཞུ་སེར་བསྟན་པ་འཛིན་བྱེད་ཨེར་ཏེ་ནེ་ནོ་མིན་ཧན་གྱི་ཐམ་ག་རྒྱལ། 汉译：奉天承运办理西藏事务掌办佛教额尔德尼诺门罕之印胜利。从现存档案判断，该印章的主人是第三世热振活佛阿旺益西楚臣坚赞。

16. 管理西藏事务黄帽班丹诺门罕之印（图一：17）

方形，边长 4.7 厘米，印文红色[39]。共六行印文，转录为藏文：བོད་ཀྱི་ལས་དོན་ཁུར་འཛིན་ཞུ་སེར་བསྟན་པ་འཛིན་བྱེད་དཔལ་ལྡན་ནོ་མིན་ཧན་གྱི་ཐམ་ག་རྣམ་པར་རྒྱལ་བོ། 汉译：管理西藏事务黄帽班丹诺门罕之印常胜。这枚印章是摄政用印，是西藏地方上根据朝廷颁赐的蒙、藏、满三语合璧银印复制之印，为达察以后历任摄政承袭使用。

17. 弘扬佛教额尔德尼诺门罕之印（图二：1）

方形，边长 5.8 厘米，红色印文[40]。共四行印文，转录为藏文：བསྟན་པའི་གསལ་བྱེད་ཨེར་ཏེ་ནེ་ནོ་མོན་ཧན་གྱི་ཐམ་ག་རྒྱལ། 汉译：弘扬佛教额尔德尼诺门罕之印。从现存档案看，这枚印章的主人是第一世策墨林活佛阿旺楚臣（ངག་དབང་ཚུལ་ཁྲིམས། 1721-1791 年），藏历火马年（1786 年）他颁给甘丹达吉林寺的文告中钤盖了此印[41]。有学者认为该印章是清廷颁赐[42]，但从印章特点分析，应属于西藏地方的自制印。

36 陈金钟认为此印是清朝的官方赐印，这种判断不准确，该印应系西藏自制印章，详见后文。陈金钟：《元以来中央政府颁授西藏地方首领印章举要》，《中央民族学院学报》1988（3）：21。

37 Dieter Schuh, *Grundlagen tibetischer Siegelkunde*, 1981: 130. 功德林寺档案，编号 K428。

38 Dieter Schuh, *Grundlagen tibetischer Siegelkunde*, 1981: 222. 功德林寺档案，编号 K426。

39 Dieter Schuh, *Grundlagen tibetischer Siegelkunde*, 1981: 131-132.

40 Dieter Schuh, *Grundlagen tibetischer Siegelkunde*, 1981: 128. 功德林寺档案，编号 K483。

41 中国社会科学院民族研究所、西藏自治区档案馆：《西藏社会历史藏文档案资料译文集》，1997：80-81。

42 陈金钟：《元以来中央政府颁授西藏地方首领印章举要》，《中央民族学院学报》1988（3）：20。

18. 福德圆满法王治下吉祥遍地（图二：2）

方形，尺寸不详，印文红色[43]。共六行印文，转录为藏文：བསོད་ནམས་སྟོབས་དང་འབྱོར་པ་ཕུན་ཚོགས་རྫོགས་ལྡན་ཐམས་ཅད་དབང་བས་བསྒྱུ་ཆོས་ཀྱི་རྒྱལ་པོའི་མངའ་ཐང་པ་ཞན་པས་ས་སྟེང་ཁྱབ་ཅིང་བདེ་ལེགས་སུ་རྒྱུར་རོ། 汉译：福德圆满法王治下吉祥遍地。从现存档案来看，该印主人是第九世第穆活佛阿旺洛桑赤列饶杰（དེ་མོ་ངག་དབང་བློ་བཟང་འཕྲིན་ལས་རབ་རྒྱས། 1856-1900 年），藏历木羊年（1895 年），他颁给敏拉卓巴之封文钤盖了此印[44]。

19. 毕理克图额尔德尼诺门罕之印（图二：3）

方形，尺寸不详，印文红色，在正中上方有一个藏文字母“ག”[45]。共四行印文，转录为藏文：བི་རེ་ཀེ་ཐུ་ཨེར་ཏེ་ཊི་ནོ་མིན་ཧན་གྱི་ཐམ་ག་རྒྱལ་ལོ། 汉译：毕理克图额尔德尼诺门罕之印。西藏自治区博物馆收藏有件加盖该印章的藏文文告，是由毕理克图额尔德尼诺门罕发布。据文献记载，“毕理克图额尔德尼诺门罕”是济隆呼图克图的名号[46]。该印章应是根据朝廷封印复制而成。

20. 办理西藏事务掌管黄教吉祥诺门罕之印（图二：4）

方形，尺寸不详，印文红色[47]。共六行印文，转录为藏文：བོད་ཀྱི་ལས་དོན་ཁུར་འཛིན་ཞྭ་སེར་བསྟན་པ་འཛིན་བྱེད་དཔལ་ལྡན་ནོ་མིན་ཧན་གྱི་ཐམ་ག་རྣམ་པར་རྒྱལ་ལོ། 汉译：办理西藏事务掌管黄教吉祥诺门罕之印一切胜利。从现存档案判断，这枚印章是西藏摄政的用印。西藏自治区档案馆内有“济隆呼图克图及诸噶伦为辅放代本事咨驻藏大臣文”中钤盖的便是此印[48]，说明此印曾为达察摄政活佛所用。

21. 弘扬佛教大国师敏珠诺门罕之印（图二：5）

方形，尺寸不明，印文红色[49]。共五行印文，转录为藏文：བསྟན་པའི་གསལ་བྱེད་ཏའི་གུ་ཤྲི་སྨིན་གྲོལ་ནོ་མོན་ཁང་གི་ཐམ་ག་རྒྱལ། 汉译：弘扬佛教大国师敏珠诺门罕之印胜。此印是敏珠林活佛的用印。

22. 扎西桑丹林之主持额尔德尼呼图克图之印（图二：6）

方形，边长 4.2 厘米，印文红色[50]。共七行印文，转录为藏文：མདོ་སྔགས་ཏིང་འཛིན་ལེགས་

43 Dieter Schuh, *Grundlagen tibetischer Siegelkund*, 1981: 58.

44 中国社会科学院民族研究所、西藏自治区档案馆：《西藏社会历史藏文档案资料译文集》，1997：94。

45 图片由西藏自治区博物馆提供。

46 昆冈、李鸿章等修，赵云田点校：《钦定大清会典事例 · 理藩院》，2006：161-162。

47 Dieter Schuh, *Grundlagen tibetischer Siegelkunde*, 1981: 132. 功德林寺档案，编号 K448。

48 西藏自治区档案馆编：《西藏历史档案荟萃》，北京：文物出版社，1995：51-52。

49 功德林寺档案，编号 K709。

50 Dieter Schuh, *Grundlagen tibetischer Siegelkunde*, 1981: 28.

པར་འཕེལ་བའི་གནས་ཆེ་མཆོག་བཀྲ་ཤིས་བསམ་གཏན་གླིང་གི་གདན་ཁྲི་པ་ཨེར་དེ་ནི་ཧུ་ཐུག་ཐུ་ཞེས་གྲགས་པའི་ཐམ་ཁ་དོན་ཀུན་གྲུབ་ཅིང་རྣམ་པར་རྒྱལ་ལོ། 汉译：吉祥兴盛显密禅定无上扎西桑丹林之主持额尔德尼呼图克图印诸事顺利成功。此印是扎西桑丹林活佛的用印。

23. 慧通禅师统领之印（图二：7）

方形，边长 4.9 厘米，印文红色[51]。共五行印文，转录为藏文：ཡེ་ཤེས་ཡོངས་རྫོགས་བསམ་གཏན་མཁན་པོ་འདོད་པའི་ཐམ་ག་རྣམ་པ་རྒྱལ་ལོ། 汉译：慧通禅师统领之印诸事全胜。根据现存的另一枚“慧通禅师之印”[52]，可知此印主人是济隆呼图克图。

24. 章嘉呼图克图之印（图二：8）

方形，尺寸不详，印文红色，共五行印文。从现存档案判断，这枚印章的主人是章嘉呼图克图。从西藏自治区档案馆内保存的两件光绪三十一年（1905 年）七月十五日钤盖此印的咨文[53]可知，此印主人是第七世章嘉呼图克图洛桑贝丹丹贝准美（བློ་བཟང་དཔལ་ལྡན་བསྟན་པའི་སྒྲོན་མེ། 1892-1958 年）。

25. 高贵圣主敕封普世稀有法王之政治事业幸福吉祥如意印（图二：9）

方形，边长 5.3 厘米，印文红色[54]。共七行印文，转录为藏文：རྒྱལ་དབང་མཆོག་གི་བཀའི་ལུང་གིས་ངོ་མཚར་ཀུན་ཁྱབ་ཆོས་ལྡན་རྒྱལ་པོའི་ཆབ་སྲིད་འཕྲིན་ལས་ཀྱི་དགེ་མཚན་འབར་བའི་བདེ་སྐྱིད་འཕེལ། 汉译：高贵圣主敕封普世稀有法王之政治事业幸福吉祥如意。从档案判断，该印主人是第十三世达赖喇嘛的内务大臣。

（二）第巴与藏王用印

1. 颇罗哇多罗郡王咀喇巴图岱青珠尔默特那木扎勒之印（图二：10）

铁印，宝珠木纽，高 10 厘米，方形，边长 4.8 厘米，原藏于布达拉宫，现藏西藏自治区博物馆[55]。共六行印文，转录为藏文：མིའི་དབང་པོ་ཕོ་ལྷ་བ་ཐོ་ཅུང་ཇུན་དབང་ད་ལའི་བ་ཐུར་ཏའི་ཆིང་འཇུར་མེད་རྣམ་པར་རྒྱལ་བའི་ཐམ་ཀ་ཕྱོགས་དུས་གནས་སྐབས་ཀུན་ཏུ་རྒྱལ་གྱུར་ཅིག 汉译：人主颇罗哇多罗郡王咀喇巴图岱青珠尔默特那木扎勒之印愿一切永远殊胜。珠尔默特那木扎勒（འཇུར་མེད་རྣམ་

51 波恩大学网站：编号 0391_KHD_S83_15-16_3-4_2。
52 西藏自治区博物馆编，何晓东著：《历史的见证：西藏自治区博物馆藏历代中央政府治藏文物集萃》，2015：147。
53 西藏自治区档案馆编：《西藏自治区档案馆馆藏蒙满文档案精选》（10），北京：中国藏学出版社，2018：31-32、37-40。
54 功德林寺档案，编号 K421。
55 欧朝贵、其美：《西藏历代藏印》，1991：80。

རྒྱལ། ?-1750 年）是颇罗鼐之子，1739 年被委任为头等台吉，管理藏北达木蒙古。1747 年承袭其父郡王爵。1750 被清朝驻藏大臣诛杀。

2. 以贝子康济鼐为首席噶伦贝子阿沛巴为协助噶伦之印（图二：11）

方形，尺寸不明，印文红色[56]。共六行印文，印文不清晰，仅能部分释读，转录为藏文：པའི་སི་ཁང་ཆེན་པས་གཙོ་བོ་པའི་སི་ང་ཕོད་ལས་རོགས་རམ་པ་སོགས་ཆིང་སྲིད་ར（？）·གནས་ཀྱི་ཐམ་ཀ་རྒྱལ་དགྲ་ལོ།། 汉译：以贝子康济鼐为首席噶伦贝子阿沛巴为协助噶伦之印常胜。1721 至 1727 年，西藏由康济鼐、阿尔布巴多吉、隆布鼐、颇罗鼐和甲然洛卓等共同主持政务，当时政府公文中即使用此印。1740 年颇罗鼐发布的一件文告中钤盖了此印[57]，说明直到此时，该印章仍在使用。

3. 颇罗台吉索南达杰之印（图二：12）

方形，边长 4.9 厘米，印文既有红色，也有黑色[58]。共五行印文，转录为藏文：ཕོ་ལྷ་ཐའི་ཇི་བསོད་ནམས་སྟོབས་རྒྱལ་གྱི་ཐམ་ཀ་དོན་ཀུན་གྲུབ་པ། 汉译：颇罗台吉索南达杰之印诸事成功。在迪特 · 舒的书中公布有两件档案使用了此印[59]，另外还有多件功德林寺档案也使用此印[60]。

4. 人王索南达杰颇罗鼐之印（图二：13）

方形，边长 6.5 厘米，印文红色。共六行印文，转录为藏文：མིའི་དབང་པོ་བསོད་ནམས་སྟོབས་ཀྱི་རྒྱལ་པོ་ཕོ་ལྷ་དབང་གི་ཐམ་ཀ་ཕྱོགས་ཐམས་ཅད་ལས་རྣམ་པར་རྒྱལ་བ་དོན་ཀུན་འགྲུབ་པ་བཀྲ་ཤིས་སོ་རྟག་ཏུ་ལྷ་རྒྱལ་ལོ་དགེའོ། 汉译：人王索南达杰颇罗鼐之印祝愿诸事成就无往不胜所到之处悉成吉祥。迪特 · 舒书中有一件档案使用此印[61]。另在功德林寺档案中有颇罗鼐颁发布的文告中使用该印章[62]。

5. 颇罗鼐台吉索南达杰之印（图二：14）

方形，边长 3.9 厘米，印文黑色[63]。共六行印文，转译为藏文：ཕོ་ལྷ་ཐའི་ཇི་བསོད་ནམས་སྟོབས་རྒྱལ་གྱི་ཐམ་ཀ་དོན་ཀུན་གྲུབ་པ་ཕྱོགས་ཐམས་ཅད་ལས་རྣམ་པར་རྒྱལ་ཞིང་གནས་སྐབས་ཀིན་ཏི་བཀྲ་ཤིས་ཀྱི་སྣང་བ་དམ་པས་ཁྱབ་པར་ཤོག 汉译：颇罗鼐台吉索南达杰之印愿殊胜一切诸事成功吉祥之光普照四方。从印章内容可知，这枚印章的主人是颇罗鼐，功德林寺档案中可以见到颇罗鼐发布的文

56 陈金钟：《西藏第司历任世系之印》，《西藏研究》1995（1）：121。

57 功德林寺档案，编号 K1221。

58 陈金钟：《西藏第司历任世系之印》，《西藏研究》1995（1）：121。

59 Dieter Schuh, *Grundlagen tibetischer Siegelkunde*, 1981: 68.

60 功德林寺档案，编号 K799。

61 Dieter Schuh, *Grundlagen tibetischer Siegelkunde*, 1981: 69-70.

62 功德林寺档案，编号 K1217。

63 Dieter Schuh, *Grundlagen tibetischer Siegelkunde*, 1981: 71.

告中钤盖了此印章[64]。

6. 台吉珠尔默特那木扎勒之印（图二：15）

长方形，长 4、宽 3.8 厘米，藏处不详[65]。共四行印文，转录为藏文：ཐའི་ཛི་འབྱུར་མེད་ནམ་རྒྱལ་གྱི་ཐམ་ག་ཕྱོགས་ཐམས་ཅད་ལས་རྒྱལ་ལོ། 汉译：台吉珠尔默特那木扎勒之印十方全胜。该印章是珠尔默特那木扎勒的用印。

（三）蒙古汗王用印

1. 达赖汗之印（图二：16）

方形，边长 5.5 厘米，印文红色[66]。共三行印文，转录为藏文：ཤ་ཁྲི་ནི་བ་རིག་ཆི་ད་ལའི་ཁན། 汉译：夏其尼巴里齐达赖汗。从现存档案和印文判断，该印是达赖汗的用印，他是蒙古和硕特部首领，达延汗的长子。康熙十年（1671 年）进驻拉萨承袭汗位，五世达赖喇嘛赐他以“丹津达赖汗”（བསྟན་འཛིན་ད་ལའི་རྒྱལ་པོ）封号，并赐印信。这枚印章即是五世达赖喇嘛颁授给达赖汗的印章[67]。功德林寺内收藏有两件达赖汗分别于 1685 和 1692 年向藏地百姓发布的文告中都是钤盖此印[68]。

2. 罗卜藏丹津之印（图二：17）

方形，尺寸不详，印文红色，在印上方有三个小圆圈组成的“品”字形标识[69]。共三行印文，转录为藏文：བློ་བཟང་བསྟན་འཛིན་གྱི་ཐམ་ཀ 汉译：罗卜藏丹津之印。罗卜藏丹津是固始汗之孙，驻地在青海东部。根据清朝早期蒙藏关系历史规制，该印应是达赖喇嘛封授给罗卜藏丹津[70]。在西藏功德林寺档案中，有一件藏历铁牛年（1721 年）由罗卜藏丹津发布给西藏僧俗百姓的文告，在文告的起首语处即钤盖此印[71]。

64 功德林寺档案，编号 K1214。

65 Dieter Schuh, *Grundlagen tibetischer Siegelkunde*, 1981: 104.

66 Dieter Schuh, “Politische Implikationen tibetischer Urkundenformeln.” *Archiv für Zentralasiatische Geschichtsforschung*, heft 9, Sankt Augustin: VGH-Wissenschaftsverlag, 1985: 145.

67 Ishihama Yumiko, “A Study of the Seals and Titles Conferred by the Dalai Lamas.” In *Tibetan Studies: Proceedings of the 5th Seminar of the International Association for Tibetan Studies, Narita 1989*, eds. Ihara Shoren and Yamaguchi Zuiho, Narita: Naritasan Shinshoji, 1992. 汉译本见黄维忠译：《达赖喇嘛所授印章和封号的研究》，《国外藏学译文集》第十二辑，拉萨：西藏人民出版社，1995：53-78。

68 功德林寺档案，编号 K2091 和 K1351。

69 Dieter Schuh, *Grundlagen tibetischer Siegelkunde*, 1981: 61.

70 石滨裕美子著，黄维忠译：《达赖喇嘛所授印章和封号的研究》，《国外藏学译文集》第十二辑，1995：53-78。

71 功德林寺档案，编号 K1409。

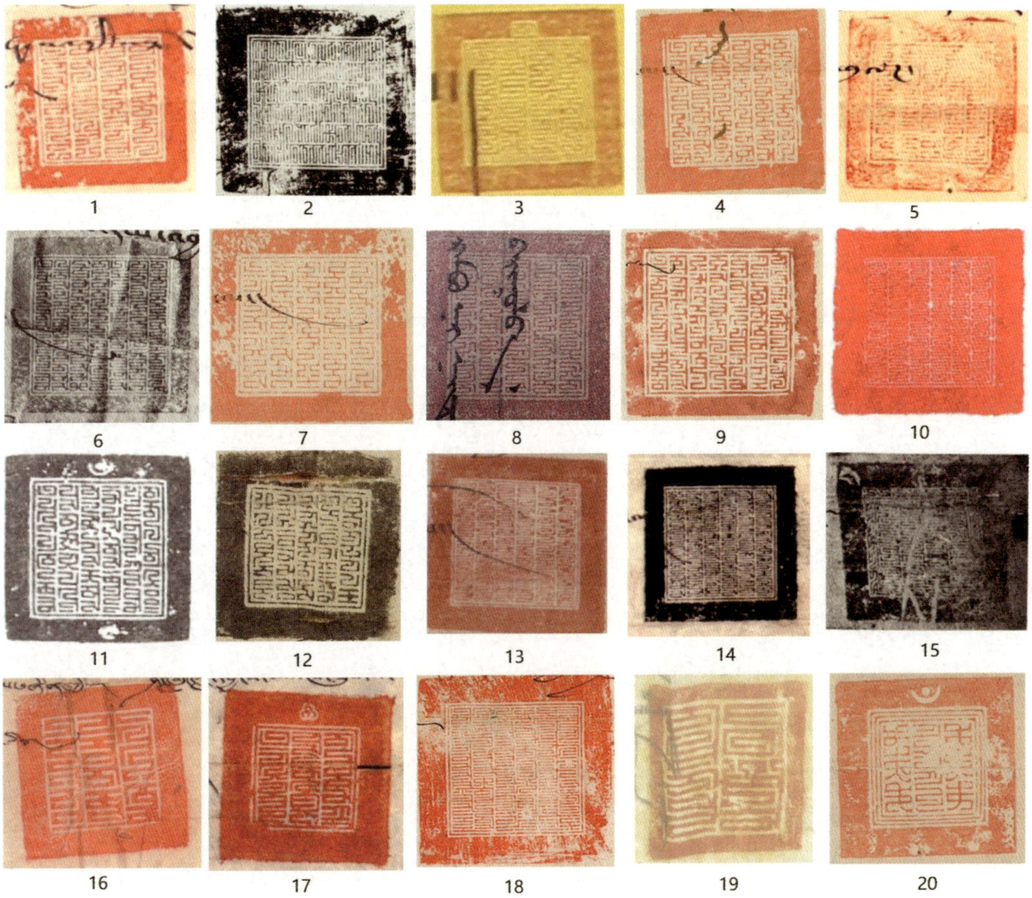

图二　清代西藏八思巴字印章（二）

（1. 弘扬佛教额尔德尼诺门罕之印 2. 福德圆满法王治下吉祥遍地 3. 毕理克图额尔德尼诺门罕之印 4. 办理西藏事务掌管黄教吉祥诺门罕之印 5. 弘扬佛教大国师敏珠诺门罕之印 6. 扎西桑丹林之主持额尔德尼呼图克图之印 7. 慧通禅师统领之印 8. 章嘉呼图克图之印 9. 高贵圣主敕封普世稀有法王之政治事业幸福吉祥如意印 10. 颇罗哇多罗郡王呾喇巴图岱青珠尔默特那木扎勒之印 11. 以贝子康济鼐为首席噶伦贝子阿沛巴为协助噶伦之印 12. 颇罗台吉索南达杰之印 13. 人王索南达杰颇罗鼐之印 14. 颇罗鼐台吉索南达杰之印 15. 台吉珠尔默特那木扎勒之印 16. 达赖汗之印 17. 罗卜藏丹津之印 18. 愿法王权辉遍及全地征服一切具傲慢福泽繁荣富强幸福来临印 19. 额尔德尼洪台吉之印 20. 幸福印）

3. 愿法王权辉遍及全地征服一切具傲慢福泽繁荣富强幸福来临印（图二：18）

方形，边长 7.9 厘米，印文红色[72]。共六行印文，转录为藏文：བསོད་ནནས（ནམས）་

72 Dieter Schuh, *Grundlagen tibetischer Siegelkunde*, 1981: 50-52. 陈金钟：《西藏第司历任世系之印》，《西藏研究》1995（1）：120。

སྟོབས་དང་འབྱོར་པ་ཕྱིན་ཚོགས་དགས་ལྡན་ཐམས་ཅད་དབང་བསྡུད་ཆོས་ཀྱི་རྒྱལ་པོའི་མངའ་ཐང་པ་ནན་པས་ས་སྟེང་ཁྱབ་ཅིང་བདེ་ལེགས་སུ་གྱུར་རོ། 汉译：愿法王权辉遍及全地征服一切具傲慢福泽繁荣富强幸福呈祥。从现存档案判断，这枚印章是蒙古和硕特部首领拉藏汗的用印。在功德林寺的档案中，至少有三件拉藏汗发布的藏文文告中启用了此印章[73]。

4. 额尔德尼洪台吉之印（图二：19）

方形，尺寸不详，印文红色。共两行印文，因档案保存状况不佳，印文内容无法辨识。从现存档案来看，这枚印章的主人是达赖洪台吉（ད་ལས་ཧུང་ཐའི་ཇི། ?-1690 年），他是卫拉特蒙古和硕特部的首领，藏名丹增达赖，是达延汗长子。在青海省博物馆保存有一件康熙二十七年（1688 年），达赖洪台吉颁给三世察罕诺门罕照旧管理事宜之文告，在文告末尾钤盖了这方印[74]。该印应是五世达赖喇嘛封授给达赖洪台吉之印。

（四）其他

从现存资料看，除了上述印文内容直接标示印章主人名讳或官职的八思巴字印章以外，还有一些没有标明印主的地名或吉语印章。如西藏自治区博物馆收藏的“类乌齐”印（图一：7），该印为木质，狮纽，高 3.8 厘米，方形，边长 4.4 厘米[75]。印面下方是五瓣莲花，上方是佛教三宝。印面中间刻有三个八思巴字，转写成藏文是：རི་བོ་ཆེ།（类乌齐）。类乌齐在今昌都地区，这里的印文应当就是指代该地。再如档案中的“吉隆”印，印面呈方形，边长 1.7 厘米[76]。该印共有两行印文，转写成藏文是：སྐྱིད་གྲོང་།（吉隆），吉隆在今西藏日喀则市西南部。吉语印章的内容一般都比较简单，如“幸福（བདེ་སྐྱིད）”印（图二：20）和“吉祥（བཀྲ་ཤིས）”印，等等。

三、八思巴字印章的特点分析

通过对目前已搜集到的清朝八思巴字印章资料的观察和分析，我们可以对这类印章的形制特点进行如下归纳和总结。

第一，从形制和尺寸看，八思巴字印章的印面基本都是方形。这类印被制作成方形

73 功德林寺档案，编号 K1235、K1918、K2051。

74 青海省博物馆、青海民族博物馆：《河湟藏珍：藏传佛教文物卷》，2012：165。

75 欧朝贵、其美：《西藏历代藏印》，1991：100。

76 Dieter Schuh, *Grundlagen tibetischer Siegelkunde*, 1981: 31.

是由其外形特征所决定，因为方形文字排列在方形印面上比圆形印面更合适。印章尺寸大小各有不同，边长多在 2-13 厘米间，以 4-7 厘米间最常见。高度在 5-13 厘米间，以 7-9 厘米间最多见。第二，从印章质地看，八思巴字印章有银印、铁印、铜印等。其中以铁质最多，银质次之，目前铜印仅见一例，即“持金刚达赖喇嘛之印”。第三，从印章纽式看，八思巴字印章的纽式比较丰富。从前文可知，纽式主要包括宝珠纽、如意纽、双鱼佛轮纽、直纽等。

第四，关于八思巴字印章的印文特点可以从其字体、字数、字文和印色等方面进行考察。（1）字体：字体相对比较单一，都遵守方形折叠，务求填满的原则，有点类似汉文的九叠篆字，看上去显得大方庄重。其印文字体有时视印文内容多寡而定，当印文内容较多时，字体自然偏小，并且显得又扁又平；当印文内容少时，则相对灵活。（2）字数：印文字数也是视内容而定，字数从一个到三十余字不等。关于印面字数，还有这样一种有趣的现象，当印文的字数是奇数或字数多少不等时，造成印面文字不易排列，制印者便在印面每行文字的起首或末尾处增加符号来填充，目的是求得在方正的印面内印文对称、整齐，布局疏密有致、舒展美观。（3）字文：首先，按照印文内容，可以大致将其印文结构概括为四种组合方式：一是印章所有者的名字或爵职称号与吉语的组合。一般来说，这类印章印文的前半部分是选取朝廷封号与敕印文字的内容，常见的如“某某呼图克图”“某某额尔德尼诺门罕”“持金刚达赖喇嘛之印”，有时在名号之前加上“奉天承运文殊菩萨大皇帝”“皇帝谕旨弘扬佛教”“弘扬黄帽教法”“阐扬佛教”等前缀；后半部分的吉语多是表示祈福和祝愿的套用句式，如“全胜”“圆满”和“吉祥”等，这种组合方式最为常见。二是印章持有者姓名和吉语组合，如“颇罗台吉索南达杰之印诸事成功”“岱青巴图尔之印吉祥”。三是地名或人名，如“类乌齐”“协噶”等印。四是仅是吉语，如“幸福”“扎西”等印。其次，是吉语在八思巴字印章中的普遍使用。从前文可知，多数印都是以吉语结尾，用以表达某种祝福与愿望。这种现象在清代西藏地方使用的其他印章中是很少见的。最后，印文刻写不规范或刻写错误现象十分普遍。如对“诺门罕”“印章”“呼图克图”“国师”等词语的转写，可谓五花八门，没有规范标准。（4）印色：从印文颜色看，钤盖八思巴字印章时所选用的印泥颜色也有一定的讲究，其印色分黑、红、紫三种。一般来说，红色较黑色为贵，例如清初固始汗和第巴共同钤盖印章时，以固始汗红色印章为贵，第巴黑色印文为副署印[77]。同一枚印章，使用场

77 ནོར་རྒྱས་ནང་པ་དབང་འདུས་ཚེ་རིང་། དེབ་ཐེར་ལོང་བའི་དམིགས་བུ་དང་ཐམ་དེབ། ཆབ་སྲིད་ཚེ་བརྟན་ཕུན་ཚོགས། བོད་ཀྱི་གལ་ཆེའི་ལོ་རྒྱུས་ཡིག་ཆ་བདམས་བསྒྲིགས།1991: 8.

合不同，所用颜色也会有所不同，如“颇罗台吉索南达杰之印诸事成功”，从现存档案来看，既有红色，又有黑色印文。上级对下级和寺院僧人都用红色印泥，而下级对上级和僧官多用黑色印泥。紫色印只出现在一些特定历史时期，如在藏历土狗年（1658 年）第司索南群培病逝，铁鼠年（1660 年）赤列嘉措任第司之前，大约有三年时间由达赖喇嘛亲自署理政教事务，甘丹颇章地方政府把官方用印以朱红和黑色混合成紫色，钤盖于公文之上，据说此系旧任第司死后，新任第司还未产生之前时由达赖喇嘛亲理行政之时才会使用的印色[78]，目前尚未见到钤盖紫色印文的档案。

第五，印面装饰富有藏族文化特点，最常见的装饰有三种形式，即日月组合标识、由三个小圆点排成的“品”字造型及其他装饰。前两种装饰有一些共性特点：首先，这两种装饰都具有很强的实用功能，最直接的用途便是用来指示印章的上下顺序，以确定印章的正方向，不至于在加盖印章时将印文颠倒。其次，这两种装饰还可用来区分印主的不同身份。道理很简单，因为西藏的很多印章是可以先后承袭使用的，继任者为了区分与前任的印章使用身份，多会在原印上增刻日月组合或三个小圆点，有时也会刻一个藏文字母代替[79]。最后，这两类装饰可能都被赋予了一定的宗教意义。日月组合在藏文化中很普遍，在清代有说法认为它们分别代表达赖喇嘛和班禅喇嘛，而三个小圆点，则象征佛教的佛法僧三宝。其他装饰，一般会选缠枝、莲枝、火焰等具有宗教意蕴的装饰元素。

四、八思巴字印章的使用特点

据笔者粗略统计，在西藏现存的大量清代藏文档案中，以八思巴字印章的使用比例为最高[80]。本文在对大量藏文档案综合分析的基础上，将清朝西藏地方八思巴字印章的使用特点归纳如下：

第一，八思巴字印章的使用群体，基本涵盖了西藏地方上的所有政教首领，包括宗教首领、蒙古汗王、第巴摄政和护法神等。从现存文物资料可知，这些印章使用者往往不止拥有一枚八思巴字印章，而是有多枚，如颇罗鼐至少有三枚内容基本相同的八思巴字印章。此外，这些印章可以被承袭使用。最具代表性的世袭印章是达赖喇嘛的“持金

78 诺杰朗巴 · 旺堆次仁著，刘立千译：《噶厦印谱译注》，《中国藏学》1990（1）：89。

79 陈金钟：《西藏第司历任世系之印》，《西藏研究》1995（1）：124。

80 目前笔者所见约有五千件清代藏文档案，其中 80% 以上使用的都是八思巴字印章。参见朱德涛：《清代西藏官印制度研究》，四川大学博士学位论文，2019。

刚之印”，该印原型本是明末蒙古俺答汗封授给第三世达赖喇嘛的印章，后来经过复制和仿制，被历辈达赖喇嘛所共用。再如据文献记载，达察活佛代理摄政在没收到朝廷封印以前，所用印信均系承袭上辈达察活佛的八思巴字摄政印[81]。同时，从前文还可知道，同一枚印章在被承袭使用过程中，承袭者为了标示与前任的区别，常会在前任印章的印面上方加刻一个由三个小圆圈组成的“品”字符号或日月标识[82]。第二，八思巴字印章既可以作为押题印，也可作为正题印。当印章加盖在公文起首语的位置，与清廷颁授的多语合璧官印一同使用时，属于押题印；当八思巴字印章被加盖在文告末尾，单独使用时，则属于正题印。从现存的档案看，八思巴字印章作为押题印单独使用的情况更为常见。

第三，相对于朝廷封印[83]，八思巴字印章的使用范围较小，印章所加盖的文告级别也相对较低。其使用范围主要集中在西藏本土，以及西藏东部和云南中甸等地区，所涉内容一般都是土地、田产、房屋税收的征免，或是个人、寺院特权的赋予或重申，一般不会涉及到西藏地方与中央政府之间的政教大事。第四，钤盖汉字官印文告的材质一般都是米黄色藏纸，文告尺寸长度多不超过 80 厘米，宽度多在 35 至 50 厘米之间。

第五，一般情况下，政府文告如果钤盖了朝廷的封印，文告的起首称谓语中则会强调文告发布者是受到皇帝授权，即该文告的发布权力来自清朝皇帝。如 1734 年颇罗鼐发给西藏的文告，使用朝廷封印，其起首语为“天命文殊皇帝敕封人王贝子之文告”。再如 1735 年颇罗鼐发布的另外一件使用朝廷封印的文告，起首语谓：“奉文殊怙主大皇帝之命……大皇帝敕封台吉、贝子、贝勒人王多罗贝勒”[84]。当政府公文以八思巴字印作为正题印时，其起首语称谓中没有文告发布者权力来自清朝皇帝的表述，文告发布者在起首语中会直接呼吁辖内的所有百姓，常见的模式如：“天下所领所有众生，尤其是某地区辖内的所有贵贱人等周知”[85]，或者“晓谕天下管辖范围内的所有百姓，尤其是布达拉所属的执事、哲林、谿堆、米本、如本、达都、居本、文武官员所领之贵贱僧俗等一体周知。”在清朝早期，有的印章因为是达赖喇嘛封授，起首语中则会强调文告发布者的权力是来自达赖喇嘛，例如 1685 年达赖汗使用五世达赖喇嘛所授八思巴字印章发布的文告中，文告起首语为“达赖喇嘛敕封政教二道之践行者授权丹增达赖汗之文告”。[86]

81 诺杰朗巴 · 旺堆次仁著，刘立千译：《噶厦印谱译注》，《中国藏学》1990（1）：93。

82 陈金钟：《西藏第司历任世系之印》，《西藏研究》1995（1）：124。

83 朱德涛：《清代西藏官印制度研究》，四川大学博士学位论文，2019：239-276。

84 这两件档案都收藏在西藏自治区博物馆。

85 Peter Schwieger, *The Dalai Lama and the Emperor of China: A Political History of the Tibetan Institution of Reincarnation*, New York: Columbia University Press, 2015: 137.

86 功德林寺档案，编号 K2091。

五、清代八思巴字印章来源及出现原因探析

关于清代西藏八思巴字印章的来源问题，以往学者们要么避而未谈，直接忽略了这一学术问题，要么笼统认为这类印章是来自清朝中央政府的颁授[87]。通过对八思巴字印章的系统考察，笔者认为，清朝西藏地方政府公文中使用的八思巴字印章都不属于中央政府的官赐印信体系，而是来自西藏地方的自制印。根据清朝官方印章规制，清朝的官印分为中央铸造和地方制作两个层级[88]，西藏官方所用的印章也可因此分作中央颁赐和地方制作两大体系。据文献记载，清廷颁授给西藏的印章"喇嘛、呼图克图，或金质，或银印，扎萨克大喇嘛，铜质，并云纽，用清文、蒙古、唐古忒三体字，不篆，或清、汉文转宿篆"[89]，"印文清、汉本字镌于印背，年、月、号数镌于印旁"[90]。从现存印章实物和档案看，有清一代，清廷颁授给西藏地方的印章普遍是由满、蒙古、藏、汉等多语种文字组合而成的多语合璧印章，除金印和玉印外，一般都有满汉双语款识，这两方面特征应是清廷给西藏的官赐封印最重要的判断准则。

我们还可以从藏文文献和档案的角度，对清代八思巴字印章在西藏地方上的制作问题进行探讨。据《噶厦印谱》记载，藏历木鼠年（1804年），第八辈达赖喇嘛绛白嘉措圆寂后，"皇帝下诏令济仲呼图克图萨玛第巴克什任总管，办理政教事务。其所用印即火兔年收存在甲康内的大银印。木牛年（1805年）皇帝又下诏命将此印转赐与达察摄政。因此本年便新制一颗六行八思巴字的摄政大方印供其使用。至于前七辈达赖喇嘛赐与上辈达察私人继承使用之七行八思巴字摄政之印，即从铁猪年到本年在公文上加盖之印，已交内库储存。当时又另仿制一颗新印，交其私自使用"[91]。在这一段简短的记录中，就两次提到噶厦政府私制印章之事，可想当时西藏地方私制印的盛行。

此外，在功德林寺档案中，保存有一份印章制作的流程图谱和支出记录[92]，为我们窥探当时印章制作问题提供了珍贵的档案（图三、图四）。该档案由四张纸片组成，记录

---

87 陈金钟：《元以来中央政府颁授西藏地方首领印章举要》，《中央民族学院学报》1988（3）：14-22。陈金钟：《西藏的吉语印章》，《中国民俗》1995（3）：15-17。陈金钟：《西藏第司历任世系之印》，《西藏研究》1995（1）：117-126。邹西成：《中国西藏文化博物馆展品中的三枚清代摄政王印章初考》，《中国藏学》2010（3）：106-107。

88 任万平：《清代官印制度研究综论》，载朱诚如、王天有主编：《明清论丛》第一辑，北京：紫禁城出版社，1999：298-316。

89 赵尔巽等撰：《清史稿 · 志八十九》卷一一四，北京：中华书局，1996：3282。

90 任万平：《清代官印制度研究综论》，载朱诚如、王天有主编：《明清论丛》第一辑，1999：298-316。

91 诺杰朗巴 · 旺堆次仁著，刘立千译：《噶厦印谱译注》，《中国藏学》1990（1）：93。

92 现藏于西藏自治区档案馆，档案图片采自德国波恩大学西藏档案资料数字化网站。

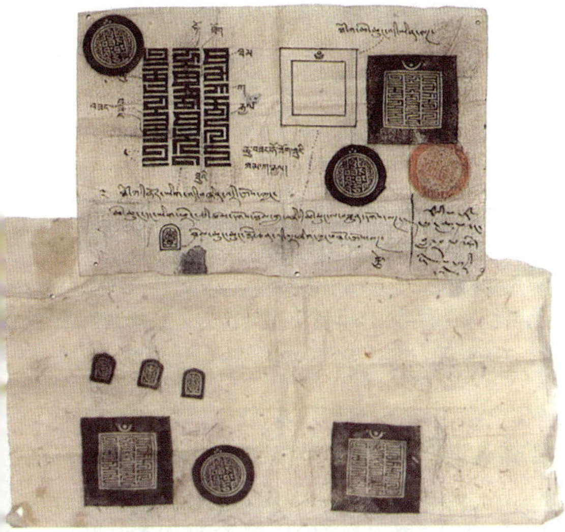

图三　新制却藏呼图克图印章流程图谱

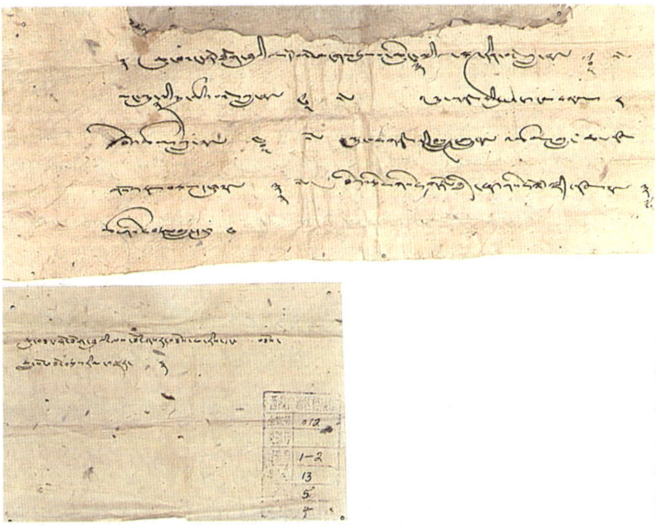

图四　新制却藏呼图克图印章支出记录

的是一枚八思巴字印章、一枚藏文圆形印和一枚佛龛形符号印的设计方案与制作流程。第一张纸是档案的标题，由乌梅体藏文书写，内容为 ཆུ་བཟང་ཧོ་ཐོག་ཐུའི་ལས་ཐམ་གསར་བཟོས་ཁ་རིས་དང་བཟོས་གླ་སོང་ཐོ་བཅས་རིམ་མཛད།（新制却藏呼图克图印章支出记录）；第二张纸，既有印章流程图谱，又有藏文文字描述。在图谱中间靠左侧，画的是三行八思巴字文字，内容为 ཆུ་བཟང་ཧོ་ཐོག་ཐུའི་ཐམ་ཀ་རྒྱལ།（却藏呼图克图之印胜利），在八思巴字的周围都有对应的乌坚体藏文单词，意思与印文相同。在这三行八思巴字的右侧，是一个没有刻印文的印面，由一大一小两个正方形组成，在上方有日月组合标识。在它的上下两侧有相应的藏文解说，上方内容为：ཐམ་ཀ་ཆེ་ཆུང་འདི་ཡིན་ལགས（印章大小像这样），下方内容为：༄ཐམ་ཀའི་ཧོར་ཡིག་འདི་བཞིན་འདྲི་དགོས་ཀྱང་ཆེ་ཆུང་དང་ཡིག་ཕྲེང་ཅི་ཙམ་དགོས་ཐེལ་གྱི་བཞིའི་ཆེ་ཆུང་།འདིའི་ཁ་རིས་ལ་བསྟུན་དགོས་ལགས།（这种八思巴字印章，其大小、字行、形状尺寸和所需费用）。再右侧是将前面两部分合成的完整印面。在左上方和右下方，共有三枚相同的圆形藏文印文，其中两枚印文为黑色，一枚为红色，印面正中镌刻四行乌坚体藏文，内容为 ཆུ་བཟང་བླ་བྲང་རྫེ（却藏拉章孜），印文两侧刻有装饰纹样，在藏文上方，印面的外延有一个由三个圆点组成的“品”字型标记。在左下方，有一个佛龛形的符号印文，印面中间画的是一个金刚杵，有对应的藏文，内容为 ཐེལ་ཆུང་ཆུང་རྡོ་རྗེ་ཅན་འདི་འདྲ་ཞིག་ཀྱང་བཟོ་ཀྱང་བཟོ་དགོས་ལགས།（再制作一个像这样刻有金刚杵的小印）；第三部分是上述三方印章的完整印文，其中同一枚金刚杵符号有三处、八思巴字印两处，藏文印章的印文一次；第四张纸是关于制作这些印章所需铁、铜和金等材料的支出记录，因其藏文字体太过潦草，无法完整辨识和翻译，仅能释读出制作这些印章需要铜、铁、金等金属材料，还需支付印章制作工匠工钱等零散信息。

这件印章制作图谱档案，为我们探究西藏地方自制印的制作程序提供了非常宝贵的信息。从该图谱内容我们可以看出，西藏地方的制印机构在为却藏呼图克图制作印章时，同时制作了三种不同类型的印章，既有印面内容为八思巴字和藏文的文字印，又有印面刻制金刚杵类佛教元素的符号印，这与西藏地方上现今存世的丰富的印章类型的情况正相一致。此外，西藏地方上的制印机构在制作印章时，也有一套制作流程，他们在印章正式制作以前，就已设计好了印章的具体信息，包括印面的语种文字、印章的大小尺寸、印文的行距规范和印面装饰等，在刻制过程中需要依照事先设计好的图谱进行操作，这种做法既能保证印章制作的成功率和制作效率，避免因操作失误造成资源浪费；同时也表明，在西藏地方上具有较为成熟的印章制作工匠和比较规范的管理机制。

如前所述，若论八思巴字印章的历史渊源，可以追溯到明末俺答汗颁给第三世达赖喇嘛的八思巴字金印[93]。但第三世达赖喇嘛在明末获赐八思巴字印章以后，这种文字并未立刻在西藏地方上流行开来。从现存资料可知，第五世达赖喇嘛颁授给固始汗的印章是藏文印章，并不是八思巴字印[94]；另外，五世达赖喇嘛在政教事务中使用频率最高的印章，是一枚依照清廷封赐的多语合璧金印自制的“自在佛”汉字印，清初的历任第司所用印信也主要是明朝遗存的汉字旧印，也不是八思巴字印[95]。上述现象都表明，八思巴字在清初西藏的使用频率并不高。从目前掌握的材料来看，清代八思巴印章最早出现在第五世达赖喇嘛颁授给蒙古各部落首领的印章之中，而西藏地方政府官员大量使用八思巴字印章的时间则稍晚一些，大略到了藏王颇罗鼐掌政前后，即十八世纪二、三十年代才普遍盛行。

清代西藏私制印的文字为何选用八思巴字，也是一个值得探讨的问题。关于这个问题，虽然未见文献有明确记载，但可根据相关线索进行以下推测。

第一，与清朝官印制度以及朝廷对待西藏用印规制的官方态度有关。一方面，按照清廷的印章规制，西藏官方所用印章可分成中央颁赐和地方制作两大体系，这是西藏地方上可以大量自制官印的前提条件。另一方面，从文献记载来看，清朝前期，清廷对西

93 五世达赖喇嘛著，陈庆英、马连龙译：《一世——四世达赖喇嘛传》，2006：241。

94 乌云毕力格、道帷·才让加：《〈铁龙年顾实汗颁给达普寺的铁券文书〉考释》，《藏学学刊》第 10 辑，2014：175-185。

95 朱德涛：《清朝前期西藏所用汉字官印及相关问题探析》，《青海民族大学学报》2020（3）：20-28。

藏地方印章的使用规制及其自制印章的文字没有明确规定，但清朝中期以后，清廷将西藏流行的八思巴字印章的使用规范纳入了朝廷印制管理体系的范围之内[96]。表明清廷默许和承认了这一具有西藏地方本土特色的用印文化，这是从官方的立场肯定了八思巴字印章的政治合法性，必然会在很大程度上延续和助推八思巴字的使用范围。第二，出于现实适用性和政治合法性的双重需要。清朝早期，西藏地方的甘丹颇章政权是由蒙古和硕特部汗王和格鲁派高僧联合建立并统一管领的政权组织。从前文可知，清朝西藏地方使用的八思巴字是一种经由元朝八思巴字改造而来的文字，其外观形式与篆体藏文和中原内地官印通行使用的叠篆体汉字都有极大相似性。因此，选用这种类似篆体藏文的文字，一方面，从适用性的角度，无论是西藏地方上层的僧俗首领、蒙古贵族，还是青藏高原的普通民众都能易于识别和接受；另一方面，从政治权威性的角度，还可映射出这类自制印章在视觉效果上与朝廷封印具有同等效用的政治目的。第三，是遵循中央王朝与西藏地方政治历史关系传统的体现。在清朝以前，明朝蒙古俺答汗最早颁赐给第三世达赖喇嘛的印章所刻印文便是这种八思巴字，虽然中原明清王朝经历更替，但西藏地方上的政治传统并未中断，一方面表现在清朝初期，清廷对明朝敕封西藏的印信封号予以续封与改授；另一方面，以达赖喇嘛为首的政教首领在清朝前期所用印章基本上都是前朝旧印，甚至俺答汗颁赐的八思巴字印在西藏地方上一直延续使用到清朝末年，表明西藏地方上一直恪守着中央与地方的政治隶属传统。第四，受到西藏地方官员历史怀旧情绪的影响。在清朝的藏文文献中统称这种文字为“霍尔依”，意为“蒙古字”，它与元朝萨迦派国师八思巴创制的文字一脉相承，寄托着藏族人的民族情感和对元朝西藏地方与中央政府政治关系的怀旧情绪。有迹象表明，清朝的许多藏族人有意试图将西藏地方与中央政府的关系恢复到元代八思巴和忽必烈之间建立起的那种关系。例如当清朝将五世达赖喇嘛的金印磨损颁赐给六世达赖喇嘛后，藏地官员因对印章尺寸和体量不满，曾一度扬言拒绝使用清廷封印，而重新启用元朝颁赐给西藏的国师印[97]。

六、小结

综上所述，关于清朝西藏的八思巴字印章，我们可得出以下三点认识：

96 诺杰朗巴·旺堆次仁著，刘立千译：《噶厦印谱译注》，《中国藏学》1990（1）：94。

97 西藏自治区档案馆、中国藏学研究中心等合编：《元以来西藏地方与中央政府关系档案史料汇编》，北京：中国藏学出版社，1994：1677、1697。季永海、李盼胜、谢志宁等译编：《年羹尧满汉奏折译编》，天津古籍出版社，1995：7。

第一，本文所讨论的八思巴字，是指自明朝末期开始在我国藏传佛教地区流行，主要是以八思巴字体式译写藏文的一种有别于元代八思巴字的文字类型，这种文字在清代藏文文献中被称作“霍尔依”，它最主要的用途是被用作刻制印章。八思巴字印章是清朝西藏地方上自行制作的一种官印类型，它被西藏的僧俗人员广泛使用于西藏地方的政教事务之中，它的印文形式和形制特点都与朝廷的官赐封印有显著的区别。

第二，八思巴字印章的使用群体基本涵盖了西藏地方上的所有政教首领，包括僧侣首领、蒙古汗王、第巴摄政和护法神等。从目前掌握材料来看，清朝的八思巴字印章最早出现在第五世达赖喇嘛颁授给蒙古各部落首领的印章之中，而西藏地方政府官员大量使用八思巴字印章的时间则要晚至十八世纪二三十年代。作为西藏地方上的自制官印，八思巴字印章在使用过程中既可以作为押题印，也可以作为正题印，并且它在使用对象、钤盖载体和文告起首语称谓等方面都与朝廷封印的使用呈现出不同的特点，更多体现出较为浓厚的地方性特点。

第三，八思巴字印章在清代西藏普遍盛行的原因是由多方因素造成的。首先，从清朝印章制度的角度，朝廷将印章制作权部分下放至地方是西藏可以大量制作八思巴印章的前提条件。此外，清廷从早期的默认支持到后来将八思巴字印章的使用规范纳入朝廷印制管理体系的官方态度，为八思巴字印章在西藏的盛行提供了政治支撑。其次，使用八思巴字印章，既能同时兼顾蒙藏上层首领和一般民众的认可与接受心理，又能提升这类自制印章的合法性与权威性。再者，清代的八思巴字是经由元代八思巴字改造而来的文字，承载着丰富的历史信息和文化内涵，使用这种文字是西藏地方遵循元代以来中央政府与西藏地方政治历史传统的体现。最后，从藏族人对这种文字的称谓及当时的一些历史事件可以看出，西藏地方上使用八思巴字与部分藏族人对过去历史传统的怀旧情绪有一定关系。总之，本文对上述问题的探讨将有助于我们更加深入地了解和认识清代西藏地方上的官印制度及其政治特点，具有一定的学术价值和研究意义。

◆ 朱德涛　四川警察学院副教授

清代北京版《四部医典》研究
——“两系六刻”版本特征及时序考

海春生　刘英华

内容摘要：明代皇家在北京设番经厂刻印藏文佛经。清代在番经厂旧址上改建嵩祝寺，不仅继续刊刻藏文佛经，还出版了《四部医典》等藏医论著。中国国家图书馆藏有清代北京版《四部医典》两种——嵩祝寺版和北京版。辽宁阜新蒙医药研究所藏有六种清代北京版《四部医典》。经对此六种版框数据、字体、内文、插图、后记和题款等方面的研究，初步认为此六版中分为两系六刻，一系以西藏甘丹彭措林版为蓝本，初刻于1724-1757年间，共两种。另一系以布达拉官后版为蓝本，初刻于1756-1759年间，共四种。北京版《四部医典》是中国卫藏、康巴和安多三大藏语区外重要的木刻版，刊刻年代和版本数量仅次于西藏，具有重要的文献和版本研究价值。北京版《四部医典》的刊刻，体现了清代中央政府对民族医药文化的传承和传播，是中华各民族文化交流交往交融的具体例证。

为满足蒙古地区佛教信众对藏文佛教经书的需求，明代在北京设立皇家番经厂，刊刻藏文《大藏经》等经典。清代延续了刊刻藏文佛经的事业，不仅出版印刷佛经、高僧文集等，还刊印了藏医药经典。其中，《四部医典》有多个版本。中国国家图书馆（以下简称国图）善本部收藏有清代北京版和嵩祝寺版《四部医典》全本[1]。旦科《四部医典》(对勘本）记录了北京版（嵩祝寺版)[2]，并收录了该版的后记，但未提及国图著录的“北京版”。

有关清代北京版《四部医典》的刊刻历史，不见于《清史》。中国藏学研究中心藏医药研究所和北京藏医院的学者发表了多篇研究报告。刘英华提到北京番经厂（嵩祝寺）曾刊刻《四部医典》等藏医经书[3]。罗辉、罗布扎西、登巴达吉等对北京版作了专题研究[4]，介绍了该版起源、存世现状和特征，认为所谓北京版是在承德普宁寺刊刻的。罗布扎西对存世的两种北京版——普宁寺版和嵩祝寺版作了介绍[5]，指出嵩祝寺版中存在一些普宁寺版没有的错别字，并根据该版后记撰写者阿佳洛桑丹贝坚赞（ཨ་ཀྱ་བློ་བཟང་བསྟན་པའི་རྒྱལ་མཚན）的生平，将普宁寺版刊刻时间推定在1756-1759年之间。以上研究均未涉及国图善本部收藏的“北京版”。

辽宁省阜新蒙医药研究所（以下简称为“蒙医所”）收藏有不少于六种清代北京版《四部医典》，其中两种与国图善本部收录的“嵩祝寺版”和“北京版”相同。此外，还有蒙古库伦版等多种仿北京版，以及辽宁阜新蒙古族自治县塔子沟医科学校复刻的北京版《根本医典》(《四部医典》第一部）一种。本文主要对蒙医所藏清代北京版《四部医典》的版本数据进行公布，对其特征作初步介绍，追溯各版的蓝本、刻版年代，梳理各版的谱系，并探讨其学术价值和历史贡献。

一、蒙医所藏六种北京版《四部医典》版本概况

北京版《四部医典》，广义地说是指清代在北京刊印的各种木刻版《四部医典》，狭义地说专指国图善本部收藏的清代北京版。经笔者初步考察，清代在北京刊印的《四部医典》不少于六种。国图善本部收藏的北京版和嵩祝寺版都是北京本地刻印的，是北京版两个版系的代表。根据蒙医所的收藏可知，与“嵩祝寺版”同归一系的还有，嵩祝

1　见中国国家图书馆善本部藏文图书目录卡片。

2　旦科主编：《四部医典》(对勘本，藏文，上册）前言，北京：中国藏学出版社，2005：3。

3　刘英华：《北京地区民族医药史浅谈》，载《2010北京民族医药发展论坛论文集》，2010年10月22-24日，北京，2010：37。

4　罗辉、罗布扎西、登巴达吉：《〈四部医典〉北京木刻版的初步介绍》，《中医文献杂志》2017（1）：29-31。

5　罗布扎西：《古老的藏族传统文化在首都北京生根发芽——浅谈藏医药在北京的传播与发展》，郑堆主编：《纪念西藏和平解放70周年学术研讨会文集》，北京：中国藏学出版社，2021：434-443。

寺藏蒙印经院版、未标明出版地点的“普宁寺版”和“仿普宁寺刻版”，这四个版本各部页码相同，版式和内容大同小异，有两种后记相同，属于一个版本系统，暂称为“嵩祝系”。国图收藏的“北京版”正文页右侧标有“本屮（同“艸”，即“草”）”两字，是另一个版本系统，笔者称其为“本草系”。蒙医所藏有两种本草版，第一种（甲）仅存第三、四部，封面有药书字样，称为“药书版”。第二种（乙）为全本，称“本草版”，与国图的“北京版”相同，这两种标有“本屮”字样的暂称为“本草系”。蒙医所收藏的上述六种版本，分属嵩祝系和本草系两个版系，笔者称其为“两系六刻”。为称引方便，本文以英文字母指代两系的六种版本：A 代表药书版，B 代表本草版，C 代表嵩祝寺印经院版，D 代表嵩祝寺藏蒙印经院版，E 代表普宁寺版，F 代表仿普宁寺刻本。

（一）版框数据

本草系 A、B 两版正文内容相同，但版式有别。嵩祝系 C、D、E、F 四版图文相同，版框尺寸略异。各版本版式数据如下：

表一　蒙医所六种北京版《四部医典》版框数据（单位：厘米）

	本草系			嵩祝系			
部	板框	A	B	C	D	E	F
第一部	封题	-	23.8 × 3.9	-	23.5 × 3.7	-	23.4 × 3.8
	内文	-	47.5 × 6.6	-	47.7 × 6.5	-	48 × 7
第二部	封题	-	23 × 3.7	23 × 3.5		23 × 3.1	-
	内文	-	48.3 × 6.7	48.4 × 7		48 × 6.8	-
第三部	封题	26 × 4.2	20 × 1.2	-	19.7 × 1	19.9 × 1.2	19.8 × 1.1
	内文	47.8 × 6.6	48.3 × 6.8	-	48.5 × 7.3	49.3 × 7.1	48.2 × 7.3
第四部	封题	22 × 2.8	23.3 × 3.9	-	23.2 × 3.7	22.5 × 3.3	22.6 × 3.4
	内文	47 × 6.4-	47.6 × 6.5	-	48 × 6.5	47.5 × 7	49 × 6.9
	后记	-	47.8 × 7.1	-	-	-	-

本草版的左边框外还写有汉藏文部标、页码等。这些框外的文字，每页略有差异，无明确的边界，因此未计入以上版框数据中。

（二）内文叶（页码）

《四部医典》分四部编排，木刻版和手写本都是每部分别编页码，四部间的页码不连续。古代藏文书为活页书，每张（一叶）有一个序号，分正、背面（分别以ན和བ表示），通常页码标在正面，用藏文数词，背面不标页码或者标注藏文数词、数码。《四部医典》就是交替用数词、数码表示正背面。汉文页码用上、下区分正背面。第一叶正面为封题，背面为正文起始。嵩祝系四版间对应的各部叶码及全书总叶码合计一致。本草系与嵩祝系页码不一致。A 版仅存第三、第四部，版式与 B 版略有差别，但对应的各部页码相同。

嵩祝系中 D、E、F 三版的第三部医典中都有重复页码，而且都发生在同一处。右侧的汉文页码有两个连续的“一百〇八”[6]，左侧的藏文叶码有两个连续的“ཉིས་བརྒྱ་རེ་གཅིག”或“༢༦༡”（二百六十一）。自第 109 叶至第 261 叶之间，汉文页码的序数均比藏文页码低 1 位。由此可知，此版系的第三部实有 274 叶。第四部汉文页码有第 30 叶，无第 31 叶，藏文页码无第 30 叶，有第 31 叶。因此，应减 1 叶，第四部实有 64 叶。C、F 版藏文第 63 页背面，汉文都误标为“下六十二”。

表二　蒙医所六种北京版《四部医典》页码对照

部	本草系		嵩祝系			
	A	B	C	D	E	F
第一部	-	9 下		9 上		9 上
第二部	-	53 下	49 上		49 上	-
第三部	262 下	262 下		273（274）上	273（274）上	273（274）上
第四部	77 下	77 下		65（64）上	65（64）上	65（64）上
页码合计	401 叶，正文 397 叶		396 叶，正文 369 叶			

除版本 B 外，其余各版存书都不完整，A 版缺第一、二部，C、D 版缺第一、三、四部，E、F 缺第二部。综合现存各版，推定他们对应的四部叶码，A、B 版四部的叶码依次分别为 9、53、262、77；C、D、E、F 版四部叶码依次分别为 9、49、273、65。

嵩祝系的页码标注方式为：左侧标藏文叶码，正面用藏文数词，如གཅིག、གཉིས、

6　国图善本部原书中加了纸条，注明汉文“一百〇八”叶重码。

གསུམ 等，背面用藏文数码 ༡、༢、༣ 等；右侧为汉文页码。以第三部医典为例：

表三　蒙医所六种北京版《四部医典》（第三部）页码标注方式

	左框外	左端框内	右端框内
CDEF	正： 背：	正： 背：ཀ་ མན་ངག་རྒྱུད་ གཅིག	正： 背：一
CDEF	正： 背：	正：ཀ་ མན་ངག་རྒྱུད་ གཉིས། 背：	正：上二 背：下二
CDEF	正： 背：	正：ཀ་ མན་ངག་རྒྱུད་ ཉིས་བརྒྱ་དོན་གཉིས། 背：༢༧༢	正：二百七十二 背：二百七十二
A	正：吤　上一 背：利吤　上二	正：ཀ་ གཅིག 背：ཀ་ གཉིས	正：本艸 背：本艸
B	正： 背：	正： 背：ཀ་ མན་ངག་རྒྱུད་ གཅིག	正： 背：一
AB	背：吤　下　二百六十二　完	背：ཉིས་བརྒྱ་རེ་གཉིས།	背：本艸

（三）插图及图注文字

《四部医典》每部第一叶背面、第二叶正面的左右有插图。第四部末叶左右也有插图。嵩祝系 C、D、E、F 版和本草系 B 版相应位置的插图配文一致，本草系 B 版第四部末叶留有空白图框，无图文。本草系 A 版第三部起首的两页仅有空白的图框，框下文字是抄录自甘丹彭措林版，有较多错误，内容与其他版本不同。

表四　本草系、嵩祝系插图所配文字

部	页码	左图配文	右图配文
一	1下	ཤཱ་ཀྱ་ཐུབ་པ་ལ་ན་མོ།། 向释迦牟尼敬礼！ B D F	སྨན་པའི་རྒྱལ་པོ་ལ་ན་མོ།། 向药王敬礼！ B D F
	2上	མཁན་མཁྱེན་ཆོས་རྒྱལ་ལ་ན་མོ།། 向智者法王敬礼！ B D F	གཡུ་ཐོག་པ་ལ་ན་མོ།། 向宇妥敬礼！ BD F
二	1下	མཚན་ལེགས་ལ་ན་མོ།། 向妙相敬礼！ B C E	སྒྲ་དབྱངས་རྒྱལ་པོ་ལ་ན་མོ།། 向音韵王敬礼！ B C E
	2上	ཨོཾ 唵！ B D E F	ཨོཾ 唵！ B D E F
三	1下	གསེར་བཟང་དྲི་མེད་ལ་ན་མོ།། 向无垢妙金敬礼！ B D E F 无图有字 A	མྱ་ངན་མེད་མཆོག་ལ་ན་མོ།། 向无忧尊者敬礼！ B D E F 无图有字 A
	2上	ཨོཾ 唵！ B D E F 无图有字 A	ཨོཾ 唵！ B D E F 无图有字 A

续表

部	页码	左图配文	右图配文
四	1 下	ཆོས་སྒྲགས་རྒྱ་མཚོ་ལ་ན་མོ།། 向法音海敬礼！ B D F 空白无图文 A	མངོན་མཁྱེན་རྒྱལ་པོ་ལ་ན་མོ།། 向现知王敬礼！ B D F 空白无图文 A
	2 上	ༀ 唵！ B 空白无图文 A	ༀ 唵！ B 空白无图文 A
	65 上	ཕྱག་རྡོར་ལ་ན་མོ།། 向金刚手敬礼 C F	རྡོ་རྗེ་བདུད་འདུལ་ལ་ན་མོ།། 向金刚伏魔敬礼 C F
	77 下	仅有图框，空白无图文 B 空白无图文 A	仅有图框，空白无图文 B 空白无图文 A

注：B 版文字有讹误，第三部右 སྨ་ངན་མེད་མཆོག་ཡ[ལ]་ན་མོ།། 第四部右 མངོན་མཁྱུན[མཁྱེན]་རྒྱལ་པོ་ལ་ན་མོ།།

另外，嵩祝系版以布达拉宫后版（རྩེ་པོ་ཏ་ལ་པར་རྗེས་མ། 即 རྩེ་ཞོལ་པར་མ། 雪版）或药王山版[7]为蓝本，但未照录原来的插图和图注文字。嵩祝系版插图仅有 12 幅，即根本部 4 幅，论述部 2 幅，秘诀部 2 幅，后续部 4 幅。从第二部开始，第二叶正面的插图没有人物像，而是将梵文字音 ༀ（原版为兰扎体）大字置于插图框中，共有 6 幅，即论述部 2 幅，秘诀部 2 幅，后续部 2 幅。本草系版以甘丹彭措林版为蓝本，也未照搬布达拉宫版的插图和配文。B 版的插图与嵩祝系大致相同，差别仅在第四部末尾页，只有两个空白的插图框。另外，国图藏北京版（B 版）末尾还有一页图像，蒙医所收藏的版本缺此页。嵩祝系版和本草系 B 版内文中的肖像插图下配有"向某某敬礼！"的文字，梵字画框下无配文。

A 版第三部预留的空白图框下配有文字，内容与布达拉宫版一致，但文字、标点符号错讹较多。其第四部则仅有空白图框，没有配注文字。

与嵩祝系和本草系 B 版不同，药王山版《四部医典》未用梵字图样替换人物肖像。药王山版共有 20 幅人物肖像，即根本部 6 幅，论述部 4 幅，秘诀部 4 幅，后续部 6 幅。其插图和配文大多抄录自布达拉宫后版，仅个别图文有差异。

7　明、清两代出版的木刻版《四部医典》共有二十多种。其中，今西藏自治区范围内的主要有：扎塘版（གྲྭ་ཐང་པར་མ）、冈布版（སྣམ་པོའི་པར་མ）、达丹版（རྟག་བརྟན་པར་མ）、洛若版（ལོར་པར་མ）、宗嘎版（རྫོང་དཀར་པར་མ）、甘丹彭措林版（དགའ་ལྡན་ཕུན་ཚོགས་གླིང་གི་པར་མ）、布达拉宫后版（རྩེ་པོ་ཏ་ལའི་པར་རྗེས་མ）和药王山版（ལྕགས་པོ་རིའི་པར་མ）等。西藏自治区以外的版本有：四川德格版、青海塔尔寺版、甘肃拉卜楞寺版、北京版、辽宁阜新瑞应寺版，喀尔喀蒙古版，布里亚特蒙古版等等。相关信息参阅旦科主编《四部医典》（对勘本）上册前言，及本文表一、表二。

表五　本草系 A、B 版与布达拉宫版插图所配文字对照（* 附药王山版）

部	页码	左图配文	右图配文
一	1 下	ཕན་བདེ་ལ་སྦྱོར་བདེ་གཤེགས་བདུན།།མཚན་སྙན་ལེགས་སྒྲོགས་ཤཱ་ཀྱ་ཐུབ།།	འགྲོ་ཀུན་མཚན་དང་དཔེ་བྱད་སོགས།།ཡོན་ཏན་ཀུན་གཏེར་སྨན་གྱི་བླ།།
	1 下	ཤཱ་ཀྱ་ཐུབ་པ་ལ་ན་མོ། | 向释迦牟尼敬礼！ B	སྨན་པའི་རྒྱལ་པོ་ལ་ན་མོ། | 向药王敬礼！ B
	2 上	སྐྱེ་དང་ཁྱད་པར་བོད་འབངས་ལ།།བཀའ་དྲིན་མཚུངས་མེད་པད་མ་འབྱུང་།། མཁན་མཁྱེན་ཆོས་རྒྱལ་ལ་ན་མོ། | 向智者法王敬礼！ B	གསོ་རིག་བདུད་རྩིས་འགྲོ་བའི་སྐྱོག།འཚོ་མཛད་པཎ་ཆེན་བླ་བ་མདོན།། གཡུ་ཐོག་པ་ལ་ན་མོ། | 向宇妥敬礼！ B
	2 下		
	2 上	ཐམས་ཅད་མཁྱེན་གཟིགས་པད་དཀར་འཆང་།།འཕགས་མཆོག་ཐུབ་བསྟན་རྒྱ་མཚོའི་སྐྱེ།།*	གངས་ལྗོངས་བསྟན་སྲིད་འཁོར་ལོ་བསྒྱུར།།ཡོངས་འཛིན་དེ་མོ་ཆོས་ཀྱི་རྒྱལ།།*
	2 上	ཨོཾ 唵！	ཨོཾ 唵！
二	1 下	ནད་གདོན་འཇིགས་སོགས་སྡུག་བསྔལ་ལས།།སྐྱོབ་མཛད་མཚན་ལེགས་ཡོངས་གྲགས་དཔལ།། མཚན་ལེགས་ལ་ན་མོ། | 向妙相敬礼！ B	བྱང་ཆུབ་བགེགས་བྱེད་དབུལ་འཕོངས་སོགས།།ཉེས་བརྒྱ་ལས་སྐྱོང་སྒྲ་དབྱངས་རྒྱལ།། སྒྲ་དབྱངས་རྒྱལ་པོ་ལ་ན་མོ། | 向音韵王敬礼！ B
			བྱང་ཆུབ་བགེགས་བྱེད་དབུལ་ཕོངས་སོགས།།ཉེས་བརྒྱ་ལས་སྐྱོང་སྒྲ་དབྱངས་རྒྱལ།།*
	2 上	ནམ་མཁའི་མཐའ་མཉམ་འཇིག་རྟེན་མིག།སྐད་གཉིས་སྨྲ་བ་བཻ་རོའི་ཞབས།། ཨོཾ B	འཇམ་དཔལ་རྡོ་རྗེ་འབེལ་ལྡན་རྗེར།།ལེགས་བསྟན་ཁྲི་སྲོང་ལྡེའུ་བཙན།། ཨོཾ B
三	1 下	༄།རིང་བོའི་ཚེ་སོགས་བདེ་སྐྱིད་ལ།།རབ་སྦྱར་གསེར་བཟང་དྲི་མ་མེད།། ༄།རང་བོའི་ཚེ་ས ས་བདེ་སྐྱིལ་ལ།།རབ་སྦྱོར་གསེར་བཟང་དྲ[དྲི]་མ་མེད།།A གསེར་བཟང་དྲི་མེད་ལ་ན་མོ། | 向无垢妙金敬礼！ B	༄།ཡིད་མི་བདེ་སོགས་དུཿཁ་ལས།།སྒྲོལ་བའི་མྱ་ངན་མེད་མཆོག་དཔལ།། ཁདེ་སོགས་དུབབ་ལས།།སྒྲོལ་བའི་མྱ་ངན་མེད་མཆོག་དཔལ།A མྱ་ངན་མེད་མཆོག་ལ་ན་མོ། | 向无忧尊者敬礼！ B
	2 上	༄།།རྒྱུད་འདིའི་ཟབ་དོན་གཏེར་གྱི་སྒོ།།འབྱེད་མཛད་གཡུ་པ་མདོན་ཤེས་ཞབས།། གནྩུ་འདའི་བབ་དོང་གཏེར་གྱི་སྒོ།།འབྱེད་མདང་གས་པ་མདོན་སེས་ཞབས།།A ཨོཾ B	༄།རིགས་འདུས་སྨན་རྒྱལ་མིའི་གཟུགས་སུ།།ནམ་རོལ་རྗེ་བཙུན་གཡུ་ཐོག་པ།། ༄།རིགས་བདུས་སླན་རྒྱལིམིདིགཟུགག་སུ།།ནས་རོལ་བྱེ་ཙུན་གཡུ་ཐོག་བདུ་A ཨོཾ B
四	1 下	ལོག་པའི་ལྟ་སོགས་ཉེས་ཀུན་ལས།།ཐར་མཛད་ཆོས་གྲགས་རྒྱ་མཚོའི་དབྱངས།། ཆོས་སྒྲ[གྲ]གས་རྒྱ་མཚོ་ལ་ན་མོ། | 向法音海敬礼！ B 空白 A	དགེ་བཅུའི་འབྲས་བཟང་རྣམ་སྨིན་དཀར།།འཇིག་བྱེད་མདོན་པར་མཁྱེན་པའི་དཔལ།། མདོན་མཀྱ[ཁྱེ]ན་རྒྱལ་པོ་ལ་ན་མོ། | 向现知王敬礼！ B 空白 A

续表

部	页码	左图配文	右图配文
	2 上	གཡོ་ཐོག་རྣམ་སྤྲུལ་སྔགས་སྨན་འཆང་།།ཟུར་མཁར་མཉམ་ཉིད་རྡོ་རྗེའི་ཞབས།། ༀ B 空白 A སྐྱི་དང་ལས་འདིར་དྲིན་ཆེ་བ།།བྱུང་བ་རྣམ་རྒྱལ་གྲགས་བཟང་རྒྱལ།།*	ལེགས་བཤད་འཚོལ་བའི་སྙིང་སྟོབས་ཀྱིས།།ལུགས་འདིའི་གསལ་བྱེད་བློ་གྲོས་རྒྱལ།། ༀ B 空白 A གཡོ་ཐོག་རྣམ་སྤྲུལ་སྔགས་སྨན་འཆང་།།ཟུར་མཁར་མཉམ་ཉིད་རྡོ་རྗེའི་ཞབས།།*
	65 上	ལུགས་འདིའི་མཁས་པའི་རྩེར་སོན་པའི།།བྱང་ངོས་དྲང་སྲོང་དར་རྒྱས་རྒྱལ།། ཕྱག་རྡོར་ལ་ན་མོ། | 向金刚手敬礼 B 空白 A རྒྱུད་འདི་དཔྱད་པས་དག་བྱེད་པའི།།ས་རའི་མིང་ཅན་རིག་པ་འཛིན།།*	རྒྱུད་འདིའི་གཏེར་གྱི་སྲུང་མ་ཆེ།།ཞང་བློན་རྡོ་རྗེ་བདུད་རྣམས་འདུལ།། རྡོ་རྗེ་བདུད་འདུལ་ལ་ན་མོ། | 向金刚伏魔敬礼 B 空白 A

各版插图的格式和图文内容也不一样。从格式上说，冈布版（1）、普宁寺版E（2）、德格版（3）、药王山版（4）、本草版A（5）、布达拉宫版（6、7）、嵩祝寺版C（8）、本草版B（9）插图下的文字框文字内容形式有差别（图一）。

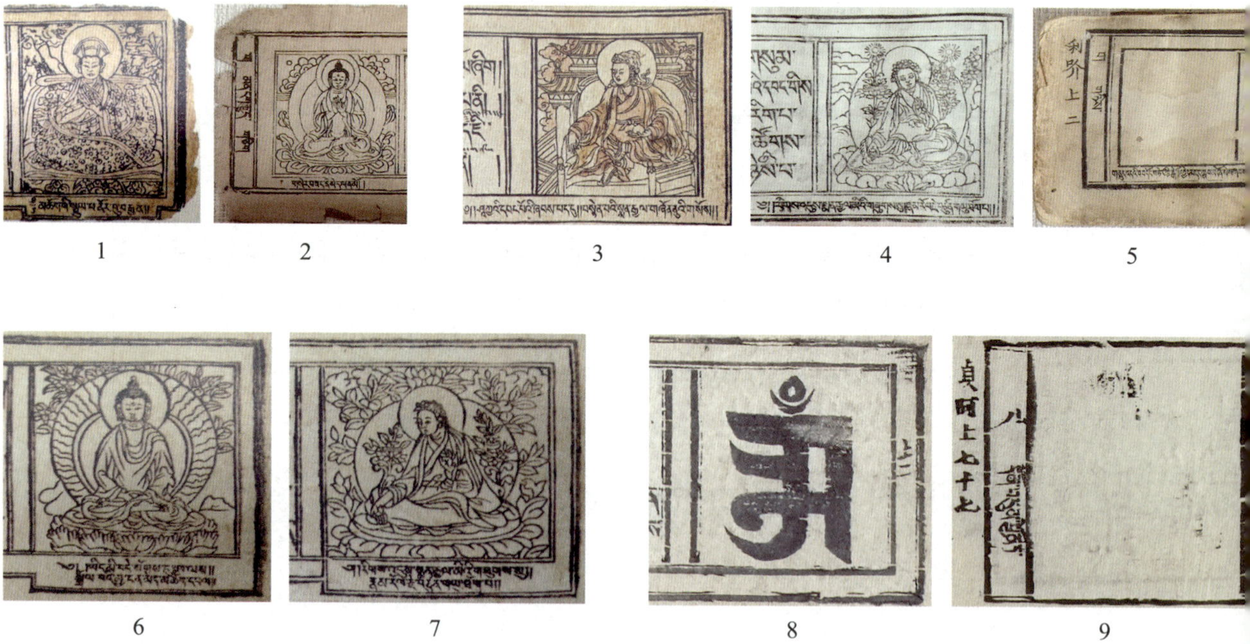

图一 《四部医典》木刻版插图及图注文字对比
1. 2. 单句单行图注；3. 4. 双句单行图注；5. 双句单行缺图；6. 7. 双句双行图注；8. 梵字 ༀ 图无图注；9. 无图和图注

（四）封题及部标

存世六种北京版都是分部刊印的，每部有单独的封面暨题名页，但未见全书的总封面和题名页。各分部题名中包含了《四部医典》的总题“བདུད་རྩི་སྙིང་པོ་ཡན་ལག་བརྒྱད་པ་གསང་བ་མན་ངག་གི་རྒྱུད་”（甘露心要八支秘密窍诀续）和各分部名称。

从各部封面看藏文题名基本一致。有的版本有梵文题名，梵文字体有乌坚体、兰扎体、乌尔都体等，选用一种或两种。此外，封题页还有藏汉文写的部名和页码等信息。各部封题详情如下列图表所示。

表六　第一部封题信息

部	题名	页码	版本
元	梵文 ༄༅། །ཨམྲིཏ་ཧྲིདཡཱཥྚཱངྒ་གུཧྱོཔདེཤ་ཏནྟྲཱདྱནྟ་ཁཎྜ་སྠུལསྠ་སཱུལ་ནཱམ་བིཧརཏི་སྨཱ།	下乙	BDE
	藏文 ༄༅། །བདུད་རྩི་སྙིང་པོ་ཡན་ལག་བརྒྱད་པ་གསང་བ་མན་ངག་གི་རྒྱུད་ལས་དུམ་བུ་དང་པོ་རྩ་བའི་རྒྱུད་ཅེས་བྱ་བ་བཞུགས།		
-	梵文 ༄༅། །ཨམྲིཏ་ཧྲིདཡཱཥྚཱངྒ་གུཧྱོཔདེཤ་ཏནྟྲཱདྱནྟ་ཁཎྜ་སྠུལསྠ་སཱུལ་ནཱམ་བིཧརཏི་སྨཱ།	下乙	F
	藏文 ༄༅། །བདུད་རྩི་སྙིང་པོ་ཡན་ལག་བརྒྱད་པ་གསང་བ་མན་ངག་གི་རྒྱུད་ལས་དུམ་བུ་དང་པོ་རྩ་བའི་རྒྱུད་ཅེས་བྱ་བ་བཞུགས།		

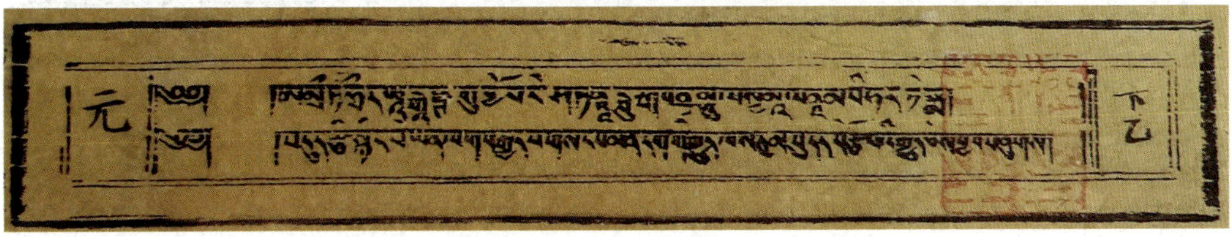

图二　B、D、E 版第一部封题

表七　第二部封题信息

页	部		页码	版本
༡	亨	藏　文 ༄། །བདུད་རྩི་སྙིང་པོ་ཡན་ལག་བརྒྱད་པ་གསང་བ་མན་ངག་གི་རྒྱུད་ལས་དུམ་བུ་གཉིས་པ་བཤད་པའི་རྒྱུད་ཅེས་བྱ་བ་བཞུགས།	上一	CD
	亨	藏　文 ༄། །བདུད་རྩི་སྙིང་པོ་ཡན་ལག་བརྒྱད་པ་གསང་བ་མན་ངག་གི་རྒྱུད་ལས་དུམ་བུ་གཉིས་པ་་བཤད་པའི་རྒྱུད་ཅེས་བྱ་བ་བཞུགས།	上	B

图三　C 版第二部封题

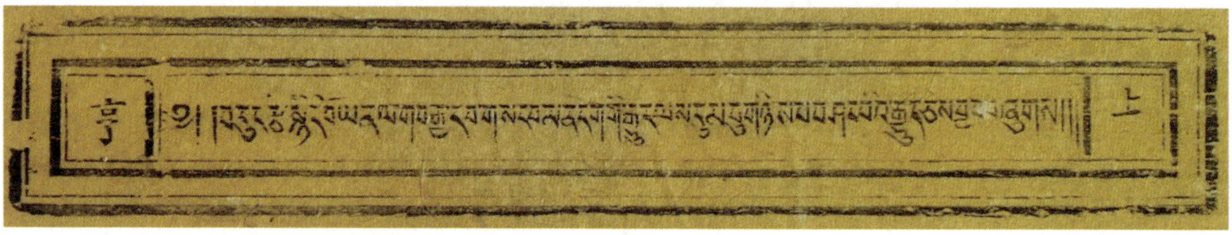

图四　B 版第二部封题

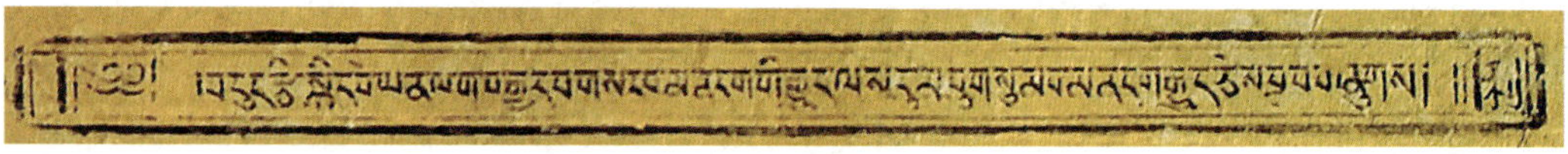

1

2

3

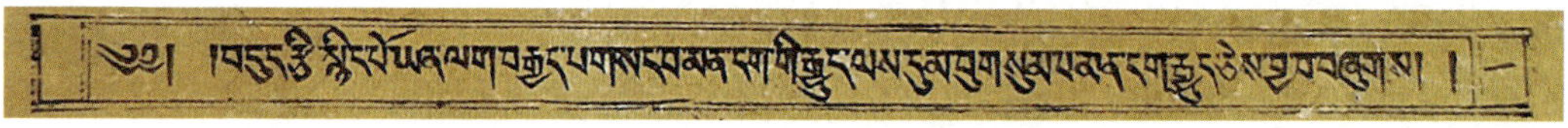

4

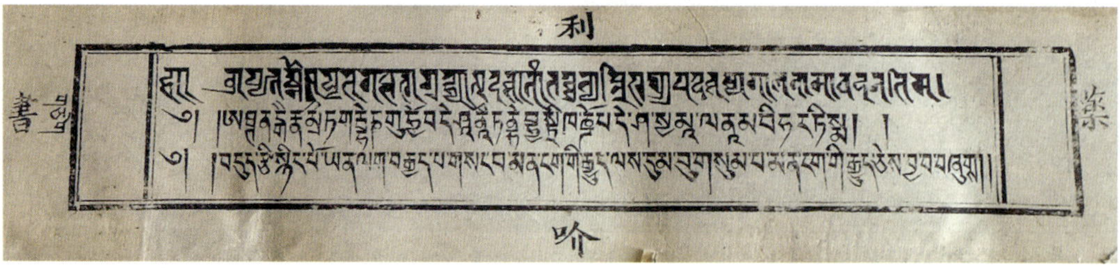

5

图五　第三部封题

1. B 版；2. D 版；3. E 版；4. F 版；5. A 版

表八　第三部封题信息

页	部	题名	页码	版本
		藏　文 ༄༅། །བདུད་རྩི་སྙིང་པོ་ཡན་ལག་བརྒྱད་པ་གསང་བ་མན་ངག་གི་རྒྱུད་ལས་དུམ་བུ་གསུམ་པ་མན་ངག་རྒྱུད་ཅེས་བྱ་བ་བཞུགས།།	利	B D E
		藏　文 ༄༅། །བདུད་རྩི་སྙིང་པོ་ཡན་ལག་བརྒྱད་པ་གསང་བ་མན་ངག་གི་རྒྱུད་ལས་དུམ་བུ་གསུམ་པ་མན་ངག་རྒྱུད་ཅེས་བྱ་བ་བཞུགས།།	一	F
གཅིག		梵文（兰扎体，略） 梵文（乌坚体）༄། །ཨཥྚནྡྲིནྶིདྷགཱཧྲེཊ་གུཧྱོབདེཤྭནྟཏནྟྲུཏྲེཁཎྜེཔདེཤསྨྲྀལནྟམཔཱིཏརཏྲིསྨྲི།། 藏文 ༄། །བདུད་རྩི་སྙིང་པོ་ཡན་ལག་བརྒྱད་པ་གསང་བ་མན་ངག་གི་རྒྱུད་ལས་དུམ་བུ་གསུམ་པ་མན་ངག་རྒྱུད་ཅེས་བྱ་བ་བཞུགས།།	利 吩	A

图五：5 为 A 版封题，与其他版本差异最大。首先是有梵文题名，而且先用梵文兰扎体书写，再用藏文乌坚体转写。值得注意的是此梵文题名的写法，与《四部医典》中的不一致。另一个重要特征是，在题名框外四边写有汉字和藏文页码。左边有“གཅིག书”，右边有“药”，汉文从右向左读“药书”，上边写“利”，下边写“吩”（对音 ག），这是用汉藏文分别表示第三部。

表九　第四部题名页信息

页	部	题名	页码	版本
	贞	藏文 ༄༅། །བདུད་རྩི་སྙིང་པོ་ཡན་ལག་བརྒྱད་པ་གསང་བ་མན་ངག་གི་རྒྱུད་ལས་དུམ་བུ་བཞི་པ་ཕྱི་མའི་རྒྱུད་ཅེས་བྱ་བ་བཞུགས་སོ།།	下乙	B E

注：本草本 B 将 ཕྱི 误作 ཕྱེ。

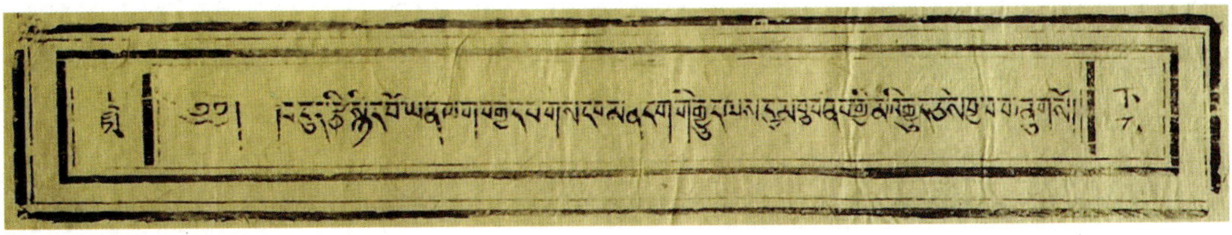

图六　E 版第四部封题

扎塘版《四部医典》封题采用梵藏对照，梵文采用兰扎体。冈布版、布达拉宫后版、本草版 A 和拉萨药王山版各部封题也是梵藏对照，但采用三体合璧的形式。第一行为兰扎体或乌尔都体梵文题名，第二行为藏文乌坚体转写梵文题名，第三行为乌坚体藏文题名。除了本草版 A 外，北京版封题页都没采用三体合璧形式封题，仅第一部给出梵藏对照题名，字体都是乌坚体。其他三部仅给出藏文题名。从第三部的梵文题名来看，本草版 A 与布达拉宫后版（雪版）一致（图七），显然是以布达拉宫版为蓝本的。

图七 《四部医典》布达拉宫版（暨甘丹彭措林版）第三部封题

与北京本草版 A 类似的封题还见于蒙古仿刻本。如图八所示的封题页有梵藏对照的题名。其梵文写法与 A 版类似，显然是有共同的来源。没有见到蒙古仿刻版的第三部，其第二部梵文题名中的总题写法与 A 版大体相同（图八）。

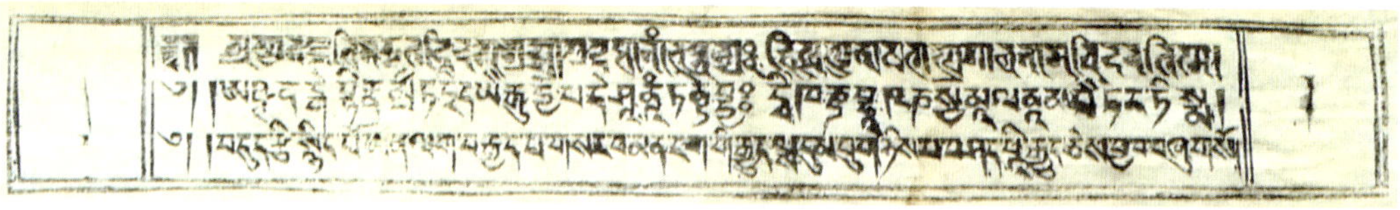

图八 蒙古仿刻版《四部医典》第二部封题

藏文版四部的部标以藏文字母表 ཀ་ཁེ 的四个辅音 ཀ་ཁ་ག་ང་ 表示。北京版以“元、亨、利、贞”四个汉字对应四部。本草系版还采用音译的方式表示，以“挟、哈、吤、阿”对译 ཀ་ཁ་ག་ང་。这两种表示法可能是为不懂藏文而懂汉文的印刷工人准备的，以免印刷和编排错误。“挟、哈、吤、阿”这种音译的方式便于汉藏族交流。“利　吤　上二”“吤　下二百六十二”，这种页码标于左侧，正面藏文在框内，汉文在框外，如“ང དོན་གཉིས”“贞　阿　上七十二”；背面页码都标于框外，藏文插在汉文之间，如“贞　阿　下七 དོན་གསུམ 十三”。汉文部名（元亨利贞）有时省略。

北京版《四部医典》主要流通于蒙古族地区，但制版时并没有采用蒙古文标注分部，大概是因为读者都懂藏文。

二、相关问题讨论

（一）刻版地点和年代

本草系 A 版为雍正至乾隆初年间刻本。是现存六种北京版中年代最早的。理由如下：

1. 本草系 A、B 版全文照录了甘丹彭措林版的后记，并在其后增加了一页关于多罗那他的文字。本草版后记与布达拉宫后版不一致。显然，本草版的蓝本是甘丹彭措林版，而不是布达拉宫后版。布达拉宫后版是布达拉宫版的修订版，按理说，应该成为其后刻版的主要依据，但本草版未采用布达拉宫后版。

2. 康熙年间木刻版甘珠尔经文和插图框系一次性刻成，但图框中的插图不在木刻版上，而是木版印刷后再由画工手工绘制的。本草系 A 版第三、四部仅有经文和空白图框，没有插图。本草系 B 版尾页也只有经文和空白图框。这些都符合或接近康熙刻本藏文经书的特点，说明这些是较早的刻版。本草系 B 版起首两页有插图和字符，不符合康熙刻本特点，本草系 B 版刻版时间晚于 A 版。

3. 本草系 A 版存本纸张较厚，纸质较精，也是早期印本特点。出于经济考虑，晚期印本纸张偏薄。本草系 B 版和嵩祝系版现存印本纸质略差，应非早期印本。

4. 本草系 A 版字迹清晰，版面干净，符合初印的特点。说明本草版是已知北京版当中年代最早的刻版。

5. 本草系 A 版第三部正文之后有手写跋文：༄རྗེ་བཙུན་ཏཱ་ར་ནཱ་ཐའི་ཐུགས་རྗེའི་ཤུགས།།རབ་བྱམས་བརྒྱད་ཁྲི་བཞི་སྟོང་ཆོས་ཀྱི་སྒོ།།མ་ལུས་དགོས་འདོད་སྩོལ་བའི་འཕྲུལ་འཁོར་ལས།།རྒྱུད་འདི་འགྲོ་བ་ཡོངས་ཀྱི་དཔལ་དུ་བཀོད།།དགེ་ལེགས་འཕེལ།། །། 意为：至尊多罗那他慈悲力，精通八万四千之法门。满足所有需求幻轮出，此续安置众生于吉祥。善增长。这行文字内容与达丹版（རྟག་བརྟན་པར་མ）《四部医典》第三部的后记[8]完全相同。此版本是从蒙古地区收集的，是蒙古族学者手写转录的，字迹也为早期的。蒙古族僧人了解该版与多罗那他（1575-1634 年）尊者对《四部医典》刻版的贡献，故转录了达丹版的后记。

6. 已知蒙古仿刻北京版多种，内容都是仿本草系，但没有“本中”等汉文标注。蒙古版用蒙古纸印刷，有数字、数码，但没有汉文数码。但此蒙古版为蒙古仿刻，仿刻本木刻版已刻有插图，显然不是早期的。

8　旦科主编：《四部医典》（对勘本，藏文，下册），北京：中国藏学出版社，2008：691。

7. 本草系 A 版第四部后记说明，洛桑彭措施法制版，并以此功德回向，“祈愿正法稳固，特别祈愿洛桑丹贝准美（བློ་བཟང་བསྟན་པའི་སྒྲོན་མེ）长久住世”。经考证，此洛桑丹贝准美是喀尔喀第二世哲布尊丹巴（ཁལ་ཁ་རྗེ་བཙུན་དམ་པ་སྐུ་ཕྲེང་གཉིས་པ། 1724-1757 年）[9]。由此可知，本草系 A 版制版于 1724-1757 年间。洛桑彭措生平不详（待考），应该是哲布尊丹巴弟子。

本草版刊刻地点没有记载。笔者推测，是在明番经厂所在地法渊寺内制版。法渊寺是嵩祝寺前身。1711 年，章嘉活佛购置法渊寺及附近土地，兴造新寺，后被康熙帝赐名嵩祝寺。

本草系 B 版刻版时间晚于 A 版。两者插图区别较大。本草系 B 版与嵩祝系的插图和注文基本一致。由此推测嵩祝系参考了本草系 B 版。嵩祝系初刻于乾隆年间，晚于本草版的年代。

强巴赤列先生认为，北京嵩祝寺（པེ་ཅིན་བྱང་ཙུའུ་སི）版等是布达拉版（1662 年）的复刻本[10]，是第司 · 桑吉嘉措 38 岁时即于藏历铁马年（ལྕགས་རྟ་ལོ, 1690 年）[11] 校订重刻了布达拉宫版。虽然北京嵩祝寺版具体刊刻时间没有记载，但肯定是在布达拉宫版之后刊刻的。从资助人和后记撰写者生平可以推出大致的刊刻时间（见下文）。

嵩祝系版后记（上 六十五）第 5 至 6 行中记载大喇嘛益西班觉（ཏཱ་བླ་མ་ཡེ་ཤེས་དཔལ་འབྱོར）资助刊刻，阿佳洛桑丹贝坚赞写了后记（见图九）。此处的益西班觉是不是松巴班智达益西班觉 · 松巴堪布（སུམ་པ་པཎྜིཏ་ཡེ་ཤེས་དཔལ་འབྱོར། 1704-1788 年），学界尚无定论。松巴堪布传记中未记载刊刻《四部医典》之事。旺堆教授研究认为，此益西班觉是药王山藏医学院派遣来的一位医师，不是松巴堪布。罗布扎西考证，阿佳洛桑丹贝坚赞于 1756-1759 年间在北京，并认为北京版普宁寺版刻于这一时期。这一论证是比较可信的[12]。《四部医典》对勘本引录北京版第四部后记，结尾有“བྱང་ཙུ་ཟེའི་བོད་སོག་ཆོས་ཀྱི་སྤར་ཁང་། ཕྱི་མ་རྒྱུད། རི་ལྟ་ཐོན།”[13] 文字，这反映了 E 版与嵩祝寺藏蒙印经院的关系。但是，这条文字见于嵩祝系 D 版 65 页正面第 5 行下方，而未见于 E 版和 F 版的 65 叶正面（上 六十五）（图九）。

9 黄明信、谢淑婧：《藏族历史人物年代手册》（藏文），北京：民族出版社，2000：576-577。

10 强巴赤列：《藏族历代名医略传》（藏文），北京：民族出版社，2000：299，注 1。

11 强巴赤列：《藏族历代名医略传》（藏文），2000：299，注 2。

12 罗布扎西：《古老的藏族传统文化在首都北京生根发芽——浅谈藏医药在北京的传播与发展》，载郑堆主编：《纪念西藏和平解放 70 周年学术研讨会文集》，2021：434-443。

13 旦科主编：《四部医典》（对勘本，藏文，上册），2008：382。

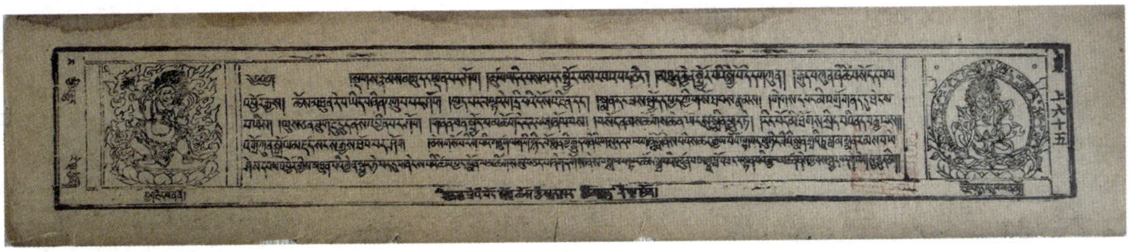

1

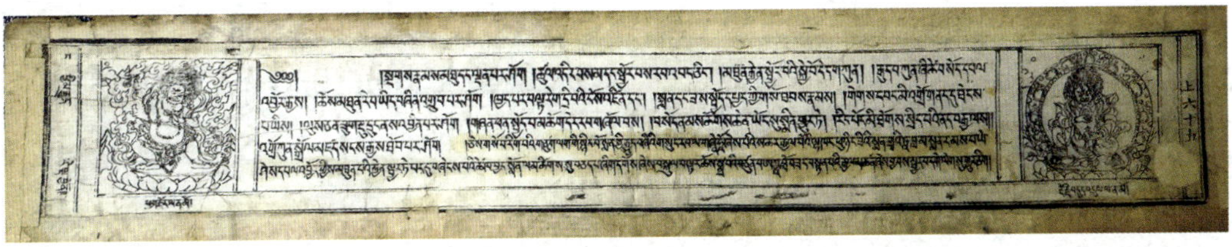

2

图九　仿普宁寺版《四部医典》第四部后记

1. D 版第四部后记；2. E 版第四部后记

E 版是嵩祝系初刻版，刻于乾隆年间。此版并非刊刻于承德普宁寺，而是刻于北京嵩祝寺。二世章嘉阿旺洛桑曲丹（1642-1714 年）70 岁时在京购置法渊寺及周围地产，建造了一座寺院，康熙帝赐名为嵩祝寺[14]。按此记载，1712（康熙五十一年）年嵩祝寺创建。另有说法，嵩祝寺为 1733 年（雍正十一年）建立。寺址原为明代番经厂、汉经厂所在地，番经厂是刊刻藏文经典的出版机构。在此基础上改建的嵩祝寺继续出版藏文经书。中国民族图书馆将嵩祝寺版出版年代推定为雍正十年，是按 1712 年建寺说的。罗布扎西根据 1633 年建寺说，认为嵩祝寺版不可能是雍正十年刻版[15]。

嵩祝寺印经院后更名嵩祝寺藏蒙印经院。嵩祝寺版《四部医典》再版时，将“嵩祝寺印经院”“嵩祝寺藏蒙印经院”及部名、末页码嵌入经版。这个再刻版就是国图编目的“嵩祝寺版”。此版的“嵩祝寺藏蒙印经院”等字体与经文明显不同，比较潦草，明显不是原刻内容。另外，为了将这行字嵌入，将原版的分隔线或框线磨去了一部分（图一〇）。

14　王弘振主编、执笔：《安多藏蒙医药学史研究》，兰州：甘肃民族出版社，1994：132。

15　罗布扎西：《古老的藏族传统文化在首都北京生根发芽——浅谈藏医药在北京的传播与发展》，载郑堆主编：《纪念西藏和平解放 70 周年学术研讨会文集》，2021：434-443。

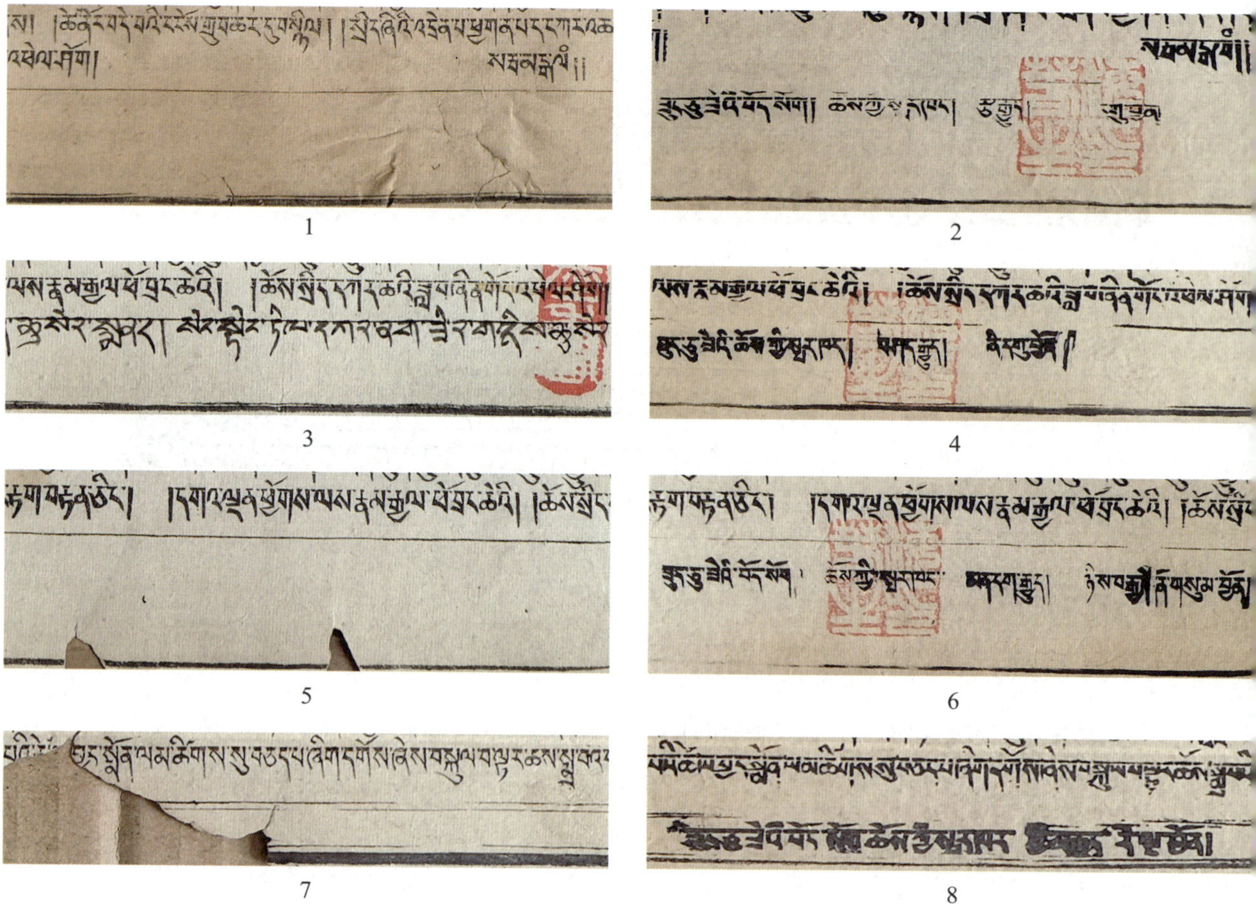

图一〇　嵩祝系版后记末尾的标注

1. E 版第一部尾页；2. D 版第一部尾页；3. E 版第二部尾页；4. C 版第二部尾页；5. E 版第三部尾页；6. D 版第三部尾页；7. E 版第四部尾页；8. D 版第四部尾页

嵩祝系 C、D 版在各部尾页空白处嵌入出版地点、部名和尾页页码。各部的文字略有差异，有些不规范的写法。第一、三部 བོད་སོག 后面加了逗号 ཟུང་ཙུ་ཟེའི་བོད་སོག། ཆོས་ཀྱི་སྤར་ཁང་།（嵩祝寺藏蒙，印经院），误将一句拆分为二。标点用法也不符合藏文规定（句尾 -ག 后空格，不能加 །）。第三部的 ཁང་ 后的标点 । 误刻为“་”（见图一〇：3）。第四部是 ཟུང་ཙུ་ཟེའི་བོད་སོག་ཆོས་ཀྱི་སྤར་ཁར[ང]་།（嵩祝寺藏蒙印经院），ཁང་ 误作 ཁར་，ཁང་ 后漏刻标点 །。这种尾款的版本笔者见到两种（见图一〇：4、5），图一〇：4 似为初刻，图一〇：5 为仿刻。

C 版《四部医典》第二部尾题为 ཟུང་ཙུ་ཟེའི་ཆོས་ཀྱི་སྤར་ཁང་།。旦科对勘本《四部医典》录第二部尾款 ཟུང་ཙུ་ཟེའི་བོད་སོག་ཆོས་ཀྱི་སྤར་ཁར[ང]་།（嵩祝寺藏蒙印经院）。这说明嵩祝寺有两

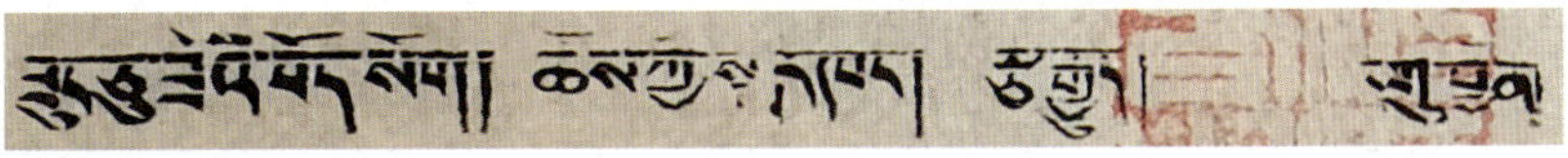

1

2

3

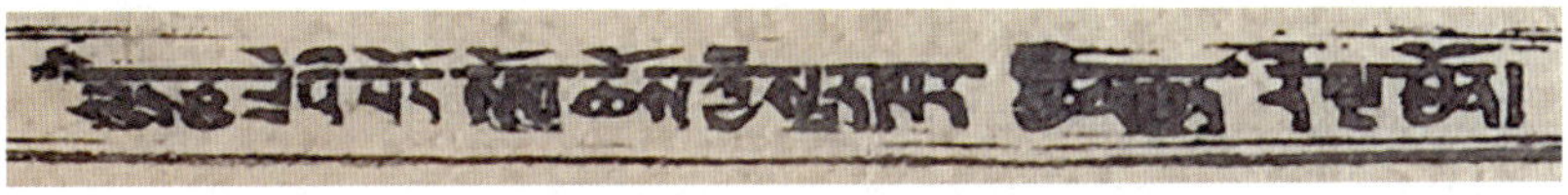

4

图一一　嵩祝系 C、D 版出版机构名、分部略题和分部尾页页码
1. D 版；2. C 版；3. D 版；4. D 版

种《四部医典》木刻版，即嵩祝寺印经院版和嵩祝寺藏蒙印经院版。署嵩祝寺印经院款的这第二部是早期的刻版。其他三部医典，连同旦科所见的版本尾款均为嵩祝寺藏蒙印经院，这一套是更名之后的刻版。在刊印和流通中，出现两套版混搭的情况，在分部刊印的图书中并非罕见。蒙医所所藏一套嵩祝寺版实际上是两套混配的，第二部是初版，第一、三、四部是复刻版。不过迄今还没见到署名“嵩祝寺印经院”的一、三、四部（图一一）。

嵩祝系版第一部后记从 ཤའོ་ཀ་གཉིས་པོ་འདི་ཤྭ་ཐང་སོར་བཞག་དུས།། 至 ཆོས་སྲིད་དཀར་ཆའི་ཟླ་བཞིན་གོང་འཕེལ་ཤོ 与药王山版相同。仅出版信息替换为 ཟུང་ཙུ་ཟེའི་བོད་སོག་ཆོས་ཀྱི་སྤར་ཁང་། 加注了部名和尾叶叶码 ཙ་རྒྱུད། དགུ་ཅོན།[16]。第二、三部后记也同样，仅部名和尾叶叶码不同 བཤད་རྒྱུད། ཞེ་དགུ་ཅོན།[17] མན་ངག་རྒྱུད། ཉིས་བརྒྱ་དོན་གསུམ་ཅོན།[18]。将 སརྦ་མངྒ་ལཾ། 换为 ཤུ་བྷཾ་མསྟུ་སརྦ་ཛ་ག་ཏཾ།。其中，ཨ་ཧོ་རྒྱལ་བཀའ་རྒྱུད་ཆེན་ཡིད་བཞིན་ནོར།། 至 ཆོས་སྲིད་དཀར་ཆའི་ཟླ་བཞིན་གོང་འཕེལ་ཤོག 一段文字见于布达拉后版（雪版）和药王山版第四部后记[19]。

嵩祝系版第四部后记 ཨོཾ་བདེ་ལེགས་སུ་གྱུར་ཅིག 至 འགྲོ་ཀུན་སྒྲོལ་མཛད་སངས་རྒྱས་ཐོབ་པར་ཤོག 据说是

16　旦科主编：《四部医典》（对勘本，藏文，上册），2008：24。
17　旦科主编：《四部医典》（对勘本，藏文，上册），2008：152。
18　旦科主编：《四部医典》（对勘本，藏文，下册），2008：704。
19　旦科主编：《四部医典》（对勘本，藏文，上册），2008：355-356、366-367。

法师阿佳洛桑丹贝坚赞撰写的，与对勘本所收录的其他木刻版都不同[20]。强巴赤列先生认为北京嵩祝寺版是根据布达拉版（1662 年）翻刻的。由前三部医典的后记看，嵩祝系《四部医典》似乎是以西藏拉萨药王山后版为蓝本刊刻的。药王山藏医学院建立于 1696 年。通常所说的药王山版《四部医典》刊刻于 1892 年，晚于北京嵩祝系版。因此，北京版不可能以药王山版为蓝本。但也有一种说法，药王山版也有前后两版。嵩祝系版的蓝本究竟是布达拉版还是药王山版，尚待进一步研究。

综上所述，北京版品系、初刻年代、刊刻次序为：

本草系版：初刻时间在雍正二年至乾隆二十二年（1724-1757 年）之间，复刻时间待考。

嵩祝系版：初刻时间在乾隆二十一至二十四年（1756-1759 年）之间。C 版和 E 较早，二者孰先孰后待考，C 版之后有 D 版，E 版之后有 F 版。

以上为刻版时间。各版的印刷时间不一，但延续时间较长，有些版本直到清朝灭亡之前还在印刷。

（二）字体（形）

普宁寺版与嵩祝寺版字体形态有明显差异（见下表）。仅以 གཞེ་ཧོ་（热河）一词写法为例：元音符号“◌ེ”“◌ོ”的写法明显不同。另外，普宁寺版字迹较细，嵩祝寺版字迹粗，多发生粘连。

表一〇　普宁寺版与嵩祝寺版《四部医典》字体对照

版本	༄༅།	།སྔགས་རྣམས་མཐུ་དང་ལྡན་པར་ཤོག	འགྲོ་ཀུན་སྒྲོལ་མཛད་སངས་རྒྱས་ཐོབ་པར་ཤོག	གཞེ་ཧོ
EF		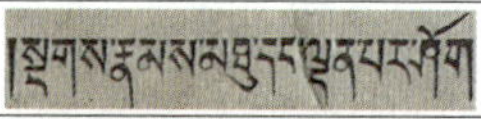	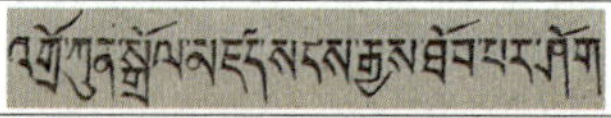	
CD		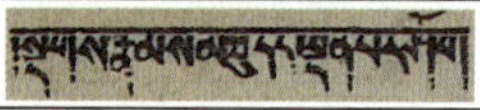		

嵩祝寺版刻版时，在板面上预先刻划出标定线，刻痕在边框上也留下痕迹（图一二：1）。这刻划出的标定线使得字头的横线与其上下的字划分离，标点符号 ། 和 ༄༅། 也受影响发生断裂（表一〇、图一二）。基字 ཚ 写在字头右上方的笔划也被割裂（图一二：2）。

20　旦科主编：《四部医典》（对勘本，藏文，上册），2008：380-382。

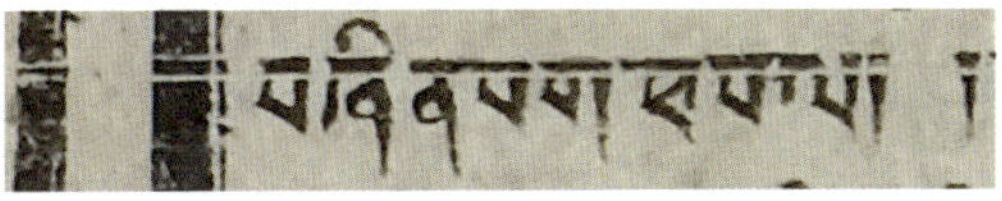

1

1

图一二　嵩祝寺版字划割裂现象（C 版）

（三）错讹字

从文字来说，E、F 版比较准确，字迹清晰。嵩祝寺版刻印质量较差，字迹欠清。B 版误刻字最多。显然 B 版是 A 版的仿刻本，由于原版字迹不清楚造成错误。如图一三

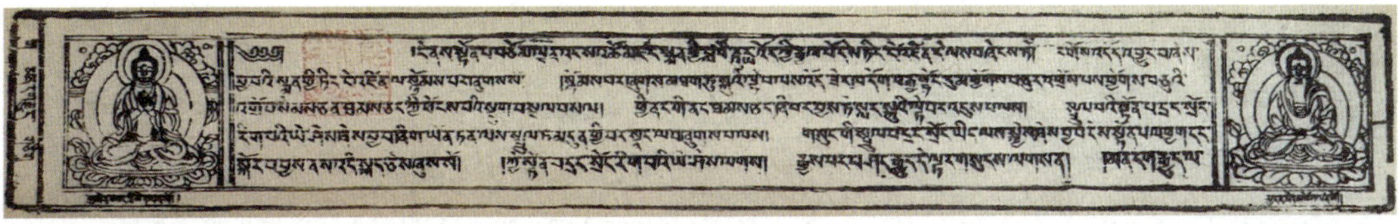

1

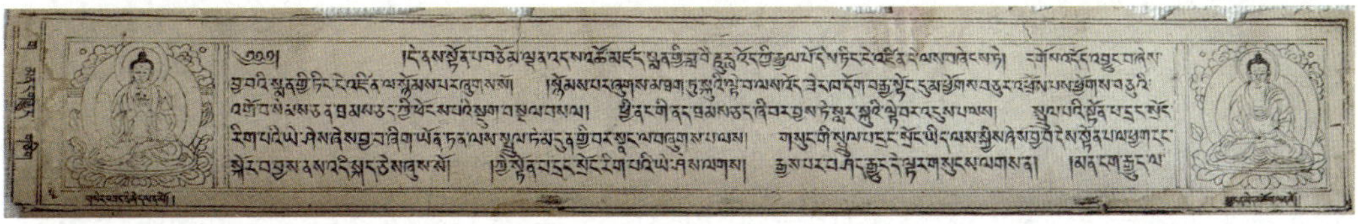

2

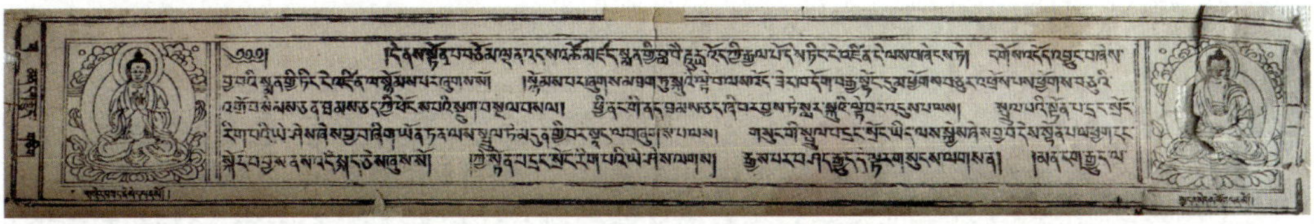

3

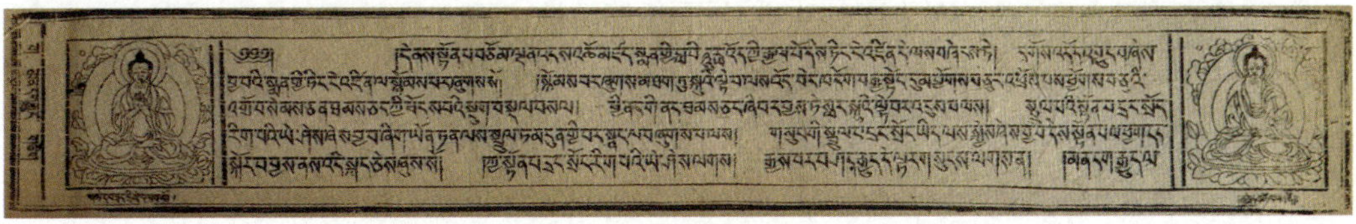

4

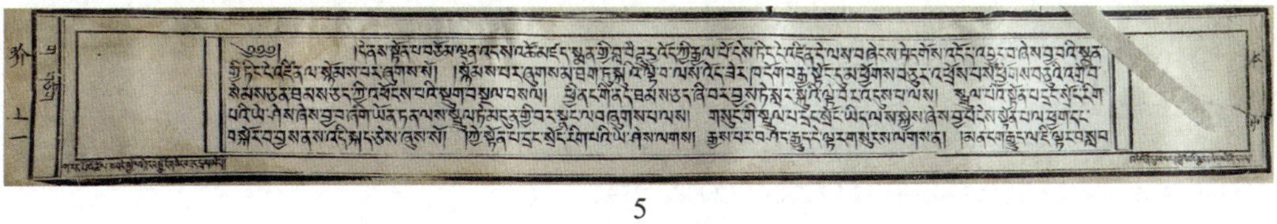

5

图一三　嵩祝系 D、E、F 版和本草系 B、A 版等四版第三部第一页文字对勘
1. D 版第三部首页；2. E 版第三部首页；3. F 版第三部首页；4. B 版第三部首页；5. A 版第三部首页

所示，第 1 行中的 ཞཻ 字，B 版误作 ཞེ；第 2 行中的 ཟེར 字，B 版误作 ཞེར；第 4 行中的 དེ 字，B、D 版误作 ད；第 5 行中的 ཀྱི 字，B 版误作 ཀྱ。

（四）字词差异

药书版 A 版中的字与普宁寺版等四种版本略有差异。以第三部第一页为例，BCEF 中的 ཕོངས（贫困）字，在 A 版中写作 འཕོངས（烦恼），BCEF 中的 སྐོར（绕，现在时）字在 A 版中写作 བསྐོར（绕，过去、未来时）。A 版的这两处拼写法与扎塘、冈布、达丹、甘丹彭措林、洛若和宗嘎版[21]相同。

对勘本中的达丹版（རྟག）是在达丹妙法寺真实欢喜苑（རྟག་བརྟན་དམ་ཆོས་གླིང་ངེས་དོན་དགའ་བའི་ཚལ་གྱི་ཆོས་སྡེ། 创办于 1615 年）刊刻的。觉囊派大师多罗那他的侄儿衮嘎丹贝坚赞（ཀུན་དགའ་བསྟན་པའི་རྒྱལ་མཚན）出资制版，著名藏医大师伦丁兑孜久美（ལྷུན་སྡིངས་པ་བདུད་རྩི་འགྱུར་མེད།16 世纪中叶）整理校对[22]。伦丁兑孜久美曾担任多罗那他（觉囊衮嘎宁波）大师的保健医生[23]。A 版用字与达丹版接近，其第三部结尾手写跋文抄自达丹版，提及多罗那他尊者。这表明，A 版以甘丹彭措林版为蓝本，间接受到达丹版影响。

笔者没见到达丹版，不知道达丹版是否也有这样的插图和注文。A 版第三部的插图框下注文（图一三：5）与布达拉版一致。

A 版中没有出现 B 版中的误刻，显然本草系 A 版不是 B 版的仿刻。

（五）后记

A 版第三部后记（图一四）与甘丹彭措林版[24]和布达拉宫后版[25]一样。达丹寺彭措林原为觉囊派寺庙，后改宗格鲁派，更名为甘丹彭措林。据旺堆教授讲，布达拉宫版刻成后存放于布达拉宫东边的甘丹彭措林，因此又被称为甘丹彭措林版[26]。这两个甘丹彭措林不在一处，只是同名。甘丹彭措版、达丹版都以扎塘版为蓝本。

21 旦科主编：《四部医典》（对勘本，藏文，下册），2008：3。
22 旦科主编：《四部医典》（对勘本，藏文，下册）前言，2008：2。
23 强巴赤列：《藏族历代名医略传》（藏文），2000：279。
24 旦科主编：《四部医典》（对勘本，藏文，下册），2008：700-701。
25 旦科主编：《四部医典》（对勘本，藏文，下册），2008：701-703。
26 西藏自治区藏医院编：《〈雪域藏医历算大典〉藏医部分总目录》（藏文），北京：中国藏学出版社，2016：15。

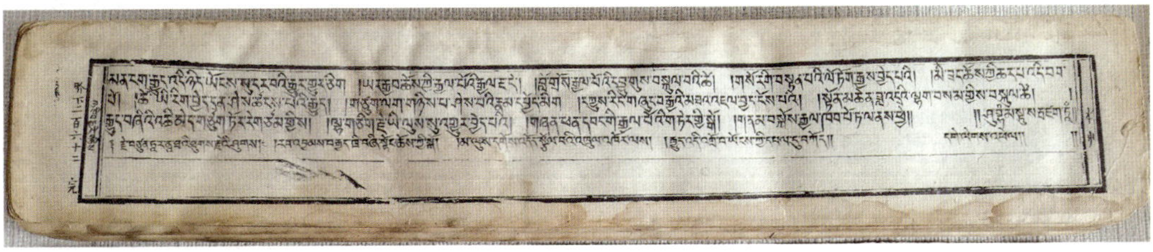

图一四　A 版第三部后记

本草系 A 版和 B 版的第四部后记与甘丹彭措林版一致。旦科对勘本所用甘丹版第四部后记尾残，缺第 77 叶[27]，残缺叶之前的内容与 A、B 版一致。西藏自治区藏医院收藏的甘丹版完整，与本草系 A、B 版的后记一致[28]。这表明甘丹版为 A、B 版的蓝本。

对勘本甘丹彭措林版第四部后记尾残，末句：དངོས་གཞི་གྲྭ་ཐང་གི་པར་རྙིང་སོར་བཞག་བཅོས་བསྒྱུར་མེད་པའི་སྟ་གོན་བྱས་པ་བཞིན་ཕྱག་མཛོད་ས་སྐྱོང་འཕྲིན་ལས་རྒྱ་མཚོས་ཁུར་ལེན་གྱི་བཀོད་པས་ཁྱབ་པར་བྱས་ནས་ཞུས་དག་པ་སློབ་ 之后残缺。这一句恰好在本草系 A、B 版第 76 叶背面（阿　下七十六）末尾。本草系 A、B 版第 76 叶背面第 6 行的 འཕིགས，与甘丹版同，旦科对勘本录文为 ཐིཏ，药王山本为 ཕིཊ。西藏藏医院藏甘丹版有第 77 叶，是甘丹版全书的末页，这页正是对勘本所缺的第 77 叶正面，现引录于下：

༄། །དཔོན[དཔོན]་དོན་གྲུབ་དཔལ་བ། རབ་འབྱམས་པ་དགེ་འདུན་ཆོས་འཕེལ། སྒྲ་བ་ཀུན་དསའ[དགའ]་དབང་ལྡན་རྣམས་དང་། བར[པར]་ཡིག་བ[པ]་གཅེན་ལུང་བ[པ]་ལེགས་ལྡན་སློབ་མར་བཅས་བ[པ]་བཞི། བར[པར]་མཁན་མཁས་པ་སཞོན[གཞོན]་ནུའི་སློབ་རྒྱུན་དུ་བྱུང་བ་ཡོན་བདག་ཆེ་རིང་སོགས་བར་མཁན་ཉེར་བདུན་དང་བཅས་པ་རྣམས་ཀྱིས་སྒོ་གསུམ་འབད་པས་བསྒྲིམས་ཏེ་དགེ་བྱེད་ཅེས་པ་ཆུ་ཕོ་སྟག་གི་ལོའི་ཧོར་ཟླ་གཉིས་པའི་ཚེས་ཉི་ཤུ་གཅིག་ལ་དབུ་བཙུགས་ཏེ་ལོ་ག[དེ]་ཉིད་ཀྱི་ཧོར་ཟླ་བདུན་པའི་ཚེས་ཉེར་ལྔ་ལ་ལེགས་པར་གྲུབ་པ་ལ་བརྟེན་ནས་ལུས་ཅན་ཀུན་གྱི་བཞི་བརྒྱ་རྩ་བཞིའི་ནད་དང་། དེ་དག་ཀུན་གྱི་རྩ་བ་ཉོན་མོངས་པ་དང་ཤེས[དང་ཤེས]་བྱའི་སྒྲིབ་པའི་ནད་ཀུན་དྭངས་ནས་ཕྱུང་སྟེ་ཕུལ་བྱུང་བདེ་ཆེན་ཡེ་ཤེས་མཆོག་གི་ཞྙོས་གར་རྣམ་འདྲེན་སྨན་གྱི་བླ་མའི་གོ་འཕང་ཐོབ་པར་གྱུར་ཅིག། ཨྠཡུཟིཏྣཀཏྣཿསཟཀྣཱཝེཙྪུད[ཛ]ཡཧྲུ།། མངྒཾ།། ||

北京本草系 A 版和 B 版也都有第 77 叶正面，正文相同，只是将 དཔོན 误作 དཔོན。本草版的插图处，也没有配图文字。（见图一五：2）

27　旦科主编：《四部医典》（对勘本，藏文，上册），2008：355。

28　西藏自治区藏医院编：《雪域藏医历算大典 · 藏医部分》第 4 函，北京：中国藏学出版社，2016：801。

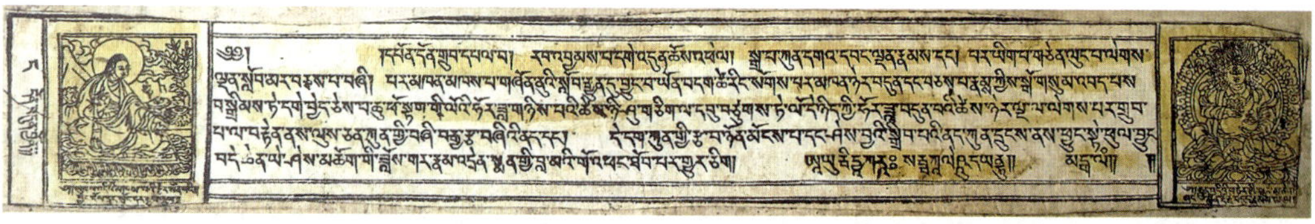

1

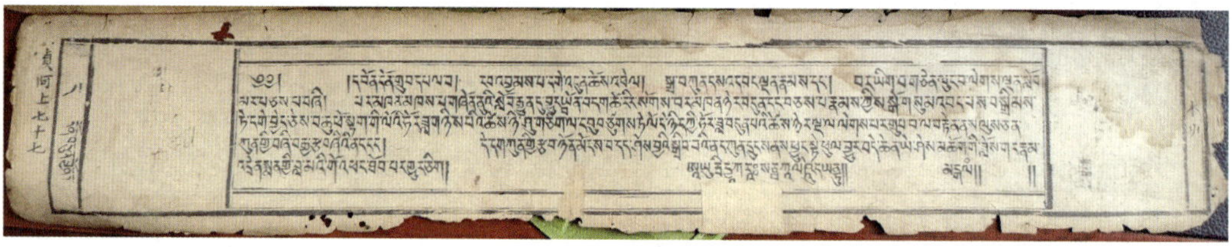

2

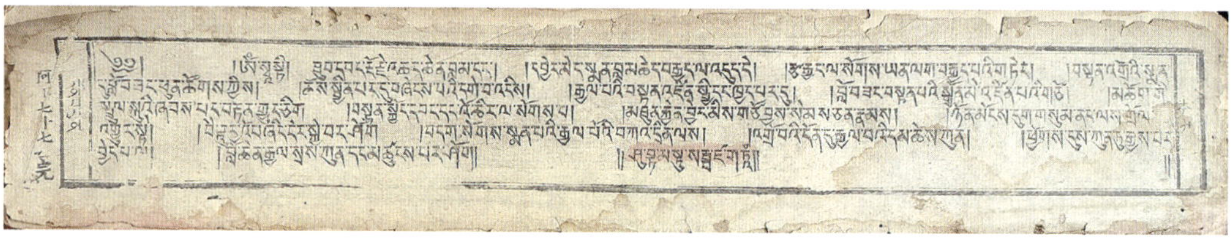

3

图一五　甘丹版后续部和 A 版第四部第 77 叶

1. 甘丹版后续部第 77 叶正面；2. A 版第四部第 77 叶正面；3. A 版第四部第 77 叶背面

与甘丹版（见图一五：1）不同的是，北京本草系 A、B 版第 77 叶背面还有文字，这页才是本草版全书的末页（图一五：3）。

这段后记说明，该刻版是由洛桑彭措（བློ་བཟང་ཕུན་ཚོགས）施法制版，并以此刻经功德回向，祈愿正法（རྒྱལ་བའི་བསྟན་འཛིན）永固，祈愿洛桑丹贝准美（བློ་བཟང་བསྟན་པའི་སྒྲོན་མེ། 即二世哲布尊丹巴）长久住世。感谢了教法护持者（བསྟན་སྐྱོང་དབང）和金刚（蒙古语 འོ་ཆིར）等资助刻版。虽未言明时间和地点，但是如前所说，应该是在北京，于 1724-1757 年之间刻版。

甘丹彭措林版刊刻于 1662 年。第司 · 桑吉嘉措主持的布达拉宫后版刊刻于 1690 年[29]，或藏历木狗年（甲戌 1694 年）[30]。本草系 A 版文字接近达丹版和甘丹版，后记与甘丹版相同。说明本草系 A 版的文字是以甘丹版为蓝本。其刊刻年代应该在甘丹版之后。

29　强巴赤列：《藏族历代名医略传》（藏文），2000：298-299。

30　强巴赤列：《藏族历代名医略传》（藏文），2000：324。

A 版第三部插图下的注文同甘丹版，但本草系 B 版的插图及图下文字与甘丹版不同。因此，尽管 B 版后记与 A 版相同，但 B 版并非直接来自甘丹版或本草系 A 版，其来源待考。

表一一 《四部医典》各木刻版的刻版时间

版本	刻版时间	刻版地点
扎塘版	1546 年[31]	西藏山南市扎塘
冈布版	1616 年[32]	西藏山南市加查县
达丹版	16 世纪末 17 世纪上	西藏日喀则市拉孜县
宗嘎版	?	西藏日喀则市吉隆县
甘丹彭措林	1662 年[33,34,35]	西藏拉萨市
孜布达拉宫后版	1690[36]/1694 年[37]	西藏拉萨市
药王山版（一）	1696 年以后（？）	西藏拉萨市
本草系 A	1724-1757 年（雍正二年至康熙二十二年间）	北京（？）
德格版一	1733 年[38]	四川甘孜州德格县
嵩祝寺印经院版 C	1756-1759 年间（乾隆年间）	北京东城区
普宁寺版 E	1756-1759 年间（乾隆年间）	北京（？）
嵩祝寺藏蒙印经院版 D	?	北京东城区
本草版 B	?	北京（？）
药王山版（二）	1892 年[39]	西藏拉萨市
仿普宁寺版 F	?	北京（？）

31 西藏自治区藏医院编：《〈雪域藏医历算大典〉藏医部分总目录》（藏文），2016：6-7。
32 西藏自治区藏医院编：《〈雪域藏医历算大典〉藏医部分总目录》（藏文），2016：10-11。
33 旦科主编：《四部医典》（对勘本，上册，藏文），2008：374。
34 强巴赤列：《藏族历代名医略传》（藏文），2000：296。
35 西藏自治区藏医院编：《〈雪域藏医历算大典〉藏医部分总目录》（藏文），2016：14-15。
36 强巴赤列：《藏族历代名医略传》（藏文），2000：298，299 尾注 2。
37 强巴赤列：《藏族历代名医略传》（藏文），2000：324。
38 西藏自治区藏医院编：《〈雪域藏医历算大典〉藏医部分总目录》（藏文），2016：18-19。
39 西藏自治区藏医院编：《〈雪域藏医历算大典〉藏医部分总目录》（藏文），2016：22-23。

小结

清代《四部医典》北京版共有两系6种。两系是指本草系和嵩祝系。本草系是指每页右方标有汉字“本中”的版本，有A、B两种，其中A版的封题处标有“药书”。本草系是以甘丹彭措林版为蓝本刊刻的，全文照录了甘丹彭措林版的后记，并就该版刊刻情况作了补充说明。A为初刻版，刊刻于雍正二年至乾隆二十二年之间（1724-1757年），距今近300年。B版刊刻时间晚于A版，具体时间不详。

嵩祝系是指在北京嵩祝寺刊刻的版本，初刻版是由普宁寺大喇嘛益西班觉资助。嵩祝系版本迄今发现四种，分别为嵩祝寺印经院版（C）、嵩祝寺藏蒙印经院版（D）、普宁寺（元亨利贞）版（E）及普宁寺仿刻版（F），是以布达拉宫后版（或药王山版）为蓝本刻印的。各版本后记相同，前三部医典全文照录了药王山版的后记，第四部医典后记为新撰，并就该版刻印情况作了说明。其中，C、D版末尾都标注了出版机构名称。初刻初印于乾隆二十一至二十四年（1756-1759年）之间，距今约260年。

目前，仅本草系B版是四部俱全，其他版本都凑不齐四部。

北京版《四部医典》是国内卫藏、康巴和安多三大藏语区外重要的的木刻版，刊刻年代和版本数量仅次于西藏，是重要的医史文献，极具研究价值。

北京版《四部医典》刊刻和印刷是为了满足中国北方地区和东北地区的需求，主要输往蒙古地区，读者多为蒙古学僧。北京雍和宫、承德普宁寺、辽宁瑞应寺等寺庙中的曼巴扎仓，多使用北京版《四部医典》。

从明代番经厂到清代嵩祝寺藏蒙印经院，中央政府的民族宗教政策是一脉相承的。章嘉活佛是清朝任命的管理北方佛教的高僧，以嵩祝寺为驻锡地。嵩祝寺印经院、嵩祝寺藏蒙印经院是官方机构，隶属于理藩院。与西藏各地方政府或寺庙刊印的不同，北京版《四部医典》是清中央政府主持刊印的藏医经典，不仅有学术价值，更具有重要的政治意义。北京版《四部医典》的刊刻、印刷和流通，表明清代中央政府承认藏医药，积极促进了各民族、各地区间的文化科技交流。

北京版《四部医典》刊印流通近300年，惠及中国北方各地及邻国，对中国北方特别是蒙古族、满族地区医学教育做出了重要贡献，至今在蒙古国和俄联邦布里亚特共和国都有留存和使用。

多罗那他转世的哲布尊丹巴在蒙古地区影响较大。多罗那他驻锡的达丹寺曾刻印了达丹版《四部医典》，由多罗那他侄子出资、多罗那他保健医生伦丁兑孜久美主持刊刻。蒙古地区僧俗出于对哲布尊丹巴的敬信，对觉囊派的达丹版非常敬重。原觉囊派寺庙达丹彭措林更名为甘丹彭措林。因本草系北京版以甘丹彭措林版为蓝本，所以受到喀尔喀蒙古地区的偏爱。蒙古库伦版即仿刻本草系北京版。

◆ 海春生　辽宁阜新蒙医药研究所（蒙医药文化博物馆）所长、副研究馆员
刘英华　中国藏学研究中心北京藏医院副研究员、中国中医科学院中国医史文献研究所特聘研究员

解析却英多吉笔下的察哈尔 *

郎加

内容摘要：第十世噶玛巴却英多吉的自传《菩萨譬喻经出离法门名闻三界之大法鼓》（简称《大法鼓》）具有重要的史料价值，已经有不少学者据此对他的生平和艺术创作进行了研究。本文对《大法鼓》中有关察哈尔部分的记载进行了解读，对几位重要的历史人物进行了考证，认为逊拏布图特（གཞོན་ནུ་བུ་ཐོག་ཐུ）是作者笔下的林丹汗，杜仁（དོས་རིང）是索诺木杜棱，喀喇沁汗固央（ཁ་ར་ཅན་གྱི་རྒྱལ་པོ་གུ་ཡང）是图琳固英，尊姆旦巴（བཙུན་མོ་དམ་པ）是陪伴林丹汗到生命最后的王后，她和林丹汗派遣渥巴锡（ཨོས་པ་ཞི）等前往卫藏拜见却英多吉并献上珍宝等等。《大法鼓》对于相关历史事件的记载详细、生动、客观，尽管具有浓厚的文学色彩，但是涉及的人物、地点和事件均可以一一考证，反映的是历史的真实，具有重要的研究价值。

却英多吉（ཆོས་དབྱིངས་རྡོ་རྗེ།1604-1674年）是噶玛噶举派黑帽系法主噶玛巴第十世，1604年出生于芒隅堪希塘（今青海果洛地区）。他是一位著名的艺术家、诗人和修行者。他在不同地区的游历丰富了他的思想和创作素材，他的著述以譬喻经为主，还创作

* 本文研究获四川省人文社科重点研究基地青藏高原经济社会与文化发展研究中心和西南民族大学中央高校基本科研业务费青藏高原经济社会与文化发展研究中心专项资助（2021PTJS09）。

了大量的唐卡绘画和塑像等艺术作品。藏历水虎年（ཆུ་སྟག་གི་ལོ། ས་ག་ཟླ་བ），即 1662 年 4 月，却英多吉完成了自传《菩萨譬喻经出离法门名闻三界之大法鼓》(下文简称《大法鼓》)[1] 的撰写，内容包括藏、蒙古、纳西、满、汉等民族的历史故事，形似文学，但内容却反映了当时的真实历史。本文拟对其中以林丹汗为主的与察哈尔有关的故事作为研究对象，探讨察哈尔和噶玛噶举的关系等问题。

却英多吉前半生时，藏巴汗势力隆盛，先后占领和控制了后藏地区，并逐步把势力延伸到吉雪（སྐྱིད་ཤོད། 前藏）。藏巴汗作为噶玛噶举派的坚强支持者，对十世噶玛巴十分尊崇。随着藏巴汗与当时势力逐步上升的吉雪第巴（སྐྱིད་ཤོད་སྡེ་པ）之间的矛盾愈演愈烈，最终走向军事冲突，却英多吉也被卷入了这场争权夺利的斗争中。他虽然在感情上拥护藏巴汗，但作为一名宗教领袖，他在自传里表露出自己厌倦政治，渴望脱俗并一心修行的心态。原本权势熏天的藏巴汗，最后败绩于拥有强大实力的前藏和厄鲁特固始汗（སོག་པོ་ཨོ་རོད་གོ་ཤྲི་ཧན།1582-1654 年）的联军，拥护藏巴汗的噶玛噶举也陷于危难之中。为了躲避灾难，噶玛噶举的诸多僧众不得不离开故土，四处流亡。当时的云南丽江王府多次派人前往西藏给第十世噶玛巴供奉并邀请他到丽江讲经弘法。噶玛噶举与丽江王府的关系在这个时期达到高峰。通过互相支持，丽江王府稳定了其边陲，却英多吉也在丽江进行传教和创作。却英多吉多数时间居住在建塘（རྒྱལ་ཐང）普陀洛山的庙宇（གྲུབ་པའི་བསྐྱི་གནས་རི་བོ་པོ་ཏ་ལ）里，这里是多康东部通往丽江的重要古道，此地既是他的避难所，也是他弘法和创作的道场。

关于却英多吉风格独特的唐卡和造像等艺术创作，国内外有了大量的研究；关于他的生平事迹，也有不少论著出版；但是关于他的著作的研究还处于起步阶段。2016 年，美国出版了一部集中研究第十世噶玛巴艺术和生平的文集——《第十世噶玛巴和动荡的西藏十七世纪》。该文集中多数论文是关于却英多吉创作的唐卡和塑像等艺术品的研究，也有两篇关于其生平的文章。其中，扎西次仁通过他人写的传记来解读却英多吉的

1 ཆོས་དབྱིངས་རྡོ་རྗེ། བྱང་ཆུབ་སེམས་དཔའི་རྟོགས་པ་བརྗོད་པ་ངེས་པར་འབྱུང་བའི་ཆོས་ཀྱི་རྣམ་གྲངས་སྲིད་པ་གསུམ་དུ་སྒྲོན་པར་གྲགས་པའི་ཆོས་ཀྱི་རྔ་བོ་ཆེ། 果洛州古籍工作领导小组办公室整理：《嘎玛巴曲英多吉文集》(下)(藏文)，成都：四川民族出版社，2004 ：121-367。关于却英多吉的藏文传记参见 ཀརྨ་ངེས་དོན་བསྟན་རྒྱས། རྒྱལ་བའི་དབང་པོ་དཔལ་ཀརྨ་པ་སྐུ་འཕྲེང་བཅུ་དྲུག་པ་ཚུན་རིམ་པར་བྱོན་པའི་རྣམ་ཐར་མདོར་བསྡུས་བསྒྲིགས། TBRC: W1KG3815: 332-377. ཡེ་ཤེས་སྙིང་པོ། དཔལ་ལྡན་ཀརྨ་པ་ཆེན་པོ་རྗེ་བཙུན་ཆོས་དབྱིངས་རྡོ་རྗེའི་རྣམ་པར་ཐར་པ་དད་པའི་དགའ་སྟོན། TBRC: W00EGS1016795: 1-28.

时代背景，更敦饶赛则着重解读却英多吉道歌 (རྡོ་རྗེའི་མགུར) 的文学性[2]。此外，蒙格勒[3]和夏玛仁波切 (ཞི་དམར་ཆོས་ཀྱི་བློ་གྲོས)[4]都于 2012 年出版了英文版的却英多吉传记，内容都是关于他生平的研究和介绍，并没有对他的著作进行系统研究。本文将重点对却英多吉著作《大法鼓》里面有关察哈尔的记载进行研读。《大法鼓》篇名中出现“菩萨譬喻”（བྱང་ཆུབ་སེམས་དཔའི་རྟོགས་པ་བརྗོད་པ)，文本里却英多吉称自己为“菩萨吉登旺丘”，很多时候以第一人称叙述者出现，如“我”“吉登旺丘我”等。与他对话的是一位菩萨，他最忠诚的跟随者衮都桑布（ཀུན་ཏུ་བཟང་པོ།1610-1684 年）。衮都桑布是却英多吉弟子的法名，他原名为藏堪钦 · 绛央巴登嘉措（གཙང་མཁན་ཆེན་འཇམ་དབྱངས་དཔལ་ལྡན་རྒྱ་མཚོ)，在传记里作为一名提问者出现。文本以却英多吉与弟子衮都桑布之间的答问展开对历史故事的陈述。由于文中的相关人物、地点和事件都具有匿名性，加之华丽的辞藻，因此很难在初次阅读时就分辨出这是一部真实历史的记录。本文通过对相关人物的考证，对所载历史事件进行考察，从而探讨该著作所载故事的历史真实性。

一、传记里的“恰嘎尔王”和“逊孥布图特”分别指的是布颜彻辰汗与林丹汗

《大法鼓》云：

སོ་གོལ་གྱི་ཡུལ་ན་རྒྱལ་ཕྲན་དཔུང་མང་བ་བཞོན་པ་མང་བ་ནོར་གྱིས་དབང་ཕྱུག་ལ་དབང་བྱེད་པ་མང་པོ་ཡོད་པ་དེ་ཐམས་ཅད་ཀྱི་རྒྱལ་པོ་ནི་ཆ་གར་གྱི་རྒྱལ་པོ་ཡིན་ཏེ། དུས་དུས་སུ་ལོ་ཐང་སྟུད་པར་བྱེད་དེ་དུས་དུས་སུ་རྒྱལ་ཕྲན་རྣམས་ཀྱིས་སྐྱེས་དང་ལྷན་ཅིག་ཕྱག་བྱེད་པ་དེ་ཅི་ཞིག་ན་དུས་ལས་འདས་པ་དང་། དེའི་བུ་གཞོན་ནུ་བུ་ཐོག་ཐུ་གསེར་གྱི་ཁྲི་ལ་འདུག་པ།[5]

蒙古之地有诸多小邦，他们各自拥有为数众多的军队和坐骑，享有财富，然而这些所有小邦的统治者是恰嘎尔王。蒙古诸王在当时要向恰嘎尔王纳贡，

2 Tashi Tsering, “The Biography of the Tenth Karmapa in the 1775 Uncensored Edition of Kam tsang’s *Golden Rosary* and Other Important Material on His Life.” Gedun Rabsal, “Vajra Melodies: Approaching the Tenth Karmapa’s (1604-1674) Songs (mgur), Poetry, and Poetics from a Tibetan Perspective.” In *The Tenth Karmapa & Tibet’s Turbulent Seventeenth Century*, eds. Karl Debreczeny and Gray Tuttle. Chicago: Serindia Publications, 2016: 47-94.

3 Irmgard Mengele, *Riding a Huge Wave of Karma: The Turbulent Life of the Tenth Karma-pa*, Kathmandu: Vajra Publications, 2012.

4 Shamar Rinpoche, *A Golden Swan in Turbulent Waters: The Life and Times of the Tenth Karmapa Choying Dorje*, Virginia: Bird of Paradise Press, 2012.

5 《嘎玛巴曲英多吉文集》（下），2004：217。

并且要在特殊时期前去拜见恰嘎尔王，不久他离世，子逊努布图特登上了宝座。

《大法鼓》所说的“恰嘎尔”是察哈尔蒙古的藏语音译，有时也写作恰哈尔（ཆ་ཧར）。“恰嘎尔王”（ཆ་གར་གྱི་རྒྱལ་པོ）指的是布延彻辰汗（布延台吉，1555-1603 年）[6]，而这里说的“子逊努布图特”是布延彻辰汗的孙子，即林丹汗（1592-1634 年）。逊努布图特（གཞོན་ནུ་བུ་ཐོག་ཐུ）是察哈尔最后一位大汗，因其父莽古斯台吉早年过世而没有即位，他在 13 岁时直接从祖父布颜彻辰汗承袭了汗位。“逊努”是青年之意，“布图特”是呼图克图的藏语音译。有文献资料认为“林丹”是藏语“勒登”（ལེགས་ལྡན）的蒙译，是优胜之意，但藏语对林丹汗的称呼并非仅此一个，有时也写作“ལིན་ཏན”。如同《大法鼓》所述，布颜彻辰汗时期的繁荣与实力在其他史书也有相似的记载：

布颜彻辰弘扬宝贝宗教，获得昔日岱总可汗遗失的玉玺，使太平的国度走向更加太平繁荣，广大人民安居乐业。[7]

《大法鼓》里提到逊努布图特继位后掌控了蒙古诸部，不过最后战败，逃往西部后在茂盛的白茅中死去：

ཚོགས་དབེན་པ་ཞིག་ཏུ་མལ་སྟན་མེད་པར་ཀུ་ཤའི་ཚལ་ཆེན་པོའི་ནང་དུ་འདས་པར་རིག་ནས་མྱ་ངན་བྱས་ཏེ། ཀུ་ཤའི་རྩ་སྤུངས་ནས་ཞུགས་ལ་སྦྱངས་ཏེ། དམག་མིའི་སྐྱེ་བོ་ཕལ་པོ་ཆེ་ནི་བཙུན་མོའི་ཕྱི་བཞིན་སོང་ངོ་།

部众发现大王薨于一处宁静的白茅丛里，身无被褥，他们致哀后堆积野草以火焚之。随后，多数兵众随从王妃而归。[8]

林丹汗是一位勇于扩张势力的蒙古汗王，不少史书均有提及，“南朝止有一大明皇帝，北边止我一人，何得处处称王？我当先处里，后处外”。[9] 他采取强势的手段统一蒙

6 薄音湖主编：《蒙古史词典》，呼和浩特：内蒙古大学出版社，2010：30-40。

7 罗桑丹津著，色道尔吉译：《蒙古黄金史》，呼和浩特：蒙古学出版社，1993：366-367。又见札奇斯钦：《蒙古黄金史译注》，台北：联经出版事业公司，1979：304。

8 《嘎玛巴曲英多吉文集》（下），2004：247-248。

9 汪楫：《崇祯长编》卷十一，台北：台湾“中央研究院”历史语言研究所，1962：617，北京大学图书馆收藏版，典藏号：EB/910.1256/6738.1: 91-95。

古各部，也支持佛教事业，比如建佛塔，修寺院，翻译和编撰佛经等。却英多吉在传记里记载林丹汗在登位后不久就对蒙古各部诸王和头目进行集体残害。林丹汗为扩张势力而采取极端手段，主要原因是蒙古各部诸王和头目没有一如既往地纳贡和拜见林丹汗，他们只是偶尔派使臣去拜见他，有的甚至完全不再遵从林丹汗，断绝联络。却英多吉说：

> རྒྱལ་པོའི་བུ་དང་མེ་ཆུང་ངུ་ལ་བརྙས་པ་བྱེད་པ་ལས་ནི་ཉེས་པ་དག་ངེས་པར་འབྱུང་བ་ཞིག་སྟེ།[10]
> 如玩火便烧身，而戏弄王子同样也招来杀身之祸。

当林丹汗攻击北方诸部时南部的人却逃离，当他收复西部部落时东部的蒙古又向其他统治者降服。于是，他以赐予礼物为由召集所有蒙古头领，用巨大的银碗灌醉来客，在预先设计的圈套里杀害所有不遵从他的头领。《崇祯长编》卷十一载：

> 虎罕自祖父以来为诸部长，诸部尽皆纳贡，其祖父死，虎罕年幼沉溺酒色，诸部各自称雄。[11]

这里所说的虎罕就是林丹汗，与《大法鼓》的记载大体相符。《大法鼓》还记载：

> དབུས་སུ་ནི་དངུལ་ལས་བྱས་པའི་ཐབ་ཁ་མཐོ་ཞིང་ཡངས་པ་ཐེམ་སྐས་ལྔ་པ་ཡང་དངུལ་ལས་བྱས་པ། དེའི་སྟེང་དུ་དངུལ་གྱི་སྣོད་ཆེན་པོ་ཆང་གི་བུམ་པ་ལྔ་བརྒྱ་རན་པ་ཞིག་ཆང་གིས་བུམ་པ་ལྔ་བརྒྱས་བཀང་ངོ་།[12]
> 营地中央搭建银质大炉灶，五级台阶亦用银材。以五百个酒瓶之酒装满灶头之大银锅。

《大法鼓》记载，在宴会上为吸引蒙古诸大汗和头领，林丹汗召集银匠并做了许多重十八两的银碗，甚至用银子修建炉灶和登上灶炉的阶梯，灶上的银锅里装满了烈酒，准备用银瓢舀酒给前来的宾客享用。林丹汗说要赐给每个前来的头领一个装满烈酒的大银碗，让他们喝完酒后带走银碗作为礼物。

10《嘎玛巴曲英多吉文集》（下），2004：218。
11 汪楫：《崇祯长编》卷十一，1962：617。
12《嘎玛巴曲英多吉文集》（下），2004：217。

《皇明经世文编》记载：

进兵赏格、辽抚王化贞与虎酋约平奴之后、赏虎酋一万两、八大部各一万两、诸部夷兵先赏乾粮银一万两、此平奴之议也。[13]

为了让林丹汗防守边疆，明朝确实曾经给林丹汗大量银子作为防守边疆的报酬，说明当时他的确有大量银子可用。从上述记载可知，《大法鼓》里记载详细的林丹汗在宴会上残害叛逆者的故事反映的是历史事实，填补了林丹汗统治历史的一处空白。

二、传记里逊孥布图特的亲属“杜仁”指的是索诺木杜棱

林丹汗的一位亲属杜仁（དོས་རིང）问他打造银碗和修建圆木围栏的用意，林丹汗告诉他，那些蒙古头领越来越不遵从我，我让他们用这些银碗饮下烈酒，在死死的围栏里永远不能再起身。他告诉杜仁这些都是高度机密，要严守。杜仁是一位善良的人，他对艺术感兴趣，能识读藏文。当他得知蒙古诸王将要死于林丹汗的圈套后，杜仁感到无比的担忧和痛心。《大法鼓》记载：

བཙུན་མོས་ཚིགས་སུ་བཅད་དེ་སྨྲས་པ། སྡོང་ཤིང་གཅིག་ལ་གནས་འཆའ་བ། །བྱ་ནི་མདའ་ཡི་འབེན་དུ་འགྱུར། །སྒྱུ་རྩལ་བསྟན་བཅོས་ཀུན་ཤེས་པ། །རྒྱལ་པོའི་རྒྱན་གྱི་སྐྱེ་བོ་ཁྱོད། །ལོངས་སྤྱོད་འདི་དང་འཁོར་འདི་དང་། །ལྷན་ཅིག་ཡུལ་གཞན་འགྲོ་བར་བྱ། །ཡུལ་ནི་ཡང་རྙེད་སྲོག་ནི་མིན།། ཞེས་སྨྲས་ནས། དེའི་ནུབ་མོ་ཁོ་ན་ལ་ཇུར་ཅིད་ཀྱི་ཡུལ་དུ་སོང་ངོ།།[14]

（杜仁）之妻云：“栖居同树之伴，已成矢下之鸟。艺术经典皆通，本是大王之宝。携带家眷诸财，同踏异乡之路。居屋天下可寻，生命不可多得。”当晚便起身逃往觉尔希。

杜仁把林丹汗的阴谋告诉了妻子，连夜带上家属逃离察哈尔，跑至觉尔希（ཇུར་ཅིད）。觉尔希可能是女真的藏文音译，也就是后金的前身。杜仁（དོས་རིང）的发音接近“杜棱”，历史上有过一位杜棱，亦称索诺木杜棱（?-1644 年）。索诺木杜棱是岱青杜林

13 陈子龙等选辑：《皇明经世文编》卷四六三，北京：中华书局，1962：5084。

14《嘎玛巴曲英多吉文集》（下），2004：222-223。

（?-1624 年）之子，岱青杜林是林丹汗的父系亲属之一。有文献记载索诺木杜棱在 1627 年左右归附于后金，原因是他无法接受林丹汗残暴的管治[15]。杜仁应该就是索诺木杜棱，为了躲避林丹汗的残害，他带着弟弟一起归附后金。在他逃离后，就发生了林丹汗集体残害蒙古诸王的事件，这一事件很可能就是在他逃离的次年，即 1628 年发生的。东嘎先生认为，1628 年，察哈尔林丹汗破坏蒙古公法，导致了内战[16]，应该指的就是此次事件。《明熹宗实录》也有记载：

适其台吉歹青（岱青杜林）以领赏假道于白塔峪，乘醉需索，夷人尝态。我兵与格斗，遂毙歹青，并杀四夷……阁部抚院虑其为患，再三讲警，无可复减，许其偿命银春秋两季共一万三千四百两。[17]

岱青杜林被明军击毙，林丹汗拿了明朝的赔偿金，却没有为其报仇，这引起索诺木杜棱对林丹汗的仇恨，于是选择投奔后金。因此，有可能杜棱既对林丹汗的残害阴谋不满，也不满他未能替父报仇，才投奔后金的。林丹汗、岱青杜林和索诺木杜棱等人物的近亲关系在万寿白塔的碑文中有所揭示。万寿白塔是位于内蒙古敖汉旗玛尼罕乡五十家子村元代宁昌路故城内的一座辽代佛塔，北元布延彻辰汗时重修。万寿白塔正面镶嵌有两块刻有蒙古文和汉文的修塔碑铭，碑文内容已经有学者进行了翻译、释读，分别立于万历二十八年（1600 年）和万历三十一年（1603 年）。万历二十八年汉文碑文内容曰：

万寿白塔 / 大元黄台吉保命 / 敖汉把都儿都令甲 / 并兵兔云督器打来 / 于庚子贰拾捌年捌月 / 命齐慎憨碑刻 / 大明万历岁。[18]

根据鲍音教授的解读，“黄台吉”为脑毛大黄台吉；“把都儿都令”是敖汉首领小歹青，亦名岱青都楞；“齐慎憨”为布延彻辰汗。《大法鼓》里的岱青杜林就是“把都儿都令”，而林丹汗的祖父布颜彻辰汗便是碑文中的“齐慎憨”，布颜彻辰汗于 1600 年重修辽代古塔，刻下此石碑。

万历三十一年蒙古文碑文汉译内容如下：

---

15 高鸿宾点校辑纂：《清实录 · 察哈尔卷》，天津古籍出版社，2017：8。

16 东嘎 · 洛桑赤列：《东噶藏学大辞典》，北京：中国藏学出版社，2002：2332。

17《明熹宗实录》卷六十八，北京大学图书馆据国立北平图书馆藏红格钞本缩微影印本，页 3277-3278。

18 鲍音：《北元“帝彻辰汗碑刻”笺证》，《内蒙古社会科学》2004（2）：25-26。

愿吉祥安康！愿增福寿！为虎墩兔憨之利，达尔汗囊素喇嘛与都儿令黛庆台吉二人相会。前世善积二资，积普具善提之力之圣金刚手转世都儿令黛庆台吉，母达赖菩提萨陲哈屯，赛纳□□菩提萨陲，索诺木、色冷二台吉，道尔吉、伊斯忽、察罕达日、巴达木拉大那四位公主，从大都可汗处来的四位建塔匠人，以万人之力，让拉德纳德利格尔渥巴西、萨利迷离渥巴西管领三百人，为利益众生，建 [此] 此八面金塔。如同□□般侍从人员皆出力。斯日哈亲其他特大都□□巴图木匠、塔庆、石匠□□、斯图瓦匠相助。愿众生之疾病、魔障消除，愿幸福安康！吉祥永固！[19]

该碑文中提到的“虎墩兔憨”即林丹汗；“都儿令黛庆台吉”即岱青杜林；“索诺木”即索诺木杜棱。其中索诺木与色冷二台吉是兄弟关系，他们是岱青杜林和达赖菩提萨陲的两个儿子。从碑文可知该碑为林丹汗时期，察哈尔都儿令岱青杜林台吉及其他蒙古贵族从明北京请来工匠，对辽塔进行第二次大规模修缮并立碑[20]。碑文中记载的这些人物及其关系有助于我们理解《大法鼓》中所记载的事件。万历三十一年岱青杜林一家立碑为林丹汗祈福，反映了其与林丹汗之间的亲密关系以及对林丹汗的拥护和厚望。《大法鼓》里所记载的“杜仁”就是万寿白塔碑文中的都儿令岱青杜林之子索诺木杜棱。

三、躲过林丹汗残害的喀喇沁汗

喀喇沁汗固央（གུ་ཡང）得到林丹汗的邀请而准备启程参加宴会，但他妻子质疑林丹汗仓促的邀请。她说多年没有得到林丹汗的邀请，诸蒙古头领也从没在同一时间拜见过林丹汗，更没有听说过林丹汗如此大方地赐予礼品，这次聚会值得怀疑，不理性思考，盲然前去很不恰当。《大法鼓》记载：

བཙུན་མོས་སྨྲས་པ། ཡུལ་འདིའི་མགར་བ་ཀུན་བསྡུད་ཅིང་སྔ་གོན་བྱོས་ལ་མགར་བས་དཔལ་གཞོང་བཟོ་བའི་བཟོལ་གྱིས་འདུག་ན་རྒྱལ་པོ་སྔ་མ་ཕྱུག་བྱ་བར་སོང་བ་རྣམས་བཟང་པོར་འགྱུར་རམ་འོན་ཏེ་ཇི་ལྟར་འགྱུར་ཞེས་སོ།[21]

---

19 长海：《“万寿白塔”万历三十一年蒙文碑刻汉译及释读》，《草原文物》2016（2）：109。

20 长海：《“万寿白塔”万历三十一年蒙文碑刻汉译及释读》，《草原文物》2016（2）：107-111。

21《嘎玛巴曲英多吉文集》（下），2004：224。

固央之妻说道："先以铸造进献林丹汗之银盆为由召集本地工匠，视前去献礼之士安否，方可决定。"

她建议固央以自己正在打造献给林丹汗的一件珍贵的银器没有完工为由，推迟几天再前去拜见林丹汗。固央觉得夫人所言有理，因此推迟行程，等弄清楚形势再决定是否赴宴。

喀喇沁之王固央（ཁ་ར་ཅན་གྱི་རྒྱལ་པོ་གུ་ཡང），应该指的是杜稜古英，即图琳固英，他曾经统治过喀喇沁一段时间。图琳固英是成吉思汗的驸马济拉玛的第十二代孙，也是元朝的末代驸马。在辽宁省喀左县发现了图琳固英族谱，上面记载了图琳固英的后人凡十四代，从1635年到1909年，能辨认的共计有1920名人物，不少在清代还担任重要官职[22]。却英多吉所记载的"卡若尖"（ཁ་ར་ཅན）应该指的是喀喇沁，"固央"应该就是图琳固英，不管是年代，所统治的部落，还是故事背景都相吻合。族谱上的图琳固英在后来的史书中也被称为杜稜古英、都棱固英或都棱贵英。目前关于他的生卒年等具体情况还不详，但他活动的大概时间和塔布囊（驸马，也称为济拉玛或者勒篾）的身份等信息是比较清晰的。《清实录》记载：

二月癸巳朔，蒙古喀喇沁部落苏布地、杜稜古英、朵内衮济、诺干达喇、万旦卫徵、吴尔赫贝勒、塔布囊等以书来奏曰：察哈尔汗不道，伤残骨肉，天聪皇帝与大小诸贝勒俱知之，我喀喇沁部落被其欺陵……[23]

天聪二年（1628年），从杜稜古英等向天聪皇帝奏疏的事情上不仅能看到此时察哈尔对他们的侵犯，而且能看出他在喀喇沁首领的排位仅次于苏布地（？ -1631年）。

《大法鼓》里记载，两排埋伏在三圈围栏里的战士注视着蒙古头领们被灌醉，听到动手的命令后，他们现身并把头领们一一砍杀在各自的坐垫上。只有一位没有喝醉的头领发现情况不对时假装成林丹汗的部下，他大喊大叫说："之前你们不遵从林丹汗，今天知道自己喝醉了酒吧！"[24] 此人一边挥舞大刀，一边跟着林丹汗的刽子手们在混乱中逃了出去。目前无法确定这位逃脱残杀的头领是谁，也无法知道被杀害的都有哪些人。这

22 包大力：《成吉思汗黄金家族末代驸马〈图琳固英族谱〉》，《中国档案》1997（11）：41；张文广：《悠悠族谱民族瑰宝——喀左蒙古图琳固英族谱》，《今日辽宁》2003（6）：34-35。

23《清实录·太宗文皇帝实录》卷四，北京：中华书局，1985：56。

24《嘎玛巴曲英多吉文集》（下），2004：225。

次宴会上残害蒙古各部首领的事件让林丹汗失去了民心，诸蒙古头领对他十分敌视和猜疑，很多蒙古头领纷纷降服于明朝和后金。林丹汗自己的臣民也对他失去信任，他也失去了一统诸部的机会。《大法鼓》对这件令人震惊的集中杀害蒙古各部首领之事比较详细的记载，也许是揭密林丹汗事迹的唯一早期记录。

四、一些跟随林丹汗逃往西部的重要人物

1. 林丹汗与军事统帅济旺

林丹汗面临军事的失败和民心的流失，蒙古诸部各求出路，他任命济旺为军事统帅前往 讨伐。《大法鼓》这样写到：

དེ་ནས་དཔུང་གི་ཚོགས་དེའི་ཁ་ལོ་བ་མདུན་ན་འདོན་ཆེན་པོ་ཛིང་དབང་ལ་བྱེད་དུ་བཅུག་ནས། དང་པོར་ཤར་ཕྱོགས་ཀྱི་རྒྱལ་ཕྲན་རྣམས་བདའ་བར་བྱས་པ་དང་།[25]

任命谋士济旺为军事统帅，先派他去讨伐东部诸邦。

虽然在济旺的努力下林丹汗试图夺回失地，赢回民心，但经过 12 年之久的征战使得察哈尔的臣民精疲力竭。加之“女真”之王的大军逼近察哈尔，林丹汗不得不转移营地至西部。《大法鼓》记载：

དེའི་དུས་ན་ཇུར་ཅིད་ཀྱི་རྒྱལ་པོས་མདུན་ན་འདོན་ལ་སྨྲས་པ། རྒྱལ་ཕྲན་མང་པོ་གཡོ་ཐབས་ཀྱིས་བསད་པའི་རྗེས་སུ་རྒྱལ་ཕྲན་ལྷག་མ་རྣམས་བྱེར་ཞིང་དགྲ་བོར་གྱུར། ཆབ་འོག་གི་འབངས་རྣམས་ཀྱང་ཡིད་མ་ཆེས་ཏེ་སྐྱོ་བོའི་ཚོགས་ཕལ་པོ་ཆེ་བྱེར་ཞིང་བྲོས་ནས་ལོ་བཅུ་གཉིས་ལོན་ཏེ། ཡུ་བུའི་དཔུང་འདི་ངོམས་པར་བྱས་ན་དེ་གཡུལ་དུ་འཇུག་པའི་སྤོབས་པ་མེད་དེ་ཡུལ་གཞན་དུ་འགྲོའོ། མདུན་ན་འདོན་གྱིས་ཚོགས་སུ་བཅད་དེ་སྨྲས་པ། དུས་ཀྱི་སྐྱིད་ཚལ་མེ་ཏོག་ཤར། །དཔུང་གི་འགྲོ་བའི་དུས་ཤེས་པས། །མི་བདག་བདེན་པར་སྨྲ་བ་ཉིད། །ཅེས་སྨྲས།[26]

此时，觉尔希王[27]告其大臣：“自（逊孥布图特）以阴谋之策杀害其他诸小邦后，剩余的流散诸部也成其敌。属下臣民失信而逃散已有十二年之久。现如今，若我大军逼近其营，他无对抗之勇气，必将逃离。”大臣云：“发兵时机已

25《嘎玛巴曲英多吉文集》（下），2004：229。

26《嘎玛巴曲英多吉文集》（下），2004：232-233。

27 这里的觉尔希王指的是清太宗爱新觉罗·皇太极（1592-1643 年）。

至，大王所言正是。”

觉尔希王在这里应该指的是皇太极，此时后金方面对征讨林丹汗已有了十足的把握。

趁济旺远征东部之时，有五百位将士在他们领队的劝说下产生了放弃林丹汗的想法，最终他们离开林丹汗回到察哈尔，之后降服于后金。而后济旺回到林丹汗之处，得知五百名将士不见踪影，他请求林丹汗派他前去追回逃兵。林丹汗同意济旺的请求，但中途济旺改变了主意，也带着部下归降了后金。传记里记载的这些故事符合历史事实，济旺应该指的是林丹汗四大寨桑中的德参济旺（？ -1648 年）[28]。他带领各寨桑离开林丹汗，回到察哈尔后降服于后金。德参济旺等寨桑在林丹汗没落之际离开他的情况已有很多记载，但《大法鼓》更加具体地记载了德参济旺如何欺骗林丹汗后返回到察哈尔，最终投奔后金的细节。

2. 林丹汗与王后尊姆旦巴

跟随林丹汗到最后的有一位王后，传记里称她为尊姆旦巴，藏语尊姆（བཙུན་མོ），意为王后，旦巴（དམ་པ）意为尊者，尊姆旦巴意为尊贵的王后。尊姆旦巴在西逃的路上经历了艰辛和痛苦，一直坚持到最后，秋末的草丛里她为林丹汗送终。在林丹汗八大妃妾中跟随他到最后的尊姆旦巴应该就是娜木钟（？ -1674 年），后来被清廷称为囊囊太后。其他后妃都没有陪同林丹汗逃往西部，她们有的在半路改嫁，有的根本没有离开她们的住所。

在《大法鼓》里，她是一位善良的夫人，一路上骆驼的不断死去让她感到无比的悲痛。她为林丹汗请来了一位医生，但病情已到晚期，她恳请林丹汗供奉剩余财物给卫藏的菩萨（ཡུལ་དབུས་ཀྱི་བྱང་ཆུབ་སེམས་དཔའ）来做些必要的佛事活动。林丹汗立即答应，并问起珍珠项链和镶金腰带是否在行李里。她打开一具檀香盒子，取出两件最珍贵的宝饰递给了他。林丹汗说这些珍宝在人还活着时是用来装饰躯体的，但到了临终之时，珍宝最好的用处是镶嵌在佛、菩萨的舍利塔上。现在我们无法把宝物送达到佛菩萨的舍利塔，因此献给当今名扬天下的吉登旺丘最妥。尊姆旦巴说，如今却吉旺秋（གར་དབང་ཆོས་ཀྱི་དབང་

28 关于四大寨桑等的归顺相关记载有：“二十八日，蒙古察哈尔部林丹汗下寨桑德参庄、巴图鲁噶尔马济农、多尔济达尔汉诺颜、多尼库鲁克四大臣率小寨桑、扎萨古尔、贝勒、台吉、塔布囊等送察哈尔汗妻窦土门福晋，携其所属人众来归满洲国天聪汗……”。中国第一历史档案馆编译：《清初内国史院满文档案译编》，北京：光明日报出版社，1989：106。

ཕྱུག1584-1630 年）[29] 已经离开人世，作为众生的怙主，在世的菩萨中最尊贵的是吉登旺丘（འཇིག་རྟེན་དབང་ཕྱུག 却英多吉的法名），他正在向芸芸众生惠赐甘露般的佛法。她继续说把宝物献给吉登旺丘，把上百个貂皮供给西藏的僧侣，并以林丹汗的名字诵经祈福。《大法鼓》云：

> དེ་ལ་གསེར་གྱི་སྐེ་རགས་དང་། མུ་ཏིག་གི་དོ་ཤལ་དང་། རིན་ཐང་ཅན་བྱ་ལེ་ཁན་གྱི་ལྤགས་པ་གསར་པ་བརྒྱ་ཉི་ཤུ་རྩ་ལྔ་བ་དགུན་གྱི་གྲང་བའི་རེག་པ་ལས་སྐྱོབ་པ་འདི་རྣམས་དགེ་སློང་གི་དགེ་འདུན་ཚོགས་ཀྱི་དབུས་སུ་ངས་དབུལ་བར་བྱས་ན། དེས་ལྷའི་མཚན་ནས་སྨོས་ཏེ་ཡོན་བསྔོ་བར་འགྱུར་རོ།།དེ་ནི་ངས་ལྷ་ལ་དྲིན་དུ་བཟོ་བའི་ཐ་མ་ཡིན་ནོ།།ཞེས་སྨྲས་ཏེ་མཆི་མ་ཕྱུང་བ་དང་།[30]
>
> （尊姆旦巴说道）："我必将镶金腰带和珍珠项链，还有驱寒用的二百二十五张新貂皮以汗王您的名义回向给比丘僧众，这是我对汗王的最后一项报恩啊！"说完她泪满盈眶。

林丹汗认为王后把宝物等供奉给西藏喇嘛的想法是上策，随后他在秋天的吉祥草草丛里与世长辞。

关于林丹汗的死因，学术界一般认为林丹汗死于天花，不是被下毒而亡。《大法鼓》记载尊姆旦巴邀请来的医生第一眼看到林丹汗就掉下眼泪，他认为疾病已经蔓延到全身。《大法鼓》记载：

> སྨན་པས་དང་པོ་མཐོང་བ་ཉིད་ནས་རྒྱལ་པོ་མི་འཚོ་བར་རིགས་ཏེ་མྱ་ངན་གྱི་མཆི་མ་ཕྱུང་སྟེ་སྨྲས་པ་···།ལུས་ཀྱི་ཆ་ཤས་ཕྱི་ནང་གི །ནད་ལ་སྨན་དག་ཡོད་པ་ཉིད། །ཆུ་དང་ལྷན་ཅིག་འདྲེས་པའི་དུག །ཐ་དད་འབྱེད་པར་བྱེད་པ་ལ། །སྨན་པ་ང་ཡང་མཁས་པ་མིན། །[31]
>
> 第一眼就看出无法医治大王（林丹汗），医生悲痛地流下眼泪，并说道："体之内外疾病，皆有药物可医；体液毒液交融，本医无能相救。"

这里的记载提到身体里有毒液，因此也不能排除林丹汗被人下毒的可能性。《大法鼓》这部传记虽然使用了大量修辞和辞藻，以传统诗歌形式撰写，但记载的人物或事件

29 噶玛噶举派红帽系六世夏玛巴。

30《嘎玛巴曲英多吉文集》（下），2004：246。

31《嘎玛巴曲英多吉文集》（下），2004：244。

都可以一一考证，反映了不少历史上真实发生过的事情，却英多吉并没有对之进行篡改，因此该处的记载可备一说。

3. 林丹汗的谋士渥巴锡

尊姆旦巴组织一组人前去西藏，其中包括她最信任的一位年长的向导师（ལམ་མཁན་རྒན་པོ），《大法鼓》里称他为渥巴锡（ཨོས་པ་ཞི），关于他的事迹也谈得比较多。尊姆旦巴称渥巴锡为德高望重的有识之士，渥巴锡也是一名虔诚的佛教徒。“渥巴锡”是蒙文Ubasi的汉文翻译，蒙文是梵文维摩诘居士的翻译。前述万寿白塔万历三十一年蒙古文碑文中就出现了两位被称为“渥巴锡”的管领——拉特纳德利格尔渥巴西（锡）和萨利米离渥巴西（锡），其中一个应该就是林丹汗派往西藏的渥巴锡。

珍珠项链被寄托给这位尊贵的领路老人去供奉给吉登旺丘，镶金腰带和貂皮等托付给其他僧侣一并献给吉登旺丘和西藏的僧众。《大法鼓》记载：

> རྒྱལ་པོས་སྨྲས་པ། འཇིག་རྟེན་དབང་ཕྱུག་དགེ་སློང་གི་དགེ་འདུན་གྱི་དབུས་སུ་ཆོས་སྟོན་པ་ལ་མུ་ཏིག་གི་སེ་མོ་དོ་དང་སྐེ་རགས་དག་དབུལ་བར་གྱིས།
>
> དེ་ནས་བཙུན་མོས་ལམ་མཁན་རྒན་པོ་ལ་སྨྲས་པ། མུ་ཏིག་གི་སེ་མོ་དོ་འདི་ལམ་མཁན་གྱིས་བཟུང་བར་འོས་ལ་བྱ་ལེ་ཁན་དང་དར་ཟབ་དང་གསེར་གྱི་སྐེ་རགས་རྣམས་རབ་ཏུ་བྱུང་བ་རྣམས་ཀྱིས་ཁྱེར་ཏེ་འཇིག་རྟེན་དབང་ཕྱུག་ལ་དབུལ་ནས་རྒྱལ་པོའི་མིང་ནས་སྨོས་ཤིག[32]
>
> 汗王吩咐道：“趁着吉登旺丘给比丘大众说法讲道时分，供上珍珠项链和腰带等物给他。”
>
> 尊姆旦巴对向导师说：“珍珠项链由您带去，貂皮、绸缎和金腰带等由诸位出家人带上，一并供奉给吉登旺丘，祈求他超度汗王。”

《大法鼓》里提到林丹汗和尊姆旦巴都明确要求供奉珍珠项链和金腰带给却英多吉，但不知为什么却英多吉最初只收到了渥巴锡献上的珍珠项链。却英多吉和渥巴锡对此都很不满。携带貂皮、绸缎和金腰带的那些出家人为什么没有将这些礼物献给却英多吉呢？这些出家人究竟是何人呢？《大法鼓》记载：

> རབ་ཏུ་བྱུང་བ་རྙེད་པ་འཚོལ་བ་དེ་དག་ནི་ནོར་ལ་མངོན་པར་ཞེན་པས། འཇིག་རྟེན་དབང་ཕྱུག་ལ་བཙུན་མོས་བསྐུར་བའི་དར་ཟབ་ཙུང་ཟད་དབུལ་བ་རིག་ནས། ལམ་མཁན་རྒན་པོ་ཡིད་མ་མགུ་ཞིང་ཁྱོགས་དབེན་པར་སོང་

32《嘎玛巴曲英多吉文集》（下），2004：245-246。

སྙེ། དེའི་དངུལ་གྱི་ཟ་མ་ཏོག་མགྲིན་པ་ནས་བཀྲོལ་ཏེ་དེའི་ནང་ནས་མུ་ཏིག་གི་དོ་ཤལ་གསེར་བྱེ་བ་རི་བ་བླངས་ནས…། རྒྱལ་པོའི་རྒྱན་གྱི་ལྷག་མ་མུ་ཏིག་གི་དོ་ཤལ་འདི་བཙུན་མོས་ཡང་ཡང་བལྟ་ཞིང་བསྐུར་བ་འདི་ལོ། ཞེས་ང་ལ་དབུལ་བ་དང་།[33]

到察哈尔求财的那些贪财的僧侣们仅仅把尊姆旦巴托付给他们的财宝中的少量绸缎奉给了吉登旺丘，这让渥巴锡很不满意。他便走到一处静地，把珍珠项链从脖子上的银箧中取出，然后拿着价值连城的珍珠项链前来我的修行之处就说：“这是大王留下的最后一个饰品，珍珠项链，尊姆旦巴看了一遍又一遍后托我前来奉给您。”他就递给了我那串珍珠项链。

陪同渥巴锡前来拜见却英多吉的察哈尔僧侣们仅仅向他供奉了丝绸等物品，尊姆旦巴托付给他们的镶金腰带最初似乎没有供奉给他，这让渥巴锡十分失望。却英多吉的其他传记中也没有提到向却英多吉呈献金腰带的事情，比如一部作者不明的《却英多吉传记》里这样写道：

ཚོག་ཐོ་ཨར་ས་ལང་ཞེས་པའི་སོག་རྒྱལ་གདུག་ཅན་དེས་མཇལ་བ་ཞུས་ཀྱང་མ་གནང་། རིང་པོར་མི་ཐོག་པར་ཞིག་འགྲོ་བར་ལུང་བསྟན། ཆ་གར་རྒྱལ་པོའི་བསྔོ་རྟེན་མུ་ཏིག་གི་ཕྲེང་བ་གསེར་སྲང་བྱེ་བ་རི་བ་སོགས་འབྱོར།སྐྱབས་ཆེ་བླ་མ་སོགས་ཀྱིས་དར་གོས་སོགས་ཀྱིས་འབུལ་ཆེན་འབྱོར། དེ་ནས་རྗེ་ཉིད་ཙ་རི་ཏྲར་གནས་གཟིགས་ལ་ཞབས་ཐང་དུ་ཐེབས།[34]

虽然却图汗之子阿尔斯兰有意愿拜见却英多吉，但被拒绝。收到很多供礼，包括为察哈尔王的丧葬所上供的珍珠念珠，也收取了觉曲喇嘛等上供的绸缎等大量礼品。紧跟着杰尊（却英多吉）便徒步去扎日圣山朝圣。

从这句话中至少可以得知随同渥巴锡从察哈尔来的僧侣中有一位叫觉曲喇嘛，他确实也供奉了绸缎等给却英多吉，受托金腰带的可能也是这位喇嘛。显然，这里也只提到却英多吉收到珍珠念珠，并没有提及镶金腰带，与《大法鼓》的记载相吻合。

七世夏玛巴益西宁波（ཡེ་ཤེས་སྙིང་པོ། 1639-1694 年）所撰的《具吉祥大噶玛巴杰尊却英多吉传记信者喜宴》中也提到了却英多吉处理察哈尔王丧事的事情，但并没有提及具体的贡品情况：

33 《嘎玛巴曲英多吉文集》（下），2004：251-252。

34 ཀརྨ་པ་ཆོས་དབྱིངས་རྡོ་རྗེའི་རྣམ་ཐར་སོགས། ཤིང་པར་མ། TBRC: W1CZ1998: 172a-172b.

ཆ་གར་རྒྱལ་པོའི་གཤེགས་རྫོངས་འབྱོར་བའི་ཚེ། སྒྲིབ་སྦྱོང་བྱང་བུ་ལམ་བསྟན་ངན་སོང་གི་སྐྱེ་བ་འགོག་པའི་བསྔོ་བ་སྨོན་ལམ་སོགས། ལྷག་པའི་ཐུགས་རྗེ་བསྐྱེད་པར་མཛད་ལ།[35]

当收到察哈尔王的丧葬佛事时，噶玛巴主持了对林丹汗的消业除障和超度等仪轨活动，避免死者坠入不归的恶境，对死者寄予无上的慈悲。

根据上述两部传记的记载，却英多吉是在收到察哈尔王的礼品后才去扎日圣山的，他是在从楚布寺赶来的路上接收了那些礼品，时间大概在1636年。1635年，却图汗台吉（1581-1637年），林丹汗的挚友，派他的儿子阿尔斯兰到西藏去支持和保护噶吗噶举派及其势力。当时支持格鲁派的吉雪第巴势力与位于山南的藏巴第司（གཙང་པ་སྡེ་སྲིད）之间矛盾激发，不同蒙古势力纷纷赶来，支持西藏不同的教派。在这种情况下，可能给前来拜见却英多吉的渥巴锡等人造成不便，他们只好在相对安全和秘密的情况下拜见了却英多吉。根据《大法鼓》的记载，林丹汗派遣的人员耗时两年后才抵达卫藏，当却英多吉在吉曲河岸的树荫下修坐时前去拜见的。林丹汗死于1634年底，渥巴锡等人耗时两年后抵达西藏，那么就应该是1636年。1636年夏季，却英多吉为圆寂不久的六世夏玛巴做完相关法事后，离开楚布寺，应该就是在吉曲河畔的某个地方休整时面见渥巴锡一行的。

渥巴锡把珍珠项链献给了却英多吉，然后把尊姆旦巴和林丹汗的寄语也一一呈上，请求以林丹汗的名义做必要的佛事仪轨。却英多吉看到林丹汗深重的业障后，以林丹汗的名义念诵了相关佛经，当着渥巴锡的面做了相关佛事。传记里并没有一一介绍跟随渥巴锡来的察哈尔僧侣们。但却英多吉的语气告诉我们，那些僧侣在他眼里是“仅仅给了一点丝绸而已”，“贪财的出家人”。不过，金腰带最终似乎还是供奉给了却英多吉，这在衮都桑布写的第二部却英多吉的传记《吉登旺丘具吉祥大噶玛巴杰尊却英多吉传记解脱津梁义谛甘露香海》中有所揭示。这部传记不仅提到林丹汗金腰带的送达和来自察哈尔的噶举派僧侣的姓名等信息之外，还明确了拜见却英多吉的地点是在茶巴朗。

དེ་མ་ཐག་མཚུར་ཕུ་ནས་ཆིབས་ཁ་བསྒྱུར་ཏེ། ཚར་པ་སྣར་ཕེབས། ཆ་དགར་རྒྱལ་པོའི་གཤེགས་རྫོང་གི་འབུལ་བསྐྱེལ་བ་དང་། གར་ལུགས་ཀྱི་སོག་འགྲུལ་བའི་བླ་མ་ཁག་མང་དུ་འབྱོར། ཆ་དགར་རྒྱལ་པོའི་བཙུན་མོས་རྒྱལ་པོའི་གཤེགས་རྫོངས་ལ་གསེར་བྱེ་བ་རི་བའི་མུ་ཏིག་གི་འཕྲེང་བ། རྒྱལ་པོའི་སྐ་རགས་གསེར་གྱི་པ་ཏྲ་ཅན་ནོར་བུ་ཁ་དོག་སྣ་ཚོགས་པས་བརྒྱན་པ་སོགས་རིན་ཐང་ཅན་གྱི་མཆོད་སྦྲིན་དང་། སྐྱ་ཆེ་བླ་མ། བླ་མ་འོད་སྲུང་། ཞྭ་དམར་རབ་

35 ཡེ་ཤེས་སྙིང་པོ། དཔལ་ལྡན་ཀརྨ་པ་ཆེན་པོ་རྗེ་བཙུན་ཆོས་དབྱིངས་རྡོ་རྗེའི་རྣམ་པར་ཐར་པ་དད་པའི་དགའ་སྟོན། TBRC: W00EGS1016795: 7b-8a.

འབྱམས་ཆོས་རྗེ་སོགས་བླ་མ་ཁག་སོ་སོས་གསེར་དངུལ། གོས་རིན་ཐང་ཅན་སོགས་རྒྱ་ཧོར་གྱི་དངོས་སྤྱད་སྤུམ་ཆེ་བ་ཕུལ། དེ་རྣམས་ཀྱི་ཆེད་དུ་དབུ་ཞྭ་མཐོན་མཐིང་ལན་བཅོ་ལྔ་ཙམ་བཞེས། ཚ་གར་རྒྱལ་པོའི་མིང་བྱང་ཕྱག་བཞུ་དང་། མི་འཁྲུགས་པའི་སྐུ་ཐང་ཕྱག་བྲིས་མ། བྱང་ཆུབ་སེམས་དཔའི་སྤྱོད་པ་ལ་འཇུག་པའི་ལུགས་བསྔོ་དང་བཅས་སྦྱིན་པའི་བདག་པོའི་སྒྲིབ་སྦྱོང་མཛད་དེ། ཚེ་རབས་ཐམས་ཅད་དུ་ཕན་བདེའི་ལམ་ལ་བཀོད། སོག་འགྲུལ་བ་དེ་དག་ལ་ཐུན་བཞི་གསོལ་འདེབས་ཀྱང་གནང་། ཟང་ཟིང་གིས་ཀྱང་རེ་འདོད་གང་བར་མཛད་ནས། དེ་མ་ཐག་ཕེབས་ལམ་དུ་ཞུགས། དེ་ནུབ་ཆུ་ཤུལ་གྱི་མདུན་དུ་ཕེབས།[36]

赶紧动身从楚普寺来到茶巴朗。呈送恰嘎尔王丧事的进贡者和噶举派的蒙古各喇嘛团队纷纷抵达。恰嘎尔王的王后为大王的丧事寄来的价值连城的珍珠念珠和大王的各色珠宝镶嵌的黄金花格腰带等至宝如云而至。觉启喇嘛、喇嘛维颂、夏玛绕江曲杰等各喇嘛团队供奉了金银和绸缎等大量汉蒙器物。（却英多吉）为这拨行人举行了戴金缘乌帽祈愿仪式共十五次。亲自举行了火化恰嘎尔王灵牌的仪轨，绘制了不动佛唐卡，以念诵《入菩萨行论》等方式为施主举行了清除罪障的佛事，生生世世置亡者于利乐之道。不仅对蒙古旅客施以四时祈祷，并以财物的施舍满足了他们。立即又启程，当晚就到了曲水对岸。

这段记载表明，察哈尔王的金腰带最终还是供奉给了却英多吉。渥巴锡一行拜见却英多吉的地点在衮都桑布写的这部传记中记载十分明确，是在曲水附近的茶巴朗，也列出了献上金银绸缎喇嘛们的名字。

小结

却英多吉的自传《大法鼓》中并没有说明传记里故事题材的直接来源，当时他似乎也没有条件查阅其他历史文献，因此，在与诸多客人相会时谈到的很多话题也就成为了却英多吉撰写传记的第一手材料。由此我们可以推测尊姆旦巴派遣的渥巴锡和察哈尔僧侣们前去拜见他时，必将带去很多关于当时的历史故事，因而传记里的故事随着访客带来的信息而逐步累积。根据 1636 年左右收集的这些信息，加之后来他在云南等地与一些蒙古人会见时所得到的信息，却英多吉于 1662 年完成了《大法鼓》的终稿。这部自

36 ཀུན་དུ་བཟང་པོ། འཇིག་རྟེན་དབང་ཕྱུག་དཔལ་ལྡན་ཀརྨ་པ་ཆེན་པོ་རྗེ་བཙུན་ཆོས་དབྱིངས་རྡོ་རྗེའི་རྣམ་པར་ཐར་པ་ཐར་འདོད་ཡོངས་ཀྱི་འཇུག་ངོགས་ངེས་དོན་བདུད་རྩིའི་རོལ་མཚོ། 1683: 218-219. 这部手抄本传记原来由著名大师唐拉泽旺（1902-1989 年）收藏，后由八邦寺僧侣乌金多吉收藏期间毁于一场火灾，原本扫描版由土登彭措教授收藏至今。

传里所记载的关于林丹汗的记载有可能是最早的一份记录，而且这些历史信息除了受作者思想和写作风格的影响外后来几乎没有被修改过，传记里的事件、人物和地名等可以和相关史料进行对勘，表明该传记的记载并非虚构，而是反映了历史的真实。

《大法鼓》里关于察哈尔一些重要历史人物的记载，为我们留下了非常重要的关于察哈尔的历史信息，并且有些信息不见于其他史料记载，具有非常重要的研究价值。首先，该传记关于林丹汗设下圈套，召集蒙古诸王进行集体杀害的故事，有可能是对该事件的最早记录，并且将如何杀害蒙古各部头领的过程和他西迁逃难的经过等都记录得比较详细，十分难得。其次，尊姆旦巴和林丹汗派遣渥巴锡等前往西藏拜见却英多吉一事，不仅故事叙述得很精彩，而且从中也可以看出却英多吉自己的很多感想。尊姆旦巴请来的医生诊断出林丹汗体内有毒液，虽然学界认为他死亡的直接原因是天花，但也有可能是林丹汗当时被下了毒，《大法鼓》的记载为这件事提供了新的线索。通过对尊姆旦巴参与相关事件的讲述，可以看出她对林丹汗的忠诚，对佛法的虔诚，对渥巴锡等的信任等，增加了我们对她人格品质的了解，弥补了以往关于她的记载的不足。林丹汗派遣去往西藏的使者渥巴锡应该是万寿白塔碑文上的萨利迷离渥巴西，他在却英多吉的笔下是个忠诚于主子，虔诚于信仰的重要人物。杜仁指的是索诺木杜棱，他不满于林丹汗将要进行的残杀而逃离察哈尔。喀喇沁王图琳固英和妻子聪敏善思，没有参加宴会而幸免于林丹汗的杀害。《大法鼓》中对于这些事件的详细记述有着较高的史料价值，弥补了许多历史上不清楚的细节。最后，尽管林丹汗是噶玛噶举派的拥护者，但《大法鼓》并没有对他进行美化，甚至客观地记述了林丹汗残酷和暴力的一面，表明了作者客观、中立的政治立场，把曾经支持他的和反对他的势力都同样对待，对很多大人物的称号也避免提及，这也是却英多吉作为宗教领袖具有出离心（ངེས་འབྱུང）的体现。

◆ 郎加　西南民族大学四川省人文社科重点研究基地青藏高原经济社会与文化发展研究中心研究员；《民族》杂志社编辑

1934年黎丹及巡礼团入藏路线考
——解读黎丹巡礼途中诗

许月

内容摘要：1934年6月，黎丹以国民党中央监察委员、青海藏文化研究社社长的名义，率“西藏巡礼团”自西宁出发，入藏开展巡礼活动。其沿途所经之处多有题咏，集为《藏游草》，由巡礼团成员徐近之抄寄至《国风》并发表。这部分诗作，对了解当时青藏地区的自然景观和风土人情有重要的参考价值。本文尝试以黎丹巡礼途中诗为主要材料，将巡礼团的具体入藏路线进行梳理。

一、黎丹及其入藏巡礼途中诗概述

黎丹（1873-1938年）字雨民，号无我，湘潭人。清末官宁州知州，辛亥后任甘肃省西宁道尹，1929年青海建省后担任青海省政府委员，后任国民党中央监察委员[1]。

1920年，在黎丹的组织和推动下，以“学习西藏文字，沟通汉藏文化”为宗旨的西宁藏文研究社成立。黎丹亲任社长，并即刻着手准备《藏汉大辞典》的编纂工作[2]。1929

1　参阅寻霖、龚笃清编：《湘人著述表2》，长沙：岳麓书社，2010：1228。

2　吴均：《青海藏文研究社记》，《吴均藏学文集》，北京：中国藏学出版社，2007：543。

年，西宁藏文研究社改组为青海藏文研究社。黎丹决定将主要力量放在社员的培训上，同时继续搜集资料以充实《藏汉大辞典》的内容。随着研究的深入，资料搜集的难度也日渐增大，黎丹愈发产生去西藏巡礼朝圣、访师学经，并对藏传佛教和藏族文化进行更深入研究之念。他运用社会关系，得到了国民党政府的准许，并求得了一笔经费[3]，于1934年春挑选青海藏文研究社社员杨质夫、欧阳鸷、张玉鹗等人组成"西藏巡礼团"，进行入藏巡礼的准备工作[4]。6月23日，年逾60岁高龄的黎丹率巡礼团一行十人，自西宁起程，以国民党中央监察委员、青海藏文研究社社长的名义公开入藏。

关于巡礼团一行的入藏路线，在以往的报刊和论文中有所提及，但大都只用"藏大路""唐蕃古道""青藏商道"之类的说法一笔带过，鲜见翔实的记载与考证。其中，记者范长江1937年3月24日于《大公报》发表的《西藏贵宾会见记》一文，对巡礼团入藏的路线走向有较为明晰的叙述，为后人的研究提供宝贵的参考材料。

> "他入藏的路线，不是走的康庄大道，而是经过一个新颖的旅程。他从西宁出发，率旅行队一行九人，及相当护送者，西经都兰县境，再过柴达木盆地的南边，经过亚洲名山的唐古拉山口，走入南亚巨川的怒江上源黑河谷地，再西南以达西藏首府的拉萨。途上费去百日以上的长征。他们这三个月的旅程中，所过尽是原始无人烟的草地，最奇怪的是所过地方异常平坦，海拔高度甚高则有之，而峻拔的山形，却不多见，此点对于将来开发西藏交通，大有关系，同时纠正了普通地图上错误的揣摩。"[5]

结合范长江先生的报道与当时的若干零星史料，我们大致可以梳理出黎丹及其西藏巡礼团的行程：巡礼团于1934年6月23日自西宁出发，由马麒、马步芳派出的护卫二十余人用汽车送至湟源县[6]，随即于东科寺启程[7]，与藏商"噶本"商队结帮，一行23帮数百人，沿青藏商道浩浩荡荡骑马向西[8]。青藏商道，通称藏大路北道，是自元明清时经西宁通往拉萨的一条古道，多为由青入藏的旅者所选择；1919年，甘肃督军署军事咨议

3　吴均：《青海藏文研究社及杨质夫先生的〈入藏日记〉》，《吴均藏学文集》，2007：585。
4　参阅吴均：《青海藏文研究社记》，2007：553。
5　范长江：《西藏贵宾会见记》，《大公报》1937年3月24日。
6　参阅崔保新：《西藏1934黄慕松奉使西藏实录》，北京：社会科学文献出版社，2015：157。
7　参阅吴均：《青海藏文研究社及杨质夫先生的〈入藏日记〉》，《吴均藏学文集》，2007：590。
8　参阅吴均：《青海藏文研究社及杨质夫先生的〈入藏日记〉》，《吴均藏学文集》，2007：590。

李仲莲、朱绣等便是选择此线路入藏[9]。与此相对应的藏大路南道（又称唐蕃古道），为元明清时赴藏之大道[10]，则多为黄南及甘南及洮岷等地赴藏者的便捷之选。

擅长诗词歌赋的黎丹，于沿途所经之处多有题咏，集为《藏游草》。巡礼团成员徐近之将其诗作抄寄至《国风》，分为《藏游草（上）》和《藏游草（中）》两部分发表[11]，分别载于《国风》1935 年 3 月 1 日出版的第 6 卷第 5、6 号及 1936 年 6 月 1 日出版的第 8 卷第 6 号。其中上篇 33 首，讲述的是从日月山至黑河的行程；中篇 23 首，讲述的是自黑河至拉萨的行程及抵达拉萨后巡礼团的部分活动。中篇涉及的部分行程可与巡礼团成员杨质夫的《入藏日记》残卷相对应。这些诗作并未逐一标注具体日期，但通过参考谭其骧先生所编清代青海与西藏地区的地图，可以清晰看出诗作均沿路线按时间排序，依次记录了沿途所经之地。

黎丹之《藏游草》，不仅是民国时期极具价值的“学衡派”诗作，更是珍贵的史料。因巡礼团成员杨质夫日记大多遗失，仅余残卷，故《藏游草》的存世，对于还原 1934 年巡礼团入藏的情况有相当的参考价值。现笔者尝试依照范长江先生所言路线，将黎丹巡礼途中诗与地图相对照，依据诗题及内容中对所处环境、所遇之人、以及周围景观的描述确定巡礼团当时的所处方位，并把途中与现在音译不同或用字有差异的地名参阅资料逐一考订，进而将巡礼团之入藏所经路线大致还原，以期为相关研究提供借鉴。

二、黎丹入藏巡礼途中诗解读

（一）日月山

策马乌斯道[12]，先寻赤岭碑[13]。盟应溯甥舅[14]，界莫局华夷。
雪积山容古，云横海色卑。昆仑知不远，余日在鞭丝。

日月山位于今青海省湟源县西南 40 公里，青海湖东侧，属祁连山脉，平均海拔

9 拉萨市地方志编纂委员会编：《拉萨市志（下）》，北京：中国藏学出版社，2009：821。
10 参阅吴均：《青海藏文研究社及杨质夫先生的〈入藏日记〉》，《吴均藏学文集》，2007：591。
11 参阅罗洛：《读徐近之诗稿》，《罗洛文集 · 诗论卷》，上海社会科学院出版社，1999：239。
12 乌斯道：去西藏的道路。“乌斯”即“卫”，全称乌斯藏，意为卫藏。
13 赤岭：今日月山古称。赤岭碑：即开元二十一年（733 年）金城公主在赤岭为唐蕃边境所立之碑。
14 甥舅：自金城公主与吐蕃赞普赤德松赞联姻起，后世常以甥舅关系指代汉蕃关系。

4000米左右，乃巡礼团自西宁出发入藏的第一站。这首诗便是黎丹登顶寻见《唐蕃会盟碑》后的所见所感。

诗中所述立于日月山顶的《唐蕃会盟碑》又称《定蕃汉两界碑》，为开元二十一年（733年）金城公主所立，今已无存。碑文共511字，追述了自文成公主嫁入吐蕃以来唐蕃关系一波三折的历程；说明除赤岭外，其余土地均依旧界；并表明了唐蕃和平共处，互不相侵的态度。黎丹登顶寻碑后，想必由当时唐蕃关系"和同为一家"想到了自己肩负的"沟通汉藏文化、促进民族团结"的使命，进而发出了"界莫局华夷"的感慨。此处之"界"，不仅指汉藏之界，更指交流之界、情感之界。在黎丹看来，近代因交流渐少而形成的"华夷之界"，最主要是一种文化的隔阂，而通过了解和学习藏文化，破除这种因缺少理解而产生的汉族人民与少数民族人民之间的、中原人民与边地人民之间距离，便正是他及巡礼团此行之目的。此时昆仑山虽有数百里之遥，但怀着满腔热情的黎丹却感到似乎指日可达。结尾一句"昆仑知不远，余日在鞭丝"，真切地体现出巡礼团一行人员对启程入藏、学习佛法、开展汉藏文化交流的热切心情与昂扬斗志。

（二）观海潮[15]

蛟龙夜潜青海湾，雷雨朝增青海澜。海气晨夕万千变，碧琉璃面生苍烟。朝见海心山[16]，如君山横洞庭间[17]，夕见海心山，如大姑装彭蠡鬟[18]。山容益近益妍媚，似炫容以仙之颜。海上龙驹不可求[19]，临海空余旃帐[20]环，垂竿世鲜严陵[21]陡，披裘六月风犹寒。吁嗟青海绝世姝，丰容盛鬋超人寰[22]，世无玉局同青莲[23]；谁能摄尔蕴古拟今之秘幕，状尔波谲云诡之奇观，俾被有目共睹邦之彦[24]。

15　海：即青海湖，古称鲜水、鲜海、西海、卑和羌海。

16　海心山：青海湖内最大的岛屿。

17　君山：一名湘山，又名洞庭山，为湖南岳阳西洞庭湖中一座小岛。

18　大姑：即大孤山，又名大孤山，坐落于鄱阳湖内。彭蠡：即江西境内彭蠡湖，今鄱阳湖。

19　在历史上，海心山以产"龙驹"而闻名，故称"龙驹岛"，是古代兵家必争和养宝马之地，传说隋炀帝西征时曾到岛上求过龙驹。

20　旃帐：中国古代西北游牧民族用毡制成的帐篷，同"毡帐"。

21　严陵：山名，在浙江桐庐县西，传为东汉严光隐居垂钓处。

22　鬋：下垂的鬓发，也泛指头发。丰容盛鬋：丰润的容貌，浓密且长的头发。形容女子的健美，此处谕指青海湖之景。

23　玉局：苏轼曾提举玉局观，后称苏轼为苏玉局。青莲：李白，号青莲居士。

24　邦之彦：国家的俊杰之才。此处谕指青海湖。

“观海潮”之“海”即青海湖。青海湖是我国最大的咸水湖，两汉时称仙（传）海、鲜水海、西海、卑禾羌海，魏晋时湖名沿袭两汉，北魏及以后称青海，至清始称青海湖，并沿用至今；后来地质学家孙健初（1897-1952 年）等学者均以青海湖名之[25]。这首诗所描写的便是黎丹一行夜宿青海湖畔，在晨夕交替、电闪雷鸣之时所目睹的青海湖之盛景。

黎丹乃湘潭人，目睹伫立于青海湖心偏南的海心山，不免想到湘赣地区洞庭湖包围湘山、鄱阳湖环绕大孤山的相似景象，进而有感于大自然的鬼斧神工。在诗中，黎丹将青海湖比作一位绝代美人，又道世间鲜有人能描绘出她的盛世容颜，由此表达了对青海湖之美景由衷的赞叹。

（三）自海之盐池，度伊玛图山有作

（六月七日由达那玛河[26]至乌苏贝[27]途中所过山谷碎石满川，马行多踬[28]，山头亦有石大如屋者，成诗一首。）

连日遵海西南行，倏忽远海倏近海。兹晨背海还登山，转壑寻丘途渐改；一海风沙十万山，山中宫霍何巑岏[29]，满川碎石数难记，千骑蹴踏行蹒跚。小石天河星，大石山头屋，日出不见牛羊群，近帐已离千布录[30]，刘寿山[31]、杨质夫，分道先向盐池[32]趋。海滨气候忽成澳，重裘渐解荒山隅。仰空长啸风舒舒，幕天席地真吾庐。

此诗记录了巡礼团一行自黑马河至橡皮山一路所见。黑马河原称大喇嘛河，位于青海湖南岸，青海南山北麓，是青海省海南藏族自治州共和县境内的一条内陆河[33]。橡皮山

25 参阅青海省地方志编纂委员会：《青海省志 · 青海湖志》，西宁：青海人民出版社，1998：74。
26 达那玛河：又名大喇嘛河，今黑马河，位于青海省海南藏族自治州共和县境内。
27 乌苏贝：地名，在橡皮山附近。
28 踬：被绊倒。
29 宫霍：大山叫宫、小山叫霍。形容大山围绕小山。巑岏（cuán wán）：山高锐貌；高峻的山峰。
30 千布录：环海藏族部落名。
31 刘寿山：青海回教教育促进会干事长，赴麦加途中与巡礼团同行。
32 盐池：指茶卡盐池，位于青海柴达木盆地的东北隅。
33 参阅《中国河湖大典》编纂委员会：《中国河湖大典 · 西南诸河卷》，北京：中国水利水电出版社，2014：151。

位于黑马河南部，属青海南山西段山脉，藏语称“巨哈寺”，意为“盗徒隐地”。青藏公路初建时，因路面土质松软，夏季翻浆，冬季龟裂，取名橡皮山，至今沿用[34]。

黎丹一行沿青海湖岸向西南一路行进数日，于某日清晨转途登山。地形险峻，山路蜿蜒，忽而风起，则川间碎石满地。碎石大如山头屋，小如天河星，不计其数。马队蹒跚前行，如履薄冰。当巡礼团历尽艰险，终于来到柴达木盆地时，黎丹方才发出“仰空长啸风舒舒，幕天席地真吾庐”的感慨。雄心壮志跃然纸上，令人顿生敬佩。

（四）盐池

鲜海千顷青，盐池一片白。幻出各种奇，开此万古塞；我来山之阿，疑是雪盈陌。缅隰草滋绿，瞩空天净碧。始识池中盐，巧结波面砾，海炫眸俱银，城连地如壁。挥鞭偶不慎，陷泽动遭厄。我闻九边榷[35]，池推三巨擘，花马雄河东[36]，吉兰[37]盛蒙北，盐珍海以西。池出产尤特，取但穴池面。曝不假日力。融液尚瓢勺，坚晶在顷刻，先堪腾大千，利且赢巨亿，危时方多艰，边政未遑殖。峨峨局长来，森森例新辟，运湟栈乃专[38]，盐池税斯剧。蒙王悲辖地，比户嗟淡食。囊橐多饱私，沾滴仅归国。微闻省府言，待将盐弊革。顾此鱼盐区，倘谋因道策。地权宜早均，局政务严饬；般彼蒙藏欢，用培中土翼[39]，宁惟资省储，兼可药[40]边瘠。歌残雷雨声，犹动地天色。

当眼前景象由“千顷青”转为“一片白”，标志着巡礼团由青海湖至茶卡盐湖的旅程即将告一段落。诗题中的“盐池”所指即茶卡盐湖，“茶卡”是藏语，意为“盐泽”。茶卡盐湖位于柴达木盆地的最东缘，东、北、西三面分别被橡皮山、完颜铜普山、旺尕秀山三山环围，是青海省开发最早的天然盐湖[41]。

---

34 参阅共和县地方志编纂委员会：《共和县志》，西宁：青海人民出版社，1991：567。

35 榷：盐池之古称。九边榷：即我国九大盐池。

36 花马：花马池，位于陕西定边县西北部，为陕北最大的盐池。河东：黄河以东。

37 吉兰：指吉兰泰盐池，位于今内蒙古。

38 运湟栈乃专：青海建省后，在湟源设青海省榷运局（后归国民政府中央直辖），总揽全省盐务，稽征盐税，禁止运销私盐，实行官营官销。

39 中土：中原地区。翼：帮助，辅佐。

40 药：治疗。

41 参阅《青海风物志》，西宁：青海人民出版社，1985：123。

黎丹首先以由远及近的视角描写了茶卡盐湖如雪似壁的奇特景观，进而联想到我国九大盐池中与茶卡盐湖同享盛名的花马池和吉兰泰盐池，加之亲眼目睹采盐的过程，不由赞叹从古积累至今的劳动人民的智慧。而后，黎丹随即对茶卡盐湖的经济价值给予了充分的肯定，进而联系到地方民族经济的发展问题。茶卡盐湖的自然资源无疑是天然的馈赠，若合理利用，必会为当地人民带来可观的经济利益，然而当地的蒙古王爷却卖地为生，百姓乞讨度日，实在令人痛心。若为政者切实为百姓着想，推动孙中山先生“三民主义”的主张，将自然资源合理开发，造福于国家和各族人民，那将是何等圆满。然而时局所迫，黎丹的这些美好愿望在当时的政治环境下终究无法实现，但他的政治抱负却在字里行间清晰可见。

（五）察察哥伦柳林插帐绝句二首 / 沙柳河二首

万山开处坡如掌，低柳成林水一湾。却似年时波伊岸，人家村落夕阳间。

红柳萧疏绿水浔[42]，边陬九夏似秋深[43]。待寻威信行军处[44]，定有参天万柳林。

自茶卡盐湖至夏日哈的途中，沙柳河乃必经之路。沙柳河为青海湖水系内陆河，又称依克乌兰河。源出大通山桑斯扎峰，为青海湖第二大补给河流。河口西侧为今青藏铁路所经之处[45]。

在黎丹的视野中，沙柳河沿岸平坡如掌，细草浓花，垂柳成林。夕阳西下时，余晖洒落在村落农房，虽然这里的夏日似深秋般寒凉，但目之所及仍是一派暖意融融的田园景象。在清朝康熙、雍正年间，平逆将军延信提军平定西藏内乱和罗卜藏丹津事件，都曾在此驻扎。毫无疑问的是，延信将军为维护清朝时期国家的安定统一做出了相当的贡献，黎丹与他虽一文一武，道殊不同，却有着相同的报国之志。而黎丹此次西藏之行，也正是一次为沟通文化、减少隔阂、促进团结而展开的巡礼活动，更是一种以更为温和的方式实现自己政治愿望的实践途径。

42 浔：水边深处。

43 边陬：边地。九夏：夏季，与“三冬”相对。

44 清朝康熙、雍正年间，平逆将军延信提军平定西藏内乱和罗卜藏丹津事件，都曾在此驻扎军队。

45 参阅朱道清编：《中国水系词典》，青岛出版社，2007：697。

（六）夏尔哈[46]见土房及农苗/夏尔哈诗二首

海西半月行，忽见土房峙。咄哉荒僻区，乃有轮奂[47]起。规模虽未宏，农土斯嚆矢[48]。我闻羌与蒙，盛衰异前轨。蒙盛清初时，羌盛道咸[49]始。今兹蒙益衰，逊羌宁陪蓰[50]。兹区旧游牧，和硕西后是[51]。东凭伊玛图，西临察哈水。地势趋西南，水草尽肥美。蒙王既前逝，台吉嗟稚齿[52]。嫂叔相争持[53]，氓庶失依倚。遂令汪什代[54]，乘机利以市[55]。况有拉安族[56]，插帐亦近止。直巴[57]新百户，崛兴斯可纪[58]。

直巴本熟番，夙居巴燕戎[59]。能以内地习，辟此蒿莱丛。辛勤逾曲沟[60]，穑事乃独隆[61]。我观夏尔哈，海西灵秀钟。直巴特小就，识力均待充。大举期大成，经营倘由公。蒙羌利所先，畜牧原大宗。林业既易昌[62]，农事无难功。惟兹土地权，无俾蒙羌恫。庶富教所基，自治民则崇。无为助长谋，徒般代治衷。我来悲日西，急进愁时匆。鹰瞵虎视区，速抵眠狮瞳。

诗中"夏尔哈"，即今夏日哈乡，位于青海省海西蒙古族藏族自治州都兰县东北部。"夏日哈"为蒙古语，意为"淡黄色"[63]。

黎丹经由夏日哈，见到大片农房与庄稼，甚是惊喜。经询问，方才得知此乃民国

46 夏尔哈：今夏日哈镇，位于海西州都兰县东。
47 轮奂：形容屋宇高大众多。
48 嚆矢：响箭。因发射时声先于箭而到，故常用以比喻事物的开端。此处指始有房屋建筑。
49 道咸：清朝道光（1821-1850年）、咸丰（1851-1861年）年间。
50 陪蓰：陪，重叠的；蓰，五倍。指一倍和五倍。泛指几倍。
51 作者自注：夏尔哈，蒙古游牧记中号塞尔开，为和硕特西后旗牧地。
52 作者自注：吹库早死，子幼，其妻与其弟勒旺里克津涉讼多年。
53 叔嫂相争持：柯柯王恭旺济勒拉布坦（又名巴图勒顺、祁雨民）与八宝王勒旺里克津的家族纠纷。
54 汪什代：汪什代海千户部落，藏族部落名。亦称汪什代克族、下汪什代海族。
55 作者自注：此地遂为旺什代克千户出资购取。
56 拉安族：藏族部落名。
57 直巴：又称仔巴，藏族部落名。原居今海东化隆县，迁居夏日哈，发展迅速，遂成为夏日哈头人。
58 作者自注：土房及麦豆皆直巴所建造，耕作来尚不过数年。
59 巴燕戎：今化隆县。
60 曲沟：位于海南藏族自治州共和县。
61 作者自注：曲沟今之共和县。曲沟人近岁亦多来耕于此者，所种皆不及直巴云。
62 作者自注：附近多柏山。
63 参阅《中国河湖大典》编纂委员会：《中国河湖大典·西南诸河卷》，2014：205。

十八年，化隆人仔巴（直巴）兄弟率同乡迁徙至此后所立下的功绩。诗中所提到的叔嫂之争，指柯柯王恭旺济勒拉布坦（又名巴图勒顺、祁雨民）[64]与八宝王勒旺里克津的家族纠纷[65]。这场纷争使得属地百姓失去依靠，故仔巴兄弟率化隆同乡至此开垦，将海东地区的农业技术带进柴达木，收到了很好的成效，他们亦成为夏日哈地区的新百户[66]。黎丹在第二首诗中对仔巴兄弟大加称赞，对其为夏日哈地区农业发展做出的贡献给予了充分的肯定。同时，他还认为夏日哈是一钟灵毓秀之地，若发展农业、并举牧业、兼顾林业，并做到地权平均、民族平等、利益均得，必能达到地区安定、人民富庶、民族团结的目的。同时，黎丹还察觉到，柴达木此"鹰瞵虎视"之地，必有他国惦记，英、俄、法等国考察团早已有所行动，却未引起当局政府的重视。一句"速抵眠狮瞳"，使得一颗高瞻远瞩的忧国忧民之心跃然纸上，同时也令人显见其敏锐的政治眼光。

（七）柴达木河滨大平原

（河滨平原之广大，为兹行所仅见。青天绿地之外，不复见山。惟气候甚温。蚊甚多耳。）

西荒千里无人境，揽辔原头百感兴。低草长时宜牧马，乱云平处好呼鹰[67]。

天笼四野晨张盖，地涌孤星夜作灯。一事东南偶相类，蚊雷[68]时向耳边腾。

柴达木河，又称香日德河、巴彦河，为察尔汗盐湖水系的一条较长的内陆河，其流域内地势东南高、西北低，故东南部为构造剥蚀的中高山区和广阔的山前冲洪积平原[69]。诗题"柴达木河滨大平原"，即指此自香日德至诺木洪的柴达木河南岸冲洪积平原。

黎丹一行自夏日哈向南，抵柴达木河南岸后一路向西，映入眼前的便是广袤却荒凉的河滨平原。在黎丹的眼中，这无疑是水草丰美、宜农适牧之地，然目之所及却渺无人烟，唯有蚊声在耳边翻腾，这不禁让他心中百感交集。"天笼四野晨张盖，地涌孤

64 参阅才仁道尔吉：《海西蒙古族源流及沿革》，《柴达木历史与文化》，西宁：青海人民出版社，2009：184。

65 参阅青海省地方志编纂委员会编：《青海省志（卷 81 附录）》，西宁：青海人民出版社，2003：450。

66 参阅青海省地方志编纂委员会编：《青海省志（卷 81 附录）》，2003：450。

67 呼鹰：呼鹰以逐兽，因指行猎。

68 蚊雷：即聚蚊成雷，典出《汉书》卷五十三《景十三王列传 · 中山靖王刘胜》："夫众煦漂山，聚蚊成雷，朋党执虎，十夫桡椎"。形容许多蚊子聚到一起，声音会象雷声那样大。

69 《中国河湖大典》编纂委员会：《中国河湖大典 · 西南诸河卷》，2014：202。

星夜作灯”一句对仗工整，借眼前荒芜景色抒发了内心的遗憾与惋惜，真挚生动，实为佳作。

（八）宗家[70]

（宗家为和硕特西右后旗驻地，有土房近百间。商民所建，中有楼数间。东西旅行至此者均休息数日。并补充应备物事云。）

宗家之蒙旗，和硕西右后。同为顾实裔，牧地海隅受。南交玉番帐，东瞻希昔柳[71]。西邻乌拉斯[72]，北界柴达薮[73]。我闻牧柴达，北左翼称首[74]。牲畜既充溢，氓庶[75]亦繁有。次为西右中，跨河之左右。南逾巴颜嵴，西接沙州阜。地实海西要，险可扼攻守。次则西左后，巴隆近山口[76]。商贾能自营，旧业克荷负。惟兹旗所封，牧地杂良莠。南嗟崔巍艰，西欲卑湿狃。我从河北来[77]，层楼见棂牖。编氓二百户，蒙俗尚敦厚。环顾要荒中，兹地实枢纽。倘作交通谋，车轨四分剖。近揽江河源[78]，远连疏勒[79]肘。东西海藏通，南北甘康耦。先筹便行旅，继则备粮糗。庶几荒漠场，渐成东南亩。振兴如有机，合完殆非苟。

宗家即今青海省海西州都兰县宗家乡，为和硕特西右翼后旗，俗称巴隆扎萨[80]。据民国时期记载，宗家在“香日德西一百五十里，为和硕特西右翼后旗牧地……有土房百余家，汉商在此设铺，与蒙民商议”。[81]可看出此地以游牧业为主，汉民寓居者较多，商业贸易兴盛。

据黎丹的了解，宗家旗人为顾实汗的后裔。此地南至玉树，东达希昔，北抵柴达

70 宗家：即和硕特西左翼后旗，今青海省海西州都兰县宗家乡。
71 作者自注：与巴隆接界。
72 作者自注：与极乃尔接界。
73 柴达薮：即柴达木。薮：生长着很多草的湖泽。
74 作者自注：和硕特北左翼旗为四柴达中之最强者。
75 氓庶：百姓。
76 山口：指布尔罕达山口。
77 河北：柴达木河以北。
78 江河源：长江、黄河、澜沧江源头地。
79 疏勒：新疆喀什噶尔地区古有疏勒国，1913 年改设疏勒县。此处代指新疆。
80 才让：《青海蒙古世系》，西宁：青海人民出版社，2006：225。
81 张其昀、李玉林：《青海省人文地理志（续）》，《资源委员会月刊》1939（7）：516。

木，西到乌拉斯台。据《清史稿》中的记载，“和硕特西右翼后旗，顾实汗之裔……牧地跨柴达木河。东至希昔，南至诺们罕木鲁希[82]，西至乌拉斯台，北至柴达木”，[83]皆与黎丹所述相吻合。在当时的柴达木四旗，人们普遍认为北右翼为牧业最强者，牲畜充盈，百姓富足。其次是西右翼中旗，地处海西要塞，对军事行动有重大意义。再次则为西左翼后旗，游牧为主，辅以商业。但在大多数人的印象中，西右翼后旗却似乎与另外三旗相差甚远。牧地质量欠佳，丘陵若连若断，间有沙地。南部为高峻山地，西部为泥泞湿地，均不适宜种植[84]。然而，黎丹一行自柴达木河以北而来，通过沿途观察，认为西右翼后旗实乃柴达木盆地中的枢纽地带。此地近揽三江源，远则至新疆，东西贯通青海和西藏，南北联系甘肃与西康，地理位置极佳。至于西部的低洼湿地，因为有柴达木河的水源，亦可逐渐发展成农作地区。虽然此地的开发改造可以说是一个长期而艰巨的任务，黎丹仍不忘发出呼吁，希望有识、有志之人，能抓住振兴的机会，做出一番事业。如今，香日德的绿洲农业蓬勃发展，格尔木市也逐渐兴起，黎丹的愿望早已变为了现实。其眼光之长远，着实令人钦佩。

（九）自宗加至舒噶，口占[85]一首。

居游休笑牛马群，徼外人来扩见闻。逢草便停泉便住，任炎当晡冻当昕[86]。

自身虮混他身虱，山地虫通水地蚊[87]。莫笑车书难统一[88]。待看同轨更同文。

舒噶即舒尔干河，又称修沟郭勒河、雪水河，是格尔木河的上源东支[89]。这首诗描写的是自和硕特西右翼后旗至舒尔干河途中的经历。

经历了一路艰辛后，黎丹不禁开玩笑自嘲道，悠闲出行的人就不要嘲笑牛马群“不拘小节”了，今天我这行走塞外的人来给你们长点见识。接着便用轻松的笔调描写了巡礼团一路的艰辛——他们像牛马一样，遇到草地和水源便忍不住驻足休息，早已习惯烈

---

82 诺们罕木鲁希：即察汗诺们罕旗，为青海蒙古 29 旗之一，亦称白佛旗。

83 赵尔巽等：《清史稿》1-529，长春：吉林人民出版社，1995：1685。

84 参阅何玲、张照云：《青海蒙古史料集》，西宁：青海人民出版社，2005：140。

85 口占：指即兴作诗词，不打草稿，随口吟诵出来。

86 晡（bū）：申时，即下午 3 时至 5 时。昕：太阳将要出来的时候。

87 作者自注：西至舒嘎河畔，尚有蚊，特不及柴达木之盛耳。

88 车书：指国家政治制度。《礼记 · 中庸》：“今天下车同轨，书同文。”

89 参阅《中国河湖大典》编纂委员会：《中国河湖大典 · 西南诸河卷》，2014：207。

日当头的炙烤和黎明前夕的寒冷。一路上蚊叮虫咬已是家常便饭，大家也早已司空见惯。最后，黎丹运用了秦始皇“车同轨，书同文”以统一国家制度的典故打趣道，就不要嘲笑秦始皇统一车轨文字是如何不易了，你看我们“自身虮混他身虱，山地虫通水地蚊”的状态，不就是同“轨”（指虮虱在同行人身上来去自如）又同“文”（蚊）了吗？言语之间，方见其豁达心境。

（十）逾巴颜哈喇山脊（拔海四千五百公尺）

舒嘎南逾岭路遒[90]，万山深处策征驺[91]：平看鸟兔从空驶，分蹴江河入海流。
浅草遥连葱岭绿，短裘刚称夏天秋。西来自笑衰犹健，已到中原最上游！

巴颜哈喇山即巴颜喀拉山，是青海省境内长江与黄河的分水岭。巴颜喀拉是蒙古语音译，意为“富饶的青色的山”，为昆仑山脉南支的一部分，西北—东南走向，西部为可可西里山脉[92]。据巡礼团成员杨质夫于1935年发表在杂志《开发西北》上的《西藏巡礼团游记》（后简称为《西藏巡礼团游记》）可知，巡礼团由巴颜喀拉山北麓启程的时间为“八月（去岁）五日”即1934年8月5日[93]。

巡礼团一行自舒尔干河一路向南，前进入谷，愈感山路陡险。所过之处为巴颜喀拉山海拔最低的山口，却也有5000米之高[94]，周围被积雪的山顶环绕。虽然正值盛夏，穿短皮衣却只能勉强抵御寒冷，其高寒山地的环境概可想见。然而年逾六十的黎丹，在经历了数月艰苦的旅程后，仍不改乐观心境，笑自己年过半百之躯竟然登顶至此，想必也算老当益壮。言语间洋溢的积极豁达，使人深受感染。

（十一）渡曲马来云河绝句二首

（曲马来云，藏语盖红河也。水势宽大，来源甚远，青海省民政厅所绘地

90 遒：原意为刚劲、有力，此处形容山路险峻。
91 策征驺：挥鞭驾驶马车。
92 黄河水利委员会黄河志总编辑室编：《黄河志（卷11黄河人文志）》，郑州：河南人民出版社，1994：316。
93 质夫：《西藏巡礼团游纪》，《开发西北》1935（5）：31-41。
94 参阅质夫：《西藏巡礼团游纪》，《开发西北》1935（5）：31-41。

图，曲马来云流短源近，此不足以当之。水道提纲所载金沙江北源有三，（一）曰喀齐乌兰木伦河，（二）曰托克托乃乌兰木伦河，（三）曰那木齐图乌兰木伦河。今查图中三源，无托克托乃，而多曲马来云。想曲马来云，即那木齐图之水；而图中所认为那木齐图者，或托克托乃之误欤？爰纪以诗，以待后之考证者。）

红河[95]渡口驻行旌，天纵游人雨后晴。水远沙平双岸阔，江流一派已堪惊！

援古证今寻水道，蒙文藏语易纷更。始知那木齐图水，曲马来云特异名。

来云河为一条小支流，汇入曲玛河之后合称为“曲玛来云河”[96]，又作“曲麻来云河”，“楚玛尔河”，或“曲麻来河”，藏语意为“红河”。

黎丹在这首诗中提出了一家之言，认为当时青海省民政厅所绘地图中的曲麻来云河标注有误，并参考所见实景及历史文献，给出了支撑自己结论的两点证据。其一，黎丹所见之曲麻来云河河谷宽广、水流缓慢[97]，且来源甚远，与青海省民政厅所绘地图中流短源近的河道不相吻合。其二，黎丹认为清代齐召南所著《水道提纲》所载金沙江北源有三，即喀齐乌兰木伦河，托克托乃乌兰木伦河，那木齐图乌兰木伦河。然而青海省民政厅所绘地图中的三条北源中，并无托克托乃乌兰木伦河，而多出一条曲麻来云河。但曲麻来云河实际与是那木齐图乌兰木伦河所指为同一条河，因而图中标为那木齐图乌兰木伦河的位置，实际应该是托克托乃乌兰木伦河。

对照图二谭其骧先生所编的《中国历史地图集》[98]中修正后的青海地图，我们可以看出图一[99]民国时期青海省民政厅所绘地图中的曲马来云河确为“流短源近”的形态，加之图一全图并未标注有名为“托克托乃乌兰木伦河”或“沱沱河”“托托河”等类似名称的河道，可判定黎丹所述真实。再观图二可以发现，那木齐图乌兰木伦河与曲马来云河标注在同一河道，查阅资料可知前者为蒙古语音译，而后者为藏语音译，二者所指为同一条河流[100]。而图一中所标注的那木齐图乌兰木伦河与图二中的托克托乃乌兰木伦河

95 红河：指沱沱河。沱沱河又称托托河、玛曲、乌兰木伦河，都是蒙古语的音译，意为“红河”。
96 参阅周希武：《玉树调查记》，西宁：青海人民出版社，1986：55。
97 参阅夏征农、陈至立：《大辞海 · 中国地理卷》，上海：上海辞书出版社，2012：557。
98 谭其骧主编：《中国历史地图集》第8册 · 清，北京：中国地图出版社，1987：59-60。
99 欧阳缨主编：《精订表解新中华民国分省图》，武昌：亚新地学社，1933：49。
100 参阅《中国河湖大典》编纂委员会：《中国河湖大典 · 长江卷》，北京：中国水利水电出版社，2010：23。

图一　民国时期青海地图（局部）

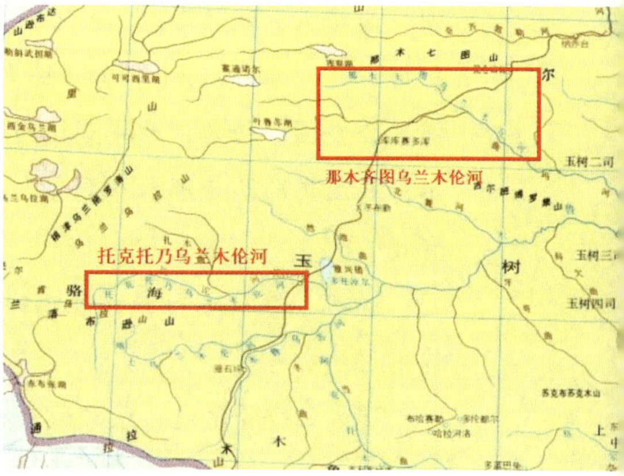

图二　谭其骧主编《中国历史地图集（清）》中青海地图（局部）

所处经纬度相近，且都位于曲马来云河与喀七（齐）乌兰木伦河之间，两图山河走向等细节稍有出入，但整体上看，其空间格局基本一致，故可判定民国时期青海省民政厅所绘地图确实误将“托克托乃乌兰木伦河”作“那木齐图乌兰木伦河”，黎丹的推断是正确的，而其对于曲马来云河（那木齐图乌兰木伦河）河道“流短源近”的形态的质疑亦是无误的。

（十二）渡托克托乃乌兰木伦河[101]

白虹饮江流，导我趋古渡。渡头一白不见山，隐隐波光坠云雾。朝阳随我来河隈，群骑鼓动波开。陟沙涉水至五六，始达彼岸登春台。罗海[102]齐纲胡图并详列，托渡今呼名未改。金沙北源凡有三，此流里逾九百多容涵。近世诸图略不载，遂令行者难稽参。我过托托渡，慨想江源大；木鲁乌苏咫尺间，更看冯澜骋江外。

托克托乃乌兰木伦河即沱沱河，又名滔滔河、玛尔曲，为长江正源，主干流经青海

101 托克托乃乌兰木伦河：今沱沱河。蒙古语称托克托乃乌兰木伦河，意为“滔滔的红河”，藏语又称玛曲，意为“红河”。

102 作者自注：山名在勒科尔乌达布逊山之东北四百余里。

省海西蒙古族藏族自治州格尔木市代管的唐古拉山乡[103]。“托克托乃乌兰木伦”为蒙古语音译，即“滔滔的红水河”，“玛尔曲”为藏语音译，意为“红色的河”[104]。

由《西藏巡礼团游记》[105]可知，巡礼团于8月18日过沱沱河及通天河。巡礼团成员杨质夫在游记中同样提及了对黎丹诗中之“白虹”。据游记所言，沱沱河“是通天河北源最大的水，河流分成十八九岔，每岔之水，都可及马镫口，当渡过的时候，万丈白虹，横陈两岸，远看好似大桥，商人都视为吉兆，咸来庆贺”。黎丹目睹此景，想必心生欢愉。将“白虹”拟人化，以“饮江流”描写其横跨两岸的形态，以“导我趋古渡”抒发了黎丹于旅程过半之时见此吉兆，心中愈发高涨的士气和对早日入藏信心。清晨远望渡头云雾缭绕，黎丹一行骑马渡河，涉沙涉水方达彼岸。歇息片刻立即启程，下一站木鲁乌苏河仿佛近在咫尺之间。

（十三）渡木鲁乌苏河

朝渡托托水[106]，午渡通天源。江岸未如托渡广，但觉深处能濡鞍。同行多解靴袜者，跣据马背来河干。晴光闪烁射波面，隔河近睹临流滩。乱流千骑尽浮渡，共欢登岸银蹄翻。我闻江导岷山[107]滥觞始，远源势乃殊涓涓。国中水系诸流域，实属此江容最宽。方里五百二十万，黑黄[108]域难同论。东趋清流势何急，奔湍瞬息程逾千，尺素晨托金沙波。鲤当夕跃吴淞阔。独惜蜀泸以西苦航滞[109]，遂令滇康万古上溯无帆轮。不然江河俱从青海东，至今利涉胡尚成空言。嗟嗟木鲁乌苏河，谁将人力真通天？

木鲁乌苏河，番名州曲，又称通天河，出青海西南唐古拉山北麓。在《大清帝国全图》中，明确标出金沙江上游为木鲁乌苏河；而在马鹤天的《西北考察记》中，也有

103 参阅韩荣、青海省地方志编纂委员会：《青海省志（卷7长江黄河澜沧江志）》，郑州：黄河水利出版社，2000：21。

104 参阅韩荣、青海省地方志编纂委员会：《青海省志（卷7长江黄河澜沧江志）》，2000：21。

105 质夫：《西藏巡礼团游纪》，《开发西北》1935（5）：31-41。

106 托托水：即沱沱河。

107 江导岷山：又作“岷山导江”，一种解释认为岷山是长江的源头，另一解释是指夏朝大禹自岷山开始疏导江水。

108 黑黄：黑龙江与黄河。

109 作者自注：沪县以上，仅至屏山。

“通天河即长江之上源，蒙名木鲁乌苏”的表述[110]。因而，虽然长江流域规划办公室江源考察队于1976年通过考察重新划分了江源区水系，并废去“木鲁乌苏河”的名称，但在清代及民国初年，曾普遍认为木鲁乌苏河为长江之源[111]。

巡礼团晨渡沱沱河后，至正午便来到了木鲁乌苏河。木鲁乌苏河的河岸虽没有沱沱河那般广阔，但也可以感觉到，河水最深处大概能淹没马鞍。黎丹及同行的人都脱下鞋袜，光脚坐在马背上开始渡河。阳光照在波光粼粼的水面，水中前行的人马似随波浮沉，溅起银色的水花。黎丹不由想到，自从大禹自岷山治水开始，江源处的湍急水势就开始得到人们的重视。在国内水系诸流域中，眼前的木鲁乌苏河概属最宽的了，不仅水流湍急，而且声势浩大。此滔滔江水虽为胜景，却使中下游地区的航运难以发展。黎丹不禁感叹，不知有谁能够凭借人力克服种种困难，开辟这段航道呢？现在看来，这些当初似乎“不可能”的设想早已变为现实，然而黎丹始终怀持的“尽己所能，救国救民”之心，却令我等后世之人无限崇敬。

（十四）过当拉岭

州曲[112]西行途益峻，五千拔海尺真高。四山雪绚眸成玉，平地风割面似刀。境想苏迷卢里胜[113]，文寻唐古忒中豪。山灵莫讶东来客，问俗人都衣紫袍。

当拉岭即今唐古拉山。唐代称大岭，清代称通拉岭、当拉岭。今为青海与西藏自治区之间的界山，长江与怒江水系的分水岭[114]。该山脉地处青藏高原内部，高原面海拔在5000米左右。山峰海拔5500-6000米，比高多在1000米左右，是高原内部高度和比高最大的山脉[115]。黎丹一行所过之处为唐古拉山口。

自木鲁乌苏河向西，所经之处海拔持续增高，四周雪山环绕，寒风割面似刀。黎丹行走于唐古拉山之中，感觉此地仿佛佛国世界的圣山，肃穆庄严。他感到自己似乎打破

110 参阅韩承荣、长江水利委员会水文局：《长江志（卷2水文、勘测）》，北京：中国大百科全书出版社，2000：121。

111 参阅韩承荣、长江水利委员会水文局：《长江志（卷2水文、勘测）》，2000：121。

112 州曲：藏语谓金沙江为州曲。

113 境想苏迷卢里胜：（仿佛）身临苏迷庐山之中。苏迷庐（卢）山：佛国世界里的圣山。

114 青海省地方志编纂委员会：《青海省志（卷4自然地理志）》，合肥：黄山书社，1995：51。

115 青海省地方志编纂委员会：《青海省志（卷4自然地理志）》，1995：51。

了这份寂静，只得在心中默默祈愿山灵，莫怪罪他们这些不请自来、擅自叨扰的“东来客”了。据《西藏巡礼团游记》于8月24日的记载，“过当木曲河南行，西南折过当拉岭，所过之处为最低山口，较巴颜山脊还高，但山坡很平，排在眼前者简直无所谓山，不过小坡而已，这因为从渡过通天河以来，天天在山上漫坡行走，所以不知不觉的很高了，山口附近的诸峰，一个个都插入云霄，白雪压顶”[116]。杨质夫先生在这段描述中明确指出，唐古拉山口附近坡度上升较为和缓，尤其是巡礼团一路所过地方，可谓异常平坦。其中海拔高度甚高则有之，而峻拔的山形却不多见。此无疑为后来青藏铁路的修建提供了有价值的参考。

（十五）香迪谢洛桑坚赞馈白菜[117]

海藏长途劳互助[118]，艰难跋涉几经过。山从雪岭生云岭，水自红河上黑河。

百里肴蔬新味美[119]。三生针芥[120]宿缘多。况蒙堪布兼程讶[121]，美尔埙篪雅奏和[122]。

香迪即今西藏自治区北部聂荣县[123]。1960年改建之前，聂荣县称“聂荣宗”，又译“阿扎白索宗”，1942年由三十九族地中的上下阿扎（阿扎多玛、阿扎麦玛）两族，扎玛尔三族以及白日（又译白利）、索得玛等七族地合并，取各族名首字建称阿扎白索宗。时有居民1034户，设治香迪，隶属黑河基巧[124]。

8月24日过木鲁乌苏河后，巡礼团于8月26日来到香迪。据《西藏巡礼团游记》中的描述，香迪“水草非常丰茂，入藏路上，可数第一……直到黑河附近，都是三十九族的游牧地，康藏一带的商人，赶到那里买牲畜的，也很不少”[125]，可见此地乃水草丰美

116 质夫：《西藏巡礼团游纪》，《开发西北》1935（5）：31-41。
117 作者自注：洛桑坚赞为同行藏商之一。
118 作者自注：自西宁出发数千里途中极感相助。
119 作者自注：白菜盖来自黑河，距香迪百十里。
120 针芥：性情。磁石能引针，琥珀能收芥，常以情性投合为针芥相投。
121 作者自注：黑河堪布谦惹丹增，为洛桑坚赞之兄，远迎于香迪。
122 埙篪雅奏和：埙篪，比喻兄弟。埙篪雅奏和，即比喻兄弟或朋友之间因关系密切而互相配合、相互照应。
123 崔乃夫：《中华人民共和国地名大词典》第5卷，北京：商务印书馆，2002：7818。
124 郭卿友：《民国藏事通鉴》，北京：中国藏学出版社，2008：280。
125 质夫：《西藏巡礼团游纪》，《开发西北》1935（5）：31-41。

的高寒牧场。同行的藏商洛桑坚赞从黑河给巡礼团带来了新鲜的蔬菜，洛桑坚赞的兄弟，即黑河堪布谦惹丹增，也特意前来香迪迎接。黎丹在感激其善意的同时，也不禁赞叹了这一对兄弟相互配合、互相关照的手足情谊。

（十六）渡喀拉乌苏河[126]

黑水导三危[127]，夏书语犹在。西源布喀池，南流入南海。我来黑河滨，念彼清初载。西征准噶尔，兵皆若敖馁[128]。孤军无后援，再至已知悔。河流既阻深，关山信岂崿。异邦战国人，迴绺见者每[129]。兹行有天幸，深纫[130]造化宰。未索王稽车，且邀孟尝待[131]。佛法诚慈悲，诞登念无怠。

喀拉乌苏河，又称哈拉乌苏河、那曲、黑河，既是一条河流之名，又是一个地名。“那曲”藏语之意即为黑河，蒙语称它为“喀（哈）拉乌苏”，亦为黑水之意[132]。

在中国水系中，尚有源出青海省祁连县与甘肃省肃南裕固族自治县分水岭的黑河，甘肃省西北部河段又称张掖河[133]。据《尚书 · 禹贡》载，夏朝大禹治水时，对黄土高原的山岳河流进行了广泛治理，其中便有“导黑水至于三危”[134]的说法。这里的“三危”，即今甘肃省敦煌市的三危山。

那曲所在的黑河，与这里的黑河同名，但没有源流上的联系。而黎丹诗中的“黑水导三危”，便是指夏禹疏导黑水到三危山，流入南海。历史上在黑河地区发生的事情数不胜数，但令黎丹最有感触的还是清朝康熙年间，清军分别从甘肃、青海、四川入藏，与准噶尔军交战黑河，却被截击断粮，相持数月后全军覆灭的记叙[135]。这些历史的联想，想必是黎丹因河名相同而误将两河视为一条河所致。

126 作者自注：怒江源。
127 三危：指今甘肃省敦煌市三危山。
128 敖馁：忍受饥饿。
129 作者自注：至黑河不得入藏已为数见不鲜。
130 纫：深深感激。
131 孟尝待：即“孟尝待客”的典故，形容招待客人周到热心。
132 参阅青海省地方志编纂委员会编：《青海省志（卷 71 唐蕃古道志）》，合肥：黄山书社，1996：51。
133 参阅朱道清编：《中国水系词典》，2007：641。
134 马将伟：《尚书译注》，北京：商务印书馆，2015：47。
135 参阅白玛朗杰、林芝地区地方志编纂委员会编：《林芝地区志》，北京：中国藏学出版社，2006：992。

据巡礼团一路所见，行至黑河被拒绝入藏的人已屡见不鲜，相比之下，黎丹不禁感叹自己一路入藏不仅未遭阻拦，还受到了热情周到的招待，实属幸运。待到拉萨，必认真学习佛教经典，将佛法之慈悲四海弘扬。

三、小结

根据对黎丹途中题咏及其他相关史料的分析，可以较为清晰地梳理出一条 1934 年西藏巡礼团自青入藏的线路。

黎丹及巡礼团自 1934 年 6 月 23 日从西宁出发，依次过日月山、青海湖、黑马河、橡皮山、茶卡盐湖、沙柳河、夏日哈、柴达木河滨平原、宗家旗（和硕特西右翼后旗）、舒尔干河，于 1934 年 8 月 5 日逾巴颜喀拉山脊，后依次渡曲麻莱云河、沱沱河及通天河。入藏后，该团一行人于 1934 年 8 月 24 日至 26 日过唐古拉山及聂荣县，至 1934 年 9 月 8 日渡黑河、驻帐于萨木坦冈札山脚，后翻越角孜拉山并于勒整寺休整，又渡彭多河铁索桥、翻越郭纳山，最终于 9 月 23 日抵达拉萨，其间经历了三个月风餐露宿的征程。这对于巡礼团的每个成员，尤其是年逾六旬的黎丹来说，无疑都是一次充满挑战且意义重大的经历。

在入藏过程中，黎丹途中所作之诗以及杨质夫所撰之日记、游记，其中对于青藏间道路交通的记载，对山川河湖的描述，对各地区经济发展的探讨，以及对风土人情的记叙，均以亲历者的身份，为后人的研究提供了颇具参考价值的资料。今对《藏游草》中部分诗作的考订梳理，使得巡礼团入藏线路不再是抽象的“藏大路”，而是能与地图相对应的具体行程。加之诗作中亦有部分 20 世纪 30 年代青藏地区社会生活片段的记录，字里行间渗透出黎丹的政治理想，想必可从另一角度，为相关研究提供一点参考。

◆ 许月　南京师范大学社会发展学院博士研究生

猛种堡子瞻佛仪式与木雅苯教文化 *

青姆　先巴才让

内容摘要：为进一步了解苯教文化在以猛种堡子为代表的汉藏交界地带的遗存情况，本文通过文献、文物、民俗的多维度互动、互视、互补研究，对猛种堡子的族源问题进行了探索，对村子保存的巨幅彩唐进行了分析，并且在田野调查的基础上考察了瞻佛仪式和杀生血祭在猛种堡子的继承革新情况。

猛种堡子[1]隶属于四川省雅安市石棉县蟹螺藏族乡，村民主要系藏族支系之木雅藏族，现有50余户、200余人。2013年被我国住房城乡建设部、文化部、财政部联名列入“中国传统村落”名录。猛种堡子处于高山峡谷的地理优势使其保留了诸多远古文化信息，其中“瞻佛”祭祀中的苯教文化元素就是典型代表。李星星先生在《蟹螺藏族》与《蟹螺藏族图录集》中记录和收集了猛种堡子的瞻佛仪式过程和相关图片，但未进行深层次的文化解读。除此之外，与之相关的研究都是以旅游宣传为主的影视信息的采集和瞻佛过程的简短记述。当地村民对于“瞻佛”所用唐卡上的佛像存在很大的误解，很

* 本文为教育部高校示范马克思主义学院和优秀教学科研团队建设项目重点选题“思想政治理论课网络教学辅助课堂教学的实践探索与研究”（19JDSZK030）的阶段性成果。本论文受四川省重点马克思主义学院人才引育项目资助。

1 此处民族乡所辖村组较多沿用清代对村寨的称谓“堡子”。

多学者对唐卡图像和题记的辨析也存在一定的分歧。因此，笔者试图通过查阅苯教神像文献[2]和拜访相关领域的专家对“瞻佛”所用的两幅唐卡进行解读，并通过田野调查对猛种堡子瞻佛仪式和木雅苯教文化进行剖析。

一、认亲凭证和藏汉双姓现象

猛种堡子村民属木雅藏族，村民称由祖上口耳相传此处村民起族于穆苴（དམུ་རྒྱུད）[3]，而“穆”为藏族最古老的六大氏族之一[4]，苯教祖师敦巴辛饶亦为穆氏。木雅亦被称为“董木雅（ལྡོང་མི་ཉག）”[5]，指木雅藏族为董之氏族，而“董”亦可追溯到“穆”之氏族[6]。从口述起族记忆与董氏的族源追溯来看，猛种堡子起族与穆氏有密切的联系。在询问具体迁出地时，当地木雅藏族则多以“上头、里头、高头”来表述，可能意为水之上游、地势之高处。村民能追溯的最远族源记忆主要有三点，一是村民普遍认同老祖出来时曾带来了刻有藏文的半块铜板，铜板的另一半就留在了来处，两块铜板是数代以后子孙之间的认亲凭证；二是认为猛种堡子的第一代老祖有六人，包括吴家老祖，即“苯波且当波（བོན་པོ་ཆེས་དང་པོ）”[7]、王家老祖，即“汝巴汝杜噶（རུ་པ་རུ་འདུག་ག）”[8]，其余四人不详；三是，两位老祖和俄足堡子[9]向家的老祖“森格穆匝麦（སྲིང་ཀན་མུ་ཙ་མེད）”[10]三人为结拜兄弟，而汝巴汝杜噶的二子“汝巴帕萨勒摩（རུ་པ་ཕ་ས་ལེབ་མོ）”[11]又是木耳堡子的老祖。李星星先生

2 参考的主要苯教神像文献包括：格桑·仁孜尼玛、才让太主编：《雍仲苯教诸佛菩萨神像全集》（上下），北京：中国藏学出版社，2019；李西·新甲旦真、宁艳娟编译：《雍仲苯教诸佛菩萨神像全集》，成都：四川民族出版社，2013；元旦平措著：《西藏苯教唐卡》，成都：四川民族出版社，2010。

3 李星星著：《蟹螺藏族》，北京：民族出版社，2007：309。

4 索南曲杰等著：《苯教古文献九部史》（藏文），拉萨：西藏藏文古籍出版社，2017：47。六大姓氏分别为夏（ཕྱ）、穆（དམུ）、祖（གཙུག）、聂（གཉན）、耶（ཡེ）、昂（ངམ）。

5 作者不祥：《拉达克史》，西宁：青海民族出版社，1986：7。

6 《朗氏家族》记载：ཨ་ཉེ་མུ་ཟི་ཁྲི་ཧོ་ཆེན་པོ་དེས།...དམུ་ཟ་ལྷ་མོ་ཁབ་ཏུ་བཞེས་པའི་སྲས། དམུ་ཚ་དགའ། ཟག་སྲིན་གདོང་དམར་མོ་ཁབ་ཏུ་བཞེས...ཆེ་བ་སྟོས་ཆུ་ལྡོང་། ལྡོང་ལ་ར་ཆེ་བཅོ་བརྒྱད།…可译为：阿聂木思赤娶穆萨拉姆为妻，生子穆察噶，再娶扎桑董玛姆，衍长子董氏，董氏十八大族。可见，董和穆有同父异母的关系。原文参见大司徒·绛曲坚赞著：《朗氏家族》（藏文），拉萨：西藏藏文古籍出版社，2013：6-7。另外，琼波·洛追尖参著：《苯教世祖史》（藏文），拉萨：西藏藏文古籍出版社，2020：99，亦有同样记载。

7 苯波且当波：猛种堡子最早信仰苯教的村户。文中部分名词是按村民口音推测，其中难免有误，不足之处还请各位专家和学者指正。

8 汝巴汝杜噶即定居于游牧部落之地。

9 俄足堡子系蟹螺藏族乡俄足村，木耳堡子系蟹螺藏族乡猛种村。

10 森格穆匝麦中的“穆匝麦”为苯教神灵系统中的神灵象雄穆匝麦（ཞང་ཞུང་མུ་ཙ་མེད）。

11 汝巴帕萨勒摩：意为游牧部落之故土。

指出木雅藏族聚居区甘孜州力丘河流域沙德区也有相同的说法[12]，称有半块铜板等着老祖的后代回来认亲。经对比，两处的地脚话（方言）基本可以相互沟通，但猛种堡子处的认亲凭证现已遗失。据汝巴后代的普述，从汝巴老祖至今有 18 代家脉传承[13]，若以一代 20 岁计算，从老祖到现在约有 360 年的历史。由此推测，猛种堡子的始祖大约是在 17 世纪 60 年代的明清之交由沙德地区迁居至猛种堡子，而且猛种堡子与周边的俄足、木耳堡子的形成时间基本一致。

表一　猛种堡子现存主要的家族姓氏

序号	1	2	3	4	5	6	7	8
汉姓	王氏	吴氏	杨氏	陈氏	姜氏	罗氏	黄氏	胡氏
藏姓	ཞ་རྒྱལ	བོན་པོ	སྐུ་སྨན	ཁྲི་མེས	གསོལ་ག	ལི་རྒན	དཔའ་བོ	ངོ་སྐོལ
藏文释义	苯教神祇	苯教师	苯教神山	象雄 女神祇	血祭师	象雄人物	英雄	古语 我们

李星星先生认为雅砻江流域、岷江上游、大渡河上游等地带同属一个文化圈，并以“苯波文化遗存带”命名，而猛种堡子可谓是此文化带藏、汉文化融汇的典型。田野调查发现，猛种堡子的木雅人有藏、汉双氏并存于一氏族的现象（表一所示），如猛种村杨家第 15 代传人藏姓格曼（སྐུ་སྨན），藏名为格曼仁青（སྐུ་སྨན་རིན་ཆེན），汉姓杨，汉名为杨德富。木雅藏族在早期的代际传承中原本只有藏姓藏名，在瞻佛所使用的巨幅唐卡的背面也出现了藏姓藏名，猛种堡子藏汉双姓的现象是到了后期才出现的，并且这种藏汉双姓现象在嘉绒藏族中也存在，可能与当地有更多的汉文化融入有关。

二、穆氏村落的巨幅彩唐

英国宗教学者约翰·麦奎利认为，宗教中最根本的东西就是人与神的交际和感通[14]。猛种堡子瞻佛节实质上就是将唐卡作为一种宗教符号与象征，在各种文化行为的作用下，以人格化超自然的能力为村民与神灵搭建沟通的捷径，旨在满足村民的某种心理需求，是符号与象征基于功能所发生的调适。猛种堡子瞻佛时所用的两幅巨幅唐卡，左唐

12　李星星著：《蟹螺藏族》，北京：民族出版社，2007：374。
13　李星星著：《蟹螺藏族》，2007：183。
14　[美] 佩顿著、许民泽译：《阐释神圣：多视角的宗教研究》，贵阳：贵州人民出版社，2006：57。

卡简称 M1，右唐卡简称 M2。

M1 原属王冒家所有，藏姓苯波（བོན་པོ）的吴氏家族是王冒天官的亲戚，因此王冒绝后以后唐卡便由吴氏家族管理和保护，属于文坛[15]。M1 画面共绘有尊像 28 尊（图一、图三），《蟹螺藏族》认为 M1 的中央主尊是女神“阁董莱米其木”，周围环绕有 26 位神像[16]，加上琼鸟共有 28 尊像，在统计图像时将琼鸟也计算在内了。不过 M1 之中央主尊并非女神阁董莱米其木，这种误读可能与猛种堡子村民信仰的女山神有关。M2 属藏姓俄甲（ལྷ་མོ་འུ་རྒྱལ་མ）的王氏家族管理，背面有藏文题记俄甲（འུ་རྒྱལ）一词。猛种堡子村民皆认同制作 M2 之时属王氏家族出力最多，所以 M2 便由王氏家族管理，属于武坛。M2 共绘有尊像 33 尊，《蟹螺藏族》认为 M2 的中央主尊是敦巴辛饶，四周绘有 32 尊神像[17]，加上中央主尊和琼鸟共有 34 尊像（图二、图三）。

（一）唐卡的内容

两幅唐卡体量接近，通高约 4 米，宽约 2.5 米，都是绘制在麻布上的彩唐，以天然矿物质颜料绘制，可以经久不变色。这种唐卡十分珍贵，但极易磨损，所以通常民众举行瞻佛活动不会使用这种弥足宝贵的彩唐，一般采用的是刺绣和堆绣类型的唐卡，更耐磨损。因而，猛种堡子每年以两幅“巨幅彩唐”来举行瞻佛祭祀活动就显得十分难得且独具特色。

两幅唐卡的背面皆有藏文题记，正面仅 M1 唐卡的 M1 ：14、15、16、20 下方有藏文题记，其中只有 M1 ：15 的题记清晰可辨，为“ཚུལ་ཁྲིམས་རྒྱལ་མཚན”，即慈诚坚赞，系第 6 代曼日法王，由此推测其他与之装束类似的图像身份可能与他有关，即历代曼日法王。

两幅唐卡的主尊都是敦巴赤祖杰瓦（སྟོན་པ་ཁྲི་གཙུག་རྒྱལ་བ），敦巴赤祖杰瓦是敦巴辛饶出家受戒时的法名[18]。两幅唐卡的主尊均身着僧装、左手持法钵，右手自然下垂、结跏趺坐在莲花宝座上，莲座两侧绘有白狮，体现了苯教制度化以后即雍仲苯教时期的祖师的

15 据调查，当地的苯教祭司一般分为两种，一种被称为和尚或素尔，即有经书的苯教师。另一种是萨巴，即没有经书的苯教师，为亡灵开路。前者则属于文坛，后者则属于武坛，两者需要配合做法。

16 李星星著：《蟹螺藏族》，2007：313。文中根据石棉县文化旅游局调查资料，认为 M1 为万佛朝宗图、M2 为白马将军，可能是当时的调查人员对唐卡内容缺乏正确的了解而致。

17 李星星著：《蟹螺藏族》，2007：313。

18 敦巴辛饶的“十二功业”中的出家篇，提到了敦巴辛饶 31 岁时在勒丹加瓦（ལེགས་ལྡན་རྒྱལ་བ）处剃度出家，起名为“敦巴赤祖杰哇”，经历鸟猴人三种生灵的苦难，后与弟子及魔王恰巴坐在狮扶座上传授雍仲苯教。全文详见才让太、顿珠拉杰著：《苯教史纲要》，北京：中国藏学出版社，2012：69。

图一　猛种堡子瞻佛所用左唐卡（M1）

图二　猛种堡子瞻佛所用右唐卡（M2）

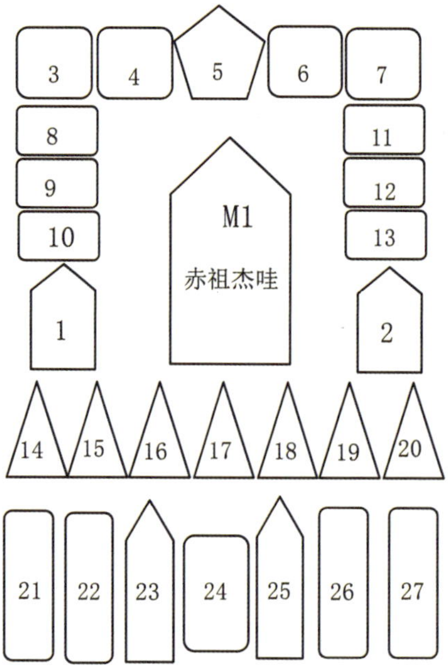

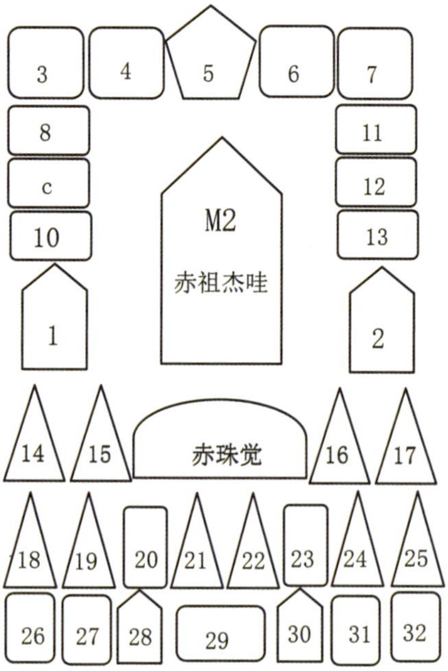

图三　M1、M2 图像配置示意图

装束，而敦巴赤祖杰瓦是雍仲苯教最重要的戒律佛（འདུལ་བའི་སྟོན་པ）[19]。《雍仲苯教诸佛菩萨神像全集》中记载敦巴赤祖杰瓦身色为黄色，色泽酷似镕金，左手持法钵，盘坐于莲花和狮子宝座之上，与唐卡中描绘的图像一致[20]。

表二　M1 与 M2 所绘图像对照表

编号	M1 图像内容	汉译	编号	M2 图像内容	汉译	备注
主尊	སྟོན་པ་ཁྲི་གཙུག་རྒྱལ་བ	敦巴赤祖杰哇	主尊	སྟོན་པ་ཁྲི་གཙུག་རྒྱལ་བ	敦巴赤祖杰哇	同 M1
1	སྟོན་པའི་འཁོར་རྨ་ལོ	玛罗佛子	1	སྟོན་པའི་འཁོར་རྨ་ལོ	玛罗佛子	同 M1-1
2	སྟོན་པའི་འཁོར་གཡུ་ལོ	玉罗佛子	2	སྟོན་པའི་འཁོར་གཡུ་ལོ	玉罗佛子	同 M1-2
3	སྲིད་པ་སངས་པོ་འབུམ་ཁྲི	斯巴桑波奔赤	3	སྲིད་པ་སངས་པོ་འབུམ་ཁྲི*[21]	斯巴桑波奔赤	可能同 M1-3
4	གཤེན་ལྷ་འོད་དཀར	白光佛	4	གཤེན་ལྷ་འོད་དཀར*	白光佛	可能同 M1-4
5	བྱ་རྒྱལ་ཁྱུང་ཆེན	大鹏鸟	5	བྱ་རྒྱལ་ཁྱུང་ཆེན*	大鹏鸟	可能同 M1-5
6	ཡུམ་ཆེན་ས་ཏྲིག་ཨེར་སང	智慧佛母	6	ཡུམ་ཆེན་ས་ཏྲིག་ཨེར་སང*	智慧佛母	可能同 M1-6
7	སྟོན་པ་གཤེན་རབ	敦巴辛饶弥沃	7	སྟོན་པ་གཤེན་རབ*	敦巴辛饶弥沃	可能同 M1-7
8	དྲན་པ་ནམ་མཁའ	占巴南喀大师	8	དྲན་པ་ནམ་མཁའ	占巴南喀大师	同 M1-8
9	པད་མ་མཐོང་གྲོལ	莲花生大师	9	པད་མ་མཐོང་གྲོལ	莲花生大师	同 M1-9
10	བླ་མ་ཚེ་དབང་རིག་འཛིན	才旺仁增大师	10	བླ་མ་ཚེ་དབང་རིག་འཛིན	才旺仁增大师	同 M1-10
11	ལྷ་གཤེན་ཡོངས་སུ་དག་པ	清静天师	11	ལྷ་གཤེན་ཡོངས་སུ་དག་པ	清静天师	同 M1-11
12	རྒྱལ་གཤེན་མི་ལུས་བསམ་ལེགས།	慈善大师	12	རྒྱལ་གཤེན་མི་ལུས་བསམ་ལེགས།	慈善大师	同 M1-12
13	གྲུ་གྲུབ་ཡེ་ཤེས་སྙིང་པོ	智藏龙师	13	གྲུ་གྲུབ་ཡེ་ཤེས་སྙིང་པོ	智藏龙师	同 M1-13
14	བསོད་ནམས་ཡེ་ཤེས	索南益西	14	ཚུལ་ཁྲིམས་རྒྱལ་མཚན	慈诚坚赞	同 M1-15
15	ཚུལ་ཁྲིམས་རྒྱལ་མཚན	慈诚坚赞	15	རིན་ཆེན་རྒྱལ་མཚན	仁青坚赞	同 M1-16
16	རིན་ཆེན་རྒྱལ་མཚན	仁青坚赞	16	ནམ་མཁའ་ཡེ་ཤེས	南喀益西	同 M1-19
17	རྗེ་མཉམ་མེད་ཤེས་རབ་རྒྱལ་མཚན	良美西饶坚赞	17	ཀུན་བཟང་རྒྱལ་མཚན	更桑坚赞	同 M1-20
18	རྒྱལ་ཚབ་རིན་ཆེན་རྒྱལ་མཚན	佛嗣仁青坚赞	18	ཤེས་རབ་བློ་གྲོས	西绕洛追	M1 无

19《象蕃文化大辞典》编纂委员会编：《象蕃文化大辞典》（上），成都：四川民族出版社，2020：261。

20　格桑 · 仁孜尼玛、才让太主编：《雍仲苯教诸佛菩萨神像全集》（上），2019：916。

21　加“*”者表示由于磨损严重，图像模糊难辨。

续表

编号	M1 图像内容	汉译	编号	M2 图像内容	汉译	备注
19	ནམ་མཁའ་ཡེ་ཤེས	南喀益西	19	གཡུང་དྲུང་རྒྱལ་མཚན	雍仲坚赞	M1 无
20	ཀུན་བཟང་རྒྱལ་མཚན	更桑坚赞	20	ཤེས་རབ་འོད་ཟེར	西绕俄色	M1 无
21	ལྷོ་ཕྱོགས་རྒྱལ་པོ་འཕགས་སྐྱེས་བུ	南方增长天王	21	རྗེ་མཉམ་མེད་ཤེས་རབ་རྒྱལ་མཚན	良美西饶坚赞	同 M1-17
22	ཤར་ཕྱོགས་རྒྱལ་པོ་ཡུལ་འཁོར་སྲུང	东方持国天王	22	རྒྱལ་ཚབ་རིན་ཆེན་རྒྱལ་མཚན	佛嗣仁青坚赞	同 M1-18
23	མི་བདུད་འབྱམས་པ་ཁྲག་མགོ	愤怒魔空护法	23	བསོད་ནམས་ཡེ་ཤེས	索南益西	同 M1-14
24	སྲིད་རྒྱལ་དྲེའུ་ནག་མོ	世间圣母护法	24	བསོད་ནམས་གཡུང་དྲུང	索南雍仲	M1 无
25	དྲག་བཙན་ཨ་བསེ་རྒྱལ་བ	猛厉阿色护法	25	ཤེ་ཙུ་དྲུང་མུ	西祖仲穆	M1 无
26	བྱང་ཕྱོགས་རྒྱལ་པོ་རྣམ་ཐོས་སྲས	北方多闻天王	26	ལྷོ་ཕྱོགས་རྒྱལ་པོ་འཕགས་སྐྱེས་བུ	南方增长天王	同 M1-21
27	ནུབ་ཕྱོགས་རྒྱལ་པོ་སྤྱན་མི་བཟང	西方广目天王	27	ཤར་ཕྱོགས་རྒྱལ་པོ་ཡུལ་འཁོར་སྲུང	东方持国天王	同 M1-22
			28	མི་བདུད་འབྱམས་པ་ཁྲག་མགོ	愤怒魔空护法	同 M1-23
			29	སྲིད་རྒྱལ་དྲེའུ་ནག་མོ	世间圣母护法	同 M1-24
			30	དྲག་བཙན་ཨ་བསེ་རྒྱལ་བ	猛厉阿色护法	同 M1-25
			31	བྱང་ཕྱོགས་རྒྱལ་པོ་རྣམ་ཐོས་སྲས	北方多闻天王	同 M1-26
			32	ནུབ་ཕྱོགས་རྒྱལ་པོ་སྤྱན་མི་བཟང	西方广目天王	同 M1-27

M1：1与M2：1、M1：2与M2：2、M1的8-13与M2的8-13、M1：15与M2：14、M1：16与M2：15、M1：19与M2：16、M1：20与M2：17、M1：17与M2：21、M1：18与M2：22、M1：14与M2：23、M1的21-27与M2的26-32尊像对应一致。M1的3-7可能与M2的3-7身份一致，由于磨损较严重，无法看清细部。M1的14-20与M2的14-20的图像身份相同，但在画面中的位置不同。而M2：18、19、20、24、25在M1中没有出现。两幅唐卡中的苯教护法神世间圣母（སྲིད་པ་རྒྱལ་མོ）的坐骑的颜色不同，M1：24世间圣母的坐骑为黑骡（དྲེལ་ནག）、M2：29世间圣母的坐骑为红骡（དྲེལ་དམར）。尽管两者同属一尊护法神，但在苯教文化中黑骡世间圣母与红骡世间圣母有不同的法脉形成，并且在不同的寺院抑或信众中有自己的专属供奉，M1与M2中将两身护法神分别绘制出来，可能也是应信众的需求而有意绘制的。此外，M2中央主尊下

方有苯教法座，藏语称之为赤珠觉（ཁྲི་དྲུག་འཁྱོགས）[22]，绘有六类图腾，法座上有法轮（དཀྱིལ་འཁོར），这部分内容在 M1 中没有出现。在木雅藏族中间流传有一首歌曲，名叫“四十八堡子之上八堡及四方财主”，又名觉勒（སྐྱོ་གླུ），意为悲伤之歌。村民称此歌曲立秋后不能唱，开春以后才能唱，是祖辈逃难至此怀恋故土而作的忧歌，是以歌曲来记录文化和追忆族源。两幅瞻佛唐卡上都绘有“四大天王”，让人联想起当地流行的歌曲中的“四方财主”[23]，或许在当地人们的心目中，将四大天王与四方财主进行一定混同，现将两者对照列表如下：

表三　唐卡中四大天王与歌词中四方财主对照

	唐卡中的四大天王（A）		歌词中的四大财主（B）		对照分析
1	东方天王	持国	东方财主	贤米桑	1. 财主和天王，在藏语中都是同一词汇“杰布（རྒྱལ་པོ）”。 2. B3 南方财主被混淆成了北方财主。 3. B4 财主，在歌词中被称为“维曲杰布”，暂无法确认其正确的藏文拼写。B2 的名字，在歌词中被称为“则吾鲁”，暂无法确认其正确的藏文拼写。 4. 唐卡中的四大天王与歌词中的四大财主，实际上极大可能是一致的，但在歌曲在口耳朵相传的过程中出现了记忆偏差。
藏名	ཤར་ཕྱོགས་རྒྱལ་པོ	ཡུལ་འཁོར་སྲུང	ཤར་ཕྱོགས་རྒྱལ་པོ	སྤྱན་མི་བཟང	
音译	夏雪杰布	玉科松	夏雪杰布	贤米桑	
2	西方天王	广目	西方财主	则吾鲁	
藏名	ནུབ་ཕྱོགས་རྒྱལ་པོ	སྤྱན་མི་བཟང	ནུབ་ཕྱོགས་རྒྱལ་པོ	无法辨别	
音译	努雪杰布	贤米桑	努雪杰布		
3	南方天王	增长	南方财主	怕奇博	
藏译	ལྷོ་ཕྱོགས་རྒྱལ་པོ	འཕགས་སྐྱེས་པོ	བྱང་ཕྱོགས་རྒྱལ་པོ	འཕགས་སྐྱེས་པོ	
音译	洛雪杰布	怕奇博	相雪杰布	怕奇博	
4	北方天王	多闻	北方财主	玉科松	
藏名	བྱང་ཕྱོགས་རྒྱལ་པོ	རྣམ་ཐོས་སྲས		ཡུལ་འཁོར་སྲུང	
音译	相雪天王	郎推瑟	无法辨别	玉科松	

M1 与 M2 还都出现了琼鸟。琼鸟是苯教文化中无处不在的神鸟。关于琼鸟的创世故事中说，普贤王为了教化众生，变幻为一只神鸟叫琼，降落在象雄卡佑，这只琼鸟生了三枚卵，即身之化生拉琼噶布（ལྷ་ཁྱུང་དཀར་པོ），言之化生鲁琼沃姜（ཀླུ་ཁྱུང་སྔོ་སྔོང），心之

22 指六类图腾，包括雄狮、大象、骏马、孔雀、翔翔鸟（ཤང་ཤང）（常被认为是一种会说话的鸟，上身为人、下身为鸟）、巨人（ཁྱད་ཀྱི་མི）。

23 歌词内容参见李星星著：《蟹螺藏族》，北京：民族出版社，2007：185。

化生弥琼木波（མི་ཁྱུང་སྨུག་པོ）[24]。“琼”在猛种堡子通常被称为裹（རྒོད），孔雀、甲甲雀、天鹅、大雁等，M1 与 M2 的中央主尊之上都绘有琼鸟，瞻佛祭司的经书、家藏唐卡、卜卦图、经堂也随处可见琼鸟，琼鸟作为苯教典型的象征符号已经融入到了猛种堡子木雅藏族生活的方方面面，甚至演化成为了家族姓氏。通过上面的对比可以看到，两幅唐卡的中央主尊相同、构图相似、图像内容也十分接近，只是在图像数量、配置顺序、护法坐骑颜色等方面略有差异。两幅唐卡分别属于文坛和武坛，表明两者之间的互补和合作关系。

（二）唐卡的题记

唐卡 M2 的背面书写有藏文题记，但因严重磨损，无法完全识读（图四）。现尝试转录、翻译如下：

༄༅།། ×།། ཀྱེ་དད་ལྡེ་མི་སྣ་སྔ་མེད་པ་བསྟན་པའི་སྦྱིན་བདག ×རྒྱལ་ / ཆེན་ནུབ་སྲིད་འདུ་བའི་སྣང་འགི་ཕ་མེས་ཞིས་འགྲོ་གྲྭ་༡་ཡོན། རི་ཡ་རི་ལ་ག་ས་སར××× / གང་ལ་སེངས་མཆིལ་གྲྭ་འདུ་བའི་སྔགས་ཆག་བྱང་ཆུབ་ཚེ་དབང་རིག་འཛིན་སོགས×××ཡོན་ཏན་བཀའ་དྲིན་ / མཆོག་ལ ××××༡×ཨུ×ག××འདུ་བའི་ཨུ་རྒྱལ་ཚེ་དབང་རིག་འཛིན××× / ལྷ་མོ་ནུབ××××དགེ་མོ་་ཀྲང་ཀྲང××× གླུད་ཁུག་དྲོ་བར×× / ཡོན། ××××སྟོན་པའི་ཐང་ག་ཆེན་པོའི་ནང་གི × ནང་མའི× མཆྱལ་ཁུར × ཕ་རོལ × / རོལ་མོ × ལ་ཡོངས་རིག་དུས།

རང་ཆར × ཁྲོ་ལོ་ཀོ་རི × ་གཅིག × དགེ་མོ་ཀྲང་ཀྲང་མ་རིག་ཁ་གཙུ་ཉིད་ / × མ་རིག × མ་སྡུག་ཅིག × ཚར་ཐོག་ཚེ་ཉི་ཐད།

译文：啊，信众此前未有佛之施主 × 像西方天王，祖先熙阿噶察有一份供奉。山之所及之处 ××× 某处似有密宗修行者桑阁察，感恩菩提泽翁仁孜等人 ××× 之智慧，×××× 一份供奉 × 噢 × 噶 ×× 似的汉姓王氏泽翁仁孜 ××× 仙女西努 ×××× 格摩章章 ××× 勒库卓瓦 ×× 供奉。×××× 敦巴辛饶之大唐卡其内部 × 内侧 × 由他负责 × 那边 × 乐 × 皆见于此时。

我 × 曲洛国日 × 一 × 摩章章，× 不见 × 我们向他祈祷驱除病痛、穷苦 × 结束，罢。

24 才让太、顿珠拉杰著：《苯教史纲要》，2012：16-17；金东柱著：《黑头凡人的起源》，西宁：青海民族出版社，2013：314。

图四　唐卡 M2 背面的藏文题记

文中出现的“ཞིས་འཀྲ་ཕྲ”系人名，即祖先熙阿噶察；“སེངས་མཀྲེལ་ཕྲ”，系人名，即密宗修行者桑阁察；“མཀྲལ་ཁུར”，音译为更科，意为负责，等同于现代藏文中的“负责(འགན་ཁུར)”；“ཏད”，音译为“贝”，一般在句末充当结束词[25]。文中的“ཚེ་དབང་རིག་འཛིན”可译为泽翁仁孜，人名；“ཨུ་རྒྱལ”额吉，即汉姓王氏；“མོ་ཀྲང་ཀྲང”译为摩章章，人名；“དགེ”，音译为“格”，此处指代姓氏。

唐卡背面所附文字，一般而言，一种是对于具有超自然能力的神灵的崇拜，表现村

25　雄努洛桑编：《苯教史料汇编》(藏文)，拉萨：西藏藏文古籍出版社，2012：370。

民对画中所绘神灵的无限崇敬，希望能借神灵之力达成的自己愿望。二是关于唐卡制作者、施主或赞助人等对唐卡创作具体细节的记载，在一定程度上也反映出了当时村民在堡子中的地位和财力。如：文中分别两次提到了摩章章和泽翁仁孜两人，可能是他们对唐卡的制作做了比较大的贡献。三是关于祖先崇拜的记载，以祖先熙阿噶察的名义供奉，说明当时不仅在唐卡上撰书了当世供奉者的姓名，还有以祖先的名义供奉财物留祖先之名于唐卡的现象，表现了村民告慰祖先，并希望能获得祖先的庇佑的心理。可见唐卡作为一种象征符号在一定程度上成为了团结人心、促进村民间和谐共处的向心力。

（三）唐卡的绘制时间

关于这两幅唐卡的来源有两种说法，一种说法认为现存的两幅唐卡是猛种吴家老祖“苯波且当波”来猛种以后请人画的，曾经一度遗失，后有幸被追回。另一种说法认为两幅唐卡是王冒氏[26]最后一代传人组织人员绘制的，当时共绘制了 5 幅，其中 2 幅存于猛种堡子，2 幅存于木耳堡子，1 幅存于九龙县洪坝地区。木耳堡子和洪坝的 3 幅唐卡在民国之时丢失后未能找回，自此两地便不再组织举办瞻佛活动。

文物鉴定专家一西平措等曾赴现场进行调查，根据唐卡布面的折旧程度和颜料磨损程度，认为两幅唐卡约有 400 年的历史。唐卡上极少图像下方标有少许文字，但因磨损严重基本无法辨析，通过对唐卡中人物图像的着装和画面艺术风格的分析，结合苯教相关图像文献，对两幅唐卡中的神像进行了识读。两幅唐卡都绘有“历代曼日法王”，由此可以推算两幅唐卡的年代上限。M1 上绘制了第一代至第七代曼日法王，唐卡中出现的最后一代法王第七代曼日法王为索南益西（བསོད་ནམས་ཡེ་ཤེས། 1496-1574 年），嘉绒人，于 1532 年当选曼日寺第七代法王[27]。第八代曼日法王索南雍仲（བསོད་ནམས་གཡུང་དྲུང་། 1537-1609 年）于 1575 年坐床，第九代曼日法王谢祖仲牟（ཤེ་ཙུ་དྲུང་མུ། 1580-1649 年）于 1610 年坐床。由此推测该幅唐卡的年代上限为 1532 年，唐卡很有可能是第七代或第八代曼日法王任内所绘或更晚，即 16 世纪以后。M2 中出现的最后一代法王是第十二代曼日法王西绕洛追（ཤེས་རབ་བློ་གྲོས། 1642-1702 年），也是嘉绒人，于 1676 年继任曼日寺第十二代

26 王冒（དབལ་མོ），据说有 13 代法脉，但清晰的法脉只有三代，分别是第一代为王冒维色 、第二代为王冒朵拉、最后一代为王冒董郭。最后一代王冒因其法术高超闻名该地，据传他以苯教法术帮助王应远围堵太平军石达开（1831-1863 年）部，因助土司有功，故被封为天官师，民间有言“土司管地，天官管天”，但至此无后人。

27 顿珠拉杰主编：《苯教文化大词典》，2012：513。

法王[28]。第十三代为曼日法王西绕俄色（ཤེས་རབ་འོད་ཟེར། 1660-1720 年），于 1686 年坐床；第十四代曼日法王祖普俄色（གཙུག་ཕུད་འོད་ཟེར། 1670-1719 年）于 1697 年坐床，由此推测 M2 的创作年代上限为 1676 年，唐卡很有可能是第十二代或第十三代曼日法王任内所绘或更晚，即 17 世纪中叶以后。

二、瞻佛节及求子仪式[29]

猛种堡子每年都举行瞻佛活动，瞻佛活动分三个阶段，第一阶段是农历十一月十四日的准备仪式、第二阶段是农历十一月十五日白天的天门迎佛和瞻佛仪式、第三阶段是十一月十五日傍晚的求子仪式闭幕。

（一）准备仪式

首先是去村头迎请其他堡子的三名苯教祭司。祭司到村户家中后，制作“朵玛”，行熏沐仪式，点酥油灯，备好经书、钹、羊皮鼓、大号、俄瑟（ཨུ་སིལ）[30] 等法器；接着祭司打鼓摇铃念诵经文。众人将香叶放进火塘，在滚滚柏香中按逆时针熏沐公鸡、朵玛、酒、满愿经（བསྐང་ཐོ）、供品三碗肉；祭司拿着一块石板，用碳在上面边画边念。然后将石板放入火塘，待取出后放置于香枝之上，村民在香枝和石板上淋酒，便可送出屋外，视为驱走邪鬼与污秽。接着祭司左手持鸡，右手扯下鸡颈背上的鸡毛，拿着鸡毛念咒。随着 3 名祭司高声诵经，法铃、锣鼓大作。村民杀鸡，将鸡血滴在朵玛上，放置于天窗之沿，以淋鸡血的朵玛表示避污秽、挡祸事。然后祭司摇铃打鼓，两村民吹响海螺，过一阵子之后向众人抛洒五谷之粒，此仪式在当地被称为绰携（ཁྲོ་སྐྱིལ），村民将淋了鸡血的朵玛送出屋外。最后村民将公鸡烤熟之后分给在场的孩子们吃，众人齐聚共饮坛坛酒，仪式在午夜将近之时结束。

雍仲苯教是敦巴辛饶在充分吸收原始苯教文化精髓的基础上，去除杀生祭祀等不

28 顿珠拉杰主编：《苯教文化大词典》，2012：513。

29 瞻佛节仪式过程整理自田野调查笔记，田野调查时间为 2018 年 12 月 23 日、2019 年 12 月 10 日。

30 意为法铃，又称斯聂（སིལ་སྙན）。

利于众生的仪式，而创建的新的苯教体系[31]，雍仲苯教发展以来，血祭便开始被朵玛[32]代替，并用紫草液之类的红色颜料来替代牺牲之血，但此处朵玛与鸡血混用的仪式非常少见，是典型的将原始苯教和雍仲苯教混为一体。其次，猛种堡子过去的苯教祭司有王冒和杨氏格曼[33]两氏，但之后王冒氏没有了后代、杨氏又只传承了三代，至此猛种堡子再无苯教祭司，所以宗教法事活动只能邀请其他堡子的祭司。而木耳堡子和九龙洪坝因唐卡遗失无法举办瞻佛活动，所以村民只能赴猛种堡子瞻佛。在田野调查中发现，此处祭司们虽能熟练诵读苯教经文，但基本无法理解经文的全部内涵。同时，祭司还表示“收徒难”问题凸显，这些现象反映了这一带苯教文化的传承濒临严重危机。

（二）瞻佛仪式

十五日凌晨 5 点，2 名祭司着法袍、戴五佛法帽在屋内诵经，祭台上放着铺垫了玉米的大簸箕，其上放着酥油灯、朵玛、小碗面粉、柏香枝。其后每个村民按着一定的顺序，将自己的属相告知祭司，祭司在念诵经文的同时，将谷面洒向村民，具体顺序依次为额、左肩、右肩、胸口、后背、左手、右手、左脚、右脚。另一位祭司则将朵玛从村民头上按逆时针旋转一周，视为接受洗礼。上午 10 点，开始放鞭炮，领头的祭司手执鹿角引领村民从石板天门请唐卡，村民敲着羊皮鼓，吹着海螺和长号，从村民家的房顶上揭开瓦板开“天门”[34]，请出卷成画轴的唐卡。在苯教祭司的引导下，几名村民扛着唐卡以进三退二的步伐和各式各样的姿势请出第一幅唐卡。走过一段路后，祭祀从另一家请出第二幅唐卡，与第一幅唐卡会合后同赴瞻佛台。村民则有的手捧哈达，有的抱着公鸡，有的牵着山羊，有的背着坛坛酒。这段约 600 米的路程却足足走了 30 分钟，仪式非常隆重。

到了瞻佛台，众人将两幅唐卡同时挂在瞻佛架之上，一位年长者用竹竿缓缓揭开披在唐卡上的绸布，两幅唐卡中 M1 较新，M2 磨损相对比较严重。此时，每户将自己的

31 才让太、顿珠拉杰著：《苯教史纲要》，2012：62。

32 法国藏学家卡梅 · 桑木丹认为，“朵玛”来源于藏族本土文化，是苯教文化的重要组成部分，“གཏོར”一词属于藏文词汇，但从字面无法理解其含义，该词是由“ལྟོར”一词衍化而来，其中“ལྟོ”为食物之意，添加后缀成为“ལྟོར”，便有了到信众家中做法事换口粮之说。参见杨毛吉、增宝当周编：《藏学专家讲座精选》（藏文），北京：中国藏学出版社，2021：60。

33 该姓氏曾有三代苯教祭司，第一代“格曼次尼”、第二代格曼德崴、第三代格曼杜玖。此后都是俗人，该姓氏至今共 17 代人。

34 由于两幅瞻佛唐卡平时分别存放于村民家中，所以要赴村民家中请唐卡。“揭瓦请佛”是为了避开人出入的房门，使唐卡免受污秽，当地村民称此为石板“天门”。

供品及擦瑟[35]，呈一排放于唐卡前的地面上。唐卡前还设有一块方桌为祭台，祭台上也堆满了各家的擦瑟，此时有 4 名苯教祭司围祭台跳神、颂经，从而集体供佛，许愿和还愿的供祭者络绎不绝。还愿者将活公鸡和山羊共计 20 余只以柏香烟沐，祭司拔鸡毛口诵祭词，然后由村民当场割喉，并从公鸡和山羊的“五脏”各取非常小块的肉，进行桑沐仪式，以示向神灵献鸡献羊。请愿者则祭祀坛坛酒，并在经祭司念完经后村民们从年长者依次品尝。然后众人欢呼、抛洒谷面、吹着海螺、吹响长号，以祭神灵。唐卡需在太阳落山以前请回村民家中，复归神位，是按请出时的线路和仪轨请回原地。与此同时，众人在瞻佛场上进餐，尽情喝酒。整个展佛活动要延续到下午 3 点。

猛种堡子瞻佛节在准备仪式阶段和瞻佛仪式进行阶段都出现了血祭，具有原始苯教文化的元素；M1 和 M2 所绘的主尊都是敦巴辛饶，并有历代曼日法王，具有雍仲苯教的文化特点，两种不同特质的文化元素，非常契合地融合在了此瞻佛仪式中，形成了这一地区独具特色的一个文化现象。

瞻佛场之后的神山是猛种堡子村民日常生活中随时敬供的女性神山，瞻佛现场的祭司亦称祭祀也要供奉此女神。这可能也是李星星先生通过现场口述材料收集，将唐卡 M1 的主尊认为是“女神阁董莱米其木”的原因，不过，瞻佛祭祀也很可能与山神有一定的关联，山神也是祭祀的对象。

此外，祭司在血祭仪式现场的部分口诵祭词中也包括了佛教祖师，如：

…ལྷ་བོན་ཡོངས་སུ་དག་པ་ལ་མཆོད། སྟག་ལྷ་མེ་འབར་ལ་མཆོད། དྲན་ཡབ་སྲས་གསུམ་ལ་མཆོད། སྐུ་མཆོག་སྟོན་པ་གཤེན་རབ་ལ་མཆོད། རྒྱལ་བ་རིགས་ལྔ་ལ་མཆོད། སྟོན་པ་ཤཱཀྱ་མུ་ནེ་ལ་མཆོད། གྲུབ་ཐོབ་དབང་ཕྱུག་ལ་མཆོད། དྲིན་ཆེན་རྩ་བའི་བླ་མ་ལ་མཆོད། གཡུང་དྲུང་མཉམ་མེད་ཆེན་པོ་ལ་མཆོད།…

祭祀天苯皆圣洁、祭祀奔拉麦巴神、祭祀詹巴三师徒、祭祀敦巴辛饶佛、祭祀杰瓦五佛、祭祀释迦牟尼佛、祭祀得道翁修、祭祀根本上师、祭祀良美西饶坚赞。

祭词中供奉的苯教各大神灵除了雍仲苯教诸佛之处，还有佛教祖师“释迦牟尼”，可见此血祭仪轨还存在着佛苯融合的现象，这种原始苯教、雍仲苯教、佛教多元文化融合的祭仪使猛种堡子的瞻佛仪式更具特色。

35 擦瑟（ཚ་གསུར）：供物盛器，在供物之上浇洒谷面，其间还有火薪，香烟袅袅。

图五　斯杰拉布仪式现场（图片来源：微信公众号木雅藏族文化）

（三）求子仪式

傍晚在瞻佛场举行传统的求子活动，表演者皆为身材相近的青年男子，还需用一张白布、黑布[36]蒙着脸，只露出眼睛。其中 2 名男子在鼓和钹的节奏中跳各种动作的舞蹈，还有 2 名男子拿着木棍杖扮演一对老夫妇，其他人则扮演 5 个女儿。然后表演从瞻佛场逐步沿小路转至设有经堂的村民家中，祭司把朵玛拿给求子村户村民（图五）。

猛种堡子这种带有浓烈苯教文化性质的求子活动，藏语称为“斯杰拉布（སྲིད་རྒྱལ་ལྷ་བུ)”，村民简称其为“斯杰（སྲིད་རྒྱལ)”。“斯杰”是指苯教护法神世间圣母“斯巴杰母（སྲིད་པ་རྒྱལ་མོ)”，“拉布”意为神子，“斯杰拉布”即世间圣母斯巴杰母之子。在苯教文化中，斯巴杰母[37]被认为是所有母续护法类的首领[38]，斯巴杰母有白、红、蓝三色佛面，六

36　过去是用木制面具，但猛种堡子的面具已经遗失，所以现在使用布来代替。

37　甘孜州炉霍县民间收藏的手抄版文献洛登尼沃（བློ་ལྡན་སྙིང་པོ）所著的《言密佛母藏授（བཀའ་གསང་ལྷ་མོའི་གཏེར་སྐོར)》第 121 页，记载了斯巴杰母为本尊瓦瑟（དབལ་གསས）之妃，在三十三天界担任将领，并击退了阿修罗诸部。而在苯教大圆满法中斯巴杰母亦广为流传，认为辛拉俄噶，即普贤白光佛（གཤེན་ལྷ་འོད་དཀར）把大圆满法传给了才麦俄登，即无量光佛（ཚད་མེད་འོད་ལྡན），后传至祈麦祖普，即无量长寿佛（འཆི་མེད་གཙུག་ཕུད）时，世间出现了魔王，为了拯救佛法，普贤佛化身益西旺母，即智慧神母（ཡེ་ཤེས་དབང་མོ）来到世间振兴佛法，幻化成了六种颜色的斯巴杰母，并成为了苯教密宗大圆满法的护法。

38　格西旦增珠扎主编：《象蕃文化大辞典（下）》，成都：四川民族出版，2020：732。

臂各持剑、橛等法器，坐骑为骡子[39]，在猛种堡子的两幅瞻佛唐卡中亦出现了红骡和黑骡斯巴杰母。“斯杰拉布”故事情节反映了来自昂拉噶（ཨང་ལ་ག）的一对夫妇和他们的5个女儿在猛种堡子的生活百态。其中有老妇人晕倒和苏醒、打青稞、手推磨、放牛羊、纺线织布等表演情景，表演形式有摔帕子、扭腰、两两对舞、相互拉推等。在斯杰仪式的最后，求子之户接受了“朵玛”，日后若诞下儿子则取名沿用苯教祖师敦巴辛饶之名中的“敦巴（སྟོན་པ）”两字，被视同为佛子，并需向敦巴辛饶还愿祭祀鸡羊[40]。因此，本文认为可以把“斯杰拉布”与民俗意义层面的舞蹈或藏戏区分开来，“斯杰拉布”仪式是苯教文化融入猛种堡子民众生活的象征，是苯教文化世俗化发展的体现。猛种堡子常住人口以留守老人和儿童为主，因此也视瞻佛节为家族团聚日，在外的子孙都必须回到堡子参加这盛大的祭祖和瞻佛仪式，而这个“斯杰仪式”是瞻佛仪式过程中浓墨重彩的一笔，还被列入了我国省级非物质文化遗产名录。

四、余论

猛种堡子处于藏汉彝等多民族杂居的边缘地带，此地有山川河流构成的若干自然通道，也有高山深峡形成的天然屏障，所以形成了其地理位置的边缘性、便通性、屏蔽性等特征。随着曾经盛行于中心地带的古老苯教文化逐渐衰落后，苯教开始向青藏高原东南部边缘发展，在以猛种堡子为代表的一些地方得以很好的继承、保存和发展。原始苯教文化已根深蒂固地融入了当地木雅藏族人们的生活当中，但同时，在猛种堡子我们看到，它又以其强大的文化包容性，以民众喜闻乐见的方式，广泛吸收了雍仲苯教和佛教的文化因素，形成了多种文化共存的一种综合型文化，是我国宗教文化多元一体的重要表现。

◆ 青姆　西南民族大学民族研究院博士研究生
先巴才让　青海省共和县民族中学教师

39　桑格·仁孜尼玛、才让太主编：《雍仲苯教诸佛菩萨神像全集》，北京：中国藏学出版，2019：1116-1128。
40　向敦巴辛饶还愿“祭祀鸡羊”也是典型的雍仲苯教和原始苯教相混合。

2020年青藏高原考古与艺术前沿报告 *

祝铭

内容摘要：2020年，在中央和各级人民政府的支持下，青藏高原考古与艺术事业取得了新的突破。本年度我们在青藏高原考古学与艺术研究领域取得了较为可观的成绩，研究的时段、区域、角度覆盖较为全面。各项考古新发现和前沿研究强有力的证实了西藏自古以来与各民族交流与融合的历史事实，对我们深刻认识"中华民族命运共同体"具有重要意义。本文主要对这一年度青藏高原考古与艺术等相关研究工作做简要回顾，并对这一研究领域的新趋势、新动态、新局势和新亮点进行了初步总结和探讨。

2020年8月28至29日，习近平总书记出席中央第七次西藏工作座谈会并发表重要讲话。习总书记指出，"西藏工作必须坚持以维护祖国统一、加强民族团结为着眼点和着力点。要深入开展党史、新中国史、改革开放史、社会主义发展史教育，深入开展西藏地方和祖国关系史教育，引导各族群众树立正确的国家观、历史观、民族观、文化观、宗教观。要挖掘、整理、宣传西藏自古以来各民族交往交流交融的历史事实，引导各族群众看到民族的走向和未来，深刻认识到中华民族是命运共同体，促进各民族交往

* 本文系国家社科基金青年项目"公元1-10世纪青藏高原与北方草原地带的文明联系研究"（18CKG018）的阶段性成果。

交流交融。”

2020 年 9 月 28 日，习总书记在主持中共中央政治局第二十三次集体学习时指出，“考古工作是一项重要文化事业，也是一项具有重大社会政治意义的工作。考古工作是展示和构建中华民族历史、中华文明瑰宝的重要工作。认识历史离不开考古学。”考古发现“延伸了历史轴线，增强了历史信度，丰富了历史内涵，活化了历史场景”。

2020 年，青藏高原的考古与艺术事业取得了新的突破，各项考古新发现和前沿研究强有力地证实了西藏自古以来与各民族交流与融合的历史事实，对我们深刻认识“中华民族命运共同体”具有重要意义。本文主要对这一年度青藏高原考古与艺术等相关研究工作做简要回顾。

一、史前时期考古新趋势

本年度青藏高原史前时期考古的工作重心之一是对若干重要遗址的进一步发掘。持续数年的考古发掘工作，为我们认识青藏高原不同区域、不同类型的考古文化提供了较为完备的数据和资料。

西藏自治区文物保护研究所等公布了琼结县邦嘎遗址 2015 年的发掘简报，该遗址曾被认为是曲贡文化的代表性遗址之一[1]，此次发掘的主体堆积表现出的文化面貌与曲贡文化存在较大差别。从出土陶器来看，邦嘎遗址主体堆积的年代应在曲贡晚期遗存之后，与曲贡晚期石室墓时代相当[2]。

西藏自治区文物保护研究所、四川大学考古文博学院等单位对曲贡遗址进行发掘，本次抢救性地发掘工作是对 1991 年发掘工作的补充，大量石器及发现的玉箭镞等具有极高研究价值的出土物，为曲贡文化及西藏新石器时代考古进一步研究提供了极为重要的材料。发掘中采用多种科技手段，为重建该遗址的复杂生业形态奠定了基础[3]。

西藏考古中的“早期金属时代”这一概念最早由童恩正提出，以公元前 1000 年作为起始，结束于吐蕃王朝兴起之前，大致包括了青铜时代和早期铁器时代[4]。本年度在这一时期的考古工作集中在西藏西部地区，主要是对几处墓地的连续性发掘。长期以来，

1　王仁湘：《关于曲贡文化的几个问题》，《西藏考古》第一辑，成都：四川大学出版社，1994：63-76。

2　西藏自治区文物保护研究所、四川大学考古学系、山南市文物局：《西藏琼结县邦嘎遗址 2015 年的发掘》，《考古》2020（1）：36-45。

3　资料来源：http://www.silkroads.org.cn/portal.php?mod=view&aid=43938，2021 年 5 月 30 日。

4　童恩正：《西藏考古综述》，《文物》1985（9）：9-19。

整个西藏西部地区早期金属时代的考古材料十分匮乏、零散[5]，本年度的考古发现对此进行了很好的补充。

西藏自治区文物保护研究所等单位继续对阿里札达县桑达隆果墓地进行考古发掘，经过4个年度的发掘，该墓地出土了较为丰富的随葬品，大致可分为：陶器、金银器、铜器、铁器、木器、料珠和纺织品等。结合出土遗物和测年数据，该墓地延续时间较长，上限可达公元前300年，下限至公元600年。该处墓地的发掘对构建西藏史前文化以及探索西藏西部早期考古学文化面貌具有重要意义[6]。

西藏自治区文物保护研究所等单位连续4年对札达县格布赛鲁墓地开展发掘工作，该墓地是迄今所知西部阿里最早的古代墓葬遗存，自距今3600年延续至距今2200年，是一处包含有建筑和墓地的综合性遗址，对于构建西藏史前区域考古学文化、探讨文化交流与传播具有重要的意义[7]。

西藏自治区文物保护研究所和四川大学考古文博学院联合对噶尔县门士乡觉莫林墓地进行抢救性考古发掘，该墓地西南临近古入江寺和故如甲木墓地。墓地中发现有土洞墓和竖穴石框墓两种墓葬类型，丰富了这一区域的考古学文化，为认识象泉河流域上游及其周边地方的考古学文化，提供了新的重要的资料[8]。

四川大学考古文博学院等继续在阿里札达皮央东嘎遗址群开展考古调查与发掘工作，连续三年共计试掘清理墓葬65座，新发现遗址10处。测年数据表明，65座墓葬中年代最早的时间为公元前7世纪，最晚的时间为16世纪。结合墓葬形制的变化、出土的数百件陶器，可建立这一遗址群1700余年的年代与典型器形态演变序列。这是西藏西部目前已知年代序列最为完整的一处遗址群，具有重要的学术价值，为探讨西藏西部墓葬的演变提供了最新的考古材料[9]。

近年来，随着青藏高原考古工作的推进和科学技术的革新，青藏高原史前考古呈现出多学科交叉、多领域相结合的新趋势。科技考古的运用推动了青藏高原史前文明研究的进步，本年度的科技考古研究主要集中在植物考古、石器考古和成分分析等领域。

唐莉介绍了邦嘎遗址的新的古植物数据，并将其与青藏高原其他高海拔考古遗址的

5　吕红亮：《跨喜马拉雅的文化互动：西藏西部史前考古研究》，北京：科学出版社，2015：17。

6　西藏自治区文物保护研究所、札达县文物局：《西藏桑达隆果墓地考古工作取得重要成果》，《中国文物报》2020年12月4日第008版。

7　资料来源：http://www.silkroads.org.cn/portal.php?mod=view&aid=43939，2021年4月30日。

8　资料来源：http://www.silkroads.org.cn/portal.php?mod=view&aid=43939，2021年4月30日。

9　资料来源：http://tv.cctv.com/2021/05/04/VIDEQJyMKoWB7ikqfCJXz7Dz210504.shtml，2021年5月4日。

大量数据进行了比较。认为由于生态和社会因素的综合作用，一种以青稞为主的专业化耕作模式开始建立并发展起来，最终在西藏高海拔地区的一个大地理区域内被采用[10]。

韩芳介绍了参雄尕朔遗址的石制品组合，并从制作的角度探讨了石制品技术对该地区狩猎采集者流动性的影响。结合石制品组合和年代序列，推测参雄尕朔遗址是一个狩猎采集者的石制品工坊，他们使用在现场附近发现的高质量硅质岩来生产细石器，主要是为了适应在高海拔地区的生存[11]。

郜媛媛梳理了青藏高原先秦时期考古遗址出土的藜属植物遗存，反映出该区域内早期居民生态资源拓展的多样性，为理解青藏高原的植物资源利用提供了直接证据[12]。

郜媛媛还梳理了有关西藏高原史前麦类作物起源与传播路径等的主要观点，认为麦类作物率先从西藏高原东西两端传入，其中东侧传入的麦类作物年代最早，以小麦为主；在高原西部地区，麦类作物多出现在墓葬当中，表明其特殊的仪式性内涵[13]。

任萌等对阿里曲踏墓地和加嘎子墓地可见残留物进行科技分析，证明曲踏墓地很可能存在青稞；加嘎子墓地的食物遗存当中包含大麦、小麦、小米和水稻等多种谷物的种子，体现了阿里地区丰富的食物来源和多样化的农牧业系统。这项研究为进一步考察前吐蕃时期西藏先民的社会生活、丧葬习俗以及文化交流提供了重要信息[14]。

除遗址和墓葬之外，青藏高原的岩画遗存也一直受到学界的关注。余小洪等公布了西藏两处岩画地点的材料。一处是阿里札达县曲龙遗址的曲米色布岩画，该岩画是曲龙遗址首次发现的岩画点，其时代从公元前后延续至明清时期，是象泉河岩画的重要组成部分，丰富了曲龙遗址的考古遗存类型[15]。另一处是定结县的金龙普岩画，该岩画是定结县首次发现的岩画遗存，可分为早晚二期，早期是前吐蕃至吐蕃时期，晚期为元至近代，其风格可能与藏西、藏北地区有关。定结县金龙普岩画进一步丰富了西藏西南部的岩画遗存，为讨论吐蕃以前该地区与藏北、藏西的文化交流、人群迁徙等问题提供了新

10 Li Tang, Hongliang Lu, Jixiang Song, et al., “The transition to a barley-dominant cultivation system in Tibet: First millennium BC archaeobotanical evidence from Bangga”, *Journal of Anthropological Archaeology*, 2020 (11): 1-11.

11 Fang Han, Yuanhong He, Wei Du, et al., “Technological strategy and mobility of Middle Holocene hunter-gatherers in the high-altitude Qinghai-Tibetan Plateau: a case study from Tshem gzhung kha thog”, *Archaeological and Anthropological Sciences*, 2020 (12): 242.

12 郜媛媛：《西南地区先秦时期藜属植物利用的考古学观察》，《西藏大学学报》2020（2）：17-26。

13 郜媛媛：《西藏高原史前麦类作物的发现与研究》，《藏学学刊》第22辑，2020（1）：34-52。

14 任萌、杨益民、仝涛、李林辉、赤列次仁、吴妍：《西藏阿里曲踏墓地及加嘎子墓地可见残留物的分析》，《考古与文物》2020（3）：122-128。

15 余小洪、席琳：《西藏阿里札达县曲龙遗址曲米色布岩画研究》，《西藏大学学报》2020（1）：97-103。

的资料[16]。

青海省文物考古研究所等公布了玉树曲麻莱县昂拉岩画的调查简报，其制作年代在距今3000-2000年之间，是青藏高原“早期金属时代的”牧业文化遗存。该处岩画处于通天河沿岸岩画分布区的最西端，属高海拔地区的“青南高原岩画”，其内容展现了公元一千纪以降青南高原畜牧 / 游牧文化的诸种特征[17]。

张亚莎等对青海玉树白龙沟符号类岩画进行梳理与研究，认为这是一处以苯教文化内容表现为主的岩画遗址群，其图像内容相对原始，年代应早于藏西、藏北、玉树等同类题材的岩画图像[18]。

总的来看，本年度青藏高原史前时期的考古工作主要可分为三个方面：一是对若干遗址、墓地持续多年的考古发掘；二是对藏西及青藏高原东麓几处岩画点的调查与研究；三是科技考古等多学科交叉的综合研究。目前来说，新的考古发现已取得了相当成就，但一些重要发现的相关报告还未见刊布。这需要相关考古文物从业人员及有关部门加大投入，使这些重要的考古新资料早日公之于众。科技考古的运用拓宽了我们的研究视角和领域，其中植物考古、石器考古、成分分析等方面的研究已经取得了一定的成绩，但人类骨骼考古、动物考古、古环境考古、冶金考古等在青藏高原史前时期考古研究中均涉及较少。随着今后考古发掘资料的积累与更多科技手段的引入，这一局面有望得到改善。

二、吐蕃时期考古新动态

本年度吐蕃考古最具瞩目的成绩是对几座高级别墓葬的发掘，这为我们了解吐蕃陵寝制度、丧葬习俗和一些重大历史问题具有重要意义，极大地改善了长期以来过度依赖文献材料对吐蕃丧葬文化进行解读的研究困境。

中国社会科学院考古研究所等公布了青海乌兰泉沟一号墓的发掘简报，该墓是迄今为止青藏高原已知的唯一一座吐蕃时期壁画墓。这座墓葬的封土结构、墓道朝向等特征与典型的吐蕃墓葬明显有别，可能体现了一种源自本土的丧葬传统。墓葬中的壁画、彩绘漆棺和暗格内放置的鎏金银冠等暗示墓主的身份等级较高，同时也体现出包括吐蕃、

16 余小洪、王蔚：《西藏定结县金龙普岩画调查与研究》，《西藏大学学报》2020（6）：136-140。

17 青海省文物考古研究所、四川大学考古学系、中国藏学研究所、成都文物考古研究院：《青海省玉树州曲麻莱县昂拉岩画调查简报》，《藏学学刊》第23辑，2020（2）：1-31。

18 张亚莎、邹沁园：《玉树白龙沟岩画与苯教文化关系研究》，《中国藏学》2020（2）：75-83。

唐文化在内的多种文化的交流与融合[19]。

中国社会科学院考古研究所和青海省文物考古研究所联合对青海都兰热水“2018 血渭一号墓”进行发掘，该墓被认为是迄今为止青藏高原发现的结构最完整、布局最清晰的高等级墓葬。目前墓葬已经出土金、银、铜、铁、漆木、皮革、玉石、玻璃器及纺织品等各类文物 1000 余件，其中一件吐蕃时期银质印章引起高度关注，印面古藏文汉译为“外甥阿柴王之印”。树木年轮测定墓葬的年代在 8 世纪中期左右（公元 744 ± 35）。结合敦煌吐蕃经卷的记载，推断墓主人可能是莫贺吐浑可汗[20]。

霍巍撰文介绍了上述两座墓葬的考古新发现并对其意义加以评述，认为透过两处墓地地面墓园布局、墓葬结构与形制、墓葬壁画、漆棺及出土鎏金银冠等方面，可以观察到吐蕃丧葬制度和习俗在青海地区的流行与变迁，也反映出多民族文化融合、丝绸之路交通和中外文化交流的若干线索，为吐蕃时代考古与吐蕃古史研究提供了新的资料[21]。

西藏自治区文物保护研究所对当雄墓地进行考古发掘，清理了 5 座较大的封土墓，封土平面大体呈近圆形或方形，立面均呈覆斗状。墓葬依形制可分为穹窿顶石室墓和竖穴土坑石室墓两大类。发掘出土器物约 300 件（套），其中出土的单耳平底带流罐和彩绘“赭面”人物陶片显示出明显的吐蕃时期文化特征，石围棋子、雄狮鸟纹金耳勺、纺织物等器物的出土也反映了吐蕃与唐朝等地的密切文化往来[22]。

西藏自治区文物保护研究所等在山南浪卡子县那龙墓地发掘了一座长方形竖穴土坑墓，此次发掘采取套箱法对墓葬整体打包提取，然后在室内清理，是西藏首次搬迁墓葬的尝试。测年结果显示该墓为 6 至 7 世纪吐蕃时期的遗存[23]。这座墓葬现放置在山南市博物馆，与其一同展出的还有浪卡子县出土的一批金银器物，时代应早于吐蕃时期，其中包括银饼、萨珊银币和一件希腊风格的银盘，这些器物充分显示了青藏高原积极参与丝绸之路的多元文化互动。

除了对墓葬的发掘与研究，本年度在器物研究领域也是成果丰硕，这些研究涉及到了吐蕃社会生活的诸多方面。

霍巍、祝铭对 20 世纪以来有关吐蕃金银器的发现与研究进行了梳理，认为经过国

---

19 中国社会科学院考古研究所、海西蒙古族藏族自治州民族博物馆、乌兰县文体旅游广电局：《青海乌兰县泉沟一号墓发掘简报》，《考古》2020（8）：19-37。

20 资料来源：http://www.xinhuanet.com/culture/2021-02/01/c_1127048246.htm，2021 年 2 月 1 日。

21 霍巍：《近年来青藏高原吐蕃时代考古新发现及其意义》，《中华文化论坛》2020（6）：5-12。

22 资料来源：http://tibet.news.cn/ywjj/2021-04/19/c_139890277.htm，2021 年 4 月 19 日。

23 资料来源：https://c.m.163.com/news/a/G90JEIR70512B07B.html，2021 年 5 月 2 日。

内外学者近半个多世纪的努力，吐蕃金银器的考古文物资料已积累了相当数量，吐蕃金银器的研究开始进入到新的发展阶段。但总体而论，这一领域的研究还有若干不可回避的问题亟待解决，需要引起学界更加广泛的关注[24]。

周杨结合以往研究和相关材料，对这西藏拉萨大昭寺藏鎏金兽首银壶展开了进一步的讨论，通过对银壶的形制、纹饰及图像内容进一步研究，指出其应为吐蕃王朝后期西藏本土或邻近地区制造，时代可能是在9世纪以后，银壶结合了当时来自中亚、西亚吐蕃本土及中原唐朝等文化因素，反映出吐蕃后期金银器的制作风格[25]。

李帅对印章在吐蕃社会的使用情况进行了考察，认为吐蕃社会曾广泛用印，并有官印与私印之分，其中官印普遍用于盟誓、诏令政策、司法、驿传、财税等官方活动，私印主要用于契约签订、纠纷处理、账目清册、书信等方面，吐蕃的用印习惯和印章文化影响深远，为藏族印章传统的形成奠定了基础[26]。

夏吾卡先介绍了贡确松寺收藏的一口铜钟，这件铜钟是不丹王国境内目前仅见的吐蕃时期遗物，通过类型学分析和铭文释读，可以推测该铜钟铸于吐蕃赤松德赞时期，其铸造与唐蕃文化交流有直接关系[27]。

近年来在汉藏交界的青藏高原东麓地带相继发现了一批吐蕃时代的摩崖造像，这批材料以佛教摩崖造像为主，其中多处石刻附有藏文题记，对于佛教艺术、唐蕃关系史等方面的研究具有十分重要的价值[28]。

本年度在该领域的研究仍有一定突破。董华峰再次梳理了藏东地区发现的一批吐蕃时期石刻佛教造像，认为这批造像大致可分为两个发展阶段：前一阶段在9世纪初，出于唐蕃关系的需求，为了营造良好的政治气氛，吐蕃上层展开了策划周密、目的明确的造像活动；后一阶段在赤祖德赞时期，此时唐蕃和盟修好，造像已不再承担政治功能，转而进入宗教信仰的范畴。前后两个阶段的大日如来八大菩萨造像在技法、形式、功能等方面都发生了明显变化，这些变化见证了9世纪前半叶唐蕃关系的变迁[29]。

此外，学界也不乏对藏南、藏西地区吐蕃摩崖石刻的关注。阿贵等对洛扎县两处吐蕃摩崖石刻做进一步分析，认为石刻中提到的历史人物即德麦·弟乌穷，是吐蕃牟尼赞

24 霍巍、祝铭：《20世纪以来吐蕃金银器的发现与研究》，《西藏大学学报》2020（2）：8-16。

25 周杨：《西藏拉萨大昭寺藏鎏金银壶再探讨》，《考古与文物》2020（2）：80-85。

26 李帅：《论印章在吐蕃社会的使用》，《中国藏学》2019（2）：140-146。

27 夏吾卡先：《不丹王国发现吐蕃铜钟研究——兼论吐蕃钟的形制与文化源流》，《西藏研究》2020（8）：104-109。

28 霍巍：《青藏高原东麓吐蕃时期佛教摩崖造像的发现与研究》，《考古学报》2011（3）：353-383。

29 董华峰：《唐蕃关系视野下的藏东大日如来八大菩萨造像》，《青海民族研究》2020（1）：171-177。

普时期的三大家臣之一，该石刻与不远处的杰堆古墓群存在密切关联，据推测墓群主墓墓主身份应是德麦 · 弟乌穷，周围的中小型墓葬应是其家族的其他成员墓葬[30]。

夏吾卡先梳理了近百年来西喜马拉雅地区发现的百余处古藏文摩崖题刻及其相关研究，这些题刻文献对与研究吐蕃时期的文化、交通、贸易等方面具有重要价值[31]。

考古学与历史学、文献学等多学科相结合的理论方法是青藏高原历史时期考古研究的一大特色[32]。本年度先后发表多篇有关古藏文写卷、题刻的研究文章，为吐蕃考古与艺术研究增添了许多文献材料和关键证据。

陈践重新对百慈藏卷《吐蕃兵律》进行译释，认为兵律内容由两部分组成：一是关于吐蕃军队军法、军规、军纪的具体律条；二是涉及一些具体排兵布阵、阵法城守的律例。兵律内容显示其抄录时间在 745 年之后，与敦煌古藏文其他文献的年代相同，兵律产生的地点当在西域、甘肃、青海一带的汉地[33]。

朱丽双重新对 P.T.1089 进行释读，此文书是敦煌所出最为重要的藏文官文书之一，其内容基本完整，为戌（狗）年十二月德论因沙洲官员对官秩品阶意见不一事颁发的批文副本，其中涉及到吐蕃统治时期沙洲及河西地区的部落建制、职官制度等问题[34]。

谢后芳对 P.T.1285 号写卷中的藏文进行了校录，并对该文献加以译注，其中记载了本波为各小邦王禳灾的故事[35]。

高莲芳、贡保扎西收集了一些较为完整的敦煌、西域出土的古藏文契约文书，通过分类和比较，研究这些文书的内容、文体格式和语言风格。这些契约文书既反映了当地的社会经济发展状况，同时也从另一个方面反映了吐蕃的社会经济发展状况[36]。

熊文彬首次介绍了一批在阿里札达县皮央杜康大殿发现的吐蕃古藏文写卷，认为这批写卷应为吐蕃时期译入的佛经，在 10 世纪末和 11 世纪初从桑耶寺等地请入，“这批写卷的发现，填补了阿里地区缺乏吐蕃时期文献的空白，对于吐蕃时期译本及其内容的研究，重新评价卫藏地区在阿里后弘期初上路弘法形成史中的作用等方面都具有十分重

30 阿贵、罗丝措：《洛扎吐蕃摩崖石刻中的历史人物、地名及其相关问题》，《西藏大学学报》2021（1）：44-61。

31 夏吾卡先：《西喜马拉雅地区近百年来发现古藏文题刻研究述评》，《中国藏学》2019（4）：72-80。

32 杨清凡：《21 世纪以来西藏文物考古事业的发展及研究回顾》，《中国藏学》2018（3）：188-194。

33 陈践：《百慈藏卷〈吐蕃兵律〉新译》，《中国藏学》2020（S0）：122-133。

34 朱丽双：《吐蕃统治时期沙洲官员的官秩品阶问题——P.T.1089 释读》，《中国藏学》2020（4）：169-183。

35 谢后芳：《P.T.1285 号“苯波为各小邦王禳灾的故事”译释》，《中国藏学》2020（S0）：134-147。

36 高莲芳、贡保扎西：《论敦煌西域出土古藏文契约文书的结构格式与语言风格》，《西藏大学学报》2020（2）：97-107。

要的学术价值。”[37]

林冠群透过现存的吐蕃碑铭与《贤者喜宴》所录两件吐蕃赞普弘佛盟誓诏书及与誓官员名录的比较，分析认为此二文献为作者亲见原件并忠实抄录，该文献有助于我们看清吐蕃王室对于佛教的认识以及当时佛教在吐蕃社会的发展程度[38]。

总的来看，本年度有关吐蕃时期的考古与艺术研究主要是针对墓葬、器物、摩崖石刻、藏文写卷等的专题研究，研究内容包含吐蕃的政治、经济、军事、宗教、丧葬等，几乎涵盖了吐蕃社会生活的各个方面。其中，几座高级别大型吐蕃墓的发掘尤为重要，填补了以往文献记载的空白。“2018 血渭一号大墓”出土的银质印章表明，墓主人为吐蕃统治时期的一位吐谷浑王族。这为我们重新考量青海地区吐蕃墓葬的族属提供了新的线索，一些兼具吐蕃、唐朝等多种文化因素的墓葬很可能与这一时期吐蕃统治下的吐谷浑贵族有关。敦煌古藏文写卷涉及吐蕃社会历史的诸多方面，具有重要的史料价值。但以往对这些文献材料的关注主要局限于历史学、文献学及语言学界，并未引起考古从业者足够的重视。自褚俊杰释读 P.T.1042 后[39]，考古学界开始频繁使用当中记载的苯教丧葬仪轨来解读考古现象。古藏文写卷的释读工作可与汉文史籍互相补充，文献材料与考古遗存的有机结合，是正确认识青藏高原历史文化的重要途径。

三、宋元时期考古与艺术研究新局面

宋元时期西藏高原的遗存主要包括石窟、寺院、佛塔等各类建筑遗存和雕塑、绘画和经书等遗物，随着资料的公布，本年度宋元时期的研究主要是围绕上述佛教遗存开展的专题研究。

夏吾卡先对西藏林周县强康大殿废墟中的石雕造像和碑刻进行研究，认为石刻的年代在公元 11 世纪中后期，造像风格受到东印度帕拉王朝的影响，是藏传佛教后弘期早期西藏中部地区与东印度帕拉王朝文化交流的产物[40]。

赵刚等对日喀则岗巴县新发现的多尔玛石窟进行调查，认为其造像方式、题材及绘

37 熊文彬：《西藏札达皮央杜康大殿发现吐蕃时期古藏文写卷及其初步研究》，《西藏大学学报》2021（1）：9-14。

38 林冠群：《两件吐蕃赞普弘佛盟誓诏书史料价值之探讨》，《中国藏学》2021（1）：107-117。

39 褚俊杰：《吐蕃苯教丧葬仪轨研究——敦煌古藏文写卷 P.T.1042 解读》，《中国藏学》1989（3）：15-34。

40 夏吾卡先：《西藏林周县杰拉康帕拉风格石雕造像与碑刻的调查研究》，《藏学学刊》第 22 辑，2020（2）：81-99。

画风格等与恰姆石窟年代接近，应为 11-12 世纪，该石窟的发现对研究宋元时期西藏的石窟提供了重要的资料[41]。

王瑞雷对阿里象泉河流域卡孜河谷新发现的佛塔壁画及出土文字材料进行研究，认为该佛塔为藏传佛教后弘期初大译师仁钦桑布父系家族，即舒韦尔家族于 10 世纪早期所建的供养塔。佛塔壁画题材为三世佛、八大菩萨、十二护方天及四大天王，其整体图像反映了消灾救度的主题。卡孜河谷佛塔壁画和官方文书的发现，对于认识 10 世纪前后位于丝绸之路上的敦煌对西藏西部佛教艺术乃至文化制度层面的影响具有重要意义[42]。

多吉平措对布达拉宫法王洞进行考察，认为该殿堂的建筑及殿内的法王造像和壁画等均为 14 世纪左右的艺术遗存，并非传统上人们认为的吐蕃时期的遗迹[43]。

贾玉平对西藏夏鲁寺大回廊“猕猴王本生”壁画进行研究，认为其中明显可见汉、藏和尼、印等不同民族的风俗[44]。

廖旸以星耀佛母为中心对 11 至 15 世纪佛教艺术中的神系重构进行考察，认为星耀佛母发端于印度文化，作为陀罗尼的人格化在密宗兴盛的时代得到佛教的认可，从而作为佛教神系并传入我国，其创造与改造的历程是当时神系演化的一个缩影[45]。

王传播对藏式过街塔进行研究，从语言学的角度，结合汉、藏文文献及图像讨论过街塔的缘起、宗教功能等，认为后世流传过程中对塔名的异写、误读与附会，反映了过街塔已偏离最初所指的阿閦佛信仰[46]。

综合来看，目前宋元时期西藏考古和艺术的重点还是资料的公布和图像的基础研究，仍处于研究工作的基础阶段。目前西藏发现有大量石窟、寺庙等，其中已公开发表的石窟遗存有三十余处，散见于各相关题材的研究文章中。近几年，陆续有学者前往西藏进行石窟调查，但是相关资料还未见公布。究其原因，一方面部分学者并非考古学专业出身，不具备撰写专业调查简报的能力；另外一方面，西藏石窟中的图像以曼荼罗题材为主，这需要调查人员具备相关密教图像辨识和识读藏文等能力，否则无法对题材进

41 赵刚、赤培 · 巴桑次仁：《西藏日喀则岗巴县多尔玛石窟的初步调查与研究》，《西藏研究》2020（3）：151-156。

42 王瑞雷：《西藏阿里卡孜河谷 10 世纪佛塔供养人题记与壁画研究——兼论吐蕃时期卫藏及敦煌早期的关联》，《文艺研究》2020（2）：124-137。

43 多吉平措：《布达拉宫法王洞建筑演变及艺术风格考察》，《藏学学刊》第 22 辑，2020（2）：175-191。

44 贾玉平：《西藏夏鲁寺大回廊“猕猴王本生”壁画图像再现》，《西藏研究》2020（6）：124-129。

45 廖旸：《11-15 世纪佛教艺术中的神系重构（三）——以星曜佛母为中心》，《故宫博物院院刊》2020（12）：33-47。

46 王传播：《藏式过街塔名称意蕴探析》，《中央民族大学学报》2020（4）：141-149。

行准确辨认，为资料的公布带来一定的困难。

当前对石窟中图像的研究偏向于艺术史的研究方法，主要是对尊像进行识读，并将其与藏文文本进行对照，力图找到相对应的文本，依次讨论文本、译者的相关背景。这一定程度上对于考察图像奠定了基础，但是目前的研究多针对单个图像，忽视了其与周围图像的配置关系，而且文本也未与图像完全对应。如何把握图像和文本之间的关系，以及在做好图像的释读工作后，如何将图像资料置于宋元时期大的历史背景下探讨问题，是今后研究工作中需要把握的重点。

四、明清时期的藏传佛教与汉藏交流研究新亮点

20 世纪 90 年代以来，我国西藏历史时期考古发现和西藏艺术研究在并辔齐驱中取得了长足进步。相较于历史时期的西藏考古，历史时期的西藏艺术研究随着考古材料的积累，经济的繁荣与大量传世文物的涌现，社会对西藏艺术品关注度的持续提高，加之藏汉研究人才的成长和学术研究的深入等，在 20 世纪 90 年代以后有了大的飞跃[47]。本年度明清时期西藏考古艺术研究在这次“飞跃”中也硕果累累，按研究对象可分为图像与文本研究、涉藏文物研究和藏传佛教石刻研究。

图像研究是近年藏传佛教研究的重要领域，本年度在壁画断代、考释等方面的研究成绩斐然。

熊文彬等对拉萨市当雄县羊八井寺旧殿内转经道的早期壁画进行研究，该壁画系曼塘派和钦孜派早期的重要遗存之一，出自两派的创建者及其早期传人之手，对于厘清和重构这两个画派的早期艺术面貌和历史具有重要的学术价值[48]。

张昆晟对拉萨乃琼寺回廊壁画进行研究，乃琼寺是建成于 17 世纪的哲蚌寺的附属建筑，具有浓厚的宁玛派色彩。文章认为该寺回廊壁画呈现出主祀护法神贝哈尔王为主的神灵世界，壁画的内容取材源自五世达赖喇嘛本人十分偏好或与之亲善的伏藏师所取出的伏藏法门[49]。

罗文华对扎什伦布寺的绘画风格进行考察，认为其绘画风格可明显分为两段，即 15 世纪和 17 至 19 世纪，两阶段具有完全不同的风格特点。该寺的壁画和唐卡作品填补了

47 谢继胜：《近七十年西藏艺术研究的进展》，《中国藏学》2020（1）：11-20。

48 熊文彬、李凯、卢素文：《图像与文本：西藏当雄县羊八井寺早期壁画遗存初探》，《故宫博物院院刊》2020（3）：47-56。

49 张昆晟：《乃琼寺回廊壁画所呈现的藏传佛教护法神体系》，《藏学学刊》第 22 辑，2020（2）：299-327。

拉堆风格与年堆风格关系研究上的空白，对我们认识后藏绘画艺术的发展脉络具有重要意义[50]。

闫雪对拉孜县甘丹彭措林寺大经堂内保存完好的17世纪初壁画进行研究，认为该壁画集中描绘了“如来藏十经”和“了义十经”为代表的显宗经典题材，这在西藏寺院壁画中较为罕见[51]。

伯果对瞿昙寺瞿昙殿两铺壁画中的六位上师身份进行考证，结合造像特征和汉藏文献史料，认为壁画中出现的人物分别是两位萨迦派祖师萨班·贡嘎坚赞、八思巴和四位瞿昙寺早期住持[52]。

王露、罗文华对阿里札达县皮央石窟Ⅳ区32窟护法殿壁画进行考察，认为此窟壁画以萨迦派宝帐护法为主题，其绘制年代在16世纪晚期至17世纪初之间，具有藏中地区的艺术风格，反映出萨迦俄派在西藏西部具有较大的影响力[53]。

泽仁曲措对阿坝马尔康甲扎尔甲洞窟壁画进行研究，认为壁画内容为藏传佛教题材，创作时间大约为明清时期[54]。由于壁画保存状况较差，文中未对壁画风格所属派系等问题作进一步考述。

杨旦春对甘肃妙音寺多吉祥强殿曼荼罗图像进行研究，认为该图像历史久远，内容全面，保存了自明代早期以来一百多幅曼荼罗作品，在内容上几乎涵盖了藏传佛教曼荼罗常见的大部分题材，不仅代表了当时以大通河、庄浪河流域为主的“华锐”地区密宗文化特征，同时也为我们研究明代以来藏传佛教密宗曼荼罗文化提供了实物依据[55]。

除了对石窟壁画的讨论，本年度研究的一大亮点是对于清宫藏唐卡等文物的研究，尤其是对清朝皇帝个人宗教偏好的考察。

刘舜强等梳理了清代宫廷唐卡的研究现状，将目前学界对于清宫唐卡的研究分为三类，即图像学与宗教学研究、绘画流派与绘画技法研究、制作技艺与保护修复研究[56]。

文明等对清宫佛日楼挂供的一组罗汉组合唐卡进行研究，认为该组唐卡绘制完成的

---

50 罗文华：《15-19世纪扎什伦布寺绘画风格考察》，《故宫博物院院刊》2020（11）：20-34。

51 闫雪：《西藏甘丹彭措林寺大经堂“如来藏十经”壁画研究》，《故宫博物院院刊》2020（12）：48-58。

52 伯果：《瞿昙寺瞿昙殿上师壁画人物身份考述》，《青海民族研究》2020（4）：161-165。

53 王露、罗文华：《西藏阿里地区皮央石窟护法殿壁画考察报告》（上），《故宫博物院院刊》2019（12）：89-102。王露、罗文华：《西藏阿里地区皮央石窟护法殿壁画考察报告》（下），《故宫博物院院刊》2020（1）：93-106。

54 泽仁曲措：《嘉绒“甲扎尔甲”山窟壁画遗存分析》，《西藏艺术研究》2020（4）：28-33。

55 杨旦春：《甘肃妙音寺多吉强殿曼荼罗图像内容及其布局考述》，《西藏大学学报》2020（1）：88-96。

56 刘舜强、张迪：《清代宫廷唐卡研究综述》，《西藏艺术研究》2020（2）：35-40。

时间大约为乾隆四十年（1775），是典型的清宫风格的藏传佛教绘画作品，对于研究清皇室的宗教信仰、汉藏佛教的交流融合具有重要意义[57]。

张长虹关注到清宫唐卡上十八罗汉题名与背面白绫签不符的现象，并由此引发了对汉藏罗汉名号与座次的考证，认为该题材图像的差异反映了汉藏佛教的交流与融合，汉地自宋代发展出十八罗汉，但最后两位罗汉的身份不固定，自元以降，多以降龙、伏虎为十八罗汉组合中的最后两位。藏地则以达摩多罗和和尚、布袋和尚加入十六罗汉，构成固定模式[58]。

孔令伟通过考察大黑天金像、清帝佛装唐卡和右旋白海螺，探讨清朝皇帝的宗教实践与政教观念。认为清朝皇帝的宗教实践主要是受到佛教宇宙观以及知识体系的影响，而非安抚蒙藏地区的政治宣传，以乾隆帝为代表的清朝统治者在构建政教话语的同时亦深受佛教知识论的影响[59]。

王跃工等结合汉藏史料、清宫档案和现存实物，探讨乾隆四十四年（1779）以前宫廷与扎什伦布寺在艺术、宗教领域的频繁互动。并以此揭示了此间汉藏交流更为全面真实的面貌，为藏传佛教艺术史研究提供了年代明确的依据[60]。

方小济对故宫藏三轴弘历佛装像唐卡进行比较研究，主要讨论了唐卡的绘制材料与工艺[61]。

刘舜强等从《清宫造办处活计档案》出发，考察了清代宫廷唐卡镶做机构形成与发展的过程，对我们认识清代宫廷手工业的发展和藏传佛教文化在清宫的传播具有重要意义[62]。

此外，还有不少学者关注到了印章、石刻等涉及汉藏交流的文物与遗存。例如，马骥越以清宫所藏三件六世班禅进献的外国文物为中心，梳理了礼物的来源、进献的时间及背景，以及乾隆皇帝收到礼物后的改造、仿制与供奉。认为三件礼物进献于乾隆四十五年（1780）十月二十七日，与六世班禅当日的传法活动有关，很可能是通过东印

57 文明、张长虹：《清宫佛日楼挂供十八罗汉组合唐卡研究》，《中国藏学》2020（S0）：16-32。

58 张长虹：《汉藏佛教的交流与融合：汉藏罗汉名号与座次考》，《中华文化论坛》2020（6）：24-39。

59 孔令伟：《清宫藏传佛教文物与乾隆帝的宗教心态》，《藏学学刊》第 22 辑，2020（2）：328-341。

60 王跃工、马晟楠：《人似秋鸿来有信——六世班禅东行前乾隆宫廷与扎什伦布寺交往之实物与史实》，《故宫博物院院刊》2020（11）：4-19。

61 方小济：《故宫藏弘历佛装像唐卡研究》，《西藏艺术研究》2020（3）：36-42。

62 刘舜强、张迪：《从造办处活计档看清代乾隆时期宫廷唐卡镶做机构的形成与发展》，《西藏大学学报》2020（1）：81-87。

度公司订购于印度[63]。

朱德涛对15枚清朝西藏地方上使用过的汉字官印进行考证和分析，认为这些官印主要有明朝政府颁赐的旧印和清朝地方自制印两种来源类型，对这些汉字官印的研究有助于深入认识和了解清初甘丹颇章地方政府的政治制度与特点，意义重大[64]。他还对颇罗鼐的用印情况进行考察，认为这些印章可分为清廷封授印和西藏地方自制印两大体系，前者的使用场合和等级要高于后者[65]。

罗勇对吉隆县宗喀镇至吉隆镇公路左侧峡谷内的“招提壁垒”石刻题铭进行解析，认为“招提壁垒”意为具有佛教寺庙内涵的堡垒，由此断定该石刻题铭是清代乾隆年间反击廓尔喀入侵西藏的过程中或其后不久由清朝官兵或驻藏大臣留下的石刻题铭[66]。

索德浩对四川成都高新区中和镇龙灯山墓地中的藏传佛教石刻进行研究，该墓地为明代蜀王府将军的家族墓。其中M1墓顶刻有两幅曼荼罗图像，一幅中央为观音种子字，周围围绕六字真言；另一幅中间为一梵文“唵”种子字。其文特征和图像风格均具有明显的藏传佛教风格，显示出藏传佛教对成都地区的影响[67]。

近两年还出版两部有关明代汉藏交流史研究的力作。熊文彬的《龙椅与法座：明代汉藏艺术交流史》是第一部研究明代西藏与内地艺术交流的专著。该书在明代中央政府对藏区治理的大背景下，对明代北京、南京、西藏、甘肃、青海、云南和内蒙古现存藏传佛教代表性艺术遗迹进行了较为深入的个案研究，梳理、归纳、总结出这些遗迹的历史、题材和风格特点及其反映的西藏与内地多民族文化相互影响和融合的史实[68]。本书对于西藏艺术史的构建、明代汉藏文化的交流和铸牢中华民族共同体意识都具有较为重要的学术和现实意义。

李帅的《以文治边：文物考古视瞰下明朝对西藏的经略》结合实物材料和汉藏文献材料，从文物考古视角对明朝经略西藏进行综合研究，将明朝的治藏策略概括为“以文治边”策略，即主要通过制度、物质及思想观念等“文化”策略来影响和牵引西藏形成对明朝的认同和归属。首次提出明朝以“文”治藏策略是古代中央王朝边疆治理中的“西藏模式”的重要组成部分，不仅使明代汉藏关系始终保持了和平发展，而且成功地

63 马骥越：《清宫所藏三件六世班禅进献的外国文物》，《故宫博物院院刊》2020（11）：35-45。

64 朱德涛：《清朝前期西藏所用汉字官印及其相关问题探析》，《青海民族大学学报》2020（3）：20-28。

65 朱德涛：《颇罗鼐封号和用印考实》，《西藏研究》2020（3）：87-96。

66 罗勇：《吉隆沟“招提壁垒”石刻题名解析》，《西藏研究》2020（5）：57-60。

67 索德浩、王梦雨、左志强：《成都地区新见明墓中的藏传佛教石刻初探》，《藏学学刊》第22辑，2020（2）：100-118。

68 熊文彬：《龙椅与法座：明代汉藏艺术交流史》，北京：中国藏学出版社，2020。

使元朝与西藏之间建立的政治关系得到延续，并为清代治藏奠定了历史基础[69]。

这两部专著在研究明朝汉藏考古文物的同时，充分利用明朝汉藏交流的文献史料，双向考察了明中央王朝与西藏地方的政治关系及汉藏文化的交流与交融，在研究方法上体现了考古艺术研究与历史研究的有机结合。

综上，在研究材料和内容上，本年度藏传佛教考古与艺术研究关注的范围已经不限于西藏地区，开始涉及藏传佛教传播的区域，如成都地区。这些带有明确年代标尺的考古材料也是历史时期西藏艺术的直接研究对象。

本年度学界对于涉藏宫廷文物的研究越来越细致深入，且更加注重考察最高统治者对藏传佛教艺术的个人偏好。其中对乾隆皇帝的藏传佛教信仰和清宫藏传佛教艺术研究已蔚然成风。在研究方法上，同时关照文本与图像，将汉藏满蒙等多语言文献结合起来研究的论著日益常见，已经成为一种趋势；多语言、多方位的考察也使得历史时期的西藏艺术研究不再只满足于对艺术本身的鉴赏，还要“以物见人”。并且，在对涉及到明清中央与西藏地方关系的文物进行分析时，也开始不再只单方面从中央审视地方，而是通过交往互动的视角进行双向考察。

西藏经元朝的管辖与治理，其物质文化和精神文化快速发展。明清治藏与元朝先后承继，进一步推动了西藏文化尤其是藏传佛教艺术的发展与繁荣。藏传佛教建筑、碑刻、造像、唐卡及壁画等精品层出不穷，不仅是西藏各民族的智慧与审美情趣的结晶，更是西藏地方与祖国内地及周边地区文化多元交流与融合的见证。铸牢中华民族共同体意识，最核心的是要寻找中华民族共同的根系，这是维系中华文明五千年连绵不绝、各民族紧密相拥的内在、永恒的力量[70]。明清时期的西藏考古与艺术研究密不可分，对于探索中华民族共同的根系，从方法论上深入中国历史本身重大问题的研究至关重要。

五、高原丝绸之路研究持续升温

“高原丝绸之路”是一个广义的概念，指从中国中原地区经由青藏高原、或者由青藏高原出发的不同时期东方与西方、中国与外域交流的交通网络及其主要干线，包括“吐蕃丝路”“唐蕃古道”“香料之路”“食盐之路”“麝香之路”“茶马古道”等概念，但

69 李帅：《以文治边：文物考古视瞰下明朝对西藏的经略》，北京：社会科学文献出版社，2021。

70 霍巍：《铸牢中华民族共同体意识的考古学贡献》，《历史研究》2021（1）：53-60。

又不完全等同[71]。

这一概念一经提出就得到学界广泛的认同，近年来的考古发现表明，青藏高原在史前时代就已经开始与外界发生各种形式的交往，至唐代吐蕃时期已经形成了较为稳定的交通干线和路网[72]。本年度该领域的研究持续升温，相关考古发现和研究使得高原丝绸之路这一复杂的交通网络愈发清晰和丰满。

边雄·达瓦琼达结合古藏文史料和尼泊尔古碑文等原始资料对吐蕃时期的蕃尼古道进行分析，认为该古道在松赞干布之后具有政治、经济、商业和文化通道的功能，这些功能折射出了蕃尼古道丰富的文化内涵[73]。

沈琛结合伊斯兰史料、汉藏史料和考古发现，对吐蕃与中亚的商贸往来进行研究，认为吐蕃向中亚输出的商品主要是麝香，故可称为“麝香之路”。吐蕃与中亚的贸易路线包括海上和路上两条，这些路线交联在一起共同构建了吐蕃与印度、中亚之间独特的贸易网络[74]。

妥超群对《新唐书·地理志》所载入蕃大道康藏段地名与路线重新进行考证，并在此基础上对青藏高原上的多弥、苏毗、白兰等王国地望进行考察[75]。

仝涛对高原丝绸之路东段的路线及沿线古国的风俗进行考察，认为在王玄策的官方使团凿通“东道”之前，喜马拉雅地区主要是通过西藏西部与新疆南部的丝绸之路连接，“东道”开通之后成为贯通高原南北、连接中原与印度的主动脉[76]。

霍巍对宋代僧人继业西行归国的路线进行考证，认为继业归国的路线利用了唐初开通的经过西藏西南的“吉隆道”，途经桑耶寺，然后进入汉地中原，最后抵达峨眉山，从中反映出汉藏民族之间深厚的情谊，也是汉唐高原丝绸之路经久不衰的重要历史见证[77]。

熊文彬对宋元至明清时期蕃尼古道的历史作用进行考察，认为该道自唐代以来一直是中尼两国交流的重要通道，其线路和站点从宋代以来变得越来越清晰，在清代形成一

71 霍巍：《论青藏高原古代各族人民共同开创了“高原丝绸之路”》，《中央民族大学学报》2021（1）：5-14。

72 霍巍：《“高原丝绸之路”的形成、发展及其历史意义》，《社会科学家》2017（11）：19-24。

73 边雄·达瓦琼达：《论吐蕃时期蕃尼古道文化内涵》，《西藏大学学报》2021（1）：50-61。

74 沈琛：《麝香之路：7-10 世纪吐蕃与中亚的商贸往来》，《中国藏学》2020（1）：49-59。

75 妥超群：《唐蕃古道新探——< 新唐书·地理志 > 所载入蕃大道康藏段地名与路线考》，《西藏大学学报》2021（1）：21-35。

76 仝涛：《喜马拉雅的丝绸之路与古国风俗考——时代背景与考古新证》，《中华文化论坛》2020（6）：13-23。

77 霍巍：《宋僧继业西行归国路经“吉隆道”考》，《史学月刊》2020（8）：25-31。

个主辅路并存错综复杂的网络，自元代开始承担起中央政府治理西藏地方和中尼两国官方交流的重任[78]。

“高原丝绸之路”历经史前、吐蕃、宋、元、明、清数千年经久不衰，直到现在也基本维系了其主要的干道与走向，是以汉藏两民族为主体，各时期、多民族共同的宝贵财富。在“一带一路”国际视野下的今天，正确认识“高原丝绸之路”这一概念，深入考察其线路网络，对于深化民族团结进步教育，铸牢中华民族共同体意识，加强各民族交往交流交融，促进各民族共同团结进步、共同繁荣发展具有重要意义。

回顾2020年度青藏高原考古与艺术研究的动态，可以发现这一领域的研究针对不同历史时段具有不同的研究特点。史前时段多学科参与考古研究已成为一种趋势，随着科学技术的不断进步，越来越多的方法与手段逐渐与考古学研究相结合，使得青藏高原史前考古迸发出新的活力。到了吐蕃时期，以汉藏史籍为主的多种文献与考古出土的新材料相互印证成为主流的学术研究方法，随着“高原丝绸之路”概念的提出和愈发完善，更多的学者开始将吐蕃王朝置于更加广阔的国际视野中进行考量，使得这一时段的研究取得了长足的进步和发展。宋元至明清时期，有关青藏高原的文物、遗迹和史料更加丰富，相应的研究也更加细致和深入，研究内容主要围绕汉藏交流和藏传佛教开展。

本年度我们在青藏高原考古学与艺术研究领域取得了较为可观的成绩，研究的时段、区域、角度覆盖较为全面。在习近平总书记重要讲话精神的指引下，青藏高原考古与艺术研究必将迎来一个更加美好的发展阶段，为深刻认识“中华民族命运共同体”、铸牢中华民族共同体意识贡献力量。

附记：本报告由四川大学历史文化学院霍巍教授主持，先后有四川大学历史文化学院博士研究生祝铭、卢素文、杨天雪参与编写工作，最后由祝铭执笔撰写，霍巍教授修改定稿。

◆ 祝铭　四川大学历史文化学院博士研究生

78　熊文彬：《蕃尼古道及其历史作用》，《中国藏学》2020（1）：38-48。

从东北到西南：明清时期半月形地带的区域、族群与社会

——中国民族史学会第七届青年学者论坛述评

曾黎　邹立波

内容摘要：为推动民族史研究的长足发展，由中国民族史学会主办，四川大学历史文化学院、四川大学中国藏学研究所、四川大学铸牢中华民族共同体意识研究基地承办的第七届“边疆·民族·历史”青年学者论坛于2021年4月17日至18日在成都召开。来自北京、广州、陕西、甘肃、河北、内蒙古、四川等高校和研究机构的29名专家学者参加本次论坛。在研讨会期间，与会学者围绕主题“从东北到西南：明清时期半月形地带的区域、族群与社会”展开热烈讨论。本次论坛选择明清时期从东北到西南的半月形地带作为对话区域，积极探索中华民族历史的发展脉络和动力机制，将之视作民族史学界努力开创新的学术视野、研究方法和理论范式的重要研究场域，极大地促进了不同领域专家、学者之间的交流，对于深化中国民族史研究视野、方法、理论及未来发展方向的相关认识有重要意义。

2021年4月17日至18日，由中国民族史学会主办，四川大学历史文化学院、四川大学中国藏学研究所、四川大学铸牢中华民族共同体意识研究基地承办的第七届“边

疆·民族·历史”青年学者论坛在成都召开。本次论坛主题是“从东北到西南：明清时期半月形地带的区域、族群与社会”。来自中国社会科学院、中山大学、南京大学、中国人民大学、中央民族大学、兰州大学、云南大学、陕西师范大学、河北师范大学、华南师范大学、内蒙古大学、广西民族大学、青海民族大学、新疆师范大学、中国国家图书馆、四川大学等高校和研究机构的29名专家学者参加本次论坛，共有9位学者提交论文并作报告。

在论坛开幕式上，中国民族史学会副会长、四川大学中国藏学研究所副所长石硕教授致辞，在回顾童恩正先生提出的“半月形文化传播带”后，认为从东北到西南的“半月形文化传播带”有许多考古文化现象如细石器、石棺葬等都非常相似，是中国历史上非常重要的一个文化互动与民族交往区域，从宋元以来就一直影响着中国历史的发展进程。但是“半月形文化传播带”长期以来并未得到学界的重视和响应。因此本次论坛以明清时期半月形地带为主题，讨论从东北到西南的区域、族群与社会，非常有建设性意义，既有详细、扎实的个案研究，又体现了整体、宏观的视角，做到了既能见树木，也能见森林，能够对“半月形文化传播带”的研究所有推进。本次论坛主要围绕以下主题展开讨论。

一、从东北到西南的半月形地带的政治和社会研究

半月形地带地方与国家的关系和社会文化变迁研究，是本次论坛关注的主题。而关注“国家与地方”的政治互动和“以人为中心”的区域社会研究向来是华南研究的突出特色[1]。从地方视角出发，理解大一统中国亦是华南研究的重要取向[2]。在本次论坛中，师承华南研究传统的多位青年学者深入分析了地方社会的族群与社会演变、社会权力结构变迁以及地方与中央政治互动的更迭等主题，多区域、多角度地呈现出大一统中国的形成图景。

陕西师范大学田宓的论文《清代以来内蒙古土默特地区蒙汉家族的系谱编修与族际交往》[3]关注内蒙古土默特地区蒙汉家族存在的多样态系谱记录方式，注意到近些年汉人

1　陈春声：《历史的内在脉络与区域社会经济史研究》，《史学月刊》2004（8）：8-9。

2　刘志伟、孙歌：《在历史中寻找中国：关于区域史研究认识论的对话》，上海：东方出版中心，2016：421-422。

3　相关文章已发表，参见田宓：《近四十年来内蒙古土默特地区蒙汉家族的系谱编修与族际交往》，《民俗研究》2021（2）：147-156。

系谱从简单世系向“门”（“柜”）型系谱和“支系”系谱的变化，以及蒙古系谱由官入私的改变。同时，土默特地区的家族系谱呈现出蒙汉融汇的特征。评议人中央民族大学丁慧倩指出，文章还应注意汉族和蒙古族在编修族谱时是否对自身与祖先的关系秉持着相同的价值观念，也需要关注20世纪80年代后乡村编修族谱热的现实意义，以及族谱背后族性保持或变化的问题。评议人中国国家图书馆梁潇文指出，文章对蒙古族修谱的关注没有区别官修与私修，同时应注意文章的时间跨度和连续性问题。河北师范大学屈斌的《寺院堪布与16至18世纪甘青藏区社会权力结构的演变》在解读寺志与田野资料的基础上，阐述“寺—族共同体”概念，认为其是明清时期甘青地方在面对中央王朝和内亚游牧部族的双重经济、军事压力下，构建的新的地区组织法则。而藏地寺院堪布与地方僧俗人群关系的变化，则提供了认识甘青地方寺、族关系演变的独特视野，有利于探讨当地社会权力结构演变的轨迹，以及明清之际西北内陆边疆的社会转型。评议人青海民族大学叶拉太指出，文章对寺院堪布地位的界定过于简单，没有注意到堪布在不同寺院、不同机构的设置和职能差异。评议人南京大学胡箫白指出文章对寺族共同体的定义不明确，并对文章的论证结构、行文细节和文献处理方式提出建议。中山大学任建敏的论文《从“剽掠”到“蚕食”：明前期桂东北地方“动乱”性质的转变》，分析了明前期桂东北地方“动乱”，从宋元时期起以大藤峡为代表的“猺人”“剽掠”，发展至明前期以桂东北“獞人”逐步在地化而产生的“蚕食”新形式，“动乱”性质的改变深刻影响了明代以来桂东北的族群分布格局。评议人广西民族大学唐晓涛指出文章相关分析更倾向于社会身份层面，实际上也应考虑到族群身份的内涵。评议人华南师范大学胡列箭指出，文章应进一步拓宽视野，关注中央政权对基层社会治理政策的有效性问题。

二、从东北到西南的半月形地带的宗教研究

童恩正先生在阐释和分析半月形地带在文化上的共同性和差异性时，提及“在漫长的历史发展过程之中，居住于这一半月形地带中的民族，其风俗习惯保持了何等紧密的联系。”[4] 对此，兰州大学武沐教授在研讨会中指出，宗教和信仰的融合是民族间交流、交往和交融走向深入的重要表征[5]。

4　童恩正：《试论我国从东北至西南的边地半月形文化传播带》，《文物与考古论集》，北京：文物出版社，1986：17-43。

5　武沐、王慧娟：《安多地区汉族神祇崇拜类型解析》，《青海民族研究》2020（4）：196-201。

在本次研讨会上，多位学者从不同的视角探索了半月形地带宗教信仰与民族交融、中央治边、区域社会等的内在关系。四川大学徐法言的《文化交融与信仰再造——金川山埂子村关帝庙研究》，阐述金川县卡撒乡山埂子村关帝庙自清代乾隆时期建立以来，逐步形成了一套融合汉、藏、嘉绒等多种文化因素的关帝信仰体系的过程，将埂子村多元一体的关帝信仰体系视为观察金川地区汉、藏、嘉绒等不同文化演变、交融的窗口。评议人河北师范大学屈斌指出文章忽略了“人”的社会活动，存在时间线不明、历史过程缺环过多等问题，应该展现多元信仰的层累过程。评议人四川大学邹立波指出，文章缺少关帝庙的整体社会背景和当地族际交往的历史、现实的阐释，应更加关注关帝与汉藏山神信仰体系，以及不同村落之间的关系。南京大学胡箫白的《僧官系统与明代前中期汉藏边区的宗教格局变迁》，重点讨论 15 世纪以来松潘、岷州僧司机构性质变化与僧官职权消长的过程，深化了学界对明代前中期宗派交融、民族融合历史进程的认识。评议人兰州大学武沐指出，文章还需关注明代前期相关政策、民间信仰的影响等时代背景。评议人中国人民大学安海燕指出“完卜”释义的问题，建议对当时岷州藏传佛教僧团在北京地区的活动可做进一步提升。四川大学黄博《明代中后期藏传佛教格鲁派与西藏古格王国的交往与联系》，指出 15 世纪初格鲁派在卫藏地区形成后很快传入古格王国境内，逐渐形成了格鲁派在古格境内的寺院体系，促使卫藏和阿里在深层结构上形成不可分割的宗教联系。评议人陕西师范大学谢光典指出，文章在藏文史料翻译细节上仍有许多值得商榷的地方，并补充了参考文献。评议人四川大学许渊钦指出，文章论据稍显单薄，可补充运用阿里地区的寺志、人物传记等文献，使文章论据更为充分。

三、文本中的半月形地带

文本、地图是一个时代政治、经济、文化、社会和思想观念的缩影。在本次研讨会上，有的学者以文本、舆图为突破口，窥探明清时期中央政权对半月形地带区域和人文形象的想象、认知。

中国人民大学张闵《清前期官方长白山舆图绘制研究》一文，梳理了清前期官方绘制的长白山舆图，将其大致分为康熙《盛京通志》“长白山图”、康熙《皇舆全览图》和军机处档案附图三个系统，并分析三个系统各自的特点。评议人内蒙古大学金鑫指出需注意在康熙朝清廷还未制定满汉翻译的规范，直到乾隆三十八年（1773 年）《钦定清汉对音字式》发行后，满汉翻译才具有系统性、规范性。评议人中国社会科学院王耀指出，对方志类舆图的研究应以文为主，以图为辅，需要把方志中的解释性文字与舆图结合在一起研究，并认为中国古代舆图的特点是具有实用性，不适用于西方科学的先进标准，因此评价中国古代舆图时应放在中国当时的历史条件下。云南大学吴晓杰《清朝入藏后康熙帝对藏地认识与书写——以〈御制论地理水源文〉为中心》一文，探讨康熙帝《御制论地理水源文》借助《禹贡》地理知识系统和佛教传说，将边外藏地构建为上古三危之地，纳入九州的过程。评议人中国社会科学院刘欢对文章的行文结构和逻辑提出建议，指出《御制论地理水源文》一文对宏大主题支撑不足，且需要关注文本的书写背景、地图和历史脉络。评议人四川大学李志英指出文章在背景性史实叙述上需要注意的一些问题，认为需要考量康熙时期清朝中央政府与西藏地方政府之间政治秩序的表达。中国社会科学院大学民族学系沈雪晨的《〈西域见闻录〉写文化研究》吸收、借鉴人类学中民族志文本分析的研究方法，从写文化的角度探究《西域见闻录》的成书背景、文本特征与认同建构，认为《西域见闻录》通过文本展现民族间的差异与分界，在描述中实现对异文化中“他者”的具象化表达，构建起盛清士大夫对自身文化传统和民族身份的认同。评议人新疆师范大学孙文杰指出文章的用词和细节仍需斟酌，认为“认同建构”部分尚未很好地整合进文章中，可另外单独处理，此外在细读分析中也应考虑到作者“文不如其人”的复杂历史情况。评议人四川大学王鹏辉给予了文章在研究回顾部分如何调整行文结构的可行性方案，纠正了文中的论述细节，并补充了《闻见录》在“琐谈本”方面的最新版本信息。

四、学术讨论

三场研讨会结束后，各位专家、学者围绕如何在文献史料比较匮乏的半月形地带运用口述资料，不同区域研究方法如何相互借鉴等问题展开讨论。有学者提出对口述资料的利用要建立在对当地历史有深入、整体把握的基础上，重视口述资料中事件的时间节点，置于整体的历史视野中加以考察；有的学者指出在材料缺乏的地带，需要进行合理的推论，比如赵世瑜倡导的“逆推顺述”方法[6]，能够揭示区域社会历史变化的过程；有的学者指出研究视角和方法的借鉴要考虑适用性问题。

总评议人石硕教授指出，许多人文的、历史的、文化的现象是模糊的，研究人文就是要找到一种中间状态，认识中间状态有利于学术研究的升华和突破。如果学界能从长

6　赵世瑜：《结构过程 · 礼仪标识 · 逆推顺述：中国历史人类学研究的三个概念》，《清华大学学报》2018（1）：1-11。

时段的视角出发，研究从东北到西南再到东南这个“C”字形地带，能够深化对中国历史的认识。

总评议人李大龙研究员在行文结构、写作逻辑和视角定位方面提出四点建议：第一，应更好地把握、定位研究，说好中国故事，应该从中国历史的实际出发，注意中国话语和西方话语的区别；第二，要对以往的研究给予充分的关注；第三，文本论述应更加精确，行文逻辑应更加严密；第四，看问题要有纵深，视角需要拓宽，研究任何时期的问题都应该往前追溯，往后延伸，才能看清问题的实质和内涵。

总评议人武沐教授强调应重视具体问题具体分析，提出要将具体问题与宏观的时代背景相结合，才能将微观问题条分缕析地呈现。

五、小结

经过两天的学术研讨，第七届青年学者论坛“从东北到西南：明清时期半月形地带的区域、族群与社会”圆满落幕。闭幕式由四川大学中国藏学研究所邹立波副教授代表承办方作会议总结，指出组织召集本次论坛的初衷是试图兼顾明清时期“半月形地带”不同区域的研究方法和学术特色，论文报告和评议充分展现出深入研究“半月形地带”，以及不同区域研究方法交流互鉴的必要性。通过两天紧张而热烈地学术研讨，来自各个区域、学科的青年学者，分享了对“半月形地带”不同区域的研究，主要涵盖了政治、宗教、社会、地理和文化等各个方面的内容，覆盖广泛，交流活跃。本次论坛主要有以下三个重要特点：

第一，重视学术讨论环节，努力促进跨区域、跨学科的互动与交流，展现不同区域的研究方法和学术特色。本次论坛在形式上采用一场三位报告人、六位评论人、一位总评人的形式，贵在讨论精深，小到单个字词的释义探讨，大到学术背景和研究方法的反思，令与会学者畅所欲言。期间既有青年学者各抒己见，又有前辈专家束广就狭，有效推动了民族史研究的跨区域、跨学科对话，进一步深化中国民族史研究视野、方法、理论及未来发展方向的相关认识。

第二，关注中国故事，兼顾宏观视角与微观研究。近年来“什么是中国?”成为新的热点，对“中国”的区域地理、文化象征和发展脉络的研究层出不穷[7]。但是正如总评

7 陈民镇：《半月形文化传播带勾勒出“最初的中国”——几种关于“中国”的论著读后》，《中华读书报》2017年2月8日第10版。

议人李大龙所言，“讲好中国故事，应该从中国历史的实际出发”。本次论坛，各位学者从中国本土视角出发，关注中国历史发展的内在脉络。政治方面关注中央与地方的互动，如任建敏对桂东北“动乱”性质的研究等；社会方面关注不同民族的民间交融，如田宓对内蒙古土默特地区蒙汉家族系谱记录方式的研究等；思想观念层面对“中国观”的形成亦多有探讨，如云南大学吴晓杰分析康熙帝如何利用文本和传说将藏地纳入九州的过程等。以上研究均重视具体案例与宏观背景的有机结合。

第三，推进学术界对“半月形地带”的关注与研究，拓展“半月形地带”的研究领域、方法。童恩正先生主要从考古学角度提出“半月形文化传播带”的学术概念，认为其是了解“古代边地民族之间的相互关系”[8]的窗口。但是此概念及其内涵长期以来并未引起学界的太多关注。本次论坛通过论文报告人和评议人对“半月形地带”上各区域、民族的政治、宗教、社会和文本等的详细、深入研究，丰富和拓展了“半月形地带”的内涵外延和研究方法，充分展现出“半月形地带”的学术潜力和价值，有助于再次引发学术界对“半月形地带”的关注。

◆ 曾　黎　四川大学中国藏学研究所硕士研究生
邹立波　四川大学中国藏学研究所副教授

8　童恩正：《试论我国从东北至西南的边地半月形文化传播带》，《文物与考古论集》，北京：文物出版社，1986：17-43。

ABSTRACTS

A Brief Report on the Archaeological Investigation of the Malang Tomb in Tsada County, TAR

School of Archaeology and Museology, Sichuan University
Institute for Conservation and Research of Cultural Relics, TAR
Administration of Cultural Relics of Tsada County, Ngari Prefecture, TAR
(*He Wei*)

In 2019, an ancient tomb was discovered and excavated near Malang village in the Langchen tsangpo valley of Tsada County, Ngari Prefecture of the Tibet Autonomous Region (TAR). The tomb is located at an altitude of 3412 meters. It is a multi-burial tomb composed of a single chamber with a vertical earth pit tomb passage. This is a common type of burial in the western Himalayan regions. According to a C^{14} test, the tomb can be dated to around the 1st century C.E. A variety of relics were excavated from the tomb - these include colored pottery, bronze pokal and ornaments made of shells – that have so far not been found in other tombs. This tomb was rich in unearthed relics that demonstrate its high-grade value which will be important for research in the complexity of the local society and the cultural exchange between this and other regions at around the 1st century C.E.

A Survey of the Murals in the Tandaling Monastery in Barkham of Sichuan

Institute of Cultural Relics and Archaeology of the
Ngaba Tibetan and Qiang Autonomous Prefecture, Sichuan Province
(*Li Qinxue, Lu Suwen, Deng Yong, Pan Li, Ze Langtou*)

Tandaling Monastery (Tib. Sa'i so dgon bstan dar gling) is located in Barkham city, the Ngaba Tibetan and Qiang Autonomous Prefecture of Sichuan Province. It was one of the family temples that belonged to the Cog tse rgyal po. The murals of the monastery are mainly preserved on the walls of the ground floor of the assembly hall. The murals on the front inner wall depict Buddhas and Tibetan teachers; protector deities were painted on the side walls of the inner part. The content of the murals can be judged to be related to the Gelugpa and Nyingmapa sects. On the outer walls of the assembly hall, the main subjects are fourteen Buddhas and a Bodhisattva, who are surrounded by their followers. The depictions of the clothing of the laity and the artistic style of the painting suggest that the murals were painted in Qing dynasty. Based on the literary records of this monastery, the murals should have been painted during the 17th to 18th century. This monastery provides important materials for research of the religious history of the Barkham area.

The Spread of the *Golden Light Sutra* and Murals along the Silk Road and the Tang-Bod Ancient Route

Zhang Yanqing (Dpal chen rdo rje) and Zhang Dali
(Center for Tibetan Studies of Sichuan University)

The copying and reading of the *Golden Light Sutra* in both Tibetan and Chinese flourished during the century of the Tibetan domination of the Silk Road region. In the Tubo period, the sutra was translated into Tibetan from Sanskrit as well as from Chinese. It was one of the five most prevalent Buddhist sutras along the Silk Road. Praised by the ruling class and common people alike, its narrative is depicted in the Mogao Caves. This paper identifies the Dunhuang manuscript that corresponds to each of the multiple versions of the *Golden Light Sutra* as included in the Derge Kanjur. Pivoting on the existing literature about the sutra, the paper considers the illustrations of this sutra's narratives in the Mogao Caves during the Mid-Tang period. The authors argue that Tubo's rule of the Silk Road area stimulated the integration of different kinds of cultures. The murals of the *Golden Light Sutra* in the Mogao Caves reflect cross-cultural communication and cultural integration along the Silk Road.

A Study of the P.t.0542 *Mahāparinirvāṇasūtra* and its Chinese Counterpart

Tang Lutian

(Doctoral Student, Institute of Dunhuang Studies of Lanzhou University)

During the Tibetan domination of the Silk Road, the *Mahāparinirvāṇasūtra* was frequently copied. There are seven manuscripts of the *Mahāparinirvāṇasūtra* in the French national library. Among these, P.t.0542 corresponds precisely to the contents of the *sūtra* in fifteen chapters and the fifty-six *bam po* that is contained in the Kanjur. It also indicates that this *sūtra* in the Kanjur is like the text of P.t.0542 that was translated from a Chinese version. After further research, the author found that P.t.0542 is indeed a combination of the Tibetan translation of the forty-*bam po* volume *Mahāparinirvāṇasūtra* that was translated by Dharmakṣema and the two-*bam po* volume sequel of the *Mahāparinirvāṇasūtra* that was translated by Jñānabhadra.

A Study of the Copies of the Tibetan *Vimalakīrtisūtra* Found in the Library Cave of Dunhuang

Wei Jianpeng

(School of History and Civilization, Shaanxi Normal University)

Eight Tibetan copies of the *Vimalakīrtisūtra* copies were found in the Library Cave of Dunhuang. P.t.613 and IOL.Tib.J.VOL.19-4 are to be combined to make up a complete text. These copies are now found in two different museums, but they belong to one text. According to the content and characteristics of the manuscripts, it can be generally determined that the earliest manuscript dates from the beginning of the 9th century and the latest from the beginning of the 11th century, that is, just before the closure of the Library Cave. The translation of the three editions of the Tibetan *Vimalakīrtisūtra* over these two centuries and its dissemination and copying activities in Dunhuang basically coincide with the appearance of the figures in Tibetan costumes that are painted to illustrate the *Vimalakīrtisūtra* of the Dunhuang murals. Together, they are regarded as the artistic embodiment of the integration of Sino-Tibetan Vimalakīrti belief under the promotion of the Tubo people. The content and characteristics of IOL.Tib.J.VOL.19-4 are completely consistent with the *Vimalakīrtisūtra* contained in Kanjur. It is a testimony to the fact that Tibetan Buddhism had continued to develop since the late Tang dynasty and Dunhuang maintained a close cultural interaction with Tibet.

The Prefixes in Sanskrit-Tibetan Buddhist Translation ——A Case Study of *Sgra sbyor bam po gnyis pa*

Li Xiaonan

(Doctoral Student, Department of South Asia Studies, Peking University)

Historically, the advancement of the translation of Sanskrit and Tibetan Buddhist scriptures has been crucial to the spread of Tibetan Buddhism and the development of the Tibetan language. The *Sgra sbyor bam po gnyis pa* is the earliest translation manual; it includes a Sanskrit-Tibetan vocabulary of the Tubo period, and it comprehensively expounds on the theory and practice of translating Sanskrit into Tibetan. The preface of the book provides guidelines for translation, one of which involves the relatively rare grammatical concept of "prefix" in Tibetan. This article will start from this rule, combine the seventeen prefixes that appear in the *Sgra sbyor bam po gnyis pa* with the grammatical discussion of the prefixes by earlier Sanskrit scholars, and focus on the analysis of the Tibetan translators' treatment of prefixes and their understanding of the core terms of Buddhism and their interpretation. Their approach still has extraordinary value and significance for contemporary Buddhist translation practices and their theoretical development.

跨文化背景下尼泊尔离车碑铭的历史价值：过去、现在与未来

阿阇黎·启昼　明霓

（牛津大学东方学研究院，奥地利科学院亚洲文化和智识史研究所）

公元七世纪，随着唐朝和吐蕃地方政权的兴起，成为中亚和东亚的经济与宗教枢纽，跨喜马拉雅地区的政治形势渐趋稳定，加德满都河谷的离车王国与唐蕃之间的政治、经济和文化关系有了长足的进展。本文通过保留在尼泊尔的大量离车时代的梵文碑铭，探讨其对于重构这一繁荣时期的跨喜马拉雅地缘历史的意义。

本文回顾了自19世纪以来学术界对于这些碑铭的研究成果，对它们进行分类梳理，同时简要介绍本文作者及其合作者目前正在开展的学术研究，概述有关尼泊尔与北方邻邦之间交流往还的重要汉文和藏文材料。

作者认为结合尼泊尔文文献对这些具有重要意义的多语种文献和加德满都河谷之外的物质证据进行合作考察与研究势在必行，它可以让我们更好地了解该地区在中古早期与南亚和中亚高原走廊地带的文化交流的增长以及由此展开的文化历史进程。

A Study of the *Sarvadurgatiparīśodhana* Maṇḍala Painted in the Rting chung lha khang Cave in Ru thog County of Xizang

Lu Suwen

(Sichuan University Museum, Chengdu)

The Rting chung lha khang cave is located in Ru thog County of Mnga' ris Prefecture, Tibet. The four walls and the ceiling contain murals. Combining the iconographic characteristics and Tibetan texts, the author tries to identify some images in the cave. The following conclusions are drawn. Firstly, the subject of the right wall is a *Sarvadurgatiparīśodhana* maṇḍala, and the four scenes painted on the front wall were also part of the maṇḍala. Secondly, the *Sarvadurgatiparīśodhana* maṇḍala — it can be dated from the 11th to the 13th century — that was discovered in western Xizang was painted according to the *Ngan song thams cad yongs su sbyong ba'i dkyil 'khor gyi cho ga*. This work was translated by Lo tsāba Rin chen bzang po (958-1055), and the Chinese version was translated by Faxian 法贤 of the Song Dynasty.

The Art of Selection: The Early Mural Paintings of Zhwa lu Monastery and the Integration and Reconstruction of Multiple Artistic Elements in Tibet during the Early *Phyi dar* Period

Yang Hongjiao

(Museum of Tibetan Culture, China Tibetology Research Center)

The early mural paintings of Zhwa lu Monastery (1027-1045), which inherited the Buddhist art traditions of the Tubo period and incorporated other regional artistic elements, are highly diverse and important remains that belong to the early *phyi dar* period of Tibet. In this paper, through the analysis of the motifs of the figures, coloring, brushwork, nimbus, thrones, lotus seats, floral and animal motifs, and garment ornaments, the author discusses the multi-style artistic elements from northeastern Indian Pāla, Nepal, Central China and Central Asia etc., that are embedded in these early Zhwa lu murals. By comparing the early mural paintings of Zhwa lu Monastery with the illustrations in the Northeast Indian palm-leaf manuscripts of the 11th-12th century, the murals and statues in the Dunhuang caves and in Shanxi monastery of the Tang and Song Dynasties, the murals of Bezeklik caves of the Gaochang Uighur period, and the murals and Thangka paintings of Tibet of the same period, our understanding of the characteristics of Tibetan Buddhist art and its diversity in the early *phyi dar* period is enriched.

A Further Study of the Murals in Gtsug lag khang of Dga' ldan phun tshogs gling Monastery in Tibet: With a Discussion of their Iconography and Style

Yan Xue

(Institute of Religious Studies, Shanghai Academy of Social Sciences)

In the early 17th century, the narratives of the twenty "Definitive-Meaning Sūtras" defined by the great Jo nang master Dol po pa Shes rab rgyal mtshan (1292-1361) were painted on the walls of Gtsug lag khang of Dga' ldan phun tshogs gling Monastery that was designed and constructed by Tāranātha (1575-1634). These murals have attracted a great deal of interest among art historians in recent years, but the fundamental work of the iconographical identification has yet to be completed. Based on previous studies, this article mainly focuses on the identification of a portion of these murals together with a brief discussion of their subject-matter and style.

A Study of the Maṇḍalas on the Ceiling of the Main Hall of Gan'en Temple in Hongcheng, Gansu Province

Yang Danchun and Jiang Yuqin

(Northwest Minzu University)

Gan'en Temple of Hongcheng is a relatively complete architectural community of the early Ming Dynasty in the Zhuanglang River valley, Gansu province. The eighty-five maṇḍalas painted on the ceiling of the Main Hall of the temple are originals that can be dated to the beginning period of the construction of the temple and preserve the early style and features relatively intact. The paintings on the ceiling of the Gan'en temple inherited the style of Zhwa lu Monastery and Dpal 'khor chos sde Monastery in Gyantse of the 14th to 15th centuries and are thus witnesses of the eastward development of Tibetan paintings in the Ming Dynasty. They provide valuable materials for the study of the history of Sino-Tibetan cultural exchange in the Ming. Although the custom of decorating ceilings with maṇḍalas was common in the border area of Sino-Tibetan culture of the Ming, the maṇḍalas painted in the Main Hall of the Gan'en Temple are closer to the Rdo rje 'chang Hall of the Miaoyin temple in the Datong River valley in terms of the choice of subject matter, and the arrangement and layout of the maṇḍalas. The features of the murals in the two temples, both based on the thirty-two-deity *Guhyasamāja* maṇḍala, embody a unique cultural tradition and religious practice of Datong River and Zhuanglang River valley during the Ming dynasty.

The Zhu fo shi lue tu shuo fu cai hui fo xiang —— A Picture Album of Qianlong Emperor's Incarnations

Li Ruoyu

(The Palace Museum, Beijing)

Zhu fo shi lue tu shuo fu cai hui fo xiang of No. Shu 9927 is a picture album of Emperor Qianlong's incarnations that is preserved in the Palace Museum, Beijing. It is written in Chinese, Tibetan, Mongol, and Manchu. The picture album of the reincarnations of the Qianlong Emperor is based on the following works that were written by the sixth Pan chen Lama Blo bzang dpal ldan ye shes (1738-1780): *Brtan bzhugs 'jigs med gdong lnga'i sgra dbyangs* and the *'Khrungs rabs gsol 'debs*. At the same time, it also incorporates the idea that Emperor Qianlong was the reincarnation of Mañjuśrī. This paper publishes all the pictures for the first time, identifies each image and its background information, and discusses the religious and political context of the book in combination with other Tibetan texts preserved in the Palace Museum, Beijing.

On the Origin of the Textual Cycle of the Six-armed Mahākāla Dharmapāla

Migmar Tsering

(Tibetan Academy of Social Science)

The textual cycle of the Six-armed Mahākāla Dharmapāla (*mgon po phyag drug*) was introduced from India more than one thousand years ago during the later spread of Buddhism in Tibet. This article focuses on the origin of this cycle of teachings, the Tibetan translation of related texts, and how it was adopted and spread in different Tibetan Buddhist traditions. The author points out that the teaching of the six-armed Mahākāla originated in India, and that its texts were translated and introduced by Khyung po rnal 'byor (?978-?1127) after which it gradually became an important teaching in Tibetan Buddhist tantric practice. In particular, it has been regarded as a Golden Teaching (*gser chos*) by the Shangs pa Bka' brgyud school. Later, the Dge lugs pa school inherited this tradition. With its promotion by such masters as Mkhas grub Dge legs dpal bzang po (1385-1438), this cycle of teachings became one of the most important aspects of Dge lugs pa esoteric practice, and the six-armed Mahākāla thus became an important protector of Dge lugs pa. To this day, this teaching still has a profound influence in Tibet.

On the Development and Spread of the Gelugpa School in the Guge Area

Huang Bo

(Center for Tibetan Studies of Sichuan University)

In the early 15th century, after the Gelugpa school was established in the Ü-Tsang region, it quickly spread to the territory of the ancient Guge Kingdom. On one hand, many of the monasteries in Guge converted to the Gelugpa school and on the other hand, with the support of the Guge royal aristocracies, the Gelugpa school also constructed numerous new monasteries, gradually forming a monastic system for the Gelugpa tradition within the Guge Kingdom. The Gelugpa tradition itself had a well-developed monastic education system. After its introduction into the Guge Kingdom, it established a system for Guge's monks to study at the main monasteries in Ü-Tsang. Additionally, specialized colleges called "grwa tshang" were established within the main monasteries of Ü-Tsang to provide education for monks from the Ngari region, contributing to the cultivation of Buddhist talents in Guge.

Simultaneously, there existed a close and positive relationship between the Guge royal family and the upper echelons of the Gelugpa school. The Guge kings made multiple attempts to invite the Dalai Lama and Pan chen Lamas to Ngari. The peak of this relationship was when the fourth Panchen Lama (1567-1662) visited Guge during its final years. The political and religious relations for more than two centuries between Guge and the Gelugpa school established an inseparable connection of Ü-Tsang and Ngari.

A Preliminary Study of the Seal with the 'Phags pa Script in Tibet during the Qing Dynasty

Zhu Detao

(Sichuan Police College, Chengdu)

The seal with the 'Phags pa script is a very popular type of seal in the Tibetan local official seal system during the Qing Dynasty. There are still some gaps and misunderstandings in academic circles about the interpretation, the characteristic features and the historical meaning of this kind of seals, and there is a lack of systematic in-depth research. This article combines the relevant cultural relics, archival and literary materials to examine and analyze the seal-characters, their shape, and the function and origin of the seals with the 'Phags pa script that were officially used in the Qing dynasty. It is believed that these seals did not belong to the awards given by the Qing government, but rather that they were an indigenous Tibetan tradition. They were widely used by Tibetan monks and officials in the political and religious affairs in Tibet. The reason why these seals were so popular in Tibet at that time involves a combination of multiple factors such as the official attitude of the Qing court's tacit support, the special political situation in Tibet, and its historical traditions. The discussion of the above issues will help us to understand the official seal system more deeply and its political characteristics in Tibet during the Qing dynasty.

A Preliminary Study of Beijing Editions of the *Four Medical Treatises* —— An Inspection of the Characteristics and Dates of the Six Woodblock Editions belong to Two Sources

Hai Chunsheng[1] *and Liu Yinghua*[2]

(1. Centre for Mongolian Medicine of Fuxin, Liaoning

2. Beijing Hospital of Tibetan Medicine, China Tibetology Research Centre)

The Imperial Tibetan Press (番经厂) of the Ming Dynasty was a publishing center of the Buddhist canons in Beijing. It was inherited and reconstructed as Songzhusi Temple(嵩祝寺) during the Qing Dynasty and also published Tibetan medical works. Two woodblock editions of the *Four Medical Treatises* [FMT] called the Beijing and Songzhusi editions were housed in the National Library of China. Besides these two, four other editions collected in Center for Mongolian Medicine of Fuxin, Liaoning, have till now not yet been recorded and catalogued by the academy. This paper is a preliminary study of the dates of the six editions, the scripts, typeface, contents, illustrations, postscripts and colophons by their editors. The preliminary conclusion is that there were six different woodblock editions of FMT during the Qing Dynasty. Among them two editions are based on Dga' ldan phun tshogs gling edition (甘丹彭措林版) and the first is estimated to have been published between 1724 and 1757. The other four editions are all based on the Rtse po ta la'i par rjes ma edition (布达拉后版) and the first of these was probably published between 1756 and 1759. The Beijing editions of FMT are one of the important editions of its kind that were published in the capital of the Qing Dynasty. They are important for the study of Tibetan and Mongolian medical history. They also give evidence of the central government's policy of promoting the Mongolian and Tibetan medical traditions and are concrete examples of cultural exchanges and integration of various ethnic groups in China.

Chahar in the Autobiography of Chos dbyings rdo rje

Lang jia (Rnam rgyal)

(Southwest Minzu University, *Minzu* Magazine)

The *Great Dharma Drum*, the autobiography of the tenth Karma pa Chos dbyings rdo rje (1604-1674), is a work that contains interesting stories, employs various rhetorical devices and incorporates diverse features from many cultures. The Karma pa's life and art have been the object of various studies. Yet, a review of his written work has only recently begun. With a focus on the Chahar Mongol tribe that is mentioned in this autobiography, this paper offers a comparison of the relevant biographies. In addition, through clues from inscriptions on the tablets of Wanshou White Pagoda and the information gleaned from the *Genealogy of Düreng Güying*, this paper clarifies those implicit stories and testifies to both problems and wonders. Finally, this paper asserts that Gzhon nu bu thog thu in this work is actually Ligden Khan (1592-1634), the ruler of Chahar; Dos ring is Sunam Dügüreng (?-1644); Gu yang, the Khan of Kha ra can is Düreng Güying; Jing dbang, the minister of the forces is Elingqi Daiqin or Desen Jiwang (?-1648); Btsun mo dam pa, the queen who accompanied Ligden Khan to the end is Namuzhong (?-1674), his legal wife; and Ligden Khan and Btsun mo dam pa sent Aos pa zhi to visit Chos dbyings rdo rje and present offerings. This review not only elucidates these stories and figures, but also clarifies the relationship between the Karma bka' brgyud pa sect and the Chahar Mongols.

The Route Taken to Tibet in 1934 by Li dan's Group of Pilgrims —— An Interpretation of Li Dan's Poems on the Way to Tibet

Xu Yue

(Doctoral Student, Nanjing Normal University)

In June of 1934, Li Dan, a member of the Central Supervisory Committee of the Kuomintang and the President of the Qinghai Society for Tibetan Cultural Studies, led the "Tibet Pilgrimage Group" from Xining to Tibet to go on a pilgrimage. On the way, many poems were written and then edited for publication of *The Trip to Tibet* that was published in *National Customs*. These poems are helpful to understand the natural landscape and the local customs of Qinghai-Tibetan region. In this paper, Li Dan's poems, *The Trip to Tibet*, are used as primary sources to analyze the specific route into Tibet.

The Ceremony of "Seeing the Buddha" in Mengzhongpuzi and the Bon Culture of Muya, Sichuan

Chenmo and Champa tsering

(Doctoral Student, Southwest Minzu University)

In order to further understand the remains of Bon culture in the Sino-Tibetan border area represented by the village Mengzhongpuzi, this paper studies the ethnic origin of Mengzhongpuzi through the multi-dimensional interaction and complementary research of documents, cultural relics and folk customs, and the study of the huge colorful Thangkas that are preserved in the village. It also investigates the origin of and innovations in the ceremony of worshiping the Buddha and the blood sacrifice of killing animals in this village of Sichuan province.

A Review of Research Done on the Archaeology and Art of the Qinghai-Tibet Plateau in 2020

Zhu Ming

(Doctoral Student, School of History and Culture, Sichuan University)

In 2020, considerable achievements have been made in the field of archaeology and art of the Qinghai-Tibet plateau, covering a comprehensive range of research periods, regions and angles. Various new archaeological discoveries and cutting-edge studies have strongly confirmed the historical facts of Tibet's exchanges and integration with all ethnic groups since ancient times, which is of great significance for us to deeply understand the "community of common destiny of the Chinese nation." This paper briefly reviews the relevant research work on archaeology and art of the Qinghai-Tibetan plateau, and in a preliminary way summarizes and discusses the new trends, new situations and new highlights in these areas of research.

From Northeast to Southwest: Regions, Ethnic Groups, and Society in the Half-moon Zone during the Ming and Qing Dynasties——A Review of the 7th Forum for Young Scholars of the Association for China's Ethnic History

Zeng Li and Zou Libo

(Center for Tibetan Studies of Sichuan University)

In order to promote academic communication, the 7th Forum for Young Scholars of the Association for China's ethic History was held in Chengdu from April 17 to 18, 2021. It was sponsored by the Association for China's Ethnic History and organized by the School of History and Culture, Center for Tibetan Studies of Sichuan University. Some twenty-nine scholars from all over China attended the forum. During the two-day seminar, the participants held intensive discussions on the theme "From Northeast to Southwest: Regions, Ethnic Groups, and Society in the Half-moon Zone during the Ming and Qing Dynasties". This forum actively explored the development, context and the dynamic mechanism of China's ethnic history. It greatly promoted the academic interaction and exchange of scholars in different fields, and was of great significance for deepening the understanding of the vision, methods, theories and future developmental direction of China's ethnic history.

JOURNAL OF TIBETOLOGY (VOL.25)

Edited by

Center for Tibetan Studies of Sichuan University
Chengdu, China

ISBN 978-7-5211-0355-7
First Published in December 2021
China Tibetology Publishing House
Beijing, China

图书在版编目(CIP)数据

藏学学刊 . 第 25 辑 / 四川大学中国藏学研究所编 .
-- 北京：中国藏学出版社，2021. 12
ISBN 978-7-5211-0355-7

Ⅰ . ①藏… Ⅱ . ①四… Ⅲ . ①藏学 - 文集 Ⅳ . ① K281.4-53

中国版本图书馆 CIP 数据核字（2021）第 223897 号

藏学学刊〔**第 25 辑**〕　四川大学中国藏学研究所　主编

责任编辑　张荣德
藏文审校　周加克
封面设计　翟跃飞
出版发行　中国藏学出版社
印　　刷　中国电影出版社印刷厂
版　　次　2021 年 12 月第 1 版第 1 次印刷
开　　本　787 毫米 ×1092 毫米　1/16
字　　数　551 千字
印　　张　30
定　　价　118.00 元
书　　号　ISBN 978-7-5211-0355-7

图书如有质量问题，请与本社联系
E-mail: dfhw64892902@126.com　电话: 010-64892902

《藏学学刊》稿约

《藏学学刊》(བོད་རིག་པའི་དུས་དེབ། *Journal of Tibetology*)系中国教育部普通高等学校人文社会科学重点研究基地四川大学中国藏学研究所主办的藏学类专业性学术刊物，CSSCI 来源集刊，创刊于 2004 年，旨在搭建藏学研究的学术交流平台。从 2014 年开始，本刊由年刊改为半年刊，接受中、英文稿件，设有论文、书评、译文等栏目，热忱欢迎国内外藏学研究者惠赐稿件。来稿时请注意以下事项：

1. 来稿请注明字数并提供作者简介，包括姓名、出生年月、性别、民族、籍贯、职称、学位、工作单位、联系方式和主要研究方向等，其中姓名和工作单位名称请提供正确的英文译名。

2. 来稿必须为原创性作品，此前未以任何形式公开发表过。严禁抄袭、剽窃和一稿多投，如有发现，将永不刊用该作者来稿。

3. 为保证文稿的准确性，电子版来稿须同时提供 word 和 pdf 两种文档格式并遵循本刊用稿规范（详见下文）。来稿字数不限，提倡言简意赅，以 1—1.5 万字左右为宜。

4. 本刊取舍稿件惟以学术为标尺，实行 2—3 名专家双向匿名审稿制度，根据专家审稿意见决定稿件取舍。本刊在尊重原作的前提下，有权对拟刊用稿件作必要的删改并告知作者，作者如果不同意对文稿作文字性修改或适当删节，请在来稿时予以说明。

5. 本刊所刊文章均为作者个人观点，不代表编辑部意见，文责由作者自负。

6. 本刊已加入期刊数字化网络系统，作者若无此意愿，请在来稿时注明，否则视为默许。

7. 稿件请直接发送本刊编辑部专用邮箱。无论是否用稿，本刊都会在三个月内回复作者。

8. 本刊不收取任何版面费，文稿刊出后将支付作者稿酬，并赠送样刊五册。

9. 本刊热诚欢迎国内外藏学研究者或编辑部与本刊建立资料互赠交流关系。

地　　址：中国四川省成都市望江路 29 号

四川大学中国藏学研究所《藏学学刊》编辑部

邮　　编：610064

电子邮件：zangxuexuekan@163.com

电话／传真：+86-28-8541 2567

网　　址：http://www.zangx.com

Call for Contributions

Founded in 2004, the *Journal of Tibetology* (བོད་རིག་པའི་དུས་དེབ། 藏 学 学 刊) is a peer-reviewed bilingual scholarly journal dedicated to publishing papers in the field of Tibetan Studies. Featuring articles and reviews in either Chinese or English, the journal is published biannually by the Center for Tibetan Studies of Sichuan University, Chengdu, PRC. The *Journal of Tibetology* welcomes the submission of academic and unpublished (and original) work, including the Chinese translation of foreign research and serious, critical reviews of books or review articles, in any area of research that deals with the Tibetan cultural area.

Essential Guidelines:

1. The manuscript should contain information on the total number of words/characters and author's details, including the following information: (1) full name and institutional affiliation; (2) academic title; (3) contact information, (4) the primary field of research.
2. The *Journal of Tibetology* has a zero-tolerance plagiarism policy.
3. Essays and reviews should be submitted electronically in Microsoft Word file and PDF format, using Unicode, to zangxuexuekan@163.com and conform to the style sheet of the *Journal of Tibetology* that is found at the website of the institute. If this is not done, they will automatically be not considered for publication. There is no limit on the length of the manuscript, but we strongly encourage the manuscript to be concise with approximately 10,000 words in English or Chinese.
4. The *Journal of Tibetology* uses a double-blind review process. Each manuscript is sent to two or three referees for double-blind peer review. Based on their recommendations, the editor then decides whether the manuscript will be accepted as is, whether it needs to be revised, or whether it will be rejected.
5. The views and opinions expressed in the articles and reviews are those of the author alone and do not reflect the views or opinions of the editor(s) or the editorial board. The author is responsible for his/her own views.
6. The journal is already part of the digital network of Chinese journals. If any author does not want to have his or her article published online, please note this upon submitting the manuscript. Otherwise, the editor will take it as tacitly granting permission to do so.
7. Manuscripts should be submitted to the editor. Whether they are accepted or not, authors will receive notice from the editor within three months.
8. The journal will pay remuneration to the author and send five copies of the issue of the journal in which his or her article appears.
9. Scholars or editorial boards in China and abroad are warmly welcomed to establish a growing network of exchanging copies of journals with the editor of the *Journal of Tibetology*.

Correspondence should be addressed to:
Ms. Sun Zhaoliang
Center for Tibetan Studies of Sichuan University
Chengdu, Sichuan Province
P.R. China
610064
Email : zangxuexuekan@163.com
Tel/Fax: +86-28-8541 2567
Website: http://www.zangx.com